汽车试验学

第 2 版

主　编　朱　冰　杨志华

副主编　宋大凤　许　楠

参　编　王鹏宇　赵　健　曹晓琳

　　　　贾　鑫　李　论

机 械 工 业 出 版 社

科学完善的试验测试体系对提高汽车研发效率、提升用户使用体验、健全技术标准和法律法规、推进产业创新发展至关重要，因此，汽车试验学一直是车辆工程专业的必修科目。本书依托吉林大学汽车试验学教学团队的多年教学积累，结合行业最新前沿技术，系统介绍了汽车试验的基本原理、基本方法和典型技术。

本书共九章，第一章为汽车试验概述；第二~六章阐明了现代试验技术的模块化组织思想和机械量的电测量技术基础手段，讲述了典型汽车试验设备与设施，介绍了相似理论和正交试验方法等试验设计理论与方法，讨论了测量误差分析以及静态测量数据与动态测量数据处理的数学原理、基本方法和典型应用；第七~九章以汽车整车的主要使用性能和汽车主要系统、总成及零部件为研究对象，讲述了常见汽车试验项目的组织方法、试验装置的组成与特点和试验操作要点，并根据学科发展方向，介绍了智能网联汽车试验的相关内容。

本书可作为高等学校车辆工程专业或其他相关专业汽车试验理论与技术教学的专业教材，也可作为汽车设计、制造、检测和修理等相关行业从业人员开展汽车试验检测方面工作的技术参考书。

图书在版编目（CIP）数据

汽车试验学/朱冰，杨志华主编. —2 版. —北京：机械工业出版社，2023.9（2025.1 重印）

一流本科专业—流本科课程建设系列教材 吉林大学"十四五"本科规划教材

ISBN 978-7-111-73611-0

Ⅰ.①汽… Ⅱ.①朱… ②杨… Ⅲ.①汽车试验-高等学校-教材 Ⅳ.①U467

中国国家版本馆 CIP 数据核字（2023）第 141521 号

机械工业出版社（北京市百万庄大街 22 号 邮政编码 100037）
策划编辑：宋学敏　　　　　责任编辑：宋学敏　章承林
责任校对：张晓蓉　王　延　封面设计：张　静
责任印制：单爱军
保定市中画美凯印刷有限公司印刷
2025 年 1 月第 2 版第 3 次印刷
184mm×260mm·22.5 印张·555 千字
标准书号：ISBN 978-7-111-73611-0
定价：69.80 元

电话服务　　　　　　　　　网络服务
客服电话：010-88361066　　机　工　官　网：www.cmpbook.com
　　　　　010-88379833　　机　工　官　博：weibo.com/cmp1952
　　　　　010-68326294　　金　书　网：www.golden-book.com
封底无防伪标均为盗版　机工教育服务网：www.cmpedu.com

第 2 版前言

本书为 2016 年出版的《汽车试验学》的第 2 版，是一流本科专业一流本科课程系列教材和吉林大学"十四五"本科规划教材。

本书自第 1 版出版以来，历经数次重印，在国内众多汽车相关高等院校推广应用，培养了大批汽车试验专门人才，为我国汽车行业发展做出了重要贡献。

当今世界正经历百年未有之大变局，新一轮科技革命方兴未艾，汽车产业也迎来巨大变革，汽车试验的理论、方法及工具链均发生了显著变化，汽车试验人才培养的需求和模式也出现新的特征。因此，本书编者结合多年来的教学积累和科研成果，对教材进行了修订，推出第 2 版。

与第 1 版相比，本书的主要改动在于：

（1）根据行业技术的发展，对讲授内容进行了增删。例如，删除了有关磁带记录器、五轮仪、非接触式车速仪等内容，删除了整车动力性爬坡试验的负荷拖车法，将陀螺仪和 GPS 系统整合到"卫星-惯性组合导航系统"部分，增加了驾驶机器人的内容，增加了转向盘中心区操纵稳定性试验以及汽车可靠性试验方法等。

（2）更新了一些试验项目的标准与方法。例如，更新了多工况循环燃料消耗量试验的试验工况以及燃油消耗量的测量方法；采用了新版的 GB 18384—2020《电动汽车安全要求》，更新了标准的适用范围，增加了更多术语定义，修改了 REESS 绝缘电阻测量的试验条件、计算方法，修改了有害气体排放的要求等。

（3）充实了电动汽车的整车和主要总成试验的内容。对于电动汽车整车性能试验部分，在动力性能试验方面，增加了混合动力汽车动力性能试验方法、燃料电池电动汽车最高车速试验方法；在经济性能试验方面，增加了轻型混合动力电动汽车能量消耗量试验方法、燃料电池电动汽车氢气消耗量测量方法；在安全性方面，充实了间接接触防护与整车防水等内容；在电磁兼容性方面，增加了电机驱动系统、DC/DC 变换系统、传导充电电磁兼容性等内容。对于主要总成试验部分，增加了充电系统试验，并在动力电池系统试验中增加了动力电池回收等相关内容。

（4）增加了智能网联汽车试验的内容。系统讲述了智能网联汽车测试技术和试验方法，并介绍了智能网联汽车试验标准体系及典型试验。

本书由吉林大学汽车工程学院组织编写，朱冰、杨志华任主编，具体编写人员及分工为：朱冰编写第八章的第一节至第四节和第六节、第九章，杨志华编写第一章、第二章的第一节和第二节、第四章、第五章的第一节，宋大凤编写第二章的第三节和第四节、第七章的第一节至第十节，许楠编写第六章，王鹏宇编写第七章的第十一节、第八章的第七节，赵健编写第三章的第一节和第二节的一~三，曹晓琳编写第三章的第二节的四~六和第三节，贾鑫编写第五章的第二节和第三节，李论编写第八章的第五节。在编写过程中，得到了中国第一汽车集团有限公司研发总院、中国汽车技术研究中心、长春汽车检测中心有限责任公司等单位的大力支持和帮助，谨此致谢。

由于编者的水平能力有限，书中难免有疏漏之处，恳请读者批评指正。

编　者

第 1 版前言

本书作为高等院校车辆工程等专业本科生的试验理论与技术培养的专业课程教材，其理论基础是高等数学、工程力学和电工电子技术等学科基础课程（依各院校课程设置不同，也可能包括测试与传感技术等课程），汽车理论和汽车构造为其专业先修课。

作者根据多年教授车辆工程专业本科学生的实践经验，并通过对现行培养方案和专业课程体系的调研，同时参考毕业生就业单位和研究生培养单位的反馈信息，发现在车辆工程专业本科生的试验素质培养方面，需要一本综合性较强、涵盖面较广，同时具有相当的理论深度和较强工程实用性的教材。本书力图从汽车试验的基本问题、机械量的电测量技术与设备、试验设计方法、数据分析与信号处理、整车性能试验和底盘主要总成及零部件的典型试验等方面，对汽车试验理论与技术进行讲述与讨论，为培养学生的实践工作能力奠定坚实的基础。本书也可供相关行业人员作为汽车试验检测方面的技术参考。

希望有关院校在选用本书作为教材时，依据自身条件和培养计划，配置相应的试验课程。

作为车辆工程等专业的本科专业课教材，汽车试验学涉及较多的力学、数学、电工电子技术以及先进工程测试技术等方面的知识与理论。限于课时安排和学生的知识基础等因素，本书在某些部分直接引述了上述学科的结论和成果。如果读者有兴趣深入研究，请自行查阅相关教材和资料。

另外，作者在多年的汽车试验类课程教学中发现，用较大篇幅单纯地罗列乃至摘录试验标准，与高等院校专业教学的定位和人才培养的目的不符，而且标准文件有更新周期，过于详细地叙述其具体内容和参数要求等意义不大。因此，在各具体试验项目部分，本书致力于汽车试验的组织思想、被测参数的意义和测量原理以及基本测试方法的讲授，而对于试验标准部分，介绍得不是很系统、详细。希望读者在制订试验大纲和进行实际测试作业之前，先查阅相关试验项目的最新标准。

同时，本书中字体为楷体并铺了底纹的内容，为相对次要，或有一定难度，或与教材主题稍远的内容。

本书由吉林大学汽车工程系组织编写。其中，杨志华编写第一章、第二章的第一节和第二节、第四章和第五章（不含第三节），宋大凤编写第二章的第三节、第三章、第七章和第九章，朱冰编写第八章（不含第五节），许楠编写第六章（不含第二节中"值域分析"部分），赵健编写第八章第五节，郭建华编写第六章第二节中"值域分析"部分，曹晓琳编写第二章第四节，王鹏宇编写第五章第三节。在编写过程中，得到了中国第一汽车股份有限公司技术中心、中国汽车技术研究中心等单位的大力支持和帮助，谨此致谢。

由于编者水平有限，书中必然存在不当之处，恳请读者批评指正。

编　者

目 录

第一章 汽车试验概述

一、汽车试验的概念

汽车试验，简单地说，就是通过测试的手段确定汽车的或与汽车有关的某个（些）参数。这里的"测试"既包括实测，也包括仿真测试；"手段"既包括对参数的直接测量，也包括对测量数据的计算、处理与分析评价等；"参数"不仅包括物理量的定量数值，还包括定性评价的结果。

一般来说，汽车试验所采用的仪器设备、试验条件和操作方法等，都应遵循国家或者相关部门、行业或企业颁布的正规标准文件。标准可以确保试验操作规范、安全，数据结果准确、可信且具有典型性、代表性和可比性。而有些探索性、创新性试验，也可以由研究人员选取或自行制定试验标准和操作规范，这也是对汽车基础理论、设计制造技术和汽车试验方法的有力推动。

二、汽车试验的意义

对汽车的同一个参数，既可以采取试验的办法获取，也可以通过理论分析计算得到。例如，确定一辆汽车的最高车速，可以从车辆结构参数、行驶环境参数和驾驶人操作出发，运用汽车动力性分析理论，计算出该车在给定条件下能够达到的最高车速；而如果由试验员驾驶一辆被测汽车在实际道路上行驶，按标准规定的方法和程序，通过测量汽车驶过给定路段的时间或者利用各种速度测量仪器直接测量其瞬时速度，这就是汽车试验。

理论分析的价值在于，可以揭示车辆结构参数、行驶环境和车辆性能之间的内在关系，可以在不对车辆原型进行实际操作的条件下预测其性能，对于产品的设计开发有很强的指导作用。然而，理论分析无法完全取代测试，尤其是对于现代汽车行业来说，汽车试验的意义主要体现在以下几方面。

首先，理论源于实践。广义而言，任何一种理论，只有经过系统、准确的科学试验，得到验证后才能成立。实践是理论研究的前提和基础。理论研究进展困难，常常是因为试验研究发展缓慢，而一旦试验研究有了突破，科学理论就会随之进步，这在我们的研究工作乃至科学发展史上都是屡见不鲜的事实。

其次，作为一种室外交通工具，汽车的使用条件复杂，其自身参数、工作条件和行驶环境等难以全面预测。对这些纷繁复杂的条件因素建立完整且普遍适用的理论模型，是比较困难的，即使存在理论模型，相关参数的确定和模型本身的求解有时也很困难。例如上述的"求解最高车速"问题，车辆载荷的精确值，载荷在各车轴以及各车轮之间的分配，滚动阻力与车速的关系，轮胎与地面的滑转问题，发动机、底盘和车身的技术状况，润滑油（脂）的技术状况，燃油的品质以及车身门窗密封程度等，对于实际车速都是有影响的，但是在理论模型中是很难全面考察这些因素的，一般将其视作常数或者忽略不计。如果要计算的是加速时间，那么除了上述不精确因素外，用发动机的稳态台架试验数据代替实际动态工作特性会造成误差，旋转质量换算系数 δ 的估算也不可能绝对准确，而且对起步时离合器的滑磨过程、换档时刻的选取以及对换档过程中的动力衔接等若干问题均采取了"忽略不计"的处理，理论计算的误差将会更大。很显然，无论是车辆理论的基础研究还是新产品、新技术的工程验证，如果需要对这类问题精确求解，进行实车测试是更可靠的。

第三，汽车是一种高度普及的社会化商品，研究、制造单位之间的竞争异常激烈。很多情况下，在理论研究深度方面过分"精益求精"是不符合商业规律的。一个研发任务，要在有限的人力、物力和时间限制下，寻求在法规允许和市场满意框架下的利益最大化，势必要通过科学、合理的试验手段，系统、可靠地确定产品的使用性能和设计参数，以达到最优效果。而在深层次的理论分析和机理解释方面，暂时有所欠缺是可以接受的。

因此，进行汽车试验，以及对汽车试验的理论方法进行研究，对于优化汽车产品的设计、推动汽车工业的发展、完善汽车基础理论研究以及刺激和带动相关技术理论的发展等，都具有重要意义。

三、汽车试验的分类

汽车试验的研究范围广泛、试验项目繁杂，可以从不同角度进行分类。

1. 按试验目的分类

（1）质量检查试验　通过定期检查，鉴定目前生产的汽车产品质量的稳定性，如果检查要求由用户提出，也可以不定期。如果发现问题还要进行简要分析。由于产品的技术性能和质量指标参数已经确定、试验规范已经成型，而且产品质量检查强调时效性，所以这类试验比较简单、快捷。

（2）新产品定型（鉴定）试验　新产品（包括整车、总成或零部件）在正式投产前进行的全面性能试验，必须按国家有关试验标准和规程进行，通常还要选择不同试验环境验证其在不同温度、湿度、海拔以及环境气氛下的适应性。一般要进行多轮试验，样件数量逐轮增加，每轮发现的问题应及时改进，直到性能要求全面满足，产品设计和工艺等参数全部确定。

有时将质量检查试验和新产品定型试验统称为**产品检验性试验**。

（3）科研探索类试验　为了改进现有产品或研制新产品、开发新技术，就要对车辆的新部件、新结构、新材料和新工艺等进行系统而广泛的研究，其中试验研究是必不可少的。另外，还包括对汽车及相关领域基础理论和技术的研究，以及对汽车试验方法本身的探讨。

科研探索类试验，其研究对象大都是目前尚未普遍应用的产品和技术，涉及诸多尚未普遍成立的理论和方法，试验项目的深度、广度较大，试验规范和操作实施方法的自由度大，

可以由试验者根据具体的试验项目灵活确定，对试验数据的精确度要求很高，试验设备先进，试验手段通常较复杂，试验周期长短不一。

2. 按试验对象分类

试验按车辆结构层次可划分为三类：整车试验、机构及总成试验和零部件试验。

（1）整车试验　该试验通常是在整车不解体或仅拆卸少量外露零部件的条件下对汽车的各主要使用性能进行考察和评价，包括汽车的动力性、燃油经济性、制动性、操纵稳定性、平顺性和通过性，还有环保性、电磁兼容性、整车技术参数的测量以及虚拟试验等。汽车整车试验，尤其是整车的道路试验，相对于其他汽车试验更接近汽车的真实使用状况，对于客观评价汽车使用性能、发现和暴露实际使用工况下的异常状况和可靠性问题、考察汽车的设计制造水平、对汽车以及相关领域理论方法的验证和创新，都具有重要意义。但由于整车不解体，试验中的部分异常现象和故障难以准确判断其来源，车辆性能与各组成部分之间的影响关系也不易理清。

（2）机构及总成试验　该试验主要考察机构或总成的工作性能、强度和耐久性等。例如测试发动机的功率、变速器的静扭强度或钢板弹簧总成的疲劳寿命等。

（3）零部件试验　该试验主要考察被试件的设计和工艺的合理性，主要测试项目包括强度（包括静强度和疲劳寿命）、刚度、抗磨损能力和工艺、选材的合理性等。例如各类齿轮的疲劳寿命试验、花键的磨损试验、驱动桥壳的垂直弯曲刚度和强度试验等。

> 上述（2）机构及总成试验和（3）零部件试验，这两个层次的划分不是绝对的，有时候其界定是比较模糊的，尤其是"总成"与"部件"两个称呼，很多时候其使用就是根据使用者的主观习惯。因此，在汽车使用、维修和检测等行业中经常将汽车试验按对象简单划分为两大类：整车试验、总成与零部件试验。本书第七章讲述的就是整车性能试验，总成与零部件试验则统归入第八章。

3. 按试验场所分类

试验场所主要有室内和室外两个场所。在这两个场所进行试验各有优劣、互为补充。

（1）开放道路试验　开放道路试验是指在室外实际道路上对车辆的技术性能进行验证。试验场地条件和车辆的实际运行条件一致，通常不需要对车辆进行额外改动，操作工况真实，可以进行几乎所有整车性能试验，而且其结果可信度较高。但室外行驶条件不易控制，试验过程易受各种无关因素的干扰，数据重复性较差。车载条件也对测试仪器设备提出了更高的要求。而且开放道路试验的组织和实施耗时较长，动用人员较多。近年来，随着测试技术的进步，小型高性能传感器、电子化智能化车载数据记录处理设备和信号短距离无线传输遥测系统等的应用日益增多，提高了汽车道路试验的能力，降低了试验难度。

对于有越野性能要求的车辆，"道路"也可以包括泥土地、涉水地、沙地、冰雪地等非铺装地面。

> 在开放道路试验中，有一种"使用试验"，就是在实际使用中对汽车的某个指标参数进行测试。这种"试验"往往并不是利用专业试验设备进行通常意义上的测试，而是仅仅由试验员（通常就是该车的实际驾驶人）对某些行车信息进行记录，如行车环境、车辆

技术状况、手脚操作动作和次数、维护、补给、润滑以及维修情况等。对于行驶条件、驾驶操作方法、车辆技术状况和维修调整作业等不作任何额外规定，完全按驾驶人意图和实际条件操作。这种使用试验，其实就是对日常行驶进行详细记录，其优点是行驶状况真实可信；但是驾驶操作、车辆技术状况和使用环境等均存在差异，这种"真实可信"仅对该车、该驾驶人与该时间段成立，记录数据的代表性和重复性不好，而且实际工作中还可能存在一些难以预测的不公平因素，导致其可操作性很差。所以，能够采用使用试验方式的汽车试验项目并不多。

（2）**室内台架试验** 室内台架试验是指在汽车实验室内搭建专用试验台架，利用试验台模拟实际使用工况，对汽车整车或总成、零部件进行测试。室内环境，易于控制试验条件，允许对被试件施加各种可控载荷，可以消除天气、道路状况和交通流量等室外随机因素的影响，有利于组织和安排试验，缩短试验周期，且试验数据精密度高、重复性好、可比性强。但汽车行驶阻力、整车或车轮的惯量、车轮垂直载荷变动、悬架动变形或路面附着系数等真实行驶工况，需要靠台架模拟，其精确度是一个需要重视的问题，否则试验结果是不可信的。室内台架试验的被试件大多停留于原地，缺乏迎面风，长时间大负荷运转时需考虑散热问题。台架本身搭建和调试时间可能较长，但试验操作本身过程较短（对于疲劳寿命类试验，台架运行的时间很长，但一般并不需要全程人工操作和监控），仪器设备大多是固定式的，比较容易布置和管理。需要考虑设备运转时的安全防护问题。

（3）**试验场试验** 试验场试验也可以看成是一种室外道路试验，但其路面（地面）是根据不同试验项目和目的严格按照规范修建的。同一个试验场，划分为不同的功能区，建有不同的分场地（跑道）以供不同试验项目使用，如图1-1所示。大型试验场还具有配套设施完备、服务周全和试验安全性高等优点。利用汽车试验场，试验安排和组织更有条理，测试过程更科学，试验工况更具典型性，大大提高了试验的效率和数据结果的精确度和可比性。汽车试验场占地面积较大，建设成本高，数量不多。

图 1-1 汽车试验场全貌及其高速环形跑道

四、汽车试验的基本步骤

不同的汽车试验项目，被试对象、被测参数和试验工况各异，测量原理和具体实施手段千差万别，详略繁简各不相同，不可能有详细而统一的模式和规程。总体而言，一个汽车试

验可以划分为以下四个基本步骤。

1. 制定试验大纲

汽车试验的技术性很强,试验结果的影响因素很多,在实际测试前必须进行周密的计划、组织与准备。首要任务就是制定试验大纲,它是指导试验的纲领性技术文件,它的编制是否科学、合理,将影响整个试验的成败。

试验大纲主要规定内容如下:试验目的;试验必须完成的任务,以及要达到的目标;操作项目与测试条件;所有被测参数与对应的仪器设备;试验操作的程序和具体方法;人员组织与计划进度;计划外事件的应对预案。

2. 试验仪器设备和人员的准备

严格按照试验大纲的要求,准备好所需的全部仪器设备,包括购置、安装、调试、标定、试运行等各项工作。针对各仪器设备和各项测试操作,安排好专门的试验人员。同时配置必要的记录表格。

3. 具体实施操作

根据试验大纲规定的试验项目和目的,使用仪器设备对被试件进行测试,以获取试验数据,之后对数据进行处理、分析与评价。具体作业需严格遵循各级标准和有关技术文件的要求,以确保试验过程安全、有序,数据结果真实、准确、有效。

4. 编写试验报告

试验报告是对试验的全面总结。报告中需要回顾本次试验问题的提出和简要的测试方案,所选用的试验方法和测试系统的组成等。着重描述现场试验的条件,包括时间、地点、参与人员、环境条件和配套设施条件等,如实叙述具体操作过程和得到的各项结果和数据,对观察到的现象和发现的问题进行必要的分析,对测试数据进行误差分析,论述对试验结果是否满意、试验目的是否达到、试验中出现的问题以及提出的对策等。有可能的话,通过归纳与推演,将试验数据与资料提升到理论规律的高度,对现有理论知识体系进行改进与完善。

五、汽车试验标准

从严格意义上说,任何一项汽车试验都应遵从某项标准。

标准按照适用范围,可以划分为以下几种。

1. 国际标准

国际标准由国际标准化组织 ISO(International Standards Organization)制定。例如,ISO 2631《机械振动与冲击　人体暴露于全身振动环境中的状态分析》,很多与汽车平顺性分析和试验有关的国家或行业标准,都是以该国际标准为基础编制的。

2. 国际区域性标准

较典型的国际区域性标准如欧洲经济委员会标准 ECE(Economic Commission of Europe)和欧洲经济共同体标准 EEC(European Economic Community)等。

3. 国家标准

我国的国家标准简写为 GB。如果国家标准号以 GB 开头、后面紧跟号码,就是强制性标准，俗称"法规"，必须执行，如 GB 7258《机动车运行安全技术条件》；如果在 GB 后面还有字母 T，就是推荐性标准，如 GB/T 12678《汽车可靠性行驶试验方法》。

4. 行业标准

某些行业，需要有统一的、通行的技术要求与规范，而暂时又没有国家标准的则制定行业标准。相应的国家标准实施后，该行业标准即行废止。我国汽车行业标准的简写为 QC，交通行业标准的简写为 JT。

5. 团体标准

团体标准是由团体按照团体确立的标准制定程序自主制定并发布，由社会自愿采用的标准。团体是指具有法人资格，且具备相应专业技术能力、标准化工作能力和组织管理能力的学会、协会、商会、联合会和产业技术联盟等社会团体。例如，T/CAAMTB 81—2022《燃料电池系统振动试验规范》就是中国汽车工业协会制定并发布的团体标准。

6. 地方标准

对于没有国家标准和行业标准而又需要在某省、市、自治区范围内统一规定的技术要求与规范，则需制定地方标准。国家或行业标准公布后，该地方标准即行废止。

7. 企业标准

企业根据自身特点，参考国家与行业标准，制定仅适用于该企业内部的标准。企业标准的主要目的是提高企业自身的产品质量和管理水平，企业标准的技术要求可以高于国家标准和国际标准，且一经当地政府标准化行政主管部门备案后不得自行降低。企业标准代号通常以 Q 开头。

汽车试验标准的制定，是一项庞大的系统工程。标准一经颁布执行，就具有技术上的权威性和一定的法律属性。无论是整车性能试验还是总成及零部件试验，都要在试验标准的指导下进行，否则试验就失去了严肃性和结果的可比性。

本书在相关章节中介绍试验项目时，会在不同程度上涉及和引述试验标准，目的是以标准为例证和参照，重点讲述试验的组织思想和信号的测量方法，对标准中的重要步骤和关键参数还会进行分析和讨论；但不全面细致地讲解各项试验标准中的所有要求。

对于科研探索类试验，由于涉及较新颖的、尚未成型的产品或技术，可能没有现行的适用标准，也允许试验者参照相关标准，制定试验大纲。

六、相关问题

1. 汽车试验与汽车检测

如前所述，"汽车试验"就是通过实测的手段确定汽车或与汽车有关的某个（些）参数。

而某些实测项目，例如，确定一辆在用汽车的外轮廓尺寸、车速表指示误差、车轮定位参数或者前照灯的发光强度与照射方向等，更多的是被运用于行业检测领域以及指导汽车的故障诊断与修理方面，而不是在制造企业、科研单位和高等院校中。习惯上，通常把

这类作业较简单、快捷并对数据结果的精度和重复性要求相对不高的实际测试，称为
"汽车检测"，而不是"汽车试验"。

"试验"强调的是专业性和学术性，对测试结果的定量精度和可信度要求较高，试验
的组织、试验场地的设置、试验台架的搭建与仪器的安置、试验的操作过程等较复杂，试
验进程可由试验组织者灵活掌握，对试验对象可进行不同层次的解体拆装或改造，对试验
数据往往要认真研究、分析，对数据结果有异议时可以进行重复测试乃至更改试验方案、
重新试验；而"检测"则更倾向于行业管理、维修生产和法规约束，对检测作业的速度
和管理的效率要求很高，主要强调的是方便、快捷，同时要求尽量不对车辆进行解体，检
测设备的自动化和智能化要求很高，检测结果产生后往往立即生效（其结果有时只是定
性的"合格"或者"不合格"，不一定给出精确的定量数据）。

需要注意的是，"试验"与"检测"在物理本质上并没有区别，都是利用测试系统感
知和处理被测信号，根据测试系统的输出来推断输入信号（亦即被测量）；在基本技术手
段上，也都是采用电测法。

"检测"与"试验"在项目和设备方面也没有严格的、绝对的区别。例如，在底盘测
功机或道路上测试汽车的燃油消耗量、在制动试验台或道路上确定汽车的制动性能，又或
是测试汽车的排气污染物的成分和数量等，既属于"汽车综合性能检测"的范畴、又可
以称为"汽车试验"。

因此，本书讨论的电测量的原理与数据处理的方法等，基本上不细究其属于"检测"
还是"试验"，而通常采用"试验"或者"测试"的说法。

2. 汽车专业试验仪器设备与车上传感设备的关系

现代测试与传感系统，其基本组织和工作原理都是近似的，基本上都是由传感器、信
号的中间变换与传输装置以及必要的记录、数据处理和显示打印等输出设备组成。只是在
用于不同场合和测试目的时，其技术含量、复杂程度和测试结果的具体运用方式等有所
不同。

汽车专业试验仪器设备，指的是为进行某项汽车试验而专门配置的硬件设施以及相关
软件，它不属于汽车的组成部分。由于其目的是专门用于汽车试验，而且相对于各类车上
设备，专业的试验仪器设备对成本不敏感，所以它的技术含量和测试精度是较高的。例
如，测试汽车的行驶速度，做汽车试验时会用到光电计时设备、非接触式车速仪或基于卫
星定位原理的车速仪，其测试精度很高；但仪器的安装、试验现场的布置、试验实施、信
号的记录以及后续处理等相对复杂。

车上传感设备则是汽车的一部分，其目的是为汽车的正常运行或驾乘人员的安全和舒
适服务，具体又可分为两类：车载显示仪表和车载传感器。**车载显示仪表**，是为了行车安
全与方便，向驾驶人提供一些信息，其显示部位通常在驾驶室内，方便驾驶人观察或调
取。其特点是要适应车载的运行环境，对工作可靠性和耐久性要求较高，但是显示数值的
定量可信度并不高。例如，车速表可以非常便捷直观地向驾驶人显示实时车速，也不需要
额外安装，但是该仪表的指示误差较大，对于专业试验来讲其定量数据基本上没有意义
（车速表检测标准的相对误差上限允许达到20%）。**车载传感器**，是为汽车各电控系统提
供输入信号的基础元件，其信号供电控单元分析与处理，并据此控制各执行器的动作，对

驾驶人来说其信号一般是不可见的。车载传感器要能适应各种苛刻的车载条件，同时为了提高汽车电控系统的控制效果，其测量精度要求也比显示仪表要高。例如，防抱制动系统需要轮速传感器，其基本原理与各种汽车试验专用的转速传感器相同，精度也相仿；而发动机电控系统中的各种曲轴转速/位置传感器、空气流量（压力）传感器、爆燃传感器和各类温度传感器等，其工作环境比外置的汽车试验仪器设备要恶劣得多，对工作可靠性和抗干扰能力的要求很高。

可见，无论是汽车专业试验仪器设备、车载显示仪表还是车载传感器，都能对某些汽车参数进行测量和/或显示，都属于现代测试系统。但是出于设置目的、应用场合以及成本控制等要求的不同，三者在技术原理、设计特色、数据的精度和可信度、测试过程与结果显示的便捷性等方面有较大的区别。

本书的"测试装置"、"仪器设备"等术语，主要指的是各种汽车专业试验仪器设备。在相关章节中，对车上传感设备的基本原理也会做一些介绍。

第二章　机械量的电测量技术基础

在现代社会的国民经济建设、科学研究、国防建设和社会生活的各个领域，为了获取被研究对象的特征信息，经常需要测量各种参数。包括汽车试验在内，现代测试技术普遍具有两大特点：从测试系统的总体组织和构成的角度看，采用的是"模块化"；在信号测量的具体技术手段上，采用的是"电测法"。

针对某给定试验任务，构建一整套测量装置，也就是测试系统，而这个系统是由若干既相互联系、又相对独立的环节（可称之为"子系统"）组成的，这就是**模块化**。试验结束后，可以将整个测试系统再次拆解成若干子系统用于其他试验。显然，这种"搭积木"式的组织方法，有利于提高试验准备和试验实施过程的效率，也有利于提高仪器设备的利用率。

在汽车试验中，被测物理量往往是力、应力、加速度或温度等非电机械量。现代的专业测试技术，普遍是先将这些非电量转换为某种电信号，再进行后续的传输、处理和记录显示等，这就是**电测法**。与传统的机械、气动等测量方法相比，电测法的主要优点包括：测量的灵敏度和精确度高，测量范围广；更适用于高频信号的动态测量；测试系统对被测系统的干扰小，单向性好（"单向性"的概念参见本章第一节）；电信号的传输、处理、记录、复制和显示等更方便；试验过程的自动化、智能化程度高；便于远距离测量与控制。

本章的主要内容是讲述测试系统的各组成环节，分别从数学和物理的角度研究测试系统的转换原理与特性。

第一节　测试系统的数学转换特性

本节讨论的"测试系统"仅是针对被测信号的感知、传输处理和记录分析等流程而言的，也就是直接服务于被测物理量的测量。而整个试验的硬件体系还包括被试件、动力输入装置、加载装置和其他配套设施等，这些装置的功用就是产生并向测试系统提供被测物理量，同时维持测试系统的正常运行。

例如，图 2-1 所示为一套发动机试验台架，被测参数是发动机输出功率或燃油消耗率等。发动机是被试件，同时也是动力输入装置，电力测功器作为加载装置提供阻力，变速

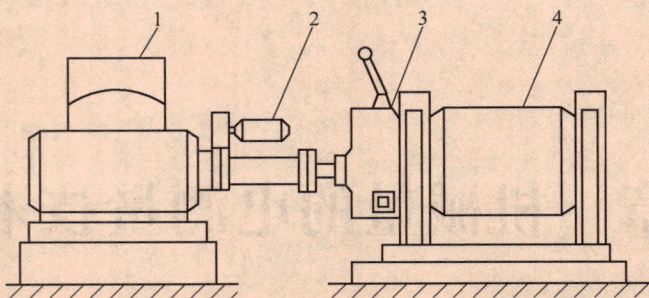

图 2-1 发动机试验台架
1—电力测功器 2—测速发电机 3—变速器 4—被试发动机

器实现台架的机械连接，同时使得发动机的输出特性与测功器的工作特性相匹配，三者联合工作产生输出转矩和转速两个被测量。为了测量这两个机械量，可以使用测功器的转速与转矩测量功能。本例中，对测功器自带的测速精度不满意，另外使用了测速发电机。如果再加上油耗传感器则可以测量燃油消耗量。

整套试验台架中的转速、转矩和油耗等传感器，及其信号的后续传输、处理和记录显示装置等，就构成本节研究的"测试系统"。

一、测试系统的基本组成

按照"模块化"的观点，一整套测试装置可以看成是一个总系统，它是由若干环节（即子系统）组成的。

总体而言，一个完整的测试系统，从被测物理量的变换和传输过程来看，主要包括三个环节：**传感器、信号调节器、记录与显示装置**。另外还可能有定度、校准设备及数据处理装置，如图 2-2 所示。

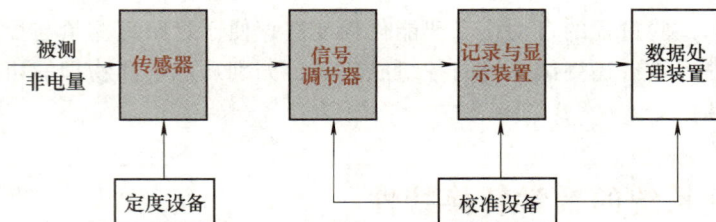

图 2-2 测试系统的基本组成

（1）传感器　在不同的应用领域和不同的文献中，对"传感器"可能有不同的定义，但其本质都是相同的。从信号处理的角度出发，本书将其定义为：将被测物理量（通常是非电量）转换成电信号的装置，也称为感应器或变送器。传感器的基本功用就是感知被测信号，这种感知有时被形象地称为"拾取"。

（2）信号调节器　信号调节器负责信号的中间变换，以及各种变换装置之间的传输。一般来说，来自传感器的信号，不能直接使用，需要经过中间变换后，才能成为能量足够、

波形标准、不易失真、干扰少、便于传输的电信号，供记录或显示。"信号调节器"是一个统称，具体种类有很多，功能包括阻抗匹配，多路信号的切换，信号的放大、整形、滤波，调制与解调，数字量和模拟量的相互转换等。在实际工作中，应根据试验目的和信号特点，选用合适的信号调节器。

（3）记录与显示装置　该装置是测试系统的输出端，可称为"负载"。测试系统的输出信号，就是通过这个环节记录或直接显示的。记录或显示的数据通常交由数据处理装置做进一步分析和计算，但该装置已不属于"被测物理量的变换和传输过程"范畴。

传感器、信号调节器和记录与显示装置这三个环节是测试系统的主干，它们直接负责被测信号的测量。

同时，为了使测试系统自身工作正常、结果可靠，整套测试系统还需要有定度和校准等装置。

（4）定度　定度也称为标定，就是确定测试装置的输出—输入关系，如图 2-3 中实线所示。很显然，传感器等测量装置，只有经过标定，确定了输入量转换为输出量的定量关系，才能根据其输出量来推断输入量，也就是进行测量。

（5）校准　对于试验工作中所使用的传感器、信号调节器等测量装置，由于装置自身技术状况变化或者环境不标准等因素的影响，其灵敏度、幅频特性或截止频率等性能参数与标称值可能存在偏差，这时就需要校准。**校准**，就是在同一输入信号的作用下，用该工作装置与更高精度等级的标准装置的输出信号进行比较，找出工作装置的误差，进行修正。

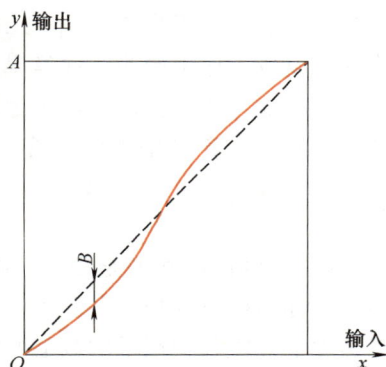

图 2-3　定度曲线与非线性度

二、对测试系统的基本要求

一个理想的测试系统，要满足以下三点基本要求。

要求 1：具有单值、确定的输出—输入关系

这就要求系统的一个输入值 x 只能对应一个输出值 y，同样，一个输出值 y 也只能对应一个输入值 x，输入和输出之间就是数学上的"一一映射"关系。不满足该关系，同一个输入会引起不同的输出或者同一个输出对应不同的输入，系统将无法工作。

例如，在图 2-4 中，系统不具有"一一映射"的输出—输入关系，无法由输出 y_0 推断输入是 x_1 还是 x_2。

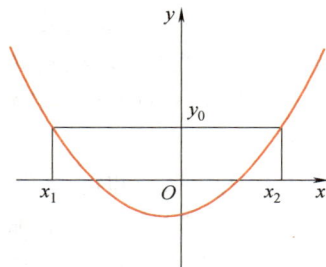

图 2-4　不满足单值、确定的输出—输入关系的系统特性

要求 2：满足单向性

所谓"单向性"，是指被测系统的输出可以对测试系统施加影响，而测试系统对被测系统没有反作用或者反作用尽量小。就是说不能因为设置了测试系统而影响被测系统原来的工作状况。例如，本章第二节介绍的"滑变电阻式传感器"，由于触头和电位计导体电阻之间

存在机械接触，相对运动时产生摩擦力，会干扰原被测量的运动，传感器的单向性有所降低；而同样是测量位移，电感式或电容式传感器，不存在机械接触，静电或电磁阻力也很小，单向性就较好。

要求3：满足线性度

线性度是指测试系统或其某一环节的输出—输入关系成线性（见图2-3）。这样，计量仪表的刻线是线性方程，测试系统在整个测量范围内具有固定的灵敏度（"灵敏度"的概念参见下文中的"测试系统的静态特性"）。事实上，很多测试装置的工作特性是非线性的，因为其信号变换的基本物理原理就是非线性的，同时还可能存在非线性的外界干扰。这就需要在测量装置的硬件匹配或后续数据处理中考虑这一问题，尽量提高线性度。这方面的例子，可以参见本章第二节关于电容式传感器和电感式传感器的内容。

上述三点要求，尤其是后两点，由于装置的工作原理和工作环境等限制，追求绝对的单向性和线性度是很困难的。试验工作者的任务，往往是尽量选择单向性好的传感设备，尽量消除仪器设备工作中的非线性等误差。

还有其他一些特性，可以衡量测试系统的"好"与"不好"，将在下文的"静态特性"和"动态特性"部分中进行介绍。

三、系统的基本思想

所谓**"系统"**，按照全国科学技术名词审定委员会的定义，就是"为实现规定功能以达到某一目标而构成的相互关联的一个集合体或装置（部件）。"按这个定义的表述，测试系统就是为了确定某物理量的数值而由传感器、信号调节器和记录与显示装置等构成的一个集合体。这个定义比较侧重于物理变换方面。

如果不细究测试系统内部的物理组成、各子系统的不同功用和工作原理，可以将整个测试系统看作一个"单元"，这个单元有输入，有输出。暂时不考察测试系统内部的详细物理构造和工作原理，将其视作一个"黑箱"，那么这个黑箱的基本功能就是将输入量 x 按某种关系转换成输出量 y，这里的"某种关系"指的就是系统本身的特性，通常用符号 h 代表。也就是说，可以将系统的功能看成一个"函数"。换言之，系统的特性就体现为输出 y 与输入 x 的关系。其转换关系如图 2-5 所示。

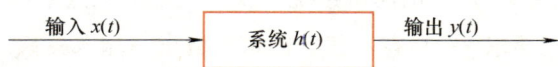

图 2-5　系统转换特性

在输入、系统和输出三个环节中，已知两个，就可以求解另一个。

1）已知系统特性 h 和输出 y，就可以推断输入信号 x，这就是测量。换言之，试验就是将被测量输入测试系统，观察和分析输出信号，结合已知的系统特性，从而确定输入量。

2）已知输入 x 和输出 y，可以确定系统特性 h，这就是定度（标定）。也就是说，定度是对系统施加一个已知的输入量，得到一个输出量，系统特性就体现为输出量和输入量之间的关系。

3）如果已知输入信号 x 和系统特性 h，则可以在不进行实测的条件下确定输出量 y，这称为输出信号预测。例如各种仿真分析，可参阅第三章相关内容。

可见，对于试验（测量）来说，最终的目的就是求输入量。求输入量 x 需要输出信息 y 和系统特性 h。y 由测试系统的终端环节给出（如仪表显示或记录、处理后的数据），那么

测量的一个关键就是确定测试系统的特性。

本节所研究的"系统特性"，就是基于这种"输入→系统→输出"的模型，主要从数学转换的角度研究系统特性，也就是输出量 y 与输入量 x 的关系，而不详细研究试验装置的具体物理构型和工作原理。涉及的一些物理模型只是作为系统特性分析的实例。

按照输入、输出信号的变化规律，系统特性分为静态特性与动态特性两种。

四、测试系统的静态特性

静态，指的就是测试系统的输入和输出都不随时间变化的状态。

一般来说，输入和输出两者中有一个不变，那么另一个也将是固定不变的。否则，就意味着系统特性在变化，我们一般不研究这样的系统。另外，如果信号变化非常缓慢，在测试观察期间可以忽略其变化时，也可视作静态。

由于系统处于静态，意味着施加一个确定的输入量 x，就对应一个确定的输出量 y，也就是说，可以直接研究输入量 x 与输出量 y 之间的关系。于是，测试系统的静态数学模型可以表达为

$$y = a_0 + a_1 x + a_2 x^2 + \cdots + a_n x^n \tag{2-1}$$

式中，x 为系统的输入量；y 为系统的输出量；a_0，a_1，a_2，$\cdots$，a_n 为常数。

系统及其特性，就取决于 a_0，a_1，a_2，$\cdots$，a_n 的数值。给定一组 a_0，a_1，a_2，$\cdots$，a_n，在数学上就是确定了一个系统。

研究静态特性，就是研究式（2-1）的特性，或者说输出—输入关系曲线。具体来说，测试系统的静态特性包括：零点漂移、灵敏度、分辨率、非线性度、回程误差和信噪比等。

1. 零点漂移

零点漂移的含义是：当测试系统的输入为零时，输出不为零。显然，造成零点漂移的原因就是式（2-1）中的参数 a_0 不等于零。也就是说，零点漂移表达的是 y—x 关系曲线在纵坐标上的截距（见图 2-6b）。

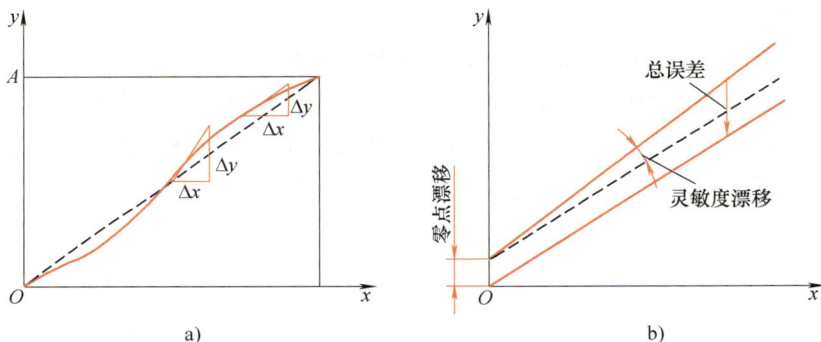

图 2-6 灵敏度及其漂移与零点漂移
a）灵敏度 b）漂移

零点漂移没有改变输出—输入变化的比例关系，只是数据曲线不通过原点，不大符合人们的认知习惯。对于测量仪表，可以通过使用前的"调零"，将输入为零时的输出调节为零。对于存在零点漂移的试验数据曲线，则可以通过坐标平移来抵消零点漂移。

2. 灵敏度

灵敏度是系统的输出增量 Δy 与输入增量 Δx 之比，通常记作 S，也就是输出—输入关系曲线上各点的斜率，如图 2-6a 所示。灵敏度是很重要的静态特性参数，反映系统将输入转换成输出时的"放大能力"。为了强调其静态意义，有的资料称为"静态灵敏度"。

显然，灵敏度就是输出 y 对输入 x 的一阶导数，其数值取决于式（2-1）中 a_0，a_1，a_2，$\cdots$，a_n 的数值。一般来说，测试装置的灵敏度以高些为好，这就意味着很小的输入量变动就能引起显著的输出量变化，这就是"灵敏"。但测试装置的灵敏度过高，往往会引起测量范围变窄、装置的稳定性下降。

灵敏度不仅要足够高，还要足够稳定。而事实上，对于给定的测试系统，即使被测量 x 不变，由于系统自身特性的改变或者环境条件改变等因素的影响，造成式（2-1）中 a_0，a_1，a_2，$\cdots$，a_n 数值的变化，从而引起系统输出 y 的改变，就表现为灵敏度的改变，称为**"灵敏度漂移"**，如图 2-6b 所示，就是曲线斜率的变化。灵敏度漂移常以在输入不变的情况下每小时输出的变化量来衡量，越小越好。

图 2-6b 中的"总误差"是相对于绝对理想的 $y = a_1 x$ 关系而言的，由零点漂移和灵敏度漂移两个因素构成。

3. 分辨率

分辨率又称分辨力或灵敏限，指的是测试装置能将两个相邻的独立细节区分开的最小间隔。换言之，当测试系统的输入（即被测量）变化量由无穷小逐渐增大到该间隔时，其产生的输出将会被察觉到。例如，对于模拟仪表来说，分辨率就是标尺最小刻度值的一半；对于数字仪表，就是显示末位的 1 个单位值。

注意，分辨率与灵敏度有相似之处，但不完全是一个概念。通俗地讲，灵敏度指的是在一定输入下，系统的输出被"放大"了多少倍；而分辨率则是说输入的变动达到一定程度，输出就会被"感知"到。

4. 非线性度

非线性度是指测试系统的实际输出—输入关系与理想线性关系的偏差（见图 2-3）。

图 2-3 中实线[一]为定度曲线，也就是通过测试得到的系统输出—输入关系实际特性。虚线是根据实际特性进行拟合得到的理论直线。B 是实际曲线与理论直线的最大差值，A 是仪器的标称输出范围（即满量程）。

定量评价   非线性度 $= \dfrac{B}{A} \times 100\%$

5. 回程误差

理想的测试系统应该具有单值、确定的输出—输入关系，但是实际测试系统可能在同一输入下对应不同的输出。通常表现为在同一输入量下，正向输入（输入量由小到大，即加载）和反向输入（输入量由大到小，即卸载）时，所对应的输出量不同，这就是**回程误差**。

[一]　定度数据实际上往往是若干数据对 $\{x_i, y_i\}$（$i = 1, 2, \cdots, m$），当数据点足够多、足够密集时，"逼近"出该实线。

如图 2-7 所示，上行程和下行程的输出—输入关系曲线不重合。

图中 Δh 是正向输入与反向输入所对应的输出的差值，称为滞后量。

定量评价　　回程误差 $= \dfrac{\text{最大滞后量 } \Delta h_{\max}}{\text{满量程 } A} \times 100\%$

回程误差的产生，主要来源于各种滞后的物理效应，以及仪器设备存在不工作区（即死区，见图 2-8）。滞后效应包括磁性材料的磁化与退磁、弹性材料的变形与恢复等，例如垂直载荷作用下滚动轮胎的弹性迟滞效应；机械运动结构中的摩擦和间隙（即自由行程）则是产生不工作区的主要原因。

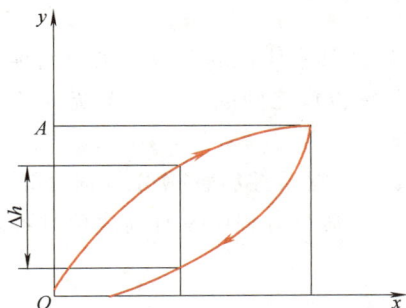

图 2-7　回程误差

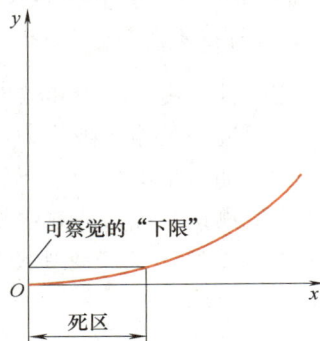

图 2-8　死区

　　如果在输入量 x 的某个区间内，系统的灵敏度非常低，输入量的变化不足以引起输出量有任何可察觉的变化，这个区间俗称**死区**。也就是说，死区的形成是由于系统的分辨力有限，而系统在该工作区间的灵敏度又很低。

6. 信噪比

信噪比，即信号幅值对噪声幅值之比，通常用分贝值 dB 等对数参数表示（分贝的概念可参见本章第三节中滤波器部分）。这里的"噪声"，指的是杂乱无章的随机干扰。对于正弦信号，幅值可以取均方根值或者峰值；对于非正弦信号，则可取信号峰值。

测试时，总是希望获得灵敏度和分辨率高的测试装置，但是高灵敏度和高分辨率的装置，其信噪比往往较低。因此，要权衡各方面因素，综合考虑。

　　严格来说，"信噪比"应该属于动态范畴，因为信号有可能是随时间变化的。但是其定义和分析思路，与下文的频率响应特性有很大不同，故置于此处。

综上所述，从静态特性的角度看，好的测试系统应该具有足够高和足够稳定的灵敏度、分辨率和信噪比，非线性度和回程误差则要尽可能地小，同时采取措施尽量消除零点漂移。

五、测试系统的动态特性

与静态的定义相对，**动态**指的是系统的输入和输出随时间变化的状态。对于汽车试验来说，因为输入信号（被测物理量）大多处于变化中，所以研究测试系统的动态特性更有意义。

1. 测试系统的动态数学模型——微分方程

系统特性体现为输出量和输入量之间的关系，所以首先要建立系统的输出—输入关系的数学模型。**数学模型**，一般是在对实物原型进行适当假设和简化的基础上，根据物理定律，建立起一个或者一组方程，将系统的输入量和输出量联系起来。

例如，在汽车的平顺性研究中，对汽车振动系统进行不同程度的简化，建立起联系路面不平度输入 q 和车身垂直位移输出 z 之间的单质量系统模型或双质量系统模型，并根据牛顿第二定律列出其微分方程。

对于动态特性，由于输入和输出都在变化，研究其个体值的对应关系很困难，也没有意义，所以需要研究的是输入函数 $x(t)$ 和输出函数 $y(t)$ 之间的关系。系统的功能，或者说系统特性，就是如何把函数 $x(t)$ 转换成函数 $y(t)$。

对于大多数测试系统，其数学模型可以写成一个**常系数线性微分方程**（这种系统也称为"时不变线性系统"或"线性定常系统"等），即微分方程中没有高次项且各阶导数的系数都是常数。其一般式为

$$a_n \frac{\mathrm{d}^n y(t)}{\mathrm{d}t^n}+a_{n-1}\frac{\mathrm{d}^{n-1}y(t)}{\mathrm{d}t^{n-1}}+\cdots+a_1\frac{\mathrm{d}y(t)}{\mathrm{d}t}+a_0 y(t)=$$
$$b_m \frac{\mathrm{d}^m x(t)}{\mathrm{d}t^m}+b_{m-1}\frac{\mathrm{d}^{m-1}x(t)}{\mathrm{d}t^{m-1}}+\cdots+b_1\frac{\mathrm{d}x(t)}{\mathrm{d}t}+b_0 x(t) \tag{2-2}$$

式中，x 为系统的输入量；y 为系统的输出量；a_0，a_1，$\cdots$，a_{n-1}，a_n，b_0，b_1，$\cdots$，b_{m-1}，b_m 为常数，属于系统结构参数。

也就是说，要写出微分方程，必须知道系统的结构参数。

2. 线性系统的主要性质

（1）叠加特性 几个输入同时作用于系统所引起的输出，等于这些输入单独作用于系统所引起的输出之和。叠加特性又称为可加性。

这个特性的本质就是：一个激励的存在，并不影响其他激励引起的响应。由此，可以衍生出信号分析中广泛使用的"分量"的思想：当系统的输入信号很复杂时，可以将这个复杂输入看成是若干"输入分量"的叠加，逐个分析这些输入分量单独作用于系统所引起的效果，然后把这些效果加起来，所得就是原先的复杂输入所引起的输出。例如各种频域分析工具，通常将输入看成是若干频率各异的信号分量的叠加，进而研究这些分量的特征。

（2）比例特性 某输入的若干倍作用于系统所引起的输出，等于该输入直接作用于系统所引起的输出的若干倍。比例特性又称为齐次性。

（3）微分特性 某输入先求微分，再作用于系统所引起的输出，等于该输入直接作用于系统所引起的输出，再求微分。

（4）积分特性 某输入先求积分，再作用于系统所引起的输出，等于该输入直接作用于系统所引起的输出，再求积分。

（5）频率保持性 线性系统，若输入为某一频率的正弦信号，则其稳态输出将保持同

一频率。**稳态**是指输入和输出信号都进入等幅周期振荡状态。

频率保持性也有很重要的意义。由于信号在线性系统中传输和变换时，其频率不会改变，所以，通常以信号的频率作为其"索引信息"。例如，对于形如 $x(t)=X_0\sin(2\pi ft+\varphi)$ 的信号，通常称为"频率为 f 的那个分量"，而不说成"幅值为 X_0 的"或者"初始相位为 φ 的"，因为幅值和相位信息在传输和变换过程中会改变。

另外，对于线性测试系统，如果确知输入的频率，那么系统的输出信号中就只有该频率的成分才有可能是这个输入所引起的，其余频率的分量都是噪声干扰，可以采取诸如滤波等技术手段将其去除。

3. 传递函数

当初始条件为零时，系统输出的拉普拉斯变换与系统输入的拉普拉斯变换之比，即为系统的**传递函数**。

由数学分析可知，当微分方程写作式（2-2）时，得到传递函数 $H(s)$，即

$$H(s)=\frac{b_m s^m+b_{m-1}s^{m-1}+\cdots+b_1 s+b_0}{a_n s^n+a_{n-1}s^{n-1}+\cdots+a_1 s+a_0} \tag{2-3}$$

式中，a_0，a_1，$\cdots$，a_{n-1}，a_n 与 b_0，b_1，$\cdots$，b_{m-1}，b_m，就是式（2-2）中的那些常数，即系统参数。

可见，传递函数仅取决于系统自身的特性，与输入函数 $x(t)$ 及系统的初始条件无关。

传递函数仅依赖于系统的数学模型，与系统的具体物理结构无关。许多物理上完全不同的系统，其微分方程形式相同，那么就可以具有相同的传递函数，称为**相似系统**。这一点在后面的实例中可以看出来。

> 传递函数是一种以复参量 s 为自变量的代数方程，它避免了求解微分方程的困难，可以直观、方便地研究线性系统的动态特性。传递函数是一种非常重要的数学分析工具，它是许多现代学术理论的基础，广泛应用于很多学科和工程技术领域。在不同的应用领域和文献资料中，传递函数可能有不同的定义，但其数学本质是相同的。

4. 频率响应函数（频率响应特性）

（1）频率响应函数的数学定义　由数学理论可知，当系统的输入为简谐量时，可写作 $x(t)=X_0\sin(\omega t+\varphi_1)$，传递函数定义中的复参量可以取 $s=j\omega$，则传递函数 $H(s)$ 就变成**频率响应函数** $H(j\omega)$，也称为频率响应特性，简称频响函数或频响。当传递函数表达为式（2-3）时，频率响应函数为

$$H(j\omega)=\frac{b_m(j\omega)^m+b_{m-1}(j\omega)^{m-1}+\cdots+b_1 j\omega+b_0}{a_n(j\omega)^n+a_{n-1}(j\omega)^{n-1}+\cdots+a_1 j\omega+a_0} \tag{2-4}$$

式中，$j=\sqrt{-1}$，即虚单位。

可以看出，当利用频率响应函数分析系统的动态特性，而并不需要研究传递函数本身时，可以由式（2-2）直接导出频率响应函数，即式（2-4）。

由于频率 f 与圆频率 ω 存在 $\omega=2\pi f$ 的简单关系且 j 为常数，所以频率响应函数可以写作 $H(j\omega)$、$H(\omega)$ 或 $H(f)$。

在物理量测试和信号的分析处理中，通常感兴趣的是系统对不同频率的正弦激励的响应，就是测试系统对于不同频率谐波的转换特征，这时候就可以利用频率响应函数来表示。频响函数通常用傅里叶变换表示，傅里叶变换是取 $s=j\omega$ 的双边拉普拉斯变换的一个特例（傅里叶变换的定义见第六章第二节）。频响函数实际上是线性系统的稳态响应分量，只有再加上瞬态响应分量，才能构成系统的全响应，即系统的传递函数。**稳态**指的是输出和输入均不变化或均作周期性变化，而周期信号中最有代表性的就是正弦信号，所以也有资料将频率响应函数称为**正弦传递函数**。

由式（2-4）可知，频率响应函数 $H(j\omega)$ 是一个复数，通常对其进行三角分解，即分解为模和相角，也就是下文中的幅频特性和相频特性。

（2）频率响应特性的基本思想——频率响应函数的工程解释　对于一个线性系统，令其输入为任意正弦信号 $x(t)=X_0\sin(\omega t+\varphi_1)$，那么根据频率保持性，达到稳态时其输出的频率将保持不变，输出量与输入量的差异就在于幅值和相位。于是可以将输出写作 $y(t)=Y_0\sin(\omega t+\varphi_2)$。

可见，系统的动态特性就表现为如何将 X_0 转换成 Y_0、如何将 φ_1 转换成 φ_2。于是定义频率响应函数 $H(j\omega)$ 为系统的输出量与输入量之比，即 $H(j\omega)=\dfrac{Y}{X}$。

这里的输出量 Y 和输入量 X，指的都是谐量，在频率相等的条件下，包含各自的幅值和相位信息。可以写作复振幅：$X=X_0\mathrm{e}^{j\varphi_1}$，$Y=Y_0\mathrm{e}^{j\varphi_2}$。

经数学推证，可以得到以下定义。

1）幅频特性（幅频函数）$A(\omega)$：频率响应函数的模，又称为幅值比，在有的资料中称为"增益"，为输出幅值与输入幅值之比，即 $A(\omega)=|H(j\omega)|=\dfrac{Y_0}{X_0}$。

幅频特性的含义可以理解为：系统对于输入信号的幅值具有某种放大能力（如果 $A(\omega)<1$，实际上就是衰减），其"放大倍数"是信号频率的函数。

如果信号的频率为零，那么就是静态信号，此时输出与输入之比就是灵敏度。也就是说，$A(0)=S$。

2）相频特性（相频函数）$\varphi(\omega)$：频率响应函数的相角，为输出谐量与输入谐量的相位差，即 $\varphi(\omega)=\underline{/H(j\omega)}=\varphi_2-\varphi_1$

相频特性的含义可以理解为：系统对于输入信号的相位具有某种导前能力（如果 $\varphi(\omega)<0$，实际上就是滞后），其"导前角度"是信号频率的函数。

由上述分析和讨论可知，求解系统动态特性的思路如下：

① 确定系统的物理模型，进行数学抽象，生成微分方程。

② 由微分方程可以确定传递函数，进而写出频率响应函数，或者由微分方程直接写出频响函数。

③ 求频响函数的模，就是幅频特性；求频响函数的相角，就是相频特性。线性系统的动态特性就体现为幅频特性 $A(\omega)$ 和相频特性 $\varphi(\omega)$。

下面，研究一阶系统和二阶系统的频率响应特性。

1）一阶系统。如果系统的微分方程中求导的最高阶数是一阶，就称该系统为**一阶系**

统。其微分方程的一般式可以写作 $a_1 y'(t) + a_0 y(t) = b_0 x(t)$。稍加变形，即可得到

$$\tau \frac{\mathrm{d}y(t)}{\mathrm{d}t} + y(t) = S x(t) \tag{2-5}$$

式中，$\tau = \dfrac{a_1}{a_0}$，称为时间常数；$S = \dfrac{b_0}{a_0}$，就是**灵敏度**。

"灵敏度"这一概念属于静态范畴。当系统处于静态时，输入和输出都不随时间变化。此时无论对应于几阶系统、式（2-2）有多复杂，其中所有含有导数的项都为零，微分方程一定化为 $a_0 y(t) = b_0 x(t)$。显然输出与输入之比就是 $\dfrac{b_0}{a_0}$，即灵敏度。

由式（2-5）可以得出传递函数为

$$H(s) = \frac{S}{\tau s + 1} \tag{2-6}$$

研究系统的动态特性时，为方便起见，通常令 $S = 1$，称为"灵敏度的归一化"，此时传递函数式（2-6）可化为

$$H(s) = \frac{1}{\tau s + 1} \tag{2-7}$$

将 s 改作 $\mathrm{j}\omega$，就可由式（2-7）得到频率响应函数为

$$H(\mathrm{j}\omega) = \frac{1}{\tau \mathrm{j}\omega + 1} \tag{2-8}$$

分别计算其模和相角，得到幅频特性 $A(\omega)$ 和相频特性 $\varphi(\omega)$ 如下：

$$A(\omega) = \frac{1}{\sqrt{1 + (\omega\tau)^2}} \tag{2-9}$$

$$\varphi(\omega) = -\arctan(\omega\tau) \tag{2-10}$$

一阶系统的幅频特性和相频特性曲线如图 2-9 所示。

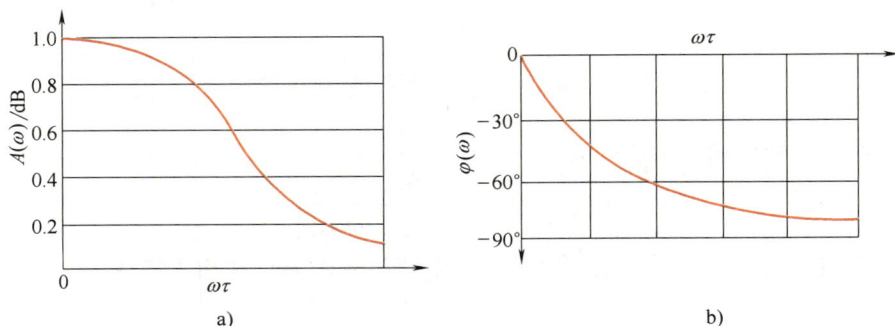

图 2-9 一阶系统的频率响应特性
a）幅频特性 b）相频特性

由于一阶系统的幅频特性和相频特性表达式中，频率 ω 总是和时间常数 τ 相乘出现，所以在特性曲线中，习惯上将横坐标取为 $\omega\tau$。

由公式和曲线可以看出，$\omega\tau$ 越小，或者说在给定信号频率 ω 的情况下时间常数 τ 越小，幅频特性越接近 1，且近似为常数，也就是输出相对于输入的幅值衰减越小。同时，时间常数 τ 越小，相频特性越接近 0，且近似为线性，即输出相对于输入的相位滞后越小。

一阶系统的实例，有忽略质量的弹簧阻尼系统和忽略电感的简单 RC 电路等。如图 2-10 所示。

读者可尝试分别利用牛顿第二定律和欧姆定律，列出二者的微分方程、频响函数 $H(j\omega)$，进而写出幅频特性 $A(\omega)$ 和相频特性 $\varphi(\omega)$，绘制其特性曲线。各函数和曲线的基本特性，将与式（2-9）、式（2-10）以及图 2-9 相同。

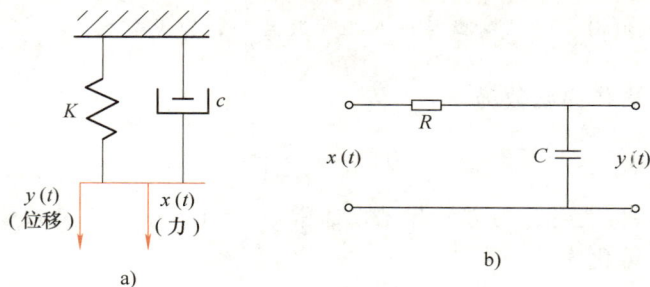

图 2-10　一阶系统的机械实例和电路实例

2）二阶系统。物理分析可知，机械系统中的惯性元件和电路系统中的电感元件，在微分方程中都表现为二阶项，而实际工作系统的惯性或电感，更多时候是不能忽略的。因此，实际的测试系统或者其他应用的工作系统，以二阶系统最为常见。其微分方程的一般式可以写作

$$a_2 y''(t) + a_1 y'(t) + a_0 y(t) = b_0 x(t)$$

对二阶系统，作如下特性参数的定义：

灵敏度　　　　　　　　$S = \dfrac{b_0}{a_0}$

固有频率　　　　　　　$\omega_n = \sqrt{\dfrac{a_0}{a_2}}$ 　　　　　　　　　（2-11）

阻尼比　　　　　　　　$\zeta = \dfrac{a_1}{2\sqrt{a_0 a_2}}$

则二阶系统的频率响应函数可表达为

$$H(j\omega) = \frac{S\omega_n^2}{(j\omega)^2 + 2\zeta\omega_n j\omega + \omega_n^2} \tag{2-12}$$

作灵敏度归一化，令 $S=1$，则二阶系统的幅频特性 $A(\omega)$ 和相频特性 $\varphi(\omega)$ 分别为

$$A(\omega) = \frac{1}{\sqrt{\left[1 - \left(\dfrac{\omega}{\omega_n}\right)^2\right]^2 + 4\zeta^2\left(\dfrac{\omega}{\omega_n}\right)^2}} \tag{2-13}$$

$$\varphi(\omega) = -\arctan\left[\frac{2\zeta\left(\dfrac{\omega}{\omega_n}\right)}{1 - \left(\dfrac{\omega}{\omega_n}\right)^2}\right] \tag{2-14}$$

二阶系统的幅频特性和相频特性曲线如图 2-11 所示。

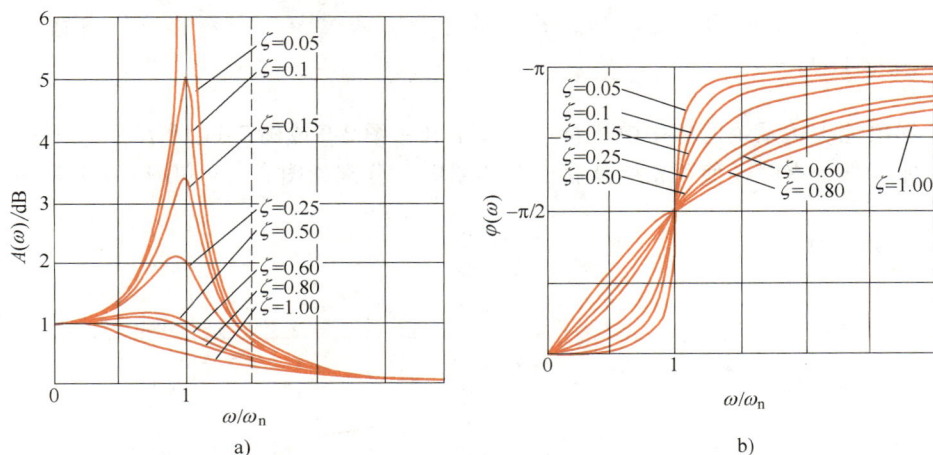

图 2-11　二阶系统的频率响应特性

a）幅频特性　b）相频特性

由于在二阶系统的幅频特性和相频特性表达式中，信号频率 ω 总是和固有频率 ω_n 相除出现，所以在特性曲线中，习惯上将横坐标取为 ω/ω_n，有时称为频率比。

对于幅频特性，如果阻尼比 ζ 大于 1，曲线单调下降，没有振荡。如果阻尼比 ζ 小于 1，则曲线出现振荡，幅频特性的峰值出现在固有频率附近，阻尼比越小，峰值越高。

当按 $\omega_n = \sqrt{\dfrac{a_0}{a_2}}$ 计算时，得到的固有频率 ω_n 为无阻尼固有频率。对于存在阻尼的情况，幅频特性的峰值对应频率为有阻尼固有频率 ω_r，$\omega_r = \omega_n\sqrt{1-\zeta^2}$。

信号频率 ω 等于固有频率 ω_n，也就是频率比为 1，就是**共振**。类似"共振时系统的输出幅值极大"的说法众所周知，图中也可见到。但是要注意，其成立需要两个条件：①阻尼比 ζ 要足够小；②系统要达到稳态，也就是经过充分长时间的输入激励作用，输出也达到同频等幅振荡状态。

从相频特性上看，无论阻尼比 ζ 多大，在共振频率下，输出总是滞后于输入 90°。

其中，当阻尼比 ζ 约为 0.7、固有频率远大于信号频率（即频率比 ω/ω_n 远小于 1）时，幅频特性近似为常数，相频特性基本成线性。

二阶系统的实例，有弹簧阻尼质量系统和简单 LRC 电路等，如图 2-12 所示。

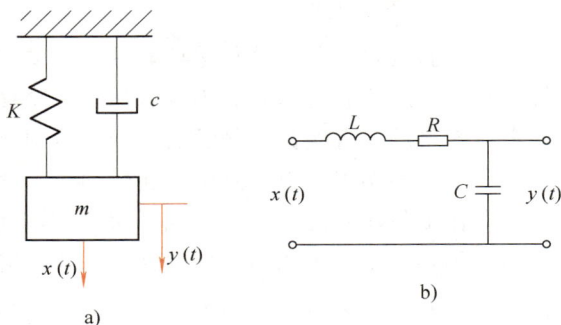

图 2-12　二阶系统的机械实例和电路实例

以上介绍的是比较常见的、典型的一阶系统和二阶系统。在各项具体工作中，系统的组成不同，微分方程的构型也不同，并非所有一阶系统和二阶系统的频响特性都类似图 2-9 和图 2-11 所示。

为了形象地表达系统的频率响应特性，除了利用图 2-9 或图 2-11 所示的幅频特性曲线和相频特性曲线外，有时还使用奈奎斯特图和伯德图，分别如图 2-13a 和图 2-13b 所示。

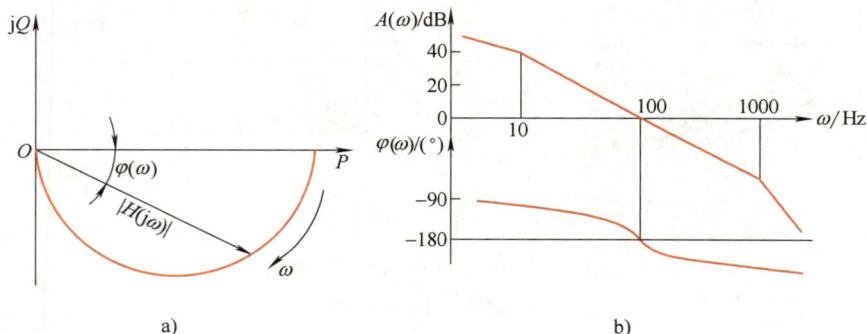

图 2-13　频率响应特性的其他图示法

a）奈奎斯特图　b）伯德图

奈奎斯特图，又称为幅相特性曲线或极坐标图，简称奈氏图。它把频响函数看成一个向量，绘制在一个复平面坐标上。

以图 2-13a 为例，频响特性类似于图 2-9 所示，具有某种"低通滤波"的性质。

奈氏图紧凑、简练，将频率响应特性表达在一个坐标系内，容易看出幅频特性 $A(\omega)$ 和相频特性 $\varphi(\omega)$ 随频率 ω 的变化趋势。在控制工程领域有较多应用。

如果将幅频特性曲线和相频特性曲线，改用对数坐标重新进行分度，就得到**伯德图**，也有译作波特图，如图 2-13b 所示。

在伯德图上，横轴按频率 f 的常用对数值 $\lg f$ 均匀分度，仍按原数值 f 标记；幅频图的纵轴按 $20\lg A(\omega)$ 均匀分度，标记其分贝值 dB；相频图的纵轴则仍然采用相频特性值 $\varphi(\omega)$ 线性均匀分度。以图 2-13b 为例，当频率超过 100Hz 后，幅频特性值小于 1，系统对输入起衰减作用；相频特性值小于 $-\pi$，输出滞后于输入超过半个周期。

5. 不失真测量的条件

对任何试验装置，我们总是希望其灵敏度高、频响特性好、响应速度快和时间滞后小等。然而，全面满足这些要求是困难的，有些甚至是矛盾的。那么对于动态测试来说，首先要实现不失真测量。通俗地讲，我们可以先不考虑输出与输入的放大倍率或者跟踪响应速度等要求，但起码要满足输出和输入相似这个基本要求。

不失真测量：输出与输入波形精确地相似，幅值和相位允许有差异，如图 2-14 所示。

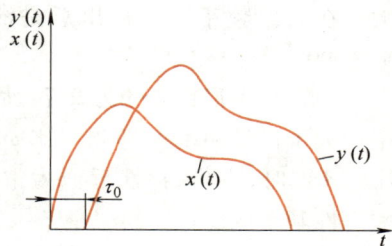

图 2-14　波形不失真地复现

注意，这里的"相似"指的是纵坐标方向上，也就是信号幅值方面。波形的横坐标宽度必须严格相等，因为横坐标是时间，波形的时间宽度不相等就意味着信号的周期不相等，那就违反了线性系统最基本的频率保持性。

经数学分析可知，对于线性系统，要实现不失真测量，就必须同时满足两个条件：**幅频特性为常数和相频特性成线性**，即

$$\left.\begin{array}{l} A(\omega) = A_0 \\ \varphi(\omega) = -\tau_0 \omega \end{array}\right\} \tag{2-15}$$

式中，A_0 和 τ_0 为常数。

技术术语中经常提到的"频率响应特性好"或"频响范围宽"等，对于测试系统来说，指的就是在很宽的信号频带内，都能在很大程度上满足不失真测量的条件，也就是保证信号的频率 ω 在大范围内变动时式（2-15）都能近似成立。

对于一阶系统，由相关公式和曲线可以看出，为满足式（2-15），就要求 $\omega\tau$ 尽可能小。好的测试系统，应该尽可能做到对任何频率的信号都能不失真测量，所以**一阶系统不失真测量的条件就是时间常数 τ 越小越好**。

一阶系统的时间常数 $\tau = \dfrac{a_1}{a_0}$，而灵敏度 $S = \dfrac{b_0}{a_0}$。如果 a_0 过大，可能会引起灵敏度下降，所以事实上降低时间常数通常从降低 a_1 着手。

对于机械振动系统，a_0 相当于弹簧刚度，a_1 相当于阻尼系数；对于电工学系统，a_0 相当于电容的倒数，a_1 相当于电阻。

对于二阶系统，由相关公式和曲线可以看出，为满足式（2-15），就要求阻尼比 ζ 为 0.7 左右，同时频率比 $\dfrac{\omega}{\omega_n}$ 远小于 1，即测试系统的固有频率 ω_n 尽量高。但由 $\omega_n = \sqrt{\dfrac{a_0}{a_2}}$、灵敏度 $S = \dfrac{b_0}{a_0}$ 可以看出，固有频率过高，很可能意味着系统参数 a_0 过大，从而引起灵敏度下降。计算也表明，对于简单正弦信号，频率比 $\dfrac{\omega}{\omega_n}$ 小于 0.58 效果就很好，不必过分提高固有频率。而对于复杂工程信号，最好能做到频率比 $\dfrac{\omega}{\omega_n}$ 小于 0.1。

从理论上说，提高固有频率 ω_n 也可以通过降低 a_2 来实现，但考虑到系统的实际物理构型，大幅度降低 a_2 是不容易的。例如，对于机械振动系统而言，a_2 是质量或转动惯量，一个装置的质量或尺寸总是不能无限降低的。

因此，**二阶系统不失真测量的要求有以下三点：**

1）阻尼比 $\zeta \approx 0.7$（或者认为取 0.6 ~ 0.8 之间比较合适）。

2）频率比 $\dfrac{\omega}{\omega_n} \ll 1$，也即固有频率 ω_n 足够高。

3）固有频率 ω_n 也不能太高，否则会导致灵敏度降低。

请注意：在本节分析中，认为系统的频率响应特性取决于系统参数，即数学推导体系的出发点是式（2-2）中的 a_0，a_1，$\cdots$，a_{n-1}，a_n 与 b_0，b_1，$\cdots$，b_{m-1}，b_m。这种思路适用于系统的原理分析、设计和选择等工作。但是，如果该系统自身是测试研究的对象，工作目的就是确定这个系统的特性，那么上述参数很可能是未知的，或者说微分方程是写不出来的。此时，就需要采用试验的方法，利用输出与输入的关系来求解系统的频率响应特性。具体可以参看第六章第二节利用功率谱密度函数求解系统频响特性的有关内容。

第二节　传感器

传感器是将被测物理量（通常是非电量）转换成电信号的装置，也称为感应器或变送器。

有的定义认为，"变送器"指的是能够输出标准化信号的传感器，也就是说，"变送器"除了将非电量转换成电信号，还能对该电信号进行处理与变换，已经兼具信号调节器的部分功能。尤其是随着集成电路和微电子技术的发展，越来越多的传感器具备了这种"信号标准化"的功能。

这个被测非电量，一般来说就是被测对象工作时的某种输出，例如汽车运行时会发出噪声、变速器传递动力时会存在轴扭矩，这种噪声和扭矩就可以由传感器直接测量。另外，测试对象的某些属性，不易直接感知，需要外界激励装置（激励源）对其进行激励，激发出某种能表征其特性同时又便于测量的信号，由传感器测量。例如，测试排气污染物中 CO、HC 和 NO_x 的含量时，通常是对被测气体成分施加相应的物理或化学激励，分别产生温度变化、热致自由离子和激发态 NO_2^* 分子等信息，然后测定这些信息的量，进而判定 CO、HC 和 NO_x 的含量。（可参见第七章第四节部分。）

在本节的讨论中，并不强调这种信号是被测对象的正常工作输出还是激励源人为施加于被测对象所引起的信号，而一律视作"传感器的输入"。

在实际工作中，同一物理量可以采用多种传感器来测量，例如转速信息，可以采用磁电式、光电式或者霍尔式传感器来测量；另一方面，同一类型的传感器也可以用来测量多种物理量，例如电阻应变片，可以测量力、力矩、温度或加速度等不同信号。

传感器是测试系统的首要环节，其在很多情况下也是整套系统中最关键、技术含量最高的装置，其性能和可靠性的高低，对试验结果的精确度和可信度有极大的影响。实际工作中必须根据试验项目、试验目的、被测量的性质和特点以及试验环境等因素，科学、合理地选择传感器。

传感器的基本构造可以分为两部分：敏感元件和辅助元件。**敏感元件**是传感器的工作核心，直接负责将被测非电量转换为电信号；**辅助元件**则为敏感元件提供必要的机械连接、支承与定位、防护以及信号的初步变换与传输等。尤其是随着电子技术的进步，传感器的信号处理功能越来越强大，辅助电路越来越复杂，很多时候其体量和技术含量都超过了核心敏感元件。

传感器种类繁多，根据输出电信号的性质，可以分为两类：参量式和发电式。

参量式传感器的输出是各种电参量，包括电阻、电容和电感等。电参量本身不具有电场能，需要施加外电源才能表达其电学特性。例如电阻应变片，其基本功能是感受线应变，并将该应变转化成输出电阻的变化，需要有电桥电路配合，对其施加一个供桥电压，电阻的变化才能通过电桥输出电压的变化体现出来；差动变压器式传感器，输入是位移，输出是互感系数的变化，需要施加一个激励电压，使二次线圈产生感应电压，才能体现互感系数的数值。

发电式传感器输出的是电动势（此处的"电动势"泛指具有电能且能够主动驱动测量仪表运转或显示的电学量，包括电压、电流和电荷等），例如磁电式测速发电机可以将转速信号转换成输出电压，压电式加速度传感器可以将压力转化成电荷。因为自身输出电动势，所以传统上认为，发电式传感器不需要外电源。但现代传感器集成了越来越多的信号处理功能，而这些电路是需要电源的，所以，很多发电式传感器在实际工作时也是要配置电源的。

因而，在具体应用时，也常常不严格界定"电动势"与"电参量"的区别，也就是不强调"参量式传感器"和"发电式传感器"的概念，而将传感器的输出统称为"电量"或"电信号"。

根据对理想测试系统的要求，传感器的输出电信号与输入非电量之间应具有单值确定的函数关系，而且尽可能成线性。性能良好的传感器还应该有较高的精确度（精确度的概念参见第五章第一节）、灵敏度、分辨率和信噪比，频率响应范围宽，工作稳定性和可靠性好。另外，还应力求结构简单、成本合理、经久耐用和环境适应能力强。

本节从"输入量→传感器→输出量"的转换角度出发，介绍几类典型的汽车试验用传感器的基本工作原理、性能特点，以及其在汽车试验方面的应用和注意事项等。

一、电阻式传感器

凡是能将被测非电量转化为电阻变化的传感器，都可称为**电阻式传感器**。如前所述，电阻是一种电参量，电阻式传感器产生的电阻变化需要经转换电路转换为电动势，才能进行进一步的传输、处理和记录。

根据产生电阻变化的机理不同，电阻式传感器又可分为电阻应变片式传感器和滑变电阻式传感器。

1. 电阻应变片式传感器

电阻应变片，简称应变片，是一种将线应变转化为电阻变化率的传感装置（应变片不能直接测量切应变）。事实上，任何物理机械量，只要能设法转换成线应变，都可以由应变片来测量。而且应变片还具有尺寸小、重量轻、使用方便、响应速度快、对被测系统影响小以及环境适应性较强等优点，因此广泛应用于力、力矩、压强、温度及加速度等的测量。

（1）**电阻应变片的基本构造和工作原理**　电阻应变片的基本构造如图 2-15 所示。细长的金属丝构成线栅，是应变片的敏感元件，其有效长度 l 称为基长，有效宽度 b 为基宽。基底和盖片起到定位、保护、防潮和密封的作用。应变片是通过在基底的下表面涂胶粘贴在被测零件上的，引线则通过焊接等方式与变换电路（通常是应变仪）连接。

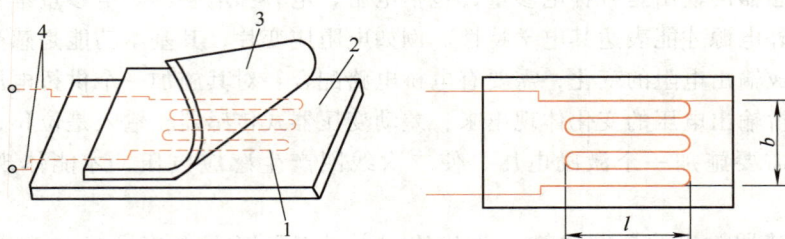

图 2-15　电阻应变片的基本构造

1—敏感线栅　2—基底　3—盖片　4—引线

应变片的工作原理是基于金属导线的**电阻应变效应**，即金属导体在外力作用下，不仅发生机械变形，其电阻也会发生改变。

由电阻定律可知，一根金属导线的电阻 R 与其长度 L、横截面积 A 和电阻率 ρ 的关系为

$$R = \rho \frac{L}{A} \tag{2-16}$$

将式（2-16）两侧取自然对数后再微分，可得

$$\frac{\mathrm{d}R}{R} = \frac{\mathrm{d}\rho}{\rho} + \frac{\mathrm{d}L}{L} - \frac{\mathrm{d}A}{A} \tag{2-17}$$

式中，$\dfrac{\mathrm{d}R}{R}$ 是单位电阻的电阻变化量，称为**电阻变化率**，也就是金属导线的输出；$\dfrac{\mathrm{d}\rho}{\rho}$ 是电阻率的变化率；$\dfrac{\mathrm{d}L}{L}$ 是金属导线长度的变化率，也就是线应变，通常记作 ε。应变片的直接输入就是应变 ε（这个应变可能是由力、力矩、压强、位移、温度或加速度等物理量作用在试件上产生的）。

金属导线横截面为圆形，其面积 $A = \pi r^2$，r 为半径。$\dfrac{\mathrm{d}A}{A}$ 是面积的变化率，有

$$\frac{\mathrm{d}A}{A} = \frac{2\pi r \mathrm{d}r}{\pi r^2} = \frac{2\mathrm{d}r}{r}$$

式中，$\dfrac{\mathrm{d}r}{r}$ 是导线半径方向的变化率，也就是横向应变。

由材料力学可知，$\dfrac{\mathrm{d}r}{r} = -\mu\varepsilon$，其中，$\mu$ 为导线材料的泊松比，故可得 $\dfrac{\mathrm{d}A}{A} = -2\mu\varepsilon$，再代入式（2-17）中，得

$$\frac{\mathrm{d}R}{R} = \frac{\mathrm{d}\rho}{\rho} + (1 + 2\mu)\varepsilon \tag{2-18}$$

式（2-18）就是金属导线材料的输出电阻变化率 $\dfrac{\mathrm{d}R}{R}$ 与输入线应变 ε 之间的关系。

将电阻变化率与应变之比称为**导线材料的灵敏系数**，记作 K_0，即

$$K_0 = \frac{\mathrm{d}R/R}{\varepsilon} = \frac{\mathrm{d}\rho/\rho}{\varepsilon} + (1 + 2\mu) \tag{2-19}$$

K_0 反映的是装置的输出与输入的变化关系，其实就是上一节中定义的"灵敏度"，由于它的量纲为一，故也称为"灵敏系数"。

金属材料在单纯机械变形作用下，当温度变化不大时，电阻率变化极小，上式中的 $\mathrm{d}\rho/\rho$ 可以忽略不计，则灵敏系数 K_0 基本上等于 $1+2\mu$。应变片敏感线栅的材料主要有铜镍合金、镍铬合金、铁铬铝合金和康铜等，其泊松比 μ 在 $0.3\sim0.6$ 范围内。所以导线材料的灵敏系数 K_0 约为2。

注意，K_0 是一根金属直导线的灵敏系数，并不是应变片的灵敏系数。

（2）应变片的种类

1）金属丝式应变片。应变片的敏感线栅是贴在塑料薄膜基底上的金属丝。有的敏感线栅就是由一根金属丝构成的，如图2-15所示的形式，这种敏感线栅的转弯处一般是圆角式的；有的则是若干根较短金属丝并列，再将两端的横向部分按"之"字形焊接起来形成一个金属的直角线栅式应变片，如图2-16所示。

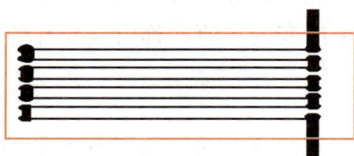

图2-16　直角线栅式应变片

金属丝式应变片制造简单，性能一般。

2）金属箔式应变片。金属箔式应变片的工作原理与金属丝式应变片完全相同，只是敏感线栅的制作工艺不同。它不是采用成形的金属丝构成，而是采用类似"印制电路板"（PCB）的方法，利用光刻、腐蚀等工艺，通过高精度的模具，把构成线栅的合金材料制成金属箔，"印刷"在应变片的基底上。

金属箔式应变片可以非常精确地设计敏感线栅的尺寸，能根据需要制成各种复杂的形状。例如，当需要降低横向效应（该概念见下文）时，可以将线栅的横向部分做得非常粗；当需要测量圆轴表面的扭转应变时，可以将线栅的敏感部分制成与应变片轴线成45°；当进行平面应变状态分析时，可以制成应变花；还能做出各种定向标志或其他符号，便于应变片在试件上的定位、粘贴固定和辨认。金属箔式应变片还有金属箔层与基片接触好、应变传递失真小、疲劳寿命长、散热好、允许通过较大电流等优点，使用非常广泛，目前基本上取代了金属丝式应变片。

3）半导体应变片。从严格意义上来说，半导体应变片不属于"电阻应变片"，因为它并不是基于金属导线的电阻应变效应来工作的。

半导体应变片的工作原理是半导体材料的**压阻效应**——当半导体感受到应变 ε 作用时，由于载流子迁移率的变化，其电阻率 ρ 发生变化的现象，即

$$\frac{\Delta\rho}{\rho}=\Pi E\varepsilon \tag{2-20}$$

式中，Π 称为半导体应变片的压阻系数；E 是半导体材料的弹性模量。ΠE 为单位应变的电阻率变化率，可视作半导体应变片的灵敏系数。

半导体应变片最大的优点在于灵敏系数高，可以达到电阻应变片的几十倍，其电阻变化经电桥电路处理后，可以直接与记录器连接而不需要放大器。其缺点是价格较高，而且半导体材料对温度的变化非常敏感，测量大应变时非线性度也较大。所以与金属电阻应变片，尤其是金属箔式应变片相比，半导体应变片的应用并不是很广泛。

需要注意的是，金属电阻应变片在受到压力时，电阻变化率 $\dfrac{dR}{R}$ 是负值，因为所有金属丝在受压时都会变短、变粗，电阻都会下降。而半导体元件的电阻率则取决于材料中电子和空穴的数量和比例，并非机械变形。同样受到压力时，N 型（电子型）半导体的阻值变小，P 型（空穴型）的则变大。也就是说压阻系数 Π 可正可负。

（3）应变片的主要特性

1）灵敏系数 K。应变片可以看成是由一根长的金属直导线迂回盘曲构成，当受到外力作用时，也会发生电阻变化，存在电阻变化率与应变的比例关系，即灵敏系数。

当试件在一维应力作用下，应变片主轴线与主应力方向一致时，应变片的电阻变化率与试件主应变的比值，称为应变片的**灵敏系数**。灵敏系数 K 也是量纲为一的系数，其可表示为

$$K=\frac{dR/R}{\varepsilon} \tag{2-21}$$

从形式上看，式（2-21）和式（2-19）的定义是一样的，都是电阻变化率与应变之比。但是应变片的灵敏系数 K 和导线材料的灵敏系数 K_0 的准确含义是不同的。由于存在横向效应和胶层传递应变失真等因素，应变片的灵敏系数 K 略小于导线材料的灵敏系数 K_0。其具体数值需要通过标定试验来确定。

在研究 K_0 的模型中，全部的应变都直接作用在一根直导线上，而且受拉时导线所有部分都在变长、变细，电阻都在增大。而对于 $K=\dfrac{dR/R}{\varepsilon}$ 来说，输入应变 ε 是作用在试件上的，输出电阻变化率 $\dfrac{dR}{R}$ 是应变片的。应变要通过胶层传给应变片的基底，再由基底传给敏感线栅，所以线栅材料感受到的应变比试件的应变小，这就是胶层传递应变失真；此外，应变片的敏感元件呈曲折的栅状，存在横向部分，受拉时横向部分的电阻下降，所以与直线导线相比，敏感栅的总电阻变化较小，这就是横向效应。可见，在相同的分母（就是应变 ε）下，K 的分子比 K_0 的分子小，所以有 $K<K_0$。

2）横向效应。应变片对于垂直于其主轴线方向应变的响应，称为应变片的**横向效应**。粘贴在试件上的应变片，受到拉应变时，线栅的主体部分（即纵向部分）电阻变大，而横向部分的电阻变小。所以横向效应会抵消一部分电阻变化，降低应变片的灵敏系数。金属箔式应变片可以将横向部分做得很粗，其初始电阻就很小，横向效应就几乎没有了。

3）温度特性。**温度特性**指的是在应变不变的条件下，随着温度的变化，应变片输出的电阻变化率发生变化。显然，这对于测量工作来说是一种干扰（除非试验目的就是测量温度的变化）。

温度特性来源于两方面。当温度变化时，应变片敏感线栅的电阻率发生变化，导致应变片的电阻输出发生变化。另外，试件、应变片基底和敏感线栅等材质不同，热膨胀系数就不同，当温度改变时敏感线栅会受到一个附加应变（热应变），这也会导致应变片的输出电阻值改变。

在测量工作中一定要采取补偿措施，消除温度特性带来的影响。具体方法可参见本章第三节电桥部分。

4）应变片的阻值。应变片的阻值指的是应变片未粘贴、不受力、处于室温（20℃）环境下的电阻值。有 60Ω、120Ω、200Ω、…、1000Ω 等多种规格，其中以 120Ω 最常用。

（4）应变片的粘贴工艺　应变片的粘贴工艺大致包括以下步骤：在贴片前先要清理试件的待粘贴表面，必要时在粘贴部位划线。选用黏合剂将应变片粘贴在指定部位，低温和中温环境应选用无机黏合剂，高温环境则要选用有机黏合剂。粘贴后要根据黏合剂的不同给予足够的固化时间。然后焊接引线、检查粘贴质量和导线的绝缘性。最后采用蜡封等方法将应变片与外界环境隔绝开。

（5）应变片式传感器　应变片具有简单轻便、使用部位灵活、连接方式多样等优点，但是也存在着自身强度低、防护能力差的缺点。而且如果每次试验都要操作者自行清理试件并贴片，势必影响试验效率，试验人员的操作差异也会使得贴片质量的均一性、试验数据的重复性和可比性降低。

因此，开发了各种以电阻应变片为核心元件的专用传感器，称为应变片式传感器。此种传感器的应变片已经贴在传感器里面，不需要操作者做试验时自行安装。

应变片式传感器一般由应变片、弹性元件和其他附件组成。弹性元件是精确设计和制造的一个金属弹性体，在力、力矩、加速度和温度等被测量的作用下会发生应变。应变片粘贴在弹性体上，负责将应变转换成电阻变化率。而且应变片式传感器通常采用多个应变片，接成电桥电路，以适应不同的被测量特点。附件主要包括一些防护和连接固定件、接线器以及补偿电路等。应变片式传感器在使用前一般要进行标定，确定被测物理量与传感器的输出电阻变化率（或者电桥的输出电压）之间的转换关系。

图 2-17 所示为一种采用圆柱形弹性元件的力传感器，通常称为拉压传感器。关于其贴片和接桥原理，可参见本章第三节电桥部分。

当被测力较小时，为提高弹性元件的应变，可采用图 2-18 所示的梁式力传感器。弹性元件是一根经专门设计的等强度梁，抗弯截面系数较小，能在外力 *F* 不大的情况下产生较大的表面正应变，从而提高传感器的输出。

应变片式传感器还可以进行加速度或者流体压强的测量。

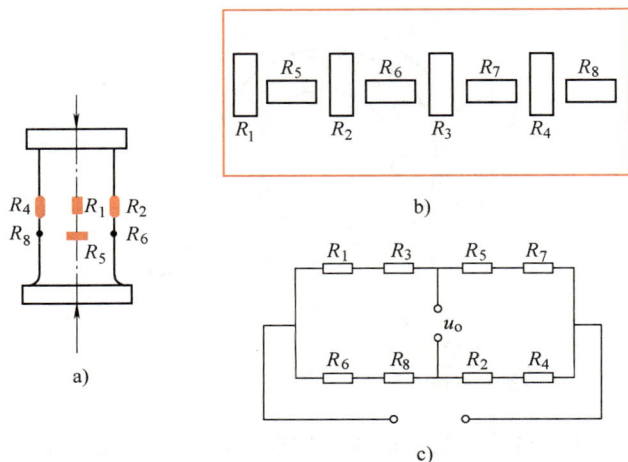

图 2-17　圆柱式力传感器

a）圆柱传感器　b）圆柱面展开　c）电桥电路

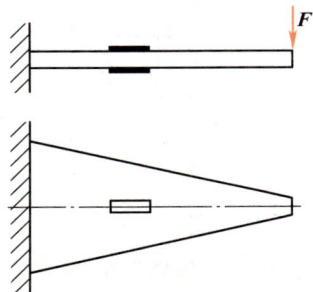

图 2-18　梁式力传感器

图 2-19 所示为悬臂梁式应变加速度传感器。被测物体的加速度 a 在质量块 m 上产生惯性力 F，使得悬臂梁发生弯曲，表面出现正应变，被一对相对粘贴的应变片拾取。这种加速度传感器体积较大，且高频响应不佳，一般不用于平顺性分析的振动测量，可以用于汽车制动减速度的测量。

膜片式压力传感器采用膜片式弹性元件，通过膜片的凹凸变形，可以测量膜片两侧的压力差，如图 2-20 所示。

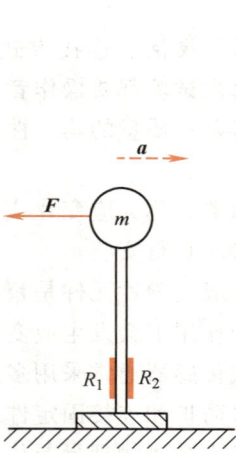

图 2-19 悬臂梁式应变加速度传感器

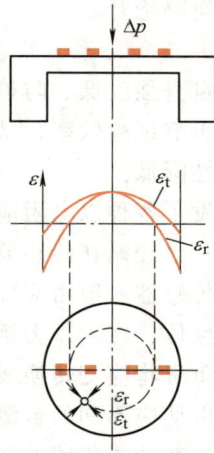

图 2-20 膜片式压力传感器

2. 滑变电阻式传感器

滑变电阻式传感器，又称为电位计式传感器，主要用于线位移或角位移的测量。其传感核心相当于一个滑线变阻器，也就是电位计。当被测物体带动滑动触点移动时，电阻器的有效接入长度发生改变，从而改变电阻值，如图 2-21 所示。通常，加在整个电阻器上的电压 U_{AB} 是不变的，那么，触点变化所引起的有效电阻的变化，就可以转化成有效电阻分压的变化。所以，滑变电阻式传感器的输出往往是电压，即 U_{AC} 或 U_{BC}。

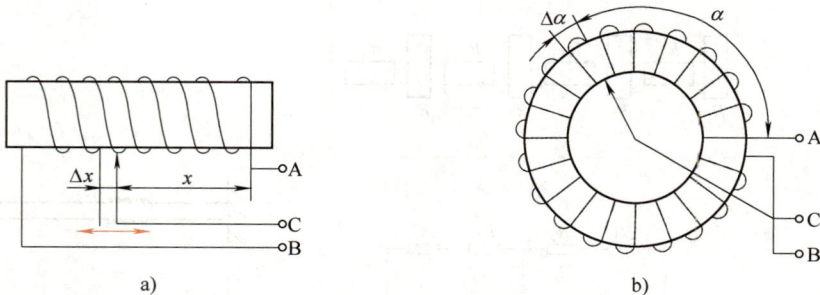

图 2-21 滑变电阻式传感器

a) 线位移型 b) 角位移型

滑变电阻式传感器原理简单、制造容易、输入—输出的线性度较好。主要问题在于，为确保良好接触，触点和电阻器之间需要一定的预接触压力，当触点运动时，产生一定的摩擦力，其趋势是阻碍被测物体运动的，有可能影响被测物体原来的运动状况，特别是对于低输

入能量[⊖]的运动量。这就是一种"单向性"差的表现。

　　另外，如果按图 2-21 所示制成绕线式电阻器，会有一定的电感，其感抗值对后续电路的变换和处理均会有一定影响，所以现在的滑变电阻器通常采用碳膜电阻或导电塑料。

　　汽车发动机电控系统中的翼片式空气流量计，采用的就是电位计式原理。

　　在图 2-22 中，翼片转轴上安装有扭转弹簧，作用在测量板上的进气流量的大小会改变翼片的扭转角度，从而改变内部电位计的滑臂触点位置，引起输出电压 U_S 的变化。

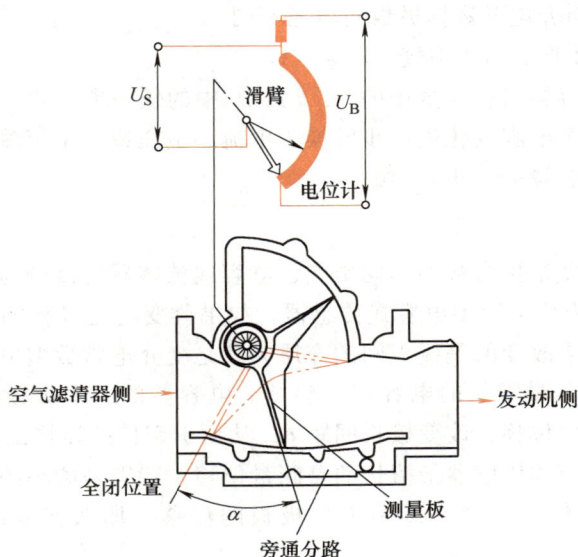

图 2-22　翼片式空气流量计

　　线性输出型节气门位置传感器有的也采用滑变电阻式。节气门开度带动电位计转动，引起输出电压的变化，其原理与图 2-22 类似。

　　上述应变片式和滑变电阻式传感器，主要是靠机械运动或变形来改变电阻值的。还有一类电阻式传感器，不依赖运动和变形，而是单纯靠温度变化来改变电阻材料的电阻率，从而改变输出。例如，用于测量发动机冷却液温度和进气温度的**绕线电阻式温度传感器**，其传感核心是高纯度的镍线电阻，其电阻值随冷却液或气体的温度的改变而变化。这种传感器响应速度较慢，不能用于追踪迅速变化的温度。

二、电容式传感器

　　电容式传感器是将被测物理量的变化转换为电容值变化的一种传感装置，也属于参量式传感器。其基本构造就是一个具有可变参数的电容器。

1. 工作原理

　　在一对相距很近、平行相对的电极板两侧施加电压，在不是紧靠极板边缘的区域内将产生匀强电场，两极板会带上等量异号电荷，这就是电容效应，这对极板就构成了一个典型的

　　⊖　"低输入能量"指的是被测系统的运转能力较弱，较小的阻力就能影响乃至阻碍其正常运转。

平行板电容器，如图 2-23 所示。

平行板电容器的电容值 C 为

$$C = \frac{\varepsilon_r \varepsilon_0 S}{d} \qquad (2\text{-}22)$$

式中，S 为两极板的正对面积；d 为两极板的间距；ε_0 为真空中的介电常数，为 8.85×10^{-12}（C/V）；ε_r 为极板间实际介质的相对介电常数，极板间填充不同物质，其相对介电常数不同，对于空气，取 $\varepsilon_r = 1$。

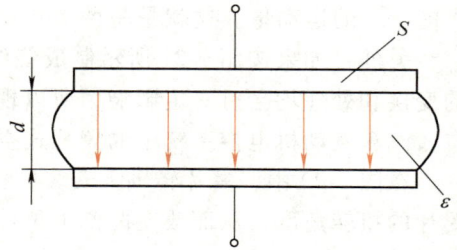

图 2-23　平行板电容器

如果被测量能使电容器结构参数中的 S、d 或 ε_r 中的任一项变化，那么电容值 C 就会发生变化。测量电路将这个电容变化进一步转换为电流、电压或频率等输出信号，根据输出信号的特性，就可求得被测量的大小。

2. 主要类型和应用

根据被测量对电容器结构参数的不同影响，电容式传感器可以分为三类：如果被测量改变的是极板间距 d，称为变极距型电容式传感器；如果改变的是极板的正对面积，称为变面积型电容式传感器；如果改变的是极板间的介质，就是变介电常数型电容式传感器。

（1）变极距型　这是最常见的电容式传感器。电容器的一个极板固定，另一个极板在被测物理量的带动下发生位移，改变极板间距 d，从而引起传感器输出电容的改变。

显然，变极距型电容式传感器最擅长的是测量位移，特别是微小的位移。如果被测量能够通过某种物理效应转化为一个（或两个）极板的位移，那么就可以通过电容式传感器测量。

在汽车噪声的测量中，广泛使用声级计，精密声级计的核心就是一个电容式传感器，称为电容式微音器，如图 2-24 所示。

振动膜片 1 作为电容器的活动极板，在被测噪声的声压下发生位移；背板 2 是固定极板。外壳 5 和中心电极 4 分别为两者提供连接线。绝缘体 3 兼起支承定位作用。

电容式传感器也可以测量流体压强的变化。例如，在 D 型电控发动机喷射系统中，发动机进气量可由进气歧管压力（真空度）和发动机转速推算。而进气压力的测量就可以利用电容式传感器，如图 2-25 所示。

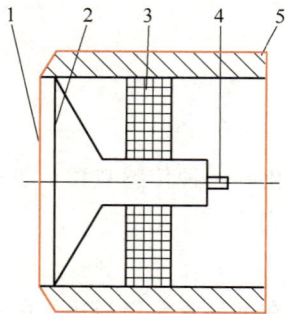

图 2-24　电容式微音器

1—振动膜片　2—背板　3—绝缘体
4—中心电极　5—外壳

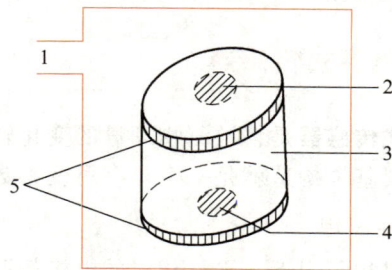

图 2-25　电容式进气压力传感器

1—接进气歧管　2、4—厚膜电极
3—绝缘介质　5—氧化铝膜片

图 2-25 中，1 接进气歧管，整个传感器外表面处于该气体压力环境中。两个氧化铝膜片 5 都可以在气压变化下运动。厚膜电极 2 和 4 构成电容器的两个极板。3 是内部填充的绝缘介质。进气压力的波动转变成电容值的变化，该电容参与构成一个振荡器谐振电路，其输出信号的频率与进气歧管压力成正比。

在汽油车排放污染物的分析检测中，广泛使用不分光红外气体分析仪。其核心传感部分也是一个电容式传感器。详见第七章第四节中"排气污染物的检测原理"部分。

（2）变面积型　电容器的两个极板中，一个固定，另一个与其平行并在自身平面内做平动或转动，两者的正对面积 S 就发生变化，根据式（2-22），电容值 C 就发生改变。

显然，如果活动极板做平动，那么可以测线位移；如果活动极板做转动，则可以测量角位移，如图 2-26 所示。

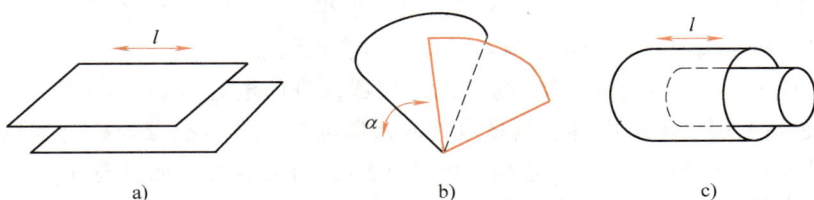

图 2-26　变面积型电容式传感器
a）测线位移　b）测角位移　c）圆筒形

由于电容器的电容值与相对面积成正比，而相对面积又与位移或角位移成线性关系，所以变面积型电容式传感器的线性非常好，而且可以测量较大的位移。

但是，由于平板式电容器的电容值对间距非常敏感，而活动极板运动时很难确保与固定极板绝对平行，所以变面积型电容式传感器很多都做成同轴圆筒形结构，如图 2-26c 所示。因为筒式电容器的内、外筒同轴度的误差对电容值影响较小。

（3）变介电常数型　两个极板均不动，改变极板间的填充物质或者物质的尺寸、位置等，电容值随之发生改变。

变介电常数型电容式传感器通常用于测量电介质插入极板的位置、电介质的厚度、电介质液体的高度或者成分变化等，如图 2-27 所示。例如，检测汽车润滑油的品质，就可以利用不同技术状况下的机油其介电常数不同的特性，通过变介电常数型传感器的电容值变化来反映润滑油中杂质的含量。还可以根据电介质的介电常数随温度、湿度改变的特性来测量介质材料所处的环境温度和湿度。

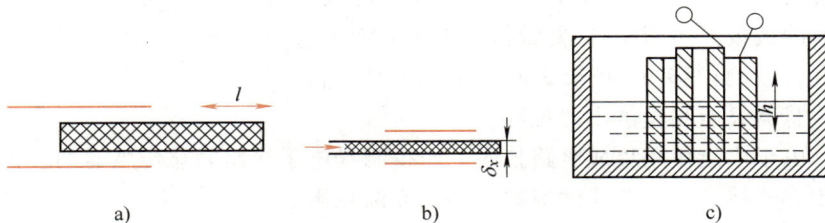

图 2-27　变介电常数型电容式传感器
a）测物体位置　b）测物体厚度　c）测液面高度

3. 性能特点

电容器的电容值一般与电极材料无关，所以电容式传感器的温度稳定性好，结构简单，环境适应能力强。电容式传感器的运动部分（主要是活动极板）质量极小，因此固有频率非常高，特别适合高频动态测量，如声音信号。电容器极板间的静电作用力很小，适宜进行低输入能量的测量，可以测量极低的压力、极小的加速度和极其微小的位移，灵敏度和分辨力非常高，甚至能够感受到纳米级的位移。

但是，电容式传感器也存在一些问题。

（1）输出阻抗高　受到结构尺寸和工艺的限制，电容式传感器的电容值一般很小，只有几十到几百 pF，当采用交流电路处理和变换时，容抗很大（容抗 $X_C = \dfrac{1}{\mathrm{j}\omega C}$，$\omega$ 为交流电路的圆频率），要求绝缘电阻极大、放大器输入阻抗也很大。提高供电频率可以降低容抗，但高频信号的放大和传输复杂，受寄生电容的影响也会增大。

（2）受寄生电容的影响　相对于电容式传感器自身的电容（就是电容器两平行板间的电容量），传感器的引线电缆电容、测量电路的杂散电容以及传感器极板与周围导体形成的电容等，共同构成寄生电容。寄生电容会降低传感器的灵敏度，而且寄生电容常常随机波动，影响测量结果的精度。这就对电缆的选择、安置、连接方法和周围环境等提出了比较严格的要求。一个应对措施是，将电容式传感器的电容值设计得大些，这样受寄生电容的影响就相对减小。

（3）极板间距和厚度的问题　平行板电容器靠近边缘的部分电场强度降低，这会降低传感器的灵敏度，而且增大非线性度。为了降低这种边缘效应，同时进一步减小寄生电容的影响，需要降低极板原始间距、增大极板面积、降低极板厚度（如采用镀金或镀银工艺）。但是，过分降低极板原始间距受到电容器击穿电压的限制，对极板的制造和装配技术也提出了一定的要求。

对于变面积型和很多变介电常数型电容式传感器来说，输出与输入的线性关系良好。但是，对于最常见的变极距型电容式传感器，由式（2-22）可以看出，间距 d 与电容值 C 之间的关系是非线性的，这是需要重视的一个问题。数学推证可以得出：只有在被测位移 Δd 较小时，如图 2-28 所示，电容传感器的输出 ΔC 与输入 Δd 之间才有较好的线性关系。

也就是说，为了提高传感器的灵敏度和抗干扰能力，电容式传感器的极板原始间距 d_0 要做得很小；而为了进一步提高线性度，被测位移 Δd 还要远小于原始间距 d_0。所以，电容式传感器只能测量微小的位移。

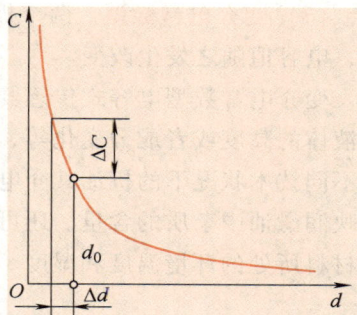

图 2-28　变极距型电容式传感器的转换特性

近年来，由于广泛使用集成电路技术，使得测量电子线路紧靠传感器的极板，导线寄生电容干扰、传感器转换特性非线性等缺点得以逐渐克服。

为了进一步提高测量的灵敏度和线性度，同时降低外界干扰的影响，可以采用差动测量技术。**差动测量**是一种应用广泛的测试方法，其基本思想是设计两套相同的测量装置，同一

个被测量同时施加于这两个装置，但两者的输出相反，一个增大、一个减小。将两个测量装置的输出相减，最终得到的输出就提高了一倍；同时，由于两个装置相同，工作环境也相同，可以在很大程度上抵消外界干扰的影响。

例如，同一输入量分别作用于甲、乙两元件。甲元件的输出是（$a+b$），其中 a 是被测量引起的，b 是外界干扰引起的；乙元件的输出是（$-a+b$），a、b 的含义同甲。两者的输出相减，则有（$a+b$）$-$（$-a+b$）$= 2a$。可见，差动测量可以将灵敏度提高一倍，同时将外界环境影响对两个测量元件的干扰抵消掉。差动测量的原理和输出特性如图 2-29 所示。

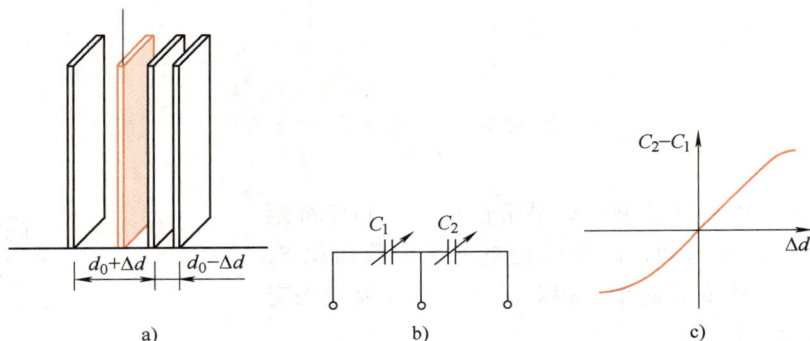

图 2-29　差动测量的原理和输出特性

a）固定极板和活动极板　b）等效电路　c）特性曲线

在图 2-29 中，两侧极板固定不动，中间极板向一侧运动时，就会引起两侧电容器的间距反向变化，进而造成两侧电容值的"差动"变化。其输出—输入特性的灵敏度提高了一倍，而且在相当大的测量范围内线性度良好。

三、电感式传感器

顾名思义，电感式传感器，就是将被测非电量转换为电感变化的传感器，属于参量式传感器。这类传感器的结构特征是具有参数可变的电感绕组（即线圈）。传感器直接输出的电感发生变化，而后续处理电路通常将这个电感变化进一步转换为电压或电流信号。

电感量包括自感和互感，所以电感式传感器也可以分为自感式和互感式两类。

1. 自感式电感传感器

电感绕组的自感系数（即电感量）与磁路的几何尺寸、线圈的匝数和介质的磁导率有关。一般来说，线圈的匝数和介质的磁导率不易改变，所以，被测量通常是位移，改变的是磁路的几何尺寸。图 2-30 所示为自感式传感器的类型和原理。

设铁心和衔铁间的空气隙厚度为 δ，空气隙的截面积为 S（见图 2-30b，$S=ab$），线圈的匝数为 N，μ_0 为真空或空气的磁导率（$\mu_0 = 4\pi \times 10^{-7}\,\mathrm{H/m}$），同时铁心和衔铁采用良好的导磁性材料（如硅钢片或者坡莫合金等），可以确保铁心的磁导率远大于空气的，于是线圈的电感量 L 为

$$L = \frac{N^2 \mu_0 S}{2\delta} \tag{2-23}$$

可见，如果衔铁在被测物体的带动下相对于铁心做正向运动，改变的是空气隙厚度 δ，

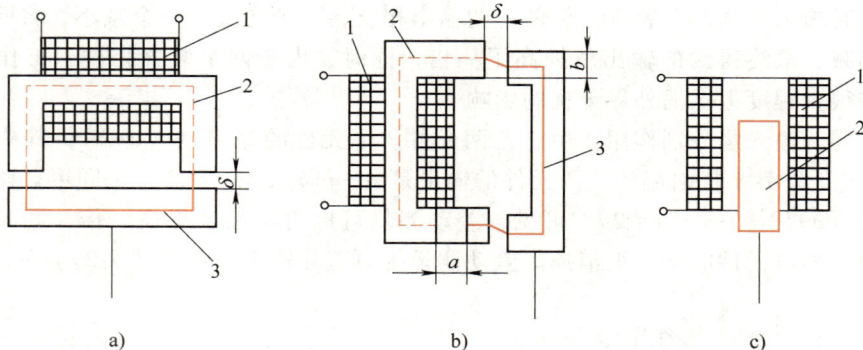

图 2-30　自感式传感器的类型和原理
a）变气隙型　b）变截面型　c）螺管型
1—线圈　2—铁心　3—衔铁

就是图 2-30a 所示的变气隙型；如果衔铁相对铁心保持距离不变而做平行切向运动，改变的是空气隙的截面积 S，就是图 2-30b 所示的变截面型。相对而言，变气隙型比变截面型使用得更广泛。

如果铁心可以在线圈内做线运动，那么改变的就是铁心所穿入的线圈匝数，线圈的自感系数也会发生变化，就是图 2-30c 所示的螺管型。例如，检测汽车传动系统角间隙时采用的倾角传感器，其传感核心就是一组弧形铁心和线圈，如图 2-31 所示，被测角位移 α 转换成弧形线圈的电感值，该电感值进而控制后续振荡电路的振荡频率，由振荡频率的变化反应所测角度的变化。螺管型的测量精度不及变气隙型和变截面型。

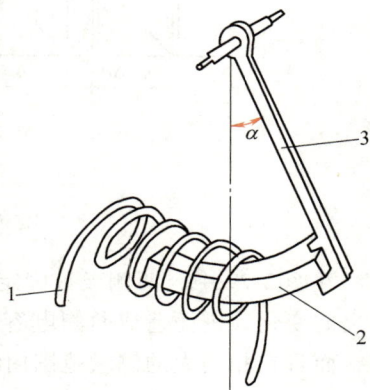

图 2-31　电感式倾角传感器
1—弧形线圈　2—弧形铁心　3—摆动杆

也可以将变气隙型和变截面型称为可动衔铁型电感式传感器，将螺管型称为可动铁心型电感式传感器。

对于常见的变气隙型，由式（2-23）可见，传感器的输出电感 L 和被测位移 δ 之间是非线性关系，其输出—输入特性类似于图 2-28 所示的变极距型电容式传感器。为了提高线性度，同时提高灵敏度和抗干扰能力，电感式传感器也经常采用差动测量方式。如图 2-32 所

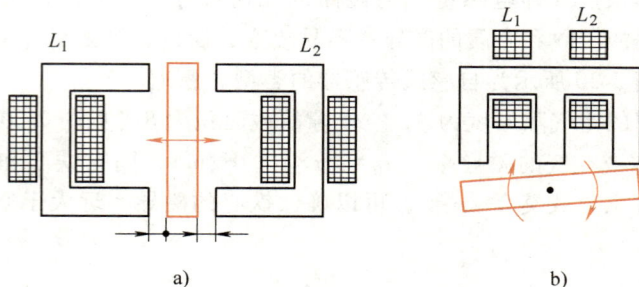

图 2-32　自感式电感传感器的差动测量
a）测量线位移　b）测量角位移

示，两个铁心共用一个衔铁，衔铁的运动引起两个线圈的电感反向变化，将这两个电感量差接进测量电路，以实现差动测量。

2. 互感式电感传感器

互感式电感传感器，其构造就等效于一个互感系数可变的变压器。将激励电压（注意，传感器的输入是位移等机械量，不是这个激励电压）加在变压器的一次线圈上，二次线圈将输出一个感应电压。当被测位移引起变压器的互感结构发生变化时，感应电压就会发生相应变化。这种传感器一般都做成差动式的，采用两个二次线圈，铁心的运动对这两个线圈的影响趋势相反，常被称作差动变压器，如图 2-33 所示。

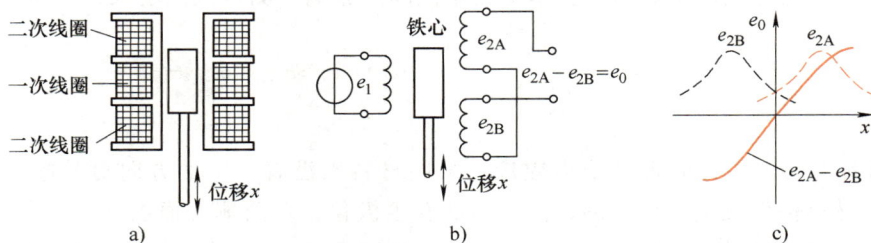

图 2-33　差动变压器

a）断面结构图　b）连线图　c）输出特性

由图 2-33 可以看出，这个传感器结构对称，两个二次线圈反向连接，做差动输出，输出的差动电压 e_0 在很大范围内与铁心的位移 x 成良好线性关系。

还有一种电涡流式传感器，其等效电气参数是互感系数的函数，也属于一种电感式传感器。其基本原理是电涡流效应，如图 2-34 所示。

激励线圈和检测线圈共同构成电涡流式传感器，可将其称为"探头"。在激励线圈中输入高频交流电，就会产生交变磁场，将其置于被测导体旁边，就会在导体中感应出旋涡状的感应电流，即电涡流，也称为涡电流。电涡流产生的磁通反作用于探头，于是在检测线圈中激起感应电压，测量该电压，即可推断电涡流的强弱。电涡流的幅值与线圈至被测导体的距离（图 2-34 中 x）、导体的厚度、

图 2-34　电涡流式传感器的基本原理

导体的电阻率、导体的磁导率以及激励电流的频率有关。也就是说，只要被测量能改变上述参数之一，就可以由电涡流传感器测量。

在工业生产和科学试验中，电涡流式传感器常用于测量板材的厚度、接缝的均匀程度以及进行金属零件的无损检测，也可以测定运转的主轴的轴向窜动量以及振动幅度等。

图 2-34 是一种示意性的表示，实际使用中的电涡流式传感器，其探头通常制成扁平状。

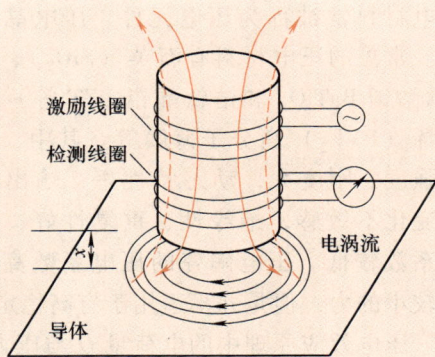

3. 电感式传感器的特点

与电容式传感器相比，电感式传感器可以测量较大的位移。即使衔铁或铁心的运动超出

汽车试验学 第2版

量程也不会造成短路或机械损坏。

无论是螺管型还是变气隙型或变截面型，电感式传感器的运动部件与固定部件之间都没有摩擦，而且电感效应本身不同于电磁感应，不需要很大的输入机械能。因此，电感式传感器的动作阻力小、对被测系统的影响小、本身无机械磨损，同样作为位移测量装置，其单向性和工作寿命都强于电位计式传感器。而且，电感线圈允许输入较大的激励电压，传感器的灵敏度和分辨率都较高。

电感式传感器比较突出的一个问题是动作部分的惯量非常大。惯量大导致固有频率低，为了满足不失真测量的条件，只能测量更低频的信号。所以，电感式传感器不能用作高频动态测量。而且，电感式传感器的分辨率受测量范围的影响，测量范围越大，分辨率越低。

四、压电式传感器

1. 基本原理和性能特点

压电式传感器的工作原理是**压电效应**：某些材料当沿着一定的方向对其施加压力（或拉力）时，材料不仅发生机械变形，而且内部发生极化，在两侧表面出现等量的异号电荷，电荷量与压力大小成正比。当外力去掉后，该材料又重新回到不带电的状态。如图 2-35 所示，图中 X 表示受力方向。

这种压电材料相当于一个对压力敏感的电荷源，压力越大，产生的电荷越多。可见，压电式传感器是一种发电式传感器。传感器内的压电材料常被称为压电元件、压电晶体或压电片。常见的压电材料有石英（SiO_2）、压电陶瓷（钛酸钡 $BaTiO_3$ 和锆钛酸铅 PZT 等）和聚二氟乙烯（PVF_2）高分子薄膜等。其中，石英晶体的强度、刚度大，动态特性好，输出特性对温度变化不敏感，绝缘性、重复性好；缺点是压电系数较低。压电陶瓷的压电系数高，可以测量较小的力；但是并不适用于有高稳定性要求的测量。

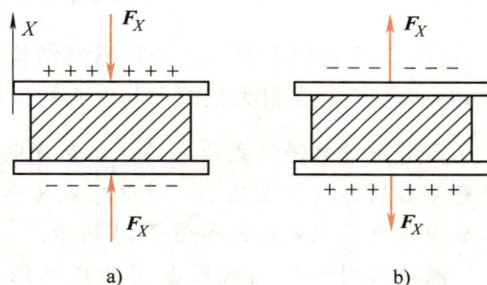

图 2-35　压电效应
a) 受压力　b) 受拉力

压电效应原理中的电荷量 Q 与压力 F 的关系式可表达为

$$Q = KF \tag{2-24}$$

式中，K 为压电系数，单位为 C/N。

广义的压电效应包括正压电效应和逆压电效应。上述"外力→电荷"的模式为**正压电效应**。压电材料通常都有**逆压电效应**，就是在压电材料的两个极面上施加交流电压，压电材料能产生机械振动，在电极方向上有伸缩变形，所以逆压电效应也称为**电致伸缩效应**。本节介绍的压电式传感器利用的是正压电效应，在某些控制系统中压电执行器利用的则是逆压电效应。由于压电效应具有可逆性，所以压电式传感器属于一种"双向传感器"。

另外，压电效应本身对压力和拉力都是敏感的（见图 2-35），且压电元件的同一个表面在拉力和压力下产生的电荷极性是相反的，只不过在实际测试中通常只用压电元件测量压力。

38

压电式传感器的直接输入是力，所以各种能够转化为力的机械量，如位移、变形、压强或加速度等，都可以由压电式传感器来测量。在汽车试验中比较广泛的应用就是测量振动加速度。另外，在很多发动机电控系统中，电控单元需要感知爆振率信号，发动机的爆振程度通常由机体振动反映，也可以采用压电式加速度传感器来测量。

压电式加速度传感器的种类较多，其基本原理大致相同，如图 2-36 所示。传感器基座固定附加于被测物体并与之同步运动，传感器内的压电晶体上布置一定质量的重块。当传感器与被测物体一同向上加速运动时，质量块的惯性力作用在压电晶体上，加速度越大，其惯性力就越大，作用在压电晶体上的压力就越大，从而输出更大的电荷量。图 2-36a 中弹簧 1 的作用是提供一定的预紧力，当加速度向下时，质量块与压电晶体之间仍然存在压力，可供测量。剪切式加速度传感器比压缩式的低频特性更好、环境适应能力更强，已成为目前的主要结构类型。

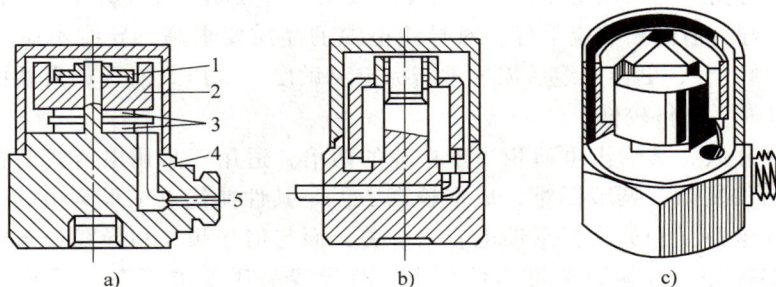

图 2-36　压电式加速度传感器
a）中心压缩式　b）环形剪切式　c）三角剪切式
1—弹簧　2—质量块　3—压电晶体　4—基座　5—导线

压电式传感器的主要优点是体积小、重量轻、结构简单、工作可靠、固有频率高，灵敏度和线性度都较高。

压电式传感器的主要缺点包括：①通常作为振动加速度传感器，当被测运动频率较低时，测试有一定困难；②输出信号弱，压电片的阻抗高。所以，一个压电式传感器里通常包含两个压电片，而且传感器输出端必须连接前置放大器。根据两片压电片连接方式的不同，配套不同的放大器。

2. 前置放大器

压电式传感器的前置放大器有两个作用：一是将传感器输出的微弱信号放大；二是阻抗匹配，将传感器的高阻抗输出转变成低阻抗输出，才能传给常规放大器继续放大、处理。所谓"前置"，就是指该放大器置于常规放大器的前面，即压电式传感器→前置放大器→常规放大器。实际上，很多测试系统所采用的放大器，内部集成了前置放大和常规放大两级的功能，所以我们看到的放大器只有一个。也有的压电式传感器内部已经集成了阻抗变换功能。

压电片是有极性的，就是说当它受到压力时，出现正、负电荷的表面是固定的。当一个传感器里面的两片压电片的异极性表面相连时，就是串联；当同极性表面相连时，就是并联，如图 2-37 所示。

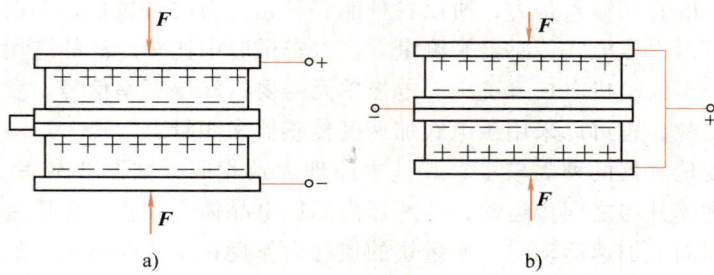

图 2-37 两片压电片的连接
a）两片压电片串联 b）两片压电片并联

当压电片串联时，其输出电压相当于单片的两倍，适于采用**电压式**前置放大器。这种放大器的输出电压与输入电压成正比，但也会受到被测信号频率和导线分布电容的影响。放大器的高频响应良好，但低频响应不好。对导线电缆的品质要求高，导线不能过长（特别是要求高灵敏度的场合），更换电缆后需要重新标定灵敏度。电压式前置放大器的优点是结构较简单，工作可靠，价格较低。

两片压电片并联，其输出电荷相当于单片的两倍，适用于采用**电荷式**前置放大器。这种放大器线路结构复杂，调节困难，成本较高。但是其性能优点是很突出的——放大器输出电压仅与输入电荷量和放大器反馈电容⊖有关，而与信号频率和导线分布电容无关。高频和低频响应都很好，传输距离可达数百米，对导线品质要求不高，更换导线后不需要重新标定。在线性度和信噪比等方面也优于电压放大式。所以目前多采用电荷式前置放大器。

还有一种**半导体压电效应**，即在单晶半导体上，人为添加一些不同物质，就会形成一定的电阻值，对此电阻施加一定的应力（应变），其阻值就会发生变化。

例如，D 型电控喷射发动机的进气压力传感器，有的就采用了这种原理，如图 2-38 所示。

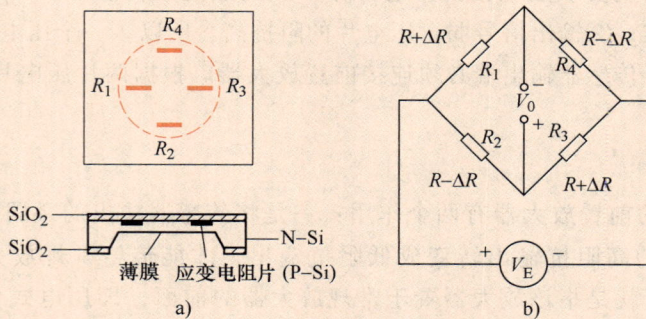

图 2-38 半导体的压电电阻效应
a）原理 b）检测电路

⊖ 电荷放大器的本质是一个具有深度电容负反馈的高增益放大器，其反馈电容属于结构设计参数，是固定的或可选的。

N 型硅片的中央部位减薄，形成膜片，用光刻腐蚀工艺在膜片上形成 4 个 P 型应变电阻，各电阻的初始阻值都是 R。当膜片两侧有压力差时，就会向一侧膨胀，导致 R_1 和 R_3、R_2 和 R_4 的阻值变化相反，由电桥电路转化成输出电压 V_E。这种传感器体积小、精度高、成本低、抗振性和可靠性高，是目前非常先进的一种进气压力传感器，应用十分广泛。

五、磁电式传感器

磁电式传感器，也称为感应式传感器，是一种发电式传感器，其工作原理是电磁感应。由法拉第电磁感应定律可知：通过闭合回路面积内的磁通量发生变化时，回路内会产生感应电动势，其大小正比于磁通量的变化率，可表达为

$$e = -N \frac{d\phi}{dt} \tag{2-25}$$

式中，e 为感应电动势，单位为 V；N 为闭合回路线圈的匝数；$\frac{d\phi}{dt}$ 为磁通量的变化率，单位为 Wb/s；负号表示感应电流的磁场方向与上述磁通量的增长方向相反。

请注意，磁电式传感器与电感式传感器不同。电感式传感器属于参量式传感器，线圈上的感应电压（无论自感还是互感）是外界施加交流激励电压引起的，传感器本身并不产生电能，也不需要外界输入机械能。而根据楞次定律："感应电流的磁场总是阻碍引起感应电流的磁通量的变化"，也就是说，要想获得感应电流，就必须克服感应电流产生的安培力做功，将其他形式的能转化为电能。磁电式传感器对外输出的电能，就是外界输入机械功、克服阻力做功转换得到的，也就是类似发电机的原理。

由于磁电式传感器是基于这种"发电机"的原理工作，它可以"主动"输出电压，而且功率较强，大大简化了测量电路，且性能稳定，工作频带较宽（一般为 10~1000Hz）。但是其质量和体积也往往较大。另外，由于它需要从被测对象吸收机械能来发电，所以测量时可能不满足单向性，尤其是对于低输入的运动。

在汽车试验中，磁电式传感器通常用于转速的测量，其中的一种是测速发电机。其本质就是一台小型直流发电机。被测转轴带动线圈在磁场内旋转，产生正弦交流电，再经过整流和滤波，得到直流电输出，其输出电压与被测转速成正比。由于传感器自身技术参数变化和测量环境波动等原因，其测量误差一般不低于 1%。另外低转速时的线性度较差。

另一种应用较广的磁电式传感器是频率输出式转速计，其原理如图 2-39 所示。

在图 2-39 中，转子 3 与被测轴同步转动，其外缘制出若干齿和槽。在固定支架上安装定子 1，定子两端相当于磁极，其外部绕有线圈 2。被测轴转动时，定子磁极的前端依次与转子的齿顶和齿槽正对，空气间隙发生周期性变化，使得闭合磁路的磁阻发生变化，导致线圈的磁通量发生变化，在线圈中感应出电脉冲。脉冲个数对应转过的齿数。脉冲电压经整形后送入计

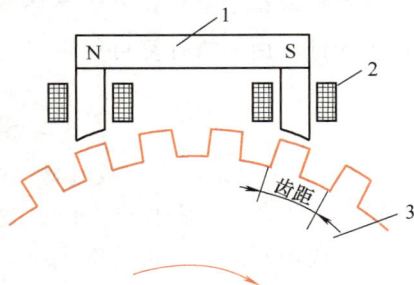

图 2-39　频率输出式转速计
1—定子　2—线圈　3—转子

数电路，根据单位时间通过的脉冲数以及转盘一圈的齿数，算出平均转速。平均时间很短，刷新频率很快，只要被测转速变化不是非常剧烈，这个平均转速完全可以代替瞬时转速。还有其他结构形式的脉冲计数式磁电转速计，基本原理与此相同。

这类频率输出式转速计的低频响应更好，抗干扰能力更强，广泛应用于汽车试验设备以及汽车电控系统的转速（或位置）测量。

> 从信息表达的角度对比磁电式测速发电机和频率输出式转速计，可以发现，测速发电机的基本原理是利用输出电压的幅值信息来反映被测量，而频率输出式转速计则是利用输出脉冲的频率信息来反映被测量。信号的幅值在传输、处理中比较容易受到干扰。而频率信息在传输和处理过程中，抗干扰能力相对更强，因为线性系统的基本特性之一就是频率保持性。频率输出式转速计就是利用频率来计数的，信号幅值的偏差不会影响测量结果。
>
> 推而广之，很多测试设备，都要把传感器直接输出的物理量转换成某种频率信号，用以反映被测量，利用的就是这种"测频率比测幅值更可靠"的思路。

磁电式传感器直接测取的是转速或角速度，如果再接入微分或积分电路，也可以测量角加速度或角位移。

在发动机电控系统的传感器中，有一种磁致伸缩式爆燃传感器，也是利用电磁感应原理工作的。传感器安装在发动机的机体上，由磁心、永久磁铁和感应线圈等组成。当发动机机体振动时，磁心受振偏移，致使感应线圈内的磁通量发生变化，感应线圈产生感应电动势，即为该爆燃传感器的输出信号。

六、霍尔式传感器

1. 工作原理

霍尔式传感器的工作原理是**霍尔效应**，如图 2-40 所示。

长度 l、宽度 b、厚度 d 的 N 型（电子型）半导体薄片，处在磁感应强度为 B 的磁场中，磁场方向垂直于薄片，在薄片长度方向上施加控制电流 I，那么在垂直于磁场和电流所形成的平面的方向（即图中宽度方向）上，将产生电动势 U_H。U_H 称为霍尔电动势或霍尔电压，该半导体薄片就是霍尔元件。由分析计算可得霍尔电压公式为

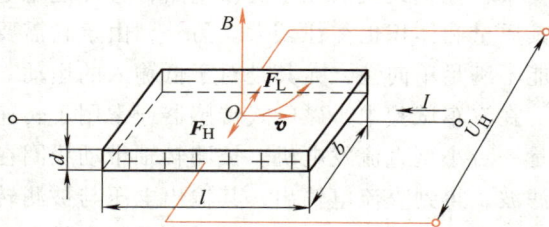

图 2-40 霍尔效应原理

$$U_H = R_H \frac{IB}{d} \tag{2-26}$$

式中，R_H 为霍尔系数，与载流材料的电阻率和载流子迁移率成正比。

可以看出，其他条件不变时，载流材料厚度 d 越小，霍尔电压越大，所以霍尔元件都比较薄，薄膜型霍尔元件可薄至 $1\mu m$。

将霍尔元件的霍尔系数 R_H 和厚度 d 视作元件的结构参数，则霍尔电压 U_H 与控制电流与磁感应强度之积 IB 成正比。因此，可以定义霍尔传感器的灵敏度 K_H 为单位电流 I 与单位

磁感应强度 B 所产生的霍尔电压，即 $K_H = \dfrac{R_H}{d}$。

> 霍尔效应的基本解释：N 型半导体作载流材料，其载流子主要是电子。控制电流方向向左（见图 2-40），意味着电子向右运动。运动的电荷在磁场中会受到洛伦兹力 F_L，由左手定则可判断其受力方向指向薄片的后侧。因此该半导体薄片的后侧因电子聚集而带负电，前侧则带正电，形成电场，这个电场给电子的静电作用力 F_H 又使得电子有向前侧运动的趋势。当 F_L 和 F_H 达到动态平衡时，就在前、后侧面之间建立起霍尔电场 E_H，两侧面之间的电动势就是霍尔电动势 U_H。
>
> 研究表明，霍尔系数 R_H 与载流材料的电阻率和载流子迁移率成正比。金属材料的电阻率太低，而 P 型半导体的载流子是空穴，其迁移率也小于电子，故都不适合，所以霍尔元件常采用 N 型半导体材料。

2. 传感器特性及应用

霍尔式传感器通常由霍尔元件（常称为霍尔片）、引线和外壳组成，如图 2-41 所示。霍尔片是长方形的薄片，长度方向上焊有两根控制电流引线 c 和 d，宽度方向上焊有两根霍尔电压输出引线 a 和 b。

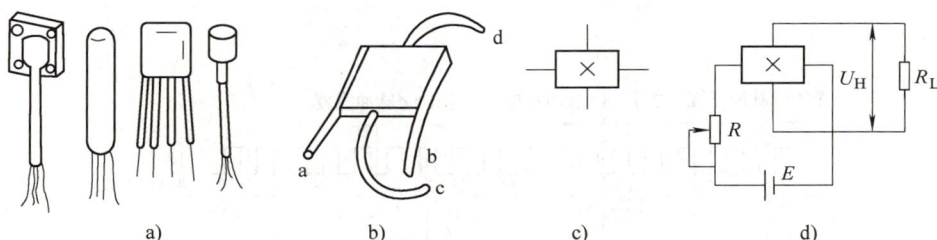

图 2-41　霍尔式传感器
a）外形　b）结构　c）符号　d）基本电路

霍尔式传感器的转换效率不高，对温度变化较敏感，对转换精度要求较高时需要采取温度补偿措施。但由于其结构简单、体积小、耐久性好、频率响应范围宽（从直流到微波频段）、可靠性高、易于微型化和集成化等优点，霍尔式传感器在测量技术、信息处理和自动控制等方面仍然有广泛的应用。

另外，和磁电式传感器一样，霍尔式传感器也属于发电式传感器，会对外输出电动势。但是霍尔式传感器输出的电能来源于控制电流 I，而磁电式传感器的输出电能来自被测对象的动能，可能会影响被测对象的运动特性（尤其是对于低输入能量的运动），所以霍尔式传感器的单向性更好。

霍尔式传感器最直接的应用，是施加一个给定的控制电流，通过测量输出霍尔电压，来测量所在位置的磁场方向和磁感应强度。其他物理量如位移、电流或者转速等，如果能引起某个磁场的变化，那么也可以使用霍尔式传感器来测量。

在汽车试验中，霍尔式传感器通常用来进行转速的测量，其基本原理如图 2-42 所示。

在图 2-42 中，被测轴带动齿形轮转动，齿形轮和永久磁铁的磁极之间布置一霍尔元件，通以恒定电流。轴转动带动轮齿和齿槽依次与磁极对正，穿过霍尔元件的磁感应强度周期性地增大和减小，引起霍尔电压周期性波动。其波动频率与被测转速成正比。显然，这也是一种频率输出式转速计。

霍尔电压的幅值仅取决于控制电流和磁感应强度，而与磁感应强度的变化速度无关，也就是与被测转速无关。在这一点上，霍尔式优于磁电式，因为磁电式转速计，输出的电压幅值会随被测转速的增高而增大，给后续波形的整理和标准化等带来一定困难。

图 2-43 所示为一种发动机转速与曲轴位置传感器。

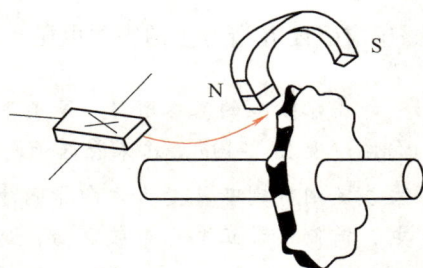

图 2-42 霍尔元件用于转速测量

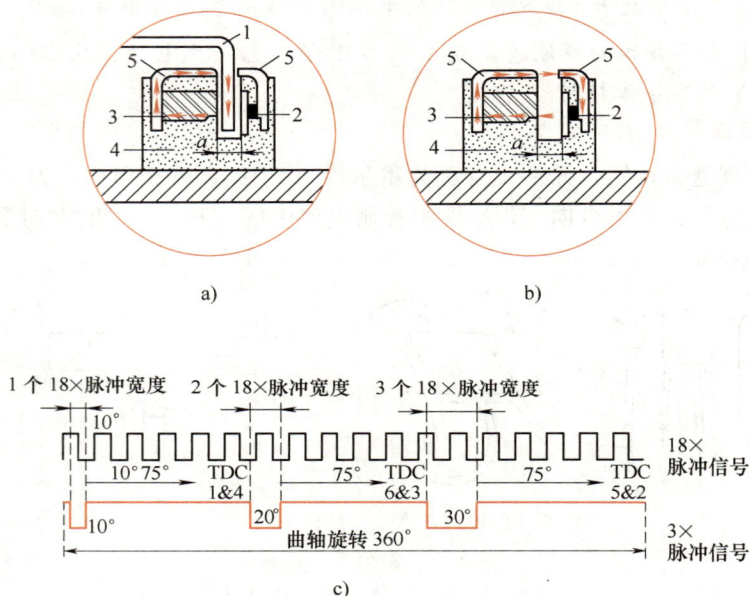

a)   b)

c)

图 2-43 发动机转速与曲轴位置传感器

a) 触发叶轮进入空气隙 b) 触发叶轮离开空气隙 c) 传感器输出信号

1—触发叶轮 2—霍尔元件 3—永久磁铁 4—基座 5—导磁板

永久磁铁 3 和导磁板 5 构成磁路，两者之间布置有霍尔元件 2，4 是基座。触发叶轮 1 有内外两圈，外圈叶轮有 18 个等间距齿，内圈叶轮有 3 个不等间距齿，两叶轮都和发动机的曲轴同步旋转。触发叶轮进入空气隙时，磁感线大部分经叶片流回永久磁铁，因此霍尔元件感受到的磁感应强度降低，输出的霍尔电压呈低电平信号；当触发叶轮离开空气隙时，霍尔元件处在强磁场中，则输出高电平。根据 18×脉冲信号，可以计算出曲轴转角和发动机转速；根据 3×脉冲信号，可以判断出曲轴相位和点火缸号（3×脉冲信号上边沿分别对应 1、4 缸，3、6 缸和 2、5 缸压缩行程上止点前 75°）。两者结合，可以精确测量（和控制）各缸点火时刻。

有的资料将电感式传感器、磁电式传感器和霍尔式传感器等与磁场有关的传感器，统称为**磁敏式传感器**。

七、光电式传感器

1. 工作原理

光电式传感器的工作原理是光电效应。光电效应是一个统称，具体包括：

（1）外光电效应　又称为**光电子发射效应**。金属或半导体光电材料在光照下其表面逸出光电子，这是最经典、最狭义的光电效应。典型器件是光电管和光电倍增管。

（2）光伏特效应　半导体 PN 结在光照下产生电动势。典型器件是光电池和光敏二极管、晶体管。

（3）光导效应　又称为**内光电效应**。高电阻率的半导体在光照下导电载流子增加，电阻率下降。典型器件是光敏电阻，或称为光导管。

（4）热电效应　某些陶瓷材料在光照下受热，表面产生移动电荷（但不逸出）。锆钛酸铅（PZT）等压电陶瓷具有压电效应，同时也具有这种热电效应。

> 也有的资料认为，光导效应、光伏特效应以及热电效应，都属于广义的"内光电效应"。

可见，光电式传感器的输出电信号可能是电流、电压、电荷或者电阻变化，这些电信号要送入各自对应的信号调节电路进行处理和变换。

2. 性能特点和主要应用

光电式传感器通常是发光器件和接收器件（光电元件）配套使用。

光电式传感器体积小、精度和集成度高，在工业制造和控制领域常用于测量物体的形状和位置、位移和距离、感光光学特性，以及非接触测量高温物体的温度等。

在汽车试验测试中，光电式传感器经常用于转速的测量，或者判断物体的位置。图 2-44 所示为一种典型的光电式转速传感器。被测轴 1 带动转盘 2 旋转，转盘上开有一圈孔（或光栅）。光源 3 发出的光由透光器 4 汇聚，投向转盘上孔所在的半径处。如果转盘转到孔对准光源的方位，光线就穿过孔并被受光器 5 里面的光电元件 6 所接受，产生一个电信号脉冲。很显然，电脉冲的频率等于单位时间内转过的孔数，也就是和转速成正比。这也是一种频率输出式转速计。但是光电式传感器对光学环境和仪器元件的清洁度要求较高，这一

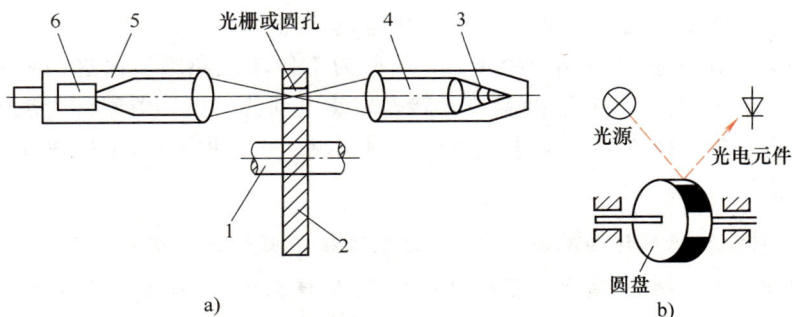

图 2-44　光电式转速传感器

a）投射式　b）反射式

1—被测轴　2—转盘　3—光源　4—透光器　5—受光器　6—光电元件

点不如磁电式或霍尔式传感器。另外，图2-44a 的结构是在圆盘上开孔，被称作"投射式"；还有一种"反射式"，如图2-44b 所示，光源持续发光，在圆盘的外缘涂上黑白相间的条纹，圆盘的轴转动时，反光与不反光交替出现，光电元件接受间断的反光信号，进而形成电脉冲频率输出。

在进行给定路段的车速试验时，有时采用一种光电管遮蔽的原理测量汽车到达起点或终点的时刻，即在起点和终点位置的道路一侧设置一个光源，道路对面布置一个光电元件，光电元件在光照下输出电信号。当汽车（车头）到达此线时，光路被切断，光电元件的输出信号消失或急剧减小，产生一个下降沿的脉冲，以此推断出汽车到达此位置的时刻。

另外，在机油品质的检测或柴油机烟度的测试等需要判定被测物质清洁度的试验中，也常采用光电式传感器。光源发出的光，经由被测物质反射或透射后由光电元件接受，物质脏污程度越严重，光电元件的受光量就越小，输出的电信号就越弱。

一些四轮定位仪，也采用光电式测量原理，由车轮与车轮之间或车轴与车轴之间相互发光、受光，通过受光器上光敏元件感受到的光点位置来判定车轮或车轴之间的相对位置是否正常。这种光电测试系统的发光器发出的通常是不可见的红外线（见图2-45）。

图 2-45　检测左右轮或前后轴是否平行

八、热电式传感器

1. 原理和性能

某些材料在温度变化时，其电学参数发生相应的变化，利用这种特性，可以制成各种类型的热电式传感器，主要有以下几种。

（1）热电偶　热电偶的工作原理是**热电效应**。如图2-46 所示，两种不同性质的导体 A 和 B，两端紧密地连接在一起，形成一个回路。当两个结合点 T_0 和 T 存在温差时，则在导体 A 和 B 之间产生电势差，称为热电动势，进而在回路中形成电流。导体 A 和导体 B 是两个热

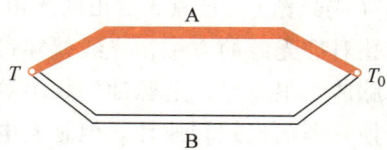

图 2-46　热电偶

电极，T_0 端称为参比端或自由端、冷端，T 端称为工作端或热端。由这两种对偶导体材料组成并将温度（实际上是 T 与 T_0 的温差）转换成热电动势的传感器就称为**热电偶**。

热电偶的两个热电极 A 和 B 必须由不同材料制成，热电偶的两端 T_0 和 T 的温度必须不同，否则热电动势为零。

热电偶在测量时应确保冷端温度 T_0 不变或可控，使输出的热电动势是热端温度（即待测温度）T 的单值函数。通常希望冷端温度 T_0 保持在 0℃。而在实际工作中，由于冷端距热端（工作端）很近，又经常处于大气中，其温度受到被测对象和环境条件变化的影响，难以保持恒定，需要设法进行温度补偿。具体方法请参阅相关资料。如果待测温度很高，也可以不考虑冷端的实际温度，将其看作某固定数值，这样造成的误差也不大。

另外，如果在由 A、B 两极构成的热电偶回路中接入中间电路（也称为"中间导体"），只要确保中间电路的两端温度相同，那么热电偶的输出热电动势仍只取决于其两端的温度差 $T-T_0$，与引入的中间电路无关，如图 2-47 所示。在实际应用中，中间电路可以是其他测量仪表、电路或连接导线。

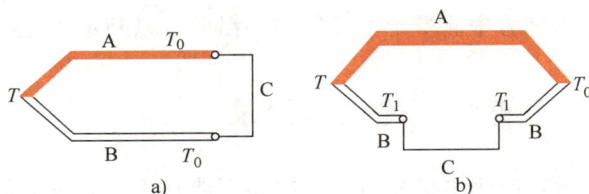

图 2-47　热电偶两极间接入中间电路的方式

a）在同一端处断开、接入　b）在同一极上断开、接入

热电偶最突出的优点是温度测量范围广，高温热电偶的工作温度可以超过 2000℃，低温热电偶则可低至 -200℃ 以下。而且热电偶体积小，热惯性小，动态响应快，可以测量复杂结构狭小处的温度或零件表面的温度，例如测量离合器和制动器摩擦副表面的发热温度，是一种比较完善的热电式传感器，应用很广。

（2）**热电阻**　热电阻的热敏元件是金属导体电阻。一般来说，金属导体的电阻率随着温度的升高而增大。常用的热电阻材料是铂、铜、镍、铁等纯金属。为进行低温和超低温测量，开发了铟、锰、碳等材料。

热电阻传感器一般用于测量的温度范围为 -200 ~ 500℃。材料的电阻—温度特性稳定（注意，其对应关系一般不是线性的），试验结果的精度和重复性好。与热电偶相比，不存在冷端温度 T_0 的控制问题。

（3）**热敏电阻**　与热电阻类似，热敏电阻也是利用材料的电阻率随温度变化而变化的特性工作的。

与热电阻不同的是，热敏电阻采用的不是纯金属导体，而是半导体材料，通常是钴、锰、镍等金属氧化物的混合烧结物。热敏电阻的电阻温度系数[⊖] 比热电阻高很多，可达 10 ~ 100 倍。另外，热电阻的电阻率都是随着温度升高而升高的，即为正温度系数的，而热敏电阻的电阻率则随温度的升高可能升高或降低，所以热敏电阻分为正温度系数（PTC）热敏电阻和负温度系数（NTC）热敏电阻，其中应用较多的是 NTC 型。

热敏电阻的优点主要在于温度系数高，而且热惯性很小，适于动态测量。缺点是温度系数随温度变化而变化，也就是输出电阻率与输入温度不成线性关系，尤其是高温时线性度更差，所以使用上限温度约为 300℃。目前，开发了各种新型 NTC 热敏电阻，线性度有明显改善。半导体材料的稳定性和互换性也较差，测试系统中更换元件需要重新标定。

另外，由于采用半导体材料，热敏电阻的自身电阻值很高，因此导线电阻对于测量的影响很小，这是优点。但是，电阻值过高，使得通过不大的电流就会产生较大的发热量和温升，这种温升是施加测量电流产生的、而不是被测对象产生的，对测量来说是一种误差，因此要严格控制测量电流。

⊖　电阻温度系数是指单位温差引起的电阻率变化，即 $\Delta\rho/\Delta T$。

2. 应用

热电偶的主要特点是高温性能好，所以可以用于测量发动机气缸内的温度和排气门温度。通过埋入的方法，可以测量活塞表面及浅表层、离合器和制动器摩擦片等的表面温度。热电阻和热敏电阻通常测量较低的温度，或者表面的平均温度。例如，用热敏电阻制成的点温计，可以在万向节磨损试验中测量十字叉轴端的温度，以判定其磨损程度。

第三节　信号的中间变换、传输与记录

传感器将被测非电量转换为电信号后，一般还不能直接读取或记录，要通过信号调节器进行中间变换。针对不同的传感器和不同的试验目的，需要进行的中间变换方法很多，所使用的变换装置（信号调节器）可能是通用的，也可能是针对某种测量专用的。这里按大类介绍几种典型的信号调节器。

另外，本节还要介绍信号的记录和传输问题。

一、电桥

电桥是将电阻、电容或电感等电参量的变化转变为电压输出的一种中间变换电路，一般与应变片式传感器配合使用。其输出可以直接送给负载进行记录与显示，也可以送给放大器等装置进一步处理。

由于电阻电桥的电路较简单，调节容易，灵敏度和线性度较理想，而且与之配套的电阻应变片式传感器技术十分成熟，因此在测试信号的处理变换中得到广泛应用。

电桥按照供桥电压（激励电压）的不同，可分为**直流电桥**和**交流电桥**。按照输出量的测量方式不同，可分为**平衡式电桥**与**非平衡式电桥**。目前应用较多的是非平衡式交流电桥。直流电桥和交流电桥的基本原理相同，只是交流电桥的调节和测量方式更复杂一些。下面主要以直流电桥为例介绍电桥的基本理论。

1. 电桥电路与平衡条件

图 2-48 所示为一个直流纯电阻电桥，包括四个桥臂，a、c 间施加供桥电压 U_0，b、d 间是输出电压 U_{bd}，可视作开路。四个桥臂的电阻值分别为 R_1、R_2、R_3 和 R_4。注意，这些指的是某桥臂的电阻值，而构成该桥臂电阻值的不一定是一个电阻器件，例如，R_1 可能是两个实物电阻器串联得到的。

电桥平衡，是指如果在 b、d 之间连接一块电流计，其指示为零，也就是 b、d 两点等电动势。所以，电桥平衡的条件就是输出电压 U_{bd} 为零。

输出电压　　$U_{bd} = U_{ab} - U_{ad} = \dfrac{R_1}{R_1+R_2}U_0 - \dfrac{R_4}{R_3+R_4}U_0$

得　　　　$$U_{bd} = \dfrac{R_1R_3 - R_2R_4}{(R_1+R_2)(R_3+R_4)}U_0 \qquad (2\text{-}27)$$

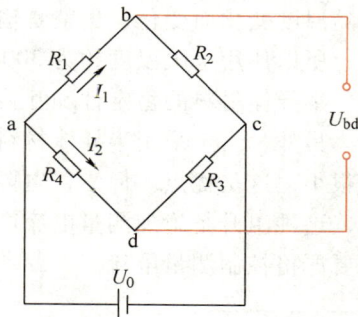

图 2-48　直流纯电阻电桥

可见，**电桥平衡的条件为**

$$R_1 R_3 = R_2 R_4 \tag{2-28}$$

式（2-27）是电桥输出电压的统一式，没有任何限制条件，可用于推导电桥的各种特性。如果只是想确定平衡条件，可以按以下思路：电桥平衡→b、d 等电动势→b 点在 a—b—c 电压降中的位置，相当于 d 点在 a—d—c 电压降中的位置→$\dfrac{R_1}{R_2}=\dfrac{R_4}{R_3}$→$R_1 R_3 = R_2 R_4$。

一般的电桥在初始状态下，四个桥臂阻值都相等，即 $R_1 = R_2 = R_3 = R_4 = R_0$，平衡条件自然满足。

2. 电桥输出电压与加减特性

当初始状态 $R_1 = R_2 = R_3 = R_4 = R_0$ 时，电桥平衡，输出电压为零。现在令每个桥臂的电阻值都发生变化，即 $R_1 = R_0 + \Delta R_1$，$R_2 = R_0 + \Delta R_2$，$R_3 = R_0 + \Delta R_3$，$R_4 = R_0 + \Delta R_4$。把这些变化后的电阻值代入式（2-27）中，计算输出电压 U_{bd}，即

$$U_{bd} = \frac{(R_0+\Delta R_1)(R_0+\Delta R_3)-(R_0+\Delta R_2)(R_0+\Delta R_4)}{(R_0+\Delta R_1+R_0+\Delta R_2)(R_0+\Delta R_3+R_0+\Delta R_4)}U_0$$

当各桥臂的电阻变化量 ΔR 均远小于初始电阻 R_0 时，将上式展开，可得

$$分子 = R_0(\Delta R_1 - \Delta R_2 + \Delta R_3 - \Delta R_4) + \Delta R_1 \Delta R_3 - \Delta R_2 \Delta R_4$$

$$\approx R_0(\Delta R_1 - \Delta R_2 + \Delta R_3 - \Delta R_4)$$

$$分母 = 4R_0^2 + 2R_0(\Delta R_1 + \Delta R_2 + \Delta R_3 + \Delta R_4) \approx 4R_0^2$$

对于电桥来说，各桥臂的电阻变化量 ΔR 通常来自应变片，由式（2-21）可以看出，应变片的电阻变化率 $\dfrac{\Delta R}{R}=K\varepsilon$。其中，应变片的灵敏系数 K 大约为 2；试件通常是金属材料，其应变 ε 是非常小的（工程上常用微应变，即 10^{-6} 这一数量级）。所以 $\dfrac{\Delta R}{R}\ll 1$，上述对于分子和分母的近似，相对误差是非常小的。

则电桥输出电压为

$$U_{bd} = \frac{U_0}{4}\left(\frac{\Delta R_1}{R_0} - \frac{\Delta R_2}{R_0} + \frac{\Delta R_3}{R_0} - \frac{\Delta R_4}{R_0}\right) \tag{2-29}$$

注意，各桥臂初始电阻相等，都是 R_0，但是其变化量 ΔR_1、ΔR_2、ΔR_3 和 ΔR_4 可能各不相等。

各桥臂的电阻变化率 $\dfrac{\Delta R}{R}=K\varepsilon$，且各应变片的灵敏系数 K 都相同，所以输出电压又可以写作

$$U_{bd} = \frac{K}{4}U_0(\varepsilon_1 - \varepsilon_2 + \varepsilon_3 - \varepsilon_4) \tag{2-30}$$

上述两式的特点在于，电桥的输出电压可以分解为 4 个分量的简单加减，而且每个分量只取决于某个桥臂的电阻变化，不同桥臂之间没有互相影响。例如，在供桥电压 U_0 给定的条件下，式（2-29）中的第一项电压分量 $\dfrac{U_0}{4}\dfrac{\Delta R_1}{R_0}$ 只取决第一个桥臂的电阻变化率 $\dfrac{\Delta R_1}{R_0}$。因此可以将电桥输出电压公式总结为**电桥加减特性**，即电桥可以把各桥臂电阻变化所引起的输出电压自动加减后输出。

> 桥臂 1 和 3、2 和 4 是相对的，而桥臂 1 和 2、2 和 3、3 和 4 以及 4 和 1 是相邻的，观察式（2-29）中各项分量的正负号关系，可以将电桥加减特性概括为**对臂相加、邻臂相减**（同号就是相加、异号就是相减）。

3. 电桥的不同接法与灵敏度

电桥是与应变片配套工作的，但是并非所有电桥的每个桥臂都是电阻应变片，电阻应变片也不一定都是工作片（即贴在试件上直接测量被测量的应变片）。如果电桥只有一个桥臂上有工作片，即只有一个工作臂，称为**惠斯通电桥**（俗称单臂电桥），如果两个或四个桥臂上有工作片，就称为**开尔文电桥**（俗称双臂电桥）或**全桥**，如图 2-49 所示。注意，完整的电桥一共有四个桥臂，这里的"单臂""双臂"指的是拥有工作片的桥臂数目。

> 另外，双臂电桥的工作片不一定处于邻臂，也可能处于对臂，即在图 2-49b 中，工作片不是 R_1 和 R_2，而是 R_1 和 R_3。

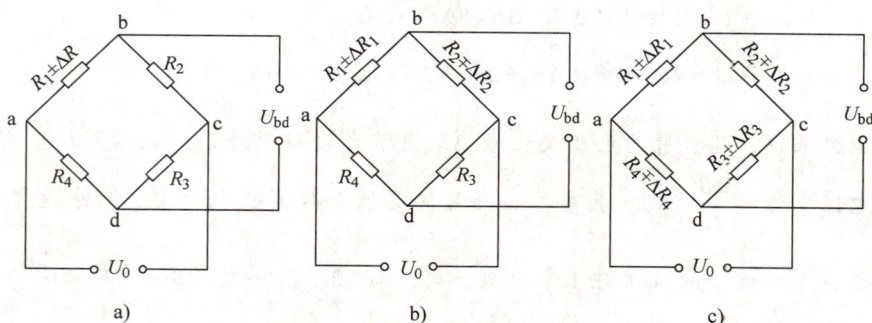

图 2-49　电桥的接法
a）惠斯通电桥　b）开尔文电桥　c）全桥

电桥的输入是电阻变化率 $\Delta R/R_0$，电桥的输出是电压 U_{bd}。因此，**电桥灵敏度**就是输出电压与电阻变化率之比，即

$$S = \frac{U_{bd}}{\Delta R/R_0} \tag{2-31}$$

注意，电桥的输出电压当然只有一个数值，就是上式的分子；而其分母 $\Delta R/R_0$ 则是仅指某一个桥臂的（习惯上通常取第 1 臂）。

（1）惠斯通电桥　对于惠斯通电桥，只有一个桥臂参与电阻变化，假定为第 1 臂，电桥的输入就是电阻变化率 $\Delta R_1/R_0$。电桥的输出电压 U_{bd}，由式（2-29）可以看出，也只有

第一项 $\dfrac{U_0}{4}\dfrac{\Delta R_1}{R_0}$。所以**惠斯通电桥的灵敏度** $S=\dfrac{U_0}{4}$。

（2）开尔文电桥 对于开尔文电桥，令第一个工作臂为 1，那么另一个工作臂可能是对臂 3、也可能是邻臂 2（或 4）。接两个工作臂的目的是放大输出、提高灵敏度，所以如果两个应变片的应变是同号的（例如，都是拉应变），应该接为对臂，如 1 和 3；如果两个应变片的应变是异号的（例如，一个是拉应变，另一个是压应变），则应接为邻臂，如 1 和 2。那么，当两个应变片输出的电阻变化率绝对值相等时，由式（2-29）可以看出，电桥的输出电压是单片的 2 倍，那么**开尔文电桥的灵敏度就是惠斯通电桥的 2 倍**，灵敏度 $S=\dfrac{U_0}{2}$。

有时开尔文电桥的两个工作臂的应变并不相同，那么其灵敏度就不能简单按"开尔文电桥是惠斯通电桥的 2 倍"来计算。例如，测量轴上的拉力，可以采取如图 2-50 所示的贴片方法。两个应变片一个受拉、一个受压，所以在电桥中接为邻臂，类似于图 2-49b。

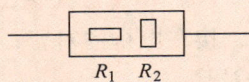

图 2-50 测拉力的贴片方法

由材料力学可知，试件受纵向拉应变 ε 时，R_2 受到的横向应变为 $-\mu\varepsilon$（μ 为试件材料的泊松比，"-"表示压应变）。所以，取 R_1 为基准，其输出电压为 $\dfrac{U_0}{4}\dfrac{\Delta R_1}{R_0}$，则 R_2 的输出电压为 $-\mu\dfrac{U_0}{4}\dfrac{\Delta R_1}{R_0}$。由加减特性易知，电桥的输出电压为

$$U_{bd}=\frac{U_0}{4}\frac{\Delta R_1}{R_0}(1+\mu)$$

灵敏度则为

$$S=\frac{U_{bd}}{\Delta R_1/R_0}=\frac{U_0}{4}(1+\mu)$$

因为材料的泊松比小于 1，所以灵敏度达不到 $S=\dfrac{U_0}{2}$。

（3）全桥 对于全桥，也就是四个桥臂都是工作臂，为了将输出电压尽可能提高，1、2、3、4 四个桥臂的应变符号依次应该是"正、负、正、负"，如图 2-49c 所示。显然，当各桥臂应变的绝对值相等时，全桥的输出电压相当于惠斯通电桥的 4 倍，所以**全桥的灵敏度相当于惠斯通电桥的 4 倍**，即 $S=U_0$。

4. 电桥加减特性的应用

电桥加减特性，通常用于以下三个目的。

（1）消除温度变化的影响 应变片具有温度特性，即在应变不变的条件下，随着温度的变化，应变片的输出电阻变化率发生变化。这种温度变化引起的电阻变化率的变化，传送给电桥，引起输出电压的变化，最终对被测量造成一种影响，试验结果的指示应变中包含了温度变化引起的干扰成分，可以称为"温度应变"。

为了消除温度变化的影响，可以将温度相同的应变片接为邻臂。利用"邻臂相减"的规律，抵消两个应变片的温度应变。具体办法有以下两种。

1）补偿片法。一个桥臂上接工作应变片，贴在试件上测量被测载荷。再选取一块和试件同样材质的零件，称为补偿件，放在试件附近，以保证两者温度相同。将另一个同样型号的应变片贴在补偿件上，称为温度补偿片。补偿片感受到的温度应变与工作片相同，两者接为邻臂，"邻臂相减"，就可以把温度变化引起的干扰消除掉。这种接法粘贴了两片应变片，但是工作片只有一片，不能提高灵敏度。

2）工作片自行消除。两个应变片都是工作片，粘贴在同一个试件上，在电桥中接为邻臂。此时，两个工作片感受到的有用信号的应变必须是异号的，例如图2-50所示的情形，否则有用信号也互相抵消掉了。显然，利用"邻臂相减"，这种方法既能提高电桥的灵敏度，也能抵消两个工作片的温度效应。

（2）尽量放大输出，提高灵敏度 可利用"对臂相加"，即将两个感受同号应变的应变片，接在电桥的对臂；也可利用"邻臂相减"，即将两个感受异号应变的应变片，接在电桥的邻臂。

（3）消除干扰载荷的影响 干扰，指的是试件实际受到的、而试验者并不想测取的载荷。例如，试件同时承受拉力和弯矩，试验目的是测量拉力，那么弯矩就是干扰。消除干扰载荷的影响，可以采用以下两种方法。

1）利用"对臂相加"。将感受异号干扰应变的应变片，接在电桥的对臂。

2）利用"邻臂相减"。将感受同号干扰应变的应变片，接在电桥的邻臂。

对于惠斯通电桥或者开尔文电桥，四个桥臂不都是工作臂。工作臂以外的其他桥臂，要么是温度补偿片，要么是仪器内部的固定电阻，由应变仪自动接入电桥。显然，接入仪器内部的固定电阻比温度补偿片简单，不需要手动处理试件表面、贴片和接桥，但固定电阻必须成对使用、接为邻臂，以保证其温度始终相等，自行抵消。例如，在图2-49中，如果只有R_1是工作片，那么R_2必须是温度补偿片；R_3和R_4既可以都是温度补偿片，也可以都是仪器内部固定电阻。如果R_1和R_2是工作片，那么R_3和R_4既可以都是温度补偿片，也可以都是仪器内部固定电阻。

对待具体测量问题要具体分析，灵活运用电桥加减特性，实现各种目的。

现举一例：一根转动的圆轴，同时受到弯矩和扭矩，要求测量扭矩，也就是要消除弯矩的影响，同时还要消除温度变化的影响、尽量放大输出。应如何贴片和接桥？

受扭的零件，其表面存在着切应力和切应变，如图2-51所示。但是应变片只能测量正应变、不能测量切应变。

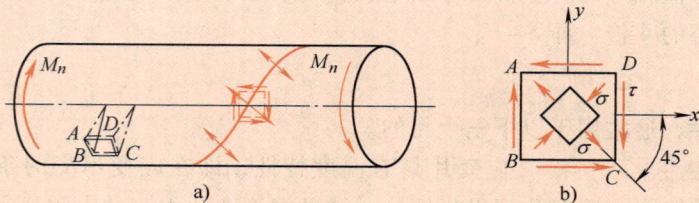

图2-51 受扭的试件及其表面单元体应力分析

由二向应力状态理论可知，受扭的圆轴，其表面与轴线成45°方向和135°方向存在着最大拉应力和最大压应力，而且拉应力和压应力的绝对值σ都等于扭转切应力τ。所以应该沿着与试件轴线成45°和135°的方向粘贴应变片。

贴片和接桥方法如图 2-52 所示。

对于被测扭矩，四个应变片按 45°、135°、45°、135° 的方向粘贴，感受到的正应变符号是 "正、负、正、负"；在接桥图中，按电桥加减特性的次序，形成（正-负+正-负）的电压输出，相当于单片应变片的 4 倍。

对于弯矩干扰，R_1 和 R_3 相隔 180° 贴片，感受到的弯曲正应变绝对值相等、符号相反；在接桥图中，接为对臂，相加，互相抵消。R_2 和 R_4 也如此。所以电桥的输出中没有弯矩信号。

对于温度变化，四个应变片都是工作片，位于同一试件上，温度始终相同；全部接入电桥，显然，温度应变经 "+-+-" 的加减运算，全部抵消掉。

由于轴在连续转动，应变片和固定设备之间不可能用导线连接，必须采用集流环，可参见本节中 "五、信号的传输" 部分。

实际上各相邻应变片之间在圆周方向上并不需要间隔 90°，只要确保 R_1 和 R_3、R_2 和 R_4 相隔 180° 即可。

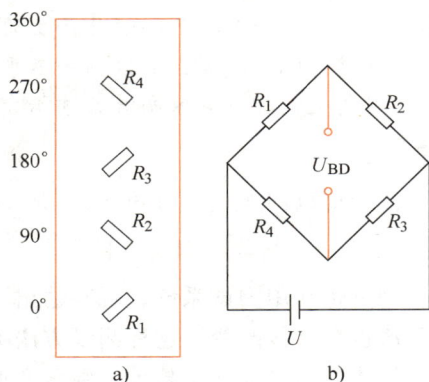

图 2-52　圆轴展开示意和电桥接法
a）贴片图　b）接桥图

上述电桥电路，每个桥臂上都有一个应变片或电阻器，四个桥臂的初始阻值均相等。而有的电桥电路，在左右对称的两个桥臂上（如图 2-48 中的 R_1 和 R_2，或 R_4 和 R_3）串联若干片应变片。由电桥输出电压公式可知，某桥臂对于总输出电压 U_{bd} 的贡献，取决于该桥臂的电阻变化率。桥臂串联应变片后的电阻变化量 ΔR 和初始电阻 R 都是两片之和，电阻变化率 $\dfrac{\Delta R}{R}$ 并不提高。所以，桥臂上串联应变片并不能提高电桥的输出电压，或者说**不能提高电桥的灵敏度**。但是，当两片应变片的测试信号不同时，可以利用串联法测量其均值。而且一个桥臂的阻值增加，通过的电流减小，能够**减轻应变片的发热**。

例如，在图 2-53 中，试件同时受到拉力和弯矩，R_1 和 R_2 贴在试件表面的对称位置，串接在一个桥臂上；两个 R 均为温度补偿片，串接在另一个桥臂上，这两个桥臂相邻。注意，此图是一种简化画法，两个桥臂共一个节点，所以是邻臂。另外两个未画出的桥臂阻值都是 R，为仪器内部固定电阻。

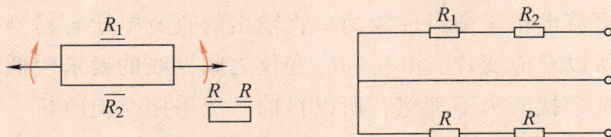

图 2-53　利用串联的不等臂电桥测量拉力、消除弯矩

R_1 和 R_2 感受到的由弯矩导致的正应变是绝对值相等、符号相反的，串接在一个桥臂上，求平均值，结果互相抵消掉。R_1 和 R_2 感受到的由拉力导致的正应变完全相同，求平均值后就相当于一个应变片的输出。两个温度补偿片 R 串接在另一个桥臂上，其输出当

然也就相当于一个温度补偿片产生的温度应变。注意，温度补偿片也必须采用两片，否则两个桥臂电阻不相等，电桥初始不平衡。

理论上也可以采取两片应变片并联在一个桥臂上，但这样做没有任何好处，所以不采用。

读者可以回顾上一节图 2-17 所示的圆柱式力传感器，尝试解释其贴片和接桥的原理。

5. 平衡式与非平衡式电桥

测量是利用测试系统，观察输出，以确定输入的过程。如果输入信号改变，输出仪表的显示值也会直接改变，这种测量方法称为**非平衡法**，或者称为**偏位法**。例如，用弹簧测力计测量物体的质量，质量越大，弹簧变形越大，指针示数越大。如果输入信号改变，通过试验人员调节测试装置，确保输出仪表示值不变，通过调节量来反映被测输入量，这种方法称为**平衡法**，或者称为**零位法**，例如天平。

上述电桥，是通过输出电压 U_{bd} 来反映输入应变 $\frac{\Delta R}{R}$ 的，输入量越大，输出信号越强，属于非平衡式电桥。非平衡式电桥的线路相对简单，调节容易；但是由式（2-29）或式（2-31）可以看出，当电源电压波动时，会引起电桥输出电压或灵敏度的改变，造成误差，或者需要频繁标定。为此，可以采取平衡式电桥，如图 2-54 所示。

当被测量为零时，调节可调电阻 R，使指针 P 归零。当某桥臂的电阻随被测载荷发生变化时，调节 R，使指针再次归零。事前将可调电阻的调节量与桥臂电阻的变化做好标定，就可以用调节量来反映被测桥臂的电阻变化率。可见，这种零位测量法，其输出—输入关系以及系统的测试误差仅取决于可调电阻标度的精确度，与电源电压无关。

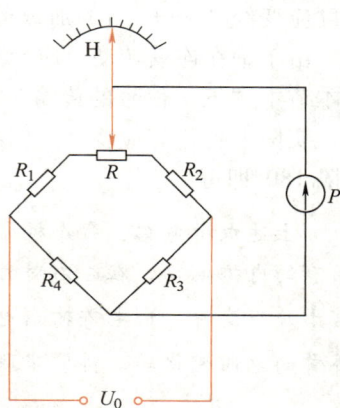

图 2-54 平衡式电桥

由于零位法测量需要随着输入量的变化主动调节可调电阻，不适于跟踪快速变化的信号，所以零位法一般用于测量静态信号。

6. 交流电桥

供桥电压 U_0 为直流电源的电桥，即为直流电桥。直流电桥的优点很多，如高稳定度的直流电源容易获得；直流电桥平衡条件较简单；输出的直流电压容易测量和显示；直流电对容抗和感抗不敏感，所以对应变片、电桥和应变仪之间导线的要求较低。直流电桥的缺点是直流放大器较复杂，抗干扰能力不理想，所以目前广泛采用交流电桥。

交流电桥和直流电桥的工作原理相同，基本计算公式也通用。二者的区别在于，交流电桥的供桥电压是交流电源 u，各桥臂上除了有纯电阻，还可能有电感和电容。（事实上直流电桥的各桥臂上也有电感和电容，但是对于直流电，电感相当于短路、电容相当于断路，不需考虑。）

直流电桥的平衡条件是 $R_1 R_3 = R_2 R_4$。对于交流电桥，只需将各桥臂阻值用复阻抗 Z_1、Z_2、Z_3 和 Z_4 表达，平衡条件仍然为

$$Z_1 Z_3 = Z_2 Z_4 \tag{2-32}$$

从表面上看，式（2-32）与式（2-28）只是标记符号的改变，都是一个等式。事实上，直流电桥平衡条件的数学本质是两个实数相等，式（2-28）是一个条件；而交流电桥平衡条件的数学本质是两个复数相等，其成立需要两个独立的条件。

以交流电容电桥为例，如图 2-55 所示。桥臂 1 是一个纯阻抗和一个容抗串联，其复阻抗为 $Z_1 = R_1 + \dfrac{1}{j\omega C_1}$；桥臂 2 和桥臂 3 都只有纯阻抗，即 $Z_2 = R_2$，$Z_3 = R_3$；桥臂 4 与 1 类似，复阻抗 $Z_4 = R_4 + \dfrac{1}{j\omega C_4}$。$\omega$ 为交流电的圆频率。

将 Z_1、Z_2、Z_3、Z_4 代入式（2-32），计算可得交流电容电桥的平衡条件为

$$\begin{cases} R_1 R_3 = R_2 R_4 \\ \dfrac{R_3}{C_1} = \dfrac{R_2}{C_4} \end{cases} \tag{2-33}$$

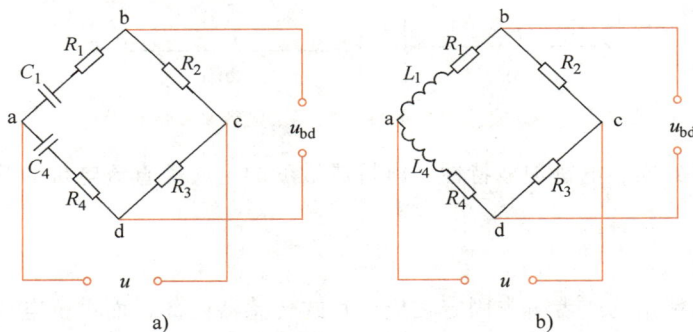

图 2-55　交流电桥
a）电容电桥　b）电感电桥

对于交流电感电桥，由于感抗 $X_L = j\omega L$，可求得平衡条件为

$$\begin{cases} R_1 R_3 = R_2 R_4 \\ L_1 R_3 = L_4 R_2 \end{cases} \tag{2-34}$$

可见，无论是式（2-33）还是式（2-34），都是两个独立的条件，有一个不满足，电桥就不平衡。

上述电容电桥的两个臂都带电容（容性的），电感电桥的两个臂都带电感（感性的），这是有其必要性的。如果随便混接一个电桥，例如将图 2-55 中的两个电桥调整一下，第 1 臂带电容、第 4 臂带电感，那么按 $Z_1 Z_3 = Z_2 Z_4$，简单地计算就会发现，这两个复数的虚部肯定是一正一负，不可能相等，这个电桥永远不会平衡。所以，如果交流电桥的两个邻臂是纯电阻，那么**另两个臂必须具有相同性质的电抗**，即都是容性的或者都是感性的。

交流电桥，除了平衡条件较复杂外，与直流电桥相比，还容易受到分布电容的影响。传感元件、测试仪器和导线等都带有杂散分布的电容和电感，其中电感的影响较小。由于分布

电容的存在，即使是纯电阻电桥，也相当于在各桥臂上并联了一个小电容，如图 2-56 所示。

研究分析表明，分布电容会降低交流电桥的灵敏度，供桥电压频率越高，影响越严重。所以要使用高品质的元件和导线，并力求缩短传输距离，以减小分布电容。

如果分布电容不平衡（如图 2-56 中 $C_1 \neq C_2$），在后续放大处理过程中信号会产生非线性畸变和波形失真，供桥电压频率越高，影响越严重。所以在应变仪使用操作中，必须调节电容平衡，如图 2-56b 所示。调节平衡后，还要减小环境温度变化，固定导线。因为温度变化以及导线移动都会引起分布电容的改变。

可见，由于交流电桥存在分布电容及其不平衡，对测试系统和试验操作都提出了更高的要求。

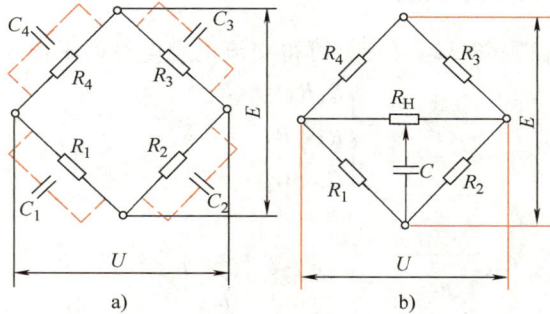

图 2-56 交流电桥的分布电容及电容平衡的调节

电桥输出电压公式、电桥加减特性、电桥灵敏度的定义等直流电桥的基本关系，对于交流电桥同样适用。

7. 应变仪

应变片是手动粘贴的或者事先固定在应变片式传感器内部，而供桥电压的施加、输出电压的拾取、输出和放大、电桥平衡的调节等，都要由应变仪来完成。

应变仪的核心功能是信号放大，根据放大器的工作原理，应变仪分为直流放大和交流载波放大两类。直流放大式应变仪对电桥提供直流供桥电压，构成直流电桥，交流载波放大式应变仪构成的则是交流电桥。直流电桥操作简单，工作频率（即被测应变的变化频率）可达 10kHz，但零漂问题较难解决；交流载波放大器稳定性好，零漂小，目前使用较多。

按被测信号的变化规律，应变仪分为静态应变仪和动态应变仪。静态应变仪用于测量静止的或变化缓慢的应变，可以采用零位法（平衡式）测量。动态应变仪的工作频率为 0~2kHz，高频被测信号的输出一般不能直读，也不能采取零位法测量，而是与各种记录仪配合使用，记录电桥输出电压。

二、滤波器

滤波器，是一种频率选择装置，根据信号的频率高低对信号进行取舍，将不需要的频率成分极大地衰减。其频率选择特性可以分为高通、低通、带通和带阻四类，如图 2-57 所示。

$A(f)$ 为幅频特性，反映输出信号与输入信号的幅值比。幅频特性值越大、越接近 1，说明信号通过越容易；反之，$A(f)$ 越小，说明滤波器对输入信号衰减得越严重、"阻"得越厉害，所以用幅频特性来评价滤波器的工作特性。

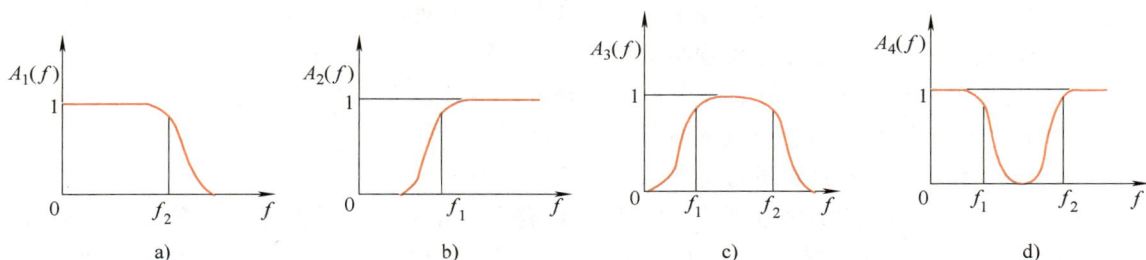

图 2-57　滤波器的工作特性

a) 低通　b) 高通　c) 带通　d) 带阻

f_1, f_2—导通频率

当输入信号频率高于某一数值或低于某一数值时，幅频特性值将急剧下降，也就是说输入信号被急剧衰减，那么该频率值就称为**截止频率**。导通频带的上限称为上截止频率，即图 2-57 中 f_2；下限称为下截止频率，即 f_1。

滤波器的基本功用是进行频率选择，常用于消除测量干扰、平滑信号或者选择、分离信号中的不同频率成分。

例如，在进行悬架装置的固有频率和阻尼比测试时，得到的振动原始信号通常包含了很宽的频带。而由汽车的平顺性理论可知，车身或车轮部分做自由衰减振动时，有其固有频率。对于车身部分而言，固有频率一般为 $1\sim2\text{Hz}$，车轮部分则为 $10\sim15\text{Hz}$。那么就可以将加速度传感器得到的原始信号先进行低通滤波，对于车身部分以 5Hz 为上截止频率，车轮部分则可取 20Hz 为上截止频率。

经过滤波后，得到的信号非常平滑，易于判定峰值，从而计算周期等信息。图 2-58 所示为低通滤波与信号的平滑处理。

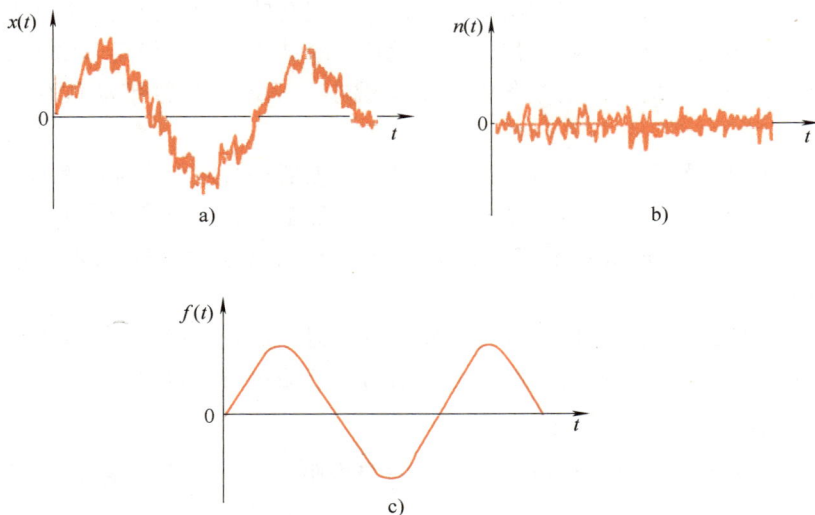

图 2-58　低通滤波与信号的平滑处理

在图 2-58 中，图 2-58a 所示为原始信号，包含了高频与低频分量，图 2-58b 所示为高频分量，图 2-58c 所示为低频分量。也就是说，图 2-58b 与图 2-58c 的叠加就是图 2-58a。当确知高频分量是干扰时，就可以将原始信号送入具有某一上截止频率的低通滤波器，去掉高频分量，滤波器的输出信号就是平滑规整的低频分量。

如果想单独分析上述信号中的干扰噪声，则可以将原始信号送入一个高通滤波器，从图2-58a中消除掉图2-58c，仅留下高频分量。

除了截止频率外，滤波器的性能参数还包括：

(1) 带宽　带宽反映频率分辨能力，即滤波器分离信号中相邻频率成分的能力，通常用 B 表示。对于带通滤波器，$B=f_2-f_1$。带宽越窄，频率分辨能力越强，越容易从复杂信号中将特定频率成分鉴别出来，或者在总频带有限的情况下容纳更多的频带数目。但是带宽太窄，当目标频率发生变动或存在干扰偏差时，有可能检测不到所需信号。

(2) 倍频程选择性　倍频程选择性反映滤波器的频率选择能力，它是指从上截止频率 f_2 处再向上移动一个频程至 $2f_2$ 处或从下截止频率 f_1 处再向下移动一个频程至 $0.5f_1$ 处，幅频特性的衰减率，通常用 dB（分贝）表示。这个衰减率越大，即表示倍频程选择性越强，说明滤波器对于超出导通频带以外的信号衰减得越厉害。

> 当某信号 x 与其基准 x_0 满足 $2\lg\dfrac{x}{x_0}=1$ 时，声压级为 10dB。分贝值大于 0，说明被研究信号 x 比基准 x_0 大；分贝值小于 0，则说明被研究信号 x 比基准 x_0 小。例如，衡量声强所用的声压级 L_p，就是这种"分贝"值，即 $L_p=2\lg\dfrac{p}{p_0}$，p 是被测点的实际声压，p_0 是基准声压（又称为听阈声压，在空气中为 $2\times10^{-5}\text{Pa}$）。

三、放大器

传感器通常是和被测试件直接连接的，和试件一起运转，为了提高工作可靠性和环境适应能力，并减小对被测系统的影响，传感器的设计力求结构简单，做得非常紧凑，没有复杂处理电路，所以其输出电信号的电量偏低、功率偏小，不足以直接带动负载（通常是记录器）。

所以，对于来自传感器的电信号，通常要采用放大器进行放大，提高其输出功率。

放大器的种类繁多，工作原理和结构设计都非常复杂，有兴趣的读者可以参考有关方面的书籍和文献。在此，仅介绍对于汽车试验操作者和仪器选用者来说非常重要的一个问题——阻抗匹配。

放大器介于传感器和负载之间，即传感器→放大器→负载。可见，其阻抗匹配包括两方面：放大器与其前端传感器的阻抗匹配和放大器与其后端负载的阻抗匹配。

1. 传感器与放大器的阻抗匹配

传感器作为信号源，令其输出电压为 u_x，自身内阻为 z_x；放大器输入阻抗为 z_1，输入端获得的电压为 u_1。

传感器与放大器的阻抗匹配的基本原则是：传感器的输出电压 u_x 尽可能多地转换为放大器的输入电压 u_1。匹配原理如图 2-59 所示。

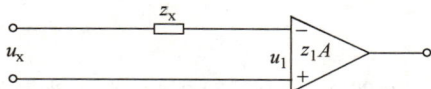

图 2-59　传感器与放大器输入端

这个模型就相当于一个经典的电工学问题：电源的电动势为 u_x、内阻为 z_x，为了使该电动势尽可能多地转化为路端电压 u_1，应满足什么关系？很显然，答案是用电器阻抗 z_1 远高于电源内阻 z_x。

因此，**传感器与放大器合理的阻抗匹配要求是**：放大器的输入阻抗尽可能高于传感器的内阻抗，即 $z_1 \gg z_x$。

所以，放大器的输入阻抗一般都很高。如果信号源内阻 z_x 非常高，致使普通放大器不能满足 $z_1 \gg z_x$ 的要求，这时就要求采取特殊的放大器。例如，压电式传感器的内阻很高，就需要采用输入阻抗极高的前置放大器来做阻抗匹配。

2. 放大器与负载的阻抗匹配

放大器的输出用于推动负载（记录器）工作，负载工作需要的是功率。

所以，**放大器与负载的阻抗匹配的基本原则**是：负载获得的功率尽可能大。注意，这里要求的是功率数值，而不是功率转换比率。阻抗匹配的电路模型如图 2-60 所示。

考虑到放大器与负载的阻抗都可能有电抗部分（感抗或容抗，即不是纯电阻），令放大器的输出电压的均方根为 u_y，输出阻抗为 $z_2 = R_2 + jX_2$；负载阻抗 $z_1 = R_1 + jX_1$。按交流电路理论，可得负载的有功功率（不是视在功率）为

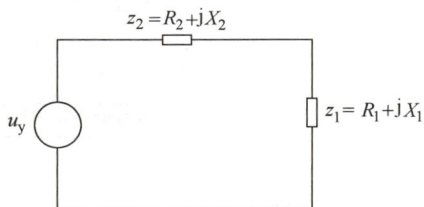

图 2-60　阻抗匹配的电路模型

$$P = \frac{u_y^2 R_1}{(R_1 + R_2)^2 + (X_1 + X_2)^2}$$

为使功率 P 取极大值，显然需要 $X_1 + X_2 = 0$，也就是两个纯电抗部分刚好抵消掉。此时问题转化为两个纯电阻的串联，负载功率 $P = \dfrac{u_y^2 R_1}{(R_1 + R_2)^2}$。

这个模型类似另一个经典的电工学问题：电源内阻与用电器电阻如何匹配，能够使得用电器获得的功率尽可能大？答案是：用电器电阻等于电源内阻。对应此处的阻抗匹配问题就是 $R_1 = R_2$。

因此，负载功率最大，需要同时满足两个条件，分别是负载阻抗与放大器输出阻抗的实部（纯电阻部分）相等和虚部（电抗部分）互为相反数，即 $R_1 = R_2$，$X_1 = -X_2$。两个实部相等、虚部相反的复数，在数学上称为共轭复数。即**放大器与负载的阻抗匹配的要求**是：负载阻抗与放大器输出阻抗互为共轭复数。

电阻部分的匹配较容易实现，因为纯电阻 $R_1 = R_2$ 达成后，基本上不会改变。而电抗部分的匹配，要求 $X_1 = -X_2$，显然，X_1 与 X_2 必然一个是感性、另一个是容性，才有可能符号相反（容抗 $X_C = \dfrac{1}{j\omega C}$，感抗 $X_L = j\omega L$）。即使在某种测试条件下实现了 $X_1 = -X_2$，随着测试信号频率的变化，两者的绝对值一定是一个增加、一个减小，匹配势必被打破，而且信号频率变化幅度越大，电抗部分不匹配就越严重，这一点要引起注意。

四、调制与解调

一般来说，高频交变信号的放大比较简单，而直流或者缓变信号的放大比较复杂，存在一些较难克服的困难。

> 单就信号的放大处理来说，直流放大存在零漂和级间耦合等难题；阻容耦合交流放大器能够抑制零漂，但低频响应差，失真严重，不能放大静态或低频信号。

那么，当被测信号属于某种静态或者低频缓变的信号时，为了放大该信号，往往采取一种"迂回"的处理方法：先将低频信号转变为高频信号，然后对信号进行高频放大，最后再将信号还原为低频信号，就得到了与原频率一样且放大了的信号，如图2-61所示。

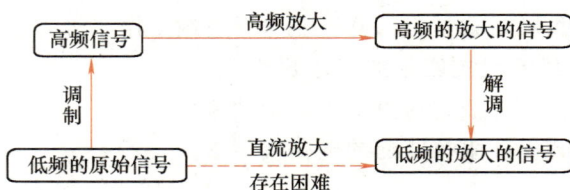

图 2-61　低频信号的放大途径

其中，将低频信号转变为高频的过程，称为**调制**；而将高频信号转变为低频的过程，称为**解调**。下面简单介绍调制的种类和基本特点。

调制过程不仅要改变信号的频率，还要确保信号的原始信息不能丢失。一般称原始低频信号为**调制信号**，载送低频信号的高频振荡为**载波**，经调制后得到的高频信号为**已调波**。调制的过程，就是用载波来搭载调制信号的原始信息，又或者说是利用调制信号控制载波，将载波转变成已调波的过程。已调波保留了载波的部分特征，同时包含调制信号的信息。

如果调制信号控制的是载波的幅值，这个调制过程就称为**调幅**，即 AM，如果控制的是频率和相位，则分别称为**调频**和**调相**，即 FM 和 PM。其中调相技术的实现比较复杂，在一般的民用测试领域采用的不多。

调幅和调频的基本原理，如图2-62所示。

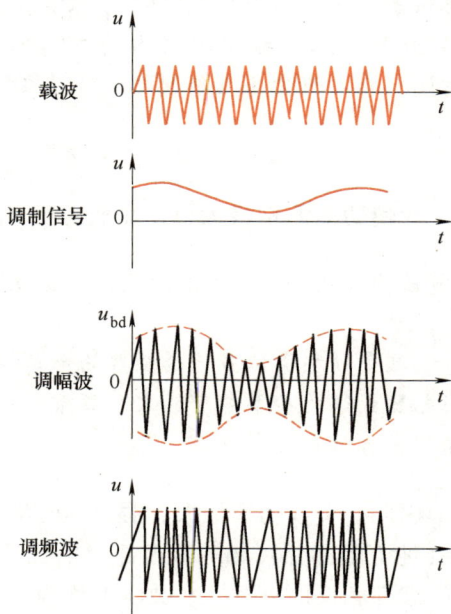

图 2-62　调幅和调频的基本原理

由图中可以看出，载波是一个纯净的高频等幅振荡。调幅的过程，就是用调制信号的幅值去控制载波的幅值，得到的已调波就称为调幅波，调制信号强的地方对应的调幅波幅值就大；调频的过程，则是用调制信号的幅值去控制载波的频率，调制信号强的地方，对应的调频波频率就高。

在前面的内容中，已经提出了"频率信号的抗干扰能力强于幅值信号"的思想（可以

参看本章第二节"磁电式传感器"或"霍尔式传感器"的内容）。在此，依然存在这种对比：与调幅波相比，调频波是用频率体现原始信号的信息，频率信号在进一步的传输和处理过程中，不易跌落、错乱和失真，便于远距离传输和采用数字处理技术。调频波的幅值（和相位）在传输、处理过程中可能受到干扰，发生变化，但对信息的传递基本没有影响。

五、信号的传输

一个完整的测试系统，由若干个装置（子系统）组成。各装置之间或者复杂子系统的内部，需要进行信号输入、输出的交流，即信号的传输。若汽车试验系统中的每一个装置均相距很近，且试验系统中各装置的位置相对固定，则通常采用信号线（有线）传输。但如果试验系统各装置的相对位置较远，则要视信号的类型、性质及信号传输的方便性与成本等诸多因素采用合理的信号传输方式。

信号传输包括**接触传输**和**非接触（无线）传输**。接触传输又包括**导线传输**和**集流环传输**。其中导线传输的应用最为广泛。

1. 导线传输

导线传输，从基本电学意义上来说，其目的就是通过良好导体的连接，使两个或多个被连接点等电动势。也就是说，导线传输对信号不做变换，而是强调要忠实地传递原信号，抵抗干扰信号。

有线传输的优点是抗外界干扰能力强，但有线传输所存在的问题也很明显。当有线传输介质较长时，分布在介质上的电阻、电容和电感不可忽视，这样就相当于在测试系统的两个环节中串进了另一个环节，此环节的介入，不可避免地会产生负载效应。因此，在汽车试验中，在可能的情况下力求缩短导线的长度。若必须采用长信号线传输时，则应在测试系统的组成及测试电路上采取相应的技术措施，以减小或消除其影响。

（1）传输介质　导线传输方式中有双绞线传输、同轴电缆传输和光纤传输等多种。

1）双绞线传输。双绞线（Twisted Pair，TP）是工程中最常用的一种传输介质，是由两根具有绝缘保护层的铜导线组成的。把两根绝缘的铜导线按一定密度互相绞在一起，每一根导线在传输中辐射出来的电波会被另一根导线上发出的电波抵消，从而有效降低信号干扰的程度，"双绞线"的名字也是由此而来。双绞线可传输模拟信号和数字信号。

目前，双绞线可分为非屏蔽双绞线和屏蔽双绞线。屏蔽双绞线电缆（见图2-63）的外层由铝铂包裹，以减小辐射，但并不能完全消除辐射。屏蔽双绞线价格相对较高，安装时要比非屏蔽双绞线电缆困难。

2）同轴电缆传输。同轴电缆最早应用于有线电视网络，可以很高的速率传输很长的距离，所以同轴电缆也是局域网中最常见的传输介质之一。

如图2-64所示，同轴电缆由里到外分为四层：中心铜线，塑料绝缘体，网状导电层和电线外皮，因为中心铜线和网状导电层为同轴关系而得名。

如果使用一般电线传输高频率电流，这种电线就会相当于一根向外发射无线电的天线，这种效应损耗了信号的功率，使得接收到的信号强度减小。同轴电缆的设计正是为了解决这个问题。中心电线发射出来的无线电被网状导电层所隔离，网状导电层可以通过接地的方式来控制发射出来的无线电。

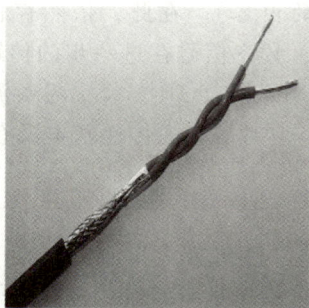

图 2-63 屏蔽双绞线

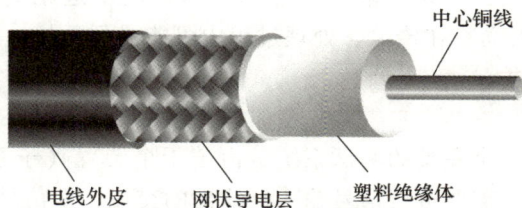

图 2-64 同轴电缆结构简图

　　同轴电缆也存在一个问题，就是如果电缆某一段发生比较大的挤压或者扭曲变形，那么中心铜线和网状导电层之间的距离就不是始终如一的，这会造成内部的无线电波被反射回信号发送源。这种效应减低了可接收的信号功率。为了克服这个问题，中心铜线和网状导电层之间被加入一层塑料绝缘体来保证它们之间的距离始终如一。这也造成了这种电缆比较僵直而不容易弯曲的特性。

　　3）光纤传输。光纤是光导纤维的简写，是一种利用光在玻璃或塑料制成的纤维中的全反射原理而达成的光传导工具，是目前发展极为迅速、应用广泛的传输介质（见图 2-65）。微细的光纤封装在塑料护套中，使得它能够弯曲而不至于断裂。通常，光纤一端的发射装置使用发光二极管或一束激光将光脉冲传送至光纤，光纤另一端的接收装置使用光敏元件检测脉冲。

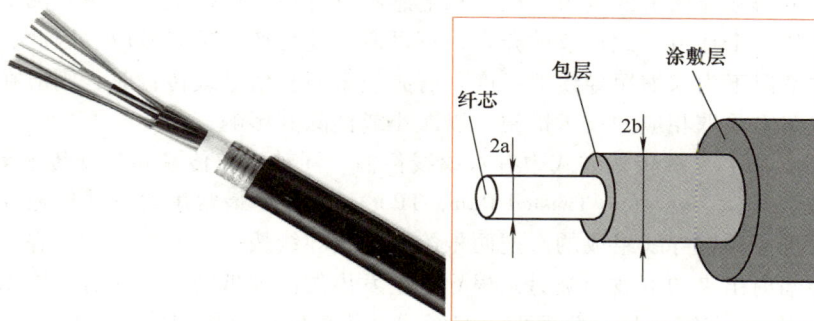

图 2-65 光纤及其结构

　　由于光在光导纤维中的传导损耗比电流在电线传导中的损耗低得多，光纤可以用作长距离的信息传递。

　　光纤传输有很多优点，如频带宽、传输速率高、传输距离远、抗冲击和抗电磁干扰性能好、数据保密性好、损耗和误码率低、体积小和重量轻等，最突出的特点是传输信息量大。

　　但它也存在连接和分支困难、工艺和技术要求高、需配备光电转换设备、单向传输等缺点。由于光纤是单向传输的，要实现双向传输就需要两根光纤或一根光纤上有两个频段。

　　因为光纤本身脆弱，易断裂，直接与外界接触易产生接触伤痕，甚至被折断，因此在实际通信线路中，一般都把多根光纤组合在一起形成不同结构形式的光缆。

　　（2）干扰抑制　在导线传输过程中，不可避免地要受到外界环境干扰。主要的干扰源包括电力线路、电器设备和电磁波等。**电力线路**，尤其是交流电力线路，包括大功率的变电

设备，是最常见的干扰源，它产生的工频干扰会以电感和电容耦合的形式叠加到传输信号中。**电器设备**，尤其是大功率的电器设备，不可避免地存在磁场泄漏，会引起测试现场磁场强度的改变或者磁场方向的改变（通常是施加了某种旋转磁场），对测试设备和导线传输会造成电磁感应，相当于在信号电路中串联了一个干扰电压源。**电磁波**，试验场所周围的电磁辐射，包括各种无线电发射和接收设备，以及汽车或汽车试验设备的电磁辐射，也会对导线传输造成电磁干扰。

针对这些导线传输的外界干扰，通常采取以下措施加以抑制。

1）屏蔽。屏蔽是最常见的抑制静电耦合的方法。由物理学可知，将被保护对象用良导体形成的"绝缘罩"与外界环境隔绝开，可以断绝外界电磁环境对其内部的影响。对于一个电路设备，可以采取金属网罩，将其密封起来，并将该网罩可靠接地。更常见的对于传输导线的屏蔽，是采用屏蔽线，如上述屏蔽双绞线。

2）合理接地。很多处理电路都有接地。设置接地点的目的，是希望这些点等电动势。但是"地"⊖并不一定是绝对等电动势的，尤其是测试系统采取多点接地后，"地"的各点之间存在电位差。所以，要采取合理的接地连线方式。图 2-66 所示为几种常见的接地线连接方式。

由图 2-66a 可以看出，**串联接地**是复杂电路系统的各个需要接地的点，都接到一根地线上，这根地线与接地点相连接。

这种接地方法的优点是布线简单。缺点是：由于地线的各段电阻 R_1、R_2 和 R_3 串联在一根"总地线"上，各接地点之间的接地电流和对地电压互相影响。例如，流过 R_1 的电流是 $i_1+i_2+i_3$，受电路 2 和电路 3 的影响；电路 3 的对地电压则是 $i_3R_3+(i_2+i_3)R_2+(i_1+i_2+i_3)R_1$，受电路 1 和电路 2 的影响。所以，这种接地方法在确保各接地电路等电动势方面不理想，而且要求低电平的电路布置在距接地点最近处，如图 2-66a 中电路 1。

图 2-66　几种常见的接地线连接方式

a）串联接地　b）并联接地　c）高频多点接地

并联接地则是将各电路需要接地的点，各用一条单独的地线接到接地点，各线（电阻）之间是并联关系，如图 2-66b 所示。很显然，由于各线之间并联，接地电流和对地电压互不影响，各点是否与接地点等电动势仅取决于自身地线的阻抗。这种并联接地的缺点是布线较复杂；而且当地线较长、信号频率较高时，导线的电感不能再忽略不计，同时导线之间距离

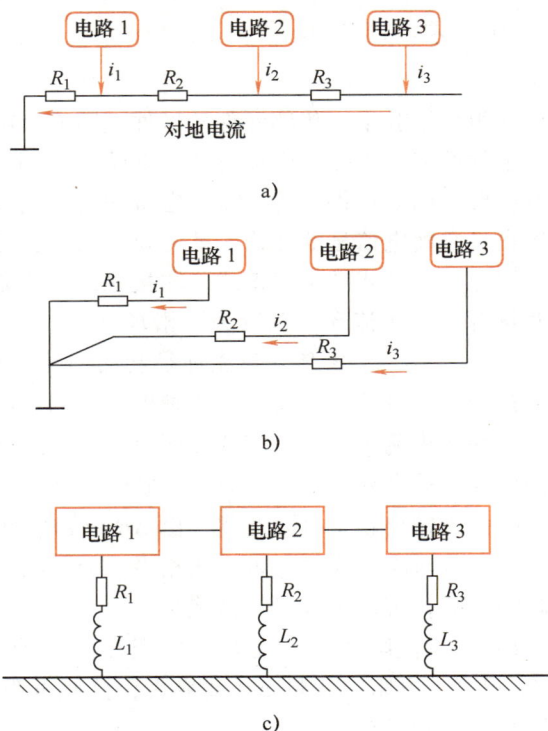

⊖　对于实验室环境来说，最常见的"地"就是试验台架的铁地板基础或者其他可靠的大型接地物体；随车试验时，"地"往往取车身搭铁。

较近，可能有互感效应。

为了解决并联接地法的互感问题，对于复杂电路、高频信号的场合，可以采取**高频多点接地**的方法，如图 2-66c 所示。各电路需要接地的点，直接接到"地"（台架铁地板等金属基础），各接地线尽可能短、尽可能远离，就近接地。

（3）抑制电磁感应的干扰　增大信号线与干扰源的距离；合理布线，减少信号线与旋转磁场的交链[⊖]；将产生干扰的回路导线和可能受到干扰的回路导线分别扭绞；采用具有高磁导率屏蔽材料的双芯屏蔽线和同轴电缆。

> 注意，"（1）屏蔽"和"（3）抑制电磁感应的干扰"不是一回事。屏蔽可防止外来电磁场的干扰，又可防止本身电磁场辐射对外界的干扰，主要针对静电场，若采用高导磁材料單实现磁屏蔽，也可防止磁场干扰。但即使采用了金属网或者屏蔽线，如果导线相对磁场运动，致使"通过闭合回路面积内的磁通量发生变化"，导线中照样会感应出电动势，依然会受到干扰。

2. 集流环

在很多试验中，传感元件随试件一同连续旋转，而信号处理设备固定布置。例如，测量转轴上的载荷，应变片组成电桥并粘贴在转轴上，随轴一同旋转；而应变仪是固定放置的，应变仪要给电桥提供供桥电压，电桥的输出电压要传输给应变仪。在此情况下，旋转试件和固定设备之间电信号的传输，就需要采用**集流环**。集流环分为接触式和非接触式两类，接触式主要包括滑环式和水银槽式，非接触式主要是旋转变压器式。其中滑环式应用较为广泛，有些场合将"集流环"简称为"滑环"。

（1）滑环式　滑环式集流环是利用固体导体直接接触，靠固定件和运动件端部之间的滑动接触传递电信号，类似于各种电机的固定电源线与旋转绕组之间的电刷—滑环配合。

滑环式集流环经常与应变片配合使用，此时要注意接触电阻的影响。接触电阻广泛存在于固体导体的交界面处，其数值 r 很小，对于一般的电能传输或电量传递影响不大。但是电阻应变片的输出就是电阻变化，由 $\Delta R = K\varepsilon R_0$ 可知，其数值就很小，因此，接触电阻及其变化，有可能与应变片的电阻变化相当，会影响应变片的输出，造成试验误差。为了减小接触电阻的影响，可以采取以下措施：

1）采用高阻值的应变片。应变片的初始电阻 R_0 提高，电阻变化量 ΔR 就变大，接触电阻 r 的影响就相对减轻。

2）改进滑环结构，减小接触电阻及其变化。在常规应变片测试下，一般要求接触电阻的变化幅度小于 0.00024Ω。

3）采用全桥接法。如图 2-67 所示，采用全桥接法，集流环各滑动触点的接触电阻 r_A、r_B、r_C 和 r_D 都被移出电桥，对电桥工作特性的影响大大减轻。

图 2-67　全桥电路的接触电阻

　⊖　交链：导线与磁场的相对运动引起导线回路内磁通量的变化，即"导线切割磁感线"。

由电路分析可以看出，对于供桥端A、C来说，接触电阻r_A和r_C的存在相当于串联了两个小电阻。以A、C为电源，电桥本身相当于两个R串联后再与另两个R并联，电路的总电阻为R，常见的R值为120Ω；接触电阻的数量级则远小于此。也就是说，在R的基础上串联两个r，分去的电压极小，真正施加到电桥上的供桥电压基本不变。

对于B、D端，由于通常令电桥的输出端为开路（事实上电桥的输出端、也就是放大器的输入端，阻抗的确非常大），在此基础上串联两个阻值极小的接触电阻r_B和r_D，更是显得无足轻重。

如果不是全桥，而是惠斯顿或者开尔文电路，那么接触电阻就会进入某个桥臂，对电桥输出特性的影响就不能忽略了。有兴趣的读者可以验证一下。

（2）水银槽式　水银（汞）是唯一在常温下成液态的金属，利用水银的导电性，水银槽式集流环在内外圈之间传递电信号。其结构类似滚动轴承，外圈壳体固定，内圈和试件同步旋转，内外圈之间有若干条轴向排列、相互独立绝缘的水银槽，水银将试件上的电信号传递到外圈，由引线传出。图2-68所示为其横截面的示意图。

水银槽式集流环的接触电阻较小，且不存在固体材料之间的磨损；但汞（蒸气）有毒性，需注意安全。

（3）旋转变压器式　旋转变压器式集流环利用电磁感应（互感）工作。集流环有两套变压器，分别用于将供桥电压从应变仪感应到电桥以及将输出电压从电桥感应到应变仪。这种非接触式传输不存在接触电阻；但是内外圈之间存在磁路损失，对应变仪的电桥平衡调节功能有影响。为了减小这种损失，需要将内外圈之间的间隙做得尽量小，试件上的应变片要接成等臂电桥（即各应变片初始阻值一致），引线的布置也要尽量对称。

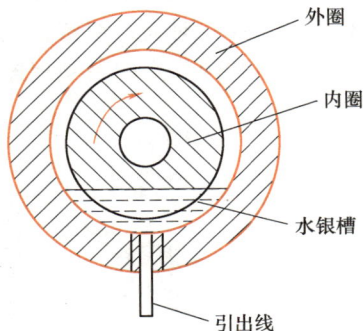

图 2-68　水银槽式集流环横截面示意图

3. 信号的无线传输

无线传输（Wireless Transmission）是指利用无线技术进行数据传输的一种方式。无线传输和有线传输是对应的。随着无线技术的日益发展，无线传输技术应用越来越被各行各业所接受。汽车试验中，当运动件与固定件之间的相对运动速度很高，或者试件与固定设备之间的相对位置发生急剧变化（如室外道路试验）时，可以采取无线传输。信号的无线传输是利用电磁波来传输信号的，传感器与试件固定在一起，装有信号发射天线，在固定设备上则设置信号接收装置。

由于信号的无线传输不存在导线分布及电阻、电容和电感所组成的导线环节，且应用方便灵活，因此近年来在汽车试验领域，信号的无线传输得到了较大的发展。无线传输存在测试信号在传输过程中容易受到干扰等问题，故信号无线传输的关键是抗干扰。由前面对信号的调制与解调的讨论中发现，频率调制信号具有较强的抗干扰能力，因此，为尽可能减小对测试信号的干扰，在汽车试验中，测试信号的无线传输常采用频率调制信号。

无线传输方式中主要有无线模块传输、无线网桥传输、无线局域网传输等。

（1）无线模块传输　无线模块是一种中短距离无线通信设备，目前广泛应用于工业自动化、数据采集、无线通信、安全监控系统等领域。无线模块传输的突出特点主要是低功耗、低成本、接口灵活、安全性能高。

（2）无线网桥传输　无线网桥，顾名思义就是无线网络的桥接，它利用无线传输方式实现在两个或多个网络之间搭起通信的桥梁；无线网桥通常用于室外，主要用于连接两个网络，使用无线网桥不可能只使用一个，点对点必须是两个以上。无线网桥具有功率大、传输距离远（最大可达约50km）、抗干扰能力强等优点，不自带天线，一般配备抛物面天线实现长距离的点对点连接。它的特点是不再有信息传输的物理性障碍，如公路、铁路、河流及沟壑等，可大大降低布线安装费用，保证了在设备扩展或地点移动时能够快速地重新部署，是汽车试验信息远距离传输领域中性价比极高的设备之一。

无线网桥有点对点、单点对多点等不同类型的架设方案。其中，在点对点（PTP）直接传输方式中，无线网桥设备可用来连接分别位于不同建筑物中两个固定的网络。它们一般由一对桥接器和一对天线组成。两个天线必须相对定向放置，室外的天线与室内的桥接器之间、桥接器与网络之间是物理连接，如图2-69所示。

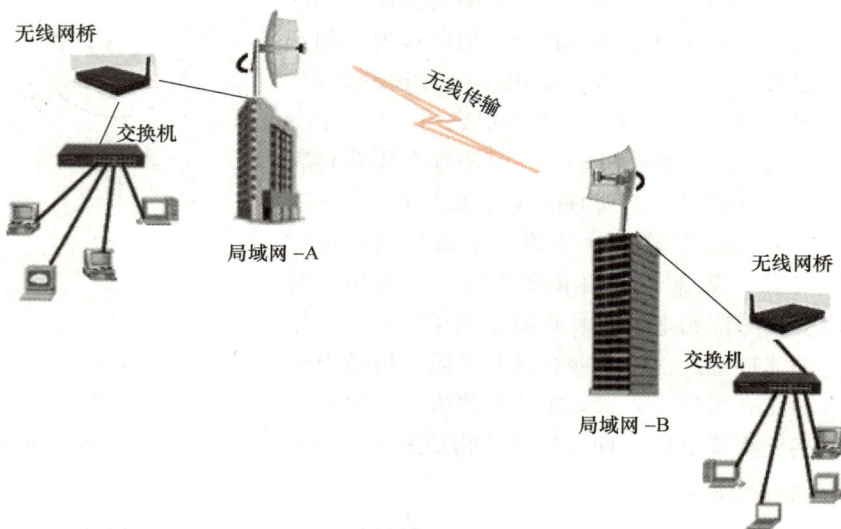

图2-69　点对点无线网桥架设

（3）无线局域网传输　如图2-70所示，无线局域网传输的核心部件是无线AP（无线接入点），无线局域网的覆盖范围与无线AP的数量有关。常用的无线AP的覆盖半径为50～100m。在无线局域网的覆盖范围内，汽车试验系统的各类设备，如数据处理计算机、各类传感器、控制器等均可实现无障碍的无线通信。

六、记录器

典型的测试系统，记录器是最后一个环节，也被称为"负载"，是将一个或多个变量随时间或另一变量变化的过程转换为可识别和读取的信号的仪器，可用以记录测试数据，供后续分析计算或显示、打印。

记录器的最大特点是能自动记录周期性或非周期性多路信号的慢变化过程和瞬态电平变化过程。

根据输入输出信号的种类，记录器可分为模-数、数-模、模-模、数-数等形式，它们的

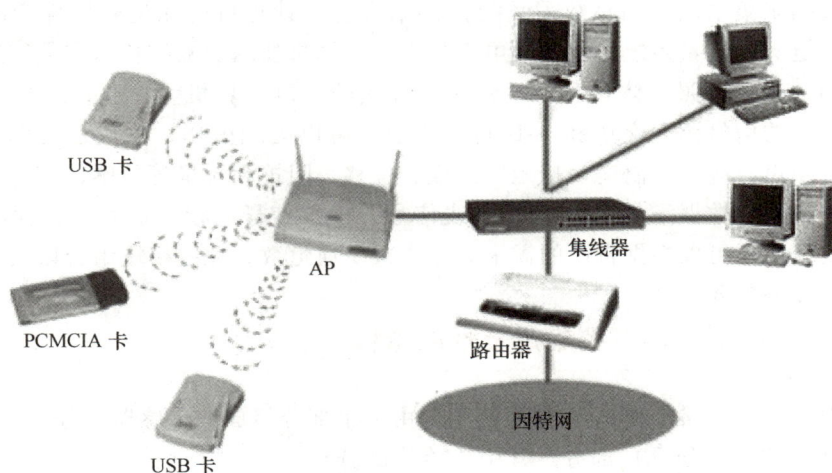

图 2-70　无线局域网示意图

主体电路根据输出形式的不同而有所区别。当输出为数字信号时，其主要电路是能存储数字信息的存储器电路，它能随时将数字信号送给磁带机、穿孔机或其他设备，或经适当变换用示波器观察模拟波形，如数字存储器和波形存储器。当输出为模拟信号时，记录器主体电路是没有存储功能的模拟放大驱动电路，必须立即用适当记录装置和方法将信号记录到纸、感光胶片或磁带上，才能保存信息，便于进一步分析处理，如各种笔录仪、光线记录器、绘图仪、磁带记录仪等。模拟式电路主要有两种类型，即直接放大驱动型和自动平衡型。

记录器的主要技术指标为工作频率、输入信号动态范围、记录线性度、分辨度、失真度、响应时间、走纸准确度和稳定度。对用作计算机外围设备的磁带机还需要有复杂的电路和机构。

记录器分为无纸记录器和有纸记录器。无纸记录器是以嵌入式 CPU 为核心，并辅以大规模集成电路、大容量 FLASH 存储、信号智能调理、总线以及高分辨率图形液晶显示器的新型智能化无纸记录仪表。具有体积小、通道数多、功耗低、精度高、通用性强、运行稳定、可靠性高等特点。

有纸记录器以独特的热打印记录方式和先进的微处理器控制技术，能实现高清晰度、高精度、高可靠性、多功能且便于操作。可连续记录和数字打印。有纸记录器的每个通道均可直接选择接收多种热电偶、热电阻、电压和电流信号，并可对被测信号进行数字显示及进行趋势记录和数字记录。可通过键盘设定测量信号种类、小数点位置、显示范围、记录边界、报警值、回差、系统误差的校正、记录标尺、数据打印间隔、走纸速度、打印深度及时间等参数，并对所设参数加以保护。

第四节　计算机数据采集系统

汽车试验中需要采集大量的数据信息，所以数据采集在汽车试验中的重要性显而易见。在计算机广泛应用的今天，计算机数据采集系统发展迅速，已在社会各领域中得到了广泛应用。

计算机数据采集系统（简称数采系统）是结合基于计算机的测量软硬件产品来实现灵活的、用户自定义的测量系统。它是微电子技术、计算机技术、测控技术和数字通信技术共同发展的产物，完全按照一体化和模块化来设计制造。以计算机为核心，运行于操作系统下，具有一整套的信号调理模块和 A-D 转换模块，可以处理电压、电流、功率、频率、速度、加速度、噪声、应变、温度、扭矩、湿度、位移、阻抗和流量等传感器信号，且能够实现多种信号并行同步数据采集，如 CAN 总线信号、模拟信号、频率信号等；同时具有可裁减的组件配置，用户可以根据自己的需求添加或减少通道数，通过模块组合以及分散的结构来适应不同的任务需要。

一、计算机数据采集系统组成及性能指标

如图 2-71 所示，通常，数据采集系统主要由三个部分组成：传感器部分、数据采集仪部分和计算机（控制与分析）部分。其中传感器部分包括前面所提到的各种电测传感器；数据采集仪是对所有的传感器通道进行扫描，并把扫描得到的电信号转换成数字量，再根据传感器特性对数据进行标定，然后将这些数据传送给计算机；计算机部分包括主机、显示器、存储器、打印机、绘图仪和键盘等，主要作用是控制整个数据的采集过程，即通过数据采集程序的运行，对数据采集仪进行控制和对数据进行计算处理，可实时打印输出、图像显示及存入磁盘，还可以在试验结束后对数据进行后续相关处理。

图 2-71　数据采集系统的组成

数据采集系统的比较主要和常用的性能指标包括：

（1）**系统分辨率**　分辨率的定义前已述及。对于数数采集系统，分辨率指可以分辨的输入信号最小变化量。通常用最低有效位（LSB）占系统满度信号的百分比表示，或用系统可分辨的实际电压数值来表示，满度值为 10V 时数据采集系统的分辨率见表 2-1。

表 2-1　满度值为 10V 时数据采集系统的分辨率

位数	级数	1LSB（用满度值的百分数表示）	1LSB（10V 满度）
8	256	0.391%	39.1mV
12	4096	0.0244%	2.44mV
16	65536	0.0015%	0.15mV
20	1048576	0.000095%	9.55μV
24	16777216	0.0000060%	0.609μV

（2）**系统精度**　系统精度指当系统工作在额定采集速率下，每个离散字样的转换精度。系统精度取决于系统的各个环节（部件）的精度，如前置放大器、滤波器、多路模拟开关、A-D 转换器等。

（3）**采集速率**　采集速率又称系统通过速率、吞吐率，是指在满足系统精度指标的前

提下，系统对输入模拟信号在单位时间内所完成的采集次数，或者说是系统每个通道、每秒钟可采集的子样数目，这里所说的"采集"包括对被测物理量进行采样、量化、编码、传输、存储等全部过程。

（4）动态范围　动态范围指某个物理量的变化范围。数据采集系统的动态范围通常定义为所允许输入的最大幅值与最小幅值之比的分贝数。

（5）非线性失真　非线性失真也称谐波失真。当给系统输入一个频率为 f 的正弦波时，其输出中出现很多频率为 kf（k 为正整数）的新的频率分量的现象，称为非线性失真。衡量系统产生非线性失真的程度用谐波失真系数 H 表示：

$$H = \frac{\sqrt{A_2^2 + A_3^2 + \cdots + A_k^2}}{\sqrt{A_1^2 + A_2^2 + A_3^2 + \cdots + A_k^2}} \times 100\%$$

式中，A_1 为基波振幅；A_k 为第 k 次谐波（频率为 kf）的振幅。

通常，数据采集系统的性能主要取决于其精度和采集速率。实际应用中，要结合具体应用目的与应用环境，在保证精度的条件下，应尽可能采用高采集速率，以满足实时采集、实时处理和实时控制的要求。

二、计算机数据采集系统性能特点及分类

目前，国内外的数据采集系统种类很多，但一般都具有如下特点：

1）一般都由计算机控制，使得数据采集的质量和效率等大为提高。

2）软件在数据采集系统的作用越来越大。

3）数据采集与数据处理结合的日益紧密，集采集、处理到控制的全部工作。这增加了系统设计的灵活性，形成了数据采集与处理系统。

4）数据采集过程一般都具有实时的特性。

5）随着微电子技术的发展，电路集成度的提高，数据采集系统的体积越来越小，可靠性越来越高。

6）总线在数据采集系统中有着广泛的应用，总线技术对数据采集系统结构的发展起到了重要作用。

按系统组成的模式，数据采集系统可分为以下几种：

（1）大型专用数据采集系统　大型专用数据采集系统将采集、分析和处理功能融为一体，具有专门化、多功能和高档次的特点。

（2）分散式系统　分散式系统由智能化前端机、主控计算机或微机系统、数据通信及接口等组成，其特点是前端可靠近测量点，消除了长导线引起误差，并且稳定性好、传输距离长、通道多。

（3）小型专用系统　小型专用系统是以单片机为核心的系统，它小型便携，用途单一，操作方便，价格低，适用于现场试验的测量。

（4）组成式系统　组成式系统是以数据采集仪和微型计算机为中心，按试验要求进行配置组合的系统，它适用性广，价格便宜，是一种比较容易普及的形式。

三、典型车载计算机数据采集系统

车载数据采集系统可用于记录汽车上各种传感器或各种总线所提供的数据以便工作人员

对整车或零部件进行状态监测、性能比较、技术分析等。

目前，国内外的车载数据采集系统种类很多，面向不同的汽车试验目的及试验环境，有不同的车载数据采集系统，如针对自动驾驶数据采集，德国 Vector 公司提供了一套完整的面向自动驾驶的 ADAS Logger 数据采集和分析平台。

针对典型的汽车整车性能试验，目前较多采用 VBOX 车载数据采集系统，如图 2-72 所示。它是一种基于 GPS 的功能强大的仪器，基于新一代的高性能卫星接收器，可用于测量移动汽车的速度和距离并且提供横纵向加速度值，减速度，平均减速度（Mean Fully Developed Deceleration，MFDD），时间和制动、滑行、加速等距离的准确测量；可外接各种模块和传感器来采集油耗、温度、加速度、角速度及角度、转向角速度及角度、转向力矩、制动踏板力、制动踏板位移、制动风管压力、车辆 CAN 接口信息等其他数据。由于其体积较小及安装简便，故非常适合在汽车综合测试时使用。同时由于其本身带有标准的模拟、数字、CAN 总线接口，整个系统的功能可以根据用户的需要进行扩充。可用于多项整车性能试验，如动力性试验、燃料经济性试验、制动性试验以及操纵稳定性试验等。

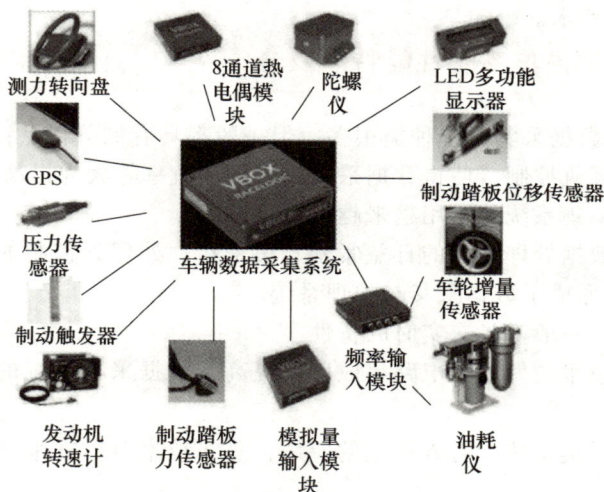

图 2-72　VBOX 车载数据采集系统

汽车试验使用的传感器种类繁多、原理各异。有些试验使用的专用传感器，没有包含在本节的传感器分类定义中，在第三章、第七章和第八章的相关部分会有所介绍。

思考与习题

1. 测试系统由哪些主要部分组成？对测试系统有哪些基本要求？

2. 什么是回程误差？它的产生原因有哪些？试联系汽车理论中轮胎滚动阻力的产生机理，解释滞后现象对回程误差的影响。

3. 如何理解"频率为 0 时的幅频特性值就是灵敏度"这一说法？

4. 通过本章的理论，可由微分方程出发，求解系统的频率响应特性，包括一些系统特

性参数。那么，对于一辆被测试汽车，能否采用这种方法确定其悬架系统的阻尼比和固有频率？为什么？

5. 不失真测量的条件是什么？对于二阶系统，有哪些具体要求？固有频率和灵敏度之间存在怎样的矛盾？

6. 简述金属材料的电阻应变效应。导线材料的灵敏系数 K_0 和应变片的灵敏系数 K 有何异同？

7. 结合电容式传感器和电感式传感器的实例，解释差动测量的原理和优点。

8. 压电式传感器为什么要配置前置放大器？前置放大器有哪些种类？各自特点如何？

9. 结合两种测量转速的磁电式传感器，解释"测频率比测幅值更可靠"的原因。

10. 热电式传感器有哪几种？各自的工作原理和应用特点如何？

11. 什么是电桥的加减特性？有哪些应用？

12. 什么是电桥灵敏度？双臂电桥的灵敏度一定是 $\dfrac{U_0}{2}$（U_0 为供桥电压值）吗？

13. 什么是滤波器的截止频率？什么叫低通滤波器？

14. 导线传输常用的传输介质有哪几种？各有什么特点？

15. 在何种试验场合下需使用集流环？集流环有哪几种？使用时各需注意哪些问题？

第三章　典型汽车试验设备与设施

典型汽车试验仪器及设备

一、驾驶机器人

1. 驾驶机器人的工作特点

在耐久性、操纵稳定性等汽车道路测试中，人类驾驶员容易出现疲劳、操纵不稳定等情况，从而对测试结果产生负面影响。使用驾驶机器人不仅可以大大降低测试人员的工作强度、减少车辆测试成本和测试时间、提高试验效率，同时能有效消除人为因素的影响，确保试验数据的有效性和准确度。此外，对于一些存在一定危险性的汽车道路实验，如存在翻滚危险和碰撞风险的试验或误用测试等，也更适宜采用驾驶机器人来实施。

驾驶机器人一般包括转向机械手、加速机械腿、制动机械腿、离合器机械腿（仅用于手动变速器车辆）、换档机械手、点火机械手等，用于对转向盘、加速踏板、制动踏板、离合器踏板、换档机构、点火开关等施加操作，每一种执行机构都包括控制部分和执行部分，这些机器人可以单独使用也可以组合采用，实施不同目标的汽车道路测试。

汽车驾驶机器人的操作应具有人类驾驶员肌肉的快速性和柔顺性，能很好地满足汽车驾驶动作快速（如换档、制动）、快慢结合（如离合器动作）、慢速（如加速动作）等运动要求。

驾驶机器人的设计还需考虑与人类驾驶员的相容性，即人类驾驶员可以在不拆下驾驶机器人的情况下驾驶车辆。

2. 驾驶机器人的组成

驾驶机器人主要由控制部分和执行部分组成。

（1）控制部分　汽车驾驶机器人系统的控制部分主要接收转向、踏板、换档、点火等各执行部分的状态以及车速、发动机转速等车辆信息，根据预先输入至存储器中的试验循环工况数据，计算并实时地输出执行器指令信号，驾驶车辆完成测试。

一些驾驶机器人还设计有知识库、决策调度和协调控制模块，汽车驾驶经验知识库与查询表存储各种工况下的操作策略及参数，决策调度和协调控制模块根据从被试车辆及机器人本身反馈回来的数据查询知识库，获得操作策略及控制参数，给出各执行机构的控制目标，

控制各执行机构进行动作。这类驾驶机器人可以像熟练驾驶员一样，针对各种情况协调控制车辆的转向盘、踏板、换档机构的动作，从而实现车速的协同控制。

（2）**执行部分**　执行部分包括操作转向盘、踏板、换档机构、点火开关等的各种执行器，还包含由位置传感器与力传感器组成的传感与检测元件，将执行器的控制力度、位移、速度等信息反馈给控制单元，以保证驾驶机器人的驾驶动作准确到位。对几种重要执行机构的介绍如下。

1）转向机械手。转向机械手可以替代人类驾驶员完成转向工作。为便于安装，转向机械手应结构简单，能够安装在汽车驾驶室的狭小空间内，并且无需对原有转向盘结构进行改造。为了实现特定转向功能，转向盘转角和转速控制要简单，定位精度高。转向机械手有仿人手抓持结构和附加转向盘结构两种。图 3-1 所示为一种附加转向盘结构的转向机械手，其将一个附加的可控转向盘夹持在原有的转向盘上，通过控制附加转向盘实现转向控制。

2）加速机械腿、离合器机械腿、制动机械腿。加速机械腿、离合器机械腿、制动机械腿分别负责对加速踏板、离合器踏板和制动踏板的操作，以实现车辆加减速，以及在手动档车上配合换档操作。由于加速踏板、离合器和制动踏板三者本身结构类似，而且运动轨迹也大致相当，故加速机械腿、离合器机械腿和制动机械腿三者在设计结构上也相类似，三者并排固定连接于底座装置前方并分别与加速踏板、离合器踏板和制动踏板固定。在设计时应该保证机械腿的长度可以调节，在动作上具有人肌肉的弹性和柔顺性，机构必须小巧灵活，能够实现在踏板上无损安装，机械腿的位置可以左右调节以适应不同车型。图 3-2 所示为一种加速和制动踏板机械腿。

图 3-1　转向机械手

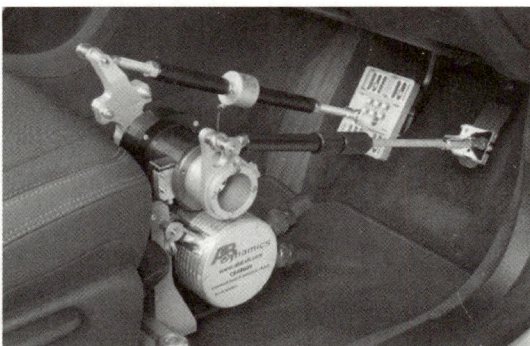

图 3-2　加速和制动踏板机械腿

3）换档机械手。换档机械手可以实现换档过程中对变速器档位的切换功能。对于手动变速器，档位变化由变速杆在"王"字形导槽中运动实现，且换档操作需与离合器机械腿和加速机械腿配合完成。所以，换档机械手要实现机械解耦，需要占用体积小，便于安装，可调节范围大以满足各种车型。所谓机械解耦，就是把换档过程分解为选档与挂档两个动作，这两个动作由相应的选档与换档执行机构执行，在执行过程中要求互不干扰，这样就能够大大降低控制算法的复杂性。对于自动变速器，只需在直线轨迹上实现换档操作即可。图 3-3 所

图 3-3　用于自动变速器的换档机械手

示为一种用于自动变速器的换档机械手。

二、卫星-惯性组合导航系统

汽车速度、加速度、姿态角和角速度、轨迹等都是汽车试验中经常需要测量的重要运动参数，传统汽车试验设备大多只能实现单一的测量功能，如用于车速测量的接触式车速仪（五轮仪）或非接触式车速仪（光电式车速仪）。近年来，组合式的汽车测试系统得到越来越广泛的应用，其中全球导航卫星系统（Global Navigation Satellite System，GNSS）和惯性测量单元（Inertial Measurement Unit，IMU）所组成的组合导航系统是最典型的方案，GNSS 补偿了 IMU 的累计误差，而 IMU 又很好地弥补了 GNSS 的不稳定和易受干扰的缺点，辅助以实时动态差分定位（Real Time Kinematic，RTK）技术，可以实现车辆纵向/侧向速度、车辆纵/侧/垂三个方向的加速度、车辆俯仰（pitch）/侧倾（roll）/横摆（yaw）角及角速度、车辆行驶轨迹、经纬度坐标以及高程等多种信息的精确测量。

1. 惯性测量单元（IMU）

惯性测量单元（IMU）的应用范围涉及远至军事防御、航空航天、海事等，近至日常的智能手机、汽车/火车、无人驾驶、智能家居等领域。IMU 由三个单轴的加速度计和三个单轴的陀螺仪组成，加速度计可以测量车体坐标系中的三轴加速度信号，而陀螺仪则可以测量汽车在大地坐标系中的角速度信号，从而实现汽车纵/侧/垂以及俯仰/侧倾/横摆 6 个自由度信号的实时测量。IMU 的输出基本都在 200~1000Hz 之间，高频的输出有助于与组合测量系统其他传感器之间的信号同步，短时测量精度也得以保障。但是 IMU 在用于速度、位移或位姿角度估计时，系统误差会随着时间累积。

（1）加速度计工作原理 加速度计是一种能够测量加速度的传感器。作为一种惯性传感器，加速度计能够测量物体的比力，即去掉重力后的整体加速度或者单位质量上作用的非引力。加速度计可以等效为一个质量块+弹簧+指示计的物理模型，如图 3-4 所示。

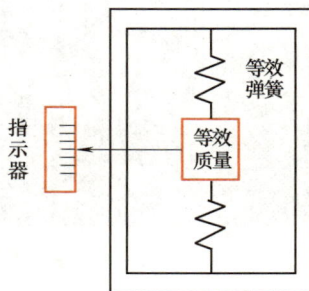

图 3-4　加速度计等效模型

加速度计种类繁多，所测量的加速度类型从接近静态的物体移动速度变化（直线加速度），到低频晃动乃至 10kHz 的高频振动。按惯性测量质量的运动方式，加速度计可以分为线加速度计和摆式加速度计。按照所使用的信号传感器类别，则可以将其分为压电式加速度计、集成电路式压电加速度计、压阻式加速度计、变电容式加速度计等。

传统的机械式加速度计体积和质量大，应用场合受到很大限制。随着微机电系统（Micro Electro Mechanical System，MEMS）技术的发展，微加速度计开始得到越来越广泛的应用，这类加速度计具有体积小、重量轻、成本低、功耗低、可靠性好的优点，应用前景广阔。

图 3-5 所示为一种采用霍尔元件的加速度传感器。该传感器中也采用了一套弹簧-质量系统，其中片弹簧 3 一端固定，另一端连接有永磁体 2，用作惯性质量。霍尔效应传感器 1 与测量电子设备位于永磁体 2 上方，永磁体 2 下面有一个小的铜阻尼板 4。当传感器受到垂

直于弹簧的加速度 a 时，弹簧-质量系统相应地改变其中性位置（Neutral Position），其挠度即对应于加速度的测量值。来自运动的永磁体的磁通量 Φ 在霍尔效应传感器中产生霍尔电压 U_H，U_H 随加速度线性上升，即可以用于表征加速度，其测量范围为 $-1g \sim 1g$，可以用测量汽车纵向/侧向加速度。

（2）陀螺仪　陀螺是可围绕着某个固定的支点而快速转动起来的刚体。根据需要，陀螺仪能提供准确的方位、水平、位置、速度和加速度等信号，在现代航空、航海、航天、汽车和国防工业中被广泛用作惯性导航仪器。通常所说的陀螺其实专指呈对称性的陀螺，它的质量是均匀分布的，形状是轴对称的，自转轴就是它的对称轴。在一定的初始条件和一定的外在力矩作用下，陀螺会在不停自转的同时，环绕着另一个固定的转轴不停地旋转，这就是陀螺的旋进，又称为回转效应。

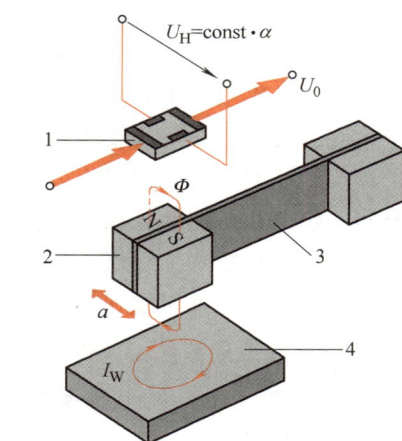

图 3-5　采用霍尔元件的加速度传感器
1—霍尔效应传感器　2—永磁体　3—片弹簧
4—阻尼板　I_W—涡流（阻尼）　U_H—霍尔电压
U_0—供电电压　Φ—磁通量　a—加速度

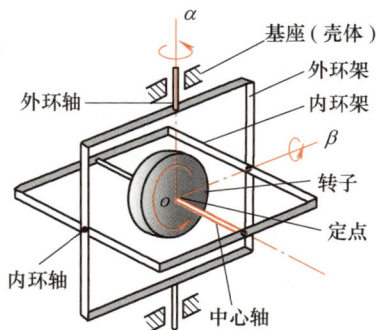

传统陀螺仪属于机械仪器，如图 3-6 所示，其核心部分是一个对中心轴以极高角速度旋转的转子。转子装在一支架内；再在转子的中心轴上加一内环架，那么陀螺仪就可环绕平面两轴做自由运动；如果再在内环架的外边添加一个外环架的话，它就可以拥有两个平衡环，这个时候，它能够围绕着物体的三轴做自由运动，如图 3-7 所示。

图 3-6　陀螺仪

图 3-7　三自由度陀螺仪的结构示意图

陀螺仪的工作原理基于其稳定性和进动性。

当陀螺仪转子高速旋转，在没有任何外力矩作用时，陀螺仪的自转轴在惯性空间中指向一个固定的方向保持稳定不变；同时反抗任何改变转子轴向的力量，这种物理现象称为陀螺仪的定轴性或稳定性。转子的转动惯量越大，稳定性越好；转子角速度越大，稳定性越好。

当转子高速旋转时，若外力矩作用于外环轴，陀螺仪将绕内环轴转动；若外力矩作用于内环轴，陀螺仪将绕外环轴转动。其转动角速度方向与外力矩作用方向互相垂直，这种特性称为陀螺仪的进动性。进动角速度的方向取决于转子自转角速度的方向和外力矩的方向，具体可用右手定则判定：即伸直右手，大拇指与食指垂直，手指顺着自转轴的方向，手掌朝外力矩的正方向，然后手掌与四指弯曲握拳，则大拇指的方向就是进动角速度的方向。进动角速度的大小取决于转子自转动量矩（转子对自转轴的转动惯量×自转角速度）的大小和外力矩的大小，外界作用力越大，进动角速度越大；转子的转动惯量越大，进动角速度越小；转子的角速度越大，进动角速度越小。

陀螺仪的种类很多，按用途可分为传感陀螺仪和指示陀螺仪。传感陀螺仪作为水平、垂直、俯仰、航向和角速度传感器。指示陀螺仪主要作为驾驶和领航仪表使用。

现代陀螺仪有压电陀螺仪、微机械陀螺仪、光纤陀螺仪和激光陀螺仪等，它们都是电子式的，其结构组成和工作原理与传统陀螺仪不同，具体内容可参考相关技术资料。

2. 全球导航卫星系统 GNSS

GNSS 泛指所有的导航卫星系统，导航卫星系统是重要的空间基础设施，具有全天候、全球覆盖、三维定速定时高精度、快速省时高效率以及应用广泛多功能的特点。目前全球共有 4 大导航卫星系统，分别是美国的卫星导航系统（Global Positioning System，GPS）、欧盟的伽利略（Galileo）卫星导航系统、我国的北斗卫星导航系统和俄罗斯的格洛纳斯（GLO-NASS）卫星导航系统。

GNSS 的组成包括三个部分：空间星座部分、地面监控部分和用户设备部分。空间星座部分就是导航卫星，四大导航系统的卫星占据着不同的轨道，卫星的数量、组成、通信等原理也不尽相同。地面监控中心接收卫星信号，确定卫星的轨道信息并将其发射给卫星。用户设备即接收机，通过信号解算出的卫星轨道信息等来确定用户的位置。

GNSS 的定位原理就是利用 3 个球面的交汇处确定一个点的原理，根据地球上一个物体到三颗卫星的距离进行三角测定，如图 3-8 所示。信号传播速度时间差是卫星上原子钟和地面接收机的时间同步误差，信号的传播速度可近似为光速，因此对传播速度时间差的精度要求非常高，因为很小的偏差值与光速值相乘得出的测量值也会有巨大误差。因此需要另外一颗卫星提供时间同步功能，校正两个时钟的同步误差，这样就需要至少通过空间站四颗可以观测到的卫星来确定卫地距离。

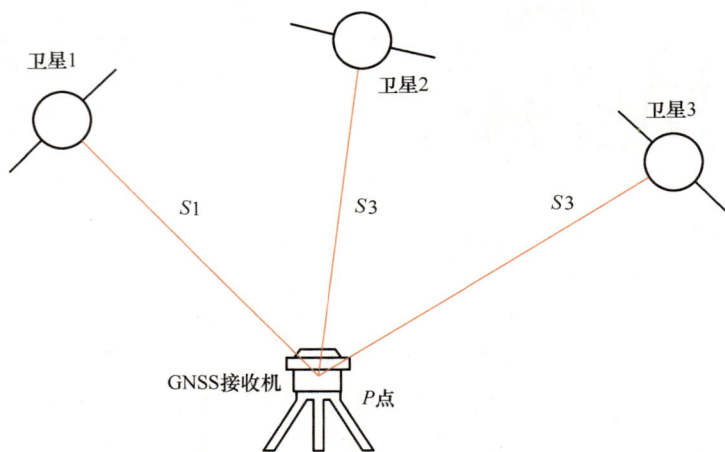

图 3-8　GNSS 定位原理图

3. 实时动态差分定位 RTK

差分定位系统由差分站和用户终端组成。首先差分站利用定位设备测定具有空间相关性的误差值，并将这些误差值实时地发送出去，定位终端不仅接收卫星导航电文进行定位解算，同时也接收差分站发送过来的误差值，并对其自身的定位数据进行修正，从而提高定位精度，其定位原理图如图 3-9 所示。

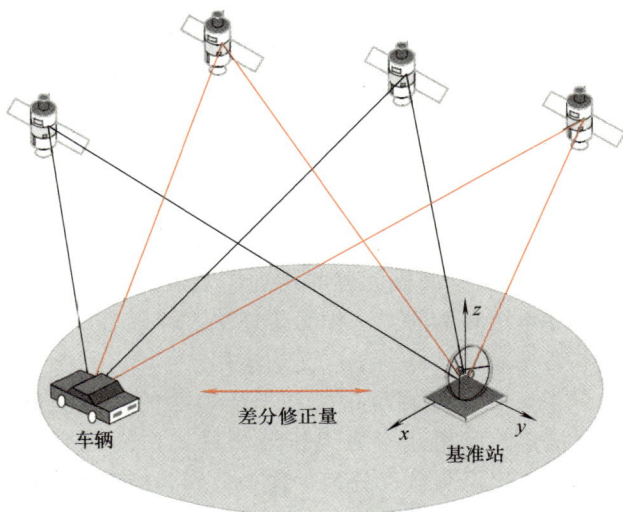

图 3-9　差分定位原理图

差分定位技术可以根据原理不同进行分类，如坐标差分定位技术、伪距差分技术、载波相位差分技术等。

（1）坐标差分定位技术　坐标差分定位技术是一种最易实现的定位技术，其主要通过坐标的改正数来进行定位。

（2）伪距差分技术　伪距差分技术是现在使用最为普及的定位技术，主要采用时延差计算伪距的方法实现定位，差分站利用定位设备测定差分修订数，并将这些修订数实时地发送出去，用户接收机不仅接收卫星导航电文进行定位解算，同时也接收差分站发送过来的修订数，并对其自身的定位数据进行修正，从而使定位数据更加准确。伪距差分技术修订数的有效性与用户接收机到差分站的距离有关，距离越近，其差分修订数越准确，获得的位置信息也越精确。一般情况下，在实时定位精度 3~5m 的应用中，采用伪距差分定位技术处理之后，其定位精度可达亚米级。

（3）载波差分定位技术　载波相位差分技术主要采用载波相位差来消除误差的方法实现定位，由差分站将其载波相位修订数或者载波相位观测值及差分站具体位置信息传送给终端，终端通过接收到的卫星电文中包含的载波相位观测值和来自差分站的差分数据包，两类数据进行解算处理，从而达到厘米级的定位结果，能够应用于一些高精度定位场景中。

三、扭矩测量仪

在机械传动系统中，扭矩是各种机械最重要的特征参数之一。扭矩测试是各种机械产品开发、质量检验、优化控制、工况监测和故障诊断等必不可少的内容。扭矩传感器已广泛应用于各种机械设备的动力驱动系统优化设计和智能控制中，如汽车发动机试验和传动系统部件动力测试等。

（1）扭矩测量仪的测量方法　根据扭矩测量原理的不同，扭矩测量仪的测量方法有平衡力法、能量转换法和传递法三类。

1）平衡力法。对于匀速旋转的机械，当其主轴受到扭矩作用时，在它的壳体上必然同时作用着方向相反的平衡力矩。通过测量壳体上的平衡力矩以确定机器主轴上作用扭矩大小的方法，即为平衡力法，也称为反力法。采用平衡力法测量扭矩，没有从旋转件到静止件的扭矩信号的传输问题，但是只能测量匀速旋转情况下的扭矩，而不能测量动态扭矩。

2）能量转换法。能量转换法是根据能量守恒定律，通过电能和热能等其他能量参数来间接计算扭矩的一种方法。利用能量转换法可以测定内燃机运转时输入的化学能，或者测定水泵和风机对输出水流或气流的温升（热能），来计算工作扭矩的大小。但是采用能量转换法测量时误差通常比较大，可以达到±（10%~15%），所以应用范围十分有限。

3）传递法。受到扭矩作用时，弹性元件的物理参数会随之产生变化，利用这种变化与扭矩之间的对应关系来进行扭矩测量的方法称为传递法。伴随着电阻应变电测技术的不断成熟，传递法扭矩测量技术突飞猛进，得到了广泛的应用。

（2）扭矩测量仪的分类　在现代测量中，基于传递法的扭矩测量仪应用最广泛，根据统计数据，传递类扭矩测量仪的应用在三大类扭矩测量仪中约占80.5%。根据测量物理参数和方法的不同，可将传递类扭矩测量仪分为4种，分别为应变型、磁弹性型、相位差型和其他类型。

1）应变型扭矩测量仪。应变型扭矩测量仪采用电阻应变片对被测轴进行直接测量，是目前国内外应用最广泛、发展最成熟的测量仪之一。它是将电阻应变片粘贴在弹性元件的适当位置上，使得弹性元件受到扭矩作用而产生机械应变时应变片的电阻发生微小变化，致使应变电桥失去平衡，而输出和扭矩值成正比的微弱电压信号，然后利用信号调理电路对信号进行放大和滤波等处理，最终由力学中应变和扭矩的关系式计算出与之对应的扭矩值。

由材料力学的理论可知，在受到扭矩作用时，轴表面主应力的方向和轴线的夹角为±45°。故在扭矩传感器的弹性轴上，与轴线成±45°的两个方向上分别粘贴两个电阻应变片，组成差动的全桥形式，则电桥输出的微弱电压信号与扭矩值成正比。此种扭矩测量方式性价比很高，所以被广泛地应用于测量低速和静态扭矩的场合中。对于信号和能量的传输，传统的方式一般是集流环，但会引起接触部位的摩擦、磨损和发热等问题，存在着较大的振动和噪声而使得信号传输不稳定，且不易维护，使用周期短。

2）磁弹性扭矩测量仪。磁弹性扭矩测量仪是利用铁磁材料及其他合金材料的磁弹性效应（又称为磁致伸缩效应）来实现扭矩测量的。在进行扭矩测量时，转轴中的应力变化将引起磁导率的变化，而磁导率的变化又会导致磁路磁阻的变化，最后使检测线圈中磁通发生变化，从而引起感应电压的变化，其转换过程如下：

$$T \rightarrow \Delta\sigma \rightarrow \Delta\mu \rightarrow \Delta R_{\mathrm{m}} \rightarrow \Delta V$$

式中，T 为扭矩；$\Delta\sigma$ 为被测轴表面的最大正应力改变量；$\Delta\mu$ 为被测轴磁导率的变化量；ΔR_{m} 为被测轴磁阻的变化量；ΔV 为输出电压的改变量。

磁弹性扭矩测量仪属于非接触式（测量元件不与转轴接触，不随转轴运动）的传感器，

因此信号的引出较方便，不用集电环，安装方便，操作简单，尺寸小巧。磁弹性扭矩测量仪的最大缺点是其在工作时，受到周围电磁干扰时误差可能会比较大，故不适于在恶劣的工业环境下工作。

3）相位差型扭矩测量仪。相位差型扭矩测量仪是利用被测轴在扭矩作用下的扭矩和转角间的对应关系来进行扭矩测量的。实际上它是一个测量角位移的编码系统，通常由产生信号的扭矩传感器和测量信号相位差的测量电路两部分构成。由于信号变换器的类型不同，相位差型扭矩测量仪又可分成磁电式和光电式两类。

四、车轮六分力测试系统

1. 车轮六分力测试的目的和原理

六分力测试系统能对车轮的纵向力 F_x、横向力 F_y 和垂直力 F_z 以及翻转力矩 M_x、牵引力矩 M_y 和回正力矩 M_z（统称六分力）进行精确测量，还可以采集车轮转速、转角位置以及 x 和 z 方向的加速度信号。

六分力车轮测试系统的传感器安装在轮毂和轮辋之间，车轮受力经过传感器传递至轮毂。六个独立的电桥测量力和力矩，各通道之间干扰度较低，不受温度和电磁变化的干扰。由于传感器在旋转坐标系中测量力和力矩，因此当车轮旋转的时候，径向通道的输出将发生变化。在应用采集到的数据前，必须先把其转化为车辆坐标系。

六分力测试系统能够提供精确的路谱采集功能，为汽车在实验室内的测试提供全面的路谱信号。同时由于六分力测试系统采集的载荷是车辆的外部载荷，可以通过该外部载荷对车体模型中的各个部件的载荷进行计算，从而得到所有部件的疲劳寿命。这些计算数据在车身还处于建模阶段时就有重要的指导意义，可以在设计阶段发现问题，而不是在整车建造好后再慢慢改进。

2. 车轮六分力测试系统的结构组成

如图 3-10 所示，车轮六分力测试系统由轮辋适配器、轮毂适配器、车轮六分力传感器、放大器滑环总成、电子调节装置、数据采集系统及数据分析软件组成。其中信号放大器具有

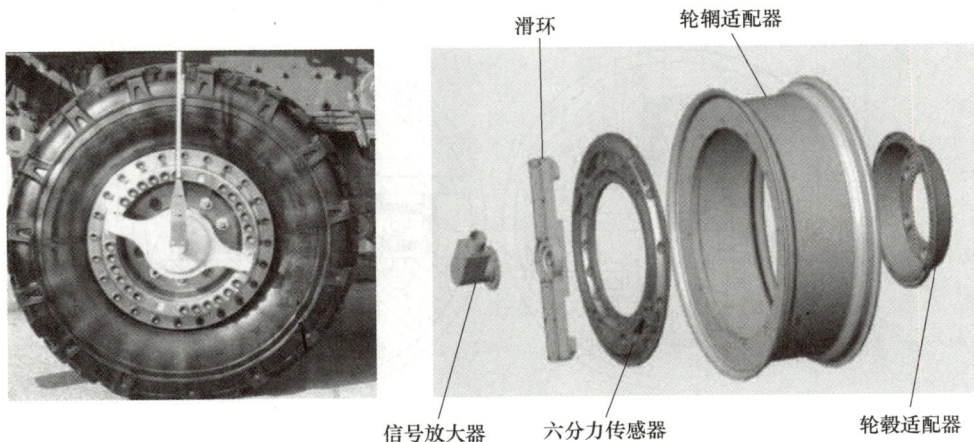

图 3-10　车轮六分力测试系统

防止温度漂移和共模干扰的能力；轮辋适配器连接轮辐、轮胎和传感器；轮毂适配器用于连接轮轴和传感器；电子调节装置配合六分力传感器使用，用于传感器的自动归零调整。选件允许传感器用于转动和非转动模式，并能控制传感器内的电桥激励。通过选择传感器的部署位置，使其符合 SAE 的标准坐标系。

3. 车轮六分力的测试项目

车轮六分力的测试项目包括机车翻转测试、牵引力研究、ABS 及制动系统的开发与测试、减振器受力测试、减振器耐久性实验室测试、动态悬挂系统性能测试、车胎磨损和路面数据（载荷谱、路谱）采集等。

五、燃油消耗量测量仪

燃油消耗量测量仪，也称油耗仪或油耗传感器，可用于燃油消耗量试验。按测量方式的不同，油耗仪分为容积式、质量式、流量式和流速式等。目前采用较多的是容积式和质量式油耗仪，尤其以容积式中的行星活塞式油耗仪应用最为广泛。

1. 容积式油耗仪

容积式油耗仪的代表产品是行星活塞式油耗仪。其机械部分是一个四缸液压马达，如图3-11 所示。燃油流过时带动各活塞运动，活塞通过各自的连杆进而带动曲轴旋转。四个活塞及其液压缸各完成一次进、排油，曲轴转动一周，对应固定的燃油容积。

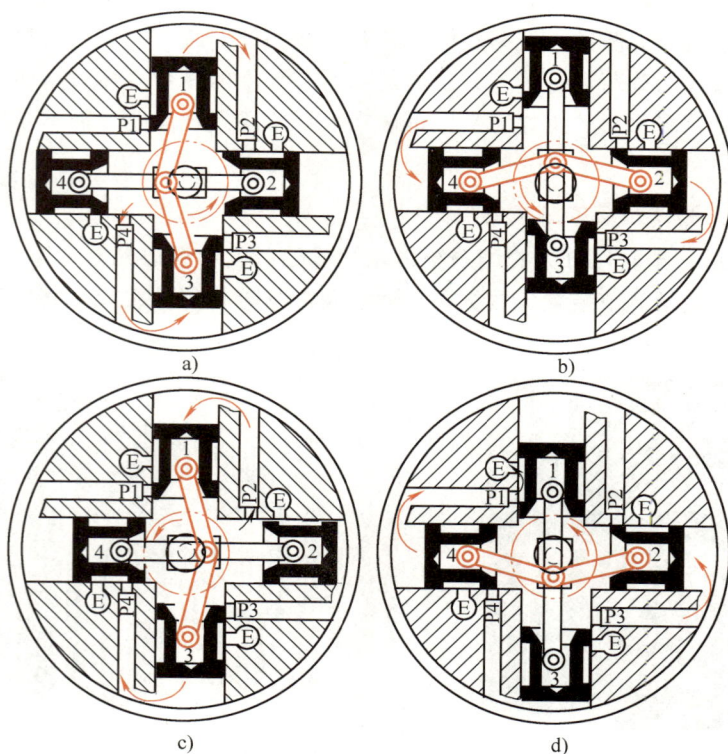

图 3-11　行星活塞式油耗仪的液压马达工作原理

油耗仪的传感部分利用光电原理，把曲轴的转动转变为电脉冲信号，每个脉冲信号对应一定容积量的燃油，再送入计数器，进行计算、累计和显示。

这种四活塞式油耗仪，具有结构紧凑、布置对称、工作平稳、计量精度高等优点，特别适用于需要精确测量燃油消耗量的试验和检测。其缺点是结构相对复杂，加工和装配精度要求高，以及对燃油的清洁度要求较高等。

2. 质量式油耗仪

质量式油耗仪的典型结构如图 3-12 所示。秤盘上有油杯 1，燃油经电磁阀 3 流入油杯，装在平衡块上的行程限位器 8 拨动两个微型限位开关 6 和 7 以控制电磁阀的开闭。光敏二极管 5 和 10 与装在棱形指针上的光源 9 共同构成光电传感器，用于提供油耗始点和终点信号。光敏二极管 5 固定，10 则装在活动滑块上，滑块通过齿轮齿条机构带动，齿轮轴与鼓轮 12 相连，鼓轮带有以 g 为单位的刻度盘，燃油消耗量通过鼓轮的转动显示在刻度盘上。计数器有两个，分别记录发动机的转速和时间。测量前，首先给油杯 1 充油，秤盘左端下沉，当行程限位器 8 达到限位开关 7 的位置时，电磁阀 3 关闭，停止充油。随着油杯中燃油的消耗，秤盘左侧升高，通过杠杆机构带动指针摆动，当光源 9 的光束照射在光敏二极管 5 上时，光敏二极管 5 发出信号使计数器 13 开始计数。当油杯中燃油耗尽时，光束照射到光敏二极管 10 上，其会发出信号，使计数器停止计数。

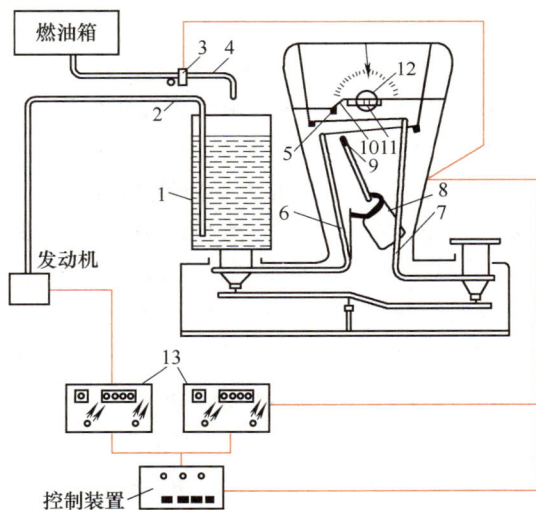

图 3-12　质量式油耗仪

1—油杯　2—出油管　3—电磁阀　4—加油管　5、10—光敏二极管　6、7—限位开关
8—行程限位器　9—光源　11—鼓轮机构　12—鼓轮　13—计数器

六、噪声测量仪器

噪声测量仪器有声级计、声强测量仪和频率分析仪等，其中应用最多的是声级计。它不仅可以单独用于噪声声压级的测量，而且还可以和相应的仪器设备配套，用于频谱分析和振动测量等。在有关汽车噪声试验方法和噪声允许限值等国家标准中，均规定使用声级计作为汽车噪声试验的测量仪器。

根据测量精度的不同，声级计可以分为普通声级计和精密声级计。与普通声级计相比，精密声级计除了频率响应更宽、灵敏度更高、指向性和稳定性更好外，还能与各种带通滤波器配合使用。

精密声级计的核心是一个电容式微音器。

声级计通常由传声器、放大器、衰减器、计权网络、检波电路和指示表头等部分组成，如图 3-13 所示。

声压 → 传声器 → 放大器 → 衰减器 → 计权网络 → 放大器 → 衰减器 → 检波电路 → 指示表头

图 3-13　声级计的基本原理

声级计的基本工作原理是将被测声波的声压信号通过传声器转换成电压信号，经放大器放大，交由衰减器调整量程后，再经过计权网络修正、检波，最后由指示表头显示相应的声压级数值。

传声器是声级计的声-电转换器件，也就是传感器。普通声级计一般采用动圈式或压电式传声器，而精密声级计则采用电容式传声器，也就是电容式微音器。

声级计中的放大器用来放大传声器的输出信号，对其基本要求是高增益，在声频范围（20～20000Hz）内线性好，固有噪声低，工作性能稳定等。衰减器则用来控制指示表头的显示量程，通常每一档的衰减量为 10dB。

声级计设有 A、B、C 三种计权网络，当旋钮指向某计权位置时，该计权网络便被接入输入放大器和输出放大器之间。声级计的最终显示也要标明所用计权网络的名称，例如显示"85dB（A）"就表示采用 A 计权网络得到的声压级，也称为 A 声级是 85dB，记作 $L_A = 85dB$。噪声试验测量的一般是混音，也就是说声场中存在若干频率不同的声音，而声级计只显示一个声压级，必然要考虑不同频率的声音对最终测量结果的"贡献程度"，也就是各声音要按频率加权（实际上是对次要的、不重视的频段加以衰减），这就是计权网络的功用。三种计权网络中，A 声级的加权方式和人耳的生理特征最为接近，在汽车试验中应用最广。另外，由于不同的计权网络反映的是重点考察的频段不同，在噪声测量中，如果测出一个噪声的 A、B、C 三个声级，就可以依据三者的关系进行粗略的频谱估计。例如，如果 B、C 声级读数相同但小于 A 声级读数，即 $L_A > L_B = L_C$，则表明噪声中的高频成分较突出。因为 A 计权网络和人耳的生理特征类似，故对高频声音更敏感。

声级计的指示表头上有"快"、"慢"两档，它们表示表头的阻尼特性，或称为动特性。"快"档用来测量随时间起伏变化较小的噪声。当采用"快"档测量而指示读数波动大于 4dB 时，应采用"慢"档测量。

七、土壤特性测量仪器及试验技术

地面车辆力学是研究各种越野车辆（越野汽车、拖拉机、农业用汽车、工程用车辆、装甲车和坦克等）与地面、地形之间的关系，以改进车辆设计并提高其通过性的一门边缘学科。

车辆地面力学理论和试验研究表明，土壤条件是影响车轮力学性能的主要参数之一，相同的车轮在不同情况的土壤下运行，其力学性能会呈现不同的状态。目前，各国的地面力学

实验室都设置模拟土壤槽、测力车和其他试验设备，以测定土壤参数和土壤与车辆行走机构之间的力的关系。其中，在生产和科研工作中广泛使用的土壤参数测量仪器主要有圆锥指数仪、剪切仪、贝氏土壤参数测定仪（贝氏仪）。

1. 圆锥指数仪

（1）土壤圆锥指数　土壤圆锥指数 CI（Cone Index）是表征土壤机械强度（或土壤承载能力）的综合参数，车辆土壤通过性评价中应用广泛。

依 ASAE（America Society of Agricultural Engineering，美国农业工程师协会）的标准，土壤圆锥指数可定义为：圆锥在贯入土壤过程中圆锥头上单位底面积所受到的土壤阻力，单位为 N/cm^2（或 kgf/cm^2，或 lb/in^2，$1lb = 0.453\,592\,37kg$，$1in = 0.0254m$）。

根据测得的有关土壤圆锥指数值 CI，可采用一些经验或半经验公式计算车辆下陷量、运动阻力、切线牵引力和农机具阻力，为判断车辆在松软土壤上的通过性及为在各种土壤上行驶作业的车辆、农机具的研究和设计提供依据。

将待测土壤不经扰动装入一小圆筒中，以规定的重锤自规定的高度落下，按规定次数来回锤击，称为重塑。将重塑后的圆锥指数与重塑前的圆锥指数相比，称为重塑指数。土壤的可行驶性是以额定圆锥指数来表示的，额定圆锥指数是圆锥指数与重塑指数的乘积。

（2）车辆圆锥指数　为了可与土壤比较，又定义了车辆圆锥指数。车辆圆锥指数是车辆在同一车辙中通过 50 次后的土壤的最小额定圆锥指数。其受车重、行走机构类型、发动机功率、传动形式及最小离地间隙等因素的影响。

按照圆锥指数法，只要土壤圆锥指数等于或大于车辆圆锥指数，车辆就能在这种土壤上行驶。该方法测量快速，实施方便，因此得到广泛应用。土壤圆锥指数可以采用圆锥指数仪测量得到。

（3）圆锥指数仪结构与原理　圆锥指数仪，也称圆锥贯入仪，简称圆锥仪，其头部是一个标准圆锥压头，锥顶角为 30°，底面积为 $3.2cm^2$（$0.5in^2$），且包含测量和显示（记录）土壤贯入阻力的装置。

圆锥仪可以按贯入方式、测力原理和读数方法进行分类。图 3-14 所示是一种手动贯入、机械测力、目测读数的圆锥仪。目前一些圆锥仪还具有 GPS 定位、非接触式自动测距、数据自动记录和回放等功能。

2. 土壤剪切仪

车辆在松软地面上行驶时，土壤切向抗剪切强度将限制其所能产生的最大牵引力，因此土壤的剪切特性是影响车辆在松软地面通过性的重要特性。土壤的剪切特性用土壤在单位压力下的切应力和土壤位移的依赖关系表示。对于不同的土壤这种关系是不一样的。

图 3-15 所示为两种便携式土壤剪切仪，这类土壤剪切仪结构简单、轻巧便携，能够快速测试黏性土壤的剪切强度，便于现场或实验室内使用。使用时，只需将剪切头插入土中，旋转手柄，使测头在土中转动，形成圆柱形剪切面，手柄上的测力装置即可读出强度。

图 3-14　手动贯入式圆锥仪

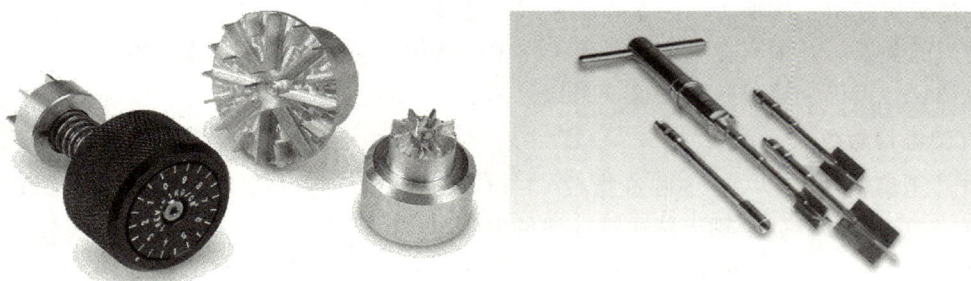

图 3-15　便携式土壤剪切仪

3. 贝氏仪

土壤应具有足够的承载性能，才可以满足车辆的地面行驶。在研究土壤承载能力时，大多采用贝氏仪进行试验，这种方法可以测得垂直载荷—沉陷关系。

车辆地面力学奠基人贝克借鉴土木工程方面的公式推导出含承载面最小宽度的垂直载荷—土壤沉陷变形关系式，并为测定土壤参数而研制出了相应的贝氏仪。世界各国根据自己的研究目的和特点对贝氏仪做了种种改进，但其工作原理均相同。贝氏仪工作原理如图 3-16 所示。

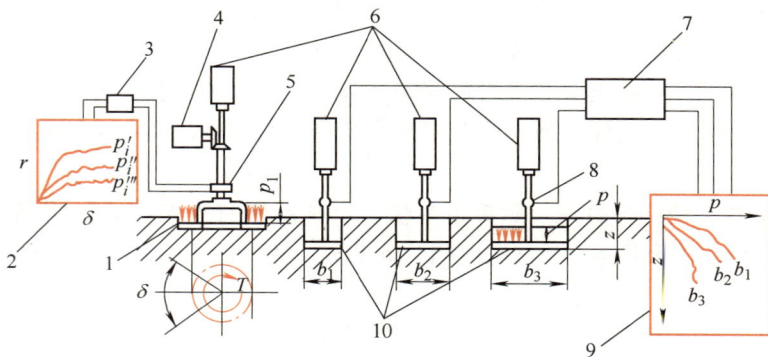

图 3-16　贝氏仪工作原理

1—剪切头　2—不同压力下转矩与角位移关系　3、7—放大器　4—转矩液压马达　5—转矩和角位移传感器
6—加载液压缸　8—压力表　9—不同板宽下压力与沉陷量关系曲线　10—承压板

贝克对车辆与土壤的相互作用进行力学分析，通过测量适当的土壤性质，推导出包含车辆和土壤参数的简化方程式。贝克在进行了大量的平板压力沉陷试验后得出土壤表层的压力沉陷关系为

$$p = (k_c/b + k_\phi)z^n \tag{3-1}$$

式中，p 为压力；z 为沉陷量；k_c 为土壤的黏聚变形模量，与载荷加载的面积有关；k_ϕ 为土壤内摩擦角变形模量，与加载面积无关；n 为土壤的沉陷指数，表示土壤特性，对于给定的土壤条件下，对所有的加载面积，n 都是不变的；b 为承压板宽度。其中 k_c、k_ϕ、n 是试验获得的土壤参数，也是评估土壤承载强度的主要量度。式（3-1）可用于表征表层土壤的承载能力。

4. 土槽试验系统

土槽试验用于研究土壤的行驶性，是车辆地面力学研究的重要手段。其通过测定不同行走机构的滚动阻力、牵引力、行驶的滑转率、牵引效率与接地面积、接地比压及其在土壤中的下陷量等参数，研究行走机构与土壤的相互作用机理，从而优化行走机构的结构尺寸，为车辆的设计和改进提供参考数据。

土槽试验不受外界自然条件的影响，易于控制试验参数和试验条件，具有较高的测试精度及良好的重复性和可对比性，能够大大缩短研究周期，加快研究进度，为推动车辆地面力学的研究发挥重要的作用。

图 3-17 所示为美国麻省理工学院搭建的一种土槽试验系统。该系统可测量车轮行驶过程中的挂钩牵引力、车轮下陷量、车轮的滑转率以及前进驱动转矩等参量，根据这些参数可以动态地估测土壤的力学特性参数。通过协调控制车轮转动速度和托架的水平移动速度可以进行车轮滑转率控制，使用视觉检测技术进行车轮沉陷量的测量，且能够同时对安装多个轮齿的金属车轮的行走性能进行试验和分析。

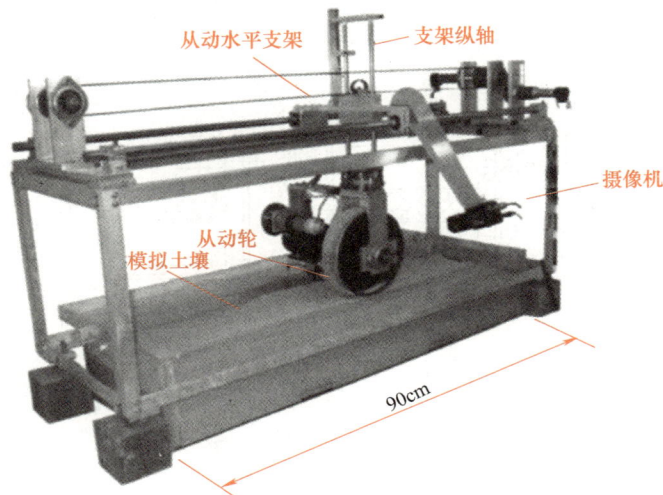

从动水平支架　支架纵轴
摄像机
从动轮
模拟土壤
90cm

图 3-17　土槽试验系统

第二节　典型汽车试验设施

一、汽车底盘测功机

底盘测功机，因该设备最显著的标志就是顶部露出地面的转鼓（也称为滚筒），又称转鼓试验台，如图 3-18 所示，图中仅画出了滚筒装置。

底盘测功机为汽车提供了一个可以在室内条件下模拟室外道路行驶的平台，除能进行汽车的动力性试验外，结合其他测量仪器和实验室环境，还可以进行燃料经济性、排放性、噪声和振动性能以及电磁兼容性等方面的试验。

底盘测功机主要由滚筒装置、测功装置、测量装置、飞轮机构和控制与指示装置等部分组成。

1. 滚筒装置

滚筒相当于连续移动的路面，供汽车的驱动轮在其上模拟道路行驶。驾驶人像正常开车一样踩加速踏板，汽车的驱动轮转动，带动测功机的滚筒转动，再带动测功机的后续机构，如图3-19所示。按滚筒数量，底盘测功机可分为单滚筒式底盘测功机和双滚筒式底盘测功机，如图3-18所示。

图 3-18　单滚筒式和双滚筒式底盘测功机

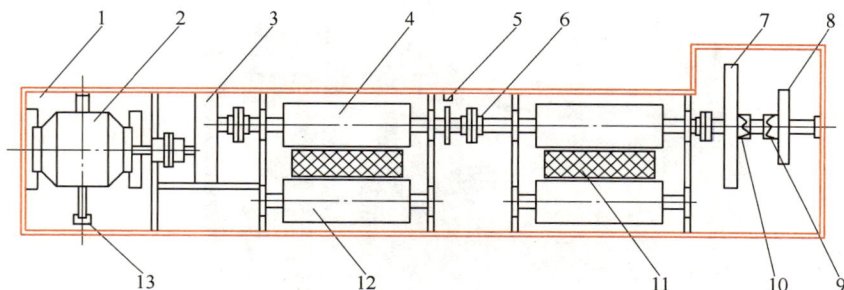

图 3-19　底盘测功试验台机械部分结构示意图

1—框架　2—电涡流测功器　3—变速器　4—主动滚筒　5—速度传感器　6—联轴器
7、8—飞轮　9、10—电磁离合器　11—举升器　12—从动滚筒　13—压力传感器

单滚筒底盘测功机，滚筒直径大，表面曲率小，最突出的优点是轮胎—滚筒的接触状况与实际道路行驶较为接近，行驶工况模拟得更真实，测试精度高。其缺点是试验台占地面积大、建造成本高，轮胎在滚筒外表面顶点的对中、安置和定位较困难，使用不便。单滚筒底盘测功机多用于大型制造企业、科研单位和高校实验室等。

双滚筒底盘测功机，滚筒直径小，前后两排滚筒便于轮胎的定位和安放，台架成本低，操作简便，作业快捷。但是轮胎—滚筒的接触状况与实际路面行驶差别很大，轮胎—地面间的受力和变形模拟得很不真实（最大的问题就是滚动阻力比实际道路行驶大很多），测试精度较差。多用于检测机构和销售、维修企业。

需要注意的是，上述的"单、双滚筒"，指的是汽车的一根车轴下面有几排滚筒。如图3-18所示为后轴驱动的汽车，后轮置于滚筒上，前从动轮则置于地上，并加以锁定。其为左视平面图，实际上右侧驱动轮也需要安置在滚筒上，而测功机的左、右滚筒一般是分开的。对于多轴驱动的车辆，为了精确测定其多轴驱动的动力性能，可以采用多轴测定底盘测功机。例如在试验/检测行业中常见的"四轮转鼓"，指的就是可以同时测定4×4车辆的所

有车轮的驱动能力的底盘测功机。

2. 测功装置

测功装置也称为功率吸收装置，就是测功器。此处的"测功器"是整套"底盘测功机"的一部分。其目的是为试验台提供一个阻力，将汽车驱动轮输出的、经由滚筒和测功机台架的机械传动装置传来的功率耗散掉。

对于单滚筒底盘测功机，滚筒与测功器相连。对于双滚筒底盘测功机，只有一排滚筒连接测功器，称为主动滚筒；另一排只是随同车轮空转，并无动力输出，称为从动滚筒。而同一车轴两侧驱动轮下的主动滚筒，一般都通过联轴器等装置连接在一起，也就是说，无论是单滚筒式还是双滚筒式底盘测功机，汽车的一根驱动轴（两个驱动轮），只需要一个测功器，如图3-18所示。高端的"四轮转鼓"，会分别测量四个驱动轮的动力输出，同一车轴的两侧滚筒是分开的，每个车轮都需要一个测功器。

底盘测功机常用的测功器有三种，其名称及特点如下：①水力测功器，原理简单，调控精度差，已趋淘汰；②电力测功器，结构紧凑、功能强大，作为发电机时充当负载、提供阻力，且能实现能量回收，作为电动机时则能提供动力、拖动被测汽车运转，但结构复杂，成本很高；③电涡流测功器，只能作为负载、提供阻力，但其测试精度高、结构较简单、易于调控、测量的转速和功率范围都较大。电涡流测功器不能将能量回收，最终要以热能的形式耗散掉，所以一般需采用较高效的水冷式冷却方式，实验室要有配套的基础设施。

3. 测量装置

作为测功设备，测量装置必须要有测量转矩和转速的功能。

转矩的测量体现驱动轮输出的驱动力，一般整合在测功器中，多采用测力杠杆式，如图3-19中的压力传感器13。

转速的测量体现车速，测速装置一般安装在滚筒的一端，如图3-19中的速度传感器5。测速原理有磁电式、光电式或霍尔式等。假定车轮在滚筒上做纯滚动，滚筒转速结合滚筒半径，即可得车轮的线速度。

4. 飞轮机构

若只测量驱动轮的稳态输出功率或转矩，则无须考虑车辆的惯量作用。但是在很多变工况试验，例如加速、滑行试验，或者多工况燃油消耗量试验中，需要模拟汽车在一定工况下的变速运动，这就要求模拟汽车在道路上行驶时的惯量（或者说动能）。对于采用电力测功器的底盘测功机，由于电力测功器的调控精度高、时间响应迅速，可以利用测功器体现汽车的加速阻力。而对于非电力测功器，例如常见的电涡流测功器，就需要利用飞轮机构来模拟整车惯量。由于试验台需要适应不同质量的试验车，而同一辆车在不同档位下的旋转质量换算系数不同，所以一套飞轮机构一般具有多个飞轮，如图3-19中的飞轮7和8，通过不同转动惯量的飞轮的组合来模拟当前被试汽车的惯量。注意，图3-19只是一种示意图，实际测功机的飞轮机构往往与滚筒并不是同轴直接相连的，而是靠一套升速机构将滚筒转速提升后再连接飞轮，这样可以用较小的飞轮获得更大的当量汽车质量。

5. 控制与指示装置

底盘测功机的控制与指示装置通常制成一体，构成控制柜，放在易于操作和观察的位置。其上各种按键、显示窗、旋钮、显示灯等供使用者操控与观察。

除了上述装置，双滚筒底盘测功机还设有举升装置，布置在两排滚筒之间，方便车辆进出试验台。举升装置最常见的是气动式，另外还有电动式和液压式。

为防止试验过程中汽车前后位移以及滚筒意外锁止时汽车驶出滚筒，底盘测功机必须设置纵向约束装置。纵向约束的手段有在从动轮前后设置三角铁（木）来约束汽车的，也可以在汽车前后设置钢制锁链拉住汽车。

二、室内硬件在环试验平台

1. 汽车电控系统 V 模式开发流程

现代汽车电子控制部件越来越多，系统越来越复杂，传统的瀑布模式开发过程已不能满足控制系统开发要求。现代控制器开发普遍采用 V 模式开发流程，如图 3-20 所示，其开发流程包括：功能设计与离线仿真—快速控制原型—代码自动生成—硬件在环仿真—标定/整车测试，构成了从功能设计、软件编程、可靠性测试到标定的汽车电控系统开发一体化解决方案。

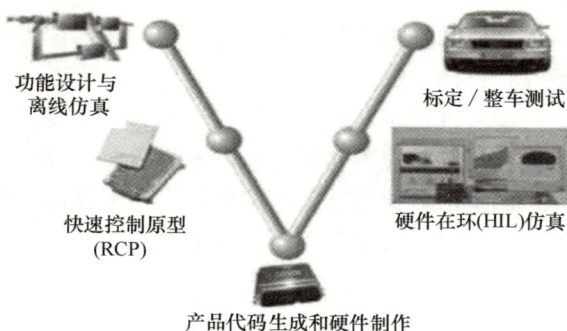

图 3-20　现代汽车电控系统的 V 模式开发流程

（1）功能设计与离线仿真　在 V 模式的功能设计与离线仿真阶段，控制器设计人员利用计算机辅助开发软件，根据整车开发商对控制器的功能和性能要求建立可执行控制算法模型的算法框图与状态流程图，对电控系统的功能进行定义；另外，建立被控对象的功能模型，利用计算机辅助开发软件的仿真和分析功能，对整个功能设计进行离线仿真分析，验证控制算法设计的可行性，修正控制算法与功能要求不相符之处，初步建立电控系统控制算法模型。

（2）快速控制原型（Rapid Control Prototype，RCP）　对于汽车电控系统这样集电子、软件和控制等技术于一体的高科技产品来说，很难在功能设计阶段就把对电控系统的功能要求准确地表达在控制算法的设计中。因此，V 模式采用快速控制原型技术，利用实时硬件系统在控制算法模型和被控对象之间搭建起一座实时的桥梁，实现被控对象对控制系统控制算法的实时反馈，对功能设计与离线仿真阶段设计的控制算法进行实际运行条件下的验证，检验控制算法对被控对象的控制效果，以快速设计迭代迅速开发出最适合被控对象或环境的控制方案。这样，在控制系统硬件部分制造出来前，电控系统开发人员已经对电控系统控制算法的功能和控制特性有了相当的把握。

（3）代码自动生成　代码自动生成在 V 模式的控制软件编写阶段，是利用代码自动生成工具，以一次生成即保证正确（Correct-by-Construction）的方式将所设计的电控系统控制算法模型转化为产品代码。它能将快速控制原型和硬件在环仿真两个开发阶段无缝地衔接起来，去掉了软件设计工程师手工编写代码的中间环节，保证控制算法模型设计与产品代码的严格一致。

（4）硬件在环（Hardware-in-the-Loop，HIL）**仿真**　硬件在环仿真又称为硬件在环试验，这一阶段需要对下载有控制代码的目标电控系统进行全面测试，特别是故障情况和极限条件下的测试。由于并行工程的原因，一方面被控对象可能还处于研制阶段，或者被控对象很难得到；另一方面，由于实际测试条件的限制，如极限测试和失效测试等，或在真实环境中测试费用高昂等原因，使控制器的实际测试难以进行。因此用实际的电控系统和代替真实环境或设备的仿真模型一起组成闭环测试系统，以便在实验室条件下用事先确定的测试条件对目标电控系统进行反复测试，所得测试结果具有很好的可记录性及可比性，可以大大降低开发费用，缩短开发周期。

（5）系统参数标定与整车测试　在 V 模式开发流程中，由于计算机辅助设计及基于模型的控制算法开发技术的使用，对控制器参数进行优化和修改始终贯穿于整个开发过程，在快速控制原型和代码自动生成阶段就可以对电控系统的参数初步进行标定，从而减少后期的标定工作。同时，现代开发方法的标定阶段所采用的自动化标定工具可以根据自动代码生成阶段所生成的文件进行自动标定，既提高了控制器控制参数的优化水平也缩短了开发周期。

在 V 模式开发流程中，硬件在环试验技术起着重要作用，它通过计算机接口技术将实际硬件与仿真模型有机地结合起来，可以更为精准地模拟控制系统的实际工作环境，在很大程度上取代道路试验，从而降低成本、缩短开发周期，还可以安全地实现汽车极限特性的测试（如冰雪路测试）。其不足之处在于，系统更加复杂，对模型功能和精度要求较高，价格昂贵。

2. 硬件在环试验系统

（1）概念　硬件在环试验系统是以实时处理器[⊖]运行仿真模型来模拟受控对象（如车辆）的运行状态，通过 I/O（输入/输出）接口与被测电控单元（Electric Control Unit，ECU）连接，对被测 ECU 进行全方位的、系统的测试。从安全性、可行性和成本合理性上考虑，HIL 测试已经成为 ECU 开发流程中非常重要的一环，能够在减少实车路试的次数，缩短开发时间和降低成本的同时，提高 ECU 的软件质量，降低开发风险。

传统的硬件在环试验系统指在进行系统测试时，控制器是真实的［如电控单元（ECU）、自动变速器控制单元（TCU）］，其余部分采用虚拟模型来代替（难以建立数学仿真模型的部件，如发动机喷油系统、底盘液压系统等可以保留在闭环中）。现代硬件在环试验系统结合传统 HIL 与快速控制原型（RCP）仿真系统（虚拟控制器和实际部件组成的一种半实物仿真），能采用实际的部件就用实际的，如装备真实传感器的转向制动系统、装备执行机构的变速器、动力总成等，不能采用实际的产品，就采用实时的虚拟模型来模拟零件和策略所面对的真实环境。

（2）硬件在环试验系统的分类　对于汽车电控系统的硬件在环试验平台，可分为三个层次，即信号层、电功率层和机械层。

信号层的硬件在环系统，即为传统的针对控制器测试的系统。输入信号来自车辆模型，输出执行信号并非控制真实执行器，而是传输给计算机执行器模型。即测试系统中没有任何的电功耗设备，不需要机械台架。例如，对于电动汽车电机驱动控制器而言，如图 3-21 所

⊖　实时处理器是指，能及时响应外部事件的请求，在规定的时间内完成对该事件的处理，并控制所有任务协调一致运行的处理器。

示，通过硬件在环仿真测试，验证电机或者整车的控制算法和控制策略。模型的输入信号为电流和/或电压的控制信号，输出为电机速度、温度、转矩等信号。接口信号只传递算法数据，功率很小，所以测试中没有传递功率和安全限制。

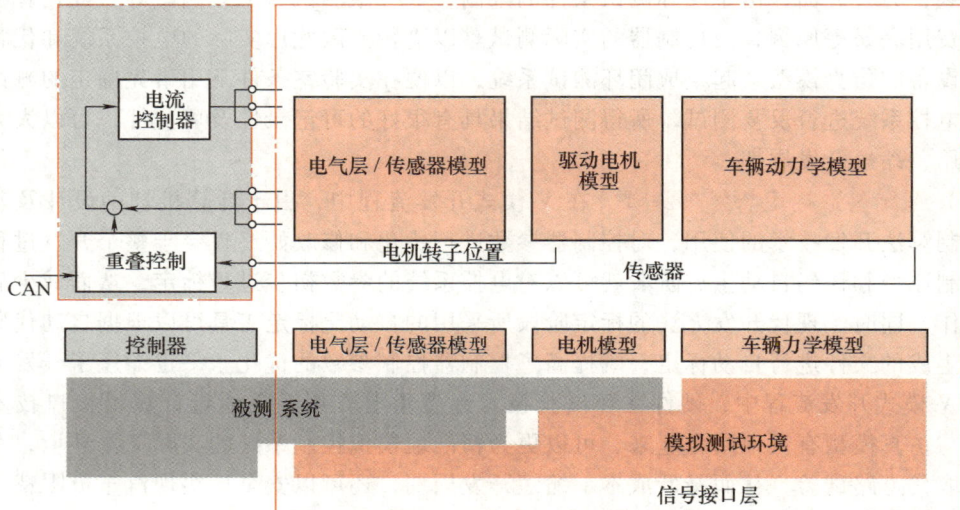

图 3-21　信号层硬件在环系统

在电功率层的硬件在环系统（见图 3-22）中，被测件为驱动控制器，而测试系统模拟控制对象和环境，如电机、变速器等。故系统处于功率状态，对于测试系统有一定的功率和安全限制。在图 3-22 中电机控制器与模拟电负载相连。在此测试中，同样不需要机械台架。系统可以灵活配置，但要求电负载的模拟具有很高的性能。

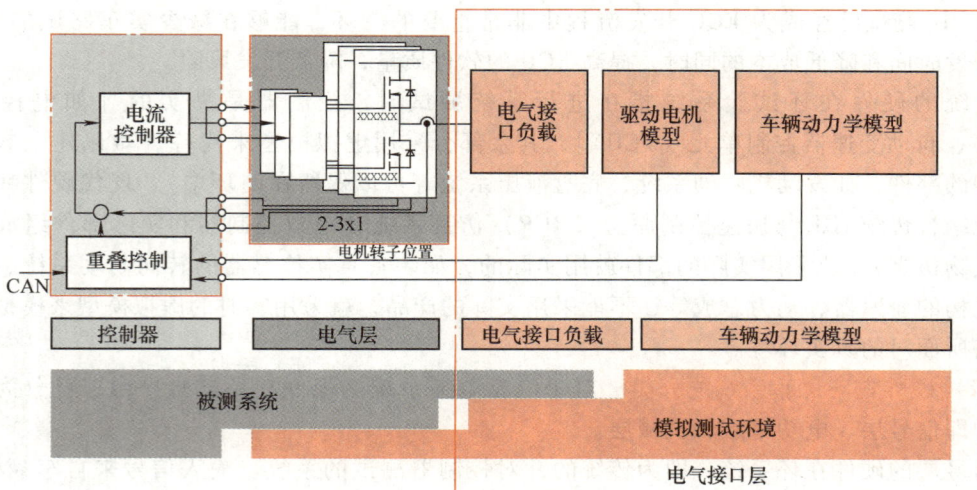

图 3-22　电功率层硬件在环系统

在机械层的硬件在环测试系统中，需要机械台架模拟机械载荷或者实际的系统环境。对于如图 3-23 所示的电动汽车电机硬件在环测试系统而言，模拟的负载是某一工况下的电机载荷，包括变速器、差速器、半轴、车轮、车身的共同载荷。该测试系统可以较真实地模拟

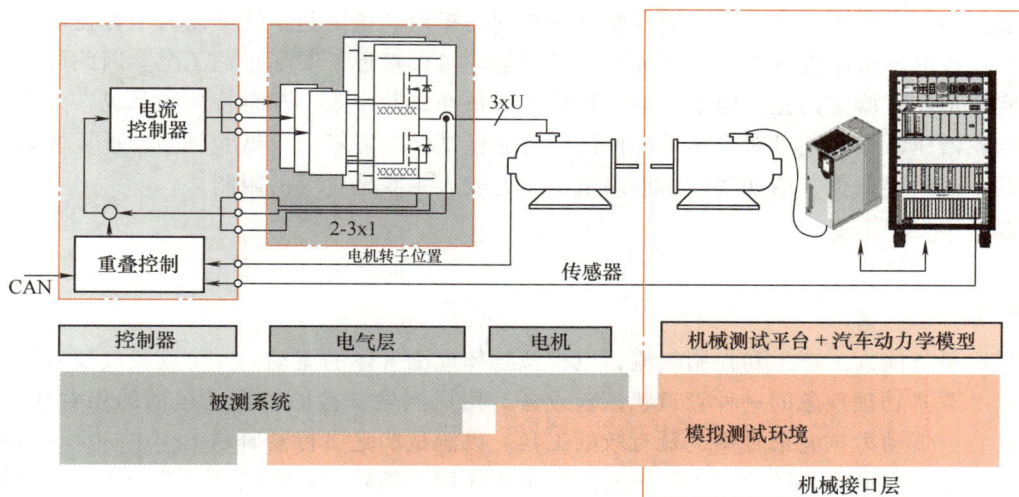

图 3-23　机械层硬件在环系统

动态载荷，同时不需要非常充分的电机控制知识。

（3）硬件在环试验系统的组成　硬件在环试验台由软件系统、硬件系统和信号接口系统三部分组成。软件系统主要包括用户界面（GUI）部分和仿真模型部分。用户界面用于控制和修改测试系统；仿真模型部分主要包括物理汽车模型，用于仿真汽车、驾驶人和环境条件。硬件系统用于仿真汽车的传感器和执行器，接收由控制单元输出的控制信号，产生控制单元的输入信号。信号接口部分用于软硬件之间信号的转换，即测量、产生、甚至在必要时修正信号。

试验过程中，操作者通过操纵机构实时输入驾驶人意图，控制仿真模型生成车辆运行状态，通过信号接口的处理，控制器监测车辆状态信号生成控制指令控制执行器动作，在实车硬件系统中产生控制响应，并将状态量反馈给车辆模型形成闭环。

三、四轮液压激振台

激振试验是由激振源给被测物体施加振动，通过测试物体在振动工况下的运动、动力等参数以了解物体的性能。

基于液压伺服系统和位移反馈的整车四轮液压激振台可看作是一种液压伺服道路模拟试验台，是一套以液压为动力、采用电子控制、有伺服能力的机械执行系统。如图 3-24 所示，四轮液压激振台由试验激振系统、响应拾振系统以及分析和处理系统三大部分组成。液压作动器在伺服阀的控制下，将液压能转换成机械能，并安装位移传感器作为反馈信号。

四轮液压激振台是研究四轮车辆动态特性的重要试验设施，将整车置于试验台

图 3-24　四轮液压激振台

激振器台面上，使车辆产生与路面行驶条件相同的振动。该试验系统可以为工程技术人员提供一个可控的、可以重复的振动环境，这种振动环境极接近于实际车辆工况。因此可以实现野外实车道路试验室内化，便于车辆工程技术人员在试验中观察车辆特性和状况。

四轮液压激振台还可对汽车零部件进行可靠性试验，能够减少试验时间，重复性好，而且试验不受外界条件，诸如气候，道路情况、驾驶人主观感觉等的限制。

四、汽车风洞

1. 概述

风洞是指能人工产生和控制气流，以模拟物体周围气体的流动，并可度量气流对物体的作用以及观察物理现象的一种管道状试验设备。用风洞做试验的依据是运动的相对性原理，它是进行空气动力试验最常用、最有效的工具。风洞试验是飞行器研制工作中一个不可缺少的组成部分，在航空和航天工程领域发挥着重要作用，随着工业空气动力学的发展，风洞在交通运输、房屋建筑、风能利用和环境保护等领域中也得到越来越广泛的应用。当前，在汽车空气动力学研究及汽车产品开发中也需使用汽车风洞，如图 3-25 所示。

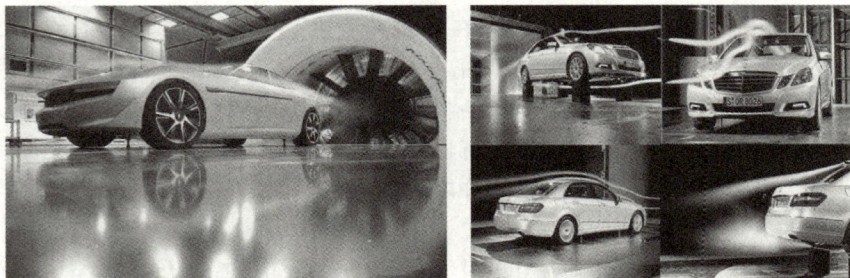

图 3-25　汽车风洞

风洞主要由洞体、驱动系统和测量控制系统组成，各部分的形式因风洞类型而异。

汽车风洞中使用大型风扇来产生强大气流，风洞内用来进行实车试验段的空气流速可达 270km/h。风洞测试可模拟各种行车环境中遇到的空气阻力、噪声、热力学状态等，用于评估汽车的风阻、风噪、操纵稳定性、热管理性能等，为设计更加节能、美观、安全、舒适的汽车提供条件。

2. 分类

（1）全尺寸风洞和模型风洞　为试验 1∶1 模型（全尺寸模型）或真车的风洞称为"全尺寸风洞"，为试验缩比模型或零部件的较小尺寸的风洞称为"模型风洞"。在模型风洞中只能对缩小比例的模型进行试验，其试验精度也相对低些。全尺寸风洞规模很大，建设费用及使用费用极高。

（2）全天候风洞、声学风洞和气动力风洞　全天候风洞（或气候风洞）可改变气流温度、湿度、阳光强弱和其他气候条件（雨、雪等）；声学风洞在建造过程中采用了多种降噪措施，背景噪声极低，可以分离并测量出汽车行驶时产生的气动噪声。这两种风洞统称为特种风洞。其余一般风洞都是气动力风洞。近年来新建的风洞，都是气动/声学风洞，或气动/气候风洞，甚至是气动/声学/气候风洞，这些风洞被称为多用途风洞。

（3）试验段尺寸 截面积 $S<10\text{m}^2$ 的风洞。包括缩比模型风洞和全天候风洞，有些小喷口的全天候风洞，主要用来把空气直接导向热源集中的发动机舱周围区域进行试验。

截面积 $10\text{m}^2 \leqslant S \leqslant 30\text{m}^2$ 的风洞。这类风洞主要用于试验各种轿车及其他较小的车辆。

截面积 $S>30\text{m}^2$ 的风洞。这类风洞主要的试验对象是轿车到中型载货汽车以及大客车。

五、汽车消声室

随着汽车工业的迅速发展，除了对整车的安全性和使用寿命等要求的不断提高，对整车舒适性的要求也越来越高。评价整车舒适性的一个重要指标是其噪声与振动水平，降低汽车零部件与整车噪声已成为提高产品质量的一项重要指标。因此，汽车制造商，包括它的零配件供应者更加重视 NVH（Noise Vibration Harshness，噪声、振动与声振粗糙度）的控制，而利用声学测量技术开展汽车新产品的研究开发和性能鉴定也就显得越来越重要。要降低产品噪声，首先必须掌握其噪声与振动的特性，而能够营造一个很好的噪声与振动测试环境的房间就是消声室。由于整车噪声在室外测量易受环境噪声、场地、天气等因素影响，许多情况下（如轮胎噪声、加速噪声等的测量）若直接使用常规声强测量技术，存在测量精度低、重复性差等问题。因此，能够为声学测试提供自由或半自由声场空间的消声室成为开展汽车"声鉴定""声研究"的重要手段和条件。

1. 分类

根据室内做强吸声装修的内表面的数量，可将消声室分为全消声室、半消声室及卦限消声室。在全消声室内测得信号的不确定度最小，如果没有其他限制，实验室最好建成全消声室。但是某些类型的设备由于尺寸、重量、安装布置等要求，难以在全消声室中进行测量，因此设有硬反射面的半消声室对很多类型设备的测量具有特殊适用性。

2. 整车噪声测试对声学环境的一般要求

在 ISO 362、ECE R51、GB 1495、GB/T 18697 中，理想的噪声测量环境场地的要求是除了地面是反射面外，没有其他反射物的半自由声场。常见的半自由声场空间包括水泥地面的大型露天停车场、室外篮球场、停机坪等。

标准还要求任何背景噪声（包括风的噪声）至少比测量值低 10dB（A），如果背景噪声与测量值差在 10~15dB（A）之间，被测车辆的噪声测量结果还应按规定修正。因此，水泥地面的大型露天场地虽然也可以提供半自由声场空间，但在这些场地上进行噪声测量时容易受到背景噪声的影响。

半消声室的主要功能即是为声学测试提供一个低背景噪声环境的自由或半自由声场空间。

3. 整车半消声室

半消声室除要求地面为硬质刚性反射面外，其余与消声室相同。其原理是当声源或接收器置于地面上时，声源和接收器之间只有直达声而没有反射声，故在地面上的半空间中有同消声室中相似的自由场。半消声室的优点是地表坚硬，能承受较大的质量，适宜测量如车辆、大型机器、设备等的噪声功率，且使用方便，造价比消声室低。其缺点是当声源的等效声中心或接收器高出地面较多时，声反射的影响使声场严重偏离自由场，这种现象在频率高时更为显著，因此半消声室存有高频限。

在 ISO 3745、GB 6882 中，推荐半消声室应具有：①足够的体积；②在测试的频率范围内，界面上具有很大的声吸收；③除了良好的反射地面和与被测声源有关的以外，没有声学反射面和障碍物；④足够低的背景噪声。另外还应考虑控制、照明、通信、信号传输、安全、环保、节能、美观、耐用、维护方便性、成本等方面因素。

通常，半消声室具有试验车运行所需的底盘测功机系统、空调通风系统、迎面风冷却尾气排放系统以及试验测量分析系统等。

目前，为保证半消声室的本底噪声⊖能达到设计指标要求，建筑设计采用房中房结构，半消声室的车辆进出大门和控制室人员进出小门均采用外置防火隔声门、内置吸声隔声门的声轧结构，门缝采取严密的隔离和密封措施。对于空调、通风等设施采取消声处理。为防止外界的低频振动传到半消声室内，在建筑设计时还需对半消声室进行减振处理。半消声室的吸声处理，使用较多的是用多孔材料填充的吸声尖劈，如图 3-26 所示。吸声尖劈的吸声原理是当声波由尖端（垂直）入射时，由于吸声层的逐渐过渡性质，材料的声阻抗与空气的声阻抗能较好地匹配，使声波传播至吸声体时能高效地吸收。

图 3-26　汽车半消声室

六、环境舱

1. 淋雨实验室

汽车淋雨实验室主要用来模拟自然降雨环境，用于测试汽车的防雨密封性能，是新车下线必不可少的检测设备。

（1）淋雨实验室组成　淋雨实验室主要由房体、喷淋系统、吹干系统和控制系统组成。其中，房体的主要作用是形成封闭的试验区域与非试验区隔离，一般采用复合墙体结构，内层用镀锌钢板，外层为彩钢板，中间添加隔音材料，骨架用型钢焊接而成，实体侧面设有玻璃窗，便于观察室内情况。喷淋系统产生模拟人工降雨，由水泵、水过滤装置、回水槽、回水池、吸水池、管路及喷嘴等组成。喷淋水由水泵从吸水池泵出，经过滤器进入管路从喷嘴喷出，进回水槽流入回水池，通过回水池沉淀过滤进入吸水池进行下一轮循环。为保证车辆清洁，车辆完成淋雨测试后对车身表面试验水进行吹干，吹干形式有冷风、热风两种。吹干系统由风机、风箱、风管等组成。风机产生强风经过滤后由风箱分配进入风管，均匀吹在试验车辆表面，使水与车身分离。控制系统由控制电器、流量计、压力表等组成，对车辆试验时间、淋雨强度、喷射压力进行调整控制。汽车淋雨实验室结构组成如图 3-27 和图 3-28 所示。

⊖　本底噪声是指在测试对象噪声不存在时，周围环境的噪声。

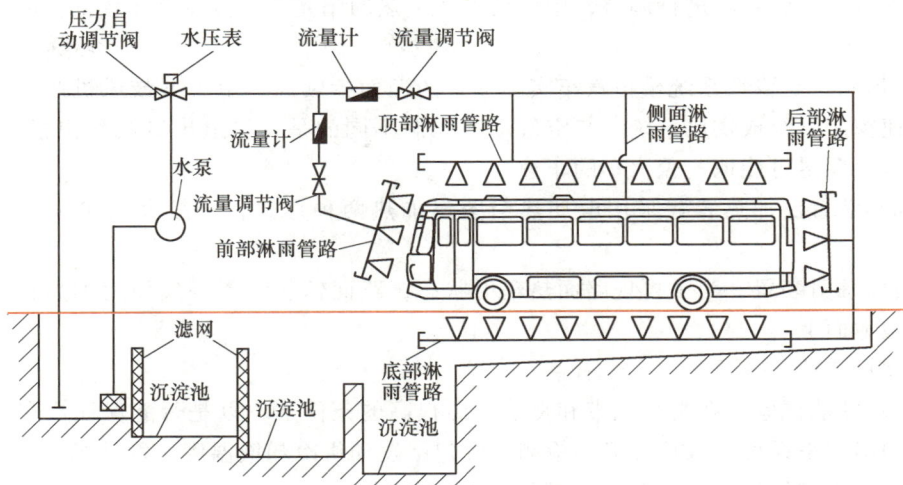

图 3-27 汽车淋雨装置示意图

图 3-28 淋雨实验室

（2）淋雨实验室参数 淋雨实验室主要设计参数有淋雨标准面积、降雨强度、喷射压力等。其中，淋雨标准面积由所试验车型外形尺寸决定，是车身顶部、侧面、前后围及底部六个面积之和。降雨强度（mm/min）是单位时间内的降雨量。气象学上一般以 24h 内降雨量来确定降雨强度的大小，10~25mm/min 为中雨，25~50mm/min 为大雨，50~100mm/min 为暴雨。汽车淋雨密封试验降雨强度一般大于 10mm/min，为缩短试验时间有的大于 20mm/min。QC/T 476—2007《客车防雨密封性限值及试验方法》规定水泵供水压力为（150±10）kPa。

2. 高低温模拟实验室

（1）高温实验室 为了让汽车适应高温、高热环境，了解其性能及部件老化情况，各汽车厂家根据各自汽车产品的需要纷纷兴建高温实验室。

高温实验室结构上主要包括日照装置、供风系统、加热装置和路面辐射装置。

1）日照装置。日照装置主要在实验室顶壁与侧壁均匀安置红外线灯，灯光照射强度及光照区域均可按实验要求进行调节，用以模拟在炎热的阳光下，测试汽车各部位的温升及受热状态。

2）供风系统。供风系统模拟汽车实际形式的迎面行驶风，由大型鼓风机产生，再配以风道及风速控制，组成供风系统。与空气动力风洞不同的是，风道出口截面积很小。同时，风速调节范围要尽可能地覆盖汽车的车速。

3）加热装置。加热装置采用电加热与蒸汽加热两种形式，一般大型实验室采用蒸汽加热。

4）路面辐射装置。为了再现路面热辐射状态，路面辐射装置一般使用加热箱，并将它铺装在试验地面上。

试验项目包括：

1）冷却性能试验。在炎热地带和夏季气温很高的条件下，以是否能保证汽车主要部件保持合适的温度来评价其散热性能。检测内容包括发动机冷却液温度、发动机及变速器润滑油油温、发动机进气温度以及燃油油温和气阻。

2）动力性能试验。高温条件下，在燃油及进气温度上升，发动机功率降低的状态下评价汽车的动力性能，或在高温条件下，评价汽车熄火停车后的再起动性能。

3）耐热性能试验。在高温条件下高速行驶、爬坡行驶、城市市区行驶，以及行驶之后的停车怠速等各种行驶工况下，评价汽车结构部件的耐热性以及发动机舱内和车身各部位的橡胶件、塑料件的耐热性等。

4）空调性能试验。在高温潮湿强烈日照的条件下，评价车内环境的舒适性，检测内容包括驾驶室内的温度、湿度、凉风、风速、换气及车窗视野等。

（2）低温实验室　低温实验室模拟低温环境状态。与实地寒区试验比较，具有节约人力、物力、财力，不受外界气候环境的影响，不受季节限制等优点。同时，具有环境控制精度高、稳定性好、重复性好的特点。

低温实验室结构上主要包括：

1）低温实验间。低温实验间要求密封、保温、防腐、有足够的面积和高度，以及足够的地面承载能力，所以内设防潮照明、冷风机和蒸发器及温度、压力、转速、CO报警器等各类传感器，并配有测试传感器、电源等。同时，还要设有保温除霜观察窗、报警器等，保证试验安全、有效地进行。如果低温实验间设置功率吸收装置，如底盘测功机，就可完成车辆在低温条件下的各种行驶工况的模拟试验。

2）制冷机房和制冷系统。制冷机房和制冷系统提供冷源，包括制冷压缩机、冷却器、中冷器、蒸发器、阀门、测量参数显示装置和有关报警装置。

3）换气系统。换气系统能够排除室内有害废气，更换和补充低温实验室的新鲜低温冷空气，排除人员及试验样品散发的热量，维持试验规定的低温状态。

4）冷却液系统。冷却液系统是制冷系统必需的辅助设施，用以冷却制冷机组。

5）试验测量仪器和试验数据的采集与处理系统。

试验项目包括：

1）汽车发动机的低温起动性能试验。

2）发动机低温行驶性能匹配。

3）汽车行驶安全性检验。

4）汽车寒区适应性试验。

5）刮水器等总成的低温性能试验。

6）非金属零件的低温适应性试验。

7）汽车燃油、润滑油等的低温性能验证试验。

8）其他必要的低温性能、低温适应性试验。

（3）高低温实验室　高低温实验室是综合上述低温与高温的技术要求而设立的，其结构也是将两者合一。

3. 电磁环境实验室

电磁兼容性（Electro Magnetic Compatibility，EMC），是指设备或系统在其电磁环境中符合要求运行并不对其环境中的任何设备产生无法忍受的电磁干扰的能力，包括电磁干扰（Electro Magnetic Interference，EMI）测试和电磁敏感（Electro Magnetic Susceptibility，EMS）测试。在产品的 EMC 设计和研制的全过程中，进行 EMC 的相容性预测和评估，可以及早发现可能存在的电磁干扰，并采取必要的抑制和防护措施，从而确保系统的电磁兼容性。

EMC 检测受场地的影响很大，尤其以电磁辐射发射、辐射接受与辐射敏感度的测试对场地的要求最为严格。目前国内外常用的试验场地有：开阔场、电波暗室与半电波暗室。

对于整车的 EMC 试验，试验场所一般会选择半电波暗室。如图 3-29 所示，半电波暗室是一个经过屏蔽设计的 6 面金属盒体，在其内部覆盖有电磁波吸波材料，地面为导电地平面，其地板不覆盖吸波材料。由于地面不覆盖吸波材料，因此会产生反射路径，这样接收天线接收到的信号将是直射路径和反射路径信号的总和，是目前比较理想的 EMC 测试场地。

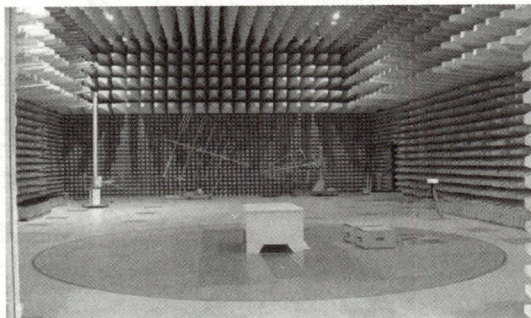

半电波暗室的测试距离根据被测设备和天线之间的距离可分为 3m、10m、30m、100m 和 300m 等。由于经济性的原因，目前极为常见的是 3m 的测试距离，其他测试距离的要求可以通过距离换算的方式进行换算。

图 3-29　半电波暗室

第三节　汽车试验场

汽车试验场是进行汽车整车道路试验的场所。为满足汽车的实际行驶要求，汽车试验场的主要设施是集中修建的各种各样的试验道路，包括汽车高速行驶的环形跑道、可造成汽车强烈颠簸的凸凹不平的坏路以及坡道、ABS 试验路、噪声试验路等，能够给汽车提供稳定的路面试验条件。汽车试验场有大有小，试验道路的种类和长短也不尽相同，而且随着汽车技术的发展，会不断提出修筑新的试验设施的要求。

一、汽车试验场功用

重现汽车使用过程中遇到的各种道路条件和使用条件，进行汽车整车道路试验。试验场将实际存在的各种道路经过集中、浓缩、不失真地强化形成典型化的道路，从而满足企业对汽车新产品定型试验及强制性检验试验等方面的要求。试验场的主要任务是汽车产品的质量鉴定试验，汽车新产品的研发、认证试验，为实验室试验提供路谱采集条件以及汽车法规、标准的研究和验证试验等。

二、试验道路设施

汽车试验场的主要试验设施是集中修筑的各种试验道路，由于各试验场所处的地理位置不同，气候差异较大，试验设施也不尽相同。汽车试验场按地域分为热带、寒带、温带和高原试验场；从功能上分为综合试验场和专业试验场；按所有权分为政府、军队、企业和科研机构拥有的试验场；按行业可分为汽车试验场、轮胎试验场、拖拉机试验场和工程机械试验场；按规模分为大、中、小三种类型。随着计算机技术的发展，又出现了虚拟试验场（详见第九章第二节相关内容）和数字化试验场。

由于汽车试验在汽车开发过程中处于极为重要的地位，不少汽车企业及相关部门投入巨额资金修建大型的汽车综合试验场。例如通用汽车公司的米尔福德试验场、日本汽车研究所试验场、英国汽车工业研究协会（MIRA）试验场；中国交通部公路交通试验场（通州汽车试验场）、定远汽车试验场、东风（襄樊）汽车试验场、海南汽车试验场、一汽农安汽车试验场、上海大众汽车试验场等。图 3-30 所示为国内某汽车试验场的总体布局图。

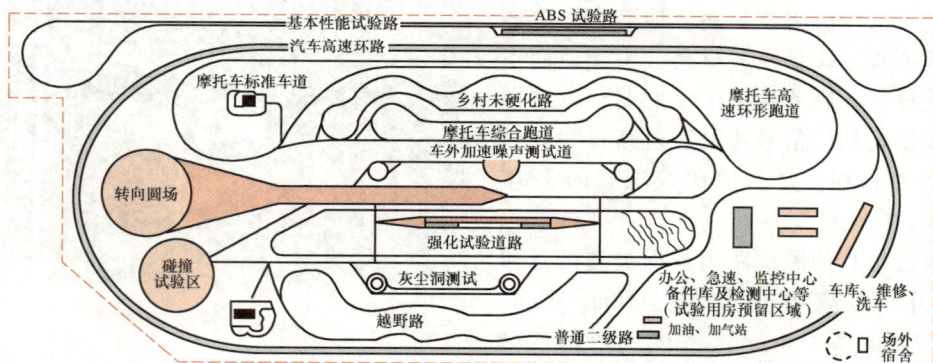

图 3-30　汽车试验场总体布局图

汽车试验场的道路设施分为两部分，即可靠性试验道路和专项试验设施。为使汽车试验顺利进行或完善试验项目，有些试验场内还有实验室、维修车间等。

其中，可靠性试验道路包括：

（1）高速跑道　高速跑道可供汽车长时间持续高速行驶，以考验汽车的高速性能和零部件的可靠性。

（2）强化坏路　强化坏路主要包括搓板路、石块路、卵石路、扭曲路、坑洼路、鱼鳞坑路、砂石路、混凝土路、沥青路、长短波路、陡坡路、公路强化特性模拟路、不平整水泥路、水泥凸块路、铁轨道口、沙滩路等。试验场根据车辆类型规定试验车所行驶的路段及长度。

（3）山区公路　山区公路一般设置在试验场外，模拟车辆在山区道路上行驶的状况。海南试验场选用海榆中线穿越海拔高度 670m 的阿陀岭路段，全长 25km，最大坡度为

9.6%；一汽农安汽车试验场选用吉林省集安市境内 0~40km 路段，最高海拔高度达 724m，最大坡度为 8.0%。

（4）**一般公路**　一般公路用于考核汽车在常规道路上行驶的能力，一般公路试验多选择在试验场外的公路上进行。

（5）**越野路**　越野路为考核越野汽车而设计，常由山坡、侧坡、荒野、碎石、沙土、沙地、泥泞坑、灌木林、草地、急弯等特征路段组成。

专项试验设施包括：

（1）**标准坡道**　标准坡道由一组不同坡度的坡道组成，满足不同类型车辆的试验要求，用以考核汽车的爬坡能力，还可考察驻车制动器在坡道上的停车能力、汽车在坡路上起步时离合器的工作状况等。试验场坡道的坡度通常在 6%~60% 范围内，宽度为 4~8m，为沥青或浆砌片石或混凝土铺装。

（2）**综合性能试验路**　综合性能试验路又称长直线性能路，长度为 2~3km，沥青混凝土铺装，中间常加宽到数百米，用于汽车加速、滑行、最低稳定车速、制动等多种性能的试验。

（3）**操纵稳定性测试广场**　操纵稳定性测试广场中最常见的是圆形广场，直径为 100m，可供汽车转向或绕"8"字形行驶（可参见第七章第七节之"五、转向轻便性试验"）。有的圆形广场还备有洒水装置，使地面生成均匀的水膜以测试汽车侧滑情况。

（4）**车外噪声测试广场**　车外噪声测试广场要求水平、坚实、平整，以场地中心为基点、半径 50m 范围内无大的声反射物，并且试验路面不应产生过大的轮胎噪声。噪声测试的目的是限制不符合国家标准要求的车型生产，以降低机动车环境噪声污染。

（5）**防抱制动系统（ABS）测试路**　ABS 测试路用来试验汽车在冰雪或附着条件很低的路况下的行驶性能和制动性能，采用磨光、洒水、冰雪等方法降低路面的附着系数。

（6）**通过性试验路**　通过性试验路常包括涉水池、溅水池、垂直障碍、路沟、壕沟等。

（7）**灰尘洞**　灰尘洞考核汽车抗尘能力，常选用抗湿性能较佳的天然材料作为尘粒，尘粒的规格及比例严格按照有关国际标准配备。

（8）**淋雨室**　淋雨室考核汽车防渗漏密封性能。淋雨试验设备依据国际标准配置，淋雨喷嘴的高度和长度可以调节。

（9）**盐水槽**　盐水槽水深易作调整，盐水浓度保持在 3%~5% 范围内，主要考核汽车耐蚀性。

三、智能网联汽车试验场

近年来，智能网联汽车的发展对汽车试验场提出了新的要求。完整的智能网联汽车试验场应该满足测试场景丰富，测试功能完备，通信能力完善，试验保密性好，试验专项性强，测试数据可靠性高等要求，其测试重点是考核车辆对交通环境的感知及应变能力。

智能网联汽车试验场需要模拟典型的高速公路、城市、市郊和乡村等道路交通环境。例如，城市交通环境测试区域需模拟隧道、林荫道、加油/充电站、地下停车场、十字路口、丁字路口、圆形环岛等交通场景，具备不同数量的车道公路、交通信号灯和指示牌等交通要素。

一些智能网联汽车试验场配备有造雾机、造雪机、雨水发生器、干燥设备等设施，可以模拟不同能见度和降水量的雨、雪、雾等天气。还有的试验场内配有可变照明设施，可以在相当大的程度上复现公路照明系统，以研究不同的光照环境对智能网联汽车感知系统的影响。

智能网联汽车试验场还需装备大量的路端设施，包括 GNSS 增强设施和 LTE-V/DSRC/Wifi 等 V2X（Vehicle to Everything）设施，以满足网联汽车的测试需求。

思考与习题

1. 为什么要使用驾驶机器人？驾驶机器人主要有哪些类别？由哪些部分组成？

2. 简述卫星-惯性组合导航系统的组成及工作原理。

3. 简述扭矩测量仪的测量方法及分类。

4. 试述车轮六分力测试的目的及其测试系统的结构组成。

5. 简述噪声测量仪器——声级计的工作原理。什么叫计权网络？

6. 目前广泛使用的土壤参数测量仪器有哪些？查阅相关资料，解释车辆圆锥指数和土壤圆锥指数的概念及确定方法，并阐述如何用两者关系确定土壤的可通过性。

7. 汽车转鼓试验台（即底盘测功机）主要由哪几部分组成？各部分的功用是什么？

8. 什么是汽车电控系统 V 模式开发流程？什么是硬件在环试验系统？

9. 汽车风洞有哪些分类方法？各类风洞的特点和应用如何？

10. 试述整车半消声室的工作原理及特点。

11. 汽车测试的环境舱有哪些种类？

12. 汽车试验场的功用是什么？试述汽车试验场的道路设施。

第四章 试验设计理论与方法

为了合理地组织并成功地实施一项汽车试验，需根据试验目的、被测对象和被测参数的特性以及具体的试验条件等，在正确理论的指导下，科学、合理、高效地进行试验的设计与筹划。

有关试验设计的理论和方法有很多，涉及较深入的理论知识。本章以相似理论和正交试验设计方法为代表，介绍其基本原理和在汽车试验方面的部分典型应用。

第一节 相似理论

人们研究自然与工程现象、进行科学探索的方法，概括起来可以分为两种，即理论分析和试验研究。

较常见的试验方法，可以称为"直接试验"或"原型试验"，就是对被研究对象的实物进行测试，这个实物就是"原型"。直接试验的优点，是真实、可信，且试验结果直接与被研究对象的特性相对应。

直接试验方法也有其局限性，主要体现在：①试验得出的结论只能适用于与试验条件完全相同的现象；②对于处在开发、探索阶段的新产品和新技术，没有可供试验的原型，或者制作实物原型成本过高；③已经建造出来的原型对象，有时由于条件的限制（体积或质量过大或过小等），也难以进行直接试验。

因此，人们开发了另一种试验方法——"模型试验"，即运用物理的和数学的分析方法建立若干相似准则，在相似准则指导下制作模型（注意，这里的"模型"，不仅指对原型实物的模拟，也包括对原型试验条件的模拟），用以代替原型实物及其工作条件，重演或预演原型的工作过程，并根据相似准则，由模型试验的结果来推断原型的特性。

模型试验方法，在汽车技术中有广泛的应用。例如进行车身空气动力学试验，或者研究车辆的行走机构与土壤的相互作用关系等。

相似理论是模型试验方法的理论基础，用于指导相似模型的制作、模型试验条件的确定和试验实施，并通过模型试验的结果预测原型的工作性能。

一、相似的基本概念

在一对可以互相比拟的物理现象之间，例如试验研究的原型和模型之间，有很多物理性质具有相似性。

常见的相似性有：

1）空间（几何）相似。模型和原型的所有对应线段的长度成等比例，所有对应角的角度相等。

2）时间相似，又称为谐时性，即模型过程和原型过程对应的时间间隔等比例。例如，原型过程总计 1h，A 工况占 15min，B 工况占 30min，那么在时长 4min 的模型试验中，对应 A 工况的 A′工况就应占 1min，对应 B 工况的 B′工况就应占 2min。

3）运动相似。在各对应瞬时，各对应点的速度和加速度方向一致，数值大小成等比例。对应瞬时由时间相似关系确定，对应点由空间相似关系确定。

4）力相似。在各对应瞬时，各对应点上的作用力方向一致，数值大小成等比例。例如，在上述"时间相似"的示例中，"工况"的描述中就包括作用力，A 工况与 A′工况的各对应点受力之比，应该等于 B 工况与 B′工况的各对应点受力之比。

此外，还可以有温度相似、浓度相似等。

简言之，一对互相比拟的相似现象，在空间、时间、运动、力等方面，都存在着各自固定不变的比例。

于是，两个**现象相似的充分必要条件**是：在对应瞬时，各对应点上表征该现象的所有参量其大小各有确定不变的比值，如果是向量则其方向一致。注意，这个"确定不变"是针对某一方面的。例如，模型与原型的尺寸比，与两者之间的速度比可以不同。

另外，需要强调的是"表征该现象的所有参量"，换言之，与该现象无关或影响极小的参量，无须相似。

二、相似准则

相似理论的核心是相似准则，它在试验操作之前的模型设计与工况确定，以及试验操作结束后的数据处理中，都有着重要应用。

1. 相似准则与相似现象的关系

现以两个质点系的动力学相似为例，进行定义和论证。

对于质点系 1，存在牛顿第二定律 $F_1 = m_1 \dfrac{\mathrm{d}v_1}{\mathrm{d}t_1}$。设质点系 2 与质点系 1 力学相似，即存在

$$F_2 = C_F F_1, \quad m_2 = C_m m_1, \quad v_2 = C_v v_1, \quad t_2 = C_t t_1$$

式中，C_F，C_m，C_v 和 C_t 分别为力、质量、速度和时间方面的**相似倍数**，这些系数可以不相等。

对于质点系 2，必然有 $F_2 = m_2 \dfrac{\mathrm{d}v_2}{\mathrm{d}t_2}$。

由简单冲量理论和相似理论可推证，$\dfrac{F_1 t_1}{m_1 v_1} = \dfrac{F_2 t_2}{m_2 v_2}$。显然，其数值与质点系 1 或 2 无关，可记为 $\dfrac{Ft}{mv} = \varPi =$ 常数。

由此可得：对于同一物理本质的若干相似现象，存在一个或多个数值相同的无因次的综合量（这个综合量与现象的物理背景有关，在本例中是 $\frac{Ft}{mv}$），称为**相似准则**，用符号 Π 表示。

相似准则一定是由物理关系方程（组）中所包含的几个或全部参量按照一定函数关系组成的无因次量。

另外，同一现象中不同点或不同截面的相似准则可以具有不同的数值。但在对应瞬时，彼此相似的现象的同一对应点或对应截面的相似准则必然具有相同的数值。

对于复杂的现象，可能包含几个不同物理本质的相似准则。例如，对于黏性不可压缩流体的稳定等温运动问题，同时存在以下准则：

雷诺准则 $$\Pi_1 = Re = \frac{\rho v l}{\eta}$$

弗劳德准则 $$\Pi_2 = Fr = \frac{g l}{v^2}$$

欧拉准则 $$\Pi_3 = Eu = \frac{p}{\rho v^2}$$

式中，ρ 是流体的密度；v 是速度；l 是彼此相似的系统的任意对应尺寸，通常可取某一截面的水力直径；η 是流体的动力黏度；p 是压力；g 是重力加速度。雷诺准则 Re 又称雷诺数、弗劳德准则 Fr 又称弗劳德数、欧拉准则 Eu 又称欧拉数，分别对应黏性力相似、重力相似和压力相似三个物理关系。

在相似现象中的对应点或对应截面上，上述三个相似准则的数值对应相等。这些准则，均在风洞等空气动力学试验设施的建设方面得到运用。

可以通过相似准则来设计或发现相似现象——彼此相似的现象必定具有数值相同的相似准则。反之，若干同类现象（即可由同一关系方程或方程组描述），由方程中某些（或全部）物理量所组成的相似准则相等，则这些现象必定相似。

> 上述关系也可以表述为：现象相似，等价于其相似指标等于1。在上述质点系的动力相似问题中，易证 $C = \frac{C_F C_t}{C_m C_v} = 1$，这里的 C 就是**相似指标**。也就是说，彼此相似的系统，各参量的相似倍数按参量之间的关系方程进行乘除运算，如本例按 $\frac{F\mathrm{d}t}{m\mathrm{d}v}$ 的次序计算 $\frac{C_F C_t}{C_m C_v}$，所得结果就是相似指标，其值必为1。

2. 相似准则与试验结果的整理

可以看到，在试验模型的设计过程中，需要相似准则的指导。在试验实施完毕，进行试验结果的处理时，相似准则还有助于将模型试验的结论延伸到原型上。

彼此相似的现象，相似准则相等。这就提示我们，应该把模型试验的结果数据，整理成相似准则的形式，这个（些）准则式必将适用于与模型相似的原型研究对象。

以前述的两个质点系的动力相似问题为例，令质点系1为原型、质点系2为模型，则模型试验的结果数据为 F_2、t_2、m_2 和 v_2，这里不区分哪些量是试验实施前设计好、做试验时施加的控制量，哪些量是到运用测试系统进行测量得到的，而是将 F、t、m 和 v 这四个量一律视作"试验数据"。另外注意，力 F 和速度 v 信号，无论对于系统 1 还是系统 2，都表现为时间 t 的函数（当然，对于系统 1 没有进行实测）。

已经知道该现象的相似准则是 $\dfrac{Ft}{mv}$，即有 $\dfrac{Ft}{mv} = \Pi = $ 常数。因此，将试验数据整理成 $\dfrac{F_2 t_2}{m_2 v_2}$，由于 $\dfrac{F_1 t_1}{m_1 v_1} = \dfrac{F_2 t_2}{m_2 v_2}$，就可以得到原型的特性 $\dfrac{F_1 t_1}{m_1 v_1}$。注意，在 F_1、t_1、m_1 和 v_1 中，一定有些是已知的控制量，另一些是待定的未知量，这里不讨论其区别。

这只是一个简单的例子，在进行具体的试验数据整理时，关系式可能更复杂，而相似准则也可能不止一个，但是基本思想是一致的。

相似准则的普遍确定方法，可以采取方程分析或因次分析等方法，具体计算可参阅相关资料。

三、相似理论应用举例

1. 汽车模型风洞试验

汽车模型的风洞试验是进行汽车空气动力学研究的重要手段之一。在试验时，以不动的汽车模型经受做强迫流动的空气流的作用来模拟汽车在道路上行驶时受到环境空气的作用。

为确保汽车模型在风洞中受到的作用力与实际汽车原型在道路上行驶时受到的作用力相似，模型试验需要满足三方面的相似条件，分别是模型和原型尺寸相似、模型和原型具有数值相等的空气动力学相似准则以及模型试验条件和原型汽车在道路上行驶时的边界条件相似。完整的相似条件还应包括初始条件相似，由于只研究稳定流动，可不考虑这一条件。

尺寸相似很简单，就是将实车原型，按等比例缩小，制成模型。

空气动力学相似准则方面，前文已述，对于黏性不可压缩流体的稳定等温运动问题[⊖]，同时存在雷诺准则 $\Pi_1 = Re = \dfrac{\rho v l}{\eta}$、弗劳德准则 $\Pi_2 = Fr = \dfrac{gl}{v^2}$ 和欧拉准则 $\Pi_3 = Eu = \dfrac{p}{\rho v^2}$，分别对应黏性力相似、重力相似和压力相似三个物理关系。

如果追求模型与原型的雷诺准则和弗劳德准则同时对应相等，由流体力学和相似理论可知，必然要求：当尺寸相似倍数为 C_l，即模型尺寸为原型尺寸的 C_l 倍时，模型中流体的流速应为原型流速（即车速）的 $C_l^{\frac{1}{2}}$ 倍，同时模型中流体的运动黏度应为原型的 $C_l^{\frac{3}{2}}$ 倍。上述要求中的第二点内容，意味着模型的风洞试验，不能采用空气介质，其运动黏度值要依据尺寸相似倍数 C_l 来确定，这无疑为试验带来了困难。

根据流体力学理论，黏性流体做强迫流动时，起主要作用的是黏性力，而不是重力。因此，反映重力因素的弗劳德准则可以忽略，在模型和原型之间只需考虑雷诺准则 $\Pi_1 = Re = \dfrac{\rho v l}{\eta}$，也就是说模型和原型的雷诺数 Re 相等即可，这是一种"近似模型"。在该近似模型下，

⊖ 当车速不是特别高，例如，不超过 0.3～0.4 倍音速时，空气可视作不可压缩流体，密度近似不变。

试验条件变为：模型试验采用空气介质，其密度 ρ 和动力黏度 η 均与原型工况相等，当模型尺寸为原型尺寸的 C_l 倍时，模型试验中流体的流速应为原型流速（即车速）的 $\frac{1}{C_l}$ 倍。风洞试验通常采用的就是这种近似模型，当模型尺寸相对于原型按比例缩小时，风洞中的气流速度就要达到实际行驶车速的同样倍数（即尺寸比例的倒数）。例如，如果采用 $\frac{1}{4}$ 的比例模型，那么为了模拟 100km/h 的车速，风洞中的模拟风速就要达到 400km/h。也就是说，模型设计得越大，同样试验风速下模拟的车速就越高，试验就越全面。

至于反映压力相似的欧拉准则 $\Pi_3 = Eu = \frac{p}{\rho v^2}$，其揭示的是"力和速度"之间的关系，对于风洞试验研究问题来说，这个关系就是求解的对象。

由相似准则理论和量纲分析可以证明，当模型与原型的雷诺准则和弗劳德准则分别对应相等时，原型现象和模型现象之间的物理相似性即唯一确定，两者的欧拉准则也必然相等。试验结果应该整理成 $Eu_{原型} = Eu_{模型}$ 的形式。

综上所述，几何相似用于指导模型的制作；雷诺准则用于指导模型试验条件和原型工作条件的对应，即试验风速的模拟；为了降低试验难度，弗劳德准则可不考虑；欧拉准则用于指导试验数据的整理，也就是将模型试验的结果扩展到与之相似的原型上。

当模型和原型的介质密度 ρ 相同时，两者的欧拉准则（有时称为欧拉数）相等，这就意味着速度的平方越大、空气作用力越大。这个准则用于试验结果的处理，例如，计算空气阻力系数。

汽车的空气阻力 $F_W = \frac{1}{2} C_D A \rho v^2$。如果将空气密度 $\rho = 1.2258 \text{kg/m}^3$ 代入，空气阻力 $F_W(\text{N})$ 又可写为

$$F_W = \frac{C_D A u_a^2}{21.15}$$

式中，A 为迎风面积，单位为 m^2；u_a 为车速，单位为 km/h；C_D 为空气阻力系数，量纲为一。

欧拉准则中的 p 为原型和模型对应点处的压强，可以表达为 $p = K \frac{F_W}{A}$，K 为某种取决于几何轮廓的量纲一系数，当模型和原型满足尺寸等比例相似这一条件时，两者的 K 值必然相等。

结合空气阻力的计算公式，将欧拉准则变形为

$$Eu = \frac{p}{\rho v^2} = \frac{K \frac{F_W}{A}}{\rho v^2} = \frac{\frac{1}{2} C_D K \rho v^2}{\rho v^2} = \frac{1}{2} K C_D$$

显然，模型和原型的 $\frac{1}{2} K$ 是相同的，那么模型和原型的欧拉数相等，这就意味着两者的空气阻力系数相等。

所以，只要同时满足模型和原型尺寸相似、模型和原型的雷诺数相等、模型和原型的边界条件相似（边界条件问题，详见下文）这三个条件，那么模型风洞试验得到的空气阻力

系数，就是原型车辆的空气阻力系数。

例如，等比例汽车模型的尺寸是原型尺寸的 $\frac{1}{4}$，将其置于风洞中施加 300km/h 的试验气流，利用风洞中的测力装置测出模型受到的空气阻力 F_W，按 $F_W = \frac{C_D A u_a^2}{21.15}$ 计算得到空气阻力系数 C_D，这个 C_D 值就是原型汽车在速度为 75km/h 时的空气阻力系数。注意，在进行一般性的汽车动力学分析时，为简便起见，将 C_D 视作常数。实际上同一汽车的空气阻力系数 C_D 与雷诺数 Re 有一定关系，尤其是车速不是很高、空气的黏性摩擦不能忽略时。风洞试验就可以揭示这种 C_D—Re 的关系。

推而广之，所有由与现象有关的物理量经乘除法运算得到的、可用于描述系统物理特征的无因次参数，对于彼此相似的模型和原型来说，都是相等的。例如此处的空气阻力系数 C_D，再如评价车辆行走机构的支承通过性的牵引系数 T_C 和滑转率 s 等。

汽车模型风洞试验可以缩短汽车改型和新车型设计的周期，并能节省大量费用。但是模型试验忽略了弗劳德准则等因素，同时汽车模型也无法模拟发动机进排气和车室通风等因素，因此，模型试验是有一定误差的，有时还相当大。要想提高试验结果的精确度和可信度，最好采取原型风洞试验，也就是整车风洞试验。

另外，无论是模型风洞试验还是整车风洞试验，相对于真实汽车在实际道路上行驶的工况来说，都有一些模拟不够准确的地方。最主要的不准确来源于空气与风洞内表面的相互作用。也就是前文所述的模型试验需要满足的第三方面条件——"模型试验条件和原型汽车在道路上行驶时的边界条件相似"的问题。实际汽车是行驶在敞开的大气环境中的，而在风洞中，试验气流受到洞壁的约束，空气扰流模型的状态会产生畸变，会对模型或实车产生附加作用力，降低试验的准确度。为此，一般要求风洞试验段的横截面积要达到试验对象迎风面积的 10 倍以上，从而使试验对象近似处在"敞开"的空气环境中。另一方面，汽车在道路上行驶时，空气相对于路面基本上是静止的，而在风洞中，空气与风洞支承面之间有相对运动，会产生"附面层"，这也会降低气流与汽车模型下部（车轮、车身底板等）相互作用的模拟真实程度。为了降低这种影响，可以使汽车模型离开支承板一定的距离，尽量减少附面层效应，或者设法在模型不动的前提下使地面向后运动，以模拟空气与地面相对静止。还需指出，无论是模型试验还是整车试验，在风洞试验中都很难模拟车轮的转动。

2. 车轮模型土槽试验

地面车辆行走机构的牵引性能，主要取决于轮胎（履带）和地面（土壤）之间的相互作用。总体来说，包括轮胎的设计参数、土壤的机械特性以及轮胎—土壤的相对运动三方面因素。一般的研究思路是，给定某种土壤特性，控制轮胎与土壤的滑转率 s，将轮胎的牵引性能看成是轮胎设计参数的函数，寻求轮胎设计的最优化。

如果要进行原型试验，就要设计并制作不同结构参数的试验轮胎，安装在试验车上，通过试验，选取理想的轮胎结构，这个难度和成本是相当高的。此外，还要确保在相当大的试验地面范围内，土壤的机械特性符合要求，甚至人工铺设特种土样，这个也很费时、费力。进行实车试验，某车轮挂钩牵引力的测量也是一个难点。另外，实际车辆在真实地面上行驶时，各车轮载荷与转速也难以精确控制。

为了降低制造新轮胎样品的成本并简化试验过程、缩短试验周期，对于新开发的轮胎结构和轮胎技术的试验研究，往往采取模型试验的方法进行。较常见的一种就是土槽试验，其装置组成可参见图 3-17。

根据新的设计思路和研究成果，制作模型车轮。模型车轮一般为木质，外面可以根据需要粘贴橡胶层。由于车轮的垂直载荷与沉陷量之间的关系，涉及车轮宽度值，所以，有可能的话尽量制作 1∶1 模型。

模型车轮安装在转轴上，试验台可对其施加确定的垂直载荷、转速和转矩。

土槽上表面深度足够的范围内用待研究的土样覆盖。土槽由电动或液压机构驱动，能沿其长轴方向运动，速度可调。

试验时，用加力装置在模型车轮上施加确定的垂直载荷 W。调节模型车轮的转速和土槽的速度，就可以实现某一给定的滑转率 s。注意，有的土槽不能运动，而是模型车轮一方面转动、一方面沿其框架平动，这也可以实现滑转率控制。当各运动件均做匀速或匀角速度运动时，测出模型车轮轴上的转矩，除以模型车轮的半径，就可得到模型车轮的牵引力 F。

牵引力 F 除以垂直载荷 W，即可得到牵引系数 T_C。注意，该牵引系数是对应试验工况的滑转率 s 的。试验结果一般整理成牵引系数 T_C—滑转率 s 曲线，如图 4-1 所示。

由相似理论可知，无因次的牵引系数 T_C 与滑转率 s，对于相似的模型和原型是相等的。因此，模型试验得到的 T_C—s 曲线，可以用来预测原型车轮的牵引系数 T_C 和滑转率 s 的关系。

例如，采用 1∶1 的模型车轮，施加 5000N 的垂直载荷，测得在 26% 的滑转率下，牵引系数为 0.45。因此，可以推测，原型轮胎在同样的土壤上，垂直载荷为 5000N，滑转率达到 26% 时，牵引系数也可以达到 0.45。

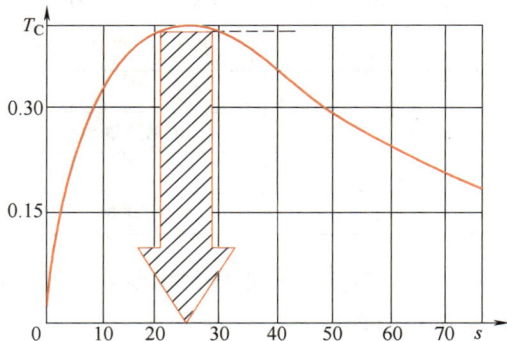

图 4-1 牵引系数 T_C—滑转率 s 曲线

如果制作缩小的比例模型，也可以进行土槽试验。由于滑转率和牵引系数是无因次量，而根据相似理论，"所有由与现象有关的物理量经乘除法运算得到的、可用于描述系统物理特征的无因次参数，对于彼此相似的模型和原型来说，都是相等的。"模型车轮的试验数据，例如图 4-1，也可适用于原型轮胎，但是模型与原型在垂直载荷方面的对应关系不易确定。

除了垂直载荷的相似倍数问题外，土槽试验的另一个问题是，模型车轮和原型轮胎，在花纹尺寸等细节方面不易做到完全等比例，材质、充气压力和受力—变形关系方面更是难以完全相同。

行走机构的牵引性能模型试验实际上存在着数量众多的相似准则，要求原型和模型之间的所有相似准则都相等是很困难的，实际工作中运用了诸多假设和忽略等简化手段。

第二节　正交试验设计

对于一些较复杂的试验，影响试验结果的因素很多，有些因素单独起作用，有的则相互制约联合起作用。为了探究这些因素的作用，以及寻求最优的因素组合，就要变换各因素的水平，进行多次试验。这就要进行试验设计。

试验设计可以指导试验者合理地制订试验方案，科学地分析试验数据，以便尽可能地减少试验次数，迅速而圆满地得到所需要的结论。

试验设计的方法有很多，涉及较多的统计学知识，在这里简要介绍一种常用的方法——正交试验设计法，也称为正交试验法或正交设计法。

一、基本概念

假定要做一项试验，研究汽车的总质量、发动机排量和驱动形式这三个因素，对等速百公里燃油消耗量的影响，试验车速限定为 80km/h，基本数据见表 4-1。假定除此三个因素外，其余对燃油经济性有影响的因素均不变。

表 4-1　等速百公里燃油消耗量的因素水平表

水平	因素		
	A 总质量/kg	B 发动机排量/L	C 驱动形式
水平 1	1600	2.0	前轮驱动
水平 2	2000	2.5	四轮驱动

在一项试验中，用来评价试验效果的，称为**试验指标**。在此例中，等速百公里燃油消耗量就是试验指标。

在试验中需要考察的且对试验指标可能有影响的因素，简称为**因素**。本例中有 A、B、C 三个因素，分别是汽车的总质量、发动机排量和驱动形式。再如，车速已经限定为 80km/h，所以本次试验中速度不是影响因素。

某因素在试验中可能处于的状态，称为该因素的**水平**。显然，一个因素起码要有两个水平。简单起见，本例中的三个因素各有两个水平，见表 4-1。

如果两个因素不同水平的搭配，对试验指标有影响，即相互制约联合起作用，则称这两个因素具有**交互**作用。在本例中，发动机排量这一因素，和另两个因素没有交互作用，因为由试验结果（表 4-3）可以看出，无论总质量和驱动形式处于哪个水平，2.0L 排量的油耗普遍低于排量为 2.5L 的。因素间的交互性不是固定不变的，它与试验工况的组合以及因素水平的取值有关。假如总质量这一因素的水平差异非常大，那么有可能出现这样的结果："小排量发动机+大整车总质量"组合的油耗大于"大排量发动机+小整车总质量"组合的油耗。以表 4-3 为例，如果总质量的水平 2 取 2400kg 或更大，那么试验 3 的油耗可能超过试验 2 的，也就是总质量和发动机排量这两个因素将会具有交互性。

每个因素各选一个水平，就组合成一种**试验条件**，也就是可以进行一次试验，如 $A_1B_1C_1$ 或 $A_1B_2C_2$ 等。本例是一项包含三个两水平因素的单指标试验，总共可能有 $2^3 = 8$ 种不同组合的试验条件。对所有不同组合的试验条件都进行试验，称为**全面试验**。随着因素的

增多和水平划分的细化，全面试验所包含的试验条件的组合数目将迅速增加。例如，根据汽车的燃油经济性理论，影响汽车综合油耗的因素共有六个，分别为行驶阻力、发动机燃油消耗率、传动系统效率、停车怠速油耗、汽车附件消耗和制动能量损失。即使每个因素仍只取两个水平，也会有 $2^6 = 64$ 种试验条件的组合，对其进行全面试验，是很困难的。因此，对于多因素多水平的试验，往往进行**部分试验**，即在全部可能的试验条件组合中，选择一部分进行试验。

正交试验设计的目的，就是设计一个部分试验方案，以期用尽可能少的试验次数，发现因素和指标之间的内在规律，完成试验任务。

二、正交试验设计的基本方法

1. 试验方案的设计

用正交法设计试验方案，主要是绘制正交表。简单起见，假定试验指标的各影响因素之间都没有交互作用，也就是说各因素都是独立起作用的。

仍以表 4-1 所示的试验任务为例，对于这项包含三个两水平因素的试验来说，可以绘制出 $L_4(2^3)$ 正交表（表 4-2），要进行 4 次试验。

表 4-2 L_4（2^3）正交表

试验序号	因　　　素		
	总质量/kg	发动机排量/L	驱动形式
1	水平 1	水平 1	水平 1
2	水平 1	水平 2	水平 2
3	水平 2	水平 1	水平 2
4	水平 2	水平 2	水平 1

正交表的每一列安排一个因素，在不考虑因素之间的交互时，各因素可以随意安排在某列。正交表的每一行，对应于各因素的一种确定组合，也就是一次试验。例如，第一次试验，是总质量取 1600kg、发动机排量取 2.0L、驱动形式取前轮驱动，在全部 8 种可能的试验条件中，选取了 4 种。

正交表的设计，要依据的准则如下：

1）在正交表的每一列中，不同的数字出现的次数相等。也就是说，每个因素的各个不同水平，在试验中出现的次数相等。在本例中，每个因素的两个水平，在总共 4 次试验中都出现了 2 次。

2）在正交表的任意两列中，将同一行的两个数看成是一个有次序的两位数，每种两位数出现的次数相等。这就保证了任意两个因素之间，各种不同水平的所有可能的搭配都出现了，且概率相等。例如，表 4-2 中因素为 1、2 的两列，总共构成了 1-1、1-2、2-1 以及 2-2 四种搭配，也就是全面考察了总质量和发动机排量这两个因素的全部可能的组合。

可见，利用正交表设计的试验方案，对各因素的所有组合来说是部分试验，但是对于任意两个因素来说，是重复次数相等的全面试验。试验条件是均衡搭配的，具有很强的代表性。这样设计试验条件，既可减少试验次数，又能较为全面地反映各因素的不同水平对试验指标的影响。

正交表绘制完毕，就意味着试验总体方案已经确定。

2. 试验结果的分析

确定了试验总体方案，结合具体条件，拟定详细的试验大纲，进行试验。试验操作结束后，就要对试验结果进行分析，主要解决两个问题：①在试验所考察的各因素中，哪个因素对试验指标的影响最大、哪个小些；②各因素分别取何种水平，对试验指标最有利。

试验结果分析的方法有很多，这里介绍一种简便易行的方法——**极差分析法**。

仍以上述油耗试验问题为例，将表4-2中的因素及其水平用文字表达，并将试验指标的测试结果补充到表的右端，得到表4-3。

表 4-3　等速百公里燃油消耗量的试验方案和试验结果

试验序号	因　素			等速百公里油耗 /（L/100km）
	总质量/kg	发动机排量/L	驱动形式	
1	1600	2.0	前轮驱动	8.4
2	1600	2.5	四轮驱动	9.7
3	2000	2.0	四轮驱动	9.3
4	2000	2.5	前轮驱动	9.5

在下文的叙述中，为方便起见，各因素的水平值以及试验结果值均不再注明单位。

按四种不同条件进行了试验，试验指标得到了四个结果，记为

$$y_i = 8.4, \ 9.7, \ 9.3, \ 9.5$$

式中，i 为正交表里的试验序号，$i = 1 \sim 4$。

（1）分析各因素的不同水平对试验指标的影响　例如，汽车总质量这一因素，水平值1600出现在1号和2号试验中，将其视为一个组，这组试验的指标平均值记为

$$\bar{y}_{A1} = \frac{1}{2}(y_1 + y_2) = 9.05$$

式中，$\bar{y}_{A1}$ 中的 A 表示第一个因素，即总质量；1 表示其第一个水平，即1600。

总质量的水平值2000出现在3号和4号试验中，也将其视为一个组，这组试验的指标平均值记为

$$\bar{y}_{A2} = \frac{1}{2}(y_3 + y_4) = 9.4$$

可以看到，在总质量的1600组和2000组中，发动机排量和驱动形式两个因素的两个水平都出现了，而且次数相等，在假定这两个因素没有交互作用的前提下（前文已述，发动机排量与另两个因素都没有交互），$\bar{y}_{A1}$ 和 $\bar{y}_{A2}$ 的差异反映了总质量这一因素对试验指标的影响。正交试验设计法的这种性质，称为试验结果的**综合可比性**。由 $\bar{y}_{A1} < \bar{y}_{A2}$ 可以看出，在本次试验的条件下，汽车的总质量小些，有利于降低油耗。

上述方法，可以类推到其他因素。通过计算可得

发动机排量因素　　$\bar{y}_{B1} = 8.85$，$\bar{y}_{B2} = 9.6$　　（1表示排量为2.0，2表示排量为2.5）

驱动形式因素　　$\bar{y}_{C1} = 8.95$，$\bar{y}_{C2} = 9.5$　　（1表示前轮驱动，2表示四轮驱动）

可以看出，在本次试验的条件下，除了降低汽车的总质量外，选择小排量发动机和将四

轮驱动改为前轮驱动，也都有利于降低油耗。

各因素的最优水平组合起来，就是**最优试验条件**（或称为最优设计方案）。显然，就本例来说，最优条件就是：总质量取 1600kg、发动机排量取 2.0L、驱动形式取前轮驱动。

> 这个最优组合及其结果，就是表 4-3 中的试验序号 1，用表 4-2 表达就是试验序号 1 对应的 "1-1-1"。而在理论上，最优组合不一定出现在真正实施的试验方案中。假如，以"燃油消耗量最大"为最优，那么显然，结合上文对三个因素的讨论，可以推断出，最优组合将是"2-2-2"，而这个组合并没有出现在表 4-2 中。根据实测数据的趋势，推断出未进行的试验的结果，这正是正交设计的优势。

（2）对比各因素对试验指标的影响程度　由上文可知，对某一个因素，取不同的水平，得到若干试验"组"，每组都得到一个试验指标的平均值。不同组的平均值之中，最大值与最小值之差，就是这个因素的**极差**，用 R 来表示。在上例中，有

总质量因素的极差　　　　　　　$R_A = 9.4 - 9.05 = 0.35$
发动机排量因素的极差　　　　　$R_B = 9.6 - 8.85 = 0.75$
驱动形式因素的极差　　　　　　$R_C = 9.5 - 8.95 = 0.55$

这说明，在本试验条件下，发动机排量这一因素的变动，对试验指标（80km/h 的等速百公里燃油消耗量）的影响最大，驱动形式次之，汽车总质量的影响相对最小。

某因素的极差反映了试验指标在这个因素水平变动时的变动幅度。极差越大，该因素对指标的影响越大，也就是越重要。因而，极差的大小是判断因素的重要程度的依据，这就是"极差分析法"名称的由来。对于极差较大的、较重要的因素，应该力求其取最优水平，以尽量提高试验指标。相反，那些相对不太重要的因素，可以参考其他情况（成本、功能、使用的便利程度等），适当选取其水平。就本试验来说，以等速油耗为指标，应该尽量采用排量为 2.0L 的发动机而不是 2.5L 的；而总质量这一因素，也是小些为好，但不应以过分提高设计制造成本、降低使用性能乃至削弱结构强度为代价。

需要指出的是，在利用正交表设计试验方案、应用极差分析法等数学原理分析试验结果时，必须结合实践经验和专业知识，对具体问题作具体分析。单纯依靠数学方法，可能无法得到全面、合理的结论。

> 例如，极差的大小不仅取决于该因素与试验指标的内在物理关系，也与方案设计中该因素的不同水平的差异有关。一个因素的不同水平的取值，应该合理，差异不能过大或过小。如上例，假如保持发动机排量和驱动形式两个因素的水平值不变，而将整车总质量的两个水平分别取为 1200kg 和 2400kg，在如此巨大的差异下，其极差很可能会超过驱动形式因素甚至发动机排量因素。而造成这种结果的主要原因，就是不恰当地赋予了总质量因素两个差异过大的水平值，人为"夸大"了总质量因素对燃油经济性的影响。换个角度说，当总质量在 1200kg 和 2400kg 之间大幅度变动时，发动机排量只在 2.0~2.5L 的较小范围内变动，这是不大合理的设计参数组合。

📝 思考与习题 ●

1. 两个现象相似，需要满足什么条件？

2. 什么叫相似准则？它有什么重要应用？

3. 对于汽车模型的风洞试验，为什么说"模型设计得越大，同样试验风速下模拟的车速就越高，试验就越全面"？这利用了哪个相似准则？

4. 本章第二节中"研究总质量、发动机排量和驱动形式对等速百公里油耗影响"的实例中，如果进行全面试验，则有 8 种试验条件。运用正交试验设计法，是如何将试验条件数目降低到 4 种的？按此方案进行试验，是否能完全替代全面试验？

5. 为什么说利用正交法设计试验方案，并应用极差分析法等数学原理分析试验结果时，必须结合实践经验和专业知识？

第五章　测量误差分析

误差分析概述

一、测量误差的基本概念

1. 测量及其分类

测量，就是以确定被测参数的数值为目的进行的一系列试验操作。从"测试系统"的角度讲，就是通过输出 y 和系统特性 h，来推断输入 x 的过程。测量包括直接测量和间接测量两种。

（1）直接测量　通过测试装置，将被测量参数与同一物理量的标准量直接比较，或是用事先经过标准量校正的测量仪器进行测量，直接求得被测量参数的数值。例如，用尺测量距离或是用温度计测量温度。

（2）间接测量　被测量参数与某些独立的参数存在确定的函数关系，对这些独立的参数进行直接测量，然后利用该函数关系计算得出被测量参数。例如，直接测量圆的直径、再算出面积，或者直接测量动力装置的输出转速与转矩、再算出功率，都是间接测量。

无论直接测量还是间接测量，都无法绝对精确地得到被测量的真实值，因为存在误差。

2. 测量误差及其分类

测量误差，简称**误差**，是被测量参数的测定值 l 与真实值 X 之间的差值，即

$$\Delta = l - X \tag{5-1}$$

测定值指的是对被测量参数进行一次测量得到的数值，这次测量可能是直接测量，也可能是间接测量。"测定值"通常不是最终的"测量结果"。

真实值，有时简称"真值"，是被测量参数客观存在的本质属性，但是无法精确求得。测量误差分析的目的，就是要得到一个与真实值尽可能接近的测量结果。

根据产生因素和变化规律的不同，可以将误差分为以下三类。

（1）系统误差　保持恒定或按一定规律变化的误差。产生系统误差的因素是可以确定的，例如仪器标尺刻画不准确，或操作者读数习惯斜视等。系统误差是可以发现并加以消除的，应该追求没有系统误差的测量结果。

（2）**过失误差** 又可以称为"粗大误差"或"粗差"，是因操作者在测量工作中犯错误或疏忽大意而产生的明显偏离真实值的误差。过失误差的出现毫无规律可循，而且对测量结果的歪曲可能很严重。含有过失误差的测定值一般认为是要剔除的。

（3）**随机误差** 无论如何提高测试装置的精度等级，规范试验操作和试验条件，在对同一被测参数进行多次重复测量时，每次得到的测定值都不完全相同。在确定排除了系统误差和过失误差后，测定值之间依然存在差异，这种误差就是**随机误差**，也称为"偶然误差"。每个测定值的随机误差可大可小，符号有正有负，产生因素多种多样且无法确定。随机误差就其个体而言是没有规律的，但其总体符合统计学规律。理论分析和实践都表明，随机误差的统计特性基本上都服从正态分布。由于随机误差的产生因素不确定，所以只能对其水平进行估计，或采取措施降低其影响，而不能消除随机误差。

从表象上来说，随机误差的出现事先无法预测、事后不能确定重复，毫无规律可言。但就其本质而言，所谓的"随机"，是由于人类对客观世界的认知能力有限，对现实现象的理论解释能力有限造成的。随着科学技术水平的进步，很多曾被视为"随机"的现象，已经有了科学的解释，而且可以对这些"随机"的结果加以选择或控制。

图 5-1 所示为系统误差和随机误差的性质及其对测量结果的影响。X 是被测参数的真实值。由于系统误差 θ 的存在，测定值的中心趋势 L 偏离了 X。由于随机误差的存在，各测定值不重合，围绕 L 以一定幅度波动。δ_{lim} 是随机误差的最大值，称为**极限误差**。过失误差的出现和数值毫无规律，图中未演示。

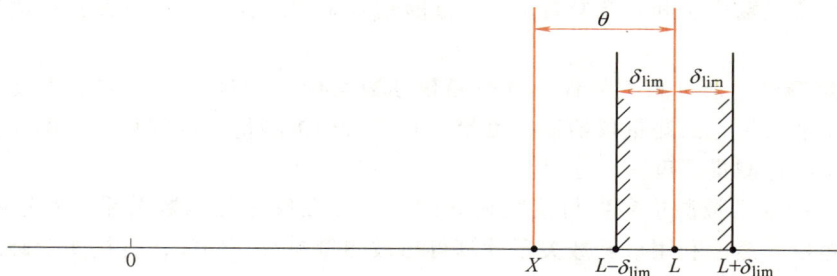

图 5-1　系统误差和随机误差的性质及其对测量结果的影响

系统误差、过失误差和随机误差的内在性质不同，不应混淆。但在具体测量工作中，有时又难以区分。较大的随机误差有时会被认为是过失误差，规律尚未被发现和掌握的系统误差也会被随机误差所掩盖。提高仪器的测量精度，完善试验方法，深入研究各种误差的规律，就有可能将不同种类的误差区分开来。

3. 测量误差的来源

在测量工作中，测量误差主要来自以下几方面。

1）仪器误差：仪器原理、结构缺陷或调整校正不当等引起的误差。

2）环境误差：实际测试环境与标准规定不一致引起的误差。

3）方法误差：测试或计算方法不完善或不合理造成的误差。

4）人员误差：由于试验操作者技术不熟练或其他主观原因造成的误差。

4. 测量误差的表达方式

（1）**绝对误差**　被测量参数的测定值与真实值之差，即 $\Delta = l - X$。通常说的"误差"，指的就是绝对误差。显然其单位就是被测物理量的单位。

（2）**相对误差**　绝对误差与真实值之比，通常用百分比表示。由于真实值无法精确求得，所以通常用测定值代替真实值，来计算相对误差，即

$$相对误差 = \frac{绝对误差}{真实值} \approx \frac{绝对误差}{测定值}$$

> 当然，上式也未必具有可操作性，因为真实值无法精确求得，那么绝对误差的精确值也是不知道的。绝对误差通常也是统计估计值。

相对误差比绝对误差更能确切、合理地反映测量的准确度和可靠度。

绝对误差和相对误差都是可正可负的。

（3）**允许误差**　也称为应用误差，是指被测量参数的最大绝对误差与仪器量程之比。允许误差是一种简化和实用方便的相对误差，常用于划分仪器仪表的精度等级。允许误差用百分比表示，其百分比数值，就是仪器精度等级。例如，"1级精度"，就是指允许误差为1%，也就是该仪器的最大绝对误差不超过量程的1%。可见，对于数值不大的被测量，如果不恰当地选用了量程过大的仪器，会造成测定值的绝对误差和相对误差变大。

二、精确度的概念及其影响因素

精确度简称精度，由精密度和准确度组成。

（1）**精密度**　对同一被测参数进行多次重复测量，各测定值之间的接近程度。在图5-1中，$\pm\delta_{lim}$ 之间的误差带越大，精密度就越差。**测量的精密度受随机误差控制。**

（2）**准确度**　对同一被测参数进行多次重复测量，测量结果（通常就是测定值的算术平均值）与被测参数的真实值的接近程度。在图5-1中，L 偏离 X 越远，准确度就越低。**测量的准确度受系统误差控制。**

（3）**精确度**　顾名思义，精确度就是精密度与准确度的综合。只有精密度和准确度都高的测量，才能说是精确度高。换言之，高精确度要求随机误差和系统误差都很小。测量工作就是希望得到精确度高的结果。

> 以射击打靶为例，图5-2形象地解释了精密、准确和精确的含义。

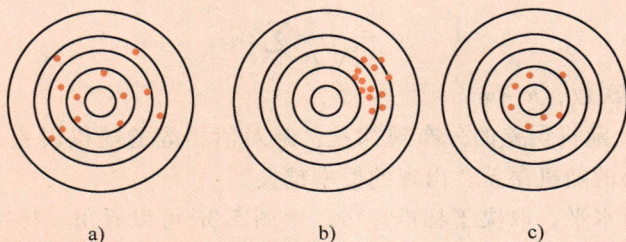

a)　　　　　　　　b)　　　　　　　　c)

图5-2　射击打靶的弹着点分布

在图 5-2a 中，各弹着点之间相隔较远，相当于测定值之间差异较大，这就是精密度差，这一定是射击时存在随机性干扰引起的；但是各弹着点的几何重心，基本在靶心处，说明没有明显偏于一侧的系统误差。在图 5-2b 中，弹着点较集中、离散度小，说明精密度高；但普遍偏于靶心一侧，说明存在系统误差，也就是准确度差。图 5-2c 所示的射击结果相对来说最理想，弹着点之间非常接近，而且都围绕靶心，也就是说精密度和准确度都高，即精确度高。

还有一个较为抽象的概念：不确定度。**不确定度**是由于测量误差的存在而对被测参数不能肯定的程度。这种"不能肯定"，有可能源于系统误差，也可能是随机误差引起的。这里只讨论随机误差引起的，即随机不确定度。其定量评价一般用置信区间 $[-K\sigma, K\sigma]$ 来表示，σ 是所讨论参数的标准差，K 是置信系数（标准差和置信系数的概念在下节中将加以讨论）。不确定度越大，置信区间就越大，真实值出现在其中的可能性就越大。

第二节　直接测量参数的处理与计算

在三种误差中，过失误差毫无规律可言，不需要讨论其本质特性，只能根据统计学原则加以界定，被认为含有过失误差的数据将被删除。

系统误差，具有很强的规律性，可以通过对测定值序列进行统计研究，设法发现并加以消除。

比较复杂的是随机误差。随机误差的个体出现看似无章可循，但其存在总体性的内在规律。而且测定值中一定会存在随机误差，不可能完全消除，只能采取统计的方法对其水平进行估计。

一、随机误差的统计学规律

1. 随机误差的概率密度函数

随机误差服从正态分布，其数学模型用概率密度函数描述为

$$f(\Delta) = \frac{1}{\sqrt{2\pi}\,\sigma}\, e^{-\frac{\Delta^2}{2\sigma^2}} \tag{5-2}$$

式中，Δ 为所讨论的随机误差；σ 为随机误差的标准差，有

$$\sigma = \sqrt{\frac{1}{n}\sum_{i=1}^{n}\Delta_i^2} \tag{5-3}$$

式中，n 为重复测量次数，$n\to\infty$。

由图 5-3a 可见，随机误差的分布规律是：绝对值相等的随机误差，正、负值出现的概率相等；绝对值越小的随机误差，出现的概率越大。

随机误差的定量水平，取决于标准差 σ。由图 5-3b 可以看出，标准差 σ 越小，概率密度函数曲线中间部分越高耸、向两侧衰减越迅速，说明小绝对值的随机误差占的比例很大，随着绝对值的增大，随机误差出现的概率迅速降低；标准差 σ 越大，曲线越平坦，说明随着绝对值的增大，随机误差出现的概率降低得较缓慢。由于随机误差控制测量的精密度，所

a)

b)

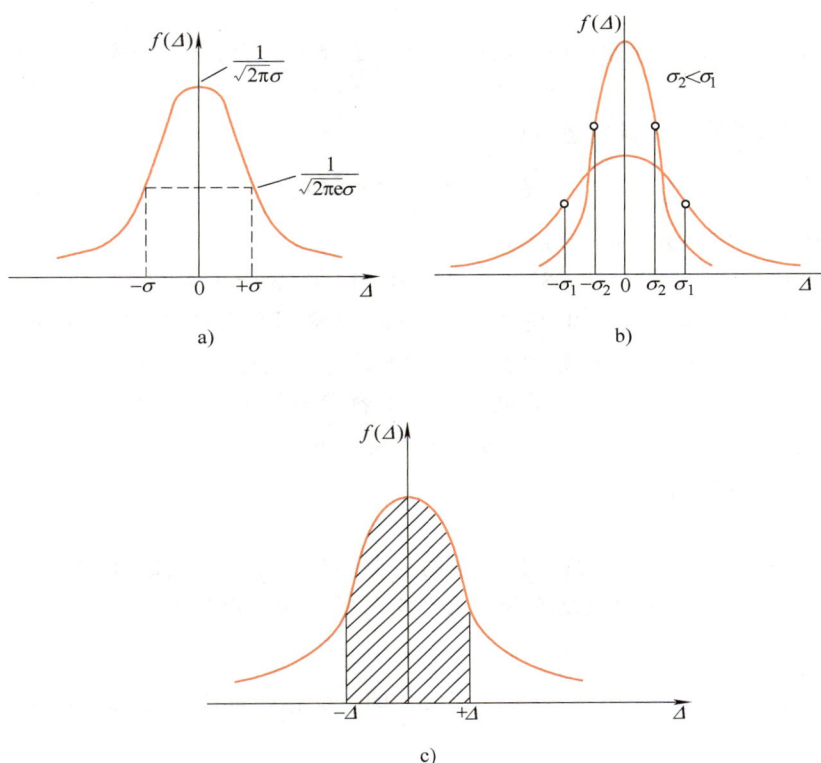

c)

图 5-3　随机误差的概率密度函数

a）概率密度函数　b）标准差的意义　c）正态概率积分

以标准差 σ 是一个精密度参数，标准差越小，精密度越高。

注意，标准差用以评价随机误差水平，是表征精密度的一个重要参数，但标准差本身不是随机变量。在给定测量条件的情况下，标准差是一个确定的、客观存在的数值。

除了标准差 σ 外，还有几个精密度参数：极限误差 $\Delta_{lim}=3\sigma$，概然误差 $\gamma\approx\dfrac{2}{3}\sigma$，平均算术误差 $\delta\approx\dfrac{4}{5}\sigma$。详见其他资料。就数学本质而言，标准差、极限误差、概然误差和平均算术误差的地位是相同的，只是在实际工作中标准差 σ 应用得更多。

2. 正态概率积分

由于随机误差是连续型随机变量，取某一固定值的概率为零，没有意义，值得讨论的是随机误差出现在某一区间内的概率。由于随机误差的概率分布密度具有对称性，只研究随机误差出现在任意对称区间内的概率即可。

由图 5-3c 可见，在给定标准差 σ，也就是概率密度函数曲线确定的前提下，随机误差出现在某一对称区间内的概率，取决于区间的宽度 Δ。将区间宽度看成是标准差的若干倍，即 $\Delta=K\sigma$，显然，区间宽度就取决于置信系数 K。

也就是说，随机误差出现在某一对称区间内的概率，是该区间的置信系数 K 的一元函数。

随机误差出现在 $\pm K$ 倍标准差内的概率，记为 $\Phi(K)$，有时称为正态概率积分，即

$$\Phi(K) = P(-K\sigma < \Delta \leqslant K\sigma)$$

根据概率密度函数的定义，其定量数值为

$$\Phi(K) = \int_{-K\sigma}^{K\sigma} f(\Delta)\,\mathrm{d}\Delta$$

显然，$\Phi(K)$ 是增函数，$\Phi(\infty) = 1$。

经计算，得 $\Phi(1) = 0.683$，$\Phi(2) = 0.95$，$\Phi(3) = 0.9973$

例如，$\Phi(1) = 0.683$ 的意思是"随机误差的绝对值不超过 1 倍标准差的概率是 68.3%"。而 $1-\Phi(3) = 0.0027$ 则意味着"绝对值超过 3 倍标准差的随机误差出现的可能性只有 0.27%，也就是约为 1/370。"因此，当样本容量不是十分巨大时，可以认为：服从正态分布的随机变量的绝对值超过 3 倍标准差是不可能的。

二、系统误差分析

由其定义可知，系统误差是规律性很强的一类误差，甚至可能是固定的，它不具有抵偿性，也就是说不能通过"多次重复测量再求平均"的方法加以抵消。

1. 系统误差的分类

系统误差总体上可分为两类：固定的和变化的，变化的系统误差又包括累进的、周期的和复杂变化的，如图 5-4 所示。

在图 5-4 中，直线 a 表示固定的系统误差；b 为线性累进的；c 为非线性累进的；d 为周期的；e 则是某种复杂变化的系统误差。横坐标 t 可以是时间，也可以理解为重复测量序号。

2. 系统误差的发现

系统误差产生的原因复杂，它可能涉及测试设备、被测对象、测量方法、测量条件以及测量人员等，而且多次重复测量又不能抵消其影响，所以必须加以重视。

目前还没有能够发现各种系统误差的普遍适用的方法，可以根据具体情况，尝试选用下列方法，发现系统误差。

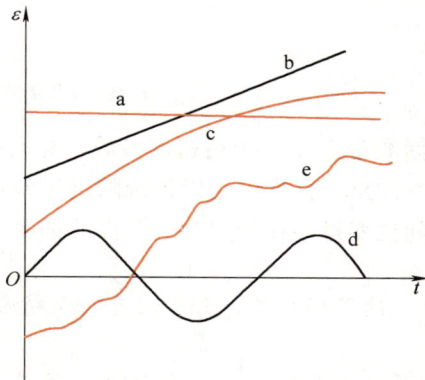

图 5-4 系统误差的种类

（1）残差分析法 对同一被测量，进行多次重复测量，计算各测定值的残差［残差的概念见下文中的式（5-5）］。将各残差按测量序号绘成散点图，如图 5-5 所示。

经分析可知，图 5-5a 表示不包含变化的系统误差；图 5-5b 表示存在线性变化的系统误差；图 5-5c 表示存在周期变化的系统误差；图 5-5d 表示某种复杂的系统误差，可能是由图 5-5b 和图 5-5c 叠加所得，可以认为同时包含线性变化的和周期变化的系统误差。

如果系统误差的水平很低，其规律性可能被随机误差所"淹没"，图 5-5 中的各曲线看不出明显规律，可以尝试将残差按测量的先后次序排列，对前一半的残差和后一半的残差分

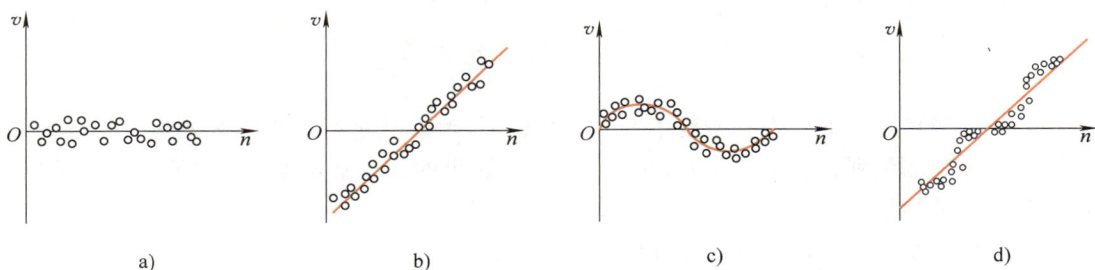

图 5-5　利用残差分析法发现系统误差

别求和，如果两者存在较显著区别，则可以认为包含比较微弱的、依测量次序累进的系统误差。

　　如果测量中存在固定的系统误差，它将使所有测定值均偏离真实值一个相同的幅度，统计其残差，必然得到类似图 5-5a 所示的结果。因此，残差分析法不适于发现固定的系统误差。

　　还有一种"分布检验法"，它是直接对重复测量的各测定值进行分析。分布检验法的基本思想是：如果包含变化的系统误差，那么测定值就不会成正态分布。它要求将测定值绘制在特殊的"正态概率坐标"上，如果基本呈线性，就意味着成正态分布，不包含变化的系统误差。因为固定的系统误差不会改变测量的精密度，所以分布检验法也不能发现固定的系统误差。由于需要采用特殊的坐标纸，该方法应用不多。

　　(2) 试验对比法　我们已经看到，固定的系统误差是很难发现的。目前认为，只有采用试验对比法，才能发现固定的系统误差。所谓"试验对比"，就是改变测量条件，例如，改变测量仪器和环境，改变操作方法，更换试验人员等。如果发现测量数据有较显著变化，则可以认为，存在固定的系统误差，这种误差是受测量条件控制的。

　　为了人为地改变测量条件，需要有高精度的测量仪器和理想的、可控的试验环境。

3. 系统误差的消除与修正

　　同系统误差的发现一样，系统误差的消除也没有普遍适用的方法。只能根据实际情况，灵活选用各种方法，尽最大努力消除或减小系统误差的影响。

　　(1) 消除根源法　顾名思义，消除根源法，就是在试验前就除掉系统误差发生的根源。采用完善的测量方法，正确地选择和使用测量仪器，保证符合标准的试验条件，配置较高素质的试验人员并严格按操作规范进行测量，都可以在根源上消除或降低系统误差的影响。

　　目前来看，这是最好的、最可取的一种方法。

　　(2) 测定值修正法　在测量前预先对测量设备进行校正，将仪器设备的系统误差检定或计算出来，建立仪器示值与真实值之间的关系，二者之差即为修正量。在后续试验测量中，在测定值中扣除该修正量。

　　由于真实值不可能完全确定，所以修正量本身也有误差。也就是说修正之后的测定值还是含有误差的，这部分没有完全消除掉的系统误差，通常可将其视作随机误差。

　　(3) 抵消补偿法　在测量中，改变某些测量条件，比如方向、位置等，使两次测量的系统误差大小相等、方向相反，取其平均值，即可抵消系统误差。

显然这种方法主要针对固定的系统误差，如风向或坡度等因素。

三、等精密度直接测量参数测定值的处理与计算

在相同的测量条件下（即精密度不变），对某一被测参数进行 n 次重复测量，得到的测定值数列，就是**测量列**，通常写作 l_1，l_2，$\cdots$，l_n。这里的任务就是根据这些原始测量数据，求得最终的测量结果。

假定不包含系统误差，或者已经发现并修正。

1. 算术平均值和残差

由于测量误差，尤其是随机误差的存在，使得各测定值不相等。一般来说，对其求算术平均值，可以作为测量结果的粗略估计。算术平均值 L 的表达式如下：

$$L = \frac{1}{n} \sum_{i=1}^{n} l_i \tag{5-4}$$

假定测量列中不包含过失误差和系统误差，那么可以证明：重复测量次数 n 越多，算术平均值 L 越接近真实值 X；有限次测量条件下，L 是 X 的最可信赖值。

根据误差的定义，有　　$l_i = X + \Delta_i$ （$i = 1$，2，$\cdots$，n）

两侧累加，得

$$\sum_{i=1}^{n} l_i = nX + \sum_{i=1}^{n} \Delta_i$$

再除以 n，并注意到 $L = \frac{1}{n} \sum_{i=1}^{n} l_i$，则有

$$L = X + \frac{1}{n} \sum_{i=1}^{n} \Delta_i$$

式中，$\frac{1}{n} \sum_{i=1}^{n} \Delta_i$ 可称为随机误差的算术平均值。

由于随机误差具有"绝对值相等的随机误差，正、负值出现的概率相等"的性质，当重复测量次数很多时，大量的随机误差正负相抵，其算术平均值 $\frac{1}{n} \sum_{i=1}^{n} \Delta_i$ 极小，也就是说，测量列的算术平均值 L 与真实值 X 非常接近。当 $n \to \infty$ 时，$\frac{1}{n} \sum_{i=1}^{n} \Delta_i \to 0$，即 $L = X$。

而对于有限次测量来说，真实值不能用简单求平均的方法确定，需要讨论其最可信赖值。

假定采用某估计值 E 来代替真实值，定义：各测定值与该估计值之差为残余误差，简称残差，记作 v_i，即 $v_i = l_i - E$。

所谓"最可信赖值"，就是能使残差的平方和最小的估计值 E。设残差平方和为 S，则有

$$S = \sum_{i=1}^{n} v_i^2 = \sum_{i=1}^{n} (l_i - E)^2 = (l_1 - E)^2 + (l_2 - E)^2 + \cdots + (l_n - E)^2$$

求其最小值问题，需要在其二阶导数大于零的基础上，求解其一阶导数等于零的条件，计算可得 $E = \dfrac{1}{n}\sum\limits_{i=1}^{n} l_i$。可见，最可信赖值就是算术平均值 L。注意，这个结论不需要重复测量次数 $n \to \infty$。

定义**残差**为测定值与算术平均值之差，即

$$v_i = l_i - L \qquad\qquad (5\text{-}5)$$

2. 测量列的标准差估计

按式（5-3），标准差的定义为 $\sigma = \sqrt{\dfrac{1}{n}\sum\limits_{i=1}^{n}\Delta_i^2}$。但在实际测量工作中，重复测量次数 n 不可能达到无穷大；同时，在有限次测量条件下，真实值 X 无法确定，则误差 $\Delta_i = l_i - X$ 也无法确定。

在有限次测量情况下，标准差可以采用**贝塞尔方法**进行估计。贝塞尔方法的核心就是：用残差代替误差。于是，测量列的标准差估计为

$$\hat{\sigma} = \sqrt{\dfrac{1}{n-1}\sum_{i=1}^{n} v_i^2} = \sqrt{\dfrac{1}{n-1}\sum_{i=1}^{n}(l_i - L)^2} \qquad\qquad (5\text{-}6)$$

注意，在这种估计处理中，不仅用残差代替了误差，而且计算中分母也减 1。贝塞尔方法的统计思想是：估计处理中引入了几个不精确的量，均方根计算的分母就要减几。在这里，引入了 1 个不精确的量——用算术平均值 L 代替了真实值 X。

由于贝塞尔方法的核心思想是用残差 v_i 代替误差 Δ_i，也就是用算术平均值 L 代替真实值 X，所以其成立的前提是重复测量次数 n 不能太少，否则难以保证用 L 代替 X 的可靠性。

3. 过失误差与异常数据

在具体计算步骤中，得到上述测量列的标准差估计 $\hat{\sigma}$ 后，就可以进行异常数据的取舍判定。

所谓"**异常数据**"，就是指该数据与其他数据相比，显得非常大或者非常小，也就是说，该测定值的残差的绝对值很大。

系统误差通常不会造成测定值的残差过大，因为系统误差会使得测量列的算术平均值整体偏移，参见图 5-1，各测定值的残差不会改变。所以，异常数据的取舍判定，就是要判定该误差属于随机误差还是过失误差。

过失误差的数值一般较大，有可能造成数据异常，而数值很大的随机误差也有类似的效果。如果是过失误差，应该将该数据舍弃，因为过失误差的出现及其数值的大小毫无规律，测定值中的过失误差会严重歪曲测量结果，甚至造成试验失败。而随机误差，即使其绝对值很大，但有规律可循，尤其当重复测量次数达到一定数量时，随机误差的正态分布特性比较显著，不会影响测量结果的准确度。所以，异常数据取舍判定的任务，就是发现含有过失误差的测定值，将其舍弃。

然而，仅根据试验得到的测量数据，想绝对准确可靠地界定过失误差和随机误差，是很困难的。只能从统计学的角度，在一定概率上断定某个数据有多大可能包含了过失误差，如

果这种可能性大到一定程度，就认为它是过失误差所造成的，将其舍弃。

用统计学的方法进行异常数据的取舍判定，可以采取拉依达准则或者格拉布斯准则。

（1）拉依达准则　由正态概率积分可知，$\Phi(3)=0.9973$。也就是说，某个服从正态分布的随机变量，其绝对值不超过 3 倍标准差的概率是 99.73%；反之，该随机变量的绝对值超过 3 倍标准差的可能性只有大约 1/370，是比较罕见的。随机误差就是服从正态分布的。如果在容量不大的测量列中，出现了某个测定值的残差 v_i 超过了 3 倍标准差（估计值），即 $|v_i|>3\hat{\sigma}$，就有理由认为这个误差不服从正态分布，不完全是由随机误差造成的，也就是包含过失误差，应将该测定值舍弃。拉依达准则因此又称为 3σ 准则。

拉依达准则的基础之一是贝塞尔方法，也就是用测量列的算术平均值 L 来代替被测量的真实值 X，从而用 $\hat{\sigma}$ 来代替 σ。所以重复测量次数不能太少，否则用 L 代替 X 不可靠。

另一方面，如果重复测量次数非常多，那么就有可能出现绝对值很大的随机误差（具体计算中用残差表示）。注意，这种出现完全是遵循正态分布规律的，之所以绝对值很大是因为重复测量次数很多。如果该残差的绝对值超过了 $3\hat{\sigma}$，按照拉依达准则就会舍弃该测定值，显然这是错误的。所以，运用拉依达准则的另一个要求是，重复测量次数不能太多。

> "随机误差的绝对值超过 3 倍标准差的概率是 1/370"，以此为基础，有兴趣的读者可以计算一下，重复测量次数 n 分别取 10、50 和 100 时，"至少有一个测定值的残差超过 3 倍标准差"的概率是多大。

（2）格拉布斯准则　由于拉依达准则的取舍阈值固定在 $3\hat{\sigma}$，所以当重复测量次数 n 较少时，显得过于保守，会把一些较小的过失误差保留下来；而当 n 较大时，又显得过于激进，会把一些绝对值较大的随机误差舍弃。

格拉布斯准则就是对拉依达准则的一种改进，其判据是：测定值的残差为 v_i，如果某测定值存在 $|v_i|\geqslant G_0\hat{\sigma}$，则认为该测定值中包含过失误差，应将其舍弃。

其中，G_0 称为临界值，取决于重复测量次数 n 和危险率 α。危险率 α 又称为信度、显著性水平或检出水平，其含义是：按某种准则判定某数据含有过失误差并将其舍弃，而实际上该数据不含有过失误差的概率，也就是"误删除"的概率。如果危险率太大，则较容易将"好数"删除；如果危险率定得过低，又容易使"坏数"保留下来。危险率 α 常见的数值是 5%、2.5%或 1%。

临界值 G_0 与 n 和 α 的关系见表 5-1。

表 5-1　格拉布斯准则的临界值 G_0 与 n 和 α 的关系（部分）

n	$\alpha=0.05$	$\alpha=0.01$
	G_0	
3	1.15	1.16
4	1.46	1.49
5	1.67	1.75
6	1.82	1.94
7	1.94	2.10
8	2.03	2.22

（续）

n	$\alpha = 0.05$	$\alpha = 0.01$
	G_0	
9	2.11	2.32
10	2.18	2.41
11	2.23	2.48
12	2.28	2.55
20	2.56	2.88
30	2.74	3.10
50	2.96	3.34
100	3.17	3.59

临界值 G_0 与 n 和 α 的关系：在危险率 α 不变的前提下，重复测量次数 n 越多，出现大随机误差的可能性越大，为了不将过多的"好数"去掉，舍弃的阈值就要增大，所以 n 越大，G_0 越大。另一方面，在重复测量次数 n 不变的前提下，危险率 α 越小，就意味着更加不允许做"误删除"，舍弃阈值就要增大，所以 α 越小，G_0 越大。

无论是拉依达准则还是格拉布斯准则，都可以反复应用。即利用该准则判定测量列中的某测定值包含有过失误差，将其舍弃。在去掉了这个测定值的新测量列中，重新计算算术平均值 L、各测定值的残差 v_i、测量列的标准差估计 $\hat{\sigma}$，然后再次运用该准则进行取舍判断，直到保留下来的测定值中不再含有过失误差。

4. 测量结果的标准差及其估计

通过贝塞尔方法，可以计算得到测量列的标准差估计 $\hat{\sigma}$。这只是测定值之间的相互接近程度，反映的是测量列的精密度；而我们最终要求的是测量结果的精密度。

这里的"测量结果"，指的就是测量列的算术平均值 L。算术平均值 L 也是一个随机变量，需对其进行区间估计，也就是要计算其标准差。

从表面上看，一个试验得到一个测量列，有 n 个测定值，只生成了一个算术平均值 L。但是从本质上说，每一个测定值都是随机变量，那么，作为 n 个随机变量的平均值，测量结果 L 也必将是一个随机变量。只不过每次试验只得到一个。

统计学分析表明，测量结果的标准差 σ_L 与测量列的标准差 σ 和重复测量次数 n 有关，即

$$\sigma_L = \frac{\sigma}{\sqrt{n}} \tag{5-7}$$

由于测量列的标准差的精确值 σ 无法求得，所以测量结果的标准差的精确值 σ_L 也无法确定。当我们对测量列的标准差采用估计值 $\hat{\sigma}$ 时，也可以得到测量结果的标准差估计 $\hat{\sigma}_L$ 为

$$\hat{\sigma}_L = \frac{\hat{\sigma}}{\sqrt{n}} \tag{5-8}$$

由式（5-7）或式（5-8）可以看出，测量列的精密度越高，测量结果的精密度就越高。另一方面，随着重复测量次数的提高，测量结果的精密度也能提高。但 n 的增加与 $\hat{\sigma}_L$ 的降低是非线性的，尤其是当重复测量次数已经较多时，再单纯增加重复测量次数 n，测量结果的标准差降低幅度非常小，此时如欲进一步提高测量结果的精密度，应重点考虑提高测量的精密度（即降低 $\hat{\sigma}$）。也就是说，片面提高重复测量次数是不经济的，同时考虑到拉依达准则关于"重复测量次数不能太多"的要求，一般认为重复测量次数取 $n = 10 \sim 15$ 较合适。

5. 测量结果的表达

一个完整的测量结果，应包括被测量参数真实值的最可信赖值，及其在给定概率下的区间估计。例如，$X = 25.4 \pm 0.2 (p = 0.95)$，意味着被测参数的真实值 X 有 95% 的可能出现在以 25.4 为中心、0.2 为"半径"的区间内，也就是 $(25.2, 25.6]$。

我们已经知道，最可信赖值就是算术平均值 L。下面讨论其区间估计的方法。

$\hat{\sigma}_L$ 是 L 的标准差，即精密度参数，那么根据正态概率积分的含义，有

$$\Phi(K) = P(-K\hat{\sigma}_L < L - X \leqslant K\hat{\sigma}_L)$$

也就是说，被测量的真实值有 $\Phi(K)$ 的概率出现在以 L 为中心、$K\hat{\sigma}_L$ 为半径的区间内。所以，测量结果可以写为

$$X = L \pm K\hat{\sigma}_L (p = \Phi(K)) \tag{5-9}$$

式中，p 是置信概率，即真实值出现在以 L 为中心、$K\hat{\sigma}_L$ 为半径的区间内的概率。换言之，当我们以算术平均值 L 代替被测参数的真实值 X 时，造成的误差（绝对值）不超过 $K\hat{\sigma}_L$ 的可能性是 p。显然，进行具体计算时，除了要已知试验测试所产生的测量列之外，还要事先给定（或由操作者自行决定）置信系数 K 或置信概率 p。给定 p 或 K，另外一个可由正态概率积分表获知，常用数据如前所述，即

$$\Phi(1) = 0.683, \quad \Phi(2) = 0.95, \quad \Phi(3) = 0.9973$$

这种方法可以称为"**正态概率积分法**"，就是置信系数和置信概率之间具有正态分布的数学关系，适用于测量次数较多的场合，如本节前面建议的"$n = 10 \sim 15$"。

还有一种测量结果的表达方法——t 分布法，就是置信系数和置信概率之间具有 t 分布的数学关系：$X = L \pm t_p(f)\hat{\sigma}_L$。其中，$f = n - 1$，$t_p(f)$ 是一个自由度为 f、置信概率为 p 的 t 分布随机变量，在此计算中就相当于一个置信系数。为进行此种表达，也需事先确定置信概率 p 或置信系数 $t_p(f)$。给定 p 或 $t_p(f)$，另一个可由 t 分布表查得。

现将"等精密度直接测量参数测定值的处理与计算——随机误差分析"部分的基本步骤总结如下：

对同一被测参数进行 n 次等精密度重复测量，得到的原始数据是若干个测定值，即一个测量列：l_1，l_2，$\cdots$，l_n。同时给定置信概率 p 或置信系数 K（或 $t_p(f)$）。

假定测定值之中已不包含系统误差。

1）计算算术平均值 $\quad L = \dfrac{1}{n}\sum\limits_{i=1}^{n} l_i$

2）计算各测定值的残差 $\quad v_i = l_i - L$

3）计算测量列的标准差估计 $\quad \hat{\sigma} = \sqrt{\dfrac{1}{n-1}\sum_{i=1}^{n} v_i^2}$

4）运用拉依达准则或格拉布斯准则，进行异常数据的取舍判断。如果有数据被认定包含过失误差，则将该测定值舍弃，测量列容量减 1，即 $n-1 \to n$，返回步骤 1）重新计算；如果判定没有过失误差，则进入下一步。

5）计算测量结果的标准差 $\quad \hat{\sigma}_L = \dfrac{\hat{\sigma}}{\sqrt{n}}$

6）测量结果的表达为 $\quad X = L \pm K\hat{\sigma}_L \, (p = \Phi(K))$

如果按照 t 分布法，应将测量结果表达为 $X = L \pm t_p(f)\hat{\sigma}_L$。置信概率 p 和置信系数 $t_p(f)$ 的关系，可由 t 分布表查取。

至此，我们介绍了系统误差的发现方法、过失误差的消除准则，以及如何从一个测量列出发，通过随机误差的分析计算，表达测量结果。这些是直接测量参数的处理与计算方法。

第三节　间接测量参数的误差分析

间接测量，是指通过直接测量与被测量参数有一定函数关系的其他参数，然后根据函数关系算出被测参数。其关系可写为

$$y = f(x_1, x_2, \cdots, x_n) \tag{5-10}$$

式中，x_1，x_2，$\cdots$，x_n 为互相独立的可以直接测量的参数，简称自变量。y 为间接测量参数，简称函数。

由于 y 是 x_1，x_2，$\cdots$，x_n 的函数，所以直接测量参数的误差，势必影响间接测量参数的精确度。

间接测量参数误差分析的任务，主要有以下三个。

1）已知各自变量的误差，求函数的误差，即误差的传递问题。

2）已知函数的误差，求各自变量的误差，即误差的分配问题。

3）测量设计问题，也就是寻求最佳函数关系，或称为最有利测量条件。

间接测量参数误差分析的主要数学工具是多元函数及其微分的知识。本节简要介绍其基本理论和方法。

一、测量误差的传递

设直接测量参数与间接测量参数存在式（5-10）的函数关系，将各直接测量参数的误差记为 Δx_1，Δx_2，$\cdots$，Δx_n，则在误差远小于测定值的条件下，间接测量参数的绝对误差 Δy 可近似表达为

$$\Delta y = \frac{\partial y}{\partial x_1}\Delta x_1 + \frac{\partial y}{\partial x_2}\Delta x_2 + \cdots + \frac{\partial y}{\partial x_n}\Delta x_n = \sum_{i=1}^{n}\frac{\partial y}{\partial x_i}\Delta x_i = \sum_{i=1}^{n}\alpha_i \Delta x_i \tag{5-11}$$

式中，α_i 为某自变量 x_i 的误差传递系数或误差积累系数，$\alpha_i = \dfrac{\partial y}{\partial x_i}$。

如果讨论相对误差，则函数 y 的相对误差 δy 为

$$\delta y = \frac{\Delta y}{y} = \frac{1}{y}\sum_{i=1}^{n}\alpha_i \Delta x_i = \sum_{i=1}^{n}\frac{\partial \ln y}{\partial x_i}\Delta x_i \tag{5-12}$$

如果讨论标准差，当各自变量 x_i 相互独立，将其标准差记为 σ_i 时，则函数 y 的标准差 σ_y 为

$$\sigma_y = \sqrt{\sum_{i=1}^{n}\alpha_i^2 \sigma_i^2} \tag{5-13}$$

式（5-13）有时被称作**平均误差传递（积累）定律**，它表达了各直接测量参数的标准差如何"生成"间接测量参数的标准差。标准差也可以改为极限误差、概然误差或平均算术误差等其他与标准差存在确定线性关系的精密度参数。

【例 5-1】 间接测量参数与直接测量参数之间存在 $y = \frac{x_1 x_2}{x_3}$ 的关系，直接测量参数的测定值为 $x_1 = 35.1$，$x_2 = 87.4$，$x_3 = 2.37$，各在末位数字上允许有一个单位的误差。求函数值 y 的最大绝对误差和最大相对误差。

解 将 $y = \frac{x_1 x_2}{x_3}$ 关系运用于式（5-12）中，可得函数的相对误差为

$$\delta y = \frac{1}{x_1}\Delta x_1 + \frac{1}{x_2}\Delta x_2 - \frac{1}{x_3}\Delta x_3$$

由于各 Δx_i 的正负不确定，则一律取同号时可得到 y 的最大相对误差为

$$\delta y_{max} = \left|\frac{1}{x_1}\Delta x_1\right| + \left|\frac{1}{x_2}\Delta x_2\right| + \left|\frac{1}{x_3}\Delta x_3\right| = \frac{0.1}{35.1} + \frac{0.1}{87.4} + \frac{0.01}{2.37} \approx 0.82\%$$

于是，最大绝对误差 $\quad \Delta y_{max} = 35.1 \times 87.4 \div 2.37 \times 0.82\% \approx 10.6$

二、测量误差的分配

误差的分配问题，可以看成是前面误差的传递问题的逆问题，基本数学依据还是式（5-11）、式（5-12）和式（5-13）等。

存在的问题是，这些公式所建立的是多个自变量的误差与一个函数的误差的关系，当只给定函数的误差时，仅凭一个公式无法确定那些自变量的误差。解决办法是采用**等效法则**，又称为等误差原则，即令每个自变量引起的误差（或标准差）相等，即 $\alpha_i \Delta x_i$（或 $\alpha_i \sigma_i$）相等。

对于绝对误差，对式（5-11）运用等效法则可得

$$\Delta x_i = \frac{\Delta y}{n\alpha_i} \tag{5-14}$$

对于标准差，对式（5-13）运用等效法则可得

$$\sigma_i = \frac{\sigma_y}{\sqrt{n}\,\alpha_i} \tag{5-15}$$

【例5-2】 电阻消耗的焦耳热功率 $P=I^2R$，电流的测定值为 $I=5\mathrm{A}$，电阻的测定值为 $R=1\Omega$，要求功率的标准差不大于 $0.1\mathrm{W}$，求电流和电阻的标准差应在多大范围内？

解　　　　　　　　　　$P=I^2R$，$\sigma_P=0.1\mathrm{W}$

由式（5-15）可得　　　$\sigma_I = \frac{0.1\mathrm{W}}{\sqrt{2}\times2\times5\mathrm{A}\times1\Omega} = 0.007\mathrm{A}$

$$\sigma_R = \frac{0.1\mathrm{W}}{\sqrt{2}\,(5\mathrm{A})^2} = 0.0028\Omega$$

　　应用等效法则，可以很简便地由一个误差传递公式，递推出所有直接测量参数的标准差（或误差）。但是单纯应用该法则，没有考虑各自变量测量的难易，完全按式（5-15）分配的 σ_i 未必合理。应该根据具体情况进行调整，给那些容易测量精密的参数更小的标准差，允许那些不易测量精密的参数有更大的标准差。在例5-2中，电流的测量标准差达到 $7\mathrm{mA}$ 比较容易实现，而电阻的测量标准差要控制在 $3\mathrm{m}\Omega$ 以下的水平，在技术上是有一定困难的。可以在此基础上，结合试验条件适当调节两者的标准差，确保满足式（5-13）即可。

三、最有利测量条件——最佳函数关系

　　同一个间接测量问题，在自变量和函数之间，可以建立起不同的函数关系。最佳函数关系就是可以使函数的误差最小的，这属于测量设计问题。

【例5-3】 对于如图5-6所示的两个圆形截面物体，如何测量其圆心之间的距离 L？可供使用的直接测量参数如图所示，各参数的精密度水平如下：$\sigma_{d1}=0.5\mu\mathrm{m}$，$\sigma_{d2}=0.7\mu\mathrm{m}$，$\sigma_{l1}=0.8\mu\mathrm{m}$，$\sigma_{l2}=1.0\mu\mathrm{m}$（注意：这些标准差与给定的试验条件相对应，不能改变）。

解　很显然，两物体的圆心距 L 无法直接测量，只能采用间接测量方法。分析可知，可以采用以下三种具体方法。

图5-6　圆心距的测量设计问题

（1）$L = l_1 + \frac{1}{2}d_1 + \frac{1}{2}d_2$

（2）$L = l_2 - \frac{1}{2}d_1 - \frac{1}{2}d_2$

（3）$L = \frac{1}{2}l_1 + \frac{1}{2}l_2$

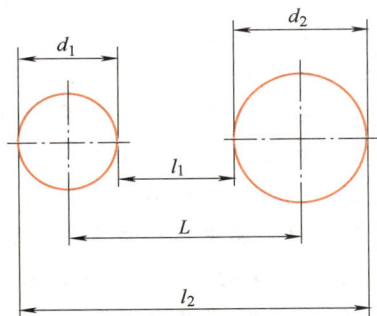

按误差传递公式 $\sigma_y = \sqrt{\sum_{i=1}^{n}\alpha_i^2\sigma_i^2}$，并代入各直接测量参数的标准差数值，计算三种方法对应的 L 的标准差 σ_1、σ_2 和 σ_3，分别为

$$\sigma_1 = \sqrt{\sigma_{l1}^2 + \frac{1}{4}\sigma_{d1}^2 + \frac{1}{4}\sigma_{d2}^2} = 0.91\,\mu m$$

$$\sigma_2 = \sqrt{\sigma_{l2}^2 + \frac{1}{4}\sigma_{d1}^2 + \frac{1}{4}\sigma_{d2}^2} = 1.09\,\mu m$$

$$\sigma_3 = \sqrt{\frac{1}{4}\sigma_{l1}^2 + \frac{1}{4}\sigma_{l2}^2} = 0.64\,\mu m$$

可见，应该采取第三种测量方法，它可以使被测量 L 的标准差最小，也就是精密度最高。或者说，方法三就是最有利测量条件，$L = \frac{1}{2}l_1 + \frac{1}{2}l_2$ 就是最佳函数关系。

事实上，选取最有利测量条件时不仅要追求函数的误差尽量小，还要考虑试验条件、实施成本等。在例 5-3 中，方案三不仅测量误差最小，而且与其他方案相比直接测量参数也较少，显然综合效果最好。

本章所介绍的是测量误差分析的基本思想和一些经典方法，有助于读者建立起试验误差及其分析处理的基本概念，并对各项专业汽车试验中消除或降低误差的措施有所启示。在实际的试验工作中，要严格按照试验标准、试验大纲和仪器设备的使用说明书等技术文件的规定，进行具体的分析和计算处理。

思考与习题

1. 测量误差分为哪几类？各自特点如何？

2. 解释精确度（精度）、精密度、准确度和不确定度的含义。

3. 服从正态分布的随机变量（如测量的随机误差）在给定其精密度水平的条件下，该随机变量处在某对称区间 $(-a, a]$ 内的概率取决于什么？什么叫正态概率积分？

4. 系统误差的发现有哪些方法？如何消除系统误差？

5. 对某参数进行等精密度重复测量，得测量列如下（单位略）：20.42，20.43，20.40，20.43，20.42，20.43，20.39，20.30，20.40，20.43，20.42，20.41，20.39，20.39，20.40。假定其中不包含系统误差，请按拉依达准则判断是否存在需要舍弃的异常数据，并按正态概率积分法表达测量结果（令置信概率为 0.95）。

6. 什么叫"平均误差传递定律"？它有什么应用？

7. 什么叫"等效法则"？单纯运用该法则进行测量误差的分配，有什么缺点？如何克服？

第六章　试验数据处理

在上一章中，介绍了测量误差分析，通过对试验所得到的测量结果进行误差分析可以提高试验数据的准确性和可靠性。然而，试验的目的往往是为了揭示被测对象的变化规律，仅仅对试验数据做误差分析还是远远不够的。为了实现试验目的，既要从试验数据中寻求待发现的规律和结论，还需对数据进行处理和分析。

由于试验数据变化规律的不同，将其划分为静态测量数据和动态测量数据，其分析和处理的方法和侧重点各有不同，在本章中将分别对两种测量数据的处理方法和分析工具进行介绍。

第一节　静态测量数据处理

一、试验数据结果的表达

1. 概述

静态测量数据是指不随时间变化的测量数据。一般是在等精密度或不等精密度测量条件下获得的离散的带有误差的测定值序列。测量的结果通常可以用列表、图形和经验公式三种方式表达。列表表达可以准确、清晰及全面地展示试验数据，易于参考比较；图形表达是根据试验结果绘制尽可能反映真实情况的曲线；经验公式表达则是利用回归分析的方法确定经验公式的函数模型及其参数。其中，通过拟合方法提出经验公式的表达能够比较客观地反映数据的内在规律和自变量权重，而且形式紧凑，便于用数学分析方法进一步从理论上进行研究。

2. 试验数据结果的图形表达

测量结果的图形表达形象直观，易显示出数据变化的趋势和特征，便于找出数学模型和预测某种现象。但若在作图过程中对某些问题处理不当，则会造成一些假象而得出错误结论。因此，正确地使用图形法表达试验数据，必须对坐标的选择、分度和数据描点等问题进行认真考虑。

（1）坐标的选择与分度　常用的作图坐标有直角坐标和极坐标两种。在直角坐标中，又可分为均匀分度的和非均匀分度的，后者如对数坐标、三角函数坐标等。作图时应根据具体情况合理选择。工程上多采用直角坐标。在数据变化具有指数特征时，用对数坐标可压缩图幅。

通常把 x 作为自变量，以横坐标表示；而 y 代表因变量，以纵坐标表示。在直角坐标中，线性分度应用较多，分为 1、2、5 最为方便，应尽量避免使用易引起读数误差的 3、6、7、9 这类分度。坐标分度取值应与测量精密度相吻合。分度值过小会人为地夸大测量精密度，造成错觉。反之，分度值过大会人为地降低原有的测量精密度。无论是自变量还是因变量，坐标线的标度值不一定从零开始。在分度值与测量精密度相适应的前提下，坐标线标度值的起点可取低于试验数据最小值的某一整数，终点可取高于最大值的某一整数，以便使试验数据的图像占满整个幅面。两坐标轴的比例尺不一定相同，根据具体情况选择。坐标线标度值标出的有效数字应与测量数据的有效数字相同。每个坐标轴都应注明名称与单位。

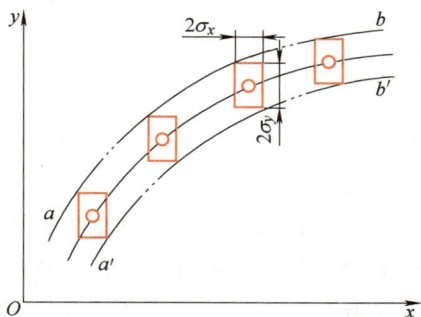

图 6-1　在坐标纸上标出试验数据点

（2）数据描点与曲线描绘　在一般情况下，根据试验数据即可在坐标线上标出数据点。如果考虑试验的误差，则应采用空心圆、三角形、矩形、正方形、十字形以及叉号等表示不同的数据，其中心代表算数平均值，半径或边长代表测量误差，如图 6-1 所示。矩形的一边等于自变量标准误差的两倍，即 $2\sigma_x$，另一边则等于因变量标准误差的两倍，即 $2\sigma_y$。如果自变量与因变量的标准误差相等，则习惯用空心圆代表各数据点，圆心为算术平均值，半径为标准误差值。

在曲线描绘中，数据点不可能全部落在一条光滑曲线上。一般作曲线的原则是：曲线应光滑匀整，所有数据点要靠近曲线，大体上随机地分布在曲线两侧并落在误差带范围内，但不必都在曲线上。在曲线急剧变化的地方，数据点应选密一些，如图 6-2 所示。

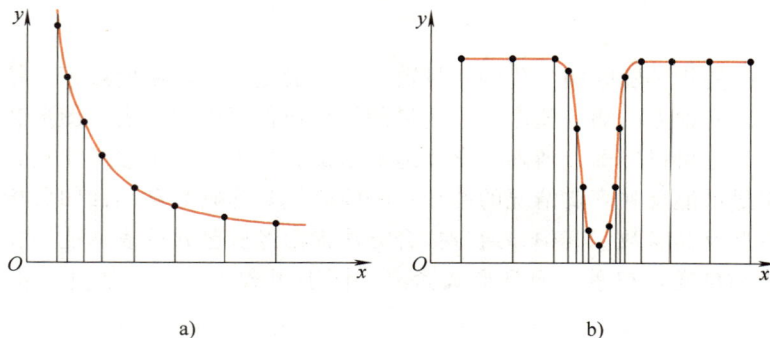

a)

b)

图 6-2　试验数据点的曲线描绘

有人习惯上通过第一个试验数据点连线，认为第一点最正确，这是不对的。实际上由于仪表工作条件开始不稳定，最初读数往往误差较大。当数据的分散度较大时，徒手绘制曲线较困难，在要求不太高时，可以采用分组平均法。

分组平均法是把试验数据点分成若干组，每组包含 2~4 个数据点，然后按分别求出各组数据点几何质心的坐标 $(\bar{x}_1，\bar{y}_1)$，$(\bar{x}_2，\bar{y}_2)$，…，$(\bar{x}_m，\bar{y}_m)$ 进行曲线描绘的方法。

图 6-3a 所示为取相邻两个数据点平均描绘的曲线，图 6-3b 所示为取 3~4 个数据点平均描绘的曲线。

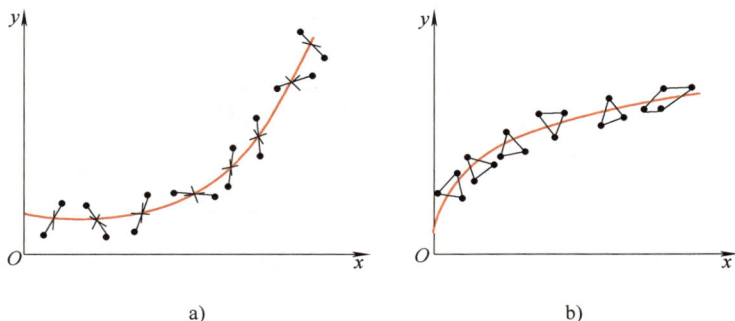

a)　　　　　　　　　　　　　b)

图 6-3　利用分组平均法描绘的曲线

利用分组平均法描绘的曲线，由于进行了数据平均，因此在一定程度上减少了测量过程中随机误差的影响。各几何质心点的分散程度显著减少，从而使作图较为方便和准确。分组的数目应视具体情况而定。分组太细，平均效果不明显；分组太粗，则平均点较少，给作图增加困难，还可能掩盖函数本来的特性。因此，曲线斜率较大或变化规律重要的部分可细分，曲线较平坦的部分可粗分。

二、回归分析与曲线拟合

在实际工程测量中，对于描述同一过程中的若干变量往往会存在互相制约和依赖关系，这种相互关系大致可分为两类。一种属于确定性关系，变量之间的关系可以用确定的函数关系来表示。例如，欧姆定律所描述的内容：在同一电路中，导体中的电流跟导体两端的电压成正比，跟导体的电阻成反比。电压与电流关系可由 $I = \dfrac{U}{R}$ 来确定。另一种关系属于非确定性关系，这种关系属于相关关系，或者可以说是以目前的认知水平和科技手段还不能对其采用确定性关系描述。例如，某商品的价格与销售量之间存在一定关系，价格越便宜，则销售量增加，但很难指出价格与销售量之间准确的定量对应关系。

在静态测量数据的处理中，通常使用回归分析的方法来分析非确定性关系的变量。**回归分析**是指确定两种或两种以上变量之间依赖度（不确定性）的定量关系的一种统计方法。处理两个变量之间的关系称为一元回归分析。处理两个以上变量之间的关系称为多元回归分析。通常在试验数据的分析中，一元回归分析较为多用。

利用回归分析方法解决静态数据处理问题，需要解决以下三个问题：①确定回归公式的类型；②确定公式中的回归系数及常数项；③对回归分析的精度和显著性做出评价。

1. 一元线性回归分析

若两个变量之间的关系是线性的，则称为一元线性回归。一元线性回归分析是工程上和科研中常见的直线拟合问题。线性回归分析是非线性回归的基础。

（1）回归方程的确定　设两个变量 x 和 y，通过试验可得到 n 组数据，记为 (x_i, y_i)，

$i=1$，2，$\cdots$，n。在直角坐标系内表示出这 n 组试验数据。若所得的 n 组数据的分布近似于一条直线，则可认为变量 x 和 y 的回归方程是一个线性方程，属于一元线性回归问题。

例如，某车辆在水平的直路上行驶，在不同的距离 s 测出车辆行驶的时间 t，对应的数据见表 6-1。

表 6-1　距离与时间试验数据表

序　号	1	2	3	4	5	6	7	8
距离 s/m	700	900	1160	1190	1270	1490	1620	2130
时间 t/min	3.8	4.2	4.7	4.8	4.9	5.4	5.6	6.7

取距离 s 为自变量，用横坐标表示；时间 t 为因变量，用纵坐标表示。将表 6-1 中的数据画在坐标纸上，如图 6-4 所示。

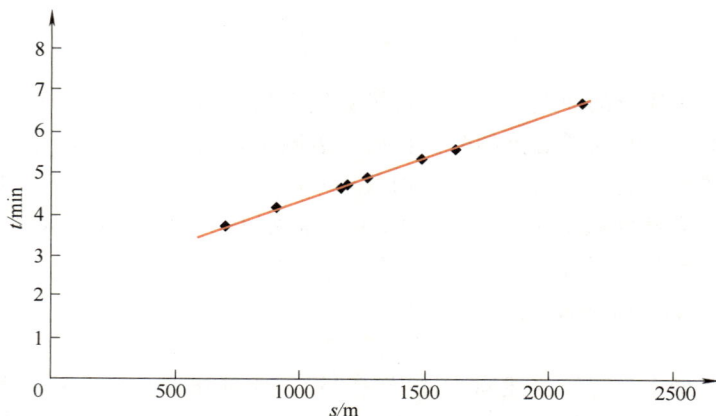

图 6-4　距离 s 与时间 t 的关系曲线

从图 6-4 中看出，这些数据点的分布近似于一条直线，可利用某一条直线来代表变量之间的关系，一元线性方程的一般形式如下：

$$\hat{y}=a+bx \tag{6-1}$$

式中，$\hat{y}$ 为公式中算出的 t 值；x 为距离 s 的值；a，b 为线性回归系数。

利用这条回归直线算出的 $\hat{y}$ 值，代表测定数据的理论计算值，实测值 y 与理论值 $\hat{y}$ 之差 v 代表残差，$v=y-\hat{y}$。残差 v 越小，说明回归直线越接近最优直线。因此，确定回归直线的原则是找出一条直线，使其与实测数据之间的误差，比任何其他直线与实测数据之间的误差都小，即残差的平方和最小，这就是**最小二乘法**的基本思想。可写为

$$Q_y = \sum_{i=1}^{n} v_i^2 = \sum_{i=1}^{n}(y_i - \hat{y}_i)^2 \tag{6-2}$$

式中，Q_y 为残差的平方和；y_i 为实测值；$\hat{y}_i$ 为回归直线上的理论计算值。

将式（6-1）代入式（6-2），并令 Q_y 取最小值（min），则有

$$Q_y = \sum_{i=1}^{n}\left[y_i - (a+bx_i)\right]^2 \to \min \tag{6-3}$$

令 $\dfrac{\partial Q_y}{\partial a}=0$，$\dfrac{\partial Q_y}{\partial b}=0$，即可求出 a、b 的数值，分别为

$$a=\overline{y}-b\overline{x}, \qquad b=\dfrac{l_{xy}}{l_{xx}}$$

式中　$\overline{x}=\dfrac{1}{n}\sum\limits_{i=1}^{n}x_i$

$\overline{y}=\dfrac{1}{n}\sum\limits_{i=1}^{n}y_i$

$l_{xx}=\sum\limits_{i=1}^{n}(x_i-\overline{x})^2=\sum\limits_{i=1}^{n}x_i^2-\dfrac{1}{n}\left(\sum\limits_{i=1}^{n}x_i\right)^2$

$l_{xy}=\sum\limits_{i=1}^{n}(x_i-\overline{x})(y_i-\overline{y})=\sum\limits_{i=1}^{n}x_iy_i-\dfrac{1}{n}\sum\limits_{i=1}^{n}x_i\sum\limits_{i=1}^{n}y_i$

其中，n 为试验数据个数。

根据表 6-1 的数据，利用上述各式可以求出回归系数 a 和 b，并确定车辆行驶时间和距离之间关系的回归方程为

$$\hat{y}=2.373+0.002x$$

从上例可知，当数据较多时，进行回归分析需要很大的计算量。目前，计算机结合统计软件可以替代人工计算解决线性回归问题，例如著名的统计软件 SPSS（Statistical Product and Service Solutions）——统计产品与服务解决方案软件。本节中以 SPSS 软件 26.0 版本为例介绍其线性回归分析方法。首先，将表 6-1 的数据按列输入 SPSS 的数据视图，每一列代表一个变量，如图 6-5 所示。

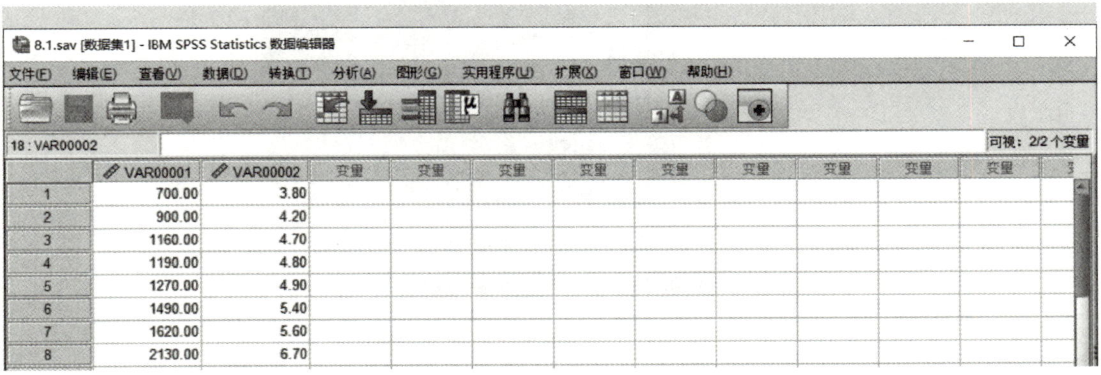

图 6-5　数据输入 SPSS 视图

在菜单栏中选择"分析"→"回归"→"线性"，打开"线性回归"对话框，如图 6-6 所示。

取 s 为自变量，t 为因变量，所以将变量 VAR00001 设为自变量，将变量 VAR00002 设为因变量，如图 6-7 所示。单击对话框下方的"确定"按钮后，经计算，会自动弹出统计结果查看器。在查看器中，会根据用户的设置提供相应的计算结果。

其中比较重要的结果都是以表格的形式体现的，如模型汇总（表 6-2）中的 R 是相关系

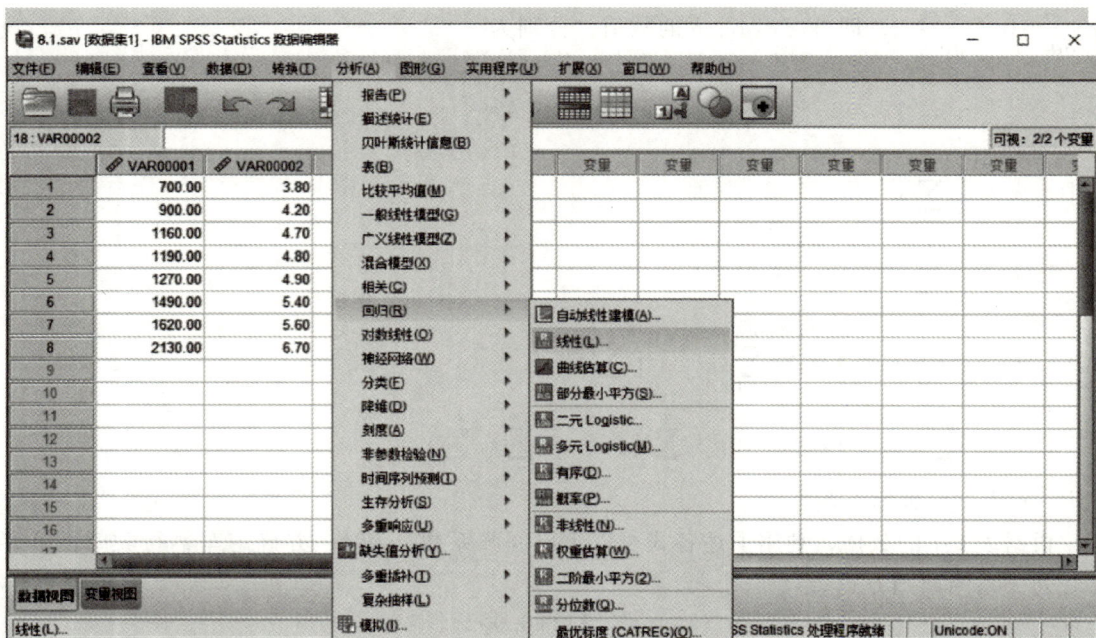

图 6-6　SPSS 打开 "线性回归" 对话框

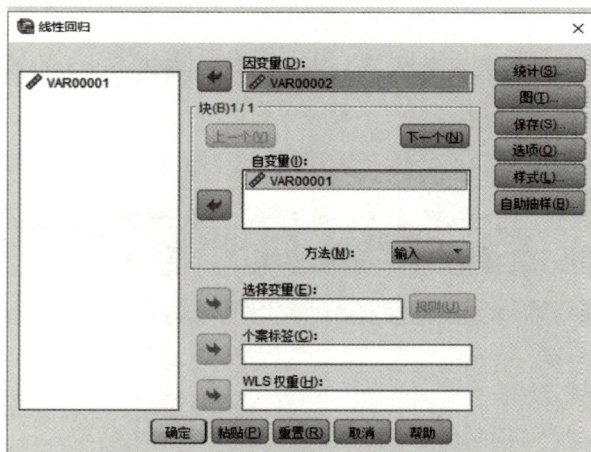

图 6-7　SPSS 线性回归分析设置对话框

数，R 和 R^2 代表着模型的拟合度，有

$$R^2 = \frac{\sum_{i=1}^{n}(\hat{y}_i - \overline{y})^2}{\sum_{i=1}^{n}(y_i - \hat{y}_i)^2}$$

$|R|$ 越接近 1，则拟合度越好。所谓拟合度就是对已制作好的预测模型进行检验，比较预测结果与实际数据的吻合程度。通常可以对若干个预测模型同时进行检验，采用拟合度较好的拟合函数。

表 6-2　模型汇总

模　型	R	R^2	调整 R^2	标准估计的误差
1	1.000	0.999	0.999	0.03015

Anova 是指方差分析（Analysis of variance，简称 Anova），分别显示了回归平方和、残差平方和以及自由度等信息，见表 6-3。

表 6-3　Anova

模　型		平　方　和	自由度（Df）	均　　方	检验统计量（F）	显著性水平（Sig.）
	回归	5.623	1	5.623	6185.887	0.000
1	残差	0.005	6	0.001		
	总计	5.629	7			

系数表格（表 6-4）给出了线性回归方程的自变量系数和常数项，以及显著性检验的 Sig 项。

表 6-4　系数表格

模　　型		非标准化系数		标准系数	统计值（t）	显著性水平（Sig.）
		截距（B）	标准误差	试用版		
	（常量）	2.373	0.035		67.377	0.000
1	VAR00001	0.002	0.000	1.000	78.650	0.000

注：VAR00001 表示回归方程的自变量。

在本例中经 SPSS 计算出的线性回归方程为 $\hat{y} = 2.373 + 0.002x$，显著性水平为零，说明该回归模型是有效的。

（2）回归分析的精度及显著性检验　在求回归方程的过程中，回归直线是在误差最小的条件下推导出来的，但是还不能肯定两个变量之间的关系的确是直线关系。因此，当从一组试验数据中求出回归直线后，必须进一步判断做直线方程回归是否有意义，这就是回归分析的显著性检验。另外，确定回归直线后，可以根据自变量 x 值预报或控制因变量 y。预报或控制的效果，就是回归方程的精度问题。

1）回归方程的精度。通常采用方差分析来检验回归直线的回归效果，确定回归方程的精度。在一组试验数据中，变量 y 的变动情况可以用各测量值 y_i 与其平均值 $\overline{y}$ 之差的平方和来表示，称为总离差平方和，记为 Q_z，即

$$Q_z = l_{yy} = \sum_{i=1}^{n} (y_i - \overline{y})^2 = \sum_{i=1}^{n} \left[(y_i - \hat{y}_i) + (\hat{y}_i - \overline{y}) \right]^2$$

$$= \sum_{i=1}^{n} (y_i - \hat{y}_i)^2 + \sum_{i=1}^{n} (\hat{y}_i - \overline{y})^2 + 2\sum_{i=1}^{n} (y_i - \hat{y}_i)(\hat{y}_i - \overline{y}) \tag{6-4}$$

由于 y_i 随机地分布在估计值 $\hat{y}_i$ 两边（见图 6-4），当试验点数很多时，可以证明式（6-4）中的等式右侧第三项为零，则

$$Q_z = \sum_{i=1}^{n} (y_i - \hat{y}_i)^2 + \sum_{i=1}^{n} (\hat{y}_i - \overline{y})^2 = Q_y + U \tag{6-5}$$

式中

$$Q_y = \sum_{i=1}^{n} (y_i - \hat{y}_i)^2 ; \quad U = \sum_{i=1}^{n} (\hat{y}_i - \overline{y})^2$$

U 称为回归平方和，它反映了回归直线上的点 $\hat{y}_i$ 对平均值 $\overline{y}$ 的变动，标志着因变量中的不确定性能被自变量所解释的部分。Q_y 称为残差平方和，它反映了试验数据 y_i 对回归直线的偏离程度，如图 6-8 所示。Q_y 的均方根值 $\hat{\sigma}$ 称为残差标准误差，它可以用来衡量所有随机因素对 y 的一次性观测的平均变化的大小，$\hat{\sigma}$ 越小，回归直线的精度越高。

$$\hat{\sigma} = \sqrt{\frac{Q_y}{n-2}} = \sqrt{\frac{\sum_{i=1}^{n} (y_i - \hat{y}_i)^2}{n-2}}$$

$$= \sqrt{\frac{\sum_{i=1}^{n} [y_i - (a + bx_i)]^2}{n-2}} \tag{6-6}$$

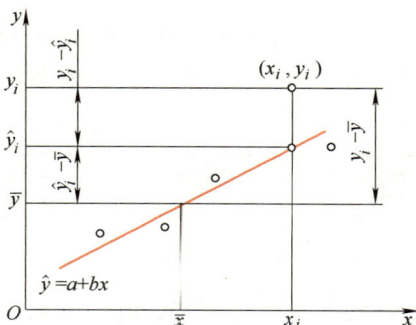

图 6-8　确定回归方程精度的示意图

式中，U 和 Q_y 可按下式计算，即

$$U = \sum_{i=1}^{n} (\hat{y}_i - \overline{y})^2 = \sum_{i=1}^{n} (a + bx_i - a - b\overline{x})^2 \tag{6-7}$$

$$= b^2 \sum_{i=1}^{n} (x_i - \overline{x}_i)^2 = b^2 l_{xx} = b l_{xy}$$

$$Q_y = l_{yy} - U = l_{yy} - b^2 l_{xx} = l_{yy} - b l_{xy} \tag{6-8}$$

其中，式（6-6）中分母为 $n-2$ 的原因可参见式（6-16）的说明。

2）回归分析的显著性。一个回归分析是否显著，即 y 与 x 的线性关系是否密切，取决于 $y_i - \overline{y}$ 中 U 与 Q_y 的占比。Q_y 的成分越小，说明 y 与 x 的线性关系越密切。

回归分析显著性检验通常采用 F 检验法（即方差分析法）和相关分析法。

① F 检验法。方差表示随机变量的取值相对于其数学期望的总体偏离程度，而自由度是表征计算随机变量平方和时，有多少个随机变量独立线性函数要考虑的数。因此，方差分析的关键是在正确计算平方和的基础上，决定其自由度。

总离差平方和 Q_z 的自由度 f 为（$n-1$）。由于平方和相对应的自由度具有可叠加性，因此总的自由度 f 也等于回归平方和的自由度 f_U 与残差平方和的自由度 f_{Qy} 之和，即

$$f = f_U + f_{Qy} \tag{6-9}$$

而回归平方和的自由度 f_U 对应的自变量的个数，在一元线性回归中，$f_U = 1$，因此

$$f_{Qy} = f - f_U = n - 2$$

令统计量 F 为

$$F = \frac{U/f_U}{Q_y/f_{Q_y}} \qquad (6\text{-}10)$$

对一元线性回归，则有

$$F = \frac{U/1}{Q_y/(n-2)} = \frac{U(n-2)}{Q_y}$$

然后，根据显著性水平 α 及自由度 f_U、f_{Q_y}，查 F 分布表得到 F_α（1，$n-2$）的值，F 分布表中两个自由度 f_1 和 f_2 分别对应于 f_U 和 f_{Q_y}。检验时，一般需查出 F 分布表中所对应的三种显著水平 α 的数值，记为 F_α（1，$n-2$），并将这三个数值与通过公式计算的 F 值进行比较，判断回归是否显著及其程度。

若 $F \geqslant F_{0.01}$（1，$n-2$），则回归高度显著。

若 $F_{0.05}$（1，$n-2$）$\leqslant F \leqslant F_{0.01}$（1，$n-2$），则回归显著。

若 $F < F_{0.10}$（1，$n-2$），则回归不显著。

高度显著，又称为在 0.01 水平上显著；显著，又称为在 0.05 水平上显著；不显著，则是指 y 与 x 的线性关系不密切。

② 相关系数法。检查变量间的线性相关性还可以采用相关系数法。由于回归平方和 U 与总离差平方和 Q_Z 的比值反映了回归的效果，比值越大，则两变量的线性关系越密切。因此令

$$r = \sqrt{\frac{U}{Q_Z}} = \sqrt{\frac{bl_{xy}}{l_{yy}}} = \frac{l_{xy}}{\sqrt{l_{xx}l_{yy}}} \qquad (6\text{-}11)$$

式中，r 称为相关系数，$0 \leqslant |r| \leqslant 1$。若 $|r| = 1$，表示所有的试验点都严格地分布在一条直线上，即具有确定的线性关系；若 $0 < |r| < 1$，则认为变量 x 与 y 之间具有一定线性关系；若 $|r|$ 趋近于零，则认为 x 与 y 之间不存在线性关系。根据相关系数 r 的值，可以检验变量之间的线性相关性，$|r|$ 的值越接近于 1，线性相关性越好。图 6-9 为读者提供不同的相关系数 r 所代表的试验观察点分布情况的直观感受。

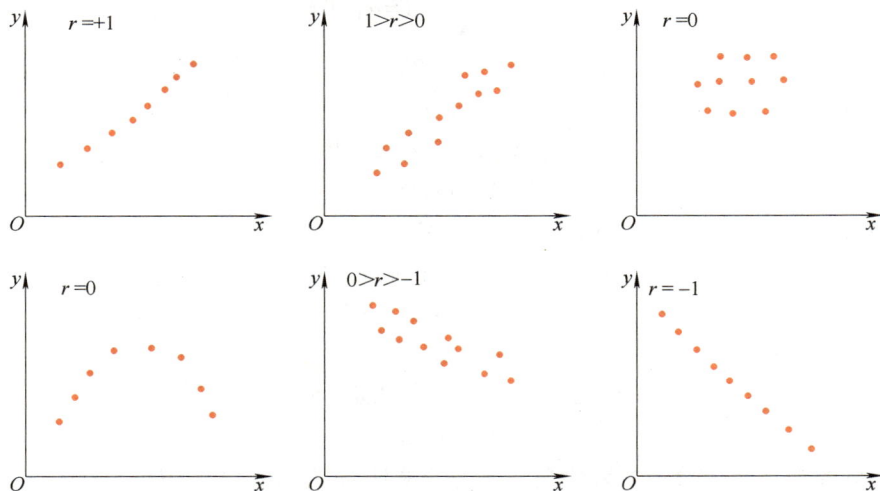

图 6-9　相关系数与试验数据观察点分布

注意，精度和显著性的含义是不同的。准确地说，显著性的主体是某个回归问题，考查的是两个待回归的变量是否"真的非常像一条直线"，显著性的高低与具体的回归方程无关；精度的主体则是某个回归方程，是讨论"哪条回归直线最能代表原始数据的变化趋势"，同一回归问题，不同的解具有不同的精度，最小二乘解的精度最高。

2. 一元非线性回归

在实际工作中，很多时候两个变量之间不符合线性关系，但具有一定非线性关系。对于这种非线性回归问题，首先要选择合适的回归方程类型，然后根据试验数据求解回归方程中的待定系数和常数项。一元非线性回归分析是试验数据处理中的曲线拟合问题。这类曲线拟合问题通常可以采用两种方法，一种是通过变量转换把回归曲线转换成直线，然后用一元线性回归方法求解；另一种则是用最小二乘法直接求解非线性回归方程，直接用回归多项式来描述两变量之间的关系。

（1）可线性化的非线性回归方程　非线性回归分析要比线性回归分析更加复杂，但是有的非线性问题可以化成线性问题进行解决，通常采用变量代换的方法，将原本的非线性回归问题转化为线性回归问题。

可线性化的非线性回归问题，常通过四个步骤来完成，具体内容如下：①选取合适的拟合函数类型；②通过变量转换把非线性关系转化为线性关系；③进行一元线性回归分析；④再通过变量反转换，将求出的线性关系还原为非线性关系，即得到所要求的拟合曲线。

在选取确定合适的函数类型时，通常要根据试验数据在坐标系内的分布情况来确定回归方程的类型，也可以根据专业知识，从理论推导或根据试验经验确定两变量之间的函数类型。为便于读者选择合理的回归方程，图 6-10 提供了常用的回归方程类型。

常见的典型曲线通过变量转换化成直线的经验公式如下：

1）双曲线

$$\frac{1}{y}=a+\frac{b}{x}$$

令

$$Y=\frac{1}{y},\ X=\frac{1}{x},\ A=a,\ B=b$$

则

$$Y=A+BX$$

2）对数曲线

$$y=a+b\lg x$$

令

$$Y=y,\ X=\lg x,\ A=a,\ B=b$$

则

$$Y=A+BX$$

3）指数曲线

$$y=ae^{bx}$$

令

$$Y=\ln y,\ X=x,\ A=\ln a,\ B=b$$

则

$$Y=A+BX$$

4）幂函数曲线

$$y=ax^{b}$$

令

$$Y=\lg y,\ X=\lg x,\ A=\lg a,\ B=b$$

则

$$Y=A+BX$$

值得注意的是，经变量转换后的数据所得的最佳回归方程 $Y=A+BX$，再经过逆变换后所得的回归方程 $\hat{y}=f(x)$，虽在多数情况下，可以对原始试验数据具有较好的拟合精度，但不一定是最佳组合，也就是其精度未必最高。所以，在计算能力允许的情况下，最好用多种不

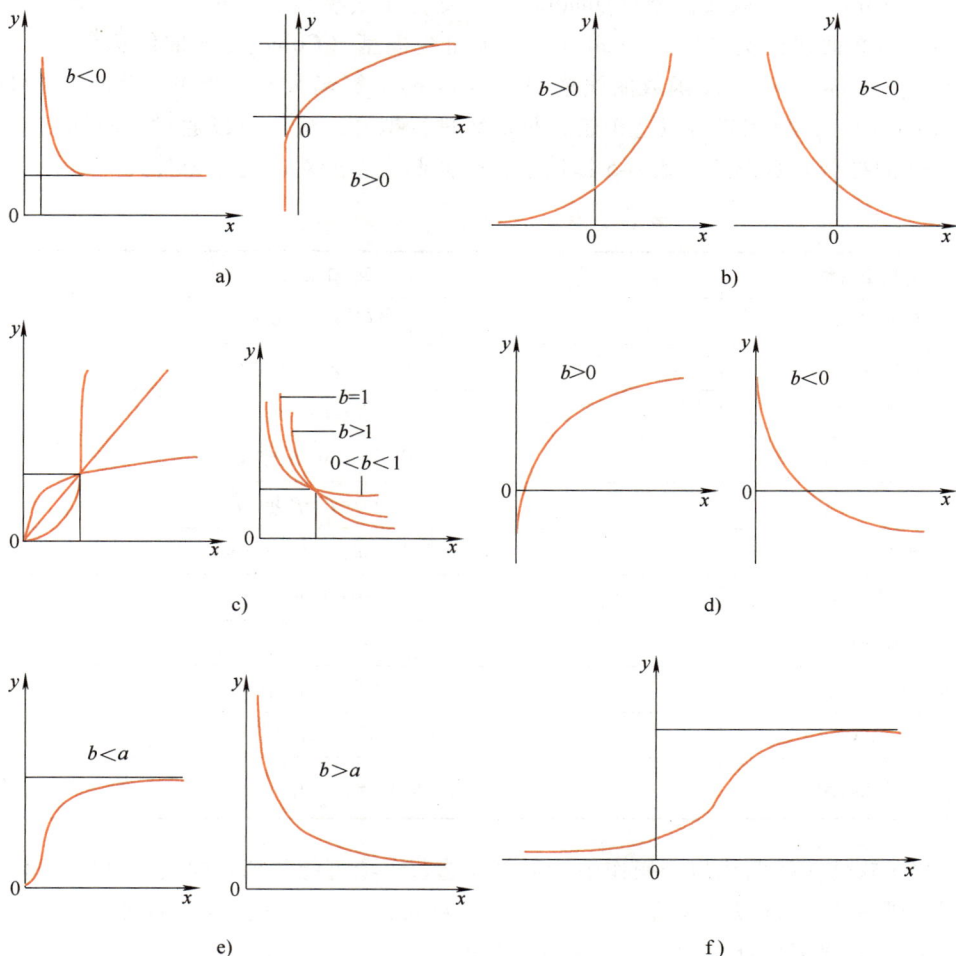

图 6-10 各种常见的典型函数曲线

a）双曲线$\dfrac{1}{y}=a+\dfrac{b}{x}$ b）指数曲线$y=ae^{bx}$ c）幂函数曲线$y=ax^b$

d）对数曲线$y=a+b\lg x$ e）指数曲线$y=ae^{\frac{b}{x}}$ f）S形曲线$y=\dfrac{1}{a+be^{-x}}$

同方程进行拟合并比较其精度，然后择优选用。目前，由于计算机的运算速度和能力完全可以替代人工进行不同方程的拟合，因而可以通过比较拟合后的精度，选择最合适的非线性方程作为拟合方程。值得注意的是，无论最终选取哪个曲线模型都不能保证得到理论上精度最高的解，因为很可能所有的备选拟合函数模型与实际数据的变化趋势都有差异。

在 SPSS 软件中，可以通过曲线回归分析功能对变量进行非线性回归分析，如图 6-11 所示。

SPSS 软件中曲线回归模块中提供了线

图 6-11 SPSS 曲线回归分析类型

性模型（Linear）、二次曲线模型（Quadratic）、复合曲线模型（Compound）、增长曲线模型（Growth）、对数曲线模型（Logarithmic）、三次曲线模型（Cubic）、S 曲线模型（S）、指数曲线模型（Exponential）、反函数曲线模型（Inverse）、幂函数曲线模型（Power）和逻辑曲线模型（Logistic），使用者可以选中若干种函数进行拟合，最后可以通过比较回归系数等方法选择合适的拟合函数形式。表 6-5 提供了各个回归模型所对应的回归公式。

表 6-5　SPSS 中涉及的曲线回归公式

回归模型名称	回归公式
线性模型	$E(Y_t) = \beta_0 + \beta_1 t$
二次曲线模型	$E(Y_t) = \beta_0 + \beta_1 t + \beta_2 t^2$
复合曲线模型	$E(Y_t) = \beta_0 \beta_1^t$
增长曲线模型	$E(Y_t) = \exp(\beta_0 + \beta_1 t)$
对数曲线模型	$E(Y_t) = \beta_0 + \beta_1 \ln(t)$
三次曲线模型	$E(Y_t) = \beta_0 + \beta_1 t + \beta_2 t^2 + \beta_3 t^3$
S 曲线模型	$E(Y_t) = \exp(\beta_0 + \beta_1 / t)$
指数曲线模型	$E(Y_t) = \beta_0 e^{\beta_1 t}$
反函数曲线模型	$E(Y_t) = \beta_0 + \beta_1 / t$
幂函数曲线模型	$E(Y_t) = \beta_0 t^{\beta_1}$
逻辑曲线模型	$E(Y_t) = \left(\dfrac{1}{u} + \beta_0 t^{\beta_1} \right)^{-1}$

在 SPSS 软件实际曲线拟合操作中，可以勾选若干项可能的拟合曲线，SPSS 软件无须人工干涉会按照所选进行拟合并输出全部结果，最终可通过比较各拟合后曲线的显著性和相关系数，选择具有显著统计学意义且拟合度最优的模型。

【例 6-1】　在一项试验工作中，对变量 x 和 y 进行了实测，其数据见表 6-6，试确定其回归方程。

表 6-6　试验数据表

序　　号	1	2	3	4	5	6	7	8
x	2	3	4	5	6	7	8	9
y	6.42	8.20	9.85	9.50	9.70	10.00	9.93	9.99
序　　号	9	10	11	12	13	14	15	—
x	10	11	12	13	14	15	16	—
y	10.49	10.59	10.60	10.80	10.60	10.90	10.76	—

解　1）确定回归方程的函数类型。

将表 6-6 中数据画在坐标纸上，如图 6-12 所示。

从图中可以看出，数据点的分布与图 6-10a 所示的曲线接近，故初步判断回归方程是一条双曲线，于是可表示为

$$\frac{1}{y} = a + \frac{b}{x}$$

2）通过变量转换化曲线函数为直线函数。

令 $Y = \dfrac{1}{y}$，$X = \dfrac{1}{x}$，则双曲线函数变成

$$Y = a + bX$$

3）进行一元线性回归。

将表 6-6 中的 x 和 y 取倒数后，分别得到 X 和 Y，并进行相应的计算，然后列于表 6-7 中。根据表 6-7 中数据可算出

图 6-12 用双曲线拟合试验数据

$$l_{xx} = \sum X^2 - \frac{1}{n}\left(\sum X\right)^2 = 0.5843 - 0.3779 = 0.2064$$

$$l_{xy} = \sum XY - \frac{1}{n}\left(\sum X\right)\left(\sum Y\right) = 0.2719 - 0.2451 = 0.0268$$

$$\overline{X} = \frac{1}{n}\sum X = 0.1587, \quad \overline{Y} = \frac{1}{n}\sum Y = 0.1029$$

于是可得线性回归系数

$$b = \frac{l_{xy}}{l_{xx}} = \frac{0.0268}{0.2064} = 0.1298$$

$$a = \overline{Y} - b\overline{X} = 0.1029 - 0.1298 \times 0.1587 = 0.0823$$

得到回归直线为

$$Y = 0.0823 + 0.1298X$$

4）通过变量反转换求回归曲线。

将 $Y = \dfrac{1}{y}$，$X = \dfrac{1}{x}$ 代入上式，则可得回归曲线为

$$\frac{1}{\hat{y}} = 0.0823 + \frac{0.1298}{x}$$

表 6-7　一元线性回归计算表

序　号	X	Y	X²	Y²	XY
1	0.5000	0.1560	0.2500	0.0243	0.0779
2	0.3330	0.1220	0.1111	0.0149	0.0407
3	0.2500	0.1020	0.0625	0.0103	0.0254
4	0.2000	0.1050	0.0400	0.0111	0.0211
5	0.1670	0.1030	0.0278	0.0106	0.0172
6	0.1430	0.1000	0.0204	0.0100	0.0143
7	0.1250	0.1010	0.0156	0.0101	0.0126
8	0.1110	0.1000	0.0123	0.0100	0.0111
9	0.1000	0.0950	0.0100	0.0091	0.0095

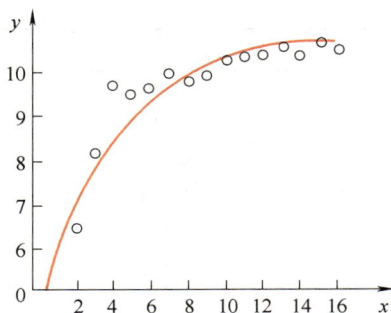

（续）

序　号	X	Y	X^2	Y^2	XY
10	0.0910	0.0940	0.0083	0.0089	0.0086
11	0.0830	0.0940	0.0069	0.0089	0.0079
12	0.0770	0.0930	0.0059	0.0086	0.0071
13	0.0710	0.0940	0.0051	0.0089	0.0067
14	0.0670	0.0920	0.0044	0.0084	0.0061
15	0.0630	0.0930	0.0039	0.0086	0.0058
Σ	2.3810	1.5440	0.5843	0.1627	0.2719

这种"化曲为直"的方法，可能更多地依赖计算者根据工程实际意义或自身经验选取较合适的回归函数模型，而并不只是单纯地在数学上追求最小二乘解。

（2）多项式回归　在一元非线性回归分析中，并不是所有的非线性问题都可以通过变量转换的方法，化曲为直地进行回归分析。如果试验数据很难用前边内容介绍的典型函数曲线来描述时，那么总可以使用多项式拟合的方法来进行回归分析。

设多项式为

$$y = a_0 + a_1 x + a_2 x^2 + \cdots + a_m x^m \tag{6-12}$$

对试验数据进行多项式回归，首先要确定多项式的次数，然后再求出系数值。

1）多项式次数的确定。

多项式次数的确定一般采用差分法。设自变量的取值是等间距的，即

$$x_2 - x_1 = x_3 - x_2 = \cdots = x_m - x_{m-1} = \Delta x$$

计算出因变量 y 的相邻值之间的差值，成为一阶差值 Δy，即

$$\Delta y_1 = y_2 - y_1, \quad \Delta y_2 = y_3 - y_2, \quad \cdots, \quad \Delta y_{m-1} = y_m - y_{m-1}$$

二阶差值 $\Delta^2 y$ 为

$$\Delta^2 y_1 = \Delta y_2 - \Delta y_1, \quad \Delta^2 y_2 = \Delta y_3 - \Delta y_2, \quad \cdots$$

三阶差值 $\Delta^3 y_1$，$\cdots$，n 阶差值 $\Delta^n y$ 分别为

$$\Delta^3 y_1 = \Delta^2 y_2 - \Delta^2 y_1, \quad \Delta^3 y_2 = \Delta^2 y_3 - \Delta^2 y_2, \quad \cdots$$

$$\vdots$$

$$\Delta^n y_1 = \Delta^{n-1} y_2 - \Delta^{n-1} y_1, \quad \Delta^n y_2 = \Delta^{n-1} y_3 - \Delta^{n-1} y_2, \quad \cdots$$

当某阶差值之间的最大差值不大于 y 的测量误差 δ_y 累积起来的该阶差值的误差时，此阶数即为多项式的次数，即

$$(\Delta^{n-1} y)_{\max} \leqslant 2^n |\delta_y| \tag{6-13}$$

这时差值的阶数 n 即为多项式的次数 m。

【例 6-2】　测量数据列于表 6-6 中的第一、二列。已知 y 的测量误差 $\delta_y = \pm 0.05$，试确定回归多项式的次数。

解　差值计算表见表 6-8。可知，二阶差值之间的最大差值 $(\Delta^3 y)_{\max} = 0.2$，而由测量

误差带来的二阶差值的误差为

$$2^2 \mid \delta_y \mid = 2^2 \times 0.05 = 0.2$$

即 $(\Delta^3 y)_{max} \leqslant 2^2 \mid \delta_y \mid$ ，因此多项式的次数为 2 ，即

$$y = a_0 + a_1 x + a_2 x^2$$

表 6-8　差值计算表

x	y	Δy	$\Delta^2 y$	$\Delta^3 y$
20	5.4			
40	9	3.6		
60	14.9	5.9	2.3	0.2
80	22.9	8.0	2.1	0.1
100	33.1	10.2	2.2	0.1
120	45.6	12.5	2.3	

2）多项式系数的确定。

多项式系数的确定通常采用最小二乘法。实际测量值与回归多项式计算值的残差的平方和为最小，即

$$Q_y = \sum_{i=1}^{n} (y_i - \hat{y}_i)^2 = \sum_{i=1}^{n} \left[y_i - (a_0 + a_1 x_i + a_2 x_i^2 + \cdots + a_m x_i^m) \right]^2$$

$$= \sum_{i=1}^{n} \left[y_i - \sum_{i=1}^{m} a_j x_i^j \right]^2 = \min \qquad (6\text{-}14)$$

令 $\dfrac{\partial Q_y}{\partial a_0} = 0$，$\dfrac{\partial Q_y}{\partial a_1} = 0$，$\cdots$，$\dfrac{\partial Q_y}{\partial a_m} = 0$，即可求出 a_0，a_1，$\cdots$，a_m 的数值。

其主要计算工作量转化为求解一个 $m+1$ 元线性方程组。

（3）回归曲线方程的效果评定——显著性与精度检验　回归曲线拟合的效果可以用相关系数来评价。相关系数 R 为

$$R = 1 - \dfrac{\sum\limits_{i=1}^{n} (y_i - \hat{y}_i)^2}{\sum\limits_{i=1}^{n} (\hat{y}_i - \bar{y})^2} \qquad (6\text{-}15)$$

式中，$i = 1, 2, \cdots, n$。

这里 R 越接近 1 ，则表明所拟合曲线的效果越好，其回归越显著。

与线性回归一样，曲线拟合的精度也可用残差标准差误差 $\hat{\sigma}$ 来表示，即

$$\hat{\sigma} = \sqrt{\dfrac{Q_y}{n-q}} = \sqrt{\dfrac{\sum\limits_{i=1}^{n} (y_i - \hat{y}_i)^2}{n-q}} \qquad (6\text{-}16)$$

式中，q 为回归方程中待定系数的个数，显然 $q = m+1$。

$\hat{\sigma}$ 越小则说明回归曲线的精度越高。

一、动态数据的类型

动态测量数据是指随时间变化的测量数据。通常动态数据表现为时间历程 $x(t)$，也就是被测物理量 x 随时间 t 的变化规律。测量数据，尤其是各项汽车试验所得到的测量数据，多以动态数据为主。

如图 6-13 所示，测量数据总体上可分为两大类，分别是确定性数据和随机性数据。确定性数据是能够用时间历程函数 $x(t)$ 进行明确描述的数据。通常确定性数据来自确定性现象，如果对确定性现象进行多次重复试验，所得到的确定性数据是能够重复再现的，而且对未来时刻的数据可通过以前的确定状态进行预测。确定性数据根据其变化特点，又进一步分为周期性数据和非周期性数据两类。

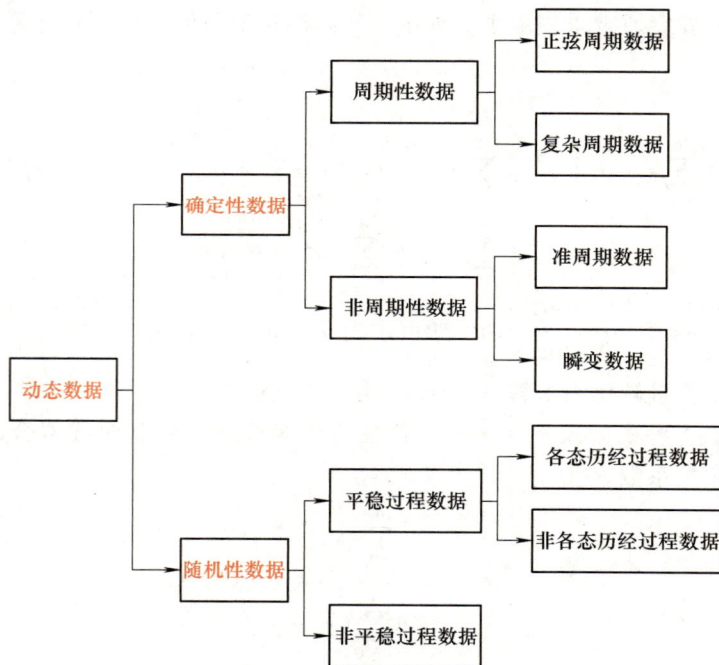

图 6-13　测量数据的分类

1. 周期性数据

周期性数据就是固定间隔时间又重复出现的数据，可以表示为 $x(t)=x(t+nT)$，$n=1$，2，$\cdots$；T 为周期，$T\neq\infty$。周期性数据又包括简单的正弦周期数据和复杂周期数据。

（1）**正弦周期数据**　周期性数据中最简单的数据类型是正弦周期数据。

任意一个正弦函数可以写作

$$x(t)=X_0\sin(2\pi f_0 t+\varphi)$$

式中，X_0 为幅值，f_0 为频率，φ 为初始相位。

图 6-14 所示为正弦数据的时间历程和频谱。

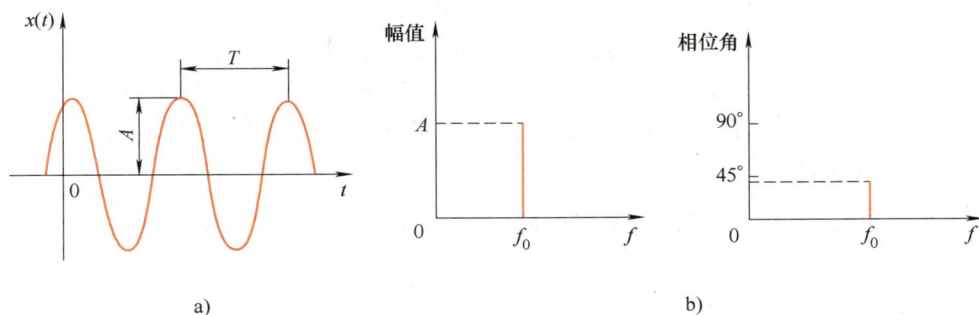

图 6-14　正弦数据的时间历程和频谱

a）波形图　b）频谱图

对其进行频谱分析，由图 6-14 可知，正弦数据是由单一频率 f_0 组成的，其谱线只有一条，即单一线谱。许多常见的物理现象，例如交流发电机的输出电压波形，以及各种简谐振动的位移、速度或加速度曲线，都是随时间做正弦变化的。

（2）复杂周期数据　复杂周期数据不再成正弦规律变化，但仍然存在一个确定的周期。复杂周期数据时域与频域表达如图 6-15 所示。根据傅里叶级数理论，任何一个满足狄利克雷条件的周期函数，都可以展开成若干频率间隔相等的简谐函数的叠加。所谓的狄利克雷条件（Dirichlet Conditions），其表述如下：

1）在一个周期内，如果有间断点存在，则间断点的数目应是有限个。

2）在一个周期内，极大值和极小值的数目应是有限个。

3）在一个周期内，信号是绝对可积的，即 $\int_{t_0}^{t_0+T} |f(t)| \, dt$ 为有限值。

一般地，周期信号都会满足狄利克雷条件。

综上所述，对于任意周期函数 $x(t)$，都可以展开成若干个简谐函数之和，在展开的简谐函数中存在一个基频（或基波频率）f_1，其余谐波的频率均为基频的整数倍，如 $2f_1$，$3f_1$，…。所以复杂周期数据的频谱图表现为等间隔的离散谱线，任意两个谐波的频率之比为有理数。

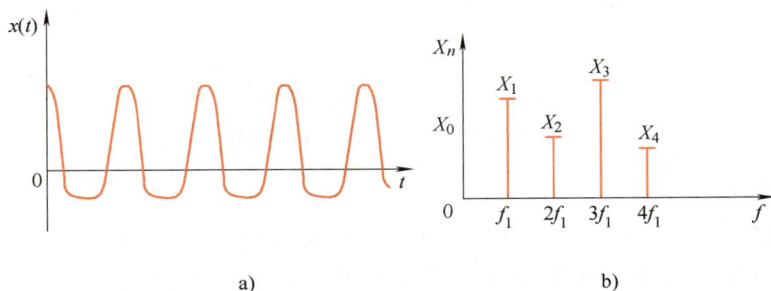

图 6-15　复杂周期数据的时域与频域

上文中提到的简谐函数来源于物理学中的"简谐振动"。"简谐"就是"正弦"，二者是等价的。复杂周期数据是由若干简谐函数叠加得到，这些参与叠加的简谐函数（正弦函数），通常也称为"谐波"。

实际工程应用中的复杂周期数据要多于简单正弦数据。事实上，很多认为是正弦数据的测试信号，是忽略了次要谐波分量后而得到的近似信号。例如，交流发电机的输出电压，经过精密测试可以发现包含有高频分量。多缸发动机的输出机械量（如转矩、功率或有效压力等），实际上也不是简单正弦的，而是包含了各种频率成分的谐波分量。

2. 非周期性数据

非周期性数据是指不能在固定间隔时间又重复出现的数据。非周期性数据又可分为准周期数据和瞬变数据。

（1）准周期数据　所谓"准周期数据"，指的是这种数据的时间历程没有周期（或者说"周期无穷大"），但准周期数据的频谱仍然是离散谱线，但是谱线之间不再是等间距，任意两阶相邻的谐波的频率之比为无理数，如图6-16所示。

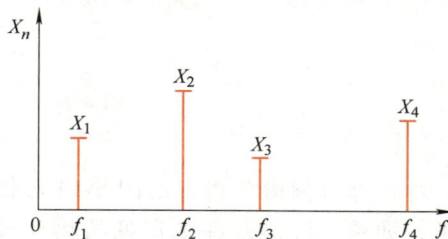

图6-16　准周期数据的频谱

可见，如果若干个频率之比为无理数的正弦函数进行叠加则可以得到准周期的确定性数据。也就是说，当几个无关联的周期现象混合作用时，得到的测量数据将具有"准周期"的特性。

（2）瞬变数据　瞬变数据与其他确定性数据不同，瞬变数据的谱线是连续的。由频谱分析的基本思想可知，谱线越离散、越单一，说明数据组成越简单；反之，谱线越连续、涉及的频带越宽泛，说明组成该信号的谐波分量的频率成分越丰富，数据就越复杂。可见，瞬变数据是最复杂的确定性数据。例如，电容放电过程、有阻尼系统经初始扰动后的自由衰减振荡等都是瞬变数据，如图6-17所示。

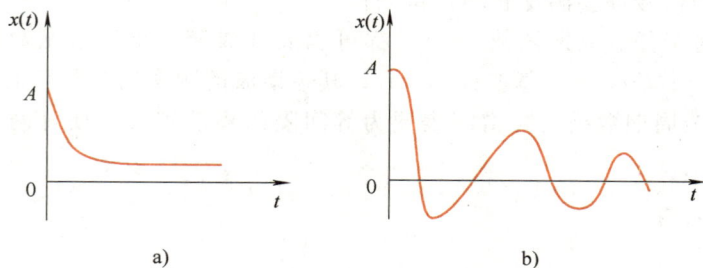

图6-17　瞬变数据实例
a）电容变化　b）阻尼自由振动

3. 随机性数据

随机性数据是时间历程函数 $x(t)$ 不能明确写出的数据。随机性数据是由随机现象产生的，这种现象的每一次观测记录——时间历程 $x(t)$ 都是随机的，特点是事先无法预测、事后不能重复。

显然，随机性数据比确定性数据复杂，所以其谱线都是连续的。不能按频谱图的特性分类。对于随机性数据，往往按随机过程的统计特征进行分类。

通俗地讲，"随机过程"是一个可以重复进行的物理过程，每进行一次，就得到被测

量的一个时间历程 $x(t)$，也称为样本，该过程每次重复得到的样本均不同。例如，"给定车辆在给定道路上以给定速度行驶"，这就是一个随机过程。如果测量车上某点的振动加速度 a，当这个过程重复进行时，每次得到的加速度时间历程曲线 $a(t)$ 都不同。

随机过程包括平稳随机过程和非平稳随机过程。平稳随机过程是指统计特性不随时间的推移而变化。也就是说，平稳过程的概率密度函数、均值、均方值和方差等是与时间无关的常量。同时，平稳过程的相关函数（相关函数的概念参见本节中的"三、时域分析"）等是时移 τ 的函数，而与过程的起止时刻 t 无关。

注意，"统计特性不随时间的推移而变化"是理论上的，而实际工程中样本数据会受到随机误差的干扰，同一次时间历程如果采取不同的样本记录长度，统计特性会有所不同。为了尽可能抵消这种随机差异，记录时间应尽可能长些。

平稳过程又分为各态历经过程和非各态历经过程。所谓的各态历经性，是指这个平稳随机过程的总体平均参数可用任意样本按时间平均所求得的统计参数代替。

事实上，在对随时间连续变化的数据进行统计计算时，通常就是按"时间平均"操作的。例如，对某被测量 x 进行了总时长为 T 的记录，x 的取值处于某区间 (a, b) 的时长为 T_1，则认为 $p(a < x \leq b) = \dfrac{T_1}{T}$。

实践证明，很多随机过程都可以在不同程度上看成是各态历经过程。那么，根据各态历经性，对这种过程进行统计分析时，可以只测取一个时间充分长的样本，以其时间平均代替该随机过程的总体平均参数。这给试验操作和数据处理都带来了极大的方便。

二、动态数据处理的基本步骤

测试系统所提供的原始数据，通常是某种电量（如电压）的时间历程，它包含了与被测量有关的一切信息，必须经过一系列的处理和分析，才能从原始数据中提取出有用的信息，并以简洁、直观、合理的形式展示出来，如图 6-18 所示。

图 6-18　数据的处理

根据不同的试验目的并结合数据类型，数据处理的具体手段和步骤各不相同。总体而言，大致包括数据准备、数据检验和数据分析等。

1. 数据准备

为了使数据适用于分析处理，首先要进行数据的预处理，其目的是检测和剔除在测量过程中由于严重的外界干扰、操作失误和数据丢失等造成的异常数据。这项工作可通过人工直观检查进行，也可由专门仪器完成，或者利用计算机使用编制剔除异常数据的专门程序进行。

后续的具体数据处理计算可以采用模拟处理法或数字处理法。利用模拟仪器对连续时间历程进行运算处理属于**模拟处理法**。如果采用模拟法，那么在数据预处理后还要进行数据标定，即将原始电压信号换算成被测量的工程单位。随着快速傅里叶算法问世，数字处理以其速度快、精度高等优点大行其道。在采用数字分析时，在预处理后要进行波形的采样、数据标定、零均值化和消除趋势项等操作。如果确知信号中存在高频干扰，还要进行滤波处理，既能平滑信号，又能消除干扰噪声。其中，数字化处理的采样是一个很重要的环节。

数字化处理因其精度高、抗干扰能力强、便于采用计算机处理，应用日益广泛。数字信号必然是间断的、离散的，而测试系统提供的原始数据是电压等电信号的时间连续量，所以对连续信号进行数字化处理首先要将连续的模拟量转换为离散的时间序列。这种将连续时间信号离散化的过程，就是采样。

（1）采样 最常见的采样方式是等间隔采样，也就是对连续的信号，每间隔一段固定的采样间隔 Δt 获取一个离散点，用所采集的离散点的逐点变动代替原始信号随时间变化的规律。从数学角度解释，可以认为采样就是用等间隔的单位脉冲序列去乘连续信号，各采样点上的信号大小就变成了脉冲序列的权值，如图 6-19 所示，即

$$x_s(t) = x(t)g(t) = x(t)\sum_{n=-\infty}^{\infty}\delta(t-n\Delta t) \tag{6-17}$$

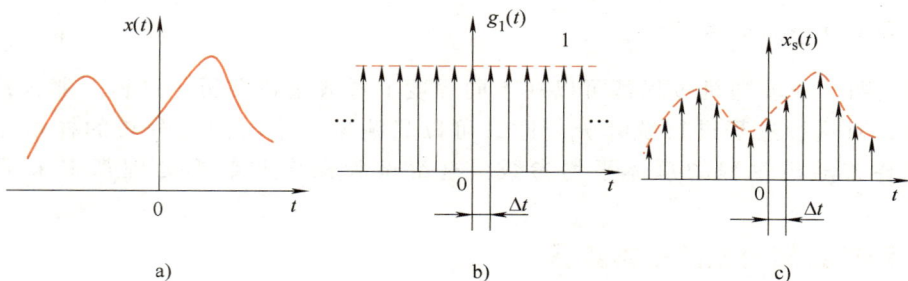

图 6-19 等间隔采样

采样时间间隔 Δt 的选择是很重要的问题。如果 Δt 太小，所得到的时间序列就很长，所以计算量就会相应加大。如果 Δt 太大，则会丢掉有用的信息，形成频率混叠并产生较大的处理误差。随着数值计算方法和计算技术的进步，这个缺陷显得相对次要，而采样间隔过大造成有用信号的丢失则更加不能容忍，所以有必要对采样间隔的上限，也就是采样频率的下限做出限定，这就是采样定理。

采样间隔 Δt 的倒数就是采样频率 f_s，采样定理要求（证明从略）：采样频率 f_s 不能低于信号中最高频率 f_c 的两倍，即 $f_s \geq 2f_c$。

（2）频率混叠 根据采样定理可知，当采样频率 $f_s \geq 2f_c$ 时，采样信号才能唯一确定原连续函数。很显然，采样间隔越小，离散的数据点越密集，对原始模拟信号的表达就越精确，后续计算处理就越可靠。反之，如果采样间隔太大，就有可能"看不清"原信号的变化规律，特别是对于变动剧烈的高频信息，丢失有用成分，造成"混淆"，如图 6-20 所示。

如果 $f_s < 2f_c$，就会发生原始信号中的高频成分折叠到低频成分上去的现象，就是混叠。产生混叠现象后，改变了原信号的频谱的部分幅值，从而无法还原原来的时域信号。

在实际工作中，可以将采样频率取为信号中最高频率的 3～4 倍。如果确知测试信号中的高频分量是噪声干扰引起的，那么可以将信号先送入低通滤波器，去掉高频干扰后，再以较低的采样频率进行采样，这样既可以满足采样定理，不会造成混淆，又可以减少数字计

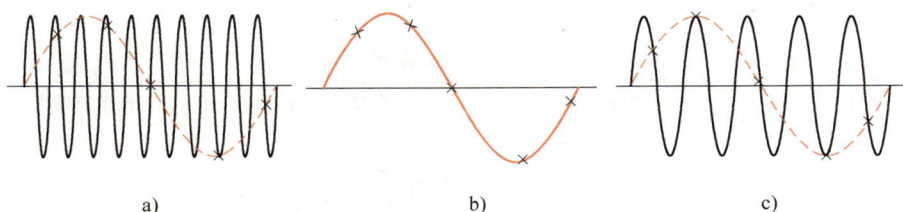

图 6-20　采样间隔过大造成混淆

算量。

2. 数据检验

数据检验首先要进行确定性检验，就是要判定数据是确定性的还是随机性的。确定性检验最有效的方法就是频谱分析。如果信号的谱线是离散的，那么一定是确定性信号。如果其谱线是连续的，那就需要进行重复测试。如果多次重复的结果相同或基本相同，那么就是确定性的瞬变数据；如果各次之间的结果明显不同，那么就是随机性数据。试验数据确定性检验流程如图6-21 所示。

对于随机性数据，还要进行如下的平稳性、周期性和正态性检验，随机性数据是否具有这三个特性对于分析结果的解释有很大影响。

（1）平稳性检验　平稳性检验，就是判断产生随机性数据的过程是否为平稳随机过程。平稳性检验最简便的方法，就是根据产生此数据的物理背景，结合时间历程的图形做出分析，重点是考察测试过程的

图 6-21　试验数据确定性检验流程

物理背景。如果产生此数据的基本物理因素不随时间变化，基本上就可以认为数据具有平稳性；反之，则是非平稳的。例如，对汽车车身上某点的振动加速度信号进行分析，按汽车理论中平顺性的内容可知，振动响应量取决于车速、路面不平度系数和车辆振动系统的结构参数。按前述的"给定车辆在给定道路上以给定速度行驶"的模型，这个加速度信号来自随机行驶，是随机的，但是具有平稳性。采用这种直观分析方法，需要一定的试验对象理论基础和实践经验。

在不能采用直观判断时，可以采用轮次检验法进行。这种方法的主要思想是把一个时间历程记录分为相等的若干段，计算每一段的均值、方差和自相关函数，然后根据轮次检验法判断数据是否具有非平稳的趋势。

（2）周期性检验　随机性数据的周期性检验，并不是要判断数据是否是周期性数据（因为周期性数据属于确定性数据），而是判断随机性数据中是否含有周期分量。周期性检验最有效的方法是通过数据分析，再根据样本的概率密度函数、自相关函数或自功率谱密度

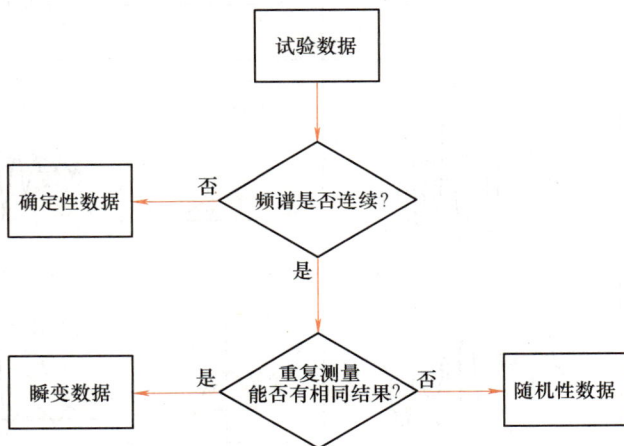

函数的图形来判断，见表6-9。

表6-9　周期性检验的方法

周期性数据的概率密度呈碗形，"单纯"随机信号（即不包含周期分量）的概率密度呈钟形，混有周期分量的随机信号则是两者的结合，其概率密度呈驼峰形。对自相关函数来说，周期信号的自相关函数仍然是周期函数，单纯随机信号的自相关函数呈收敛的衰减振荡，混有周期分量的随机信号则是衰减振荡，但随着时移绝对值的增大并不收敛而是呈连续振荡。对功率谱密度函数来说，周期性数据只有一个频率分量，功率谱图形表现为单一脉冲线谱，单纯随机数据具有连续谱线（某频率处功率谱密度值较大，反映该频率分量的强度较大），两者结合，则可以看到混有周期分量的随机信号的谱密度图形有一个尖峰。

（3）正态性检验　正态性检验是判定随机数据的数值分布是否具有正态分布的特性。常见的办法是利用计算机进行概率密度函数的计算，然后将其图形与正态分布做比较，做出判断。

3. 数据分析

试验数据的类型不同，分析方法也有所不同。对于确定性数据，可以通过列表、图形或

经验公式等来表达，如回归分析等。对于随机性数据，可以从以下三个层面进行描述。

(1) 时间域描述　即时域分析，是以时间为自变量的数学工具，主要是自相关函数和互相关函数，所以时域分析通常也称为相关分析。

(2) 幅值域描述　即值域分析，是以幅值为自变量的数学工具，主要是均值、均方值、方差和概率密度函数等统计量。

(3) 频率域描述　即频域分析，是以频率为自变量的数学工具，涉及内容较多，根据数据类型和分析目的的不同，主要包括傅里叶级数展开、傅里叶积分变换、功率谱密度分析、相关分析和频率响应特性的求解等。

这三个层面的分析是从不同角度来观察同一个客观事物，无论从哪个角度描述都不会改变被观测的客观事实。

三、时域分析

1. 相关系数

对于确定性数据来说，两个变量之间可以用确定的函数来描述。而对于随机变量来说，则不具有确定的关系，但是如果两个随机变量之间具有某种内涵的关系，可以通过大量统计发现它们之间会存在着某种不精确但可表征其特征的近似关系。例如，人的身高和体重的关系，通过统计可以发现通常身高高的人，体重也相应重一些。由于随机变量无法写出确定的函数关系式，变量之间的线性相关程度采用统计的方法。

所谓"相关"，在这里指的就是两个变量 x 和 y 之间的线性关系。定义相关系数用 ρ_{xy} 表示，$|\rho_{xy}|$ 越接近 1，相关性越强。ρ_{xy} 接近 +1，称 x 和 y 之间成"正相关"，也就是 x 越大、y 越大；ρ_{xy} 接近 -1，则是成"负相关"。

如果 x 和 y 的分布几乎就在一条直线上，相关性极强，相关系数 ρ_{xy} 则接近于 1；如果 x 和 y 没有完全确定的对应关系，但是总体上看还是存在比较明显的线性关系，则 ρ_{xy} 也较大；如果 x 和 y 分布点明显不呈线性（比如某种抛物线形状），x、y 之间可以说完全没有线性关系，则 ρ_{xy} 接近于 0。

变量 x 和 y 之间的相关系数 ρ_{xy} 可表示成

$$\rho_{xy} = \frac{E\left[(x-\mu_x)(y-\mu_y)\right]}{\sigma_x \sigma_y} \tag{6-18}$$

式中，x、y 为两个随机变量；μ_x 为变量 x 的数学期望，$\mu_x = E(x)$；μ_y 为变量 y 的数学期望，$\mu_y = E(y)$；E 为求数学期望；σ_x 和 σ_y 分别为 x 和 y 标准差。

数据的时域分析通常称为"相关分析"，但指的不是相关系数，而是在此基础上得出的相关函数。

2. 自相关函数

(1) 定义　设 $x(t)$ 是来自某各态历经随机过程的一个样本，则任意时刻的 $x(t)$ 是一个随机变量，相隔给定时间段 τ 后的 $x(t+\tau)$ 也是一个随机变量，这个给定的时间段 τ 称为时移。按定义，变量 $x(t)$ 和变量 $x(t+\tau)$ 之间的相关系数为

$$\rho_{x(t)x(t+\tau)} = \frac{E\big[\,(x(t)-\mu_{x(t)})\,(x(t+\tau)-\mu_{x(t+\tau)})\,\big]}{\sigma_{x(t)}\,\sigma_{x(t+\tau)}}$$

由各态历经性，求数学期望 E 的操作可以按时间平均来计算；同时，各态历经过程必然属于平稳过程，由平稳性可知，均值 μ 和标准差 σ 等统计特性都不随时间的推移而变化，即 $\mu_{x(t)}$ 和 $\mu_{x(t+\tau)}$ 都可以记作 μ_x，$\sigma_{x(t)}$ 和 $\sigma_{x(t+\tau)}$ 都可以记作 σ_x，则

$$\rho_{x(t)x(t+\tau)} = \frac{\lim\limits_{T\to\infty}\dfrac{1}{2T}\displaystyle\int_{-T}^{T}\big[x(t)-\mu_x\big]\big[x(t+\tau)-\mu_x\big]\mathrm{d}t}{\sigma_x^2}$$

经计算，且 μ_x 为常数，$\lim\limits_{T\to\infty}\dfrac{1}{2T}\displaystyle\int_{-T}^{T}x(t+\tau)\mathrm{d}t = \lim\limits_{T\to\infty}\dfrac{1}{2T}\displaystyle\int_{-T}^{T}x(t)\mathrm{d}t = \mu_x$，得到

$$\rho_{x(t)x(t+\tau)} = \frac{\lim\limits_{T\to\infty}\dfrac{1}{2T}\displaystyle\int_{-T}^{T}x(t)x(t+\tau)\mathrm{d}t - \mu_x^2}{\sigma_x^2}$$

将上式分子的第一项称为自相关函数，记作 $R_x(\tau)$，即

$$R_x(\tau) = \lim\limits_{T\to\infty}\frac{1}{2T}\int_{-T}^{T}x(t)x(t+\tau)\,\mathrm{d}t \tag{6-19}$$

注意，自相关函数 $R_x(\tau)$ 是时域分析的重要工具，但其自变量不是时间 t，而是时移 τ。

其含义可以理解为各态历经随机过程存在任一样本 $x(t)$，任意时刻的函数值 $x(t)$ 与时移 τ 后的函数值 $x(t+\tau)$ 两者的"总体"相关性，就是自相关。所谓"总体"，就是指时刻 t 从 $-\infty$ 变动到 $+\infty$，$x(t)$ 与 $x(t+\tau)$ 的相关性的综合表现，如图 6-22 所示。在此图中，时移 τ 是不变的，时刻 t 则从 $-\infty$ 变动到 $+\infty$。如果改变时移 τ，前后两点——t 和 $t+\tau$ 的相对位置就会发生改变，自相关函数值 $R_x(\tau)$ 也就改变了。

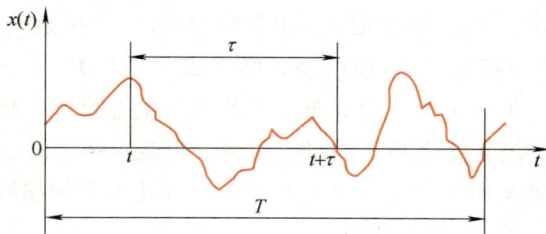

图 6-22 自相关函数的含义

另外，可以看出，相关系数实际上也仅取决于时移 τ，而与 t 无关，所以可以将相关系数 $\rho_{x(t)x(t+\tau)}$ 写作 $\rho_x(\tau)$。

于是有

$$\rho_x(\tau) = \frac{R_x(\tau)-\mu_x^2}{\sigma_x^2} \quad \text{或} \quad R_x(\tau) = \rho_x(\tau)\sigma_x^2 + \mu_x^2$$

显然，对于各态历经过程的样本 $x(t)$ 来说，均值 μ_x 和标准差 σ_x 都是常数，相关系数 $\rho_x(\tau)$ 和自相关函数 $R_x(\tau)$ 存在线性关系，如果是零均值样本，二者则成正比。

(2) 主要性质

1）自相关函数的最大值是 $R_x(\tau)=\sigma_x^2+\mu_x^2$。当时移 $\tau=0$，显然相关系数 $\rho_x(\tau)=1$。因为此时讨论的就是经 $x(t)$ 和 $x(t)$ 之间的线性关系，两者相等，完全成正相关，相关系数为 1。

由 $R_x(\tau)=\rho_x(\tau)\sigma_x^2+\mu_x^2$，易得 $R_x(\tau)=\sigma_x^2+\mu_x^2$，这是自相关函数的最大值。

2）自相关函数 $R_x(\tau)$ 是偶函数。如果将 $-\tau$ 代入自相关的定义式，可得

$$R_x(-\tau) = \lim_{T\to\infty} \frac{1}{2T} \int_{-T-\tau}^{T-\tau} x(t)x(t-\tau)\mathrm{d}t$$

采用高等数学常用的手法，令 $t'=t-\tau$，则

$$R_x(-\tau) = \lim_{T\to\infty} \frac{1}{2T} \int_{-T-\tau}^{T-\tau} x(t'+\tau)x(t')\mathrm{d}t' = \lim_{T\to\infty} \frac{1}{2T} \int_{-T}^{T} x(t')x(t'+\tau)\mathrm{d}t' = R_x(\tau)$$

可见 $R_x(\tau) = R_x(-\tau)$，自相关函数 $R_x(\tau)$ 是偶函数。

当时移 $\tau\to\infty$ 时，对于随机信号来说显然 $x(t)$ 与 $x(t+\tau)$ 毫无关联，相关系数 $\rho_x(\tau\to\infty)=0$。由 $R_x(\tau)=\rho_x(\tau)\sigma_x^2+\mu_x^2$，易得 $R_x(\tau\to\infty)=\mu_x^2$。也就是说，自相关函数的无穷极限是均值的平方 μ_x^2。对于零均值，则收敛到 0，也就是函数图形的水平渐进线就是横轴。

自相关函数的上述性质如图 6-23 所示。

3）周期函数的自相关函数仍然是周期函数，且频率相同，但不包含原函数的相位信息。

图 6-23　随机信号的自相关函数

【例 6-3】　求任意正弦函数 $x(t)=X_0\sin(\omega t+\varphi)$ 的自相关函数。

解　按照自相关函数的定义式，有

$$R_x(\tau) = \lim_{T\to\infty} \frac{1}{2T} \int_{-T}^{T} X_0\sin(\omega t+\varphi)X_0\sin(\omega t+\omega\tau+\varphi)\mathrm{d}t$$

上式中的被积函数 $X_0\sin(\omega t+\varphi)X_0\sin(\omega t+\omega\tau+\varphi)$ 具有周期 $T_0=\dfrac{2\pi}{\omega}$，显然其无穷区间上的平均值等于一个周期内的平均值，所以

$$R_x(\tau) = \frac{1}{T_0} \int_{0}^{T_0} X_0\sin(\omega t+\varphi)X_0\sin(\omega t+\omega\tau+\varphi)\mathrm{d}t$$

运用三角函数的积化和差公式之一，即

$$\sin\alpha\sin\beta = \frac{1}{2}[\cos(\alpha-\beta)-\cos(\alpha+\beta)]$$

得

$$R_x(\tau) = \frac{1}{T_0} \int_{0}^{T_0} \frac{X_0^2}{2}[\cos\omega\tau - \cos(2\omega t+\omega\tau+2\varphi)]\mathrm{d}t = \frac{X_0^2}{2}\cos\omega\tau$$

可见，正弦函数的自相关函数是一个同频率的标准余弦函数，在自变量 $\tau=0$ 时有最大值，而不再出现原函数的初始相位 φ。

因此，对周期函数做自相关分析，可以保留原函数的幅值和频率信息，但是会丢失初始相位信息。

（3）主要应用　在测试信号的分析处理中，通常利用"周期函数的自相关函数仍然

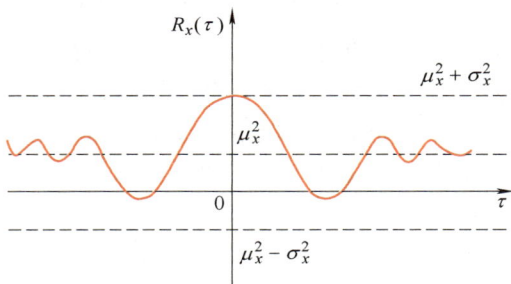

是周期函数，且频率相同"这一性质，对信号进行周期性检验，也就是鉴定杂乱无章的随机信号中是否混有周期分量。

无论信号中是否有周期分量，只要有随机成分，该信号总体而言就是随机性质的，其时间历程 $x(t)$ 是没有规律的杂乱曲线，无法直接判断，需要对 $x(t)$ 做自相关分析。

如果测试信号是单纯的随机信号，也就是没有周期分量，那么其自相关将呈现收敛衰减振荡，其无穷极限是均值的平方 μ_x^2，如图 6-22 所示。

如果随机信号中混有周期分量，则可将该信号看作单纯随机分量和周期分量叠加所得，那么，"总信号"的自相关就是两个分量的自相关的叠加（由自相关函数的定义式很容易看出，自相关分析具有这种叠加性）。单纯随机分量的自相关呈收敛的衰减振荡，而周期分量的自相关仍是一个周期函数，两者叠加后的表现就是：随着时移 τ 向两侧扩展，自相关的幅值衰减，但不会收敛。因为当 $|\tau|$ 足够大时，单纯随机分量的自相关已经非常接近其无穷极限（均值的平方 μ_x^2），基本上不做振荡，但是周期分量的自相关则会一直做周期振荡，见表 6-9。

例如，某汽车在特定试验路面上行驶，记录其车身上某点的振动加速度时间历程，为杂乱的随机信号，而对该信号进行自相关分析，得到的曲线则表现出比较明显的周期性振荡，如图 6-24 所示。

选取最高峰值和第二峰值之间进行测量，时间差约为 0.1s（或者根据连续三个波

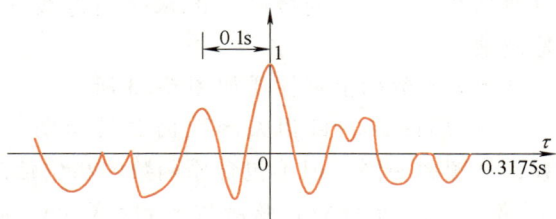

图 6-24　车身振动加速度的自相关分析

动之间的总时间差为 0.3175s，合算每个波动的周期约为 0.1s），就是说自相关函数中包含有周期为 0.1s，也就是频率为 10Hz 的周期成分，这表明信号中有频率为 10Hz 的周期分量。对试验工况进行研究发现：试验车速为 20km/h（也就是 5.55m/s），现场给定路面大约相隔 0.55m 就有一个不平度起伏冲击，显然路面不平度输入的时间频率就是 10Hz，刚好和加速度信号的自相关分析相吻合。说明该车的这个周期振动分量来自路面不平度输入，而不是车辆自身的激振。

3. 互相关函数

在工程实际中，有时需要对两个随机过程进行分析。此时不仅要研究两个随机过程各自的统计特征，还需研究两个随机过程之间的相关程度。

（1）定义　互相关函数 $R_{xy}(\tau)$ 的定义和自相关函数 $R_x(\tau)$ 类似，有

$$R_{xy}(\tau) = \lim_{T \to \infty} \frac{1}{2T} \int_{-T}^{T} x(t) y(t + \tau) \mathrm{d}t \tag{6-20}$$

或

$$R_{yx}(\tau) = \lim_{T \to \infty} \frac{1}{2T} \int_{-T}^{T} y(t) x(t + \tau) \mathrm{d}t$$

两者含义完全相同。

自相关函数的含义是"某一函数在任意时刻的函数值 $x(t)$ 与时移 τ 后该函数的值 $x(t+\tau)$ 的总体相关性"。而互相关，指的则是"某一函数 x 在任意时刻的函数值 $x(t)$ 与时移 τ 后另一函数 y 的值 $y(t+\tau)$ 的总体相关性"，如图 6-25 所示。

（2）主要性质及应用　如图 6-26 所示，在特定时移 τ_0 时，互相关函数值 $R_{xy}(\tau)$ 达到最大值，则该时移 τ_0 反应 $x(t)$ 和 $y(t)$ 之间基本物理因素的滞后时间。

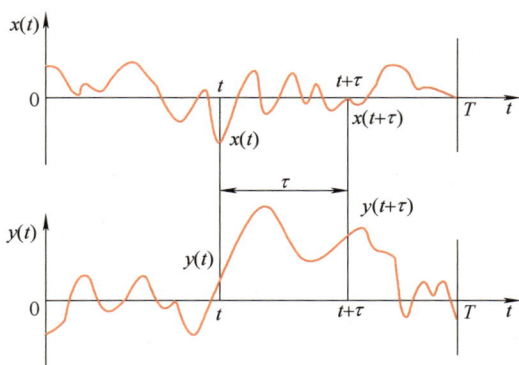

图 6-25　t 时刻的 x 与 $t+\tau$ 时刻的 y 的相关性

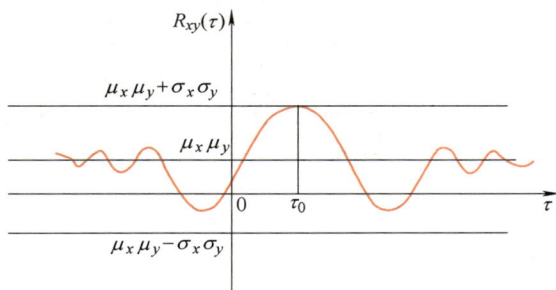

图 6-26　互相关函数的性质

对此可以理解为：同样的基本物理作用，先引起信号 x，间隔一段时间 τ_0 后引起另一信号 y，所以，"函数 x 在任意时刻的函数值 $x(t)$ 与时移 τ_0 后另一函数 y 的值 $y(t+\tau)$ 的总体相关性"最强，也就是滞后特定的时移 τ_0 后 $R_{xy}(\tau)$ 达到最大。

利用互相关函数的这一性质，可以进行以下测量。

1）测量滞后时间。例如，在汽车的操纵稳定性评价中，反应时间是一个重要的指标。如果进行直接测量，需要在汽车等速直线行驶过程中施加一个转向盘角阶跃输入，然后测量汽车的横摆角速度达到第一峰值的时间相对于施加转向盘角阶跃输入时滞后了多少（可参阅汽车理论操纵稳定性的有关内容）。这种测试占用场地面积大、有一定危险性，而且计时起点不易掌握，会造成误差。

改用互相关分析法，则可以在汽车直线行驶过程中，做转向盘间隔性地脉冲输入，使汽车产生周期性地往复摆动（类似绕桩运动）。以转向盘转角为输入 x，以汽车的横摆角速度为输出 y，对二者进行互相关分析，$R_{yx}(\tau)$ 的最大值所对应的时移 τ_0，就是该车操纵系统的滞后时间。在图 6-27 中，$R_{yx}(\tau)$ 在时移为 $-0.18 \sim -0.15\text{s}$ 时达到最大，表明 y 比 x 滞后约 $0.15 \sim 0.18\text{s}$。

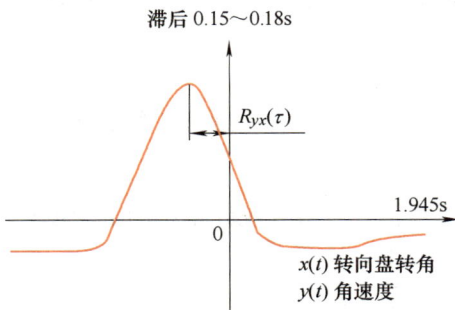

图 6-27　利用互相关测定操纵稳定性的滞后时间

2）测量速度或距离。除了直接测定滞后时间 τ_0 外，还可以利用 τ_0，结合已知的距离或者速度，求解待测速度或距离。

例如，在汽车前、后两处各安装一个振动加速度传感器，分别产生信号 $x(t)$ 和 $y(t)$，两者的互相关函数在时移 τ_0 处有最大值。显然，同样的地面不平度输入经过时移 τ_0 后，由前点移动到后点，运动了 l，引起的两个信号的相关性最强。则车速为 $v=\dfrac{l}{\tau_0}$，如图 6-28 所示。

再如，地下管路发生漏损，需要确定位置，但不能将路面全部掘开，就可以在漏损点两侧选定位置各布置一个声音传感器，将两者的信号做互相关处理。互相关函数的最大值所对应的时移，就是声音沿管道传递到两个传感器的时间差。结合声音在管道材料中传递的速

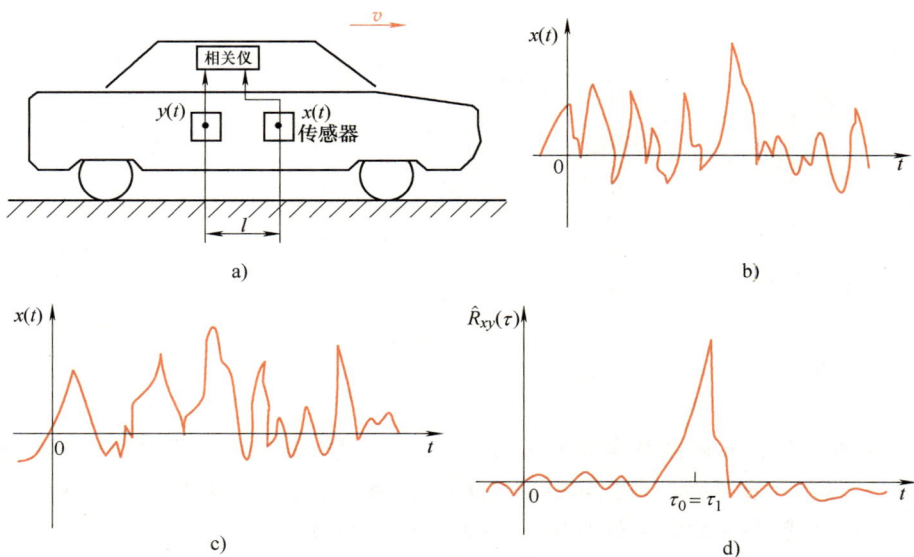

图 6-28 利用互相关分析测量车速

度，就能确定漏损位置。

互相关函数的另一个性质是：如果两个随机数据中都含有相同频率的周期分量，那么两者的互相关函数也含有该频率的周期分量（即时移 $\tau \to \infty$）。

四、值域分析

值域分析主要是进行各种统计学计算，主要包括以下参数。

1. 均值

均值，也就是统计学中的数学期望。注意，这和误差分析中介绍的"算术平均值"不是一回事。

均值表示信号的常值分量，也就是直流分量，是信号变化的中心趋势。

对各态历经过程的样本 $x(t)$ 来说，均值 μ_x 就是对信号进行简单时间平均，即

$$\mu_x = \lim_{T \to \infty} \frac{1}{T} \int_0^T x(t)\,\mathrm{d}t \tag{6-21}$$

例如，对于交流市电来说，其均值代表直流分量，就是 0。

2. 均方值 ψ_x^2

均方值 ψ_x^2 是样本函数 $x(t)$ 平方的均值，信号平方的均值，代表信号的强度，即

$$\psi_x^2 = \lim_{T \to \infty} \frac{1}{T} \int_0^T x^2(t)\,\mathrm{d}t \tag{6-22}$$

均方值的算术平方根就是均方根值，可以记作 ψ_x 或 x_{rms}。

均方值代表信号的强度，有时也被形象地称作"能量"或"功率"。与均值相比，均方根值也代表信号的强度，而且其单位与所描述的物理量相同，使用起来更加直观。例如，对于交流市电来说，常说的"有效电压"为 220V，指的就是正弦电压信号 $x(t)$ 的均方根值。

3. 方差 σ_x^2

方差 σ_x^2 用来描述信号的波动分量，也就是信号 $x(t)$ 相对其中心趋势——均值 μ_x 的总体偏离程度，即

$$\sigma_x^2 = \lim_{T \to \infty} \frac{1}{T}\int_0^T [x(t) - \mu_x]^2 \mathrm{d}t \qquad (6\text{-}23)$$

在很多概率与统计学的教材和资料中，方差常常被定义为 $D(X) = E\{[X-E(X)]^2\}$，$E(X)$ 表示求随机变量 X 的数学期望（即均值）。可以看出，这个定义和上述 σ_x^2 的定义是一样的。

方差的算术平方根就是标准差，"标准差"的这个定义和"测量误差分析"部分介绍的标准差 σ 也是吻合的。

另外，当信号 $x(t)$ 的均值为 0 时，方差 $\sigma_x^2 = \lim\limits_{T \to \infty} \frac{1}{T}\int_0^T x^2(t)\mathrm{d}t$，也就是均方值。所以，对于零均值信号，均方值就是方差，均方根值也就是标准差。例如，在研究汽车的平顺性时，振动响应量的定量表达常采用均方根值，而符号则习惯采用标准差 σ_x，因为汽车的平顺性分析使用的就是典型的"零均值"信号，即振动模型的平衡位置取在悬架弹簧的静平衡位置。

4. 概率密度函数 $p(x)$

要定义概率密度函数 $p(x)$，首先要研究随时间连续变化的随机函数 $x(t)$ 在某幅值区间内的概率。

如图 6-29 所示，各态历经过程的任一样本 $x(t)$，在某区间 $(x, x+\Delta x]$ 内取值的总时间为 $T_x = \sum\limits_{i=1}^{n} \Delta t_i$。各态历经性允许用任一样本的时间平均代替总体平均，故当记录时间 $T \to \infty$ 时，$x(t)$ 在区间 $(x, x+\Delta x)$ 内取值的概率就是 T_x/T，即

$$\lim_{T \to \infty} \frac{T_x}{T} = p[x < x(t) \leqslant x+\Delta x]$$

注意，其中 x 是随机函数 $x(t)$ 取得的某一给定值。

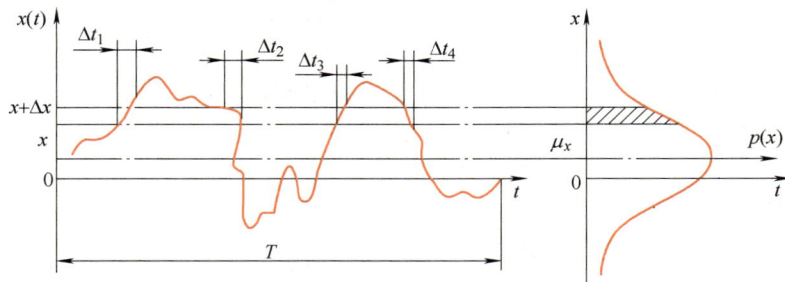

图 6-29　概率密度的定义及计算

由数理统计的定义，概率密度函数 $p(x)$ 可表示为

$$p(x) = \lim_{\Delta x \to 0} \frac{p[x < x(t) \leqslant x+\Delta x]}{\Delta x} = \lim_{\Delta x \to 0}\left(\frac{1}{\Delta x}\lim_{T \to \infty}\frac{T_x}{T}\right) \qquad (6\text{-}24)$$

概率密度函数从本质上提供了测量数据（信号）在幅值域的分布信息。不同类型的数据，其时间历程（样本）具有不同形状的概率密度函数图形，可以据此识别试验数据的基本类型，进行各种数据检验。

概率密度函数从本质上提供了测量数据（信号）在幅值域的分布信息，就这个意义上来说，其理论价值高于均值、均方值和方差等统计量。因为已知分布信息，必然可以求得上述各统计量，而由各统计量却无法确定数据在不同幅值区域的分布信息。但是，概率密度是函数，其应用的直观性和求解的便捷性又不如均值、均方值和方差等简单统计量。

注意，在值域分析的各公式计算中，都出现了时间 t，因为原始数据是物理量（通常体现为测试系统提供的连续电压量）的时间历程 $x(t)$，对其进行统计分析一定要在时间域上进行积分、累加或平均等计算。但得到的各统计参数取决于信号的幅值水平和分布特性，与时间本身无关，所以上述数学工具属于"值域分析"。

在对实际信号求解时，上述各公式中的极限当然无法实现，只能令记录时间 T 充分长、幅值区间 Δx 足够小。

五、频域分析

对于动态测量数据，除了上文中讲到的对时域和幅值域进行分析外，通常还需在频域内进行频谱分析。测量数据的频域分析，就是各种以频率为自变量的数学工具。

频域分析的基本思想是，把待研究的动态数据看作若干简谐信号（即正弦波）的叠加，研究该数据就等价于研究这些参与叠加的正弦波。一个正弦波有频率、幅值和相位三个独立信息，如果能做到"任意给定一个正弦波的频率，就能指出该频率分量的幅值和相位"，那么就能得到所有参与叠加的正弦波的信息，也就是获取了待研究的数据的信息。这种以频率信息为"索引"，研究各频率分量信息的方法，就是频域分析（频谱分析）。

以图 6-30 所示的"周期方波的频谱分析——傅里叶级数展开"为例。傅里叶级数展开相当于一面"棱镜"，时域上的信号经过这面"棱镜"后使我们可以从频域的角度来了解它。如图 6-30 中的三个箭头的投影方向所示，一个信号在本质上可以从时域、幅频域和相频域三个角度来解释它。

认为待研究的原始方波信号由频率分别为 f_1、$3f_1$、$5f_1$、$\cdots$、$(2n-1)f_1$、$\cdots$ 的谐波叠加得到，问题就转换为求这些频率分量的幅值和相位，于是得到幅值谱和相位谱。

如图 6-30 所示，1 阶谐波（就是频

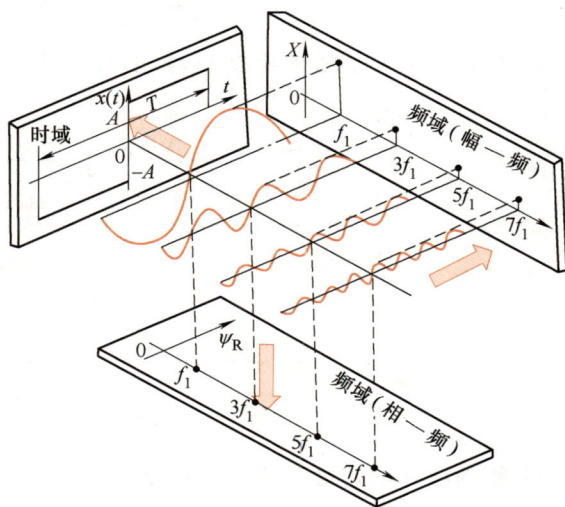

图 6-30 周期方波的频谱分析——傅里叶级数展开

率为 f_1）分量，是频率与原周期方波相同、具有一定的幅值、初始相位为零（即曲线过原点）的一个正弦信号；在此基础上，加上 3 阶谐波信号，就是同样过原点、频率加快到 3 倍，而幅值适度变小的正弦波；再加上 5 阶谐波……分别表示 1、3、5、…阶谐波的波形，在时域投影方向看则是叠加之后的效果。随着叠加阶数的增加，叠加曲线之和在对应方波的"竖线"的位置越来越趋向于铅垂线，而在"横线"位置则抖动越来越剧烈但起伏越来越小。即随着阶数的增加，各阶谐波的叠加越来越趋向于周期方波。

一般来说，数据的频域信息比时域或值域信息更重要。通过频域（谱）分析，可以确定数据中包含的频率组成成分；确定各频率成分的幅值或强度的分布；分析各数据间的相互关系；通过谱分析求解实际系统的传递特性（频率响应特性）和特性参数；确定干扰噪声分量，寻求其来源。

根据数据类型的不同，频域分析的方法不同，频谱表达的形式也不同。

1. 周期性数据的频谱分析——谐波分析

在本节的"动态数据的类型"部分已讲述过，周期性数据的谱分析结果是等间隔的离散谱线。其数学理论就是傅里叶级数展开。

任何一个满足狄利克雷条件的周期函数，都可以展成若干简谐函数（即正弦函数）之和，可以写为

$$x(t) = X_0 + \sum_{n=1}^{\infty} X_n \sin(2\pi n f_1 t + \varphi_n) \tag{6-25}$$

式中，X_0 为信号的均值，也就是直流分量，即

$$X_0 = \frac{1}{T}\int_{-\frac{T}{2}}^{\frac{T}{2}} x(t)\,\mathrm{d}t$$

f_1 为所有参与叠加的正弦函数中的最低频率，称为基频，基频就是该周期函数的频率，也就是周期 T 的倒数，即 $f_1 = \frac{1}{T}$；X_n 为第 n 阶谐波的幅值，即

$$X_n = \sqrt{a_n^2 + b_n^2} \quad (n = 1,\ 2,\ 3,\ \cdots)$$

其中 $$a_n = \frac{2}{T}\int_{-\frac{T}{2}}^{\frac{T}{2}} x(t)\cos 2\pi n f_1 t\,\mathrm{d}t, \qquad b_n = \frac{2}{T}\int_{-\frac{T}{2}}^{\frac{T}{2}} x(t)\sin 2\pi n f_1 t\,\mathrm{d}t$$

φ_n 为第 n 阶谐波的初始相位 $$\varphi_n = \arctan \frac{a_n}{b_n}$$

已知待研究的原始周期信号 $x(t)$（当然也包括其周期 T），就可以按上述公式求得 f_1、a_n 和 b_n。

这样，只要任意给出一个谐波的阶数 n，就可以确定其频率 nf_1、幅值 X_n 和初始相位 φ_n。原周期函数 $x(t)$ 就是从 1 阶到无穷阶谐波的叠加。

由于傅里叶级数展开的结果是频率间隔为基频的离散谐波之和，所以其频谱图为等间隔的离散线谱。上面提到的周期方法是一种特例，逢偶数阶谐波的幅值都是 0，任何阶谐波的初始相位都是 0。

周期性数据的频谱具有离散性、谐波性和收敛性，即叠加构成该周期数据的各正弦波的频率是离散的、有间隔的；各正弦波之间的频率间隔是相等的；无穷个谐波的叠加结

果不是无穷大（该结果当然就是原周期信号）。

其中，根据收敛性，可以在满足精度要求的条件下，对傅里叶级数展开进行截断，以前面若干项之和近似代替原周期函数，即略去后面的无穷项高阶谐波分量。

该原理类似于高等数学中用泰勒级数展开的方法求某些复杂函数的近似解。

2. 非周期确定性数据的频谱分析——傅里叶变换

此处的"非周期确定性数据"包括了准周期数据和瞬变数据（可参见本节中"动态数据的类型"部分）。

非周期函数可以看作周期为无穷大的周期函数。那么利用上述傅里叶级数展开理论，周期 $T \to \infty$ 就意味着频率间隔 $f_1 \to 0$，间隔为零的累加就是积分。所以对于非周期确定性数据要进行傅里叶积分变换。注意，时间历程 $x(t)$ 存在傅里叶积分，一方面仍需满足狄利克雷条件，另外还需满足"无穷区间上的绝对可积性"，即 $\int_{-\infty}^{+\infty} |x(t)| \, \mathrm{d}t < \infty$。

式（6-26）是傅里叶变换，将时间历程 $x(t)$ 转换为频谱 $X(f)$；式（6-27）则是傅里叶逆变换，将频谱 $X(f)$ 转换为时间历程 $x(t)$。两者构成一个傅里叶变换对，即

$$X(f) = \int_{-\infty}^{+\infty} x(t) \mathrm{e}^{-\mathrm{j}2\pi ft} \mathrm{d}t \tag{6-26}$$

$$x(t) = \int_{-\infty}^{+\infty} X(f) \mathrm{e}^{\mathrm{j}2\pi ft} \mathrm{d}f \tag{6-27}$$

【例 6-4】 求矩形窗函数 $w(t)$ 的频谱。

解 矩形窗函数的定义为

$$w(t) = \begin{cases} 1, & |t| \le T \\ 0, & |t| > T \end{cases}$$

$w(t)$ 满足狄利克雷条件和无穷区间的绝对可积性，存在傅里叶变换，其频谱即傅里叶变换为 $W(f) = \int_{-\infty}^{+\infty} w(t) \mathrm{e}^{-\mathrm{j}2\pi ft} \mathrm{d}t$。

代入 $w(t)$ 的表达式，经计算并结合正弦形式的欧拉公式 $\dfrac{1}{2}(\mathrm{e}^{\mathrm{j}\varphi} - \mathrm{e}^{-\mathrm{j}\varphi}) = \mathrm{j}\sin\varphi$，可得 $W(f) = 2T \dfrac{\sin 2\pi fT}{2\pi fT}$。可见，当频率 $f = 0$ 时，频谱达到峰值 $W(f=0) = 2T$，即时间窗宽度 T 越大，频谱的峰值越大。

有时将窗函数的时间历程 $w(t)$ 的图像称作时间窗，其频谱 $W(f)$ 的图像则为谱窗，如图 6-31 所示。

谱窗曲线与横坐标的两个交点之间的部分，也就是谱窗中间最高大的部分，称为"主瓣"。显然，令 $W(f) = 2T \dfrac{\sin 2\pi fT}{2\pi fT} = 0$，可得两个交点分别是 $\left(-\dfrac{1}{2T}, 0\right)$ 和 $\left(\dfrac{1}{2T}, 0\right)$，也就是说矩形谱窗的主瓣宽度（单边）为 $\dfrac{1}{2T}$。

由主瓣的概念及图 6-31 的对比可见，时间窗和谱窗的变动趋势截然相反，时间窗宽度 T 越大、越平坦，谱窗的主瓣就越窄、越高，高频分量衰减越迅速；反之，时间窗宽度越小，谱窗的主瓣就越宽、越低，变动越平缓。

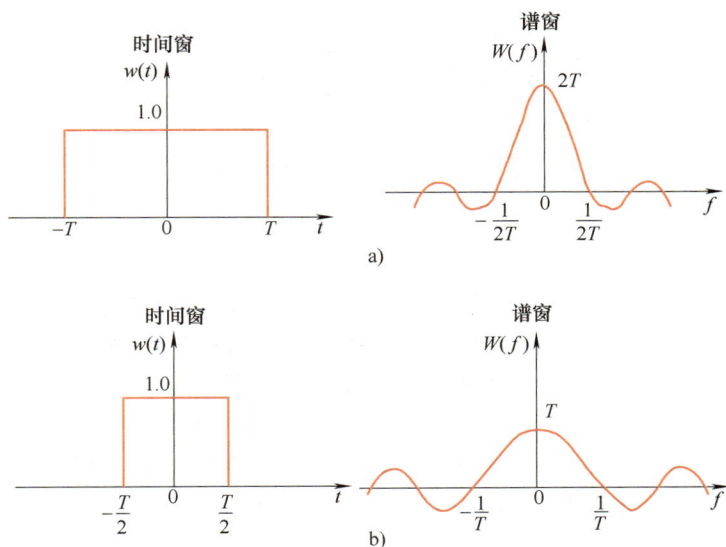

图 6-31　不同宽度 T 的时间窗与谱窗

由频谱分析的基本思想可知，谱窗反映的是原始信号——时间历程 $w(t)$ 由哪些频率分量组成、各频率分量的相对关系如何。矩形窗函数可以看作是在无穷长的零信号基础上，添加了一个"上跳—拉平—下跳"的突变分量。时间窗越宽，说明稳定"拉平"的时间越长，信号的突变相对不明显，也就是信号相对简单，那么参与叠加的谐波频率成分就不是非常多，高频分量显得较少，所以谱窗尖耸、高频成分衰减迅速；如果时间窗很短，则可以看作"跳上跳下的突变"很剧烈，一定是有非常复杂的物理背景造成这种巨变，那么信号的频率成分一定很丰富，高频成分相对低频成分不会衰减得很快，所以谱窗较平缓。

由此，可以大胆推想，如果能采取其他形式的窗函数，使得这种"跳上、跳下"的突变不像矩形窗函数般地直上直下，而是具有某种坡度甚至弧度，那就会使信号的"抖动"变得更平缓，一定可以使信号的谱分析结果更趋于集中在低频带（更趋于图 6-31a 所示的谱窗）。这种思想可以用于后文所述的泄漏误差的抑制。

3. 随机性数据的频谱分析——功率谱分析

前文已述，傅里叶积分变换的存在，需要满足无穷区间上的绝对可积性，即 $\int_{-\infty}^{+\infty} |x(t)| \, dt < \infty$ 。而随机性数据，其时间历程一般表现为无穷区间上的"没头没尾"的杂乱振荡，不满足该要求，所以不能直接对该随机数据本身进行傅里叶变换，而是采用功率谱分析法。

令 $x(t)$ 为某各态历经过程的任意样本，其均值 $u_x = 0$，且其中没有周期分量。那么其自相关函数的无穷极限收敛于 0，即 $\lim\limits_{\tau \to \infty} R_x(\tau)$ 。

因此，这个样本的自相关函数满足无穷区间上的绝对可积性，即

$$\int_{-\infty}^{+\infty} |R_x(\tau)| \, dt < \infty$$

于是，可以对随机信号的自相关函数 $R_x(\tau)$ 做傅里叶积分变换，并将其定义为自功率谱密度函数，简称自谱，记作 $S_x(f)$，即

$$S_x(f) = \int_{-\infty}^{+\infty} R_x(\tau) e^{-j2\pi f\tau} d\tau \tag{6-28}$$

$$R_x(\tau) = \int_{-\infty}^{+\infty} S_x(f) e^{j2\pi f\tau} df \tag{6-29}$$

同时间历程 $x(t)$ 和频谱 $X(f)$ 的关系一样，自相关函数 $R_x(\tau)$ 和自谱 $S_x(f)$ 也构成一个傅里叶变换对，式（6-28）是傅里叶变换，而式（6-29）是傅里叶逆变换。自相关函数 $R_x(\tau)$ 和自谱 $S_x(f)$ 互相包含对方的全部信息，即自相关是偶函数，自谱也是偶函数；自相关分析会丢失原始信号中的初始相位信息，自谱亦然。

自谱 $S_x(f)$ 的数学定义域是 $(-\infty, +\infty)$，有时称为双边谱。但在工程实际中只能在非负区间定义频率，因此将双边谱 $S_x(f)$ 在"负频率"区间的数值折叠到正频率区间，定义为

$$G_x(f) = \begin{cases} 2S_x(f) & (f \geq 0) \\ 0 & (\text{其他}) \end{cases}$$

频谱 $X_x(f)$ 和自谱 $S_x(f)$ 都是频率分析的工具，都是时间函数的傅里叶变换。但频谱反映的是信号的幅值在频域的分布信息，而功率谱反映的则是信号的强度（也就是信号的均方值，形象地称为"功率"或者"能量"）在频域的分布信息，其频率结构特征更为明显。频谱 $X(f)$ 是复数，其模反映幅频信息，其相角反映相频信息；自谱 $S_x(f)$ 是非负实数，不包含相位信息。

与自谱的定义类似，互相关函数 $R_{xy}(\tau)$ 做傅里叶积分变换就能得到互功率谱密度函数，简称互谱，记作 $S_{xy}(f)$。显然，互谱的傅里叶逆变换就是互相关，即

$$S_{xy}(f) = \int_{-\infty}^{+\infty} R_{xy}(\tau) e^{-j2\pi f\tau} d\tau \tag{6-30}$$

$$R_{xy}(\tau) = \int_{-\infty}^{+\infty} S_{xy}(f) e^{j2\pi f\tau} df \tag{6-31}$$

将角标 x 和 y 互换，当然还有

$$S_{yx}(f) = \int_{-\infty}^{+\infty} R_{yx}(\tau) e^{-j2\pi f\tau} d\tau$$

$$R_{yx}(\tau) = \int_{-\infty}^{+\infty} S_{yx}(f) e^{j2\pi f\tau} df$$

互相关不是偶函数，所以互谱不是实数。

4. 谱密度分析的应用

功率谱密度函数是随机信号的频域分析的有力工具，应用很广泛。例如在汽车理论的平顺性分析中，路面不平度输入和汽车系统的振动响应量的定量评价，都采用功率谱密度函数。

在试验测试中，谱密度除了可以直接表征信号的能量（即均方值）在频率域上的分布特征、模拟随机环境、设备故障诊断及探测振动源（噪声源）等外，还有其他应用，

下面举两个例子。

(1) **确定系统的频响特性** 在本书的第二章,有关系统动态特性的内容中,介绍了根据系统间联系及物理定律建立系统数学模型,写出系统的微分方程,求解系统的动态特性的方法,但是实际中往往由于系统参数未知,使得系统微分方程不容易写出。该方法体系的基础在于认为系统的频率响应特性取决于系统参数。这种思路适用于系统的原理分析、设计和选择等工作。例如,在悬架设计时,可以根据"固有频率低些,振动加速度会低些"的结论来设计弹簧刚度(及其与簧上质量的匹配等)。但是,在实测环节,如果试验研究的目的就是确定某个给定系统的特性,那么上述系统参数很可能是不知道的。例如,很难确定一辆汽车某车轴的簧上/下质量、悬架弹簧刚度和减振器阻尼系数等精确值,因而无法写出运动微分方程(无论采用单质量还是双质量模型)。

此时,就需要采用试验的方法,给系统施加一个已知的、特定的输入,测量并分析其输出,利用输出和输入的关系来求解系统的频率响应函数,或者其他系统特性参数,例如偏频和阻尼比,其测试及计算方法可参考汽车理论中汽车的平顺性的试验部分。

此处介绍的谱密度分析法就是基于这种思想。

一个线性系统,如果其输入为 $x(t)$、输出为 $y(t)$,那么通过对输入和输出信号的分析和处理(过程方法略),可以得到输入的自谱 $S_x(f)$、输出的自谱 $S_y(f)$ 和输入输出的互谱 $S_{xy}(f)$。

于是,系统的频率响应函数可以表达为

$$H(f) = \frac{S_{xy}(f)}{S_x(f)}$$

有的时候,只需得到频响特性中的幅频特性 $|H(f)|$,而不需要相频特性(例如做汽车的平顺性分析),则有

$$|H(f)|^2 = \frac{S_y(f)}{S_x(f)}$$

再次看到,自相关分析会丢失相位信息,而自谱来自自相关,所以,分子和分母都是自谱的计算,势必不包含相频特性。

(2) **相干分析** 试验信号在传输和处理过程中,不可避免地受到其他无关干扰信号的影响,也就是说,通过测试系统 $H(f)$ 得到的输出 $y(t)$,不完全来自输入 $x(t)$,还有一部分来自干扰 $z(t)$。相干分析就是判断 $y(t)$ 中有多少成分来自 $x(t)$、多少来自 $z(t)$,如图 6-32 所示。注意,在该模型中,认为干扰噪声来自系统的输出端。

相干分析利用的数学工具是相干函数 $K_{xy}^2(f)$,又称为凝聚函数,定义为

$$K_{xy}^2(f) = \frac{|S_{xy}(f)|^2}{S_x(f)S_y(f)} \qquad (6-32)$$

图 6-32 相干分析模型

其判定方法如下:

相干函数 $K_{xy}^2(f) = 1$,说明测试系统中没有干扰,输出 $y(t)$ 完全来自输入 $x(t)$。

另一个极端,则是相干函数 $K_{xy}^2(f) = 0$,这说明测试系统中没有输入(或输入端对地

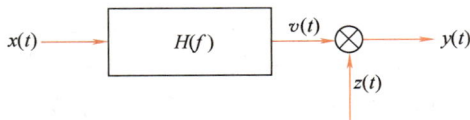

短路），输出 $y(t)$ 完全来自干扰 $z(t)$。

相干函数 $K_{xy}^2(f)$ 介于 0 和 1 之间，则又有以下 3 种可能。

1）测试系统是非线性的。

2）同时存在正常输入 $x(t)$ 和噪声干扰 $z(t)$。

3）在输入端存在 $x(t)$ 以外的其他信号，也就是输入端有干扰。

在线性系统中，相干函数用来说明输出与输入之间在频域上的相关程度。一般地，当相干函数 $K_{xy}^2(f) \geqslant 0.8$ 时，可以认为输出与输入是相关的或"凝聚"的。

5. 泄漏简介

随机性数据的时间历程，就其数学本质而言是无限时长的，而测试系统只能记录和处理有限长度的信号，也就是必然要对该时间历程进行截断。

截断可以看作是用无限长的时间信号乘以有限宽的窗函数，最简单的就是矩形窗。由例 6-4 及其结论可知，无论时间窗宽度 T 多大，其谱窗必然扩展到无限宽频带上。

根据积分变换理论，即使时间历程 $x(t)$ 和自相关函数 $R_x(\tau)$ 是有限频带的函数，进行截断后，其傅里叶变换是频谱 $X(f)$，自谱 $S_x(f)$ 将成为无限带宽函数，其最高频率趋于∞，也就是信号的能量将扩展到"全频带"。

前文已述，数字化处理首先要进行采样，采样定理要求采样频率不能低于信号中最高频率的 2 倍。截断导致信号的最高频率趋于∞，当然任何采样方法也不能使采样频率达到无穷大的 2 倍。可见，只要进行了信号截断，在进行数字处理时就不可能满足采样定理，必然造成混淆。

因此给出以下定义：在数据处理中，由于信号截断导致能量分散，必然会产生一些误差，这一现象称为泄漏。

为了抑制泄漏，最容易想到的办法就是增大截断长度。由例 6-4 的推论可以看出，时间窗 T（就是截断长度）越大，谱窗就越窄、越尖耸，谱分析的能量越集中于低频带，泄漏误差就越小。

但是单纯增大截断长度意味着记录时间的延长，这会导致试验难度加大、工作量和成本上升。因此，追求在不改变截断长度的条件下，抑制泄漏比较有效的措施就是采用其他形式的窗函数。例 6-4 的推论表明，矩形窗这种"直上直下"的窗函数属于变动比较剧烈的，导致高频分量较多，不利于抑制泄漏。可以采取三角窗或者汉宁窗，如图 6-33 所示（时间历程的公式略）。

可见，相比于"直上直下"的矩形窗，三角窗采用了"斜坡变化"的形式，突变较为平缓，因而谱窗的能量较为集中；而汉宁窗进一步又采取了"圆弧过渡"，谱窗的高频成分衰减得更快。因此三角窗，尤其是汉宁窗，抑制泄漏的效果优于矩形窗。

但是，在某些需要分辨系统特征频率的场合，例如测定汽车悬架系统的固有频率时，矩形窗的效果优于三角窗和汉宁窗。对比图 6-31 和图 6-33 可以看出，同样的截断长度——时间窗宽度 T 下，矩形窗的峰值（即主瓣高度）为 $2T$，三角窗和汉宁窗的峰值则为 T，另一方面矩形窗的主瓣宽度为 $\frac{1}{2T}$，三角窗和汉宁窗的主瓣宽度为 $\frac{1}{T}$，矩形窗的主瓣"又细又高"，显然更容易分辨其峰值频率。

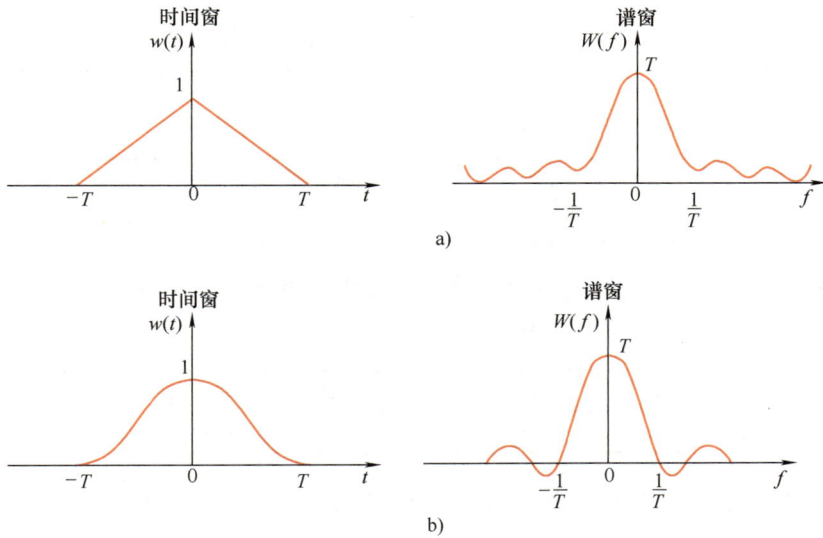

图 6-33　三角窗和汉宁窗的时间窗和谱窗

a）三角窗　b）汉宁窗

思考与习题

1. 求下列实测数据的线性回归方程，并进行显著性检验（$a=0.05$）。

X	1	3	8	10	13	15	17	20
Y	7.5	10.1	14.8	17.5	20.2	22.4	25.1	27.6

2. 在一定的径向载荷下，对某拖拉机轮胎的气压 p 和静力半径 r 进行了测量，测得的数据如下：

$p/10^5\mathrm{Pa}$	1.0	1.2	1.4	1.5	1.6	1.8
r/mm	633	635	637	639	641	643

试确定轮胎的静力半径 r 与气压 p 之间的经验公式并求出回归精度。

3. 试说明下列一组数据是否可用 $y=\mathrm{e}^{(a+bx)}$ 表示？

X	1	2	3	4	5	6	7	8	9
Y	1.19	1.34	1.51	1.71	1.92	2.17	2.44	2.76	3.11

4. 已知某种产品单位成本与产量间近似满足双曲线型关系：

$$y=\beta_0+\frac{\beta_1}{x}$$

试利用下表的数据求出 y 对 x 的回归方程。（有条件的，可使用 SPSS 软件）

x_i	5.67	4.45	3.73	2.98	4.31
y_i	17.4	18.5	17.6	16.5	19.1

5. 已知实验数据如下：

X	0	0.2	0.4	0.6	0.8	1.0	1.2
Y	1.0	2.4	6.6	14.2	25.7	40.1	57.5

试利用 SPSS 软件进行多项式回归确定经验公式，并进行 Anova 分析。

6. 某型大客车等速油耗实测数据如下：

$v/(km/h)$	25	30	35	40	45	50	55	60	70
$Q/(L/100km)$	22.5	22.4	22.5	24.5	26.8	28.9	32.5	34.9	42

运用回归分析的方法绘制"等速百公里燃油消耗量曲线"，并进行曲线拟合的精度检验。

7. 根据一个信号的自相关函数图像，如何确定该信号中的常值分量和周期成分？

8. 对连续时域信号进行加窗截断处理，为什么会产生泄漏现象？

9. 已知信号的自相关函数 $A\cos 2\pi f\tau$，确定该信号的均方值 ψ_x^2 和均方根值 x_{rms}。

第七章　汽车整车性能试验

汽车的整车性能，也就是汽车的使用性能，是指汽车在一定的使用条件下，以最高效率工作，从而满足驾乘人员的意图及相关社会需求的能力。对汽车性能的要求是多方面的。例如，汽车理论中介绍的汽车的动力性、燃油经济性、制动性、操纵稳定性、平顺性和通过性；另外还有关于安全性、环保性、舒适性和可靠性等方面的要求。本章讲述的就是这些汽车性能方面的试验原理、试验组织思想和测试要点等内容。

整车性能试验一般以汽车的整车为对象，即不对车辆进行解体。当然，为了施加载荷或提取信号，允许对车辆进行必要的改动，附加必要的元件。整车性能试验大部分采用室外道路（包括非铺装路面）试验或试验场试验的方法。

前面的章节以传感器、中间变换与传输装置和记录器等核心元件为主线，讲述了典型的机械量的电测量系统，分析了各元件的物理原理、工作特点和适用范围等。本章和下一章将结合具体的汽车试验项目，进一步介绍一些专用的汽车试验仪器和设备。

无论是整车性能试验还是零部件试验，都要在有关标准的指导下进行，标准包括国家标准、部门（行业）标准、企业标准或试验者自拟的标准。汽车试验项目繁多，标准文件更新频繁，本书的出发点和定位是车辆工程及汽车相关专业高级人才的试验技能培养教材和汽车试验方法的参考资料，而不是单纯的标准宣贯或岗前培训。所以，本章和下一章在介绍试验项目时，会在不同程度上涉及试验标准，目的是以标准为参照，讲述试验的组织思想和信号的测量方法，对标准中的重要步骤和关键参数还会进行分析和讨论；但不会全面细致地讲述各项试验标准中的所有要求。而且，有些列举的标准数据，在读者阅读时可能已经废止或更新，所以在具体进行各项汽车试验的实际操作时，请试验工作者一定要查阅最新的、有效的标准文件，制订合理、详细且具有可操作性的试验大纲。

汽车的整车性能包括动力性、燃油经济性等诸多方面，每个性能下面更是规定了众多的试验项目。本章仅选取有代表性的性能和项目进行讲述。

第一节　通用试验条件

在讲述各项性能试验之前，首先需要了解通用试验条件。

汽车的整车性能试验种类很多，各项试验所要求的具体条件也不尽相同，但大多数的试验条件是通用的。这些具有共性的试验条件总结起来就是通用试验条件。

1. 装载质量

除有特殊规定之外，试验车辆在试验时均应处在厂定最大装载质量状态或最大总质量状态，装载质量应均匀分布在车厢内。对于货车，较好的装载物为大小适中的铁块或混凝土块（沙袋等在货厢内可能会因冲击振动而移动，或受雨雪影响而改变质量，并不适用于货车）；对于客车、轿车，则以沙袋、卵石为宜。对于乘员质量，一般的客车、轿车按 60kg/人来模拟，其他车辆按 65kg/人模拟。

2. 车辆装备及试验仪器

试验车的各总成、零部件必须齐全有效，包括备胎和随车工具等附属装置，也必须放在规定的位置上。试验仪器、设备必须经合法计量检定，处在有效期内。测试系统在正式测量之前要经过标定，确定输出信号和输入物理量之间的定量关系。对于随车使用的设备，应选择好合适的位置并妥善固定，如果质量较大，要考虑其对试验车总质量（以及质心位置）的影响，合理估算。

3. 轮胎气压

轮胎充气压力对很多整车行驶试验都有显著影响。试验前的冷态气压要符合试验车技术条件的规定，误差不超过±10kPa。

4. 燃料、润滑油（脂）和其他液媒

试验车应使用符合技术条件规定的燃料和润滑油（脂），以及制动液、转向助力液、液压离合器助力液和空调制冷剂等。除可靠性行驶试验、耐久性道路试验（包括整车和零部件的耐久性试验）及使用试验无法控制外，同一次试验的各项性能测定必须使用同一批次的油液媒。

5. 试验车调整、保养和修理工作的要求

不能随意进行作业。必须按照汽车技术条件、使用说明书或者试验标准进行，并做详细记录。

6. 预热行驶

在进行性能试验之前必须进行预热行驶，使车辆达到技术条件规定的热状态，并保持稳定。其目的是使燃料雾化良好、燃烧完全，发动机和底盘的润滑剂达到理想温度，降低摩擦阻力和磨损，同时轮胎也达到热状态。

一般要求发动机出水温度达到 80~90℃，发动机润滑油温度达到 50~95℃，变速器和主减速器润滑油温度不低于 50℃。当环境温度较低，难以达到规定的热状态时，须采取必要的保温措施，例如在发动机罩和后桥壳等部位蒙上防寒被。

另外还有一种"检查行驶"，它和"预热行驶"是不同的。

检查行驶是在车辆磨合行驶之后、整车性能试验之前进行。要求在平坦的平原公路上进行，交通流量较小，单程不少于 50km，最好有里程标志，车速为设计最高时速的 55%~65%，尽量保持匀速、不用空档滑行。行驶中检查各总成的工况、噪声及温度，密切注意转向器和制动器等部件的效能。检查行驶的目的是检查车辆的技术状况是否符合要求，如果存在异常和故障则要进行调整或修理，否则试验结果无效。

通过检查行驶的试验车，在进行某项具体性能试验之前还要进行预热行驶。

7. 气象条件

除对气象有特殊要求的试验项目（如极端温度下的可靠性试验或者防雨密封性试验等）外，整车性能试验都要求在无雨、无雾的环境下进行，风速不超过 3m/s，气温为 0~40℃，相对湿度小于 95%。

8. 道路条件

除强化可靠性试验或支承通过性试验等项目外，各项整车性能试验都应在干燥、平坦、坚硬以及附着良好的路面上进行。道路的宽度和长度要满足安全行驶的要求，纵向坡度要满足试验工况的要求。有条件的话，最好在专用试车场或飞机场跑道上进行。

在讲述各项整车性能试验之前，先简要介绍一下整车技术参数的测量方法。

（1）整车几何参数的测量　整车几何参数的测量主要包括整车外部宽度、高度、长度、轴距、轮距等测量项目，可参考 GB/T 12673—2019。车长定义为过车辆前后最外端点的垂直于车辆纵向对称平面（Y 基准面）的两平面（X 基准面）之间的距离。即从车前保险杠最凸出的位置量起，到车后保险杠最凸出的位置，这两点间的水平距离。车宽为过车辆两侧固定突出部位最外侧点且平行于车辆纵向对称平面的两平面之间的距离。根据业界通用的规则，车宽是不包含左、右后视镜伸出的宽度，即应按后视镜折叠后的宽度计。车高定义为从地面算起，到汽车最高点的垂直距离，而所谓最高点也就是车身顶部最高的位置，但不包括车顶天线的长度。

测量设备最理想的是三维坐标测量仪，但由于其价格昂贵，使用较少。目前，最常用的是高度尺、钢卷尺、水平仪、铅锤、油泥、划针等。

测量前将汽车调整到符合技术条件的状态，并将汽车载荷装载到规定的状态。水平尺寸的测量可以用钢卷尺直接测量，也可以使用铅锤将测量尺寸两端投影到地面上，而后测量两投影点的距离。高度尺寸的测量通常用高度尺、离地间隙仪、钢卷尺及铅锤等进行直接或间接测量。

（2）质量参数测量　汽车质量参数包括汽车质量和质心位置。汽车质量又包括整备质量、最大总质量、各轴的轴载质量等。

其中，测量汽车质量通常使用地中衡（地秤），也可用车轮负荷计，使用地中衡时要求台面与地中衡出入口地面处于同一水平面。使用车轮负荷计时，应保证各车轮负荷计之上平面处于同一水平面内。首先将地中衡调零，然后令汽车以低速驶上，将待测车轮停止在要求位置，并关闭发动机，变速器置于空档，行车制动器和驻车制动器均置于放松状态。测量顺序为前轴轴载质量、整车质量、后轴轴载质量。

汽车质心位置由纵向、横向和高度几何参数确定。一般认为汽车的质心横向位置处于汽车纵向对称平面内，实际上由于汽车动力总成的尺寸设计，以及燃料箱、蓄电池、随车工具及备胎等的布置，汽车质心并不是绝对位于汽车纵向中心平面内的。对于前后轴轮距 B 相等的汽车，可在地中衡上分别测量出其左右侧车轮负荷，而后计算出质心的横向位置，即

$$B_1 = \frac{BZ_2}{Gg}, \quad B_2 = \frac{BZ_1}{Gg}$$

式中，B_1、B_2 分别为质心至左、右侧车轮连线距离，单位为 mm；G 为汽车整备质量，单位为 kg；Z_1、Z_2 分别为左、右侧车轮负荷总和，单位为 N。

根据已测量出的汽车整备质量和前、后轴轴载质量，便可通过以下公式计算质心纵向位置。

$$a = \frac{LZ_r}{Gg} = L\frac{G_2}{G}, \quad b = \frac{LZ_f}{Gg} = L\frac{G_1}{G}$$

式中，a、b 分别为前、后轴到汽车质心的距离，单位为 mm；L 为轴距，单位为 mm；Z_f、Z_r 分别为汽车前、后轴轴荷，单位为 N；G_1、G_2 分别为汽车前、后轴轴载质量，单位为 kg；G 为汽车整备质量，单位为 kg。

汽车质心高度的测量方法有力矩平衡法、摇摆法、侧倾法等。本文仅对力矩平衡法进行简单介绍。将汽车的前后悬架锁死在正常位置上，把汽车的一根车轴放置在地中衡上，而将另一根车轴抬高到一任意高度 n，在抬高车轴时，一般不要在置于地中衡上的车轮的前后放三角木，同时，也不要使举升器触及车轮以外的任何零部件，以免产生附加力矩而影响测量结果。以前轮接地、抬升后轮的测量为例，汽车质心高度 h_g 的计算公式为

$$h_g = r + \frac{Z_f' - Z_f}{Gg} \cdot \frac{L}{n-r} \sqrt{L^2 - (n-r)^2}$$

式中，Z_f 为汽车水平放置时的前轴轴荷，单位为 N；Z_f' 为后轴抬起后，地中衡称量的前轴轴荷，单位为 N；r 为车轮静力半径，单位为 mm；n 为后轴抬起的高度，即后轮中心距地面的距离，单位为 mm；L 为轴距，单位为 mm。

第二节　动力性试验

通过汽车理论可以知道，汽车的动力性指标包括最高车速、最大爬坡度和加速时间。因此汽车的动力性试验一定包含这三个项目，同时还有其他一些汽车理论中未涉及、但本质上也属于汽车动力性范畴的试验项目。

一、底盘测功试验

底盘测功，是指测定汽车在特定工况下的驱动轮输出功率或驱动力。

从严格理论意义上来说，驱动轮输出功率不属于汽车的使用性能，而是与动力性有关的结构参数。（这个道理类似"制动轮缸直径或管路压力是与制动性能有关的结构参数，但不是汽车的使用性能"。）但是该试验也是在整车不解体条件下进行的，其结果与汽车的动力性评价密切相关，故本书将其放在本节介绍。在其他一些资料中，可能将该项试验划入汽车底盘或传动系统的试验（检测）。

底盘测功试验在底盘测功机上进行，这也是为数不多的可以在室内台架上进行的整车性能试验之一。

底盘测功的被测参数是汽车的驱动轮输出功率或者驱动力。测试工况一般选取三个，分

别为发动机额定转速（即发动机外特性的最大功率对应的转速）所对应的车速、发动机最大转矩转速所对应的车速和汽车常用车速（如经济车速）。测量功率时，要求从静止起步逐级换入最高档，节气门全开，动力输出达到稳定时读数。

我们知道，功率＝力×速度，或者功率＝力矩×转速。测功的过程就是寻求功率的最大值。将此问题看成是一个数学的寻优问题，这是一个二元函数。无论是按解析的求导法还是近似的数值法，都要对两个变量依次寻优。

这种寻优体现在测功试验上，就是工况的控制方式。控制方式有两种，分别是恒速控制和恒矩控制。**恒速控制**，就是预选一个试验车速，当达到这个试验车速后，如果驱动轮输出功率继续增大，节气门的开度会加大，使滚筒转速有升高的趋势，测功器的控制系统能自动加大励磁线圈的电流，从而加大滚筒的阻力矩（这里指的是常见的电涡流式测功器），使车速保持在原先预定的数值上，该速度乘以最大阻力，就是该速度下的最大功率。改变预选车速，再次"搜索"最大阻力……而恒矩控制，指的是保持励磁线圈中的电流不变，因而施加到滚筒上的阻力矩也固定不变，当加大节气门开度使发动机输出功率变大时，车速提高，直至最大，该阻力乘以最大车速，就是该阻力下的最大功率。改变预选阻力矩，再次"搜索"最大车速……也就是说，恒速法的思想是在给定速度的前提下通过在"阻力域"内搜索来确定最大值，而恒矩法的思想则是在给定阻力矩的前提下通过在"速度域"内搜索来确定最大值。上述内容"测试工况一般选取三个……"，指的就是采用恒速法。

走合期的新车和刚刚大修完的汽车不宜做底盘测功。

由于汽车是原地运转，缺乏迎面风，应防止发动机、后桥和驱动轮等部位过热，可以在车外相应部位设置风扇强制冷却。

在底盘测功机上测得的汽车驱动轮输出功率，取决于发动机输出功率、汽车传动系统的机械效率、轮胎-滚筒之间的滚动阻力损失和测功机传动效率等，如果采用的是风冷式测功器，还要考虑冷却风扇的功率消耗（该风扇的动力源自汽车发动机，与上述发动机、后桥、轮胎等部位的强制冷却风扇不同）。由于传动环节多、效率差、特别是轮胎-滚筒间的滚动阻力大，使得底盘测功试验得到的测量结果比发动机标称功率小很多，决不能认为"应等于发动机额定功率乘以传动系统效率"。其标准数据，应结合具体被试汽车的传动系统类型、发动机和传动系统的技术状况、试验台的类型和技术状况等因素合理估算。

二、滑行试验

滑行就是汽车直线行驶时，使传动装置脱离动力机构，靠惯性前进。

滑行试验用于测定汽车在规定初速度下的滑行距离。滑行并不是汽车的使用性能要求，但是滑行试验很重要。通过滑行距离的测量，可以推算滑行阻力和底盘传动系统的效率。如果滑行距离不合格，说明汽车的底盘技术状况不佳，应进行调整和修理。所以滑行试验是汽车基本性能试验的首做项目。

滑行试验要求试验路面的纵向坡度不超过 0.1%，横向坡度不超过 3%；风速不大于 3.0m/s。同时对车辆试验质量及载荷分布也作了相应的要求（详见 GB/T 12536—2017《汽车滑行试验方法》）。试验时，汽车在（50±0.3）km/h 的速度下，对于手动档车辆，变速器挂空档，对于自动档车辆，将档位置于 N 位，滑行直至停车。测量汽车在滑行阶段驶过的距离及滑行初速度即可。所以，滑行试验的一个要点就是确定车速。

所有测速设备，也可以用来测量行驶距离和时间等参数。

滑行试验要求沿相同路段至少往返各进行三次，计算双方向的滑行距离算术平均值 S_1（往）和 S_2（返），并取其平均值作为试验结果。如果起始车速与标准值偏差较大，还应换算为标准初速度下的滑行距离 S，则

$$S = \frac{-b + \sqrt{b^2 + ac}}{2a}$$

式中，S 为初速度为 50km/h 时的滑行距离，即标准值，单位为 m；$a = \dfrac{v_0^2 - bS'}{S'^2}$，单位为 $1/s^2$；v_0 为实测滑行初速度，单位为 m/s；S' 为实测滑行距离，单位为 m；b 为常数，当汽车总质量 ≤4000kg 且滑行距离 ≤600m 时，其值取 $0.3 m/s^2$，其他情况下，取 $0.2 m/s^2$；c 为常数，$c = 771.6 m^2/s^2$。

滑行试验也可以在底盘测功机上进行。试验前选取合适的飞轮组惯量，然后起动汽车、加速，带动滚筒转动。当汽车达到预定的初速度（实质上是滚筒达到预定的转速）时，摘档滑行，储存在测功机的滚筒装置和飞轮机构中的动能释放出来，克服轮胎-滚筒的滚动阻力以及汽车传动系统的内阻，拖动滚筒继续转动。或者说，该滑行过程就是汽车给滚筒制动的过程，制动力来自汽车底盘和轮胎，制动初速度就是滑行初速度，汽车惯性由飞轮机构模拟。由于底盘测功机上的阻力比真实道路上的阻力大得多，所以测功机上的标准滑行距离与道路试验的标准值不同，请注意区别。

三、最低稳定车速试验

本试验参照 GB/T 12547—2009《汽车最低稳定车速试验方法》执行。

最低稳定车速指的是汽车在某档能够达到稳定行驶的最低车速。"稳定行驶"的含义是以某一车速匀速通过一段距离后，急踩加速踏板全力加速，发动机不熄火、传动系统不抖动，汽车能够平稳不停顿地加速，且对应的发动机转速不得下降。

此车速越低，汽车就可以尽量用高档行驶而不必频繁换档，尤其是在交通不畅通、汽车起停频繁的路段，既简化了驾驶操作，又能保证汽车维持较高的平均技术速度。当然，对于装备自动变速器的汽车，该指标的价值不大。

最低稳定车速试验的操作很简单。规定的稳速路段一般是 100m。在进入起点前变速器和分动器（若有）置于所要求的档位、将车速控制在某一预选车速。匀速通过该路段，其间不允许为控制车速而切断离合器或使离合器打滑，并不得换档。通过稳速路段后全力踩下加速踏板，如果发动机不熄火、传动系统不抖动，汽车能够平稳不停顿地加速，且对应的发动机转速不下降，则说明可以达到此速度。同一车速至少往返各进行一次，取平均速度。通过这个速度后，就可以尝试更低的速度，再次测试，直至找到该汽车该档位下的最低稳定车速。测速方法可以采用测速仪或车速行程测量装置，精度不低于 0.5%。

对于客车、轿车、货车、专用汽车和重型矿用汽车等，最低稳定车速指的都是在直接档下实现的，如上所述；而对于越野汽车，还要增加传动系统最低档下的最低稳定车速试验，这也就是汽车理论在讨论"传动系统的最大传动比"选取原则时，提到的"最低稳定车速"。

四、最高车速试验

本试验参照 GB/T 12544—2012《汽车最高车速试验方法》。

最高车速试验建议在室外道路上进行，有时在底盘测功机上也可以测试汽车的最高车速，但这样做的目的主要是进行不同车辆的横向对比或同一车辆维修前后的质量检查，由于汽车在底盘测功机上的行驶工况与实际道路行驶差别较大，测功机上得到的最高车速定量数值通常不认为是该汽车的真实最高车速。

按标准的规定，汽车的最高车速，是指按规定的试验方法，车辆能够保持的最高稳定车速。该车速不是瞬时值，而是可以连续行驶一段距离的稳定速度。

因此，进行最高车速试验的理想场地是足够长的直线路段，其中供加速的直线路段长度至少为 1~3km，视车辆动力性不同而定；在测速路段后面还要有足够长的制动路段。另外，也可以在试验场的高速环形跑道上进行。

试验前，要确保汽车技术状况良好，特别是制动和转向等系统，道路应坚硬、平整、干燥、清洁，且具有良好的附着系数，无其他车辆和行人。试验时，要关闭门窗、通风装置、照明装置和空调等附件设备。车辆起步后确保在进入测速路段之前节气门全开，车辆达到稳定的最高车速。

测速时，变速器应置于汽车设计最高车速相对应的档位，该档位通常是最高档。但是由汽车理论可知，如果最高档传动比设计得很小（如某些超速档），汽车的最高车速就不一定在最高档实现，所以对于动力性较强、档位数较多的车辆，应进行最高档和次高档测试，选取最高车速较高者作为试验结果。对于自动档汽车，在正常驾驶的 D 位测试即可。

当试验在直线道路上进行时，标准要求测速路段至少为 200m。可双方向试验，也可单方向试验。前者加速路段和测量路段的纵向坡度不超过 0.5%，后者不超过 0.1%，横向坡度均不超过 3%。在该路段两端设置标志杆，测量通过该路段的时间，算出速度。双方向试验时，同一路段往返不少于一次，取平均值作为试验结果；单方向试验时，要求连续 5 次重复进行行驶试验，且风速在车辆行驶方向的水平分量不超过 ±2m/s，同时考虑到风速，最高车速需进行修正，修正方法详见试验标准。

当试验在环形道路上进行时，试验条件及试验结果的修正详见试验标准。

测速路段行驶时间的测量可以采用秒表计时，但是该方法误差较大。

较为理想的方法是利用光电元件遮蔽的原理，非常准确地测量出车辆通过测速路段所用的时间。可以参阅第二章第二节中"光电式传感器"部分。

另外，也可以采用各种测量精度较高的测速设备，操作简便，而且由于设备直接测出速度，省去了在测速路段两端设置标记等工作。

很多标准对于具体数据都有严格的定量要求，如此处的 200m 测速路段。标准数据的选取，一方面当然是要选择圆整的、容易记忆的，例如同为最高车速试验的测速距离标准，日本工业标准是 200m，德国标准是 1000m，都是比较整的数值。

如果因实际条件的限制，无法完全按标准操作，在试验报告中一定要注明。

五、加速试验

汽车理论对"加速时间"有两个定义，分别是原地起步加速时间和超车加速时间。与此对应，加速试验也包括两项，即全油门起步加速性能试验和全油门超越加速性能试验。两项试验都是测量汽车从某一低速全力加速至某一高速所需的时间。操作过程和环境要求，与最高车速试验类似，试验标准可参照 GB/T 12543—2009《汽车加速性能试验方法》。

1. 全油门起步加速性能试验

全油门起步加速性能试验要求车辆停在试验路段起点，起步加速，应保证在车轮滑转最小的条件下使车辆达到最大加速性能。起步后将加速踏板踩到底，对于手动变速器，离合器的操纵及换档时刻的选择应使加速性能发挥最大但不应超过发动机的额定转速；对于自动变速器，则将变速器置于 D 位，直至车速达到 100km/h（对于最高车速的 90% 达不到100km/h 的汽车，则取最高车速的 90% 向下圆整至 5 的整倍数车速为终了车速）。也可以原地起步连续换档全力加速通过 400m 距离，测量加速过程所用的时间。相同路段往返各进行至少 3 次，取平均值作为试验结果。测速设备安装后不应影响驾驶操作或改变车辆性能。

需要注意的是，某些车型存在加速过渡性不良的问题，即在刚刚起步阶段，如果马上把加速踏板踩死，加速过猛，会造成传动系统严重抖动和汽车"点头"的现象，反而会使加速性能下降。所以对于这类汽车，应进行反复预试，找出加速时间最短的加速方式，也就是寻求起步阶段最合理的加速踏板开度。

2. 全油门超越加速性能试验

全油门超越加速性能试验反映的是汽车的超车加速能力。对于手动变速器的车辆，根据车辆类型及最大设计总质量进行档位选择，通常进行最高档和次高档的加速时间测量，且试验过程中不应换档。对于自动变速器车辆，变速器置于 D 位，允许在汽车变速控制器的控制下换档。试验时，汽车由 60km/h 全力加速至 100km/h（对于最高车速的 90% 达不到100km/h 的汽车，则取最高车速的 90% 向下圆整至 5 的整倍数车速为终了车速），测量加速过程所用的时间。相同路段往返各进行至少 3 次，取平均值作为试验结果。测速设备安装后不应影响驾驶操作或改变车辆性能。

无论是全油门起步加速性能试验还是全油门超越加速性能试验，均要求对试验数据的有效性进行验证，验证方法可参照相关试验标准。

针对有效的加速时间数据，一般还要求绘制加速性能曲线，如图 7-1 所示。

六、爬坡试验

爬坡试验包括两项，分别为爬陡坡试验和爬长坡试验。

1. 爬陡坡试验

爬陡坡试验测试的是汽车理论中的最大爬坡度，即汽车在良好路面上、满载状态下所能

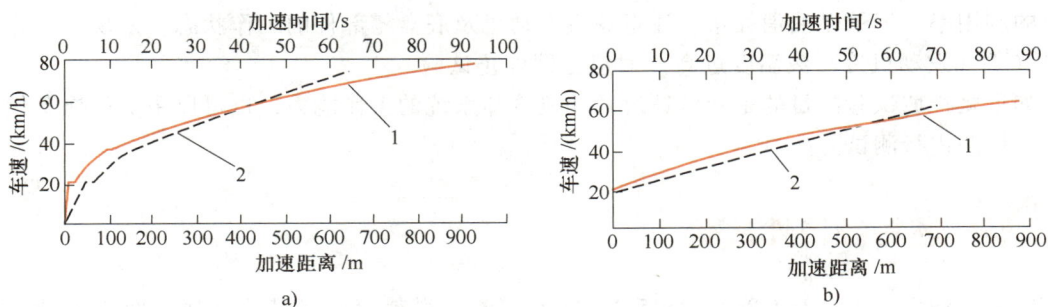

图 7-1　加速性能曲线

a）汽车起步连续换档加速性能曲线　b）汽车固定档加速性能曲线

1—车速-加速距离曲线　2—车速-加速时间曲线

通过的极限坡道。本试验参照 GB/T 12539—2018《汽车爬陡坡试验方法》。

试验坡路是专门修建的具有一系列不同坡度和防滑措施的铺装坡道，当坡度大于 30% 时，必须采用混凝土铺装，小于 30% 时允许使用沥青。每个坡道中部设置不小于 20m 长的测试路段，坡道底部前端设有不小于 8m 的平直路段。每条坡道的纵向变化率不大于 0.1%，横向变化率不大于 3%，坡度超过 40% 时必须设置安全防护装置。同时轮胎气压为厂定轮胎在冷态的充气压力下再增加 20kPa，其他车辆条件与最高车速试验类似。

规定坡道爬坡试验时，被试车辆达到正常热状态，停在规定坡道前面的水平路面上。变速器挂最低档（不允许挂倒档倒车上坡），如有副变速器也置于最低档，自动档汽车置于 D 位，起步，迅速将加速踏板踩到底并保持。在通过中间的测速路段时，测定通过时间、发动机转速及车速等，监测各仪表的示值。爬坡中车速不断升高或趋于稳定通过测试路段，则爬坡成功并记录平均车速。爬到坡顶后，检查汽车各部位有无异常，并记录。

同一坡道可以爬两次，有一次通过就认为可以达到此爬坡度，但第二次爬坡要在记录报告中特别说明。

若没有制造商规定坡度的实际坡道，可增加装载质量或采用变速器较高一档（如 2 档）进行试验，但需对试验结果进行折算，折算公式可参照试验标准。

2. 爬长坡试验

爬长坡试验的目的是考察汽车长时间在大负荷下运转的动力性、燃料经济性、发动机和传动系统的技术状况以及变速器的档位利用率、档位设置的合理性等。也就是说，所谓"爬长坡"的实质，是给汽车施加一个可以长期、稳定、安全行驶的大负荷工况。

试验路段要求为表面平整、坚实的连续上坡路，长度为 8~10km，其中上坡路段占总长度的 90% 以上，最大纵向坡度不小于 8%。

试验过程中，在保证安全和符合交通法规的前提下，尽可能高速、匀速行驶，尽可能使用较高的档位行驶。

由于该试验是利用长坡作为一种加载手段，考察车辆在大负荷下的各种工作能力，而不是追求克服该坡路的定量能力，所以无须多次测试求平均，更不能往返。

记录从起点到终点的行驶过程中各档位的使用次数、时间和里程，计算出各档位时间或里程的利用率，记录燃油消耗量，注意观察发动机及底盘零部件的工作状态，发现严重异常情况（例如发动机冷却液温度过高）时应立即停止试验。

如果爬长坡试验的目的是专门针对发动机冷却系统的工作能力，也可以用负荷拖车代替真实长坡路进行测试。

第三节 燃料经济性试验

燃料经济性试验参照 GB/T 12545.1—2008《汽车燃料消耗量试验方法 第1部分：乘用车燃料消耗量试验方法》、GB/T 19233—2020《轻型汽车燃料消耗量试验方法》、GB 27999—2019《乘用车燃料消耗量评价方法及指标》、GB 19578—2021《乘用车燃料消耗量限值》、GB/T 12545.2—2001《商用车燃料消耗量试验方法》，以及 GB/T 27840—2021《重型商用车辆燃料消耗量测量方法》。所介绍试验方法适用于能够燃用汽油或柴油的车辆，新能源汽车经济性试验方法可参见本章第十一节。

一、概述

汽车理论中的"燃油经济性"，在各种试验标准中一般称为"燃料经济性"，含义是相同的，基本上都是测定燃油汽车的汽/柴油消耗量。

燃料消耗量试验主要考虑以下因素：装载质量、测试距离、行驶工况、操作规程和车速等。燃料消耗量试验方法对多工况试验和等速试验的要求见表7-1。

表 7-1 燃料消耗量试验方法对多工况试验和等速试验的要求

工况名称	多工况燃料消耗量试验			等速燃料消耗量试验		装载质量	适用车型
	循环距离/m	平均车速/(km/h)	循环总时间/s	测量距离/m	车速		
WLTC循环工况	23270	46.53	1800	500	从高于最低稳定车速的 $10n$ 倍（n 为整数）至最高车速的90%		轻型汽车（M_1 类、最大总质量小于 3500kg 的 M_2 类和 N_1 类）
中国汽车行驶工况 CLTC-C	16430	32.85	1800				轻型商用车（N_1 类以及总质量小于 3500kg 的 M_2 类车辆）
中国汽车行驶工况 CLTC-P	14480	28.96	1800			规定乘员数的一半（取整）	M_1 类车辆（包括驾驶员座位在内不超过9座的载客汽车）
10 工况	663.7	24.1	135			空载加两名乘员	微型汽车
6 工况[①]	1075/1170	39.6/39.5	97.7/106.5			满载	总质量大于 3500kg 的货车和除城市客车以外的客车
4 工况	700	19.5	129.5			总质量的65%	城市客车

① 同为6工况循环试验，总质量在 3500~14000kg 之间的汽车和总质量大于 14000kg 的汽车，具体的循环过程有所不同，分别列于表中"/"标记的前后。

二、燃料经济性试验项目

GB/T 12545.1—2008《汽车燃料消耗量试验方法　第 1 部分：乘用车燃料消耗量试验方法》和 GB/T 12545.2—2001《商用车辆燃料消耗量试验方法》，规定了以下几项汽车燃料消耗量试验：限定条件下的平均使用燃料消耗量试验、等速燃料消耗量试验和多工况燃料消耗量试验，现分述如下。

1. 限定条件下的平均使用燃料消耗量试验

该试验就是传统的"百公里油耗测定试验"，要求在 3 级以上平原干线公路上进行，单程距离不小于 50km，往返各测量一次，取平均值作为试验结果。

试验时，交通情况应正常，被试车辆在保证交通安全和遵守交通法规的前提下尽量匀速行驶。车速标准随车型不同而异，轿车为 60km/h，铰接式客车为 35km/h，其他车辆为 50km/h，允许偏差均为 ±2km/h。

试验过程中要记录制动次数、各档位使用次数和对应的时间与里程以及停车时间等。客车试验时每隔 10km 停车一次，怠速运转 1min 后重新起步。

限定条件下的平均使用燃料消耗量试验对驾驶环境和操作规范的约束并不严格，由于受到道路等级、交通流量、环境及气象条件等随机因素的影响，试验结果的重复性、典型性和可比性不佳。标准已经不要求进行此项试验。但是受传统习惯的影响，目前尚不能抛开本项试验，很多汽车设计任务书和技术文件中仍采用本项试验结果作为汽车燃料经济性的评价指标之一。

2. 等速行驶燃料消耗量试验

等速行驶燃料消耗量试验是测定汽车燃料经济性最基本的试验，被世界主要汽车生产国广泛采用。该项试验方法简单、易于操作、数据结果精度高，而且外部因素对驾驶操作的影响很小。

试验的基本方法是测量汽车以稳定速度通过一定距离的平直路段所消耗的燃料，换算得到该车速下的百公里油耗。改变车速，得到不同车速下的等速燃料消耗量。

以商用车等速行驶燃料消耗量试验为例，试验时，变速器档位置于常用档位，如直接档；如果有超速档，则增加超速档下的等速燃料消耗量试验。对于配备自动变速器的车型，则选用 D 位。

试验车速从略高于该档位最低稳定车速的 10 的整倍数起（通常取 20km/h 起；如果该档位最低稳定车速超过 20km/h，则从 30km/h 起），直至最高车速的 90%，直至少选定五个车速。

同一车速下往返各进行两次测试，测量每次行驶的燃料消耗量，经重复性检验（见下文）后取平均值作为试验结果。每次行驶的时间间隔尽量短，以保证车辆热状态一致。

试验道路选择坚实、平坦的铺装路面，中间测量路段长 500m，两端做标记、并向外各延伸 50m 作为稳速路段。在测量路段行驶时尽量保持匀速，加速踏板尽量保持在固定位置，以避免反复"泵油"效应带来的油耗量的随机波动。

等速燃料消耗量试验也可以在底盘测功机上进行。事先要对测功机的加载装置进行模拟加载，使车辆在测功机上的阻力和在相同速度下的道路行驶阻力相等。

根据各车速下的燃料消耗量（L/100km），用最小二乘法拟合得出等速燃油消耗特性曲线（可参阅汽车理论中汽车燃油经济性的有关内容）。

对于等速燃料经济性的评价，着重考察三个方面，即最低燃料消耗量、经济车速（最低燃料消耗量所对应的车速区间）和高速油耗比低速油耗的相对增量（%）。

乘用车等速行驶燃料消耗量试验方法类似于商用车，具体方法、操作流程和规范可参照GB/T 12545.1—2008。

3. 多工况循环燃料消耗量试验

汽车在实际使用中工作状态的变化非常复杂，单纯采用等速燃料消耗试验或加速燃料消耗试验难以全面反映实际燃料消耗水平。编制多工况循环的目的，就是模拟某种类型汽车的实际运行工况，力图使试验数据能够代表被试车辆的真实燃料经济性。国家标准对于不同车型规定了不同的工况数量，可参见表7-1。

所谓"多工况循环"，就是对车速—时间关系（或车速—里程关系）做出明确、具体的定量约束，试验时必须按照既定的循环实时控制车辆的起步、加速、换档、匀速、减速和怠速停车等工况。例如，图7-2所示为适用于轿车和总质量小于3500kg的货车的15工况循环。

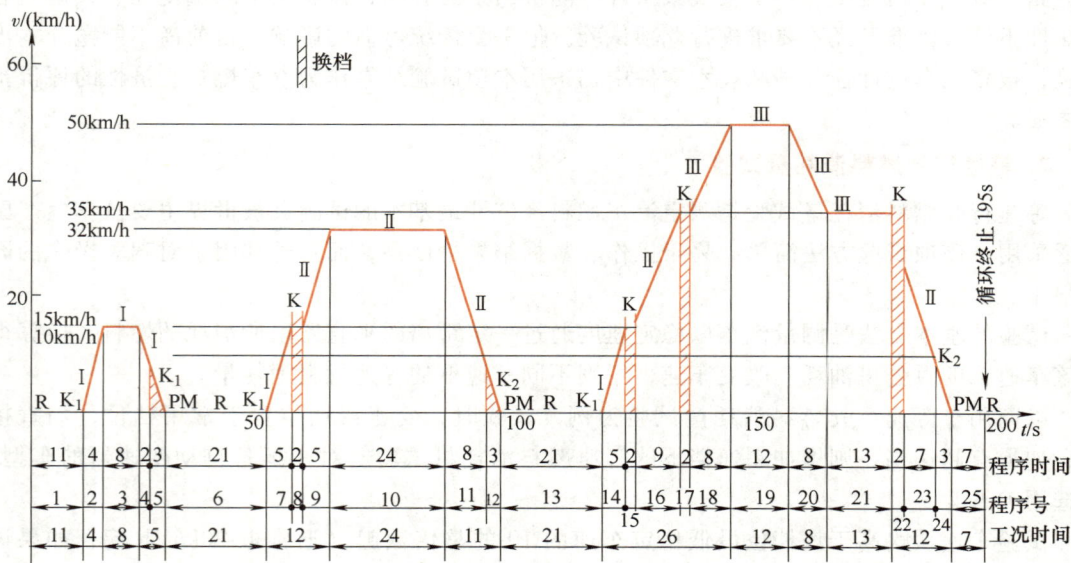

图7-2 适用于轿车和总质量小于3500kg的货车的15工况循环
K—离合器分离 K_1、K_2—离合器分离，变速器分别接合一档、二档
Ⅰ—一档 Ⅱ—二档 Ⅲ—三档 PM—空档 R—怠速

图7-2中每一点允许有±2km/h的车速误差和±1s的时间误差。

由图中最后一行"工况时间"可以看出一共有15个工况：第1个工况持续11s，第2个为4s，第3个为8s，……，第14个为12s，第15个为7s。

多工况循环的要点在于，试验车的驾驶人必须在标准允许的误差范围内严格按照给定的循环工况执行操作。因此对驾驶技术要求很高，试验成功率低，尤其对于较复杂的循环（如 15 工况），道路试验非常困难。标准明确规定了乘用车工况循环燃料消耗量试验应在底盘测功机上进行。

对于像 15 工况这样的复杂循环，在正式试验之前，需要进行预试验循环，使操作人员适应并能熟练操作试验车的加速踏板、制动踏板、离合器踏板和变速杆等，适应道路阻力特性或底盘测功机的加载模式，正确控制车辆的速度和加/减速度，以满足规范要求，使试验结果具有统一性和可比性。在预备性试验循环中，可以采用跟踪记录仪，预先将 15 工况模式板设定在跟踪记录仪上，驾驶人练习跟踪施加在模式板上的信号，直至能可靠、熟练地完成规定的工况操作。在特定循环速度段中，对于手动换档车辆，可基于为克服行驶阻力和加速度所需的功率与所有可能档位下发动机能够提供的功率计算合适档位，驾驶人可按照换档提醒装置所指示的档位进行换档操作。

三、试验结果的重复性检验和数据的校正

1. 重复性检验及测量结果的区间估计

对于商用车，等速行驶燃料消耗量试验和多工况燃料消耗量试验，试验结果必须经过重复性检验，然后对测量结果做区间估计。

重复性检验按第 95 百分位分布来判断。第 95 百分位分布的标准差 R 与重复试验次数 n 的关系见表 7-2。

表 7-2　第 95 百分位分布的标准差 R 与重复试验次数 n 的关系

重复试验次数 n	标准差 $R/(\mathrm{L}/100\mathrm{km})$	重复试验次数 n	标准差 $R/(\mathrm{L}/100\mathrm{km})$
2	$0.053Q$	5	$0.073Q$
3	$0.063Q$	10	$0.085Q$
4	$0.069Q$		

注：Q 为 n 次试验测得的燃料消耗量的算术平均值。

定义 n 次试验测得的燃料消耗量中最大值与最小值之差为极差，记作 ΔQ_{max}，重复性检验判别原则如下：当极差小于标准差，即 $\Delta Q_{max} < R$ 时，试验结果的重复性良好，平均值有效；如果 $\Delta Q_{max} \geqslant R$，则重复性不好，需要增加试验次数直至 $\Delta Q_{max} < R$。

通过重复性检验后，就可以对测量结果（即 n 次试验测得的燃料消耗量的算术平均值）按置信度 90% 进行区间估计，可用下式表达：

$$Q_r = Q \pm \frac{0.031}{\sqrt{n}}Q \tag{7-1}$$

也就是说，燃料消耗量试验结果的真实值 Q_r 有 90% 的可能性出现在 $Q \pm \dfrac{0.031}{\sqrt{n}}Q$ 区间内，其中 Q 为 n 次试验测得的燃料消耗量的算术平均值。

上述理论与第五章"测量误差分析"有一定关联，可参阅。

2. 数据的校正

燃料消耗量的测定值应校正为标准状态下的数值，标准状态的含义是气温为20℃、气压为100kPa、汽油密度为0.742kg/L、柴油密度为0.830kg/L。校正公式为

$$Q_0 = \frac{Q}{C_1 C_2 C_3} \tag{7-2}$$

式中，Q_0 为校正后的燃料消耗量，即标准值，单位为 L/100km；Q 为实测燃料消耗量的均值，单位为 L/100km，同式（7-1）；C_1 为环境温度校正系数，$C_1 = 1+0.0025(20-T)$；C_2 为大气压力校正系数，$C_2 = 1+0.0021(p-100)$；C_3 为燃料密度校正系数，对于汽油，$C_3 = 1+0.8(0.742-G_s)$，对于柴油，$C_3 = 1+0.8(0.830-G_d)$；T 为试验时的环境温度，单位为℃；p 为试验时的大气压力，单位为 kPa；G_s 为试验用的汽油平均密度，单位为 kg/L；G_d 为试验用的柴油平均密度，单位为 kg/L。

对于乘用车，等速行驶燃料消耗量试验结果需经过精度检验和数据校正，具体检验和校正方法可参照 GB/T 12545.1—2008。

四、测量方法

传统限定条件下的平均使用燃料消耗量试验、等速行驶燃料消耗量试验可采用油耗仪（详见第三章第一节中"油耗仪"的介绍）。油耗仪能够连续测量燃料消耗量，也能记录累计油耗，测试精度高，试验效果好。但使用油耗仪测量燃料消耗量时，需注意供油管路的回油问题以及空气泡的排除等问题。另外使用油耗仪的前后需要对被试车原本的燃油供给管路进行断开和复装，安装油耗仪时需注意回油问题，安装油耗仪后还要排除空气泡，所以操作比较复杂，试验效率不高。因此，当采用室内台架（底盘测功机）进行燃料消耗量试验时，为了提高试验效率，减轻拆装作业量，普遍采用碳平衡法通过测量排气污染物的排放量计算燃油消耗量，所采用的测试设备同第四节排放性试验设备，该设备主要包括排气稀释系统、取样系统以及气体分析仪等，其原理可参见下一节排放性试验，具体测量及标定要求详见 GB 18352.6—2016。

碳平衡法的基本原理是：排气中的碳元素完全来自燃油，分析排气成分，根据其中各种含碳化合物的数量，推算燃油消耗量。排气中 CO、CO_2 和 HC 排放量的具体计算方法可参照 GB 18352.6—2016 标准，根据排气中 CO、CO_2 和 HC 成分的排放量，按如下公式换算出燃料消耗量（GB/T 19233—2020）。

对于装备汽油机的车辆：

$$FC = \frac{0.1155}{D}(0.866HC+0.429CO+0.273CO_2)$$

对于装备柴油机的车辆：

$$FC = \frac{0.1156}{D}(0.865HC+0.429CO+0.273CO_2)$$

式中，FC 为燃油消耗量，单位为 L/100km；HC 为碳氢排放量，单位为 g/km；CO 为一氧化碳排放量，单位为 g/km；CO_2 为二氧化碳排放量，单位为 g/km；D 为 288K（15℃）下试验燃料的密度，单位为 kg/L。

碳平衡法的精度主要取决于气体分析仪的测量精度、燃油化学成分和密度的随机波动、实验室环境空气中的碳元素含量（碳平衡法认为排气中的碳元素都来自燃油，但是当室内空气较污浊时，发动机进气中的 CO、CO_2 和 HC 不能再忽略不计，这对于碳平衡法的计算结果是一种干扰）以及气体采集装置在排气管上是否固定牢靠、妥善密封。因此，碳平衡法的测量精度和数据可信度是较易受各种因素影响的。但在试验设备、油品和实验室环境较理想的条件下，碳平衡法与采用油耗仪的直接测定法相比，具有大体上一样的精度和稳定性。

第四节 排放性试验

排放，是指汽车由于使用化学燃料而对周围环境造成的化学污染。汽车排放污染有三个途径：①排气污染，即汽车燃料燃烧以后由排气管排出造成的污染；②曲轴箱污染，燃烧的废气以及少量未燃混合气从气缸内向下窜入曲轴箱进而排放到周围环境造成的污染；③燃油蒸发污染，即汽、柴油在燃油供给系统及发动机内蒸发，泄漏到周围环境中造成的污染。

显然，汽车排放污染物中，排气污染是主要的，而且一般的排放性试验也只对经由排气管排出的污染物进行测试，所以在本书中，"排放"和"排气"的含义是相同的，都是指化学污染物经由排气管排出。

一、汽车排气污染物的主要成分及危害

1. 一氧化碳 CO

CO 是燃料燃烧氧化不充分的产物，是汽油机排出的主要有害成分。柴油机的 CO 排放量相对较少，为汽油机的 $1/10 \sim 1/5$。CO 能引起头晕、头痛和恶心等中毒症状，严重时会导致死亡。

2. 碳氢化合物 HC

HC 是燃料燃烧不彻底、剩余燃料分解出来的产物，汽油机的 HC 排放比柴油机高很多。较高浓度的 HC 会引起人头晕和恶心等中毒症状。

3. 氮氧化物 NO$_x$

发动机在大负荷、高温富氧的条件下工作时，少量氮气 N_2 会被氧化成 NO 和 NO_2，在排气管排出时大部分 NO 又被氧化成 NO_2。NO_x 主要指的就是排气中的 NO 和 NO_2。NO_x 既是汽油机也是柴油机的主要污染物。NO_x 随氧化程度的不同而呈白色、黄色或暗褐色。其中，NO_2 有剧烈的毒性和刺激性。而且碳氢化合物 HC 和氮氧化物 NO_x 混合后在强紫外线照射下，会形成极具刺激性的"光化学烟雾"。

4. 炭烟

炭烟是燃料不完全燃烧而产生的固体颗粒物，主要是多孔性炭粒，有白色、蓝色和黑色等颜色。由于可燃混合气形成方式以及燃烧机理的不同，柴油机的炭烟排放量比汽油机大得多，可达汽油机的 $30 \sim 80$ 倍。炭烟及其吸附物对人的呼吸系统有刺激和毒害，同时黑色炭

烟还会妨碍驾驶人和行人的视线，破坏环境美观。

排气中还有少量硫氧化物（如二氧化硫 SO_2，是造成酸雨的主要物质）和醛类化合物，也属于对人体有害的污染物。氯氟烃等物质则会破坏大气臭氧层。另外，排放中含量最多的气体是二氧化碳 CO_2，二氧化碳本身对人体无害，但是"温室效应"理论认为二氧化碳属于温室气体，会导致地球变暖以及一系列宏观环境问题，因此汽车排气中的二氧化碳含量也日益受到人们的关注。

二、排气污染物的表示方法

污染物的排放量根据不同的场合和使用目的，常用浓度排放量、质量排放量和比排放量来表示。

1. 浓度排放量

常用体积分数和质量浓度表示。体积分数是指排气体积中污染物所占的比例，根据实际污染物浓度数量级的不同，可以选用%、$\times 10^{-6}$ 或 $\times 10^{-9}$ 等形式表示。质量浓度则是指单位排气体积中污染物的质量，常用 mg/m^3 计量。

2. 质量排放量

质量排放量是指实际测试时每小时或每测试循环汽车排放的污染物质量，常用 g/h 或 g/循环来计量。在实际环境治理工作中，若对排放污染物进行总量监测，或在车辆排放检测中按规定的工况循环测量排放量，就可以使用质量排放量表示。

3. 比排放量

比排放量是指测试时汽车单位行驶里程（道路行驶里程或测功机上行驶里程）所排放的污染物质量或发动机单位输出功所排放的污染物质量，反映排放污染量与汽车使用功效之比。比排放量的常用单位是 g/km 或 $g/(kW \cdot h)$。

三、排气污染物的取样方法

1. 直接取样法

直接取样法是将取样探头直接插入发动机排气管内，用取样泵直接采取一定量的气样，供排气成分分析仪分析。取样导管要设置粗、细滤器滤去气体中的灰尘，用冷凝法除去水分，并采用加热式导管以保证 HC 中的高沸点成分不会溶于水。取样探头应能插入机动车辆排气尾管中至少 400mm，并有插深定位装置。对独立工作的双排气管车辆应采用 Y 型取样管的对称双探头同时取样，以保证两分取样管内的样气同时到达总取样管。直接取样法较简单，操作方便，所得到的气样随车辆运行工况时刻变化，适于连续观察变工况所引起的排气成分的改变。

2. 全量取样法

全量取样法是将汽车排出的尾气全部采集到一个足够容积的气袋中进行成分分析。这种取样法既能测定排气污染物的平均浓度，也能做排放量的计算。从样本气体进袋到最后测定期间，HC 易被气袋吸附，且 HC 中某些成分之间易发生反应或者与 NO_x 聚合氧化，所以取样完成后应尽快分析，以减小误差。为防止样本气体中的水蒸气在气袋中凝结，应在气袋前

安置热交换器，热交换器以 10~15℃ 的水冷却，但高沸点的 HC 也容易凝聚而溶于水中随之被放掉，也会造成一定的误差。

3. 定容取样法

一般排气成分分析仪都是测量该成分在排气中的浓度，然后根据排气流量算出该成分的总排量。这在发动机稳定运转状态下比较容易实现。在非稳定状态下，理论上可把测得的浓度曲线和排气流量曲线对时间积分计算总量。但实际上由于排气管压力随工况而变，取样系统和测量仪器动态响应滞后的不同等原因，会造成很大误差。于是，可采用测量平均值的方法，最直观的就是把 1 个标准测试循环中的所有排气收集到气袋中，然后测量浓度和气量，算出循环总量。这种办法需要很大的气袋收集排气，很不方便。现在世界各国的排放法规都规定用定容取样（Constant Volume Sampling，CVS）系统取样，图 7-3 所示为典型的 CVS 系统简图，发动机的全部排气用经过空气滤清器过滤的环境空气稀释，进入混合室，经混合器调温（热交换器）保持恒温（±5℃），使稀释排气密度保持不变。然后在抽气装置（定容泵）作用下，抽取固定容积流量的样气送入大气，在抽气装置入口的流路上，将稀释排气经滤清器、流量控制阀、取样泵、流量计抽入稀释排气取样袋。取样气体和定容泵的流量之间有严格的比例关系。稀释排气模拟了汽车排气尾管出口处排气在环境空气中的稀释情况，稀释排气取样袋的气样中含有的污染物量与排气污染物总量的比例保持不变，只要测试循环结束后测量气袋中各污染物的浓度，乘上 CVS 系统中流过的稀释排气总量，就得到了发动机在测量过程中各污染物的总量。CVS 系统的总流量通过图中的容积测量装置进行确定。稀释排气取样袋的材料应保证各排气成分在放置 20min 后浓度变化不超过 2%，一般用聚乙烯/聚酰胺塑料或聚碳氟塑料薄膜制成。为保证排气与稀释空气均匀混合，要求混合室中的气流雷诺数满足一定的要求。

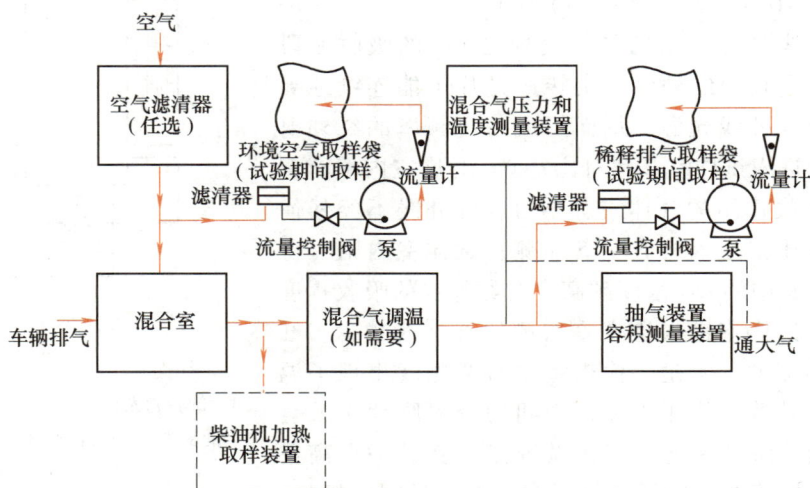

图 7-3　CVS 系统简图

定容取样法，也称为变稀释度取样法，是一种接近于汽车排气扩散到大气的实际状态的取样法，由于有足够的稀释，可以遏制各排气成分之间的相互作用，防止水蒸气凝结，但若稀释过度，则会造成稀释样气中的污染物的浓度太低而带来测量分析灵敏度不够等问题。一般规定用 8 倍以上的稀释度，一般选用 $8.5 \sim 10m^3/min$ 的定容泵，对检测大多数汽车排放都可以进行足够的稀释。由于排气稀释度较高，所以环境空气中存在的微量的 HC、CO 和 NO_x 都会影响到稀释排气中的成分，造成测量误差。因此，需要用有活性炭层的空气滤清器吸附稀释空气中的 HC，要求做到引入的稀释空气中 HC 浓度低于 15×10^{-6}。并且在排气取样测量的同时，收集 1 袋稀释用的环境空气，以便修正由环境空气引起的误差。

由于 CVS 法测试精度高，所以被广泛应用于美国、日本以及欧洲 ECE15-04 法规以后的试验规范中，定容取样法有 CVS-1 和 CVS-3 两种系统。CVS-1 只用 1 个取样袋，用于美国 L. A-4C 试验规范。CVS-3 取样系统，用 3 只气袋，用于美国 L. A-4CH 试验规范，试验时分别对冷起动、稳定行驶、热起动阶段 3 次取样。

测量柴油机时，因为 HC 有可能在样气袋中冷凝，所以需要对 HC 进行连续分析，稀释排气需要采用加热到 190℃ 的加热取样装置输送到分析仪。

四、排气污染物的检测原理

排气污染物的检测原理是指用何种物理或化学的原理将排气中某种污染物的含量测定出来。不同的排气成分适用的检测原理也不同。

1. 不分光红外分析法（NDIR）

NDIR 是测定 CO 和 CO_2 最好的方法，也能测定 HC 或 NO_x，但测定 NO_x 时精度不高。

NDIR 的原理是：不同气体对不同波长的红外线具有选择性吸收的能力（如 CO 的吸收波段为 $4.5 \sim 5\mu m$，CO_2 为 $4 \sim 4.5\mu m$），而且气体浓度越高，吸收红外线的能力越强。根据待测气体对某种波段的红外线的吸收程度，就可以测定出对该波段所敏感的气体的浓度。NDIR 原理图如图 7-4 所示。

假定红外线光源发出的红外线处在 CO 的吸收波段内，即 CO 会吸收该红外线。旋转遮光片 1 能连续地导通、截止两个红外线光源，从而形成一定频率的红外射线脉冲，分别进入试样室 2 和对比室 6。对比室内填充着对红外线无吸收作用的气体（如 N_2），红外线不经任何衰减地透过对比室进入检查室 5 左侧；试样室内则有待测气体通过，其中的 CO 浓度越高，对红外线的吸收程度就越高，穿过试样室进入检查室右侧的红外线越少。红外线是具有热能的，于是，检查室左右两侧就出现了温度差，温度差导致两侧压力差，中间的分隔膜片 4 就会产生凹凸变形。该膜片是电容式微音器（就是一个高灵敏度的电容式传感器）的活动极板，其左侧是固定极板。可见，随着试样室内 CO 浓度的变化，检查室两侧产生压

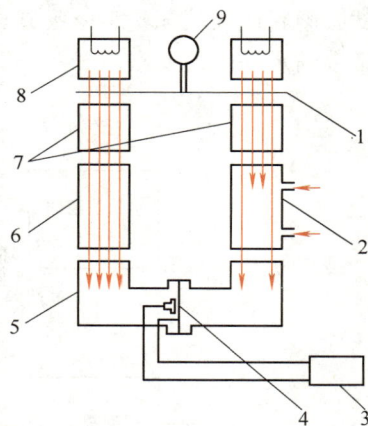

图 7-4 NDIR 原理图
1—旋转遮光片 2—试样室 3—电测量装置 4—分隔膜片 5—检查室 6—对比室 7—滤波室 8—红外线辐射室 9—电动机

力差，电容传感器的电容值就发生变化。由于电容值的变化与旋转遮光片的频率同步，因此便产生了充电和放电电流，由后续二次仪表检出。电流信号越强，表明待测气体内的 CO 浓度越大。

为使红外分析仪在测定某一种气体的浓度时不受其他气体浓度变化的影响，在红外光源和对比室与试样室之间设置了滤波室。滤波室内填充干扰气体，如 CO_2、水蒸气等，来滤掉红外线中干扰气体所对应波段的那部分辐射。例如，滤波室内的 CO_2 将其敏感频段的红外线吸收掉，剩余的红外线进入试样室就不会再被 CO_2 吸收了。

2. 氢火焰离子分析法（FID）

FID 是检测排气中 HC 成分最有效的方法。它具有很高的灵敏度，对环境温度及大气压力也不敏感。

FID 的原理是：大多数有机碳氢化合物在氢火焰的高温（2000℃左右）下产生热致电离，形成自由离子，离子数与引入火焰中的碳氢化合物分子中的碳原子数基本成正比。

这种方法对不同的碳氢化合物分子没有分辨能力，所以它用于测定总的 HC 排放量，在仪器上通常以正己烷的当量体积百万分数（即 10^{-6}）表示。

3. 化学发光分析法（CLD）

CLD 是测定 NO_x 最好的方法，灵敏度非常高。

CLD 的原理是：检测时令待测气体中的 NO 与臭氧 O_3 反应，生成 NO_2^*（NO_2 的激发态）分子，在 NO_2^* 由激发态向基态衰减的过程中，会发出波长为 $0.6 \sim 3 \mu m$ 的光量子，这一现象即为化学发光。其发光强度与 NO 的体积分数成正比。对于被测气体中的 NO_2，先通过适当的转换将其还原成 NO，即可间接测出 NO_2 含量以及 NO_x 总量。

4. 烟度的测定原理

炭烟是柴油机的主要排放污染物，排气中炭烟含量的高低用烟度来表征。GB 3847—2018《柴油车污染物排放限值及测量方法（自由加速法及加载减速法）》规定了 2 种烟度检测方法，即不透光烟度法和林格曼烟度法。

（1）林格曼烟度　林格曼烟度是将排气污染物颜色与林格曼浓度图对比得到烟尘浓度的一种测量方法，以林格曼黑度来表征。分为 6 个等级，0 级为全白，1 级相当于 20% 黑色，2 级相当于 40% 黑色，3 级相当于 60% 黑色，4 级相当于 80% 黑色，5 级为全黑。

测试方法主要有 3 种，第一种为林格曼标准图谱法：把林格曼浓度图放置在一定位置，通过目测被测物体与相应级别的林格曼浓度图颜色的一致性，以确定排烟浓度。这种方法简单、成本低、测量快速等优点。但易受主观因素影响，准确度和稳定性较差，人员需求量大，无法用于在线监测。第二种为光电测烟仪法，是半自动化的林格曼黑度测量仪器，利用光学系统搜集烟的图像，把烟的透光率和仪器内部的标准黑度板透光率进行比较，通过光学系统处理，把光信号变成电信号输出，从而显示烟气的黑度。光电测烟仪比较客观准确，但不能在多云、大风或雨雾天观测。第三种为基于视频拍摄的遥感检测法，是将图像识别技术应用在环境监测上，通过安装在道路及路口的摄像头抓取图像，通过建立数学模型，把汽车尾气从图像中分离出来，再将尾气灰度与预设的林格曼标准图谱比对，从而快速检测出尾气的林格曼黑度值。利用此项技术能准确、快捷地对"黑烟车"进行识别，大大降低了检测人员的劳动强度，提高了检测效率。

（2）不透光烟度　不透光烟度又称为消光式烟度，它是利用不透光度来反映排气中炭烟等可见污染物的含量。不透光度是指光源的光线被排气中可见污染物吸收而不能到达光电检测单元的百分率，用 N 表示。测定不透光烟度的设备就是不透光烟度计。不透光烟度度

计按 N 从 $0 \sim 100\%$ 的变化进行线性划分：$N = 0$，表示完全透射，被测排气不吸光；$N = 100\%$，表示光线完全被排气吸收。

不透光烟度计分为全流式和分流式两种。全流式不透光烟度计测量全部排气的不透光度；分流式不透光烟度计是先将排气中的一部分引入取样管，再送入不透光烟度计进行连续分析。我国排放标准规定使用分流式不透光烟度计，如图 7-5 所示，这种分流式不透光烟度计又称为哈特里奇烟度计。

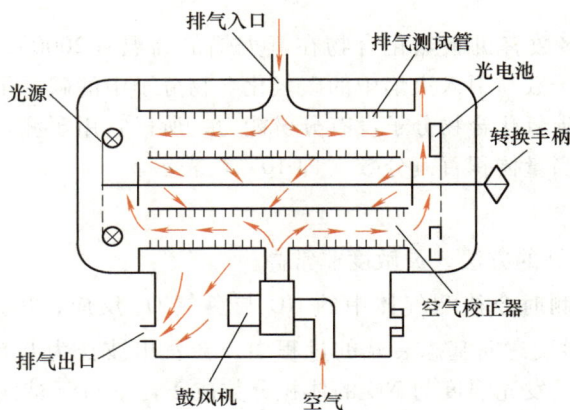

图 7-5　分流式不透光烟度计

测量前，向空气校正器中吹入干净空气，转动转换手柄，使光源和光电池移至校正器两侧，做零点校正。然后再转动手柄，将光源和光电池移至排气测试管两侧，并将需要测定的一部分汽车排气连续不断地导入测试管。光源发出的光被排气中的可见污染物所吸收，烟度越大，光吸收率就越高，即不透光度越高，光电池接收到的光通量也就越小，并通过光电转换显示出测量结果。

不透光烟度计充分考虑了排气中的黑烟、蓝烟和白烟等可见污染物对环境的综合污染，强调了排气中所有可见成分对人视觉感知的影响。而且不透光烟度计可对柴油车排气可见污染物进行连续的动态测量，便于分析发动机工况变化对炭烟排放的影响，目前在世界各国得到广泛应用。我国标准要求压燃式发动机和装用压燃式发动机的车辆（包括 2005 年 7 月 1 日以后生产的新车和 2001 年 10 月 1 日以后生产的在用车），其排气检测是测定其可见污染物的不透光烟度。

五、排气污染物的试验方法

排气污染物的试验方法是指对汽油车和柴油车分别采取哪些试验工况来测定其排气污染物的含量。

不同国家和地区以及不同的组织机构，对不同种类的内燃机（主要是汽油机或柴油机）以及装用这些内燃机的不同种类的汽车，制定了不同的试验方法，供试验单位根据自身条件、测试对象和试验目的加以选择。试验方法的标准很多、更新很快，这里仅介绍几种较典型的试验方法，其中怠速法、双怠速法和工况法是针对汽油车的，稳态法和非稳态法是针对柴油车的。

1. 汽油车的排放试验方法

汽油车的排放试验方法可参照 GB 18285—2018《汽油车污染物排放限值及测量方法（双怠速法及简易工况法）》等标准。

（1）怠速法　怠速法也称单怠速法，是一种经典的测量汽油机排气污染物的方法，就是选择怠速作为试验工况，一般仅测量 CO 和 HC。一般来说，汽油机（车）在怠速工况下的排放污染是较严重的，选取怠速作为试验工况有其合理性。但是，怠速时间占汽车运行总时间的比例并不大，而且装备电控燃油喷射系统和三元催化转化器的汽车，排放最严重的工况是急加速等非稳态工况，所以，仅以稳态的怠速排放量作为汽车排放污染水平的定量表征，缺乏全面性。怠速法突出的优点是简便易行、效率高，而且测试装置价格便宜、利于携带，较适用于汽车检测站对在用汽油车排放性能的年检测试。

（2）双怠速法　双怠速法是对怠速法的一种完善，即在怠速工况的基础上增加了高怠速工况。按标准 GB 18285—2018 规定轻型汽车高怠速转速为 $2500\pm200r/min$。与怠速法相比，双怠速法能够在不显著增加试验复杂性的基础上，更全面地反映出汽车污染物的排放水平。双怠速法需要测定怠速工况下 CO 和 HC 的排放量，以及高怠速工况下 CO、HC 的排放量和过量空气系数 λ。所有数据都应符合标准限值。

（3）工况法　工况法是将汽车若干常用工况和排放污染较重的工况结合在一起，按规定工况循环模式测定排放污染物的方法。其出发点与燃料经济性试验中的多工况循环试验类似，都是力图最大限度地重现汽车的实际运行工况，使试验数据可以定量代表车辆的真实使用性能。不同的国家和组织，针对不同的车型和使用环境，编制了许多循环工况，供试验者参照选用。例如，图 7-6 所示为欧洲轻型汽车排放循环工况，是在 ECE15 工况的基础上增加一个郊外高速 EUDC 工况。工况法一般在底盘测功机上进行，包括稳态工况法和瞬态工况法，其中稳态工况法在两种稳定的车速下进行排放检测，分别为 25km/h（ASM5025 工况）和 40km/h（ASM2540 工况）。稳态和瞬态工况均可测量 CO、HC、CO_2 以及 NO_x。工况法的优点在于试验结果更全面、可靠，但操作复杂，对仪器设备的要求较高，其应用受到一定的限制。

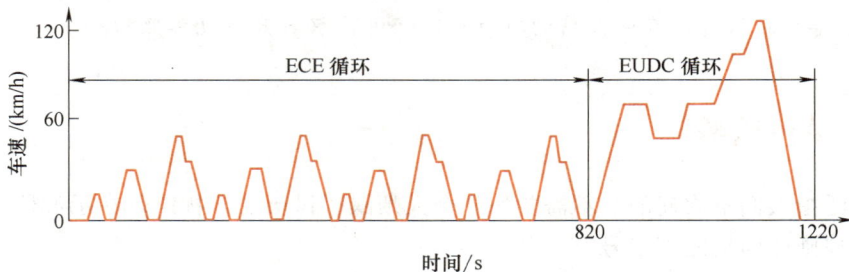

图 7-6　欧洲 ECE、EUDC 循环示意图

2. 柴油车的排放试验方法

柴油机（车）排气污染物的试验方法分为稳态法和非稳态法。

（1）稳态法　稳态法是指在柴油机稳定运转状态下，对其排气污染物进行测定。由于柴油车在全负荷运转时排黑烟较严重，所以稳态试验法通常就是测量柴油车全负荷运转时的排气烟度，国家标准要求采用不透光烟度。测量的基本过程是：由最低转速至额定转速之间选取适当分布且数量足够的转速点进行全负荷烟度测试，其中包括最大转矩转速和最大功率转速，最低转速是指45%的额定转速、1000r/min或急速控制器允许的最低转速中最高的一个。每一转速下烟度的测量必须在柴油机运转稳定后进行，任何一次测量结果都不得超过标准允许的限值。

由于需要准确控制柴油机的转速和负荷，稳态烟度试验适用于在发动机试验台架上进行，就车检测较困难。另外，只进行稳态烟度测定，不能反映柴油机的全部排烟特性。

（2）非稳态法 非稳态法是指按规定的控制程序，在柴油机非稳定运转状态下对其污染物进行测定的方法。非稳态法包括自由加速法和加载减速法，其中自由加速法的应用最为广泛。

自由加速法是指柴油机从急速状态突然加速到高速空载转速过程中，在自由加速工况下进行排气污染物测定的一种方法。这里的自由加速工况是指在发动机急速下，必须在1s的时间内，将加速踏板连续完全踩到底，在最短时间内使喷油泵供给最大油量，在柴油机达到调速器允许的最大转速前，保持此踏板位置；达到最大转速后立即松开加速踏板，使发动机恢复至急速。重复三次自由加速过程，将三次自由加速烟度最大值的算术平均值作为测量结果。

自由加速法不需对柴油机加载，易于就车进行，并且能客观地反映柴油机的排烟特性，因此该法适用于检测站对在用柴油车的年检以及环保部门对柴油车的监测。

加载减速法是在一定工况条件下测量柴油车排气可见污染物的方法，加载减速过程必须完全自动化。自动控制系统采集实测最大轮边功率时的转鼓线速度 v_e、$90\%v_e$ 和 $80\%v_e$，将上述三个工况下的轮边功率、发动机转速、转鼓线速度和排气光吸收系数作为检测结果。只有上述三个工况点测得的光吸收系数或烟度值均满足标准限值，排放测试才判定为合格。标准规定，在全国范围内进行的柴油车环保定期检验应采用加载减速法进行，对无法按加载减速法进行测试的车辆，可采用自由加速法进行，但必须加以标注。

> 排放试验标准是根据车型分类制定的，不同国家和机构对车型的分类标准不一样，同一类型汽车的试验方法很多，排放限值的标准数据更新很快，这里不再详述。希望试验者在进行汽车排放测试时，查阅最新的有效标准，并依据自身情况参照执行。

第五节　噪声试验

噪声，泛指人们不欢迎的、不需要的和令人烦躁、讨厌的干扰声。在示波器上往往表现为一系列不规则或随机的声信号。

噪声会使人的听力减弱、视觉功能下降、神经衰弱、血压变化和胃肠道消化功能障碍，影响人的睡眠、谈话、学习、工作和情绪等。总之，噪声对人体的生理和心理都有诸多不利影响。

噪声按来源可分为交通噪声、工业噪声和生活噪声。其中交通噪声包括道路交通噪声、铁路交通噪声、航空交通噪声和内河航运噪声。道路交通噪声还可分为车辆噪声和道路噪声。本节研究的是车辆噪声。

车辆噪声（或称为汽车噪声）主要来源于两大方面，一方面是与发动机运转有关的噪

声，另一方面是与汽车行驶有关的噪声。前者包括燃烧噪声、机械噪声、进/排气噪声和风扇噪声，后者包括底盘传动系统噪声、制动噪声和轮胎噪声。

汽车噪声试验并不着重考察汽车噪声的来源和产生机理，而是主要测定不同工况下、车内外不同位置所受到的噪声水平。

一、声音的评价指标

不仅要研究声音的客观物理评定量，还要考虑人对声音的生理感受。

1. 声压与声压级

声压是指声波波动引起传播介质压力变化的量值。设介质处于平衡状态时各处的静压强为 p_1，当声波通过时介质中某点的压强变化为 p_2，其变化量 p 即为声压，单位为 Pa，即

$$p = p_2 - p_1$$

正常人耳能够听到的最弱的声压为 $1 \times 10^{-5} \mathrm{Pa}$，开始感到疼痛的声压为 $20\mathrm{Pa}$，差距达数百万倍。可见，用声压的绝对值来表征声音的强弱很不方便，因此引入"级"的概念，用成倍比关系的对数值来评定声音的强弱。于是定义声压级为 L_p

$$L_p = 20\lg \frac{p}{p_0} \tag{7-3}$$

式中，p 为被描述点的声压；p_0 为基准声压，$p_0 = 2 \times 10^{-5} \mathrm{Pa}$。

声压级 L_p 的单位是 dB，它是一个相对于基准的对数指标，由式（7-3）可以看出，声压变化 10 倍，声压级改变 20dB。

2. 声功率与声功率级

声压描述的是声场中某点的压强变化，而声功率表征的则是声源在单位时间内传播的声能，单位为 W。

同样采用"级"的概念，可以将声功率倍比关系的对数值定义为声功率级，即

$$L_W = 20\lg \frac{P}{P_0}$$

式中，P 为声源辐射的声功率；P_0 为基准声功率，$P_0 = 1 \times 10^{-12} \mathrm{W}$。

3. 声强与声强级

声强是通过与声能传播方向垂直的单位面积的声能的时间平均，记作 I，单位为 $\mathrm{W/mm^2}$。声强描述的是声场中某一点的"功率密度"（但不是瞬时值，而是一个周期 T 内的平均值），声强是矢量，方向指向该点的声能传播方向。

同样采用"级"的概念，可以将声强倍比关系的对数值定义为声强级，即

$$L_I = 20\lg \frac{I}{I_0}$$

式中，I 为被描述点的声强；I_0 为基准声强，$I_0 = 1 \times 10^{-12} \mathrm{W/mm^2}$。

4. 响度级

响度级是人耳听到声音时的主观感觉的定量描述。它是同时考虑声音的声压级和人耳对不同频率声音响应的一个表示响度的主观评价量，单位是 PHON，其数值等于频率为

1000Hz 的纯音的声压级分贝值。例如，如果一个 1000Hz 纯音的声压级是 50dB，那么它的响度级就是 50PHON。

人耳的听觉生理特征是对各种频率的声音有不同的选择性和响应。一般来说，人耳对高频声音比对低频声音要敏感，感觉声音更响；但频率过高（超过4000Hz）后敏感度下降。这个关系可以用"等响曲线"表示，如图 7-7 所示。因此，除了 1000Hz 的纯音以外，人感觉到的响度级和声音的声压级是不同的。或者说，频率不是 1000Hz 的两个声音听起来一样响，但是其声压级是不同的。

噪声测量仪器有声级计、声强测量仪和频率分析仪等，其中应用最多的是声级计。

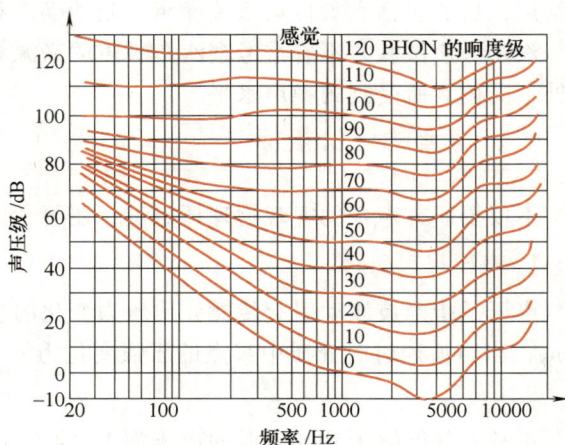

图 7-7 等响曲线

汽车噪声试验一般包括车外噪声试验、车内噪声试验和驾驶人耳旁噪声试验，另外对汽车喇叭的声级也有一定要求。每项试验的具体要求较复杂，以下仅介绍其基本思想和操作要点。

二、车外噪声试验方法

进行车外噪声试验时，试验场地要求水平、坚实、平整，半径 50m 范围内不得有大的反射物。

使用两个声级计，其传声器分别位于试验路线中线两侧 7.5m 处，距地面高 1.2m，用三脚架固定，其轴线水平并垂直于试验道路中线，如图 7-8 所示。

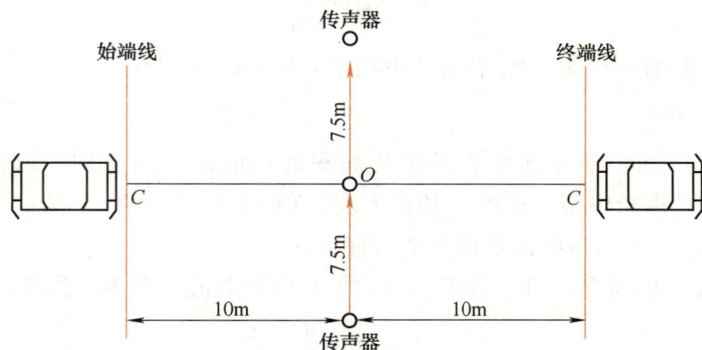

图 7-8 车外噪声试验的试验路线和传声器布置

试验时包括风在内的本底噪声比所测汽车噪声至少低 10dB。为避免风的干扰，可以采用防风罩，但应注意防风罩对声级计灵敏度的影响。

被测汽车空载往返行驶，分别进行加速行驶和匀速行驶时车外噪声的测量，关于车速、

发动机转速、加速强度和变速器档位等，严格按有关标准执行。

声级计采用 A 计权网络、"快"档进行测量。

在进行数据处理时，需注意：汽车同侧的噪声值可以进行平均，但两侧的噪声值不作平均，取较大者作为该车的代表。

三、车内噪声试验方法

进行车内噪声试验时，试验场地要求与车外噪声试验类似，周围不得有大型反射物的距离要求由 50m 降为 20m。本底噪声比所测汽车噪声至少低 10dB。

车内噪声试验的一个重点是车内测量点的选择：一个测量点必须选在驾驶人座位，基本处于驾驶人右耳旁；对于轿车，可以在后排无人座位上追加一个测量点；对于城市客车，取车厢中心线上前、中、后 3 个点来测量，对于其他客车，在乘客区的前部、中部和后部各布置一个测量点，位于前排、中间排和最后排左侧的第一个座位位置，距离座椅面高 0.7±0.05m，基本处在座位乘客的右耳旁，测量点的具体要求详见 GB/T 25982—2010《客车车内噪声限值及测量方法》。分别取驾驶人右耳旁和乘客区各测量点测量结果的最大值，作为驾驶区和乘客区车内噪声的最终测量结果。

从以下三种运行工况中选出一种可以代表被试汽车车内噪声的运行条件——匀速行驶、全节气门加速和车辆定置。

声级计采用 A 计权网络、"快"档进行测量。

试验的具体操作严格按有关标准执行。

四、驾驶人耳旁噪声试验方法

驾驶人耳旁噪声试验可以认为是一种车内噪声试验，但前者对车辆测试工况有专门的要求，故本节将其单列为一项。本试验可参照 GB 7258—2017《机动车运行安全技术条件》。

驾驶人耳旁噪声试验要求汽车处于静止状态，变速器处于空档，发动机以额定转速稳定运转。与此要求不同的是，车内噪声试验的定置工况要求变速器处于空档，发动机由低速空转开始，迅速踩下加速踏板，全力加速至发动机高速空转，测量 5s。

声级计采用 A 计权网络、"快"档进行测量。

五、汽车喇叭噪声试验方法

汽车喇叭应具有连续发声的功能，工作可靠，且声压级不得过强。测量喇叭声级时，声级计的传声器距地面高度为 1.2m，距被测汽车最前端为 2m。

测试时应注意不被偶然的其他声源峰值干扰，测量次数最好达到两次以上，并注意监听喇叭声音是否悦耳。其声压级应在 90~115dB（A）范围内。

第六节　制动性试验

由汽车理论可知，汽车的制动性包括制动效能、制动效能的恒定性和制动时汽车的方向稳定性等方面的要求。另外，就广义而言，汽车的制动性能还应包括驻车制动能力、应急制动系统的效能以及 ABS 系统（如果装备的话）的性能。这些要求，在汽车的制动性试验中均有所体现。

> 本节研究的是汽车的制动性能，属于整车性能试验，不是研究汽车制动系统的零部件。

制动性试验可以采取道路试验，也可以采取室内台架试验。道路试验的主要测试参数是汽车的制动距离和制动减速度。台架试验主要用于测量各车轮的制动力及制动力增长过程、平衡情况等，有的台架试验也可以用来测量制动距离，室内试验设备包括各种滚筒式或平板式制动试验台。

制动性试验主要参照 GB 21670—2008《乘用车制动系统技术要求及试验方法》、GB 12676—2014《商用车辆和挂车制动系统技术要求及试验方法》以及 GB 7258—2017《机动车运行安全技术条件》。本节主要介绍传统内燃机车辆制动性试验，对于装备有电力再生式制动系统的车辆，请参阅 QC/T 1089—2017《电动汽车再生制动系统要求及试验方法》。

一、制动性的道路试验

试验道路应坚硬、水平、干燥，附着良好（测试防抱制动系统性能的路面对附着系数的组成另有特殊要求），最好是混凝土路面，而且要有足够的宽度，相关试验要按规定绘制标线。

制动性的道路试验包含的主要试验项目及其要点如下。

1. 磨合试验

标准规定在整车制动性能试验之前需要进行磨合试验。磨合试验应按厂家规定的磨合程序或标准针对不同车型规定的磨合试验要求对制动器进行磨合，如商用车及挂车可按下列方法进行磨合：

对于前/后盘式制动系统：

1）初始车速为 60km/h，制动至约 20km/h。

2）首先以约 $2m/s^2$ 的制动减速度进行 30 次制动，然后以约 $4m/s^2$ 的制动减速度进行 30 次制动。

对于前盘式/后鼓式或前/后鼓式制动系统：

1）初始车速为 60km/h，制动至约 20km/h。

2）首先以约 $2m/s^2$ 的制动减速度进行 100 次制动，然后以约 $4m/s^2$ 的制动减速度进行 100 次制动。

在磨合过程中，制动盘和/或制动鼓的温度不应超过 200℃。

2. 冷态制动效能试验

冷态制动效能试验又称为 0 型试验。制动器应处于冷态。在制动盘或制动鼓摩擦表面测得的温度低于 100℃ 时，可认为制动器处于冷态。0 型试验包括发动机脱开和接合两种试验，各项试验按各车型规定的初速度进行。例如，乘用车发动机脱开的 0 型试验，制动初速度为 100km/h（因最高车速限值不能达到规定车速的车辆可按最高设计车速进行试验），制动末速度为 0。

试验道路上按规定的通道宽度绘制标线。例如，对于各种总质量≤3500kg 的汽车，通

道宽度为 2.5m。注意，在标线两侧要留有足够的道路安全宽度。

试验时，首先确认最热的车轴上的行车制动器的平均温度处于 65~100℃，先将车速提升到略高于规定的初速度，然后分离离合器、摘档滑行，当车速降低到规定初速度时，以一定的力度踩下制动踏板并尽量保持该力度不变。同时启动减速度计等测量仪器开始测量速度、距离和制动减速度等信号。重复上述试验步骤，确认车辆是否达到最佳制动效能。当发生以下三种情况的任意一种时，就认为达到了最佳制动效能：①有任意车轮抱死；②车体任何部位对地面的投影超出划定的通道宽度；③制动踏板力超过规定的允许值。试验时，逐次搜索、提升制动强度，直至到达到最大制动强度，以该工况下的制动效能作为试验结果。制动效能的试验结果用制动距离和充分发出的平均减速度 MFDD 来表征。制动系统的性能应通过测量与车辆初速度有关的制动距离和/或测量试验中充分发出的平均减速度来确定。标准对于不同的车型，规定了不同的制动初速度、不得超出的通道宽、制动距离限值、充分发出的平均减速度限值和制动踏板力限值等。具体数据参阅标准。

标准中规定的、可以代表被试汽车的行车制动效能的，就是该试验的结果。例如，乘用车发动机脱开的 0 型试验，要求满载时制动初速度 v 为 100km/h、制动时不得偏出的通道宽为 3.5m、制动踏板力不得超过 500N、满载制动距离不超过 $(0.1v + 0.0060v^2)$ m、满载 MFDD 不小于 6.43m/s^2。

3. 驻车制动性能试验

标准规定机动车应具有驻车制动装置，应能使机动车即使在没有驾驶人的情况下也能停在上、下坡道上。不同车型规定了不同的驻车制动性能要求。例如，对于乘用车，驻车制动系统应能使满载车辆在坡度为 20% 的上、下坡道上保持静止。对于商用车，驻车制动系统应能使满载车辆在坡度为 18% 的上、下坡道上保持静止。对允许挂接挂车的车辆，牵引车的驻车制动系统应能使满载汽车列车在坡度为 12% 的上、下坡道上保持静止。

4. 行车制动传输装置部分失效效能试验

标准规定，当行车制动传输装置部分失效时，仍应具有规定的剩余制动性能。其试验规范与冷态制动效能试验类似，但对于不同的车型，规定了不同的制动初速度、制动距离限值、充分发出的平均减速度限值和制动踏板力限值等，具体数据参阅标准。例如，GB 12676—2014 要求 N1 类汽车在制动传输装置部分失效后，其 MFDD 应不小于 1.3m/s^2，但为了模拟行车制动系统的实际失效状态，允许配置必要的附加装置和管路，附加装置不得影响汽车原有的行车制动效能和部分回路失效后的制动效能。

5. 应急制动试验

应急制动是指在常规的行车制动失效后，在适当的距离内将车停住。应急制动装置必须可控制、可调节。

标准要求汽车必须装有应急制动装置，同时允许应急制动装置与常规行车制动系统或驻车制动系统合为一体，但不得三者合为一体。而对于轿车等车型来说，应急制动装置往往与行车制动系统合为一体，所以其应急制动试验实际上就是制动系统部分回路失效效能试验，两者的试验方法与规范相同。标准对不同的车型规定了不同的应急制动限值要求。例如对于乘用车，应急制动性能以 100km/h 的初速度按发动机脱开的 0 型试验条件进行试验，应急制动的制动距离不应超过 $(0.1v + 0.0158v^2)$ m（v 为试验初速度），充分发出的平均减速度

不小于 $2.44\mathrm{m/s}^2$。

6. 制动器衰退试验

制动器衰退试验又称为 I 型试验。

注意，"制动器衰退试验"并不是将制动器从车上拆下来进行台架测试，而是仍然进行整车道路测试。

以乘用车为例，制动器衰退试验包括重复制动试验、热态性能试验和恢复试验。

（1）重复制动试验　重复制动试验又称为制动器加热试验，就是连续进行"制动-解除制动"操作。不同车型，标准对制动初速度、末速度、制动间隔以及重复制动次数进行了规定，例如对于乘用车，初始速度为最高设计车速的 80%（最高为 100km/h），末速度为初始速度的一半，制动间隔为 55s，制动次数为 15 次。试验时，应调整控制力使每次制动时充分发出的平均减速度为 $3\mathrm{m/s}^2$，同时，制动中变速器应一直处于最高档（超速档除外）。

（2）热态性能试验　重复制动试验结束后应在发动机脱开的情况下，以与 0 型试验相同的条件测定行车制动系统的热态制动性能（温度条件可不同）。标准规定了热态性能要求，例如对于乘用车，热态制动性能不应低于该类车辆规定性能的 80%，也不应低于发动机脱开的 0 型试验所记录数据的 60%。同时，对于满足 60% 规定但不满足 80% 规定的乘用车，应以规定的控制力进行进一步的热态性能试验，两次试验的结果都应记入试验报告。

（3）恢复试验　在完成热态性能试验后，立刻进行恢复试验。在发动机接合的情况下，以 $3\mathrm{m/s}^2$ 的平均减速度、从 50km/h 的车速进行 4 次停车制动。

恢复过程结束时测定行车制动系统的恢复性能，要求恢复性能不低于发动机脱开的 0 型试验结果的 70%，不高于 150%。

7. 制动系统时间特性的测定

按汽车理论，制动过程包括驾驶人反应时间、制动器起作用时间、持续制动时间和制动释放时间四个过程。此处的制动系统时间特性，指的是制动器起作用时间和制动释放时间。这两个时间分别影响制动效能和解除制动后汽车迅速加速或减轻侧滑的能力，都要求越短越好。

在试验环节，制动器起作用时间一般用制动协调时间代表。制动协调时间是指从驾驶人踩制动踏板到制动管路压力（或制动器制动力，但路试一般难以测量制动器制动力）达到规定值的 75% 所需的时间，也称为制动促动时间。制动释放时间则是指从制动踏板开始松开到制动管路压力下降到规定值的 10% 所需的时间。

制动协调时间和制动释放时间是在汽车静止状态下测量的，而制动管路压力则是在液压管路或前后制动气室的进口处测量，装有制动力调节装置的应将其置于满载位置。试验时应快速踩下或松开制动踏板。

另外，标准还规定了一些其他的制动性能试验，如乘用车的车轴间制动力分配试验、商用车的缓速制动性能试验等，因篇幅原因在此不再进行赘述，可参照具体标准要求。

二、制动性的台架试验

一般来说，整车的制动性能，采取道路试验是比较理想的，制动工况真实，数据精度和

可信度都较高。但路试对于道路条件和气象条件要求较高，试验周期长，所需的人员和设备较多。因此，在很多检测、维修企业，采用台架试验法检测整车的制动性，以节约时间、提高效率。如果对台架检测的结果有争议，标准规定采用路试法进行复检，并以满载路试的试验结果为准。

下面介绍几种常见的制动性试验台，及其检测操作要领。

1. 滚筒试验台

滚筒式制动试验台简称滚筒试验台，其外观和基本测试思想与底盘测功机有相似之处，都是利用滚筒（转鼓）充当活动路面支承车轮，在试验台上测量力矩和转速，反映车轮和滚筒之间的相互作用力。滚筒试验台包括反力式和惯性式两类，其中反力式主要用于测量制动器制动力。图 7-9 所示为反力式滚筒试验台的基本结构。

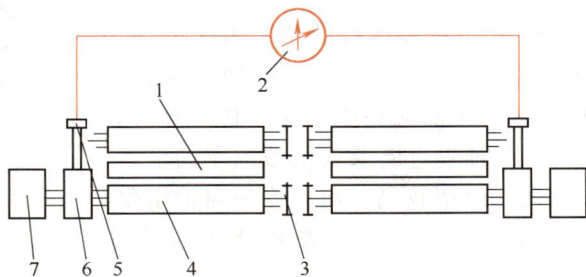

被试汽车驶入试验台电动机 7 带动滚筒 4 转动，滚筒带动被试车轮低速转动。驾驶人踩下制动踏板，轮胎和滚筒之间的摩擦力力图使车轮和滚筒减速。而试验台的电动机驱动系统会驱使滚筒继续转动，车轮在摩擦力

图 7-9　反力式滚筒试验台的基本结构

1—举升器　2—测量表　3—链传动　4—滚筒
5—测力传感器　6—减速器　7—电动机

的作用下也转动，制动器内部的主、从动部分产生了相对滑动，此时车轮和滚筒之间的摩擦力就是制动器制动力。两侧车轮的制动器制动力及其变化过程，都可由试验台测量并显示出来。

反力式滚筒试验台，结构较紧凑，制动力的测试较精确，但为了能测得车轮的最大制动器制动力，要求轮胎和滚筒之间的附着力足够大。因此，通常需在车辆上增加足够的附加质量，或施加相当于附加质量的作用力，以增大附着力。

惯性式滚筒试验台的外观与反力式类似，但其具有飞轮机构，用于模拟汽车的惯性。惯性式滚筒试验台主要用于测量制动距离和制动减速度。

测试时，先使滚筒带动车轮在同一转速下转动，然后切断驱动滚筒旋转的动力并踩下制动踏板。于是车轮对滚筒产生切向阻力，而滚筒在试验台飞轮机构的惯性作用下继续转动、逐渐减速。在此过程中，滚筒周缘的减速度和线位移，就相当于汽车的制动减速度和制动距离。

为了定量反映汽车的制动距离，惯性式滚筒试验台需同时测试所有车轮（一般称为双轴式试验台），因此占地面积大，结构较复杂，而且适应的车型有限。

2. 平板式试验台

上述两种滚筒试验台所具有的一个共同的缺点是：由于汽车不运动，不会产生轴荷转移，也不会发生由轴荷转移造成的悬架系统动变形。而轴荷转移和悬架系统动变形对于汽车制动时的方向稳定性是有影响的。

平板式试验台的一个主要优点就是车辆是在动态减速过程中测试的，工况模拟更加真

实。平板式试验台的结构如图 7-10 所示。

检测时，汽车以 5~10km/h 的速度驶上测试平板，紧急制动。显然，在车轮不打滑的情况下，制动器制动力就是车轮受到平板的地面制动力 F_{Xb}，而地面制动力与车轮给平板的切向力是一对作用力与反作用力，两者数值相等，车轮给平板的切向力由拉力传感器测出。该试验台可以测量各车轮的制动器制动力。

平板式试验台结构简单，测试过程与实际道路行驶较接近，能反映轴荷转移及悬架系统动变形等因素对汽车制动性的影响，不需增加垂直质量或模拟汽车的惯性，操作简便，效率较高，而且容易与轴重仪、侧滑仪等组合在一起。在检测单位应用广泛。

平板式试验台的主要缺点是测试的重复性差，占地面积较大，需要助跑车道，存在一定安全问题等。

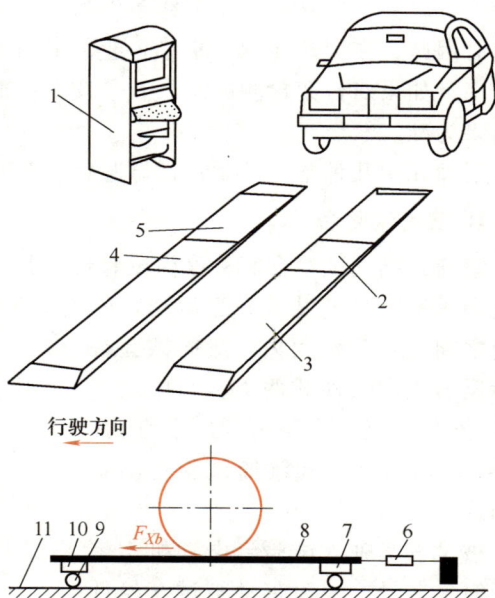

图 7-10　平板式试验台的结构

1—显示和控制台　2—侧滑测试平板
3、5—制动、轴荷测试平板　4—过渡板　6—拉力传感器
7、10—压力传感器　8—面板　9—钢球　11—底板

第七节　操纵稳定性试验

汽车的操纵稳定性是指在驾驶人不感到过分紧张、疲劳的条件下，汽车能遵循驾驶人通过转向系统及转向车轮给定的方向行驶（操纵性），且当遭遇外界干扰时，汽车能抵抗干扰而保持稳定行驶（稳定性）的能力。

操纵稳定性的评价指标体系较复杂，需要采用较多的物理量从多方面进行评价。广义而言，汽车的操纵稳定性试验包括三类，分别为操纵稳定性道路试验、汽车力学参数的测定和轮胎的机械特性试验。其中汽车力学参数的测定主要包括汽车质量、质量分配、质心位置及转动惯量的测定、静态抗侧倾能力试验、转向器和转向系统刚度试验及车轮定位参数的测定等。轮胎的机械特性试验则主要研究轮胎-地面相互作用力、行驶工况、道路条件和车轮定位等之间的关系。

本节以操纵稳定性道路试验为主要对象，选取一些有代表性的试验项目加以介绍。主要讲述试验原理和测试工况，具体的被测物理量及数据处理，可参阅标准。

一、稳态回转试验

稳态回转试验，简单地说，就是通过试验方法判定汽车的稳态转向特性是不足转向还是过多转向，并且确定不足/过多转向量。

根据试验原理，稳态回转试验包括变侧向加速度法和固定侧向加速度法。其中，变侧向加速度法是通过改变前进车速 v 来获得不同的侧向加速度 a_y，该方法又包括定转向盘转角法

和定转向半径法。而在采用固定侧向加速度法时，不仅要改变前进车速 v，还要改变转向半径，以维持 a_y 不变。

1. 定转向盘转角法

定转向盘转角法是判定稳态转向特性最直观的方法，其原理和汽车理论中对于"不足转向""过多转向"的描述是一致的：在汽车进入等速圆周行驶工况（无论是在何种转向盘输入下进入此工况）后，保持转向盘转角 δ_{SW} 不变，缓慢加速或以不同车速行驶时，随着车速的增加，转向半径增大的就是不足转向，转向半径减小的就是过多转向。

具体操作时，采用"缓慢加速"的，就是连续加速法，采用"以不同车速行驶"的就是稳定车速法。两者的本质要求是相同的，就是在行驶过程中汽车的纵向加速度尽量小，地面切向力对轮胎侧偏特性的影响尽量小。

（1）连续加速法　标准要求初始转向半径 R_0 不小于 15m，将该圆周用较明显的颜色画在试验场地上。汽车按初始转向半径以 $3m/s^2$ 的侧向加速度行驶 5 圈使轮胎升温。

正式测试时，汽车起步，沿该圆周以最低稳定车速行驶，待安装于汽车纵向对称面上的车速传感器在半圈内都能对准地面所画圆周时，固定转向盘转角 δ_{SW} 不变。缓慢加速，纵向加速度不超过 $0.25m/s^2$，直到汽车的侧向加速度达到 $6.5m/s^2$，或者达到受发动机功率限值而所能达到最大侧向加速度，或者汽车出现甩尾致使车速无法升高，或者轮胎发出尖叫声为止。整个过程保持转向盘转角 δ_{SW} 不变。显然，不足转向的汽车，随着车速（也就是侧向加速度）的提高，转向半径将变大；过多转向的汽车则相反。试验按向左转和向右转两个方向各进行 3 次，每次试验开始时车身均应处于正中位置。汽车行驶轨迹如图 7-11 所示。

按试验目的和试验标准，测取被测量，进行数据处理。

（2）稳定车速法　稳定车速法和连续加速法的基本测试原理相同，只不过前者在每次行驶过程中均保持车速不变；不足转向还是过多转向的判定，则是在不同行驶过程中变换车速，通过转向半径的变化看出。

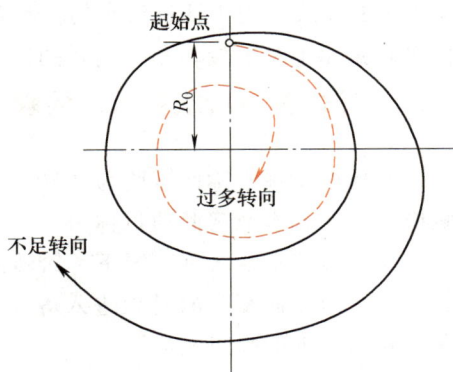

2. 定转向半径法

定转向半径法，顾名思义，就是在转向半径 R 不变的前提下，通过提高车速来改变侧向加速度 a_y，试验时通过转向盘转角 δ_{SW} 的变化来反映稳态转向特性。

在试验场地上画出半径 $R=30m$、圆心角为 $120°$ 的圆弧线，弧线的两边每隔 5m 放置一个标桩，以形成通道，如图 7-12 所示。通道宽 = 车宽 + B。轴距 $L \leq$ 2.5m 时，$B=0.6m$；$2.5m < L \leq 4m$ 时，$B=1.0m$；$L>4m$ 时，$B=1.4m$。

试验时，汽车先以极低的速度驶过通

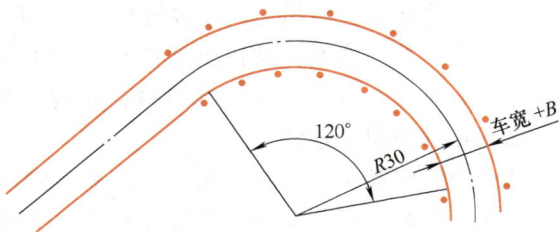

图 7-11　汽车行驶轨迹

图 7-12　定转向半径 $R=30m$ 的试验通道

道，测量转向盘转角 δ_{SW}。以后逐次提高车速进行试验，侧向加速度的每次增量不得大于 $0.5m/s^2$，直至汽车的侧向加速度达到 $6.5m/s^2$，或者汽车出现不稳定状态。汽车通过通道时，车速应稳定、转向盘转角 δ_{SW} 不变（指同一次行驶通过通道），不要撞倒标桩。记录每次的转向盘转角 δ_{SW}。显然，随着车速的提高，不足转向的汽车需要更大的转向盘转角，以维持转向半径不变的前提；过多转向的汽车则刚好相反。

> 定转向盘转角法和定转向半径法的关系：两者都属于变侧向加速度法，试验行驶时都要提高车速；定转向盘转角法是固定转向盘转角 δ_{SW}，观察转向半径 R 的变化；定转向半径法则是固定转向半径 R，测量转向盘转角 δ_{SW} 的变化。

按试验目的和试验标准，测取被测量，进行数据处理。

定转向半径法的优点是对仪器设备和试验场地宽度的要求不高；其缺点是对驾驶技术要求较高，随着车速的提高，准确地给出转向盘转角 δ_{SW} 以保证顺利驶过通道并不容易，车速较快时容易撞到标桩，试验成功率低。

3. 固定侧向加速度法

按固定侧向加速度法试验时，汽车分别以 40km/h、80km/h 和 110km/h 等速度匀速行驶，调节转向盘转角，使汽车的侧向加速度 a_y 达到 $(0.4\pm0.12)\,g$，维持 10s。测量汽车的横摆角速度 ω_r 和转向盘转角 δ_{SW}，计算横摆角速度增益 $\frac{\omega_r}{\delta_{SW}}\Big|_s$，绘制横摆角速度增益 $\frac{\omega_r}{\delta_{SW}}\Big|_s$ 与车速 v 的曲线，用于评价汽车的稳态转向特性。（其理论可参看汽车理论，此处的 δ_{SW} 是转向盘转角而不是前轮转角，两者的比例差异是汽车转向系统的角传动比。）

二、转向盘角阶跃输入下的瞬态响应试验

一些标准文件中称此试验为"转向盘转角阶跃输入试验"，其主要测试内容是车辆的瞬态响应，为此，本节将此项目称为"转向盘角阶跃输入下的瞬态响应试验"。

汽车在等速直线行驶工况下，给转向盘一个突然的转角 δ_{SW} 并维持此转角不变，汽车一般经过一个短暂而复杂的过程进入等速圆周行驶，这一"短暂而复杂的过程"就是"转向盘角阶跃输入下的瞬态响应"。

试验前，行驶 10km，使轮胎升温。

试验车速为试验车最高车速的 70%，圆整至 10km/h 的整倍数，但最高试验车速不宜超过 120km/h，建议取 60km/h、80km/h、100km/h 或 120km/h。

汽车以试验车速匀速直线行驶，先按预想的转向方向轻轻靠紧转向盘（例如，准备向左转向，就将转向盘略用力向左轻轻靠紧，消除转向系统的角间隙），并将各测试变量的记录曲线调零。然后快速转动转向盘（时间不超过 0.2s 或转动角速度大于 200°/s），使其达到预先选定的位置并保持不变，同时维持车速不变，记录该过程的各参数，直至达到新的稳态，也就是等速圆周行驶。

试验中转向盘预选位置（角度）按稳态侧向加速度值 $1\sim3m/s^2$ 确定，试验从 $1m/s^2$ 的侧向加速度做起，每隔 $0.5m/s^2$ 进行一次行驶测试。左转与右转两个方向的试验都要做，可以交替进行，也可以连续做完一个方向的、再做另一个方向的。

以转向盘转角达到终值的 50% 的时刻作为时间原点，至所测变量过渡到新稳态值的 90% 所需的时间为整个时间域。瞬态响应的时间历程曲线如图 7-13 所示。

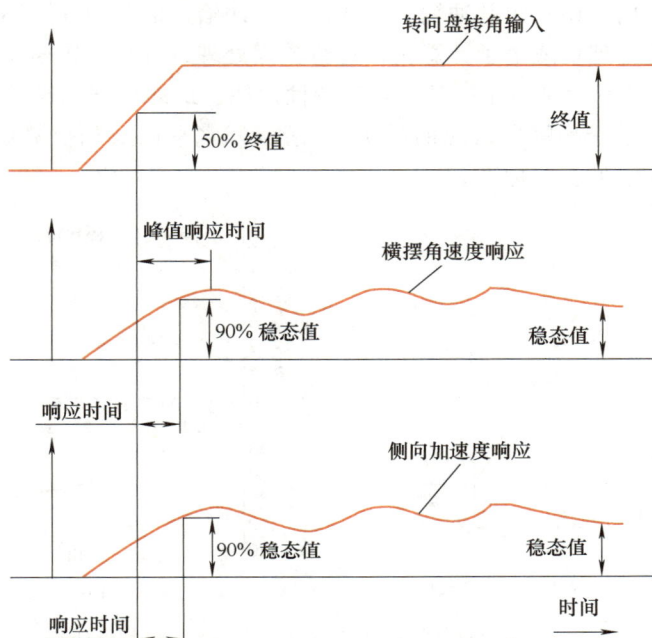

图 7-13　瞬态响应的时间历程曲线

按试验目的和试验标准，进行数据处理，并绘制不同的关系曲线。用于评价瞬态响应的指标，可以参考汽车理论的有关内容。

三、转向盘转角脉冲输入试验

为了得到汽车做横摆运动时的频率响应特性，对转向盘施加转角脉冲输入是一个简便的办法。

按频域分析的思想，脉冲信号的实质，就是很宽频带的各种频率谐波的叠加。（可参看第六章第二节"例 6-4 中矩形窗函数的频谱分析及其推论"。）施加一个脉冲激励，就相当于同时输入了很多不同频率的简谐信号，分析其输出，就可以利用谱密度分析等方法求解系统的频响特性。（可参见第六章第二节关于"谱密度分析的应用"的内容。）

脉冲输入试验对场地要求不高，宽度大于 20m 即可，试验操作简单，数据处理容易，而且能得到满意的结果。

为造成横摆角速度的明显振荡波动，要求汽车横摆系统的阻尼比 ζ 较小（此理论可参看第二章第一节有关"二阶系统"的内容），而由汽车理论可知阻尼比 ζ 随前进车速 v 的提高而减小，所以该试验的车速要求较高。

试验前，检查并调整转向盘自由行程，直线行驶时不得超过 $\pm10°$。试验车速为试验车最高设计车速的 70%，圆整至 10km/h 的整倍数。试验前，行驶 10km，使轮胎升温。

汽车以试验车速直线行驶，维持极小的横摆角速度（0 ± 0.5）°/s，记下转向盘中间位置。保持车速不变，给转向盘一个三角脉冲输入：向左或向右转动转向盘，并迅速转回原处保持不动，转角输入脉宽 0.3~0.5s，转角峰值应使本次试验过渡过程中的最大侧向加速度为 $4m/s^2$，如图 7-14a 所示。记录全部过渡过程，直至汽车恢复到直线行驶状态。试验至少按向左、向右转动转向盘做三角脉冲输入各 3 次，每次输入的时间间隔不少于 5s。

利用专门的数据处理机或电子计算机，进行数据处理，分析汽车横摆响应的幅频特性和相频特性。图 7-14b 所示为某轿车的频率响应特性曲线。最终根据幅频特性和相频特性，计算谐振频率（幅频特性谐振峰所对应的频率）、谐振峰水平以及相位滞后角作为试验结果，具体确定方法及公式参见相关标准。

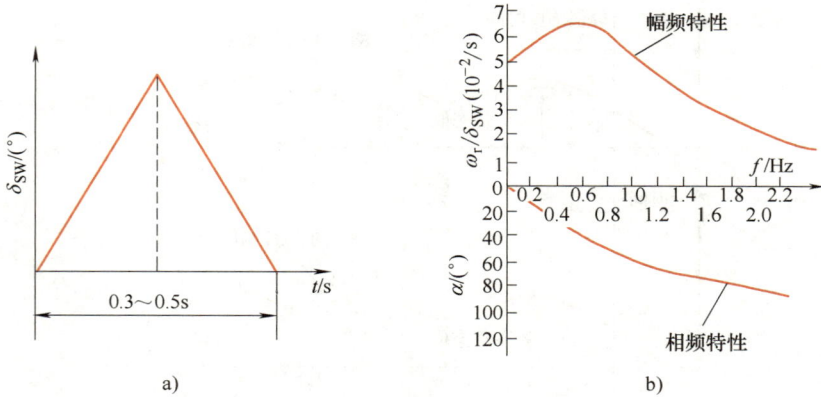

图 7-14　转向盘三角脉冲转角输入及频率响应特性曲线
a）三角脉冲转角输入　b）某款轿车的频率响应特性曲线

有关汽车操纵稳定性的频率响应特性，可参考汽车理论的有关内容。

四、转向回正性试验

转向回正性试验是转向盘的力输入试验的一个基本项目，用以表征和评价汽车从曲线行驶自动恢复到直线行驶的过渡过程和能力。

试验中，在驾驶人松开转向盘之前，驾驶人作用于转向盘上的力为一定值，当驾驶人松开转向盘的一瞬间，作用于转向盘上的力由该定值突然变为 0，因此本试验也可看成是某种转向盘力阶跃输入的瞬态响应试验，在一定程度上还能反映汽车"路感"的好坏。

试验时要测试的变量有汽车前进速度、横摆角速度和侧向加速度。

在试验场地上用明显的颜色画出半径为 15m 的圆周，试验前，汽车以 $3m/s^2$ 的侧向加速度沿该圆周等速行驶 500m，使轮胎升温。

试验分低速回正性能试验和高速回正性能试验两项。每项试验均应向左转和向右转各进行 3 次测试。

1. 低速回正性能试验

汽车直线行驶，各测试量的记录曲线调零。调整转向盘转角，使汽车沿半径为 15m 的圆周行驶，调整车速，使侧向加速度达到 (4 ± 0.2) m/s^2 后固定转向盘转角，稳定车速并开始记录。稳定 3s 后，驾驶人突然松开转向盘，至少记录松手后 4s 内的汽车运动过程，记录时间内保持节气门开度不变。试验应向左转和向右转各进行 3 次测试。对于侧向加速度无法达到 (4 ± 0.2) m/s^2 的汽车，按试验车所能达到的最大侧向加速度进行试验，并在试验

报告中加以说明。

2. 高速回正性能试验

对于最高车速超过 100km/h 的汽车，要进行高速回正性能试验，试验车速为试验车最高车速的 70%，圆整至 10km/h 的整倍数。试验过程与低速回正性能试验类似。

试验时，按试验车速沿试验路段直线行驶，各测试量的记录曲线调零。然后驾驶人转动转向盘，使侧向加速度达到（2±0.2）m/s^2，待车速稳定并开始记录后，驾驶人突然松开转向盘，至少记录松手后 4s 内的汽车运动过程，记录时间内保持节气门开度不变。试验应向左转和向右转各进行 3 次测试。

按试验目的和试验标准，进行数据记录和处理，并绘制横摆角速度的时间历程曲线。计算汽车横摆系统的固有频率和阻尼比等，可参考汽车理论的有关内容，具体计算方法可参阅标准 GB/T 6323—2014。图 7-15 所示为记录的试验车的横摆角速度的时间历程曲线。

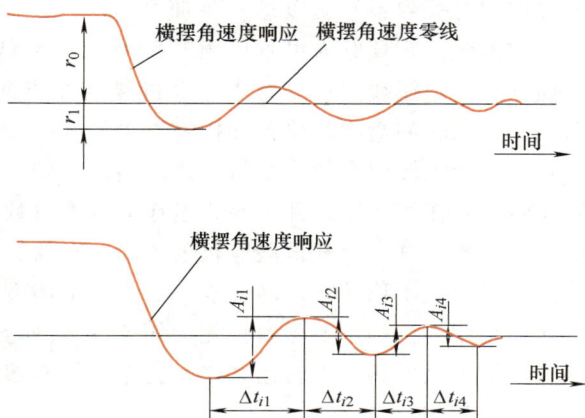

图 7-15　试验车的横摆角速度的时间历程曲线

五、转向轻便性试验

转向轻便性试验主要是测量转向时操舵力的大小。操舵力试验包括低速大转向角试验、中速小转向角试验、高速转弯操舵力试验和原地转向操舵力试验四种。标准采用低速大转向角试验。

试验场地上通常画出所谓"8 字形"路线，具体包括以下四种：

1）两个相切圆的"8 字形"路线。

2）转向盘以等速转动时形成的"8字形"路线。

3）侧向加速变化率为常数时形成的"8 字形"路线。

4）双扭线路线，如图 7-16 所示。

其中，两个相切圆的"8 字形"路线，节省场地、试验方便，但获得的有用数据较少；转向盘以等速转动时形成的"8 字形"路线和侧向加速度变化率为常数时形成的"8 字形"路线，工况模拟真实，能消除无关因素的干扰，但驾驶人难以保证按要求操控，难度很高。

图 7-16　双扭线路线

由于双扭线上各点的曲率各不相同，在整个试验过程中操纵转向盘的力（即所谓"**操舵力**"）是连续变化的，所以可以获得许多有用信息。而且双扭线路线对转向盘操纵动作没有事先的严格要求，实现难度不是很大。因此，转向轻便性试验一般都采用双扭线路线。

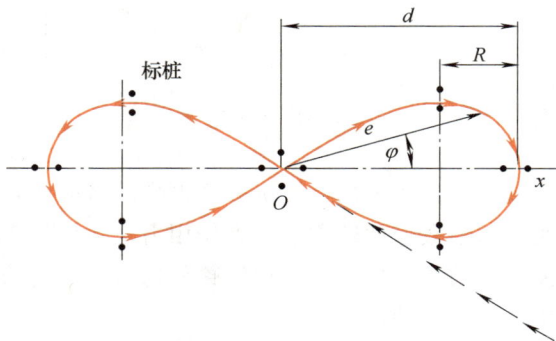

双扭线的轨迹方程用极坐标表示为

$$e = d\sqrt{\cos 2\varphi}$$

式中，e 为极径，单位为 m；$d = 3R$（R 为双扭线路径上的最小曲率半径），单位为 m。

在双扭线路线的最宽处、顶点和中点（即结点）的路径两侧各放置两个标桩，共计 16 个。标桩与试验路线中线的距离为车宽的一半加 50cm，或转弯通道圆（此概念参见汽车理论通过性的有关内容）宽度的一半加 50cm。

正式测试前，驾驶人可驾驶汽车沿双扭线路线行驶若干周，熟悉路径和相应操作。随后，使汽车沿双扭线中点（结点）O 的某切线方向向该点作直线滑行，停止于 O 点。松开转向盘，记录转向盘中间位置和操舵力矩的零线。

驾驶人操纵转向盘使汽车沿双扭线路线行驶，待车速稳定在（10±2）km/h 后开始记录转向盘转角和作用力矩，并记录车速作为监测参数。汽车沿双扭线路线行驶一周回到起始位置即完成 1 次行驶，全部试验应行驶 3 次。在驾驶和测试记录过程中，驾驶人应保持车速稳定，同时尽可能平稳地转动转向盘，而且不准撞倒标桩。

转向轻便性试验主要考察操舵力矩 M 和转向盘转角 δ_{SW} 的关系，以评价汽车操控的轻便性。根据记录的转向盘转角和操舵力矩，按双扭线路径每行驶一周整理成 M—δ_{SW} 关系曲线，如图 7-17 所示。

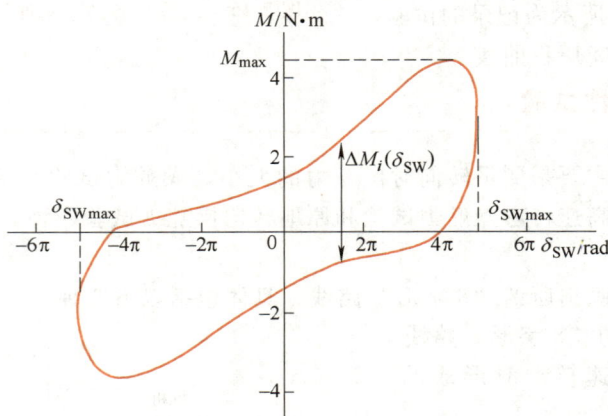

图 7-17　M—δ_{SW} 关系曲线

又或是直接采用计算机采样得到的转向盘转角和操舵力矩数值，计算其他表征汽车转向轻便性的参数，如转向盘最大作用力矩平均值、转向盘最大作用力平均值、绕双扭线路径每行驶一周的作用功、绕双扭线路径每行驶一周的转向盘平均摩擦力矩和摩擦力等。具体计算方法可参考有关标准。

六、蛇行试验

蛇行试验，是一种比较常见的全面评价汽车操纵稳定性的试验。和转向轻便性试验一样，蛇行试验也是要求按严格规定的工况、沿事先画定的复杂路径行驶，属于人-汽车-路组成的闭路试验，对于驾驶人的反馈和驾驶能力有一定的要求。（有关"开路"和"闭路"研究模型，可以参考汽车理论操纵稳定性的有关内容。）

蛇行试验综合考察汽车的随动性、收敛性、方向操纵轻便性以及事故的可避免性等。

蛇行试验的操作并不复杂，就是俗称的"绕桩"。蛇行试验场地的标桩布置如图 7-18 所示。标桩间距 L 和基准车速的具体数值参照标准选取。试验时测量的参数有转向盘转角、横摆角速度、车身侧倾角、侧向加速度和汽车通过有效标桩区的时间等。

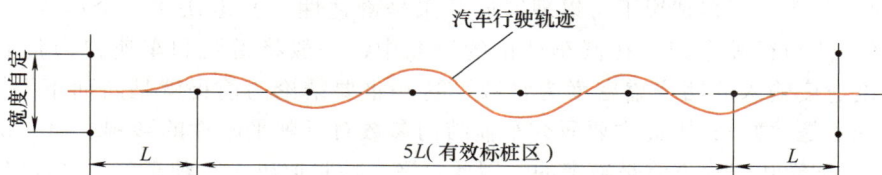

图 7-18　蛇行试验场地的标桩布置

试验驾驶人应具有丰富的驾驶经验，在正式试验前，应在试验场练习至少 5 个往返。

试验时，汽车以接近基准车速一半的速度匀速直线行驶，在进入试验区段之前，各测量数据的记录曲线调零，然后蛇形通过试验路段，同时记录各参数的时间历程和汽车通过有效标桩区的时间。试验按自行规定的车速间隔，从低到高，每一个车速各进行一次，共 10 次（撞到标桩的次数视为失败，重新进行试验，不计在内）。试验的最高车速以保证安全为原则，自行选取，但不得超过 80km/h。基准车速与汽车的最大总质量有关。

作为一项典型的"闭路试验"，蛇行试验对于驾驶人的反应能力和驾驶技能要求较高，也就是说试验结果受试验员的影响较大。有的时候就采取主观评价法，也就是由有经验的驾驶人按规定工况和路线进行试验驾驶，然后对汽车的操纵稳定性给出"很好""较好""中等""较差"或"很差"的定性评价。事实上，有关操纵稳定性的很多道路试验项目都可以由驾驶人进行主观评价，根据各项分数进行加权，得到该车的操纵稳定性主观评价试验的综合结果。

当对蛇行试验采用客观评价法时，最简便的方法就是按汽车通过有效标桩区的时间评价，数值越小认为车辆的操纵稳定性越好。但这种评价一方面不可避免地受到驾驶人因素的影响，对于车辆性能来说难称"客观"；另外这样单纯追求高速通过，往往忽视安全，结果不够全面。目前，我国的标准已经采用基准车速下的平均转向盘转角峰值、平均横摆角速度峰值和平均车身侧倾角峰值等指标来进行客观评价，同样的基准车速下，这些峰值越大，说明车辆的"蛇行"越难以控制。

七、转向盘中心区操纵稳定性试验

车辆在高速公路行驶时的工况特点是转向盘转角不太大、侧向加速度较小，经常在高速公路上行驶的汽车，应该在这一区域具有足够好的路感。转向盘中心区试验是一项重要的操纵稳定性客观测试项目，针对中-高速驾驶环境，对车辆在低频率转动或者低到中等侧向加速度时的转向性能进行测试，目的是衡量车辆在典型高速公路行驶、行驶时缓慢至中度转向时的性能。试验规范及试验要求可参见 GB/T 6323—2014。

第八节　平顺性试验

本试验主要参考 GB/T 13441.1—2007《机械振动与冲击　人体暴露于全身振动的评

价 第 1 部分：一般要求》、GB/T 4970—2009《汽车平顺性试验方法》以及 GB/T 4971—2009《汽车平顺性术语及定义》。

一、平顺性试验思想——车速特性

汽车的平顺性（很多情况下可以理解成"乘坐舒适性"）取决于三个因素：车辆结构参数、道路条件和行驶车速。在汽车理论的研究中，一般将道路和车速视为常数（例如，"路面不平度速度输入的功率谱密度为常数"这一重要结论的前提就是路面不平度系数 G_q（n_0）和车速 v 是常数），因此主要研究车辆结构参数对行驶平顺性的影响。而在试验环节，一般来说试验车辆和试验道路是给定的，因此，平顺性将取决于行驶车速。这种将平顺性视为车速的函数的思想，就是"车速特性"。进行平顺性试验，就是测定这种车速特性。也就是给定的试验车，在给定的路面上，以不同的车速行驶，测量其特定部位的加速度值并计算出平顺性的各项评价指标参数。如果针对不同车型作横向对比，则要在同样的路面上比较其车速特性，利用车速特性曲线的高低来评价平顺性。（类似用"等速燃油消耗特性曲线"来评价不同车辆的燃料经济性。）

二、平顺性试验测试系统

平顺性道路试验的主要被测量是加速度。测量加速度的传感器较常见的是压电式传感器，当要求测量频率的下限很低时，例如要求低于 0.2Hz，可以考虑采用应变式加速度传感器。压电式传感器输出信号弱、阻抗高，应采取高输入阻抗的前置放大器与之配套。测试仪器还包括数据采集仪和车速仪。平顺性道路试验的测试系统如图 7-19 所示。

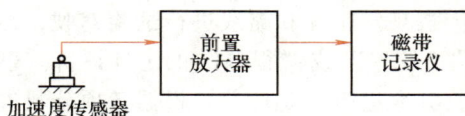

图 7-19 平顺性道路试验的测试系统

加速度传感器的安装位置如下：

1）M 类车辆：驾驶人及同侧最后排座椅座垫上方、座椅靠背、脚部地板上。

2）N 类车辆：驾驶人座椅座垫上方、座椅靠背、脚部地板、车厢地板中心以及与驾驶人同侧距车厢边板、车厢后板各 300mm 处的车厢地板上。

座椅座垫上方、座椅靠背、脚部地板上需测量三个方向的振动，加速度时间历程包括垂直（Z 轴向）振动、横向（Y 轴向）振动和纵向（X 轴向）振动。车厢地板处的加速度传感器只需测量垂直振动。

脚部地板上的传感器布置在驾驶人（或乘员）两脚中间位置。安装在座椅座垫上方、座椅靠背上的传感器应与人体紧密接触，并在人体和座椅间放置安装传感器的垫盘，推荐采用如图 7-20 所示的结构。

所测试的座椅由真人乘员乘坐，其身高为（1.70±0.05）m、体重为（65±5）kg。乘员应全身放松，两手自然地放在大腿上，驾驶人允许双手自然地置于转向盘上。乘员应自然地靠在靠背上，否则应注明。试验过程中乘员姿势应保持不变。

三、平顺性试验工况

在整个汽车运行过程中，使用最多的工况是在接近平稳随机的路面上行驶，在此工况下激起的汽车振动是随机振动，与此对应的试验工况就是随机输入行驶试验。这是汽车的平顺

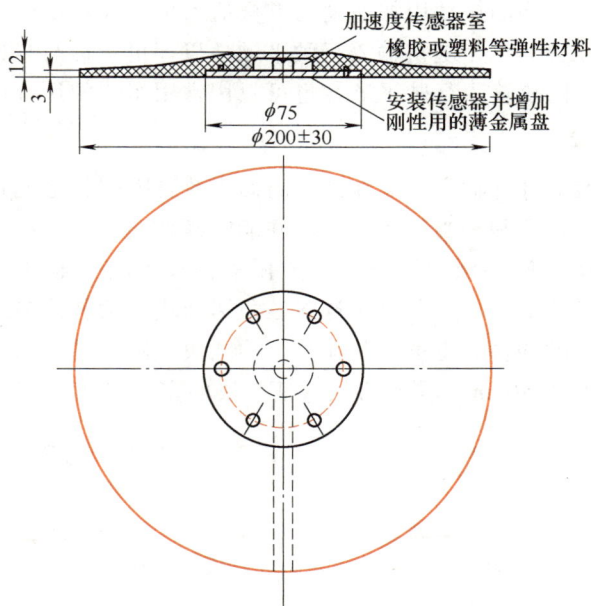

图 7-20　安装传感器用垫盘的结构

性道路试验中最常见的方法。

　　汽车在道路上行驶时，有时还会遇到很凸出的不平障碍物，如石块、土堆、凹坑、管道或铁轨等，这些障碍物使汽车遭遇的振动输入突然增大很多，具有脉冲输入的性质。脉冲输入出现的次数不多、作用时间也很短，但会引起乘员的极度不适，甚至损害健康或使货物破坏，也是值得重视的。脉冲输入行驶试验就是考察在这类工况下汽车的平顺性。

1. 随机输入行驶试验及评价

　　按上述要求设置传感器、安排乘员。

　　试验车速的选择：至少有高于常用车速、低于常用车速和常用车速在内的三种车速。（简化的试验允许只测量常用车速下的平顺性。）

　　路面不同，常用车速的界定也不同。

　　（1）良好路面试验车速　40km/h～最高设计车速（不应超过试验路面要求的最高车速），每隔 10km/h 或 20km/h 选取一种车速为试验车速。

　　（2）一般路面试验车速

　　1）M 类车辆：40km/h、50km/h、60km/h、70km/h。

　　2）N 类车辆：30km/h、40km/h、50km/h、60km/h。

　　试验时变速器根据车速选用适当的档位。

　　试验时，汽车在稳速路段以规定的车速稳定行驶，然后以该稳定车速通过试验路段。样本记录长度应满足数据处理的最少数据量要求。

　　变换车速，重复上述试验过程。

　　根据标准 GB/T 4970—2009 规定，针对随机输入行驶工况，采用按振动方向并根据人体对振动频率的敏感程度而进行加权计算的加权加速度均方根值作为平顺性评价指标。对乘员（或驾驶人）人体及脚部地板处的振动用加权加速度均方根值评价，也可用综合总加权加速度均方根值来表示。货车车厢的振动用加速度均方根值评价。评价指标的意义与计算详见标准 GB/T 4970—2009 附录 A。汽车随机输入行驶平顺性以评价指标与车速的关系曲线作为基本评价方法。根据需要，随机输入行驶平顺性也可只用常用车速的评价指标来评价。

2. 脉冲输入行驶试验

为了人为获得较典型的脉冲输入，需在试验路面上放置障碍，也就是凸块。对凸块的基本要求是具有足够的脉冲强度和相当的频带宽度并能够模拟路面的形状、容易实现。

三角形凸块（见图 7-21）能激起汽车较强的振动，频率成分丰富，而且实际路面的许多障碍物都可以简化为三角形凸块。所以，选择三角形凸块作为脉冲输入行驶试验的障碍凸块。根据试验条件不同，脉冲输入也可用其他高度的凸块或减速带。凸块采用木质，外包铁皮。三角形凸块的高度 h 为 40mm，同时必须保证凸块的宽度 B 大于车轮宽度。

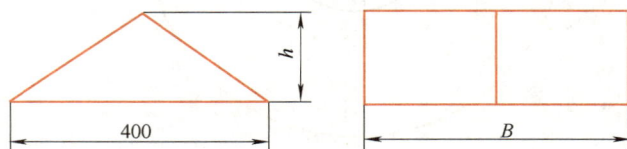

图 7-21　三角形凸块

试验时，将两个凸块放置在试验道路中间，并按汽车的轮距调整好两个凸块之间的距离。为保证同一车轴的左、右侧车轮同时驶上凸块，应将两个凸块放在与汽车行驶方向垂直的一条线上。

试验车速分别为 10km/h、20km/h、30km/h、40km/h、50km/h 和 60km/h，每种车速的试验次数不得少于 5 次。

当汽车行驶到距凸块 50m 时应稳定在试验车速上，然后以该稳定车速驶过凸块，注意要保证左右轮同时驶过。同时用记录器记录汽车振动的全过程，待汽车驶过凸块且冲击响应消失后，停止记录。

针对脉冲输入行驶，当振动波形峰值系数（加权加速度时间历程的峰值与加权加速度均方根值比值的绝对值）小于 9 时，采用基本评价方法，即采用座椅座垫上方、座椅靠背、乘员（或驾驶人）脚部地板和车厢地板最大（绝对值）加速度响应与车速的关系评价。当峰值系数大于 9 时，用基本评价方法不能完全描述振动对人体的影响，还应采用辅助评价方法即振动剂量值来评价（振动剂量值的计算见标准 GB/T 4970—2009 附录 A）。

第九节　通过性试验

汽车的通过性（越野性）是指汽车能以足够高的平均车速通过各种坏路和无路地带（如松软地面、凹凸不平地面等）及各种障碍（如陡坡、侧坡、凸岭、壕沟、台阶、灌木丛和水障等）的能力。其中，通过各种坏路和无路地带的能力称为支承通过性或牵引通过性，其主要影响因素是轮胎（或其他行走机构，如履带等）和地面之间的力学特性；通过各种障碍的能力称为几何通过性或越障通过性，其主要影响因素是车辆接地部分和地面障碍物的几何尺寸关系。

显然，单纯的几何通过性的研究是比较简单的，无论是理论分析还是试验，基本上只需确定汽车底部和地面凸起或凹陷部位的几何尺寸，与土壤和轮胎的力学特性无关（除了"跨越台阶和壕沟的能力"的研究，该项目与驱动轮的附着能力有关）。

而车辆的实际行驶地面，往往是几何障碍和坏路/无路地带同时存在，因此在试验过程中不必严格区分是几何通过性还是支承通过性。

由于目前对于通过性，尤其是牵引通过性的一些基本理论，例如轮胎和土壤的力学模型的建立，轮胎与土壤相互作用机理的理论解释和数学抽象，尚处于研究、分析阶段，还没有普遍适用的、高度准确的可用模型，所以对于通过性也没有非常规范化的评价指标和试验方法标准，主要采用比较试验的方法。

比较试验，就是根据被试车的特点和设计目的，适当选用比较试验车，用来和被试车进行比较。在一般情况下，当被试车是新研制开发的车型时，多选用现生产车，尤其是在市场上比较有竞争能力的且较新的同类车型作为比较试验车。比较试验车又称为基准车。

试验时，根据车型特点和试验目的，选择合适的实际道路（地面）或专用试验场地。选择3~5名有经验的驾驶人，轮流驾驶试验车和基准车。在试验场地行驶后，凭驾驶人对各车在上述试验行驶中通过性的主观印象给试验车打分。打分的方法有很多，比较常见的是"7分制"打分法，即将试验车的成绩划分为七个分值，分别为-3、-2、-1、0、1、2、3。各分值的含义是：0表示试验车与基准车相同，这是比较成功的设计；1表示试验车比基准车稍好，这是最成功的设计；2表示试验车比基准车好，但可能造成生产成本的提高，可根据情况适当修改设计，以保证生产成本不至过高；3表示试验车的性能和质量比基准车好很多，但很可能引起生产成本的大幅度提高，因此必须修改设计；-1表示试验车比基准车稍差，可根据具体情况考虑修改或不修改设计；-2表示试验车比基准车差，市场竞争能力差，应修改设计；-3表示试验车的性能和质量比基准车差很多，是失败的设计，必须修改设计。

比较试验法的最终评定是一个或若干个定量分值，但其本质属于一种主观评价法，因为每位驾驶人的打分是来源于其主观经验、现场驾驶感受乃至个人好恶，而不是仪器设备给出的客观物理量。

通过性试验的项目大致包括最大挂（拖）钩牵引力试验、行驶阻力试验、沙地通过性试验、泥泞地通过性试验、冰雪路面通过性试验、凸凹不平地面通过性试验、连续高速行驶试验、涉水性能试验和地形通过性试验等。其中地形通过性试验主要包括通过垂直障碍物试验、通过凸岭试验、通过水平壕沟试验和通过路沟的试验等。

第十节　汽车可靠性试验

一、基本理论

1. 可靠性与可靠度

可靠性是指产品在规定的条件下和规定的时间内，完成规定功能的能力。

可见，可靠性定义包含了四个要素，分别是产品、条件、时间和功能。

所谓"产品"，可以是硬件、软件或者两者兼而有之，另外也可以兼指产品的总体或产品的一个子样。对汽车试验来说，通常指的是汽车整车或某个系统、总成或零件。关于产品，首先要明确研究对象和研究范围，区分产品是可修复的还是不可修复的，对于不同的对象，要区别对待，提出合理的要求，采取相应的研究方法、试验方法和评价指标（及其计算模型）。

规定的条件，包括产品使用时的环境条件（如道路、环境温度、湿度、化学气氛、振动和冲击等）、维修条件和储存条件等。

根据产品的特点，时间单位可采取工作小时或日历时间，也可用周期、次数、里程或其他可以反映使用寿命的单位。

规定的功能，是指依据设计任务书、使用说明书、国家标准或订货合同等，产品应具备的完成其设计任务所需具备的能力。其中包含了对产品工作时的载荷条件、使用者技能、维护管理能力等的要求。

可靠性的定量表达就是可靠度，即产品在规定的条件下和规定的时间内，完成规定功能的概率，一般用 $R(t)$ 表示，有

$$R(t) = P(T>t)$$

式中，T 为产品能在其内完成规定功能的时间，是一个随机变量；t 为规定的时间。

$R(t)$ 的含义就是"产品能够完成规定功能的时间超过 t 的概率"，也可以理解成"其寿命超过 t 的概率"。显然，可靠度是给定时间 t 的减函数。

对于汽车来说，可靠性不是独立于动力性、燃料经济性、通过性等基本使用性能之外的另一种使用性能，而是上述基本使用性能的可靠程度的反映。

另外，还有"维修性"的概念，它是指发生故障后能够快速、简单、可靠地恢复其技术状况和使用功能的能力，用"维修度"来评价，即可维修系统在规定的条件下和规定的时间内维修完毕的概率。

可靠性和维修性的综合，就是汽车的有效性。也就是说，我们追求的是产品不容易坏，而一旦损坏要容易修复。有效性的定量评价是有效度，如汽车发生故障不能工作的时间为 D，能工作的时间为 U，则

有效度 $$A(t) = \frac{U}{U+D}$$

例如，有效度函数 $A(1000h) = 90\%$，就是说在新产品出厂 1000h 内，某台机器能使用的概率是 0.9（或者说 1000h 内，某种机器在 100 台中始终有 90 台能用）。

2. 故障（失效）及其分类

产品不能完成规定的功能，就是不可靠，对于可修复产品来说称为"故障"，对不可修复产品来说就是"失效"。在汽车行业，由于汽车（及其零部件）基本上属于可修复产品，所以，尽管存在某些不可修复的零部件（如灯泡），比较通用的称呼还是"故障"。

汽车故障可以根据发生的后果，即按故障对总成、系统或整机及人身安全、周围环境等的影响，分为四类，或者说四个级别，具体内容如下：

（1）第1类故障——致命故障 危及汽车行驶安全，导致人身伤亡，引起主要总成报

废，造成重大经济损失或对周围环境造成严重危害的故障。

（2）**第2类故障——严重故障** 可能导致主要零部件、总成严重损坏，或影响行车安全，且不能用易损备件和随车工具在较短时间（30min）内排除的故障。

（3）**第3类故障——一般故障** 使客车、轿车停驶或性能下降，但一般不能导致主要部件、总成严重损坏，并可用易损备件配合随车工具在较短时间（30min）内排除的故障。

（4）**第4类故障——轻微故障** 一般不会导致汽车停驶或性能下降，不需更换零件，用随车工具能轻易（5min内）排除的故障。

为定量表达不同类型故障的危害程度，提出当量故障数的概念，就是按故障类别以一定系数折算成一般故障数的数目。即某类故障发生一次相当于第3类故障（即一般故障）发生若干次。第1类故障的当量故障数是20，第2类是5，第3类当然就是1，第4类是0.4。

3. 累计故障概率

累计故障概率，又称为不可靠度或失效度，是产品在规定的条件下和规定的时间内，丧失规定功能而发生故障（对不可修复产品也可称为"失效"，下同）的概率，可以用 $F(t)$ 表示，即

$$F(t) = P(T \leq t)$$

式中，T 为产品能完成规定功能的时间，是一个随机变量；t 为规定的时间。

$F(t)$ 的含义就是"产品能够完成规定功能的时间不超过 t 的概率"，也可以理解成"其寿命不超过 t 的概率"。显然，累计故障概率是给定时间 t 的增函数。累计故障概率和可靠度是相对的，即有 $R(t) + F(t) = 1$。

4. 故障分布密度

当仅需知道"到某时刻还有多少产品有效"时，可以用可靠度 $R(t)$ 或累计故障概率 $F(t)$ 来表示。但在很多情况下，需要研究"产品在哪个（哪些）时间段更易发生故障"，也就是要研究故障在时间域上的分布信息，这就需要利用故障分布密度函数，记作 $f(t)$。

可以看出，故障分布密度函数是累计故障概率的变化率，也就是 $F(t)$ 对时间 t 的一阶导数，即

$$f(t) = \frac{\mathrm{d}F(t)}{\mathrm{d}t}, \quad F(t) = \int_0^t f(t)\,\mathrm{d}t$$

式中，$f(t)$ 的单位是 1/h（或%/h），意味着"产品在 t 时刻附近每小时失效了百分之若干"。

5. 故障率

故障分布密度 $f(t)$ 描述的是产品在整个时间域内发生故障的概率分布信息，"整个时间域"是指从产品生产出来，一直到无穷远的时间或者最后一件产品（样品）失效的时间。而人们更感兴趣的往往是"截至目前尚未失效的产品中，继续使用下去，再过某一单位时间发生故障的概率"，这就要用到瞬时故障率的概念，简称故障率，记作 $\lambda(t)$。

故障率是指工作到某时刻 t 尚未发生故障的产品，在该时刻后单位时间内发生故障的概率。

可以这样说：故障分布密度 $f(t)$ 是单位时间内产品故障数与产品总数之比；故障率 $\lambda(t)$ 则是单位时间内产品故障数与残存产品数之比。经分析可得，二者关系为

$$\lambda(t) = \frac{f(t)}{R(t)}$$

对汽车来说，故障率 $\lambda(t)$ 表示汽车、总成或零部件在使用中，其规定的工作能力丧失的频繁程度，故障率越高，可靠性越差。

6. 平均故障间隔时间（MTBF）与平均无故障时间（MTTF）

平均寿命是评价产品质量所达到水平的一个重要指标。对于可修复产品，指的是平均故障间隔时间，对于不可修复产品则是平均无故障时间。

平均故障间隔时间（Mean Time Between Failures，MTBF）：可修复产品的两次相邻故障之间的平均工作时间。其定量度量为在规定的条件下和规定的时间内，产品的寿命总和与故障总数之比。

平均无故障时间（Mean Time To Failures，MTTF）：不可修复产品故障前工作时间的平均值。其定量度量为在规定的条件下和规定的时间内，产品寿命总和与故障产品总数之比。

对于汽车整车来说，这两个"时间"通常用行驶里程来度量。

7. 可靠寿命

可靠寿命指的是，当给定可靠度 $R(T_r) = r$ 时，所对应的产品工作时间 T_r。例如 $T_{0.9}$ 的含义就是产品的可靠度为 0.9 所对应的工作时间，也就是同一批样品中已经失效了 10% 的时间。其具体计算取决于对产品的失效（故障）分布模式采取哪种数学模型。

$T_{0.5}$ 通常称为中位寿命，就是产品可靠度为 0.5 所对应的工作时间，也就是同一批样品中刚好失效了一半，还有一半能完成规定功能的时间。

在总成和零部件的疲劳寿命试验的结果评价中，可靠寿命的应用也很广泛。

二、可靠性分析中常用的理论分布模型

对于某一种或某一件产品而言，其工作时间（也就是失效时间）具有随机性，无法事先准确预测，而且单件样品的实测值也不能代表全体。但是，总体上存在一定的统计学规律，经假设和合理简化，抽象成故障分布函数，或称为寿命分布函数，反映故障率 λ 的高低在时间域上的分布特性。

针对不同的汽车产品和不同的失效物理机理，可以采取不同的理论模型。其中比较常见的有指数分布和威布尔分布。

1. 指数分布

指数分布是汽车可靠性分析中最常用的寿命分布函数，适用于汽车或发动机的可靠性试验中对故障间隔时间的预测。

指数分布的核心数学理论是，故障率为常数，即 $\lambda(t) = \lambda$。结合故障率的概念，可以看出，这种特性表现为一种"无记忆性"：对于寿命 T 服从指数分布的产品来说，如果时刻 t 产品正常，那么它在 t 以后的剩余寿命与新的产品一样，故障率与当前工作时间 t 无关。

可以这样理解：如果一批产品的失效规律是"每小时失效1%"，那么无论工作了多长时间，对于尚未失效、仍能正常工作的产品来说，对于未来的预测仍然是"每小时失效1%"。

该模型之所以称为"指数分布"，是因为其故障分布密度函数为

$$f(t) = \lambda e^{-\lambda t} \quad (\lambda > 0)$$

寿命分布服从指数分布的产品，其可靠度 $R(t) = e^{-\lambda t}$。

另外，指数分布存在特征寿命的概念，记作 η，$\eta = \dfrac{1}{\lambda}$，即特征寿命就是故障率的倒数。经计算，$F(\eta) = 0.632$，也就是 $R(\eta) = 0.368$。也就是说，特征寿命是产品可靠度为 0.368 时的平均寿命，可以记作 $\eta = T_{0.368}$。

2. 威布尔分布

威布尔分布适用于对汽车零部件的可靠性寿命的预测，尤其是疲劳和磨损失效形式。

威布尔分布的故障分布密度函数为

$$f(t) = \frac{\beta}{\eta}\left(\frac{t-\gamma}{\eta}\right)^{\beta-1} \exp\left[-\left(\frac{t-\gamma}{\eta}\right)^{\beta}\right] \quad (t \geq \gamma)$$

式中，β 为形状参数，决定概率密度曲线的形状；γ 为位置参数，也称起始参数，决定参数分布的位置（坐标轴与曲线的相对位置），在实际工程应用中，一般省去该参数，即最小寿命 $\gamma = 0$；η 为尺度参数，决定了样本数据在整体空间的分布；t 是到出现故障为止的时间，是该函数的自变量。

根据上述概率密度函数的表达式可见，不同的参数 β、γ、η 对 $f(t)$ 有不同的影响。当 $\gamma = 0$，尺度参数 $\eta = 1$ 时，不同形状参数 β 下的威布尔分布的故障分布密度函数曲线如图 7-22 所示。

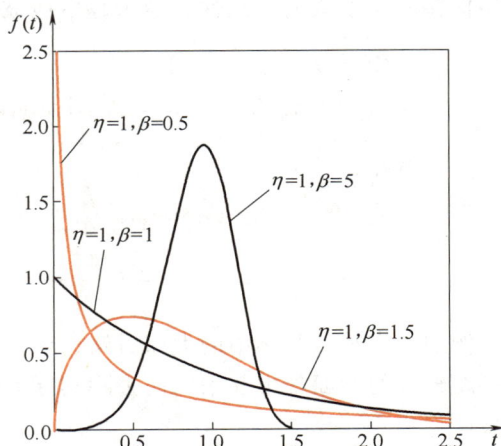

图 7-22　不同形状参数 β 下的威布尔的故障分布密度函数曲线

关于可靠性研究的深入理论和各类数学模型的详细讨论，可以参考数理统计或交通运输专业关于汽车维修工程等课程的教材和文献。

三、快速可靠性试验的基本原理

通俗地说，可靠性试验就是研究产品寿命的试验。通过对若干试件的实测，将各样件的实测寿命值应用于某种理论分析模型，推算该类产品（或该批次产品）的平均寿命。

由于汽车及其零部件的设计寿命很长，用常规的试验条件进行可靠性试验要耗费很多资金和时间，给产品的改造、新产品的开发和产品质量的检查都带来很大的困难。因此，在汽车可靠性试验中广泛采用了快速试验方法。

快速可靠性试验可以在室外道路（包括越野条件）上进行，也可以在室内台架上进行。

从原理上讲，快速可靠性试验主要包括增大应力法和浓缩应力法。

1. 增大应力法

增大应力法，即为强化法。这里的"应力"是广义的，除了力学中的应力（单位为 Pa 或 MPa）之外，还可能包括力、力矩、温度、湿度、压强、振动加速度或往复行程等各种加载量。例如，在总成或零部件的疲劳试验台上，对试件施加大于实际使用条件的载荷，使零件在比实际应用中更早的时间发生疲劳破坏；在人工老化试验装置中，通过提高平均温度（温差）、湿度、光照和空气流速等，加速材料或零件的老化。

根据材料力学等理论研究，可以得出零件寿命与应力等载荷的关系。于是可以通过强化试验的结果，推断出零件在正常使用条件下的平均使用寿命。

2. 浓缩应力法

浓缩应力法，即为浓缩法。这种方法不增大零部件的载荷，而是尽可能保持实际使用中的载荷状况，但将对试件寿命影响较小或无影响的实际载荷时间去除，也就是说，试验中试件都是在对寿命有影响的作用载荷下工作的，浓缩应力法的原理如图 7-23 所示。这种方法容易保持故障模式的一致性，越来越多地被采用。

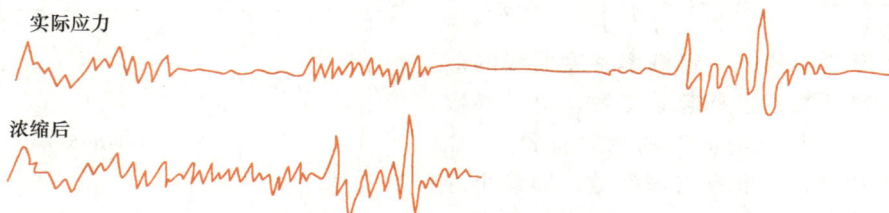

图 7-23　浓缩应力法的原理

例如，汽车试验场中的大卵石路、比利时路和长波路等，就是将实际行驶中可能遇到的不平度较大的路面集中起来，而去除实际上占大部分比例的良好路面，来考察汽车通过时的可靠性。

另外，快速可靠性试验还有贝叶斯法和增加试样数目或采用分组最小值法。

四、汽车可靠性行驶试验

本试验参考 GB/T 12678—2021。

1. 基本测试条件

试验条件按整车道路试验方法通则（参见本章第一节）。

应注意气象条件的选择，针对车辆设计用途和预期的行驶环境，应在相应的气候条件（如严寒、湿热或盐雾等环境）下进行可靠性试验。

对于乘用车，试验车辆不少于 3 辆，其他车辆由制造商自行确定。

试验前必须对整车参数进行测量和调整，如整车质量参数、车轮定位参数、通过性参数以及关键部位紧固力矩。

可靠性试验前后均需进行整车性能试验，如动力性、经济性、制动性、排放、噪声、舒适性、操稳性和密封性等，目的是评定整车性能的衰减程度。需要注意的是，可靠性试验前

后整车性能试验的试验条件和试验方法应一致。

2. 试验方法

按试验道路，可靠性试验分为常规可靠性行驶试验和加速可靠性行驶试验。常规可靠性行驶试验指在非试验场道路上，按一定规范进行的可靠性试验；加速可靠性行驶试验指在试验场道路上进行的具有一定加速系数（指在累计损伤一致的情况下，实际用户道路行驶里程与试验场试验历程的比值）的可靠性试验。

对于常规可靠性试验，首先根据用户调查或车载记录数据，确定试验车辆在城市道路、高速公路、一般公路、山路、非铺装路上的行驶里程分配比例，基于用户调研的行驶里程分配比例和配载要求见表7-3。试验过程中，按照设计工况选择合适档位，并按设计车速行驶。每行驶100km，至少有两次由静止状态全油门加速行驶，且累积倒档行驶不小于200m，同时至少制动2次，制动前后的车速变化率不小于30%。山路行驶时，每行驶100km，至少做1次上坡停车和起步，在坡度不小于6%的坡道上用行车制动停车，变速器置于空档，再用驻车制动停稳，然后按正常操作进行坡道起步。另外，夜间行驶里程比例不少于试验总行驶里程的10%。

表7-3　基于用户调研的行驶里程分配比例和配载要求

车辆类型			路面类型比例					配载比例		
			城市道路	高速公路	一般公路	山区公路	非铺装路	空载	半载①	满载
乘用车			55%	20%	10%	10%	5%	20%	50%	30%
越野车			15%	30%	20%	25%	10%	—	—	100%
客车	城市客车		50%	10%	30%	5%	5%	10%	50%	40%
	长途客车		10%	50%	30%	5%	5%	10%	10%	80%
货车	载货车②	≤7.5t	40%	15%	40%	5%	—	30%	30%	40%
		>7.5~18t	10%	30%	50%	10%	—	20%	40%	40%
		>18t	5%	65%	20%	10%	—	10%	10%	80%
	牵引车		5%	70%	15%	10%	—	10%	10%	80%
	自卸车②	≤18t	30%	—	50%	10%	10%	50%	—	50%
		>18t	20%	—	50%	10%	20%	50%	—	50%

注：以上比例仅供参考，检测机构或制造商可自行调整。
① 乘用车5座车半载按3人执行，7座车半载按4人执行；货车半载按载货质量一半执行。
② 按照最大允许总质量进行划分。

对于加速可靠性试验，要根据用户关联（将目标用户的使用载荷在试验场或试验台架进行复现）或试验场规范，确定试验车辆在试验场不同类型道路的行驶里程和工况分配以及不同道路的驾驶操作，以复现不同道路的驾驶工况。某车型在某试验场强化可靠性试验工况分配见表7-4。

在可靠性试验过程中，还要根据车辆配置和汽车使用说明书，进行试验车辆的日常操作检查，以保证车辆可正常运行或者发现故障。除了日常检查，还可通过停车检查、行驶中检查、定期保养检查以及性能测试等发现车辆故障，并按照上述故障分类方式进行故障分级和处理，且故障级别按最严重时统计，里程按照发生最严重故障时的里程进行记录。

表 7-4 某车型在某试验场强化可靠性试验工况分配

工况	试验设施	循环次数	工况	试验设施	循环次数
工况 1	卵石路	1000	工况 11	比利时路	250
工况 2	振动路 1	625	工况 12	路缘石冲击	125
工况 3	振动路 2	625	工况 13	铁轨交叉	250
工况 4	振动路 3	625	工况 14	正弦波冲击	500
工况 5	扭曲路	1000	工况 15	住宅路入口	1000
工况 6	18″坑洼①	1000	工况 16	城市广场 8 字区	500
工况 7	26″坑洼①	1000	工况 17	砂石路	250
工况 8	颠簸路	500	工况 18	起动互锁检查区	500
工况 9	沟渠路	500	工况 19	转向检查区	1000
工况 10	破损混凝土	500	—	—	—

① 18″/26″坑洼：宽度或直径为 18in/26in （1in = 25.4mm） 的方坑或圆坑，用来考察车辆受垂直及纵向冲击后的可靠性。

试验过程中，按照标准要求做好可靠性行驶试验记录，包括接车记录、行驶记录、故障记录、维修记录、更换记录以及车辆拆检记录。试验结束后，要进行试验统计，包括故障统计和可靠性统计。

3. 试验评价

汽车可靠性评价指标有：平均首次故障里程（MTTFF）、平均故障间隔里程（MTBF）、当量故障数、当量故障率、千公里维修时间及维修费用等。此处仅列举 MTBF 及当量故障率，其余可参考标准。

（1）平均故障间隔里程（MTBF）的点估计

$$\widehat{MTBF} = \frac{S}{r}$$

$$S = \sum_{j=1}^{k} S_j + (n - k) S_e$$

式中，$\widehat{MTBF}$ 为平均故障间隔里程点估计值，单位为 km；S 为总试验里程，单位为 km；r 为总试验里程内发生的 1、2、3 类故障总数；S_j 为第 j 辆车中止试验里程，单位为 km；n 为试验车辆数；k 为中止试验车辆数；S_e 为定时截尾里程，单位为 km。

（2）当量故障率

$$\lambda_D = 1000 \times \frac{\sum_{j=1}^{n} r_{Dj}}{S}$$

式中，λ_D 为当量故障率，单位为 次/1000km；r_{Dj} 为第 j 辆车当量故障数；S 为总试验里程，单位为 km。

不同车型及其零部件的可靠性道路行驶试验的评价指标限值，可以查取最新的国家标准。

注意，还可以在可靠性试验台上进行整车的可靠性试验。台架试验可以排除不同驾驶人的技术或同一驾驶人疲劳状态的差异，试验条件统一，前车不会对后车行驶的地面造成影响，且比道路试验节省时间与费用。

台架试验的一个要点就是确定驱动信号，也就是载荷，使其再现程度和精度达到规定的要求。一般要经过道路载荷谱的采集和试验台载荷的编谱等计算过程，再由电控系统施加载荷，确保复现的精度。

第十一节　新能源汽车整车性能试验

一、新能源汽车动力性能试验方法

电动汽车动力性能的试验与燃油汽车相似，试验参照 GB/T 18385—2005《电动汽车　动力性能　试验方法》。测试内容包括：最高车速、加速性能、最大爬坡度及蓄电池放电试验等项目。

1. 术语定义

(1) 电动汽车整车整备质量　包括车载储能器装置（如动力蓄电池）在内的整车整备质量，不包括乘员和装载质量（如车辆充满冷却液、玻璃洗涤液、润滑油、随车工具和备用车轮、车载充电器、手提式充电器或车辆制造厂作为标准设备提供的手提式充电器等）。

(2) 电动汽车试验质量　电动汽车整车整备质量与试验所需附加质量之和。附加质量分别为：

1）如果最大允许装载质量小于或等于 180kg，取最大允许装载质量。

2）如果最大允许装载质量大于 180kg，但小于 360kg，取 180kg。

3）如果最大允许装载质量大于 360kg，取最大允许装载质量的一半。

注：最大允许装载质量包括驾驶人质量。

(3) 最高车速　电动汽车能够往返各持续行驶 1km 以上距离的最高车速的平均值。

(4) 30 分钟最高车速　电动汽车能够持续行驶 30min 以上的最高平均车速。

(5) 加速能力　电动汽车从速度 v_1 加速到速度 v_2 所需的最短时间。

(6) 爬坡车速　电动汽车在给定坡度的坡道上能够持续行驶 1km 以上的最高平均车速。

(7) 坡道起步能力　电动汽车在坡道上能够起动且 1min 内向上行驶至少 10m 的最大坡度。

2. 试验条件

(1) 试验车辆状态　试验车辆应依据每项试验的技术要求加载。在现场环境温度下，车辆轮胎气压应符合制造厂的规定。机械运动部件的润滑油黏度应符合制造厂的规定。车上的照明、信号装置以及辅助设备应该关闭，除非试验对这些装置有要求。除驱动用途外，所有的储能系统（电能、液压、气压等）应充到制造厂规定的最大值。车辆应清洁，对于车辆和驱动系统的正常运行不是必需的车窗和通风口应该通过正常的操作关闭。试验驾驶员应按车辆制造厂推荐的规范程序进行操作；试验前 7 天内，试验车辆应至少用安装在试验车辆上的蓄电池行驶 300km。蓄电池的充电状态应满足各项试验的要求。

（2）**环境条件**　室外试验大气温度为 5~32℃；室内试验温度为 20~30℃；大气压力为 91~104kPa；高于路面 0.7m 处的平均风速小于 3m/s，阵风风速小于 5m/s；相对湿度小于 95%。试验不能在雨天和雾天进行。

（3）**试验仪器**　如果使用电动汽车上安装的车速表、里程表测定车速和里程时，试验前必须进行误差校正。测量的参数、单位及其准确度见表 7-5。

表 7-5　测量的参数、单位及准确度

测量参数	单　位	准确度	分辨率
时间	s	±0.1	0.1
长度	m	±0.1%	1
温度	℃	±1	1
大气压力	kPa	±1	1
速度	km/s	±1%或±0.1 取大者	0.2
质量	kg	±0.5%	1

3. 道路条件

（1）**一般条件**　试验应该在干燥的直线跑道或环形跑道上进行。路面应坚硬、平整、干净且要有良好的附着系数。

（2）**直线跑道**　测量区的长度至少 1000m。加速区应足够长，以便在进入测量区前 200m 内达到稳定的最高车速。测量区和加速区的后 200m 的纵向坡度均不超过 0.5%。加速区其余路段的纵向坡度不超过 4%。测量区的横向坡度不超过 3%。为了减少试验误差，试验应在试验跑道的两个方向上进行，尽量使用相同的路径。当条件不允许在两个方向上进行试验时，可进行单一方向的试验。

（3）**环形跑道**　环形跑道的长度应至少 1000m。环形跑道与完整的圆形不同，它由直线部分和近似环形的部分相接而成。弯道的曲率半径应不小于 200m。测量区的纵向坡度不超过 0.5%。为计算车速，行驶里程应为车辆被计时所驶过的里程。

（4）**单一方向试验**　由于试验路面布置特点的原因，车辆无法在两个方向均达到最高车速时，允许只在一个方向进行测量，但应该满足以下条件：

1）试验跑道应满足直线跑道的要求。

2）测量区内任意两点的高度差不能超过 1m。

3）试验应尽快重复进行两次。

4）与试验道路平行方向的风速分量不能超过 2m/s。

4. 试验车辆准备

（1）**蓄电池充电**　按照车辆制造厂规定的充电规程，使蓄电池达到完全充电状态，或按以下规程为蓄电池充电。

1）常规充电。在环境温度为 20~30℃下，使用车载充电器（如果已安装）为蓄电池充电，或采用车辆制造厂推荐的外部充电器（应记录充电器的型号、规格）给蓄电池充电。

2）充电结束的标准。12h 的充电即为充电结束的标准；如果标准仪器发出明显的信号

提示蓄电池没有充满，则最长充电时间为：3×制造厂规定的蓄电池容量（kW·h）/电网供电功率（kW）。

3）完全充电蓄电池。如果依据常规充电规程，达到充电结束标准，则认为蓄电池已处于完全充电状态。

（2）里程表的设定　试验车辆上的里程表应设置为0，或记录里程表上的初始读数。

（3）预热　试验车辆应以制造厂估计的30分钟最高车速的80%行驶5000m，预热电机及传动系统。

5. 试验顺序

试验项目及概述见表7-6。按表7-6中的顺序安排试验，使所有的性能试验可以在2天内完成。

表 7-6　试验项目及概述

日　期	项　目	概　述
第一天	1. 车辆准备	使车辆符合试验要求
	2. 30分钟最高车速试验	得到30分钟最高车速试验
	3. 蓄电池完全放电	放电，并得到车辆总行驶里程 S_{tol}
第二天	1. 车辆准备	使车辆符合试验要求
	2. 最高车速试验	得到最高车速
	3. 蓄电池40%放电	根据 S_{tol} 进行部分放电
	4. 加速性能试验	得到车辆在不同速度区间内的加速性能
	5. 坡度为4%和12%的爬坡车速试验	得到车辆在不同坡度下的爬坡最高车速
	6. 坡道起步能力试验	得到车辆的坡道起步能力

每项试验开始时，蓄电池的荷电状态（SOC）是前项试验后的状态。

如果每项试验都单独进行，最高车速、30分钟最高车速试验开始时，蓄电池SOC应处于完全充电的90%~100%，而加速性能、爬坡车速、坡道起步能力试验开始时，SOC应处于完全充电的50%~60%。

6. 试验方法

（1）30分钟最高车速试验　此项试验可以在环形跑道上进行，也可以在底盘测功机上进行。

1）将试验车辆加载到试验质量，增加的载荷应合理分布。然后进行车辆准备。

2）使试验车辆以该车30分钟最高车速估计值±5%的车速行驶30min。试验中车速如有变化，可以通过踩加速踏板来补偿，从而使车速符合30分钟最高车速估计值±5%的要求。

3）如果试验中车速达不到30分钟最高车速估计值的95%，试验应重做，车速可以是上述30分钟最高车速估计值或者是制造厂重新估计的30分钟最高车速。

4）测量车辆驶过的里程 S_1，并计算平均30分钟最高车速 v_{30}：$v_{30} = S_1/500$。

（2）蓄电池完全放电　完成 v_{30} 试验之后，试验车辆停放30min，然后以 v_{30} 的70%恢复行驶，直到车速下降到当加速踏板踩到底时，车速为（$v_{30} \pm 10$）km/h 的50%或直到仪表板上的信号装置提示驾驶员停车，记录行驶里程。计算总的行驶里程 S_{tol}，包括预热阶段的行驶里程、v_{30} 试验时的行驶里程、完全放电时的行驶里程。

（3）最高车速试验 电动车最高车速试验方法与传统内燃机车辆的最高车速试验方法（详见本章第二节动力性试验）基本相同，只是测速路段长度由 200m 变为 1km。同时，当采用单一方向的试验道路进行此项试验时，考虑到风速的影响，按下式进行修正：

$$v_i = v_t \pm v_v f$$
$$v_t = 3600/t$$

式中，v_t 为每次测量的最高车速，单位为 km/h；t 为通过测量区的时间，单位为 s；v_v 为风的水平分量，单位为 m/s；f 为修正系数，取 0.6；v_i 为每次测量的最高车速的修正值。

最高车速 v 取两次 v_i 的算术平均值。

（4）蓄电池的40%放电 将试验车辆以 $(v_{30} \pm 5)$ km/h 的70%的恒定速度在试验跑道或测功机上行驶，使蓄电池放电，直到行驶里程达到总行驶里程 S_{tol} 的40%为止。

（5）加速性能试验 电动汽车加速性能试验与传统内燃机车辆加速试验相同，测试内容也是原地起步加速时间和超车加速时间，而且试验操作过程也基本相同。但电动汽车加速性能试验根据电动汽车种类对加速的初末速度重新规定。其中，M_1、N_1 类电动汽车加速性能试验包括 0—50km/h 加速性能试验和 50—80km/h 加速性能试验。

1）0—50km/h 加速性能试验，要求将试验车辆停放在试验道路的起始位置，并起动车辆。起步后将加速踏板快速踩到底，使车辆加速到 (50 ± 1) km/h。如果装有离合器和变速器的话，将变速器置入该车的起步档位，迅速起步，将加速踏板快速踩到底，途中适时地换档，使车辆加速到 (50 ± 1) km/h。记录从踩下加速踏板到车速达到 (50 ± 1) km/h 的时间。相同路段往返各进行一次，取算术平均值作为试验结果。

2）50—80km/h 加速性能试验，要求将试验车辆停放在试验道路的起始位置。将试验车辆加速到 (50 ± 1) km/h，并保持这个车速行驶 0.5km 以上。然后将加速踏板踩到底，或使用离合器和变速杆（如果装有的话）将车辆加速到 (80 ± 1) km/h。记录从踩下加速踏板到车速达到 (80 ± 1) km/h 的时间。如果最高车速小于80km/h，则应达到最高车速的90%，并记录最后车速。相同路段往返各进行一次，取算术平均值作为试验结果。

M_2、M_3 类电动汽车加速性能试验（M_1、N_1 类车以外的纯电动汽车可参照执行）包括 0~30km/h 加速性能试验和 30~50km/h 加速性能试验。操作过程同 M_1、N_1 类电动汽车加速性能试验。

（6）爬坡车速试验（M_1、M_2、N_1 类以外的纯电动汽车可不做此项） 此项试验在底盘测功机上进行，过程如下：

1）将试验车辆加载到最大设计总质量，增加的载荷应合理分布。

2）将试验车辆置于测功机上，并对测功机进行必要的调整使其适合试验车辆最大设计总质量。

3）调整测功机使其增加一个相当于4%坡度的附加载荷。

4）将加速踏板踩到底使试验车辆加速或使用适当变速档位使车辆加速。

5）确定试验车辆能够达到并能持续行驶 1km 的最高稳定车速，同时，记录持续行驶 1km 的时间 t。

6）调整测功机使其增加一个相当于12%坡度的附加载荷。

7）重复上述 4）~5）的试验。

8）试验完成后，停车检查各部位有无异常现象发生，并详细记录。

9）用下式计算试验结果：

$$v = 3600/t$$

式中，v 为实际爬坡最高车速，单位为 km/h；t 为持续行驶 1km 所测得的时间，单位为 s。

（7）坡道起步能力测试　坡道起步能力应在有一定坡度角 α_1 的道路上进行。该坡度角 α_1 应近似于制造厂技术条件规定的最大爬坡度对应的角 α_0，实际坡度和厂定坡度之差，应通过增减质量 ΔM 来调整。

试验规程要求将试验车辆加载到最大设计总质量。同时，选定的坡道应有 10m 的测量区，测量区前应提供起步区域，将试验车辆放置在起步区域，选定的坡度角 α_1 尽可能接近 α_0，如果该坡道坡度与厂定最大爬坡度对应的坡度有差别，可通过增减装载质量 ΔM 的方法进行试验：

$$\Delta M = M \frac{\sin\alpha_0 - \sin\alpha_1}{\sin\alpha_1 + R}$$

式中，M 为试验时的车辆最大设计总质量；R 为滚动阻力系数；α_1 为实际试验坡道所对应的坡度角；α_0 为制造厂技术条件规定的最大爬坡度对应的坡度角。

ΔM 应该均布于乘员舱和货箱中。然后以至少 10m/min 的速度通过测量区，如果车辆装有离合器和变速器的话，应用最低档起动车辆并以至少 10m/min 的速度，通过测量区。

未给定最大坡度角 α_0 时，可进行如下估算：已知最大动力轴转矩，计算车轮的转矩，有

$$C_r = C_a T \eta_r$$

式中，C_r 为车轮转矩；C_a 为最大动力轴转矩；T 为传动系的总传动比；η_r 为传动效率。

已知轮胎动载半径，可得驱动力 F_t，该力必然等于滚动阻力与最大坡度阻力之和，即

$$F_t = C_r/r = Mg(\sin\alpha_0 + R)$$

式中，r 为轮胎动负荷半径；g 为重力加速度。

由上式可计算出 α_0，最大爬坡能力用 $\tan\alpha_0 \times 100\%$ 来表示。

7. 混合动力汽车动力性能试验方法

一般意义的混合动力汽车有三种工作模式：混合动力模式、热机模式与纯电动模式。混合动力模式是指车辆由内燃机（或其他热机）和电机等所有的车载动力系统根据管理逻辑（整车控制策略）参与车辆驱动的一种工作模式。热机模式是指车辆仅由内燃机（或其他热机）驱动汽车行驶的一种工作模式。纯电动模式是指车辆仅由电机驱动汽车行驶的一种工作模式。

混合动力汽车纯电动模式下的动力性能试验与纯电动汽车一致，这里仅对混合动力模式下的动力性能测试作讨论，试验参考标准 GB/T 19752—2005《混合动力电动汽车　动力性能　试验方法》。

试验内容包括：混合动力模式下的最高车速、混合动力模式下的 30 分钟最高车速，混合动力模式下的加速性能、混合动力模式下的爬坡车速、混合动力模式下的坡道起步能力以及混合动力模式下的最大爬坡度。

混合动力汽车的术语定义、试验条件、道路条件、试验车辆准备的步骤与电动汽车一

致。试验顺序由于需要同时测定混合动力模式和纯电动模式的数据，故略有区别。试验方法部分与电动汽车的试验方法也稍有不同，具体为混合动力模式下的加速性能试验内容为0—100km加速。此外，相较于电动汽车，额外有混合动力模式下的最大爬坡度试验。

8. 燃料电池电动汽车最高车速试验方法

燃料电池电动汽车的动力性能具体定义及试验项目与混合动力汽车的动力性能试验内容相同，其中最高车速应按 GB/T 26991—2011《燃料电池电动汽车 最高车速试验方法》进行测试，其他动力性能应按照 GB/T 19752—2005《混合动力电动汽车 动力性能 试验方法》进行测试。

燃料电池电动汽车的最高车速试验方法与电动汽车及混合动力汽车最高车速试验方法的不同点主要在于：①在不同的跑道上试验；②多次试验取算术平均值（多为三次及以上）；③计算公式不同。

最高车速试验方法可细分为直线跑道上的最高车速试验（双向）、直线跑道上的最高车速试验（单向）、环形跑道上的最高车速试验三种。

二、新能源汽车经济性能试验方法

（一）轻型电动汽车能量消耗量和续驶里程试验方法

1. 适用范围

轻型电动汽车能量消耗量和续驶里程试验方法参照 GB/T 18386.1—2021《电动汽车能量消耗量和续驶里程试验方法 第1部分：轻型汽车》，具体适用于 N_1 类和最大设计总质量不超过 3500kg 的 M_1、M_2 类车辆。最大设计总质量超过 3500kg 的 M_1 类车辆和 L_5 类车辆可参照 GB/T 18386—2017《电动汽车 能量消耗率和续驶里程试验方法》。

2. 术语定义

可充电储能系统（Rechargeable Electrical Energy Storage System，REESS）：可充电的且可提供电能的能量存储系统，如蓄电池、电容器。

浸车：要求汽车的温度达到与环境温度一致，以反映汽车在实际的低温环境下长时间停放后的汽车内部温度情况。

3. 试验循环

试验循环按照图 7-24 和图 7-25 所示的工况曲线进行，其中 CLTC-P 适用于 M_1 类车辆，

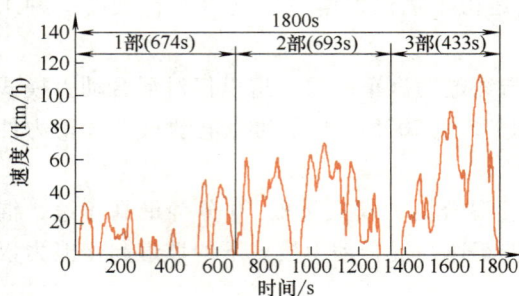

图 7-24　CLTC-P 工况曲线

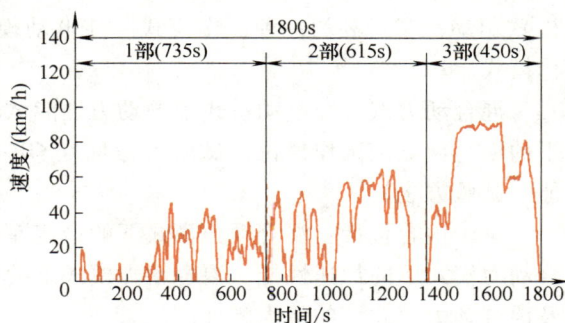

图 7-25　CLTC-C 工况曲线

CLTC-C 适用于 N_1 类和最大设计总质量不超过 3500kg 的 M_2 类车辆，包括低速（1 部）、中速（2 部）和高速（3 部）3 个速度区间。

4. 试验规程

（1）试验步骤　确定能量消耗量和续驶里程应使用相同的试验程序，试验程序包括以下 3 个步骤：

1）对 REESS 进行初次充电。

2）进行能量消耗量和续驶里程试验。

3）试验后再次为 REESS 充电，测量从外部充入的电量。

在每两个步骤执行之间，如果车辆需要移动，不准许使用车上的动力，且再生制动系统未起作用。

（2）REESS 的充电　REESS 应在规定的环境温度下，可使用车载充电器（如装有），或由汽车生产企业建议的外接充电器充电。

当车载或外部仪器显示 REESS 已完全充电时，判定为充电完成。如果车载或外部仪器发出明显的信号提示 REESS 没有充满，在这种情况下，最长充电时间为：3×汽车生产企业规定的 REESS 能量（kW·h）/供电功率（kW）。

（3）试验流程

1）常规工况法。常规工况法测试流程和相应 REESS 电量状态曲线如图 7-26 所示。

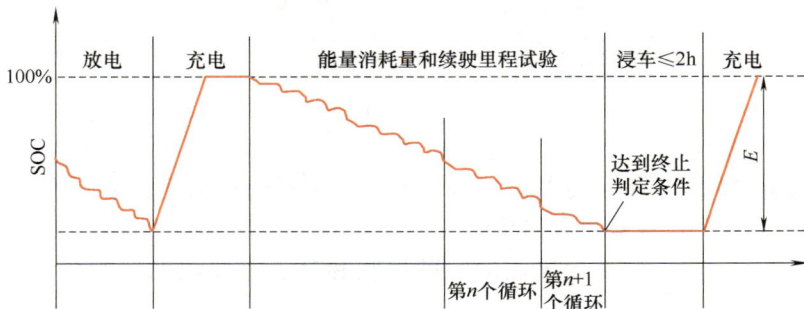

图 7-26　常规工况法测试流程和相应 REESS 电量状态曲线

在底盘测功机上采用规定的试验循环连续进行试验。除非有其他的规定，每 4 个试验循环允许浸车一次，浸车时间应不超过 10min。浸车期间，车辆起动开关必须处于 "OFF" 状态、关闭发动机舱盖、关闭试验台风扇、释放制动踏板，不能使用外接电源充电。

2）缩短法。缩短法测试流程和相应 REESS 电量状态曲线如图 7-27 所示。

缩短法速度片段由 2 个试验循环段和 2 个恒速段组成，如图 7-28 所示。其中 DS_1 和 DS_2 为试验循环段，由规定的试验循环构成；CSS_M 和 CSS_E 为恒速段，由较高的恒定车速构成，用以尽快放电，减少测试时间。通过 2 个试验循环段，分别计算得到车辆的能量消耗量和续驶里程。

2 个恒速段的车速应相同。若采用插值系族的方法，则系族内所有车辆的恒速段车速需一致。对于 M_1 类车辆，恒速段的车速设置推荐为 100km/h；根据汽车生产企业建议并经由检验机构确定，可以选择更高的车速。若车辆的 30 分钟最高车速小于推荐车速，则恒速段的车速应设置为车辆的 30 分钟最高车速。

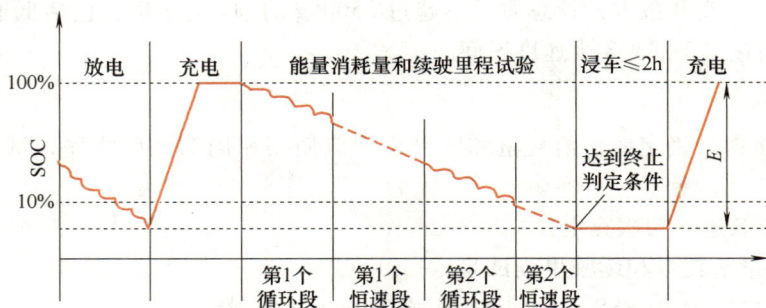

图 7-27　缩短法测试流程和相应 REESS 电量状态曲线

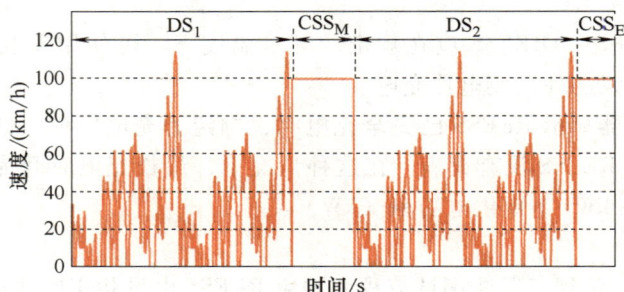

图 7-28　缩短法速度片段-M_1 类车辆目标车速

（4）能量消耗量　能量消耗量 EC 按照下式计算：

$$\mathrm{EC} = \frac{E_{\mathrm{AC}}}{\mathrm{BER}} \tag{7-4}$$

式中，EC 为能量消耗量，单位为 W·h/km；E_{AC} 为测试消耗电量，单位为 W·h；BER 为按照测试循环计算得到的续驶里程，单位为 km。

（5）续驶里程　基于常规工况法的续驶里程和基于缩短法的续驶里程均可按照下式计算：

$$\mathrm{BER} = \frac{\Delta E_{\mathrm{REESS}}}{\mathrm{EC}_{\mathrm{DC}}} \tag{7-5}$$

式中，BER 为续驶里程，单位为 km；$\Delta E_{\mathrm{REESS}}$ 为常规工况法试验或缩短法试验前后，REESS 的电能变化量，单位为 W·h；$\mathrm{EC}_{\mathrm{DC}}$ 为在 REESS 电能变化量下的每公里能耗，单位为 W·h/km。

（二）轻型混合动力电动汽车能量消耗量试验方法

1. 适用范围

轻型混合动力电动汽车能量消耗量试验方法适用于装用点燃式发动机或压燃式发动机的 N_1 类和最大设计总质量不超过 3500kg 的 M_1、M_2 类车辆。最大设计总质量超过 3500kg 的 M_1 类车辆可参照 GB/T 19754—2021《重型混合动力电动汽车能量消耗量试验方法》。

2. 术语和定义

全电里程（All-Electric Range，AER）：从电量消耗模式试验开始直至发动机起动，车辆

所行驶的距离，该距离取值上限为电量消耗续驶里程。

电量消耗续驶里程（Charge-Depleting Actual Range，R_{CDA}）：从电量消耗模式试验开始，连续运行多个试验循环直至可充电储能系统（REESS）电量平衡，车辆所行驶的距离。

电量消耗循环里程（Charge-Depleting Cycle Range，R_{CDC}）：从电量消耗模式试验开始，连续运行多个试验循环直至达到终止判定条件，在过渡循环结束时车辆所行驶的距离。

等效全电里程（Equivalent All-Electric Range，EAER）：车辆的电量消耗循环里程中完全依靠电力驱动的里程部分。

3. 试验循环

试验循环可以采用全球统一轻型车测试循环（WLTC），包括低速段（Low）、中速段（Medium）、高速段（High）和超高速段（Extra High）四部分；或采用中国轻型汽车行驶工况（CLTC，包括 CLTC-P 和 CLTC-C，其中 CLTC-P 适用于 M_1 类车辆，CLTC-C 适用于 N_1 类和最大设计总质量不超过 3500kg 的 M_2 类车辆），包括低速（1 部）、中速（2 部）和高速（3 部）三部分。本试验主要以中国乘用车行驶工况 CLTC-P 为对象，CLTC-P 工况曲线参见图 7-24 所示。

4. 试验规程

轻型混合动力电动汽车能量消耗量试验有四个可选试验，即单独进行电量消耗模式试验、单独进行电量保持模式试验、连续进行电量消耗模式试验和电量保持模式试验、连续进行电量保持模式试验和电量消耗模式试验，四项试验的试验流程如图 7-29 所示。试验主要针对可外接充电式混合动力汽车（OVC-HEV）开展，得到 OVC-HEV 的燃料消耗量、电量消耗量以及续驶里程，对于不可外接充电式混合动力汽车（NOVC-HEV）试验参照 GB/T

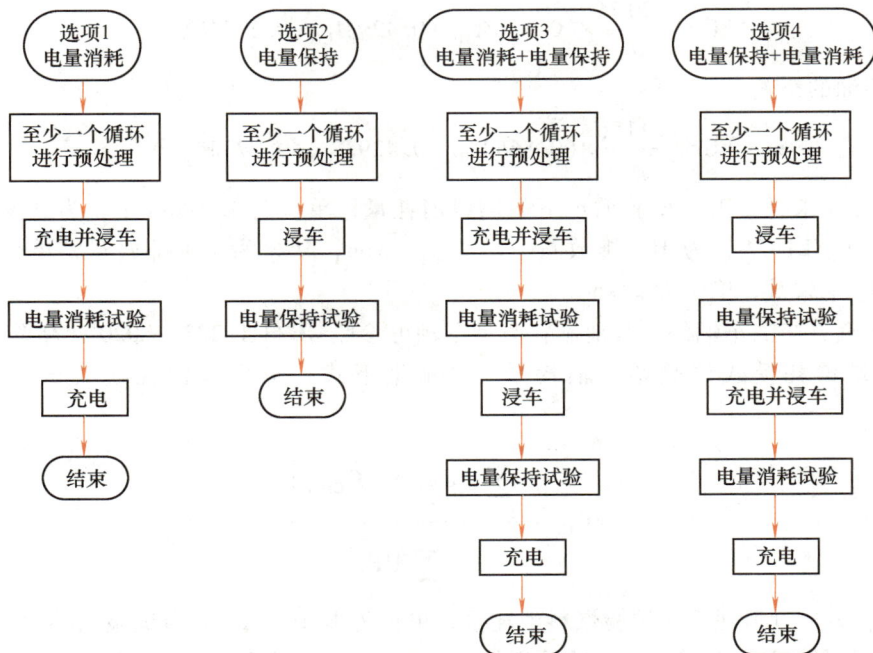

图 7-29　能量消耗量试验流程

19753—2021《轻型混合动力电动汽车能量消耗量试验方法》。

(1) 试验步骤

1) 单独进行电量消耗模式试验。车辆应根据以下步骤进行试验：①实验室温度应控制在23℃±5℃，应以不低于1Hz的频率连续测量并记录温度。正式试验开始前，发动机机油温度和冷却液温度应在23℃±2℃范围内；②将试验车辆推到测功机上；③在不起动发动机的情况下，将车辆驱动轮固定在测功机上；④设置轮胎压力；⑤关闭发动机舱盖；⑥发动机起动前，将连接管连接到试验车辆排气管上；⑦起动动力传动系统；⑧按照生产企业说明书通过起动装置起动动力传动系统；⑨以不低于1Hz的频率测量并记录实际车速。电量消耗模式试验程序应包含多个连续的试验循环，循环之间的浸车时间应小于30min。

对于电量消耗模式下不足以完成循环测试的车辆，当标准车载仪表盘指示停车，或车辆连续至少4s偏离规定行驶公差时，电量消耗模式试验结束。此时应松开加速踏板，并踩下制动踏板，使车辆在60s内停止。

2) 单独进行电量保持模式试验。和电量消耗模式试验程序相同。

3) 连续进行电量消耗模式试验和电量保持模式试验。先进行电量消耗模式试验，再进行电量保持模式试验。

4) 连续进行电量保持模式试验和电量消耗模式试验。先进行电量保持模式试验，再进行电量消耗模式试验。

(2) 燃料消耗量　基于物质守恒定律，燃料在消耗过程中排放产生的CO、CO_2、CH中的C均来自燃料，即所谓的"碳平衡"。通过燃料燃烧前后的碳平衡，可以获得燃料消耗量。

燃用汽油的车辆：

$$FC = \frac{0.1155}{\rho} \times (0.866 M_{HC} + 0.429 M_{CO} + 0.273 M_{CO_2}) \tag{7-6}$$

燃用柴油的车辆：

$$FC = \frac{0.1156}{\rho} \times (0.865 M_{HC} + 0.429 M_{CO} + 0.273 M_{CO_2}) \tag{7-7}$$

式中，FC为（未经修正）试验循环下的燃料消耗量，单位为L/100km；ρ为试验燃料的密度，单位为kg/L；M_{HC}为HC排放量，单位为g/km；M_{CO}为CO排放量，单位为g/km；M_{CO_2}为CO_2排放量，单位为g/km。

注：除汽、柴油车辆外，其他燃料类型车辆可参照GB/T 19233—2020计算燃料消耗量。

1) 电量消耗模式试验燃料消耗量。可依据下式计算电量消耗模式试验燃料消耗量FC_{CD}：

$$FC_{CD} = \frac{\sum_{c=1}^{n}(UF_c \times FC_{CD,c})}{\sum_{c=1}^{n}UF_c} \tag{7-8}$$

式中，FC_{CD}为电量消耗模式试验燃料消耗量，单位为L/100km；c为试验循环序号；n为所行驶的循环数量；UF_c为第c个试验循环的纯电利用系数；$FC_{CD,c}$为电量消耗模式基于碳平衡法计算的第c个试验循环的燃料消耗量，单位为L/100km。

2）电量保持模式试验燃料消耗量。

① 基于碳平衡法计算得到的燃料消耗量，如若满足下列条件之一，则不需要进行修正。

a. 电量保持模式试验 REESS 的电能变化量 ΔE_{REESS} 为正，且根据 $\varepsilon = \dfrac{\Delta E_{REESS}}{10HV \times FC \times d_{CS}}$ 计算得到的循环修正标准 ε 大于 0.005，其中 HV 为燃料的热值，d_{CS} 为车辆电量保持模式试验的实际行驶的里程。

b. 计算得到的循环修正标准 $\varepsilon = \dfrac{|\Delta E_{REESS}|}{10HV \times FC \times d_{CS}}$ 不大于 0.005。便可依据下式计算电量保持模式试验燃料消耗量 FC_{CS}：

$$FC_{CS} = FC \tag{7-9}$$

式中，FC_{CS} 为电量保持模式试验燃料消耗量，单位为 L/100km；FC 为电量保持基于碳平衡法计算的燃料消耗量，单位为 L/100km。

② 如果计算得到的 ΔE_{REESS} 为负，且根据 $\varepsilon = \dfrac{|\Delta E_{REESS}|}{10HV \times FC \times d_{CS}}$ 计算得到的循环修正标准 ε 大于 0.005，则需要进行修正。可依据下式计算电量保持模式试验燃料消耗量 FC_{CS}：

$$FC_{CS} = FC - K_{fuel} \times EC_{CS} \tag{7-10}$$

式中，K_{fuel} 为整个循环的燃料消耗量修正系数，单位为 L/100W·h；EC_{CS} 为整个循环的电量消耗量，单位为 W·h/km。

3）OCV-HEV 燃料消耗量。结合上述便可得到 OCV-HEV 的燃料消耗量 $FC_{OCV-HEV}$ 为

$$FC_{OCV-HEV} = \sum_{c=1}^{n}(UF_c \times FC_{CD,c}) + \left(1 - \sum_{c=1}^{n} UF_c\right)FC_{CS} \tag{7-11}$$

式中，$FC_{OCV-HEV}$ 为依据纯电利用系数 UF 计算得到的 OCV-HEV 燃料消耗量，单位为 L/100km。

（3）电量消耗量

1）电量消耗模式试验电量消耗量。电量消耗模式试验电量消耗量可根据下式计算：

$$EC_{CD} = \frac{\sum_{c=1}^{n}(UF_c \times EC_{CD,c})}{\sum_{c=1}^{n} UF_c} \tag{7-12}$$

式中，EC_{CD} 为基于从外部获取的电量消耗模式试验的电量消耗量，单位为 W·h/km；$EC_{CD,c}$ 为基于从外部获取的电量消耗模式试验第 c 个试验循环的电量消耗量，单位为 W·h/km，可依据下式计算：

$$\begin{cases} EC_{CD,c} = EC_{DC,CD,c} \times \dfrac{E_{AC}}{\sum_{c=1}^{n} \Delta E_{REESS,c}} \\ EC_{DC,CD,c} = \dfrac{\Delta E_{REESS,c}}{d_c} \end{cases} \tag{7-13}$$

式中，$EC_{DC,CD,c}$ 为基于 REESS 电能变化量的第 c 个试验循环的电量消耗量，单位为 W·h/km；E_{AC} 为测量得到的来自外部的电量，单位为 W·h；$\Delta E_{REESS,c}$ 为第 c 个试验循环所有 REESS

的电能变化量，单位为 W·h；d_c 为车辆在第 c 个试验循环的行驶里程，单位为 km。

2）OCV-HEV 电量消耗量。OCV-HEV 的电量消耗量可以根据下式计算：

$$EC_{OCV-HEV} = \sum_{c=1}^{n} (UF_c \times EC_{CD,c}) \tag{7-14}$$

式中，$EC_{OCV-HEV}$ 为基于从外部获取的 OVC-HEV 电量消耗量，单位为 W·h/km。

（4）电量消耗模式试验续驶里程

1）全电里程。从试验开始直至发动机起动，车辆所行驶的距离即为全电里程 AER。若全电里程高于下述确定的电量消耗续驶里程 R_{CDA}，则取电量消耗续驶里程的计算结果 R_{CDA} 作为车辆的全电里程。

2）等效全电里程。等效全电里程 EAER 可按下式计算：

$$EAER = \frac{FC_{CS} - FC_{CD,avg}}{FC_{CS}} \times R_{CDC} \tag{7-15}$$

式中，FC_{CS} 为式（7-10）或式（7-11）确定的电量保持模式试验的燃料消耗量，单位为 L/100km；$FC_{CD,avg}$ 为电量消耗模式试验燃料消耗量的加权平均值，单位为 L/100km；R_{CDC} 为电量消耗循环里程，单位为 km。

3）电量消耗续驶里程。电量消耗续驶里程 R_{CDA} 可按下式计算：

$$R_{CDA} = \sum_{c=1}^{n-1} d_c + \frac{FC_{CS} - FC_{CD,n}}{FC_{CS} - FC_{CD,n-1,avg}} \times d_n \tag{7-16}$$

式中，R_{CDA} 为电量消耗续驶里程，单位为 km；$FC_{CD,n}$ 为电量消耗模式基于碳平衡法计算的第 n 个试验循环的燃料消耗量，单位为 L/100km；$FC_{CD,n-1,avg}$ 为电量消耗模式试验前（$n-1$）个试验循环燃料消耗量的加权平均值，单位为 L/100km；d_n 为车辆在第 n 个试验循环的行驶里程，单位为 km。

其中，电量消耗模式试验燃料消耗量的加权平均值和电量消耗模式试验前（$n-1$）个试验循环燃料消耗量的加权平均值可以由下式确定：

$$\begin{cases} FC_{CD,avg} = \dfrac{\sum_{c=1}^{n} (FC_{CD,c} \times d_c)}{\sum_{c=1}^{n} d_c} \\ \\ FC_{CD,n-1,avg} = \dfrac{\sum_{c=1}^{n-1} (FC_{CD,c} \times d_c)}{\sum_{c=1}^{n-1} d_c} \end{cases} \tag{7-17}$$

4）电量消耗循环里程。从试验开始直至过渡循环（第 n 个循环）结束，车辆所行驶的距离即为电量消耗循环里程 R_{CDC}。

（三）燃料电池电动汽车氢气消耗量

燃料电池电动汽车的氢气消耗量的测量方法主要有压力温度法、质量分析法和流量法三类。测量方法主要采用的试验设备包括底盘测功机和轮胎压力量具等，其中压力温度法还需用到压力计和温度计、质量分析法需用到试验用储氢罐和称重装置、流量法需用到流量计。

特别地，试验车辆应按制造厂的规范进行磨合，且磨合里程不小于 1000km，并且建议在试验前的 7 天内至少行驶 300km；同时，试验过程中使用外部供氢，切断车载燃料供应管路。

1. 压力温度法

$$w = m \frac{V}{R}\left(\frac{p_1}{z_1 \times T_1} - \frac{p_2}{z_2 - T_2}\right) \tag{7-18}$$

式中，w 为测量时间内的燃料消耗量，单位为 g；m 为氢分子摩尔质量，单位为 g/mol，$m = 2.016$g/mol；V 为燃料罐中高压部分和附件的总容积（减压阀，管路等），单位为 L；R 为共用气体常量，$R = 0.0083145$ [（MPa·L)/(mol·K)]；p_1 为检测开始时罐体内气体压力，单位为 MPa；p_2 为检测结束时罐体内气体压力，单位为 MPa；T_1 为检测开始时罐体内气体温度，单位为 K；T_2 为检测结束时罐体内气体温度，单位为 K；z_1 为在 p_1、T_1 下的氢气压缩因子；z_2 为在 p_2、T_2 下的氢气压缩因子，z_1，z_2 按照下式进行求解。

$$Z = \sum_{i=1}^{6}\sum_{j=1}^{4} v_{ij} p^{i-1}(100/T)^{j-1} \tag{7-19}$$

式中，p 为压力，单位为 MPa；T 为温度，单位为 K；v_{ij} 为常数，可查表得到。

式（7-20）适用于 0.1~100MPa、温度 220~500K 的氢气。

2. 质量分析法

$$w = g_1 - g_2 \tag{7-20}$$

式中，w 为在测量时间内的燃料消耗量，单位为 g；g_1 为试验开始时试验用储氢罐质量，单位为 g；g_2 为试验结束时试验用储氢罐质量，单位为 g。

3. 流量法

把使用体积流量计测得的体积流量值代入下式，计算氢气消耗量（体积）：

$$w = \frac{m}{22.414}\int_0^t Q_b \, dt \tag{7-21}$$

式中，w 为在测量时间内的氢气消耗量，单位为 g；m 为氢分子摩尔质量，单位为 g/mol，$m = 2.016$g/mol；Q_b 为试验中的气体体积流量，单位为 L/s。

把使用质量流量计测得的质量流量值代入下式，计算氢气消耗量（质量）：

$$w = \int_0^t Q_m \, dt$$

式中，w 为在测量时间内的氢气消耗量，单位为 g；Q_m 为试验中的气体质量流量，单位为 g/s。

（四）电动汽车再生制动系统试验方法

1. 适用范围

由于目前国标尚未对新能源汽车的再生制动系统有一个完备的试验标准，故采用汽车行业标准中的 QC/T 1089—2017 作为主要参考。适用于可以充电储能系统为动力蓄电池的纯电动乘用车，纯电动商用车也可参考此标准。

2. 术语和定义

再生制动系统：汽车减速或下坡过程中，由电机进行汽车制动，并对制动能量进行回收，最终回馈至可充电储能系统的系统。

回收的制动能量：汽车减速过程中，由再生制动系统回收，最终回馈至可充电储能系统的能量，单位为 kW·h。

最大理论制动能量：汽车减速过程中所施加的制动能量，单位为 kW·h。

制动能量回收效能：制动能量回收效能用于评价制动能量回收有效性，包括制动能量回收效率、制动能量回收系统续驶里程贡献率。

制动能量回收效率：汽车减速过程中，由再生制动系统回收，最终回馈至可充电储能系统的能量（E_1）与汽车减速过程中所施加的制动能量（E_2）之间的比值。

制动能量回收系统续驶里程贡献率：相同试验条件下，开启与关闭制动能量回收功能时电动汽车运行里程的差值（D_1-D_2），与关闭制动能量回收功能时的运行里程 D_2 的比值。

3. 试验条件

（1）测量仪器、仪表连接和启动　测量仪器、仪表连接和启动应满足以下要求：

1）测量电流的采样频率不低于 50Hz。

2）能量消耗量、车速和时间的测量装置应同步启动。

3）为了使用外部设备测量 REESS 的电流和电压，应在车辆上提供适当的、安全的、可接近的连接点。

（2）测量仪器、仪表准确度　测量仪器、仪表准确度应满足以下要求：

1）车速、时间、制动踏板力、胎压、制动距离的精度要求参照 GB 21670。

2）电流测量装置精度要求 2%。

3）电压测量装置精度要求 1%。

（3）试验程序　在测试制动能量回收效能之前，汽车的制动性能应该满足 GB21670 规定的要求，且汽车在紧急制动情况下，制动能量回收功能开启和关闭时，制动效能不能发生巨大变化，车辆的平均减速度变异系数（CV）不超过 15%。

试验车辆、场地、磨合等要求按照 GB/T 18386 中规定的要求。本试验分为等速法试验和工况法试验，先进行等速法试验，为了验证制动能量回收系统的开启关闭状态，当试验结果被认定为有效时，再进行工况法试验。

1）等速法试验。开启制动能量回收功能，指定某一车速（60~80km/h），进行等速法试验，记录试验车辆行驶过的距离 D_0（km），关闭制动能量回收功能，以上次的指定车速进行等速法试验，记录试验车辆行驶过的距离 D_0'(km)，比较 D_0 与 D_0'，若 $\frac{D_0-D_0'}{D_0'}\leqslant 3\%$，则继续完成后续试验（证明制动能量功能完全关闭），否则无效。

2）工况法试验。开启制动能量回收功能，按照 GB/T 18386 中的试验方法进行试验，实时测量动力蓄电池的母线电流和电压，并将回馈电流记为 I(A)，动力蓄电池两端的电压记为 U(V)，试验结果都以一个 NEDC 的测试循环的试验结果计算。在试验循环结束时，记录试验车辆驶过的距离 D_1(km)，计为车辆的续驶里程。

关闭制动能量回收功能，重复上述过程，试验循环结束时，记录试验车辆行驶过的距离 D_2(km)。

4. 制动能量回收效率

回收的制动能量的计算方法如下：

$$E_1 = \frac{\int IU \mathrm{d}t}{3600 \times 1000}$$

式中，E_1 为汽车减速过程中，由再生制动系统最终回馈至可充电储能系统的能量，单位为 $kW \cdot h$；I 为汽车减速过程中，回馈至可充电储能系统总线的电流，单位为 A；U 为汽车减速过程中，可充电储能系统两端的电压，单位为 V。

最大理论制动能量的计算方法如下：

$$E_2 = E_3 - \int v(A + Bv + Cv^2) \mathrm{d}t$$

$$E_3 = \frac{1}{2} m \frac{v_1^2 - v_2^2}{3.6^2 \times 3600 \times 1000}$$

式中，E_2 为试验循环内汽车减速过程中所施加的制动能量，单位为 $kW \cdot h$；E_3 为试验循环内汽车减速过程中的动能减少量，单位为 $kW \cdot h$；v 为试验循环内汽车减速过程中的车速，单位为 km/h；A、B、C 为汽车滑行系数，由厂家或者按照 GB 18352 中规定的滑行方法进行滑行试验得到；m 为汽车基准质量，单位为 kg；v_1、v_2 为试验循环内汽车减速过程中的车速，单位为 km/h，v_1 为前一时刻的车速，v_2 为后一时刻的车速，$v_1 > v_2$。

制动能量回收效率 η 为最终回馈至可充电储能系统的能量 E_1 与汽车减速过程中所施加的制动能量 E_2 之间的比值，即

$$\eta = \frac{E_1}{E_2}$$

5. 制动能量回收系统续驶里程贡献率

制动能量回收系统续驶里程贡献率 P_1 为开启和关闭制动能量回收功能时，电动汽车运行的里程的差值（$D_1 - D_2$）与关闭制动能量回收功能时的运行里程 D_2 的比值，即

$$P_1 = \frac{D_1 - D_2}{D_2} \times 100\%$$

三、电动汽车安全性评价

与传统汽车相比，电动汽车的不同之处在于动力电池、驱动电机和整车控制系统这三部分，相对于驱动电机和动力电池，整车控制系统的发展尚未成熟，其安全问题尤为突出。

1. 电动汽车整车安全性评价

电动汽车本身是一个复杂的机电一体化产品，其中的许多部件包括动力电池、电动机、充电装置、能量回收装置、辅助电池充电装置等都会涉及高压电器安全问题。这些零部件的工作条件比较恶劣，经常受到振动、酸碱气体的腐蚀、温度及湿度的变化等影响，动力电缆及其他绝缘材料可能加速老化甚至绝缘破损，使设备绝缘强度大大降低，危及人身安全。因此，工信部将电动汽车的安全性检验纳入了汽车强制性检验规范中，标准 GB/T 18384—2020《电动汽车安全要求》中规定了对人员触电、功能安全、动力蓄电池、车辆碰撞防护、车辆阻燃防护、车辆充电接口、车辆报警和提示、车辆数据记录、电磁兼容安全要求以及整车对直接接触防护、间接接触防护、防水、功能安全防护等方面的试验检验。

其中，间接接触防护在电动汽车的安全问题中及其重要，接下来将围绕这方面展开相应的试验与评价。

2. 间接接触防护

（1）电压等级 根据最大工作电压，将电气元件或电路分为以下等级，见表7-7。

表 7-7 电压等级

电 压 等 级	最大工作电压 U/V	
	直流	交流（均方根值）
A	$0<U\leqslant60$	$0<U\leqslant30$
B	$60<U\leqslant1500$	$30<U\leqslant1000$

车辆间接接触防护功能的实现主要依靠绝缘电阻。绝缘电阻是电气设备和电器线路最基本的绝缘指标，可以衡量电气设备的安全性能，反映电气设备的绝缘状态。绝缘性能是电气部件的"生命线"，而绝缘电阻测试作为评估其绝缘质量的常规方法，在电动汽车中也广泛应用，主要目的包括：①验证绝缘特性的完好，这里的"完好"与否，和材料、环境、寿命和时间均有关系；②防止高压回路上绝缘失效伤害人员。

（2）绝缘电阻要求 在最大工作电压下，直流电路绝缘电阻应不小于$100\Omega/V$，交流电路绝缘电阻应不小于$500\Omega/V$。对于电动汽车，如图7-30所示。

（3）间接接触防护要求 绝缘电阻检测要求：车辆应有绝缘电阻监测功能，并能通过 GB 18384—2020 规定的绝缘监测功能验证试验。在车辆 B 级电压电路接通且未与外部电源传导连接时，具有该功能的装置能够持续或者间歇地检测车辆的绝缘电阻值，当该绝缘电阻值小于制造商规定的阈值时，应通过一个明显的信号（例如声或光信号）装置提醒驾驶人，并且制造商规定的阈值不应低于绝缘电阻的要求。

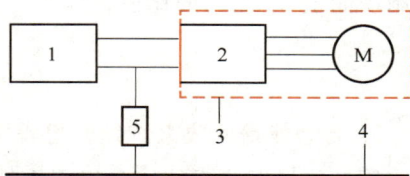

图 7-30 电动汽车绝缘电阻要求
1—电池系统 2—逆变器 3—交流电路
4—电平台 5—绝缘电阻

电位均衡要求：电位均衡，也称等电位连接，可理解为保护接地。当基础绝缘失效，即电池组的正极或负极与电池组壳体的绝缘因故障而失效，人体碰触电动汽车任意外露可导电部件时，由于车辆上所有的裸露金属部件都已经通过等电位连接达到了同一电位，电位均衡足够小，电势差就可以忽略不计，不会有瞬时大电流产生，人体就不会触电，人体在车辆上面仍然是安全的，不会发生电击事故。外漏可导电壳体之间的电位均衡通过接地来实现，例如，可导电外壳和遮栏，应传导连接到电平台。

电容耦合要求：电容耦合是针对 Y 电容的安全防护要求，如果高压系统中 Y 电容总能量超过对人体安全能量限值 0.2J，在高压系统内发生单点失效的情况下，就会发生触电事故，因此要对这种情况予以设计防护。

（4）测试准备 电压检测工具的内阻不小于$10M\Omega$。在测量时若绝缘监测功能会对整车绝缘电阻的测试产生影响，则应将车辆的绝缘监测功能关闭或者将绝缘电阻监测单元从 B 级电压电路中断开，以免影响测量值，否则制造商可选择是否关闭绝缘监测功能或者将绝缘监测单元从 B 级电压电路中断开。

（5）对车辆绝缘电阻的测量方法 具体测量步骤如下：

1）使车辆上电，保证车辆上所有电力、电子开关处于激活状态。

2）用相同的两个电压检测工具同时测量 REESS 的两个端子和电平台之间的电压，如图 7-31a 所示。待读数稳定，较高的一个为 U_1，较低的一个为 U_1'。

3）添加一个已知电阻 R_0，阻值宜选择 $1M\Omega$。如图 7-31b 所示并联在 REESS 的对侧端子与电平台之间。再用步骤 2）中的两个电压检测工具同时测量 REESS 的两个端子和电平台之间的电压，待读数稳定后，测量值为 U_2 和 U_2'。

4）计算绝缘电阻 R_i。R_i 可以使用 R_0 和四个电压值 U_1、U_1'、U_2 和 U_2' 以及电压检测设备内阻 r，代入式（7-22）来计算。

$$R_i = \cfrac{1}{\cfrac{1}{R_0\left(\cfrac{U_2'}{U_2}-\cfrac{U_1'}{U_1}\right)}-\cfrac{1}{r}} \tag{7-22}$$

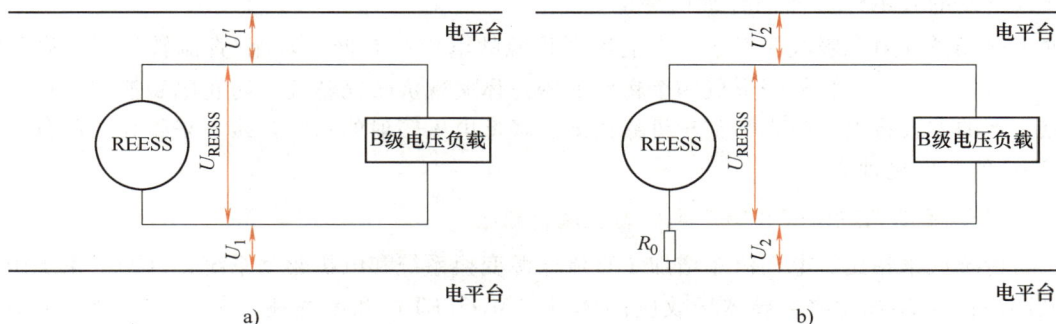

图 7-31　绝缘电阻测量步骤

a）测量步骤 2）　　b）测量步骤 3）

注：本测试方法适用于所有 B 级电压负载均能同时工作的车辆。否则，还需要按照 GB 18384—2020 对无法完成测试的 B 级电压负载的绝缘电阻 R_x 进行测量。随后将本测试方法的测量结果 R_i 与 R_x 计算并联的结果，即为整车绝缘电阻。如果整车有两个或以上相互隔离的 B 级电压电路，则可通过本条方法分别测量和计算出各个 B 级电压电路的绝缘电阻，并取其中最小值作为整车绝缘电阻。

四、电动汽车的电磁场辐射强度的限制和测量方法

电磁兼容性（Electro Magnetic Compatibility，EMC）是指设备或系统在其电磁环境中符合要求运行并不对其环境中的任何设备产生无法忍受的电磁干扰的能力。

简单来说，EMC 包括了电磁干扰（Electro Magnetic Interference，EMI）和电磁敏感性（Electro Magnetic Susceptibility，EMS）。EMI 是指设备在正常运行过程中对所在环境产生的电磁干扰；EMS 是指器具对所在环境中存在的电磁干扰所具有的一定程度的抗扰度。EMI 是主动性的，即对外界产生的干扰，EMS 是被动性的，即抵抗外界的干扰。所以对设备的 EMC 要求就是：减少对别人的干扰，同时自身能抵抗相当程度的外界干扰。

1. 电动汽车的电磁场辐射强度产生机理与试验

电动汽车电子设备在所处的电磁环境能否正常工作涉及其电磁兼容性。

电磁兼容是研究各种用电设备在有限的时间、空间及频谱条件下实现共存的领域。电磁兼容的三要素为时间、空间、频谱。形成电磁干扰的三要素为电磁干扰源、传输路径与敏感设备。电磁干扰形成机理如图 7-32 所示。

作为电动汽车的零部件应该从两个方面尽可能地优化：一是尽量降低干扰的强度；二是尽可能地提高抗干扰的能力。对于各控制单元主要是通过滤波电路、PCB 布局、布线、多层板设计控制发射源，同时加强设备的屏蔽，必要时通过金属壳体，将控制单元外壳形成一个连续密封的导电体，使耦合到内部电

图 7-32 电磁干扰形成机理

路的电磁场被反射和吸收。对于潜在电磁骚扰源的电机控制器、直流/直流转换器、高压线束、高压蓄电池，可将外壳形成一个良好的密封体实现屏蔽完整性，防止电磁泄漏，再通过多点接地的方式将电机外壳与整车可靠接地，降低电磁辐射的水平。接下来将介绍部分零部件 EMC 的产生机理。

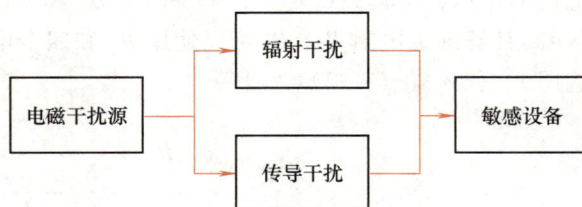

2. 电机驱动系统电磁兼容产生机理及耦合路径

与传统汽车相比，电动汽车增加了直流电源变换系统和电机驱动系统，这两个系统中的开关器件：金属-氧化物半导体场效应晶体管（MOSFET）和绝缘栅双极型晶体管（IGBT）工作电压和频率都很高，例如某个车载装置的 MOSFET 开关频率达到 50kHz，电压跳变量高达几百伏，形成电动汽车主要的干扰源。

（1）电机驱动系统的组成 以纯电动汽车电机驱动系统为例，电机驱动系统主要由高压电池组、直流侧电缆、DC/AC 变换器、交流侧电缆和电机构成。电机驱动系统的电路拓扑结构如图 7-33 所示，其中电池管理系统、驱动电路和电机控制器是系统各单元的控制电路。

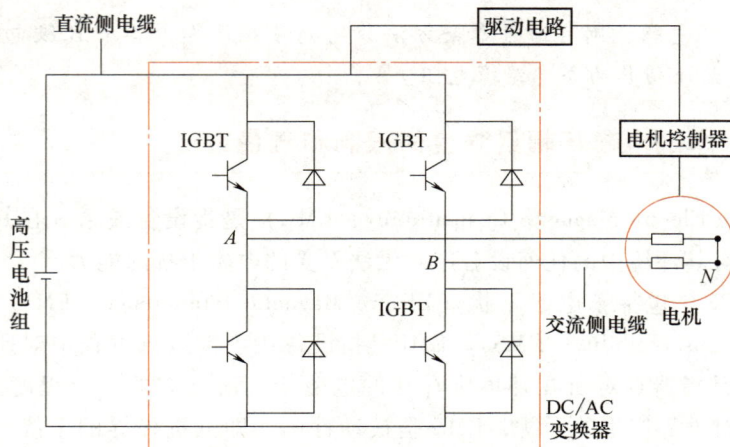

图 7-33 电机驱动系统的电路拓扑结构

纯电动汽车高压电池组是汽车的动力源，输出电压幅值由电池管理系统控制，对于汽车不同的行驶状态和工况，电池组输出不同的功率。DC/AC变换器的主电路为三相三桥臂双电平逆变桥，开关器件通过电机控制器和驱动电路共同作用，提供相应的驱动信号。变换器可以在逆变模式和整流模式下工作，由汽车行驶状态决定。直流侧电缆连接高压电池组和变换器，连接变换器和电机的三相电缆通常带有屏蔽层，起到减小驱动系统电磁场干扰的作用。

（2）传导电磁干扰产生机理　电机驱动系统电磁干扰产生机理和开关器件的状态有密切关系，以图7-34所示的变换器的单向桥为例，当上桥臂导通时，A点电位为$U_d/2$，关断时，A点电位变为$-U_d/2$，开关器件开通和关断过程中伴随着较大的电压变化率（dU/dt）和电流变化率（dI/dt），产生强烈的电磁干扰。

IGBT两极间（发射极和集电极）实测电压波形如图7-35所示。由图7-35可知，开关器件产生的干扰主要由两个部分构成。一部分是开关电压的上升沿和下降沿（dU/dt），这是由器件本身的性能决定的；另一部分是图中圈注的振荡波形，是IGBT开关过程中的端口间寄生电容和回路杂散电感等因素综合作用的结果。研究表明，在高频范围内振荡波形在整个干扰信号所占比例较小，与DC/DC系统中的情况类似，开关器件的dU/dt是电磁干扰的主要干扰源。

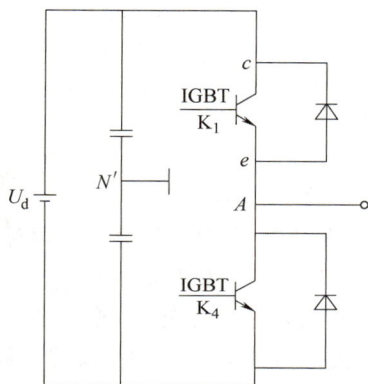

图7-34　变换器的单向桥

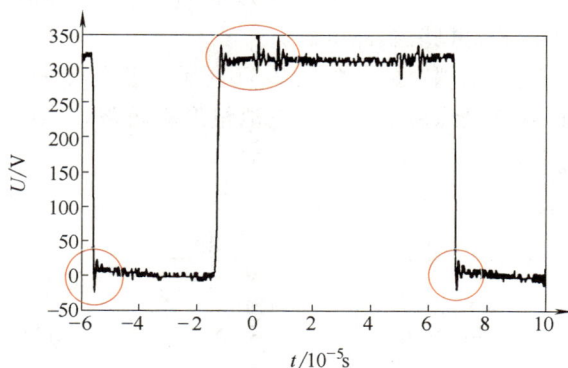

图7-35　IGBT两极间（发射极和集电极）实测电压波形

（3）传导电磁干扰耦合路径分析

1）共模电磁干扰耦合路径。电机驱动系统的共模干扰主要是由开关过程中的瞬时电压跳变和系统内部的寄生电容相互作用形成。系统中的寄生电容主要由高压电池组和线缆对地、开关器件IGBT对散热器、电机绕组对机壳等寄生电容组成。在开关管动作瞬间，电压跳变会作用于系统中的寄生电容，产生很大的充放电电流，形成共模电流，共模电磁干扰耦合路径如图7-36所示。图中$C_{battery}$表示高压电池组对公共地的杂散电容；C_{cable}表示电缆对公共地的寄生电容；$C_{convertor}$表示IGBT对散热器的寄生电容；C_{motor}表示绕组对电机外壳的寄生电容。

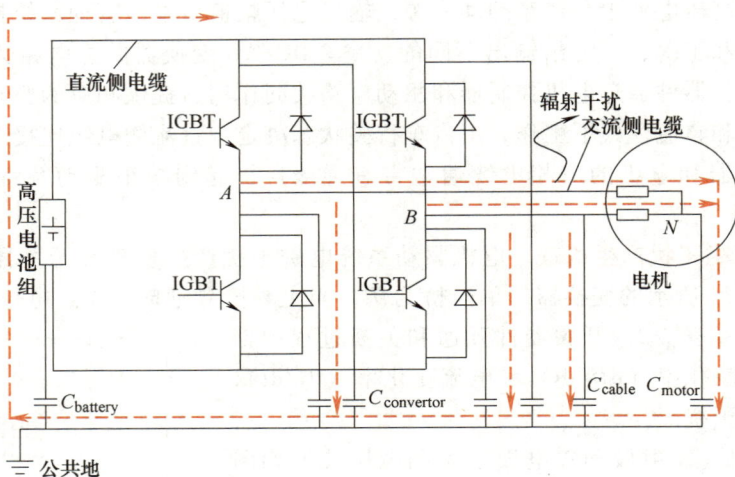

图 7-36　共模电磁干扰耦合路径

图 7-36 中共模传导干扰电流流通的路径如虚线所示，其主要的几条传播路径有：①IG-BT→$C_{convertor}$→公共地→$C_{battery}$→直流侧电缆→变换器；②IGBT→交流侧电缆→C_{cable}→公共地→$C_{battery}$→直流侧电缆→变换器；③IGBT→交流侧电缆→电机绕组→C_{motor}→公共地→$C_{battery}$→直流侧电缆→变换器。同时，路径上流经的共模电流会通过线缆的天线效应形成辐射干扰。

2）差模电磁干扰耦合路径。电机驱动系统的差模干扰是因开关器件在开通和关断过程中产生的 dI/dt 由与系统中的杂散电感相互作用形成的。系统中的杂散电感主要包含 IGBT 引脚寄生电感、交流侧线缆和电机绕组漏电感。

电机驱动系统差模电磁干扰耦合路径如图 7-37 所示。若 K_1、K_2 开通，则干扰从 A 相流经交流侧电缆、电机、直流侧电缆后进入高压电池组形成回路。

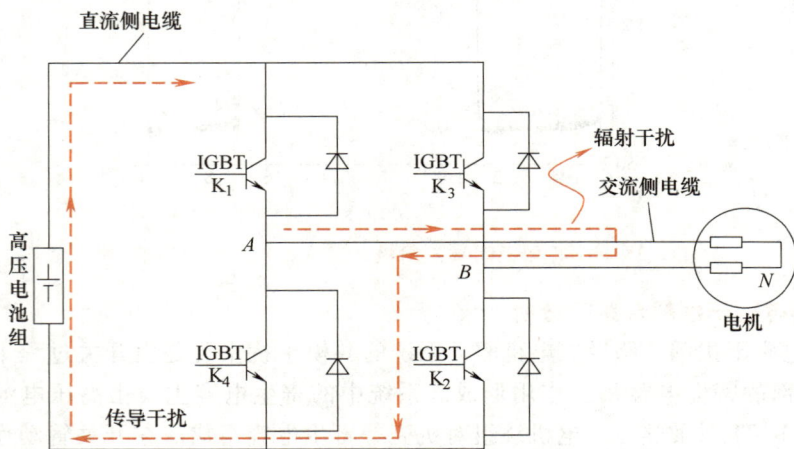

图 7-37　差模电磁干扰耦合路径

3. DC/DC 变换系统电磁干扰产生机理

（1）DC/DC 变换系统的组成　电动汽车 DC/DC 电源变换系统主要功能是为电动汽车

12V 蓄电池充电。该系统输入端接电动汽车高压电池组，输出端接 12V 蓄电池。12V 蓄电池为汽车低压电器设备提供电源，如 ABS 防抱制动系统、刮水系统和点火系统等。图 7-38 所示是一款常用于电动汽车 DC/DC 变换系统的拓扑结构，DC/DC 采用降压式全桥变换电路，其输入电压范围为 260~340V，输出电压 14.3V，最大输出功率 700kW。

图 7-38 中变换系统主电路由大功率开关管 MOSFET（Q_1、Q_2、$Q_3 > Q_4$）、二极管整流硅堆（D_5、D_6）、铁心电感 L、高频变压器 Tr；和电容器 C_3 等构成，电路的功能是通过开关管的轮流导通将输入的高压直流电转变成低压直流电供给负载（12V 蓄电池）。

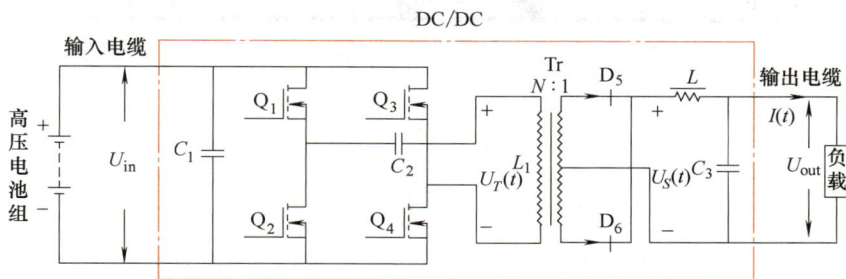

图 7-38　电动汽车 DC/DC 变换系统的拓扑结构

（2）DC/DC 变换系统传导电磁干扰的产生机理　DC/DC 电源变换系统电磁干扰的产生机理与开关器件的工作状态紧密相关，开关器件开通和关断瞬间伴随有很大的电流电压变化率（即 dU/dt 和 dI/dt），将产生强烈的电磁干扰。实测全桥变换器开关管 MOSFET 漏源极两侧得到的电压波形由一个梯形波和两个阻尼振荡信号叠加而成，如图 7-39 所示。梯形波的上升/下降时间在 100ns 左右，电压变化率很大，而阻尼振荡信号频率较高，呈正旋指数衰减形式。

图 7-38 中，C_2 是工程上为了减缓开关瞬间跳变引起巨大的 dU/dt 而加入的一个阻尼电容。在图 7-39 中，圈注的振荡波形是主电路桥臂上的阻尼电容 C_2 和回路漏电感等因素综合作用的结果。该振荡波形在减缓开关管电压跳变的幅度时，同时又带来了新的振荡干扰，因此，开关器件产生的干扰由两部分组成，一部分是图 7-39 中的振荡波形部分，另一部分是开关电压的上升沿或下降沿部分。

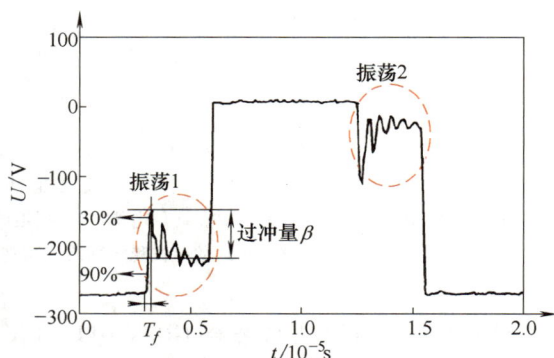

图 7-39　MOSFET 开关管两侧实测电压波形

4. 电动汽车传导充电电磁兼容性试验

本试验采用直流充电接口，试验方法包括电磁辐射发射和电磁辐射的抗扰性。

（1）电磁辐射发射　电磁辐射发射试验应按照如图 7-40 所示的车辆接口在侧面的电磁辐射发射试验布置（直流充电）进行，得到电磁辐射发射测量值。

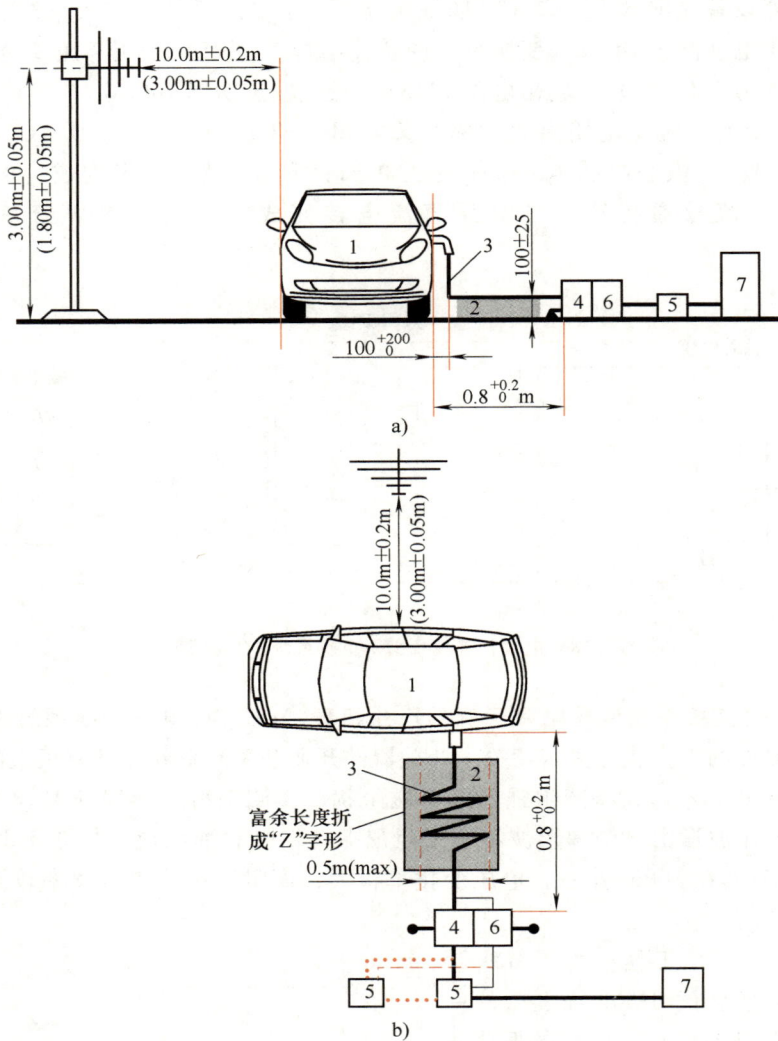

图 7-40   车辆接口在侧面的电磁辐射发射试验布置（直流充电）

a）正视图 b）俯视图

1—车辆   2—绝缘支撑   3—充电/通信电缆   4—接地的直流人工网络   5—直流充电电缆接线盒（可选）

6—接地的阻抗稳定网络（可选）   7—模拟非车载充电机

注：交流电源应使用符合 GB/T 6113.102 规定的 50Ω/50μH 人工电源网络（V 型，适用频段 0.15~30MHz）。直流电源应使用符合 GB/T 18655 规定的 50Ω/5μH 车辆充电直流高压人工网络。车辆为测试对象时，充电通信电缆宜经阻抗稳定网络与车辆连接，应使用符合 GB/T 18655 规定的阻抗稳定网络。如无其他规定，按 GB 34660 的规定进行试验。

电磁辐射发射测量值需要满足以下要求：

1）采用 10m 法试验时，准峰值检波器带宽为 120kHz，宽带电磁辐射发射特性应不超过如图 7-41 所示的宽带电磁辐射发射限值（10m 法）要求。

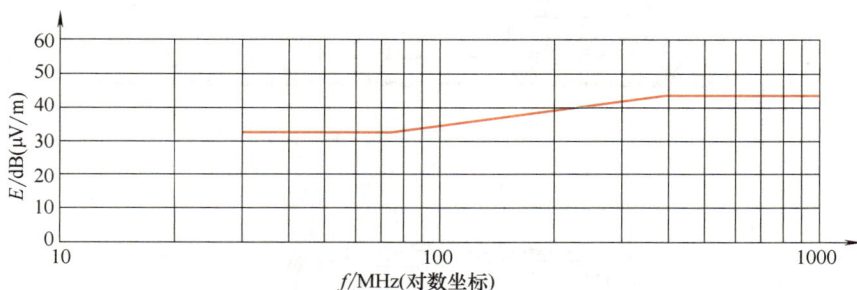

图 7-41　宽带电磁辐射发射限值（10m 法）

2）采用 3m 法试验时，准峰值检波器带宽为 120kHz，宽带电磁辐射发射特性应不超过如图 7-42 所示的宽带电磁辐射发射限值（3m 法）要求。

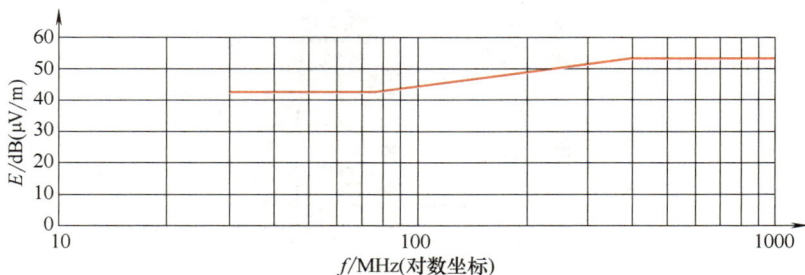

图 7-42　宽带电磁辐射发射限值（3m 法）

（2）电磁辐射的抗扰性　电磁辐射的抗扰性试验应按照如图 7-43 所示的车辆接口在侧面的电磁辐射抗扰测试布置（直流充电）进行，得到场强结果。

> 注：直流电源应使用符合 GB/T 18655 规定的 $50\Omega/5\mu H$ 车辆充电直流高压人工网络。充电通信电缆宜经阻抗稳定网络与车辆连接，应使用符合 GB/T 18655 规定的阻抗稳定网络。如无其他规定，应按 GB34660 的规定进行试验。

电磁辐射的抗扰性结果要求：

1）在 20～2000MHz 的 90%以上频段内，电场强度应为 30V/m（均方根值），其他剩余频段内场强应不低于 25V/m（均方根值）。

2）抗扰度试验中，非驻车状态的车辆应不能通过其自身的驱动系统移动，驻车状态的车辆其驻车功能应正常，车辆充电过程应不中断。抗扰度试验后，车辆行驶和驻车功能应正常。

5. 电动车辆的电磁发射强度的限值和测量方法

（1）试验条件

1）试验场地。试验场地为装有吸波材料的屏蔽室（ALSE），也可以选择户外试验场地（OTS）进行试验，场地应符合 GB 14023—2011 的要求。试验的频率范围为 150kHz～30MHz。

2）试验仪器。扫描接收机参数见表 7-8。

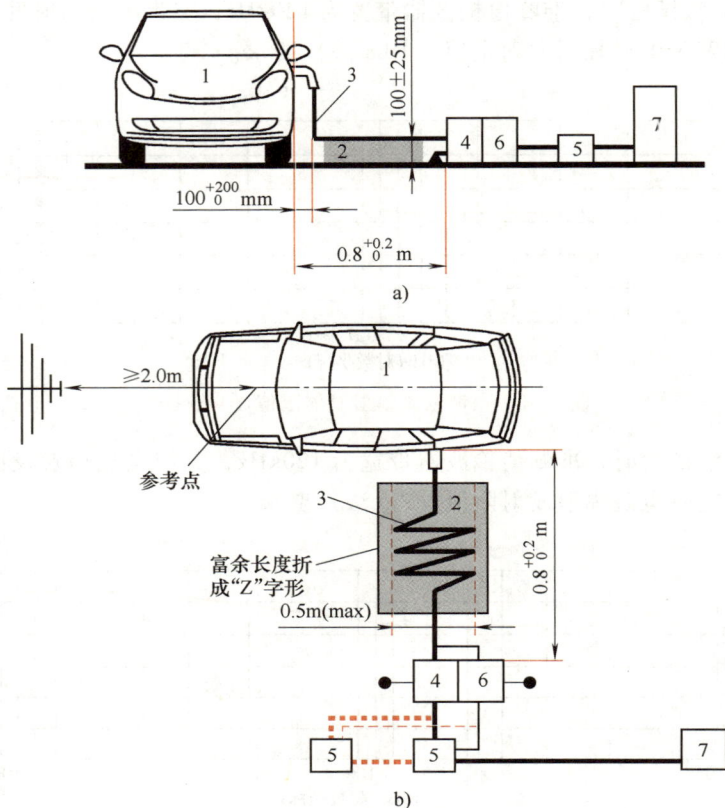

图 7-43　车辆接口在侧面的电磁辐射抗扰测试布置（直流充电）

a）正视图　b）俯视图

1—车辆　2—绝缘支撑　3—充电/通信电缆　4—接地的直流人工网络　5—直流充电电缆接线盒（可选）

6—接地的阻抗稳定网络（可选）　7—模拟非车载充电机

表 7-8　扫描接收机参数

检波器	带宽/kHz	最大步长/kHz	驻留时间（最小）/ms
峰值	9	5	10

注：对某些信号（如低重复率或间歇信号）可能需要更低的扫描速率或多次扫描以确保测得最大值。

3）天线。天线应满足 GB/T 6113.104 的要求。

4）电场天线、磁场天线位置。电场天线、磁场天线位置布置应满足 GB/T 18387—2017 的要求。

（2）试验程序

1）默认工作条件。车辆运行模式见表 7-9。所有的运行模式中电驱动系统应处于驱动模式。试验的频率范围为 150kHz～30MHz。与运行模式的偏离应在试验报告中详细记录。

2）试验步骤。试验前可进行初步观察，具体方法参见标准 GB/T 18387—2017 附录 B。试验步骤为：

① 道路负荷按照车辆满载情况设置，车速为 40km/h 的稳定条件运行车辆。

② 按照要求布置单极天线，记录电场测量数据。

表 7-9　车辆运行模式

运行模式	说　明
低速	车速为 16km/h,道路负荷按照车辆满载情况设置
高速	踩下加速器或设置巡航控制系统产生额定车速 70km/h,道路负荷按照车辆满载情况设置。如果车辆在电驱动系统工作情况下无法达到 70km/h 的速度要求,车辆应工作于最大车速

注:如果车辆无法在测功机上完成试验,可使用轮轴支架支起车辆进行试验。

③ 按照要求布置环天线,记录磁场的两个方向的测量数据。

④ 依据步骤②和步骤③相对于限值的最大测量结果,确定最大发射方向。如果车辆的两个不同的侧面的最高电平大致相等,那么可以选择其中一个侧面作为最大辐射方向。

⑤ 按照表 7-9 中的运行模式运行车辆。

⑥ 在车辆最大发射侧面进行电场峰值扫描和磁场峰值扫描。

最终,测试得到的电场强度发射限值需满足如图 7-44 所示的电场强度发射限值要求,磁场强度发射限值需满足如图 7-45 所示的要求。

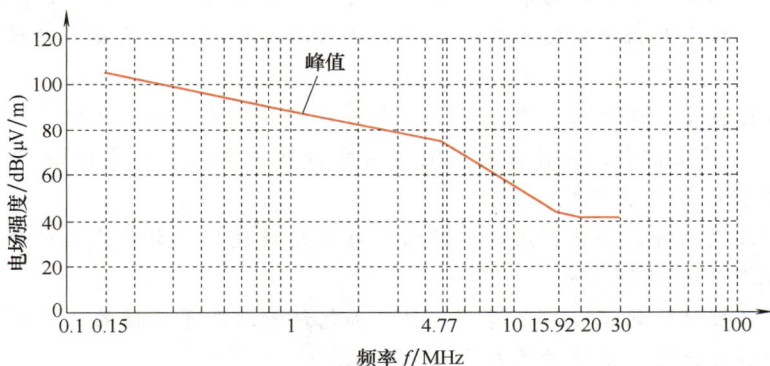

图 7-44　电场强度发射限值

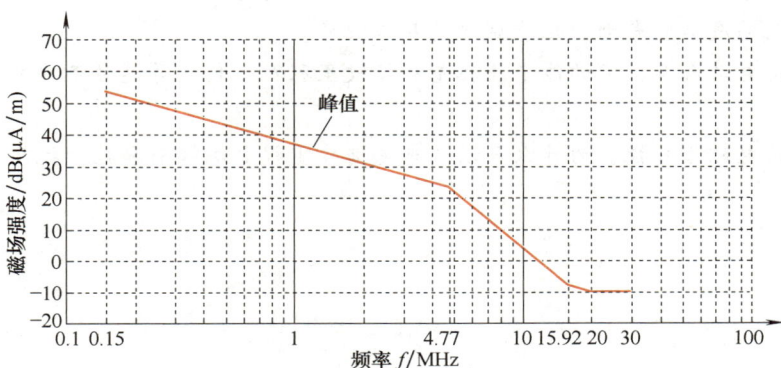

图 7-45　磁场强度发射限值

思考与习题

1. 简述汽车整车性能试验的通用试验条件。

2. 什么是汽车的最低稳定车速？规定该项目有何意义？如何进行最低稳定车速试验？

3. 在水平路面上如何测试汽车的最大爬坡度？

4. 使用油耗仪进行燃料消耗量测量，连接燃油管路时应注意哪些问题？

5. 什么是汽车排放？汽车排放污染的途径有哪几种？一般的排放性试验测量的是哪一种？

6. 汽车排气污染物的表示方法有哪些？

7. 试述汽车排气中一氧化碳、碳氢化合物、氮氧化物和炭烟的检测原理。

8. 汽油车的排放试验方法有哪些？各自特点是什么？

9. 与汽车噪声有关的声学指标有哪些？试述"等响曲线"的含义。

10. 在进行汽车噪声试验的数据处理时，为什么汽车同侧的噪声值可以进行平均，但两侧的噪声值不做平均？

11. 整车制动性道路试验的主要试验项目有哪些？

12. 常见的整车制动性试验台有哪几类？各自的原理和应用特点是什么？

13. 如何进行转向盘角阶跃输入下的瞬态响应试验？可以用哪些参数评价车辆瞬态响应的优劣？

14. 在正常行驶中，驾驶人几乎从来不会急速转动转向盘，然后再立刻转回原位。那么在汽车的操纵稳定性试验中，为什么要规定"转向盘转角脉冲输入试验"？这个试验是要测试汽车的哪方面特性？其原理是什么？

15. 进行蛇行试验时，单纯利用通过时间（即平均速度）来评价汽车的操纵稳定性有何局限？还可以采用哪些评价参量？

16. 汽车平顺性试验的试验工况有哪几种？如何评价汽车平顺性的优劣？

17. 汽车的通过性比较试验的基本方法是什么？

18. 什么是产品的可靠性及可靠度？快速可靠性试验的原理分为哪两种？

19. 电动汽车整车整备质量、最高车速和坡道起步能力是如何定义的？

20. 简述电动汽车整车动力性能试验的基本顺序。

21. 什么是电动汽车标定的能量消耗量和续驶里程？如何用等速法测量电动汽车的续驶里程？

22. 什么是电磁兼容性？为什么电动汽车更需要重视电磁辐射和抗干扰问题？

第八章　汽车总成与零部件试验

　　汽车是由种类繁多的总成与零部件组成的复杂系统，总成与零部件的性能和质量决定了整车的性能品质，而除了通用的标准件外，绝大多数的汽车总成与零部件都有其专业的设计目的和使用环境，因此需要专门的测试项目与试验设备。本章针对汽车主要总成与系统及其重要零部件，介绍一些有代表性和一定特色的试验项目，这些内容对了解和掌握其他试验项目的测试思想和操作方法也有一定的启示作用。

　　总成与零部件试验一般是将被试件装在专门的室内台架上进行测试。本章讨论的试验主要是性能试验，也就是被试件履行规定功能的能力和水平及其强度、刚度、可靠性和耐久性等，基本上不涉及产品制造方面的工艺性和技术经济性等问题。

第一节　发动机试验简介

　　发动机是汽车的动力装置，其性能的好坏直接关系到汽车的动力性、经济性、排放性等。发动机性能试验主要包括功率试验、负荷特性与万有特性试验、各缸工作均匀性试验等，具体试验要求可参考 GB/T 21404—2022 与 GB/T 21405—2008。

　　本节主要介绍发动机功率试验和部分负荷特性试验。

一、发动机功率试验——外特性的测定

　　发动机功率试验用于评定发动机在全负荷工况下的动力性、经济性和排放性能，具体内容包括测定发动机的最大功率及其对应转速、最大转矩及其对应转速、最低燃油消耗率及其对应转速，以及这些指标随发动机转速的变化特性等。

　　发动机功率试验分为总功率试验和净功率试验，区别在于发动机工作时所带的附件不同。发动机总功率试验用于测定发动机仅带维持运转所必需的附件工作时所输出的校正有效功率。

　　在进行净功率试验时，发动机应带上在车上正常工作时安装的所有附件，而且要求这些附件是原装标准量产设备，安装位置尽可能与实际安装情况相同。净功率试验结果表示发动机装在汽车上运转时曲轴端能输出的最大校正有效功率。由于净功率的测试工况更贴近发动机日常的使用工况，而且发动机的动力性、燃油经济性和排放性的匹配调整试验必须在净功

率状态下进行，所以现代发动机的性能指标常采用净功率指标来表示。

在进行功率试验时，将发动机装在专用的试验台架上，预热运转至发动机正常工作温度。由于冷却液温度和机油温度传感器测量点不同，人们一般用冷却液温度代表发动机的工作温度。标准 GB/T 18297—2001 规定，试验时将冷却液温度控制在 361K±5K，必要时允许温度误差。测试时，将节气门全开或柴油机喷油泵设置在最大供油量位置，在发动机转速范围内均匀地选择不少于 8 个转速点，其中必须包括最大转矩转速点。每个转速点测试读数时都要达到稳定运转状态。测量各稳定工况点的转速、转矩和耗油量，并计算功率和燃油消耗率。可以将试验结果用数据曲线表达，图 8-1 所示为发动机净功率性能曲线。

试验中，转矩和转速由测功机测定，燃油消耗量由油耗传感器测定。试验时，大气压力、湿度和进气温度等会随着试验地点和季节的不

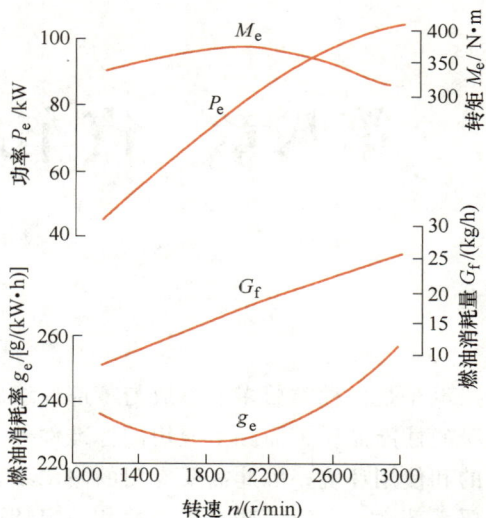

图 8-1　发动机净功率性能曲线

同而有所差异，这些环境状态的变动会影响发动机的工作特性。为了使试验数据规范、试验结果具有典型性和可比性，各国的试验标准都提出了修正公式，将实测数据换算成标准状态的数值。

二、部分负荷特性试验——万有特性的确定

汽车正常行驶时，发动机往往并不工作在外特性状态，而是处于某种部分负荷状态。我们需要通过试验确定发动机在不同转速、不同负荷率时的动力性、经济性以及排放特性。

部分负荷特性试验方法主要有以下三种：

1）在发动机转速不变的条件下，测量不同功率时的燃油消耗量（率），有时还要测定排放值。

2）在节气门开度保持不变的条件下，测量并计算不同转速下的转矩、功率和油耗，得到的曲线就是"部分负荷特性曲线"，而"外特性曲线"或"使用外特性曲线"（见图 8-1）实质上就是节气门开度保持 100% 时的测量结果。

3）根据计算或道路试验所获得的使用特性数据进行试验，测量转速、转矩、燃油消耗量等，这体现了汽车的实际使用工况，用于评价汽车使用的燃油经济性。也就是说，结合汽车整车和动力传动系统的特性和信息，建立发动机工况—汽车使用工况模型，利用发动机台架试验确定整车的燃油经济性。

在负荷特性或部分负荷特性台架试验的基础上，将发动机转速、功率、转矩和燃油消耗率绘制在一个曲线图上，即可得到发动机的万有特性，可用来表示发动机在整个工作范围内主要参数之间的相互关系。

传动系统试验

　　汽车传动系统是位于发动机和驱动车轮之间的动力传动装置，其基本功用是将发动机发出的动力传递给驱动车轮。汽车传动系统试验，按试验内容和目的大致可以分为动力传递性能的评价、变速性能的评价、操纵性能的评价、振动与噪声性能的评价、静强度的评价、刚度的评价、疲劳和磨损耐久性的评价等。

　　汽车传动系统主要包括离合器、变速器、万向节、传动轴以及由主减速器、差速器和半轴组成的驱动桥等。对于各种传动系统总成及零部件，有许多专用的试验台和试验项目，本节针对汽车传动系统的主要组成，介绍一些有代表性的试验项目。

一、离合器试验

　　离合器的设计和工作特点是：从动部分转动惯量很小，主动部分转动惯量很大；工作时利用摩擦力传递动力，由弹簧提供压紧力；接合后正常传动时要求主、从动部分没有相对滑磨，而在接合与分离工况的过渡过程中，对滑磨有一定要求；要有一定的吸收冲击和振动的能力等。离合器试验可参照汽车行业标准 QC/T25—2014 及 QC/T27—2014，这里主要介绍盖总成耐高速性能试验、离合器热负荷试验、从动盘总成扭转特性试验和盖总成静态分离耐久性试验。

1. 盖总成耐高速性能试验

　　本试验又称为离合器压盘及盖总成高速破坏试验，其对象实际上是离合器的压盘及离合器盖总成。离合器的压盘和离合器盖都属于离合器的主动部分，两者周向连接在一起同步转动，轴向有一定允许变形量，用以实现离合器分离及接合的动作。

　　为保证内外圈同步磨损，离合器主、从动部分的摩擦面通常设计成内径较大、外径与内径相对差异较小的环状；而为了使离合器接合时更柔顺、滑磨发热时温升更低，压盘及盖总成的尺寸和质量都设计得比较大，且质量分布比较靠近外圈。因此，在高速旋转时，离合器内部的离心力较大，比较容易在设计或制造的薄弱环节发生断裂破坏。所以，要对离合器压盘及盖总成进行耐高速性能试验。

　　图 8-2 所示为一种用于离合器盖总成耐高速性能试验的试验台。其中，真空泵用于将破坏舱抽成真空，以降低被试件高速旋转时的空气阻力；高速驱动装置的轴承采取喷油雾润滑，因为试验时间短，喷雾足够可靠，而且干净、简单，无搅油损失。

　　这种耐高速性能试验台的最高转速多在 20000r/min 左右，测试时被试件的角加速度控制在 $10.47 \sim 31.42 rad/s^2$ 范围内。试验机的转速变化率应控制在 $100 \sim 300(r/min)/s$，在接近破坏转速（或限值转速）时转速变化率不能大于 $100(r/min)/s$。

　　被试离合器压盘及盖总成事先需经过静平衡，不平衡量应满足技术文件规定，盖总成与夹具装配后的不平衡量应满足试验机的要求。

　　耐高速性能试验的过程为：起动发动机（或其他动力源），带动被试压盘及盖总成加速旋转，直至发生破坏。零件破坏的判定是利用装在破坏舱顶部角落里的声音传感器实现的。自动化仪器提示"破坏"时，记录此时的转速，即为破坏转速。要求破坏转速不低于配套

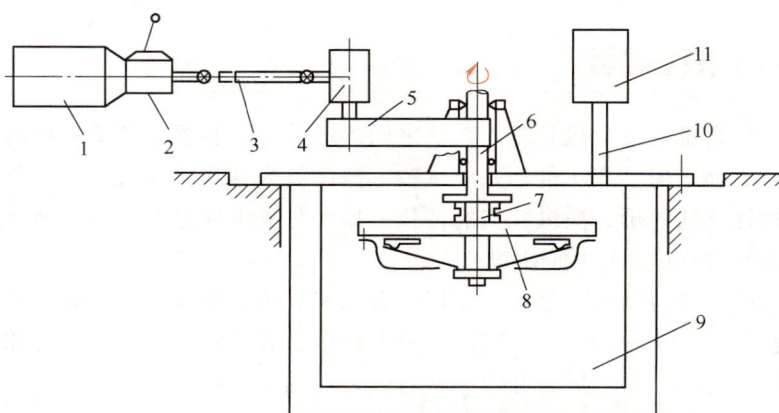

图 8-2　离合器盖总成耐高速性能试验台

1—发动机　2—变速器　3—传动轴　4—角传动齿轮箱　5—平带传动　6—驱动装置　7—连接法兰
8—被试压盘及盖总成　9—破坏舱　10—软管　11—真空泵

发动机最高转速的 1.8 倍。

　　因此，该试验有时也可以这样进行：使被试压盘及盖总成在规定的限值转速（如发动机额定功率转速的 1.8 倍）下稳定运转一定时间，考察其零部件是否有破坏。这样做可以避免被试件的破坏，对试验设备的损伤也较小；但是试验结果只能判定"合格"还是"不合格"，无法得到试件所能达到的极值破坏转速。

　　试验时，转速很高，如果被试件发生破坏，那么即使是很小的碎片脱出、产生很小的不平衡量，也会造成极大的不平衡离心力的冲击，整个被试件——驱动装置主轴系统会受到极大的横力弯曲与剪切作用，很可能损坏主轴或者轴承。为此，在试验台的传动体系中设置一个连接法兰，又称为"牺牲法兰"，该法兰的轴颈断面人为设计得比较脆弱，抗弯截面系数较小，一旦零件破坏导致不平衡，离心力造成的弯矩就会将该法兰的轴颈折断，从而将破坏了的压盘及盖总成与驱动装置断开，保护试验设备。

　　另外，如果破坏舱的内壁是钢制的，被试件破坏后有部分零件高速飞出，撞击厚钢壁，会对零件造成二次破坏，难以辨认零件的破坏部位和破坏形式。为此，可以在破坏舱内壁镶木板或布置沙袋。

　　从动盘总成也有耐高速性能试验，试验方法和设备与盖总成耐高速性能试验类似。一个主要的区别是：由于摩擦片等非金属材料的机械特性对温度的变化比较敏感，所以从动盘总成在进行加速测试之前，要在规定温度的预热炉内加热并保温，在规定的热状态下进行测试。

2. 离合器热负荷试验

　　本试验的对象是离合器总成，即在试验时不对离合器进行拆解。

　　起步接合时，离合器主、从动部分存在转速差，为达到同速状态，摩擦片之间会产生较剧烈的滑磨。离合器热负荷试验的目的是模拟汽车起步工况下，测试离合器平均接合 1 次的滑磨功以及连续起步时的发热情况。滑磨功的定义是离合器在由分离到接合的滑磨过程中，由机械能转变为热能的能量。在从动部分获得相同动能的情况下，离合器的滑磨功越大，说

明机械能损失越大，离合器摩擦副的发热和磨损就越严重。

试验在如图 8-3 所示的离合器综合性能试验台上进行。

汽车起步时，由于车速较低，空气阻力极小，可以忽略不计，阻力主要来自两方面：道路阻力（由滚动阻力和坡度阻力所构成）和加速阻力（包括平移质量产生的惯性阻力和旋转质量产生的惯性阻力偶矩）。在离合器试验时，上述阻力要转化为阻力矩，由试验装置施加到被试离合器轴上。

道路阻力转化到离合器轴（从动盘毂）上的阻力矩 M_T（N·m）按下式计算，即

图 8-3　离合器综合性能试验台

1—电动机　2—惯性飞轮　3—被试离合器

4—惯量盘　5—干式制动器

$$M_T = \frac{mg\psi r}{i_g i_0}$$

式中，m 为汽车总质量，单位为 kg；ψ 为道路阻力系数，$\psi = f\cos\alpha + \sin\alpha$；$f$ 为轮胎的滚动阻力系数，乘用车取 0.015，商用车取 0.02；α 为道路的坡道角度，建议按 $\tan\alpha = 0.08$ 确定；r 为轮胎的滚动半径，单位为 m；i_g 和 i_0 分别为变速器常用起步档速比和主减速器传动比，其中变速器的起步档位：半挂车或主车带拖挂为 1 档；单车使用四档或四档以上变速器的为 2 档；单车使用四档以下变速器的为 1 档；重型车，视具体情况由有关方面商定。

试验过程中道路阻力矩由电磁粉末离合器、湿式多片离合器或干式制动器施加。图 8-3 中采用的是干式制动器 5，除了施加阻力矩，该制动器的另一个作用是使惯量盘组件迅速减速，节约试验时间。

作用在离合器上的加速阻力矩可由惯量盘 4 调节，该惯量盘是一个可调惯量的飞轮组件，其转动惯量数值应调节到相当于整车的惯量转化到离合器轴上的当量惯量。也就是说，在试验台上离合器带动惯量盘加速转动，就相当于在道路上离合器带动整车加速行驶。当量惯量 J（kg·m^2）可按下式计算：

$$J = \frac{mr^2\delta}{i_g^2 i_0^2}$$

式中，δ 为计入旋转质量的惯性力偶矩后得到的旋转质量换算系数，在试验中，一般取 $\delta = 1.025 \sim 1.045$，也可简化为 $\delta = 1$。

惯性飞轮 2 的作用不是提供加速阻力，也不完全是模拟汽车发动机的飞轮，其主要目的是储能、平滑转速波动，减小电动机功率需求。试验最理想、模拟效果最真实的动力源是原车所用的发动机，但在室内环境下内燃机的振动、噪声和排放污染较大，而且油耗较大。这项试验的一个特点是：只有在离合器从开始接合到接合完毕的滑磨过程中需要发动机输出机械能，而在主、从动部分转速一致时动力源是无负载的，该过程对动力源平均功率的要求并不高。因此，可以选用小功率的直流电动机。当离合器滑磨时，控制电动机的电枢电流增大，动力源输出转矩增大；这时伴随整个旋转系统转速下降，惯性飞轮释放出储存的一部分旋转动能，克服阻力做功。惯性飞轮的作用就是在电动机转矩不是很大的情况下依靠其较大的转动惯量来减小转速的波动，这也是可以选择功率较小的电动机的原因。因此惯性飞轮的惯量没有必要严格模拟原车发动机飞轮的转动惯量，可以适当大些。

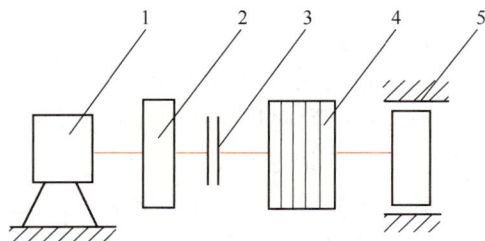

试验前，样件需经磨合，磨合表面温度不超过100℃，磨合后主、从动部分接触面积需达到80%以上。对压盘及盖总成和从动盘总成进行复验，确定夹紧厚度和对应的工作压紧力。

在离合器盖总成距压盘内、外径5~8mm处，距工作表面0.2~0.3mm处，埋装两组热电偶或其他感温元件（以下有关温度或温升均取其中的最高值）。安装、连接好温度、转矩、转角或转速的测量和记录装置，有必要的话可采用集流环。调节制动器和惯量盘组件，使之符合起步工况的要求。

将被试离合器分离，起动电动机，使试验台整个主动旋转系统达到规定的转速：乘用车1500r/min，商用车1000r/min（由于离合器分离，此时惯量盘是不转的）。接合被试离合器，开始滑磨，主动部分转速略有下降，从动部分转速迅速上升，直至两者转速达到一致，也就是惯量盘的转速与驱动电动机的转速相等时，接合、滑磨过程完毕。每次接合的滑磨时间：乘用车取（1±0.1）s，商用车取（1.5±0.2）s。将离合器分离，利用制动器对惯量盘制动使之静止。至此，完成一个工作循环。再次接合离合器，如此反复循环10次，两次接合的间隔为30s。记录每次接合的转矩、主/从动部分转速、温度和滑磨时间等。

图8-4所示为离合器接合过程的曲线变化图。

热负荷测定属于间接测量，滑磨功$A(J)$可由各直接测量参数计算得到，有

$$A = \int_{t_0}^{t} M_c(\omega_m - \omega_t)dt$$

式中，M_c为摩擦力矩，单位为N·m，在离合器的输入或输出轴上由转矩测量装置测出；ω_m、ω_t分别为主、从动部分角速度，单位为rad/s；t_0、t分别为接合过程的起、止时间，单位为s。

滑磨功除以离合器主、从动部分的名义摩擦面积，可以得到单位面积的滑磨功（J/cm²），该数据应满足设计文件等的限值要求。

试验中的温升应满足以下要求：

1）连续起步10次的累计温升不得大于100℃。

2）连续起步10次平均每次温升一般不得高于10℃/次。

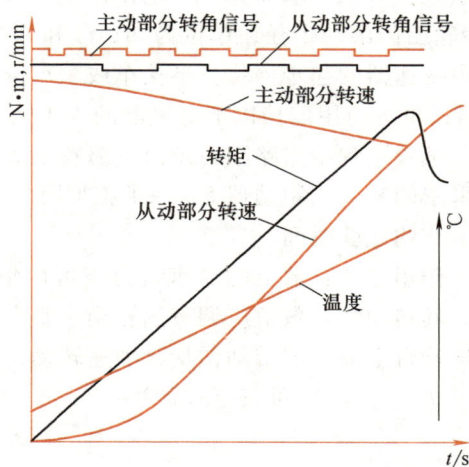

图8-4 离合器接合过程的曲线变化图

图8-3所示的试验台具有惯量盘和驱动电动机，属于惯性式驱动型离合器综合性能试验台。除了可以进行热负荷测定试验，该试验台还可以进行离合器摩擦力矩的测定和离合器摩擦片磨损等项目的试验。

3. 从动盘总成扭转特性试验

本试验的对象是离合器的从动部分——从动盘总成。

从动盘总成扭转特性是指从动盘扭转减振器的力矩与转角之间的关系，也就是扭转刚度和摩擦阻尼。从动盘总成扭转特性对变速器的振动噪声影响很大。

从动盘总成扭转特性试验装置如图8-5所示。扭转力臂8和拉压力传感器1配合用于测量扭矩。

将从动盘总成装到试验台的花键轴4上，该花键轴的花键参数应与离合器从动盘毂的内花键匹配。在摩擦衬片处将从动盘总成夹紧。安装转角测量装置，例如转角指针或角位移传感器6，测量装置应可以与从动盘毂一同转动并调整零位，试验过程中应先将转角值调零。对从动盘毂施加扭转力矩，使从动盘毂转动，直到与扭转减振器的限位销接触为止，达到规定转角极限，然后卸载至零。反向加载，直到与另一侧限位销接触为止，达到另一侧规定转角极限，再卸载至零。重复上述步骤两次。在加载与卸载过程中，需记录转角及其对应的扭转力矩数值，同时注意在零位置检查并调整转角的零位。

根据试验数据，绘制扭转减振器扭矩与转角曲线，如图 8-6 所示。由图 8-6 可知，相同转角下正向加载与反向加载扭矩的差，就是扭转减振器阻尼片摩擦力矩 M_1 的 2 倍。

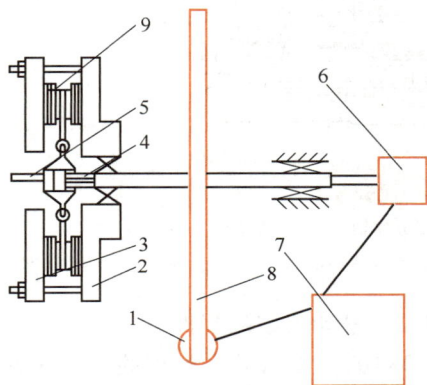

图 8-5　从动盘总成扭转特性试验装置

1—拉压力传感器　2—支承板　3—加紧盘
4—花键轴　5—转角轴　6—角位移传感器
7—记录仪　8—扭转力臂　9—被试离合器

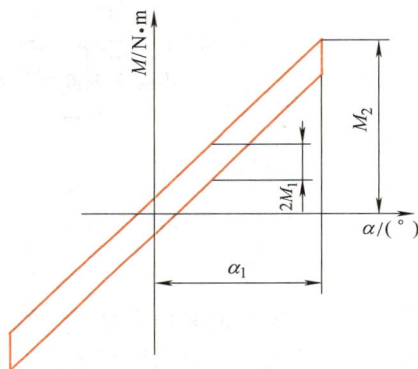

图 8-6　扭转减振器扭矩与转角曲线

M_1—阻尼扭矩　M_2—极限扭矩

α_1—极限转角

机构中的摩擦会导致回程误差，表现为正向加载与反向加载引起的输出不一致。

扭转减振器的扭转刚度 K 的计算如下：

$$K = \frac{M_2 - M_1}{\alpha}$$

式中，M_2 为转至最大转角（接触限位销）时的力矩；M_1 为扭转减振器阻尼片的摩擦力矩；α 为最大转角（接触限位销）。其中，最大转角位置可以按扭转减振器接触限位销确定，也可以取发动机输出最大转矩对应的转角。

理论上，曲线的斜率就是扭转刚度，但实际上曲线会在试验过程中产生局部的随机波动，合理的公式应该能剔除曲线局部随机波动的影响，在曲线尽量大的范围内取平均值。

从动盘总成的扭转特性应符合企业技术文件的规定。

4. 盖总成静态分离耐久性试验

盖总成静态分离耐久性试验主要用来检验离合器的分离特性和负荷特性。

盖总成静态分离耐久性试验台如图 8-7 所示，将盖总成和从动盘总成（或相当于从动盘总成夹紧名义厚度的垫块）安装到试验台上，试验台利用偏心曲柄机构产生往复运动。按规定的行程进行分离—接合动作，动作一次为一个循环，往复循环至规定的循环次数或试件

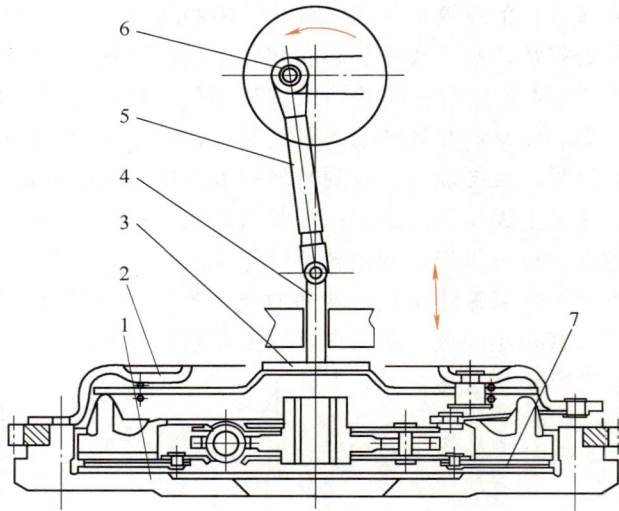

图 8-7 盖总成静态分离耐久性试验台

1—飞轮（或平板） 2—盖总成 3—代用分离轴承 4—滑动轴
5—连杆 6—曲柄销 7—从动盘总成（或标准块）

发生损坏后，从装置上取出盖总成，直观检查有无裂纹、松动或破裂零件。

在技术文件规定的分离行程条件下，盖总成经 1.0×10^6 次分离耐久性试验后，或者在技术文件规定的强化分离行程条件下（螺旋弹簧离合器和拉式膜片离合器取图样规定分离行程+1.5mm、推式膜片弹簧离合器取图样规定分离行程+1.0mm），盖总成经 5.0×10^5 次分离耐久性试验后，应符合以下要求：

1）最大分离力变化量不大于初始值的 10%。

2）压盘工作压紧力，对于膜片弹簧离合器不小于初始值的 90%，对于螺旋弹簧离合器不小于初始值的 80%。

3）压盘升程不小于初始值的 90%。

4）任何零件不得失效。

二、机械式变速器试验

在传动系统中，变速器承担着改变传动比、扩大驱动轮转矩和转速变化范围的重要作用，对于汽车的动力性、燃油经济性、排放性、操纵轻便性以及噪声有很大影响。

变速器种类较多、原理各异、结构复杂、组成零件繁多，可能出现的失效形式多种多样，其试验项目也很多。本节主要介绍机械式变速器的传动效率试验、变速器总成疲劳寿命试验和变速器总成静扭强度试验，详细内容可参见汽车行业标准 QC/T 568—2019。

用于变速器试验的试验台形式很多，具体构造、加载原理和操作方法等各不相同。根据试验功率循环方式的不同，可将试验台分为开式试验台和闭式试验台两大类。

所谓"开式试验台"，指的是功率流不封闭的试验台。这类试验台，原动机将动力传给被试件（此处指的就是变速器），被试件受传动效率限制会损失一部分功率，剩余的功率由加载装置吸收掉，这种吸收是耗散性的，其能量以热能的形式散失掉，无法回收。

开式试验台结构简单，操作和控制方便，试件拆装容易，易于进行变负荷试验。对台架的组成没有过多要求，不需要陪试件，可以选用强度高的组成元件，以提高疲劳试验台自身的寿命。

开式试验台主要缺点是能耗大。变速器的效率是很高的，从输入端输入的功率，只有很小一部分被其自身消耗掉，绝大部分都由负载装置吸收掉。开式试验台负载多采用电涡流测功机，无法将这部分功率回收，剩余的大部分能量最终只能转化为无用的热量发散掉。而为了满足试验转矩和转速的要求，输入功率不能降低；同时，疲劳寿命试验势必要进行长时间的连续运转，这就意味着能量消耗，也就是浪费的总量是巨大的，特别是对于大吨位车辆的疲劳寿命试验来说，这种浪费更为严重。

出于能量回收的考虑，产生了各种闭式试验台。

所谓"闭式试验台"，指的是功率流封闭的试验台。原动机输出的总功率由被试件消耗一部分后，剩余的大部分可以回收，功率流形成封闭的循环，以节约能源。据统计，维持闭式试验台运转（克服台架运动件及被试件、陪试件的运转阻力、发电机效率损失等）仅消耗总功率的20%~25%，也就是说可以将原动机总功率中75%~80%的能量回收再利用，其节能效果相当可观。

按功率流循环的实现方法，闭式试验台分为两种：电封闭和机械封闭。

电封闭试验台，相比开式试验台的区别主要是采用电力测功机作为试验台负载。其机械部分与开式试验台类似，有时要加装无级变速器等传动元件。

变速器总成传动效率试验台如图8-8所示，其中的负载测功机4就是电力测功机。进行疲劳试验时，测功机作为发电机使用，将被试件传来的剩余机械能转换成电能，回馈到原动电动机或输入电网，以实现节能的目的。

图8-8　变速器总成传动效率试验台（直接测量输入转矩和输出转矩）
1—电动机　2—转矩测量装置　3—被试变速器　4—负载测功机

电封闭试验台的优点是机械结构简单、台架的搭建和试件的拆装容易。其缺点是操纵控制系统复杂，电力测功机的成本高，在整个寿命试验期间该测功机都被占用、不能进行其他试验。

在变速器以及驱动桥的总成疲劳寿命试验中，广泛采用机械封闭式试验台。机械封闭的基本原理是利用齿轮箱、带/链传动等机械手段，将被试件输出轴的输出功率回馈至输入端，以降低原动机的能耗。几种典型机械封闭式试验台的布置方案如图8-9所示，每种方案的特点各不相同。

机械封闭的缺点是传动环节较多，很多部件需要实验室加工和自制，安装和调整费时费力。为了实现机械封闭，要求回馈动力的转速与原动机转速一致，因此必须采用陪试件。陪试件必须与被试件同型号，且其寿命不高。

布置台架时需注意，转矩转速仪必须直接测量被试变速器的输入轴转矩。

另外，在机械封闭系统中无法设置测功机等负载设备（因为机械动力不能"透过"测功机，无法回馈），需要采取各种机械式的加载方法为被试变速器提供一个大小可控的阻力。机械加载的基本原理是：使被试变速器的主动轴和从动轴之间产生一个扭转角，这个角

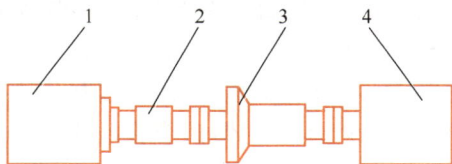

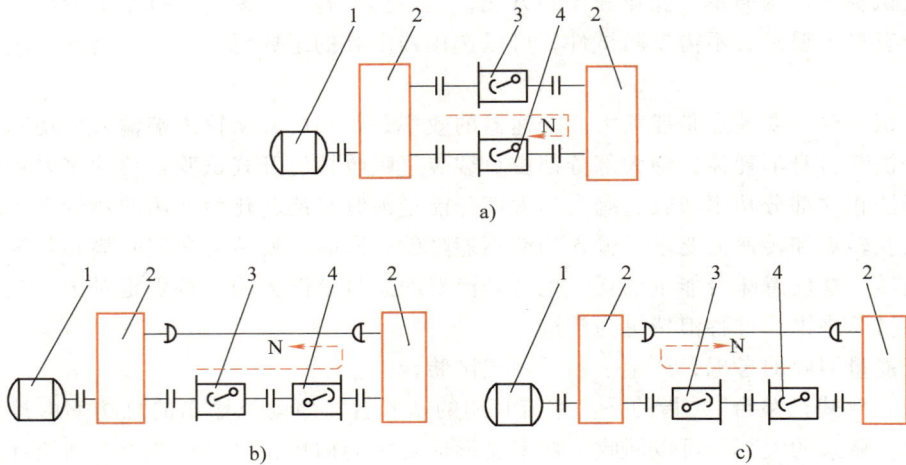

图 8-9　机械封闭式试验台的布置方案

1—电动机　2—辅助齿轮箱　3—被试变速器　4—陪试变速器

度可以调节，然后锁紧，当变速器运转时就相当于输入、输出两根轴上存在一对反向的转矩。具体结构和操作方法可参考试验台的说明和指导文件。

在对变速器进行效率试验、寿命试验、高速试验和噪声试验时，要求对试验样品进行合乎规范的磨合，具体的磨合规范有四点要求：①输入轴转速为发动机最大转矩点转速±10r/min；②输入轴转矩为发动机最大转矩的50%，偏差为±5N·m；③前进档磨合时间不少于1h，倒档磨合不少于0.5h；④磨合后的变速器应更换润滑油。

1. 变速器总成传动效率试验

变速器总成的传动效率是其输出功率与输入功率之比。传动效率标志着变速器的功率损耗水平，其高低将影响汽车的动力性、燃油经济性、排放性以及变速器自身的磨损和发热，是变速器非常重要的性能指标。传动效率同时也是变速器自身技术状况的诊断指标之一。

功率等于转矩乘以角速度。如果能确定当前传动比，则传动效率 η 为

$$\eta = \frac{M_2 \omega_2}{M_1 \omega_1} = \frac{M_2}{M_1 i} \tag{8-1}$$

式中，M_2 为变速器输出转矩；ω_2 为变速器输出转速；M_1 为变速器输入转矩；ω_1 为变速器输入转速；i 为变速器传动比。

因此，通过测定变速器输入、输出轴的转矩，就可以得到变速器的传动效率。根据测量原理不同，可以分为以下几种测量方法。

(1) 直接法　直接法又称为高精度转矩法。该方法要求同时测量一个变速器的输入转矩 M_1 和输出转矩 M_2，这是测量变速器传动效率最直接的方法，可以在如图8-8所示的试验台上进行。

转矩测量装置2（见图8-8）测量变速器的输入转矩 M_1，可以采用转矩传感器（只能测量转矩），也可以采用转矩转速仪，后者的测试精度很高，使用更频繁。变速器输出轴的转矩 M_2 一般由负载测功机测出。

将变速器的输入转矩 M_1 和输出转矩 M_2 代入式（8-1），结合变速器当前的传动比，就

可以算出变速器的传动效率。

（2）对接法　对接法是将两个同型号变速器对接，同时测量其第一轴转矩，如图 8-10 所示。两个变速器的输出轴对接，选择相同的档位，一个降速、一个升速，各自的输入轴转矩分别由两个电力测功机测出。图 8-10 中动力由左向右传递，输入转矩 M_1 在左侧变速器的左侧，由电动机 1 测出；输出转矩 M_2 在右侧变速器的右侧，由负载测功机 3 测出。也可以利用转矩转速仪测量这两个转矩。

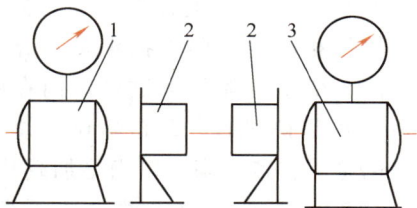

图 8-10　对接法测量变速器效率
1—电动机　2—被试变速器
3—负载测功机

该测试台架上，传动系统由两个变速器串联形成，同时测量了两个变速器的传动效率，即

$$\eta^2 = \frac{M_2}{M_1 i_1 i_1'}$$

由于两个对接的变速器选择相同档位，总传动比 $i_1 i_1' = 1$，故单个变速器的传动效率为

$$\eta = \sqrt{\frac{M_2}{M_1}}$$

（3）平衡法　平衡法是利用浮动壳体上的平衡力矩求出一个转矩。前面的两种方法，变速器的外壳（以及连接、测量设备的外壳）都是固定的。而在平衡法中，被试变速器的外壳不固定，采用"浮动支承"，就相当于仅用轴承将变速器的轴线支承住，不能限制其转动。当变速器输入轴和输出轴转矩不相等时，变速器的力矩就不平衡，其外壳会向某方向转动，而在此方向上设置平衡杆，平衡杆端部下面接触一个拉压传感器，根据平衡杆端部到旋转轴心的距离和拉压传感器的示值，就可以算出壳体上的平衡转矩 M_P。显然平衡转矩就是变速器输入轴和输出轴转矩之差，测出输入转矩 M_1 和输出转矩 M_2 中的一个，就可以求出另一个，代入式（8-1），即可算出变速器的传动效率。

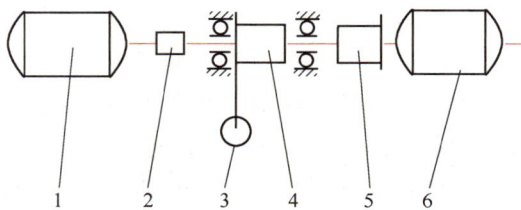

图 8-11　变速器平衡法测转矩试验台
1—电动机　2—转矩传感器　3—拉压传感器
4—被试件　5—陪试件　6—加载装置

变速器平衡法测转矩试验台如图 8-11 所示，浮动支承的变速器外壳上的平衡转矩 M_P 由拉压传感器 3 测出（结合平衡杆的长度）。再由转矩传感器 2 测出输入转矩 M_1（如果电动机 1 采用的是电力测功机，也可以不用转矩传感器 2，利用电动机 1 直接测量 M_1）。

采用这种方式，可求得输出转矩 $M_2 = M_1 + M_P$，继而算出传动效率 $\eta = \dfrac{M_1 + M_P}{M_1 i}$。

（4）平衡框架法　变速器平衡框架法试验系统如图 8-12 所示，将两个型号相同、档位相同的变速器对接，安装在平衡框架内。输入转矩 M_1 由转矩传感器 2 测出，再测出平衡框架杆端部的拉压传感器数值，算出作用于平衡框架的平衡转矩 M_P。在此体系中，输出转矩 $M_2 = M_1 - M_P$，由于两个变速器串联使用，每台变速器的传动效率 $\eta = \sqrt{1 - \dfrac{M_P}{M_1}}$。

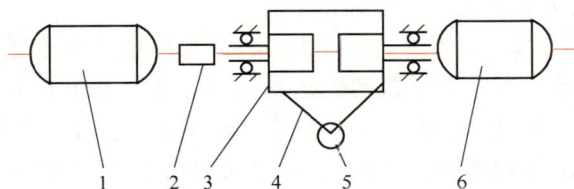

需要注意的是，图8-11和图8-12中都有两个变速器，但是各自的功用不同。在图8-12中，两个变速器必须是同型号的、档位相同的，用以抵消传动比的影响，两个变速器都是被试件。而在图8-11中，4是被试件，5是陪试件。陪试的目的是将转速升高，以满足加载装置6的速度特性要求。由于动力并不循环，所以也不必严格要求陪试件5的升速比

图 8-12　变速器平衡框架法试验系统
1—电动机　2—转矩传感器　3—被试件　4—平衡试架
5—拉压传感器　6—加载装置

与被试件4的降速比完全抵消，所以陪试件5的型号和档位可以灵活选取，不必和被试件4相同。

上述四种传动效率试验的方法都是针对三轴式变速器，也就是输入轴和输出轴同轴的情况。对于两轴式变速器，可以适当修改方案，参照执行。

无论采用上述哪种方法，传动效率测定的工况基本相同，可参照汽车行业标准 QC/T 568—2019 中的规定执行：

1）试验转速：发动机最大转矩点的最高转速。

2）试验转矩：输入转矩为发动机最大转矩。

3）油温：控制在 $80℃±5℃$ 范围内。

4）试验顺序：按低档到高档的档位顺序依次测定。

机械式变速器传动效率的实测值随车型、变速器形式和试验工况的不同而异，一般在95%～99%之间。若条件工况不一致，则数据之间无可比性，故在试验结果中应注明试验工况。

2. 变速器总成疲劳寿命试验

变速器总成疲劳寿命试验的目的是通过室内台架试验快速、准确地确定变速器总成的耐久性，为新产品定型、新技术改进、设计、材料和工艺的检验与改进等提供依据。

试验装置可采用开式或闭式试验台。变速器输入端由发动机或电动机驱动，负载可选择电力测功机或其他加载设备。应具备油温控制装置，能够按照试验要求的温度及精度对变速器进行温度控制。

试验时应使用新样品，调整对耐久性能产生重要影响的螺栓拧紧力矩、轴承间隙等，使之处在图样标示的公差内不利于耐久性的一侧；传动轴万向节夹角应尽量和实车一致。试验前应对被试变速器总成进行磨合。

试验时可以采取下述四种试验工况。

（1）强化试验法　强化试验法是为了缩短试验周期，在变速器输入轴上施加的转矩等于或大于发动机最大转矩的方法。试验载荷转矩与发动机最大转矩的比值即为强化系数。

在强化试验中，试验转矩（或者强化系数）是根据预计达到的损坏形式来选取的。一般是根据被试变速器中有关齿轮的计算应力值，并参照相近车型变速器寿命试验的数据来确定的。

试验转速一般取发动机最大转矩转速，对不同档位都要进行测试（除了直接档）。一台

变速器试件做完某一档位的疲劳寿命试验后，不仅该档位齿轮发生破坏，变速器内的各轴、轴承以及常啮合齿轮等各档位共用的零部件实际上也产生了疲劳损伤积累，因此，再做另一个档位的试验时往往要更换新的试件。

这种强化试验方法对试验结果的评价只能采取对比的方法，适用于工艺性试验，即评定不同工艺条件下产品耐久性的优劣。不宜用来预测产品在实际使用环境中的真实寿命。

（2）**单一档位寿命试验法**　该方法适合新设计变速器的总成定型试验，即只测量一档（有时可增加两档）的疲劳寿命，将试验结果与同类车型进行对比，以评价新型产品的优劣。

这种方法由于只测一个档位，因此速度快、效率高；但是工况单一，结果不够全面，各种隐藏缺陷暴露得不够充分。仅靠与同类型产品相对比，结果也缺乏说服力，当没有可比车型数据时，更是难下结论。

（3）**档位循环试验法**　为了克服单一档位寿命试验法的缺点，各国针对不同车型和不同形式的变速器都提出了档位循环法的试验标准，即在变速器输入轴上施加规定的载荷，要求每个档位能运转一定的循环次数。对 M_1 类变速器的疲劳寿命试验循环次数的要求见表8-1，其他类型变速器的疲劳寿命试验循环次数的选择可参考我国汽车行业标准 QC/T 568—2019 中的相关推荐。

表 8-1　疲劳寿命试验循环次数要求

变速器类型		寿命指标——输出轴循环次数/（$\times 10^5$）						
		1档	2档	3档	4档	5档	6档	倒档
M_1类变速器	五档变速器（不带差速器）	2.28	11.79	45.66	121.72	198.00	—	0.44
	五档变速器（带差速器）	0.30	2.91	10.85	33.16	55.28	—	0.12
	六档变速器（不带差速器）	1.50	9.28	37.11	83.25	130.00	157.93	0.44
	六档变速器（带差速器）	0.28	2.30	9.32	21.36	31.59	42.17	0.12

标准中规定输入转速为发动机最大转矩点转速±10r/min，乘用车变速器一档的输入转矩按额定转矩的80%进行试验。对于其他特殊情况，当该档传动比大于或等于10时，按半载2h进行试验。当发动机最大转矩时的转速接近或小于1450r/min时可取1450r/min。试验要从低速档到高速档、倒档依次进行，整个试验可划分为10个循环进行。

通过比较可知，强化试验法强调某档齿轮的疲劳强度，而档位循环法则是要求同一台变速器的各档位都要达到规定的循环次数，也就是考察变速器总成的综合耐久性。显然，档位循环法更能够反映变速器实际工作时的疲劳强度。

（4）**S-N 曲线法**　S-N 曲线是以材料标准试件疲劳强度为纵坐标，以疲劳寿命的对数值 lg$N$ 为横坐标，表示一定循环特征下标准试件的疲劳强度与疲劳寿命之间关系的曲线，也称应力-寿命曲线。一些整车或变速器制造企业，消耗了很多齿轮进行了大量的齿轮寿命试验，整理出了齿轮寿命与载荷及齿轮结构设计参数的关系。在使用中，只要给定一个载荷转矩，再给出齿轮的参数，就可以查取 S-N 曲线确定该齿轮的疲劳寿命。这种方法直接确定的是变速器某档齿轮的寿命。

3. 变速器总成静扭强度试验

静扭，就是将被试件的输出端固定，在输入端施加转矩，直至发生破坏，以暴露被试件的薄弱环节，同时确定其静扭强度后备系数。

变速器总成静扭强度试验台如图 8-13 所示。

被试变速器在台架上的固定方式，应与其在车上的实际安装方式尽量一致。变速器外壳可靠固定，台架各元件之间保证足够的同轴度，确保变速器的输入轴和输出轴只受转矩，不受附加弯矩的影响。输入轴连接扭力机，输出轴固定。

变速器挂档时，应全齿长啮合，扭力机的扭转方向保证轮齿的受力方向与汽车前进时相同。

试验步骤为：调整和标定仪器，预热，把变速器挂入某一档位，起动电动机，连续缓慢加载，

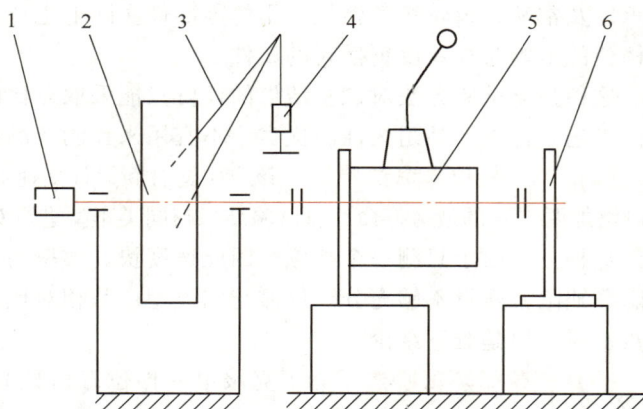

图 8-13　变速器总成静扭强度试验台
1—角位移传感器　2—扭力机　3—扭力机力臂　4—拉压传感器
5—被试变速器　6—固定支架

并记录转矩 M 和转角的关系曲线，直至变速器某处出现破坏或达到规定的转矩为止。若在试验中出现轮齿折断，需转过 120° 后再试，一个齿轮测 3 个点，取平均值。

破坏转矩与配套发动机最大转矩之比为静扭强度后备系数 K，即

$$K = \frac{M}{M_{emax}}$$

式中，M_{emax} 为发动机最大转矩。

静扭强度后备系数大于或等于规定值则判定试验合格，乘用车前进档 $K \geq 2.5$，倒档 $K \geq 2$，商用车 $K \geq 3$。

注意，静扭试验看似简单、平稳、没有动负荷，但其对安全防护的要求同样很严格。理论分析和许多实践都证明，被试总成出现静扭破坏时，断裂零件会突然释放出极大的弹性势能，如果该零件飞出被试件壳体，其破坏力是相当大的。所以进行静扭试验（包括变速器、传动轴和驱动桥等各总成的静扭试验）时一定要设置可靠的安全防护罩，现场人员要在指定规划好的位置工作，不得随意走动。

三、传动轴试验

此处的传动轴，指的是传动轴总成，也就是汽车传动系统中的整套万向传动装置，包括若干万向节和分段的带滑动花键的传动轴，有时还包括中间支承。由于变速器输出端和驱动桥输入端分属簧上质量和簧下质量两部分，在汽车行驶时其相对位置会发生变化，而且两端的轴线不重合，所以要设置万向传动装置以适应这种距离和夹角的变动。

传动轴试验包括静态跳动量试验、剩余不平衡量试验、临界转速试验、静扭转刚度和强度试验、滑动花键磨损试验等项目，详细内容参见汽车行业标准 QC/T 29082—2019。

进行传动轴台架试验，首先应确定其标准安装状态、额定负荷和最高转速。

试件的标准安装状态是：传动轴的两个万向节中心之间的长度等于汽车在水平位置时静止、满载状态下的传动轴长度。而且传动轴水平放置，万向节的夹角都为零。注意，这与车

上实际安装角度很可能是不同的。

在按照发动机最大转矩和驱动轮最大附着力计算得到的传动轴输入转矩中，取较小者作为额定负荷，记作 M_g（N·m）。这个"额定负荷"的定义，也适用于驱动桥试验的输入载荷转矩。它的计算公式为

$$M_g = \min\left(\frac{T_{tqmax} i_{g1} i_{p1}}{n}, \quad \frac{G_2 r \varphi}{i_0}\right) \tag{8-2}$$

式中，符号"min"表示求后面若干元素中的最小者；T_{tqmax} 为发动机最大转矩，单位为 N·m；i_{g1} 为变速器1档传动比；i_{p1} 为多轴驱动汽车的分动器低档传动比；n 为分动器挂低档时的驱动桥数目；G_2 为驱动桥的满载轴荷（指全部重力，即接地压力），单位为 N；r 为车轮半径；φ 为轮胎和路面的附着系数，一般按良好的沥青或混凝土路面，取 $\varphi = 0.8$；i_0 为主减速器传动比。

对于普通的前置后驱的 4×2 汽车来说，就是

$$M_g = \min\left(T_{tqmax} i_{g1}, \quad \frac{G_2 r \varphi}{i_0}\right) \tag{8-3}$$

传动轴的最高转速 n_g 是发动机的最高转速与变速器的最小传动比（即最高档传动比）之比，即 $n_g = n_{max}/i_{min}$。

1. 传动轴总成的静态跳动量试验

汽车的传动轴总成属于轴向长度较长、支承刚度较差、工作转速变动较大的总成，当发动机高速运转、变速器挂高档时，传动轴转速很高，由于周向质量分布不平衡造成的离心力较大，从而造成传动轴的挠曲变形，影响传动的平稳性，同时增大磨损、噪声和发热。因此，传动轴试验中对于质量的周向分布（平衡）问题比较重视，规定了若干个项目。

测定质量分布平衡性首先要进行静态跳动量的测定，静态跳动量试验台如图 8-14 所示。

被试传动轴总成 4 以其基准面按标准安装状态安装于试验台的支承装置 2 上，用旋转装置 1 以缓慢的速度（转速不大于 60r/min）摇动被试传动轴总成，手动或电动皆可。用百

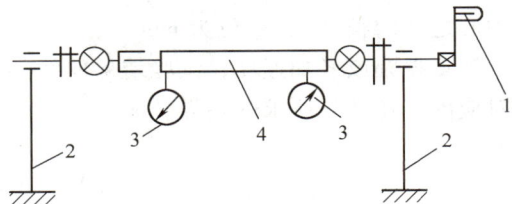

图 8-14　静态跳动量试验台

1—旋转装置　2—支承装置　3—百分表
4—被试传动轴总成

分表 3 测量轴管两端的径向跳动量。显然，跳动量即为几何偏心量的 2 倍。

各种标准根据被试传动轴总成所属的车型，以及该段轴在传动轴总成中属于固定轴还是滑动轴，规定了跳动量的限值，可参照执行。

对于带有中间支承的传动轴，也必须要控制中间轴后凸缘止口的摆差。

2. 传动轴总成的剩余不平衡量试验

静态跳动量试验只能确定传动轴总成的几何偏心量，难以完全代表力学不平衡量。所以一般在经过静态跳动量试验并经过初步平衡后，还要进行剩余不平衡量试验。

试验要在动平衡试验机上进行。使用前要阅读动平衡试验机的说明指导文件以熟悉试验机的技术特点。

该试验的操作要点如下：

1）被试传动轴总成以其基准面按标准安装状态安装于平衡机的支承装置上。

2）可以分初试和复试进行两轮试验。

3）为了精确测定不平衡量，试验转速应高些，原则上不低于传动轴最高转速 n_g 的 1/2。也可以根据初试的不平衡量确定复试的转速，不平衡量越小，复试转速应越高。

4）动平衡复试应在未加注润滑油/脂之前进行。

5）动平衡机具有自动焊接平衡片$^{\ominus}$的功能，平衡片通常焊接在传动轴的轴管上，每段最多不超过 3 片。

不平衡量限值可按 GB/T 9239.1—2006 中规定的 G40 平衡品质等级，或者执行企业的设计标准。

3. 传动轴总成的临界转速试验

所谓"临界转速"，是指传动轴转动速度达到或接近该转速时，传动轴的抖动会急剧加大，表现为振幅或振动加速度迅速增大。显然，临界转速对应的频率就是传动轴总成系统的固有频率。临界转速试验可以采用激振法。

临界转速试验装置如图 8-15 所示，激振法是用被试传动轴总成 1 的基准面按标准状态安装在试验台上，在径向由激振器 3 施加一定的激振力使传动轴振动，在理论临界转速的 0.5～2 倍相对应频率的范围进行激振。理论临界转速按下式计算：

$$n_k = 1.2 \times 10^8 \frac{\sqrt{D^2 + d^2}}{L^2}$$

式中，n_k 表示理论临界转速，单位为 r/min；D 表示轴管外径，单位为 mm；d 表示轴管内径，单位为 mm；L 表示传动轴满载长度（两万向节中心之间的长度或万向节中心于中间支承中心之间的长度），单位为 mm。

测量振幅或者加速度，试验结果曲线类似图 8-16 中所示，与测量曲线峰值点处的频率相对应的转速就是所求的临界转速。

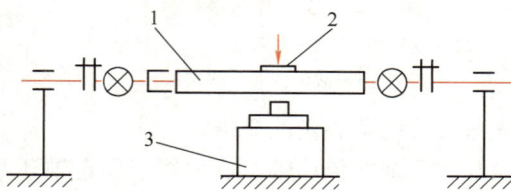

图 8-15　临界转速试验装置
1—被试传动轴总成　2—测量振动
用传感器　3—激振器

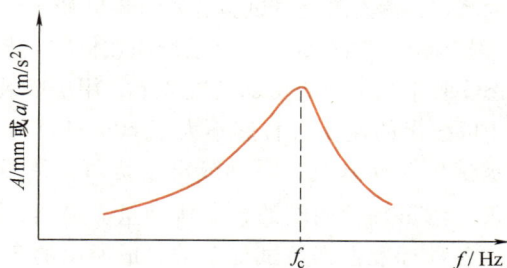

图 8-16　传动轴临界转速（激振试验时）

临界转速意味着传动轴的振动急剧增大，对传动的平稳性、安静性和传动轴自身的寿命极为不利，所以我们希望在行驶过程中不会遇到临界转速。因此传动轴的临界转速应满足：

$$n_t > \frac{1.05 n_{emax}}{0.7 i_{min}}$$

$\ominus$　平衡片的功用是纠正不平衡量、抵消其离心力，类似车轮动平衡检测时加补的配重片。

式中，n_t 表示临界转速的测量值，单位为 r/min；n_{emax} 表示汽车动力源最高转速，单位为 r/min；i_{min} 表示汽车动力源到传动轴之间的最小总速比；1.05 为汽车动力源的超速系数；0.7 为临界转速的安全因数。

4. 传动轴总成的静扭刚性与强度试验

静扭刚性和强度试验所使用的设备和操作方法类似，如果这两个项目都要做，可以在同一试验中依次进行。

传动轴静扭试验台如图 8-17 所示。将被试传动轴总成 2 按标准安装状态安装于扭转试验台上，一端固定，另一端由加载及测量装置 1 施加扭矩，并测量扭矩和扭转角。加载装置由扭力机和大传动比的减速箱构成，能输出扭矩极大、转速极低的动力。

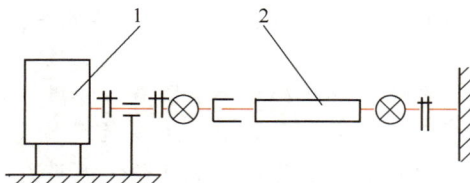

图 8-17　传动轴静扭试验台

1—加载及测量装置　2—被试传动轴总成

试验时，首先将被试传动轴总成以其基准面按标准状态安装在静扭转试验台上。接着按汽车向前驱动时传动轴的受力方向对被试传动轴总成施加预扭，预加扭矩达到额定扭矩后卸载至 0。预扭后进行正式试验。

先进行刚性试验。按预扭方向对传动轴总成加载到额定扭矩 M_g，然后卸载至 0。试验过程中连续记录施加的扭矩和相应的扭转角，计算传动轴静扭转刚度。

如果有需要的话可进行强度试验。按预扭方向对传动轴缓慢加载，加载速度不应大于 30°/min，直至被试传动轴总成某一零件损坏时为止（断裂或轴管明显屈服变形），采集角度扭矩数据，绘制角度扭矩曲线。注意，破坏扭矩并不是强度试验的结果。

扭转刚度特性曲线如图 8-18 所示，刚性和强度试验的结果都由此曲线算出。

首先计算出残余变形 α_T（°），即

$$\alpha_T = \frac{180 \times 0.1\% L}{\pi R}$$

式中，L 为传动轴两万向节的中心距，单位为 mm；R 为传动轴轴管半径，单位为 mm。

在横坐标上确定 α_T 点位置，过该点作刚度特性 $M = f(\alpha)$ 曲线中直线段的平行线，与 $M = f(\alpha)$ 曲线相交，该点的扭矩值（纵坐标值）就是被试传动轴的屈服扭矩 M_s。传动轴总成的静扭强度就用屈服扭矩 M_s 表示。

刚度特性 $M = f(\alpha)$ 曲线中额定扭矩 M_g 以下直线

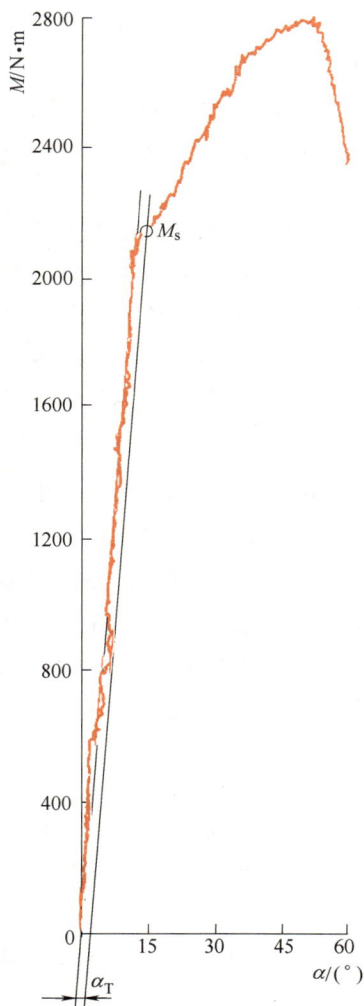

图 8-18　扭转刚度特性曲线

段上任一点的斜率 $k=\dfrac{M}{\alpha}$，就是该传动轴的扭转刚度。扭转刚度就是传动轴总成静扭刚性的试验结果。（在图 8-18 中未示出额定扭矩 M，一般来说，M 比屈服扭矩 M_s 小很多。）

对于静扭强度试验，后备系数 $n_s=\dfrac{M_s}{M_g}$。国家标准要求 $n_s>1.5$ 为合格。

> 我们可以对比一下变速器的静扭强度试验，其后备系数要求大于 2.5 或 3.0，明显大于传动轴的后备系数。这主要是因为变速器结构更复杂，对于单件或少量的抽样试验来说，试验过程中隐藏的不可预见缺陷更多，更大的后备系数才能保证其在实际使用中具有与传动轴大致相等的可靠程度。

传动轴总成的刚性对于十字轴式万向节传动的等速性有较大影响，刚性不足，会造成附加的不等速旋转，从而引起振动和噪声。刚性试验结果没有明确、统一的标准限值，可参照设计单位或制造企业的规定执行。

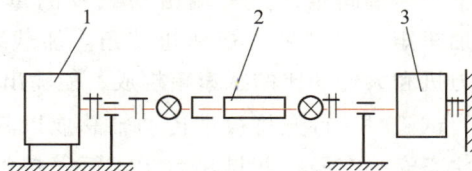

图 8-19　扭转疲劳试验台的基本原理
1—加载装置　2—被试传动轴总成
3—扭矩测量装置

5. 传动轴总成的扭转疲劳试验

扭转疲劳试验台的基本原理如图 8-19 所示。

> 需要注意的是，对变速器或驱动桥来说，内部有齿轮传动，即使在恒定的力矩和转速输入下，轮齿的接触—啮合—脱离的过程也会造成齿轮以及其他零件应力的变化，连续的力矩输入就是疲劳载荷。而对于传动轴来说，其内部没有齿轮啮合传动，如果像变速器或驱动桥一样，施加连续的、大小和方向都不变的旋转载荷，那么对于传动轴内部元件来说，受力是不变的，就相当于静载。因此，传动轴扭转疲劳试验台，必须能够施加脉动的、往复的扭转载荷，确保被试件受到周期性变化的应力作用。

图 8-19 中的加载装置 1 用于产生脉动的、往复的扭转载荷。加载装置有机械式和电控液压式两大类。

用被试传动轴总成 2 的基准面按标准安装状态安装于扭转疲劳试验台上，一端通过扭矩测量装置 3 固定，另一端由加载装置 1 加载。

试验按照非对称循环加载，加载波形为正弦波，加载频率一般取 10～15Hz，交变扭矩的最大试验扭矩取额定扭矩，最小试验扭矩取额定扭矩的 30%，交变扭矩的幅值为：

$$M_a = (M_{max}-M_{min})/2$$

式中，M_a 表示交变扭矩的幅值，单位为 N·m；M_{max} 表示最大试验扭矩，单位为 N·m；M_{min} 表示最小试验扭矩，单位为 N·m。

标准规定要求测试 3 件以上样件即可，为尽量消除样件数据随机波动的影响，建议测试 5～7 件样件。传动轴扭转疲劳试验的最低寿命值不低于 20 万次。按上述规定施加交变扭矩进行试验，连续运转到 20 万次后停止试验，也可按照用户要求，连续运转至传动轴发生疲劳失效为止。

四、驱动桥试验

本部分主要介绍整体式后驱动桥的总成及其重要零部件的台架试验，详细内容可参见汽车行业标准 QC/T 533—2020。

驱动桥和变速器一样，都是齿轮传动装置，都承担着汽车动力传动和动力匹配的任务，但两者也有很大区别。驱动桥处于传动系统的最末端，承受的载荷很大；驱动桥属于非悬挂质量，承受的载荷形式与变速器不同；驱动桥的齿轮种类与变速器有很大差异；驱动桥的壳体属于结构件，不仅起到总成自身的密封、定位和盛油等作用，还要承担汽车的全部驱动轴荷。因此，驱动桥试验与变速器试验既有类似之处，也有很大区别。

在一些标准文件中，将半轴等零部件的试验独立于驱动桥试验之外。但在本书的驱动桥试验中，则包括了半轴试验。

1. 驱动桥总成磨合试验

驱动桥在装配或修理后应在具有磨合功能的试验台上进行磨合试验，检查驱动桥的装配质量，并改善配合副的接触状况，以便进行其他试验。

驱动桥的动力传动特点是：有一个输入端口，即主减速器主动齿轮，有两个输出端口，即两侧半轴。所以，磨合试验和其他驱动桥总成试验一样，都要在主减速器主动齿轮处输入动力，在两侧半轴处施加阻力负荷（见图 8-20）。

驱动桥总成磨合试验分无负荷和有负荷两个阶段进行。一般要求磨合总时间不少于 25min，其中有负荷磨合时间不少于 15min。试验时主减速器主动齿轮的转速一般为 1400~1500r/min，施加在每侧半轴上的负载转矩按有关技术规定。

该试验可以在专用的磨合试验台上进行。动力装置采用交流电动机，直接或通过万向节与被试驱动桥主减速器的主动齿轮连接。两侧半轴处的加载方式，可采用电涡流制动器、绕线式异步电动机或被试驱动轴本身的车轮制动器。

此外，还可以在通用的驱动桥试验台上进行磨合试验。这种试验台的输入动力由电动机提供，负载阻力由电力测功机或电涡流测功机施加，采用全电控方式，能进行各种驱动桥总成的驱动传动性试验，对输入和负载控制全面，测试精度和自动化程度都很高。采用一个输入端、两个输出端的布置形式，因此，在试验行业经常被简称为"T形试验台"。

磨合试验结束后，可以视试验目的和磨合时的具体情况对被试件进行拆检、重新润滑和复装，也可以只做简单的外观检查后直接进入其他试验项目，即与后续试验使用相同的试验台。

2. 驱动桥总成静扭强度试验

静扭强度试验的目的是发现驱动桥总成中抗扭性最弱的零件（一般来说是半轴），并计算驱动桥总成的静扭强度后备系数。

为避免随机波动的影响，要求试件数不少于 3 件，建议取 5 件。

和离合器、变速器等总成的静扭强度试验一样，驱动桥总成静扭强度试验也是将总成的壳体和动力输出端固定，在输入端加载。试验设备有静扭试验台或类似试验装置，扭矩、转角传感器等。用夹具把样品安装在试验台上，固定样品所有输出端，注意驱动桥有两个输出端，要将两侧半轴外端（即法兰端）都固定，而动力输入则通过扭力机的转轴，带动与其通过凸缘紧固相连的主减速器主动锥齿轮转动。试验中样品输入和输出端只应承受扭矩。按前进方向缓慢加载，记录扭矩-转角关系曲线，直至任意1个零件失效为止。记录样品失效时的扭矩和转角，以及样品损坏部位。

取3件样品失效时扭矩的最低值为驱动桥总成静扭强度失效扭矩 M_K（N·m），再计算静扭强度后备系数。

静扭强度后备系数定义为

$$K_K = \frac{M_K}{M_{in}}$$

式中，M_K 为驱动桥总成静扭强度失效扭矩，单位为 N·m；M_{in} 为驱动桥总成最大试验扭矩，单位为 N·m，M_{in} 可以通过下式计算

$$M_{in} = \frac{\sin(\arctan 0.18)mgr_K}{0.95ni_0} \times K$$

式中，m 为汽车最大总质量，单位为 kg；g 为重力加速度，单位为 m/s^2；r_K 为轮胎滚动半径，单位为 m；i_0 为驱动桥减速比；n 为车辆所装驱动桥数量；K 为强化系数，其取值推荐范围：牵引车 1.0~1.5，载货汽车 1.6~2.2，客车 1.0~2.0；0.18 为16%坡道阻力、空气阻力（折算为1%）、滚动阻力（折算为1%）之和。

国家标准要求静扭强度后备系数 $K_K > 1.8$ 为合格。

我们可以再对比一下变速器和传动轴总成的静扭强度后备系数。变速器的是2.5或3.0，传动轴是1.5。前面讨论过，两者的差异是由结构的复杂程度不同造成的。变速器的结构更复杂、零部件更多，隐藏的不可预见缺陷更多，对少量样件的试验需要提高安全因数，以确保实际使用中工作的可靠程度与传动轴基本相等。

而对于变速器和驱动桥来说，两个总成的复杂程度相当，但静扭强度后备系数仍有较大差异，我们认为这主要是由两个后备系数定义中的基准——分母不同造成的。驱动桥的输入扭矩达到额定负荷，比变速器的输入扭矩达到发动机最大转矩要少见得多。对于这种更难出现的工况，当然可以规定较低的后备系数，这样两者的工作可靠程度是大致相当的。

3. 驱动桥总成锥齿轮支承刚性试验

弧齿锥齿轮（尤其是准双曲面齿轮）的啮合状态，对支承刚性的变化非常敏感，支承刚性对齿轮的传动平稳性和工作寿命有极大的影响。锥齿轮支承刚性试验的结果，可以用来复核齿轮设计和载荷计算等理论研究工作的结果，并揭示出设计中的弱点和缺陷。

锥齿轮支承刚性试验一般采取组合式试验装置。该试验要求试验设备中包括能实现正反转的减速装置、扭矩转速仪、量表及安装量表的圆环等。

驱动装置连接被试驱动桥的主减速器主动齿轮轴，总成的半轴端部连接制动装置，施加制动载荷。在驱动桥壳体上钻孔后伸入百分表的测头，测量部位要光洁、平整，必要时可以磨削加工。图8-20所示为驱动桥总成齿轮支承刚性试验台，百分表安装在主减速器壳上的刚性圆环上，圆环自身的刚度要足够，在试验过程中圆环本身不会变形。

该试验对量表的安装位置有着较高的要求。用于安装量表的圆环需要安装在主动锥齿轮大端的两个轴承之间。量表可以使用百分表或杠杆百分表。量表安装的位置要求能够测出主、从动锥

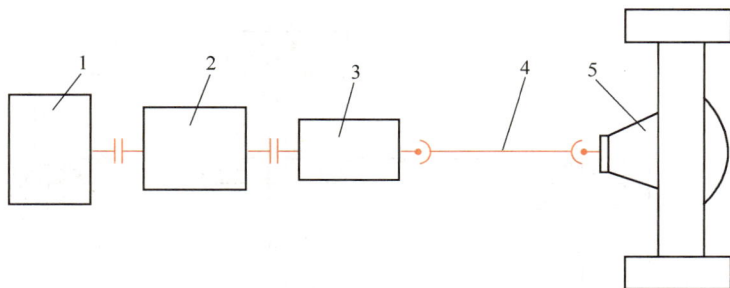

图 8-20　驱动桥总成齿轮支承刚性试验台

1—齿轮减速电动机　2—变速器　3—扭矩转速传感器　4—传动轴　5—被试驱动桥

齿轮相对位移量，也能够测出主动锥齿轮相对于驱动桥壳或减速器壳体的位移量。

试验开始时首先取 1 件样品进行齿轮啮合印迹试验，并记录每种扭矩下前进和后退方向的啮合印迹。将被试总成装在试验台上，为确保试验数据稳定，在进行正式测量之前，需带轻负荷磨合一段时间。按照前进和倒车两种旋转方向分别加载，按照 0、$25\%M_{in}$、$50\%M_{in}$、$75\%M_{in}$、M_{in} 的顺序依次进行加载，每种扭矩下主减速器从动锥齿轮至少运行 1 周，并记录每一种载荷下的啮合印迹，再撤销载荷，仪表调零。

正式测试时，按照汽车前进和倒车两种方向分别加载，加载扭矩依次为 0、$50\%M_{in}$、M_{in}，记录每一工况变形数值及驱动桥输入扭矩值，变形在输入扭矩稳定后方可记录。应在从动锥齿轮相对于壳体同一位置处同时记录变形数值及瞬时扭矩值。每一工况应测 3 次，求其算术平均值作为每一工况所得变形值。

4. 驱动桥总成齿轮疲劳试验

驱动桥总成齿轮疲劳试验用于确定驱动桥的主要传动零件——主减速器齿轮副的工作寿命，涉及主减速器锥齿轮、轴承和其他零件的疲劳寿命，通常被视为驱动桥的"验收性"试验。实际上，驱动桥的其他部分如差速器壳、半轴和桥壳也承受着交变载荷，半轴和桥壳的疲劳寿命试验是在专门的试验台上进行的。

和变速器总成的疲劳寿命试验相同，驱动桥总成齿轮疲劳试验台也分为开式试验台和闭式试验台两种。出于节能的考虑，驱动桥总成齿轮疲劳试验也经常在机械封闭式试验台上进行，并使用扭矩转速仪进行测量。图 8-21 所示为一种较典型的机械加载式驱动桥总成封闭试验台。

图 8-21 所示试验台的工作原理是：电动机 1 通过带传动经变速器 2 带动齿轮箱 3 运转，动力再通过和齿轮箱连接在一起的行星传动机构 4、扭矩转速传感器 5、传动轴 6 传到被试驱动桥样品 8。然后，动力经两侧的齿轮箱 9 和 11 传递到陪试驱动桥总成 10，再经过传动轴 7 返回齿轮箱 3。加载方式是由加载（或卸载）小电动机 12 带动加载小齿轮箱 13 中的齿轮副和蜗杆副驱动行星传动机构中的行星架，使正在运转中的太阳轮附加扭转一个角度，从而实现力矩加载。

国家标准要求试验样品不少于 6 件。齿轮失效判断标准：轮齿断裂、齿面压碎、齿面严重剥落和齿面严重点蚀（齿面疲劳剥落、点蚀总面积大于或等于所有齿面的 1%；在单个齿面上的剥落点蚀面积大于或等于齿面的 4%）。

驱动桥总成齿轮疲劳技术要求如下。

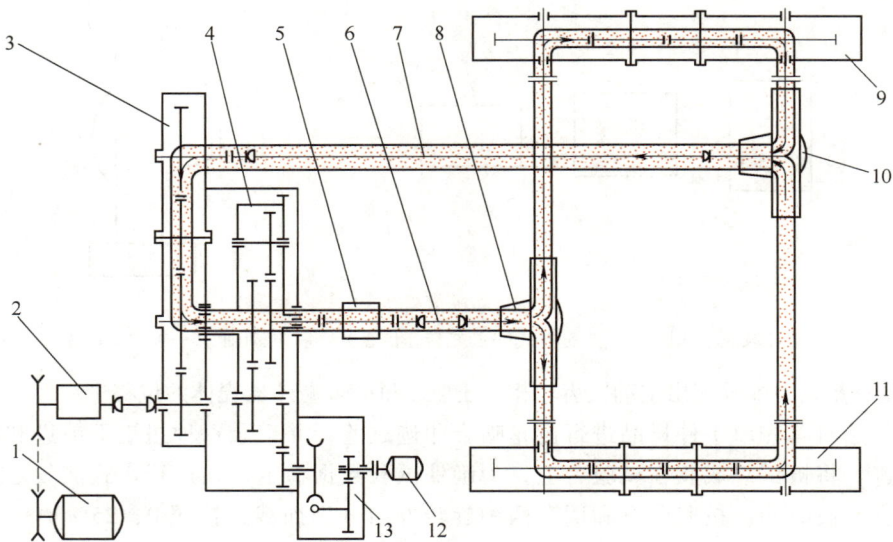

图 8-21　机械加载式驱动桥总成封闭试验台

1—电动机　2—变速器　3—齿轮箱　4—行星传动机构　5—扭矩转速传感器　6、7—传动轴　8—被试驱
动桥样品　9、11—侧齿轮箱　10—陪试驱动桥总成　12—加载（或卸载）小电动机　13—加载小齿轮箱

1）齿轮弯曲疲劳：试验样品中最低寿命应不低于 1×10^5 次。

2）反拖齿轮疲劳：试验样品寿命应不低于 2×10^4 次。

3）齿轮接触疲劳：试验样品寿命应不低于 3×10^5 次。

5. 驱动桥壳垂直弯曲刚度与静强度试验

对于汽车的驱动桥壳来说，要承担对驱动桥总成的密封、元件定位和承装润滑剂等作用，对其静刚度有要求。同时壳体结构件还要承受车轮和悬架之间的相互作用力，尤其是当汽车在崎岖不平的路面上行驶时，尽管悬架和轮胎有缓冲和减振的作用，桥壳还是要承受很大的垂直载荷，有时会达到自身重力的 3 倍以上。所以，桥壳的弯曲刚度非常重要。

该试验一般在专用的液压式驱动桥壳疲劳寿命试验台上进行，也可采用通用的液压式疲劳寿命试验机进行。上述的试验台还可以进行驱动桥壳的垂直弯曲疲劳试验，因为电控系统可以精确、灵活地控制载荷大小和载荷形式。图 8-22 所示为液压式驱动桥壳疲劳寿命试验台。

试验样品应符合设计图纸要求，数量不少于 1 件。

全浮式半轴结构的驱动桥桥壳在试验时，应安装配套减速器壳，后盖及附件（桥壳焊接附件、放油塞等）也应保留或安装在桥壳上；半浮式半轴结构的驱动桥桥壳在试验时，除安装和保留上述相关零部件和附件外，还应将半轴等部件按照实际工作状态，安装到桥壳上。

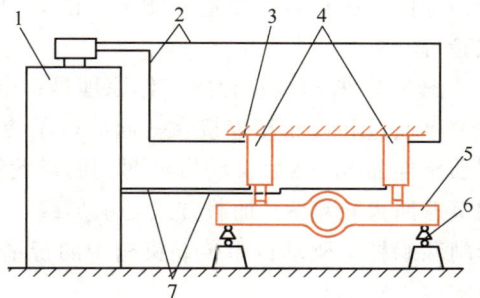

图 8-22　液压式驱动桥壳疲劳寿命试验台

1—液压疲劳试验主机　2—高压油输出油管
3—支架　4—液压脉动千斤顶　5—试验
样品　6—支承装置　7—回油管

为消除壳体结构件内部随机分布的内应力，提高测量结果的重复性，正式测量前应对试件预加载 2~3 次，每次加载至满载轴荷后再卸载。

卸载至零后，调整变形测量装置至零位，测点位置应不少于 9 点。注意，由于桥壳的结构、材质和热处理工艺并非完全对称，所以最大挠曲变形点不一定在中点，因而要多设置一些百分表。检查装置安装无误后，开始正式测试。

测量弯曲刚度时，应连续缓慢加载至规定载荷：牵引车桥壳为 2.0 倍满载轴荷，载货汽车、载客汽车桥壳为 2.5 倍满载轴荷。在载荷从零施加到规定载荷期间，记录各测点处变形量至少 8 次，且必须包含加载至满载轴荷与规定载荷时刻各测点的变形量。每根桥壳最少测量 3 遍，每次试验开始时都应把变形测量装置调至零位。

将满载轴荷下，每个测点测得的 3 次变形数据，分别减去因支点刚性、间隙等引起的误差值后（误差根据每个测点与支点距离按比例折算），选取其中最大值作为该测点最终变形值。计算满载轴荷下桥壳最大变形量（mm）与轮距（m）的比值。绘出满载轴荷和规定载荷下各测点的变形量（均需要减去支点引起的误差值），并连成线。

满载轴荷时，每米轮距最大变形量应不大于 1.4mm。

对于静强度，连续缓慢加载直至样品破坏，中间不得反复。记录失效（断裂或严重塑性变形）载荷 P_n。则桥壳垂直弯曲静强度后备系数 K_n 为

$$K_n = \frac{P_n}{P}$$

式中，P 为满载轴荷；P_n 为垂直弯曲失效轴荷。

对于静强度，要求垂直弯曲静强度后备系数 K_n：牵引车应大于 5；载货汽车、载客汽车应大于 6。

垂直弯曲静强度后备系数是一个相当大的安全因数。之所以取得如此之大，主要基于两点考虑。

第一，驱动桥在实际道路上行驶时，不止受到 1 倍标准轴荷所形成的垂直平面内的弯矩。驱动力或制动力会造成水平面内的弯矩，转向时内侧桥壳的弯矩会增大，另外制动时地面制动力对车轴线形成的扭矩也作用在桥壳上。车轮驶过不平路面时垂直冲击还会加剧。这些都会导致桥壳上某些关键部位的工作应力增大。（以上因素可以参看汽车设计有关驱动桥壳设计的内容。）而该试验仅在垂直平面内施加载荷，且计算的后备系数仅以满载轴荷为基准，所以后备系数应取得大些。

另外，桥壳强度对超载的敏感程度与齿轮传动装置不同。当车辆超载时，驾驶人出于完成运输任务的目的，会加大加速踏板开度、调节变速器档位。对于变速器或驱动桥主减速器等的齿轮传动装置，其传递的扭矩可能会增加，但不可能超过车辆原设计规定值，因为超载属于使用环节，汽车的动力参数不会随之改变。例如，无论使用者对于装载质量超载多少，对于驱动桥来说其输入扭矩不会超过发动机最大转矩与变速器 1 档传动比的乘积。但是，桥壳是结构件，其任务之一就是承载该轴的全部簧载质量。轴荷超载多少倍，桥壳的载荷就增大多少。所以，为了提高实际运输工作中的承载能力、避免安全事故，桥壳要有相对更大的后备系数。注意，这种理念和增大货箱栏板高度等违法改装的做法是不同的，其出发点并不是主动提高车辆的超载能力。

6. 半轴扭转疲劳试验

半轴扭转疲劳试验的具体要求可参见汽车行业标准 QC/T 293—2019。

对于全浮式半轴，其常见的损坏形式为扭转疲劳损坏。对于半轴来说，扭转疲劳载荷必须是脉动的、往复的扭转载荷，而不能是连续的旋转的，这一点类似"传动轴总成扭转疲劳试验"。

试验设备参考图 8-23 所示的扭转疲劳试验台。

试验样品应符合产品图样要求，样品数量不少于 3 件。

半轴输入花键端与试验设备的输入加载端相连接，半轴输入花键的啮合长度应与实车配合长度相同，半轴的输出端与试验设备的输出固定端相连接；半轴安装时应保证半

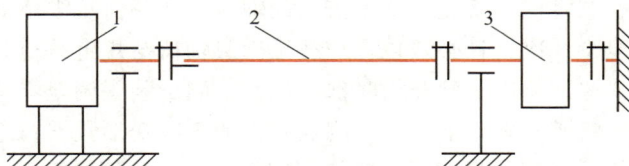

图 8-23　扭转疲劳试验台
1—加载和角度测量装置　2—试验样品　3—扭矩测量装置

轴轴线与设备轴线同轴，使半轴不受到附加弯矩作用；试验载荷波形为正弦波，试验载荷下限值为 $0.1M_j$，试验载荷上限值为 $1.1M_j$；推荐试验频率为 $0.5\sim5\mathrm{Hz}$。

全浮式半轴额定扭矩 M_j 的计算方法：

1）按汽车动力源的最大扭矩计算，有

$$M_j = 0.6M_{emax}i_{max}j$$

式中，0.6 意味着"当该半轴处于扭矩较大一侧时"；M_{emax} 为汽车动力源最大扭矩；i_{max} 为从汽车动力源到半轴之间最大总速比；j 为从汽车动力源到半轴之间分动器的分扭比。

2）按最大附着力计算，有

$$M_j = \frac{mgr_K\varphi}{2i_0}$$

式中，m 为驱动桥满载轴荷质量；g 为重力加速度；r_K 为轮胎滚动半径；φ 为路面附着系数，取 0.8；i_0 为驱动桥轮边减速器总成速比。

在对样品加载测试过程中，要仔细观察疲劳裂纹产生和扩展的规律。试验过程中半轴样品动态角位移增量与稳定试验状态时动态角位移量的比值大于 5% 时，检查半轴样品，如出现裂纹即判定样品失效。

半轴失效的标志是断裂。

用威布尔分布处理半轴扭转疲劳试验数据，以中值寿命 B_{50} 和 B_{10} 寿命来评价：

1）全浮式半轴，B_{50} 寿命应不低于 30 万次，B_{10} 寿命应不低于 20 万次。

2）半浮式半轴，B_{50} 寿命应不低于 40 万次，B_{10} 寿命应不低于 25 万次。

第三节　行驶系统试验

轮式汽车行驶系统一般由车架、车桥、车轮和悬架组成，主要负责承受汽车的总质量，将发动机经传动系统传来的驱动转矩转化成地面驱动力，传递并承受路面作用于车轮上的各向反力及其所形成的力矩，缓冲减振、提高行驶平顺性，与转向系统配合工作控制汽车的行

驶方向，确保操纵稳定性。

不同类型汽车的行驶系统组成差异较大，本节针对汽车行驶系统的典型部件，介绍一些有代表性的试验项目。

一、车桥试验

车桥（也称为车轴）通过悬架和车架（或承载式车身）相连，它的两端安装车轮，其功用是传递车架（或承载式车身）与车轮之间各方向的作用力及其力矩。本节主要介绍整体式（即非断开式）前转向桥的刚度和疲劳寿命试验。按试验行业的习惯，以下将"前桥"统称为"前轴"。

1. 前轴的刚度试验

前轴刚度试验的目的是检查前轴系统的整体刚度，被试件是在前轴本体上安装了转向节、主销、转向节臂、转向横拉杆和轮毂等扩展部件的前轴系统。具体试验内容可参见汽车行业标准 QC/T 494—1999。

根据施加载荷方向的不同，前轴的刚度试验分为垂直方向、纵向和横向刚度试验。这里以垂直方向刚度试验为重点加以介绍。垂直刚度试验被试前轴系统的支承如图 8-24 所示。

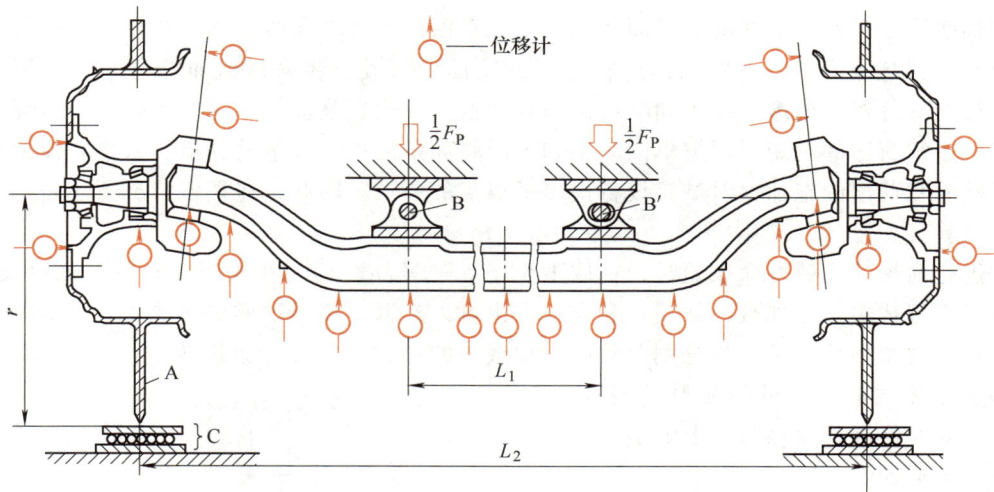

图 8-24　垂直刚度试验时被试前轴的支承

图 8-24 中，A 为相当于轮胎的卡具。B 和 B′是相当于钢板弹簧的卡具，其中 B 是固定铰链，只允许相对转动，B′可以横向滑动，两者各承担试验载荷 F_P 的一半。C 是支承载荷夹具（滚柱），是允许横向滚动的支承机构。支承部件只承受垂直方向载荷，前轴绕纵向水平轴转动的约束，在 C 处（滚柱）、B 处（铰链）是自由的，支承应尽可能和汽车实际状态相近。L_1 是钢板弹簧座的间距，L_2 是左右轮距。r 是轮胎的静力半径。位移计一般采用百分表，数量多些为好。

基准载荷 W 指满载状态下汽车前轴轮胎反力或许用轴荷，试验载荷 F_P 与基准载荷 W 之比为载荷倍数 n。

试验时，先施加 $n=0.1$ 的预加载荷，将各百分表调零。以 $n=0.2\sim0.5$ 的间隔施加试验载荷，直到载荷上限。根据试验规范，载荷上限为 $n=2.5\sim5.5$。然后以同样的间隔减载，恢复到 $n=0.1$ 的预加载荷状态。

在此加、减载过程中，以 0.01mm 为单位，测量前轴各测量点的变形量，同时测量车轮外倾角的变化。在弹性区内测量时，可以只做加载试验的测量，不做减载试验的测量。

进行纵向刚度试验时，支承形式与上述垂直刚度试验类似。关键是要确保前轴在相当于钢板弹簧的夹具处只受到纵向载荷的作用，且在水平面内发生弯曲。

横向刚度试验，则是考察地面给车轮的侧向力，例如转向时，前轴的弯曲刚度。试验时只对一侧车轮接地点（类似图 8-24 中夹具 A 的接地点）施加横向力，方向向内或向外。

前轴刚度试验结果应满足制造企业标准或试验大纲预计的限值。

2. 前轴的疲劳寿命试验

前轴在路面输入下产生的疲劳现象，可以采用等幅加载和载荷谱加载两种方法来模拟。对于前轴疲劳的具体试验方法可参见汽车行业标准 QC/T 513—1999。

等幅加载法是事先选定疲劳载荷的最大值和最小值，以及加载频率，以正弦激励的形式施加脉动疲劳载荷。等幅加载法简便易行、试验载荷控制精度高，在同等条件下的试验数据可比性强，但是由于等幅载荷与实际工况有差别，不能用来准确估计被试件的真实使用寿命。前轴在实际工作时承受的是路面随机载荷，考察其疲劳寿命时，理应按路面载荷谱进行程序加载，就是令汽车以不同的速度在不同的路面上行驶，将采样路面的真实激励记录下来，进行频域分析与处理，按不同频段编制载荷谱。其优点是加载工况与实际使用工况吻合度高；但是载荷谱的编制要根据不同车型和不同路面条件进行大量的分析、采集和模型化处理，试验时载荷谱的施加也对试验设备提出了很高的要求。因此，在很多情况下还是进行等幅疲劳试验。

在进行前轴的疲劳寿命试验时，抽取不少于 5 件样品。样品在相当于车轮平面处支承、在相当于钢板弹簧座处加载，加载点和支承点也可以对调，疲劳试验的装夹如图 8-25 所示。也可以采用两个独立的千斤顶分别驱动两个加载头的形式，即没有加载梁 2。

施加在被试前轴上的等幅脉动载荷的下限是 0.5 倍满载前轴荷，上限是 3.5 倍满载前轴荷。

试验机调节的载荷上、下限的指示值，实质上只是对应液压系统的工作油压，也就是静载时加载头施加于试件的作用力。而在此试验中，液压千斤顶的运动件、加载梁以及转向节轴套等零件也随脉动载荷一起做上下往复运动，而

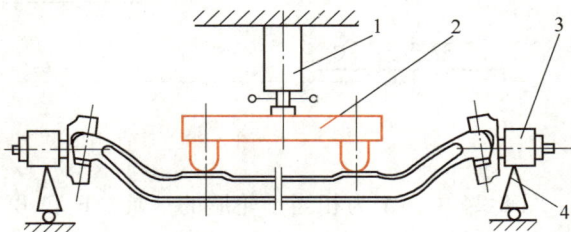

图 8-25 疲劳试验的装夹
1—液压千斤顶 2—加载梁 3—转向节轴套 4—支承

且这些零件的质量较大，因此必须考虑其惯性力对被试件真实载荷的影响。

这种惯性力对真实载荷的影响称为试验机的脉动值。例如，当试验机的指示载荷增大至 F_P 时，前轴向下变形，所有运动件也都向下运动，当达到静载 F_P 所能达到的最大挠度位置时，前轴"意图"反弹、恢复，但运动件的惯性会"强制"前轴继续变形，直至所有运动件的速度降为零，所以前轴的最大变形，也就是对应最大载荷比静载 F_P 产生的要大；同

理，当试验机的指示载荷减小至 F_Q 时，前轴向上恢复变形，所有运动件也都向上运动，当达到静载 F_Q 所能允许的最小挠度位置时，前轴"应该"达到平衡，但运动件的惯性会"强制"前轴继续向上挠曲变形，直至所有运动件的速度降为零，所以最小变形，也就是对应最小载荷比静载 F_Q 产生的要小。可见由于试验机脉动值 δ 的存在，实际施加在被试前轴上的力是以指示载荷为中心、以该脉动值为幅度产生波动的，即指示载荷 $\pm\delta$。

因此，在进行试验加载之前，必须对试验机的脉动值进行估算，在加载时进行校正。脉动值的估算可以采用计算法和实测法。计算法是参考液压疲劳试验机的说明书进行计算，简单易行，但准确度不高。实测法是在前轴加载点（钢板弹簧座处）放置压力传感器，或者在前轴上贴应变片，在试验频率下实际测出台架运动件的惯性力对试件真实载荷的影响，这种方法的精度和可信度都很高。

在对试验机的脉动值进行估计后，液压试验机施加的指示载荷应该是：

下限值 $=0.5$ 倍满载前轴荷 $+$ 试验机脉动值

上限值 $=3.5$ 倍满载前轴荷 $-$ 试验机脉动值

试件支承和装夹牢固，调节好试验机指示载荷后，开机进行试验。工作频率不超过 500 次/min。直至被试前轴发生断裂，记录断裂时的循环次数、损坏部位和断口情况。进行化学成分和金相组织分析，测定表面脱碳层的深度。

按国家标准的规定，对试件的寿命进行统计计算，按威布尔分布，同时满足可靠寿命 $B_5=30$ 万次（或 $B_{10}=38$ 万次）和 $B_{50}=70$ 万次为合格。

此处的 B_5、B_{10} 和 B_{50}，是采取标准文件的写法，意为样品累积失效概率分别达到 5%、10% 和 50% 时所对应的工作循环数。

二、悬架试验

悬架是车架（承载式车身）与车桥（或车轮）之间一切传力连接装置的总称，主要包括弹性元件、导向机构和减振器。悬架与汽车的操纵稳定性息息相关，除了对零部件的试验外，还需关注路面激励对悬架总成运动和变形的影响。

1. 钢板弹簧台架试验

钢板弹簧试验内容可参见 GB/T 19844—2018，这里主要介绍垂直负荷下的永久变形试验、刚度试验和疲劳试验。

（1）垂直负荷下的永久变形试验　悬架弹簧等弹性元件在负荷下的弹性变形较大，其支承方式必须有足够的变形允许空间。对于有卷耳的钢板弹簧，可以采取如图 8-26 所示的支承方式，销轴处允许卷耳与孔轴相对转动，带滚轮的滑车则允许弹簧伸展与收缩。钢板弹簧弧线凸面朝上（与车上安装方式相反）装夹在两侧滑车上，在中部中心螺栓处施加向下的载荷。

其他结构的钢板弹簧，可以按产品图样规定的方式支承与装夹。

由于不需要动态加载，所以可以使用加载块，进行手动加载、卸载，如图 8-27 所示，所有尺寸单位为 mm。

弹簧类零件，在零件图上都注有用于试验验证的验证负荷。

试验时，先进行预压缩：以产品图样规定的最大试验负荷缓慢地对被试钢板弹簧加载、卸载，然后测量被试弹簧的弧高。

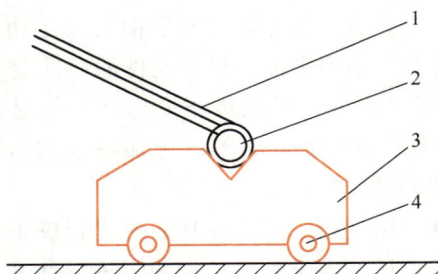

图 8-26 带卷耳的钢板弹簧的支承方式

1—被试弹簧 2—销轴 3—滑车 4—滚轮

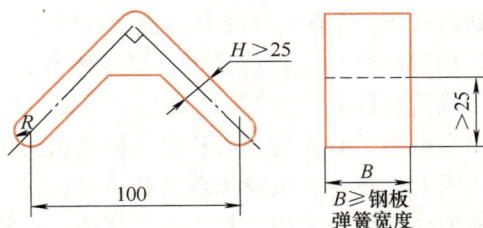

图 8-27 加载块

正式压缩：以同样的方法加载、卸载三次，最后再测量其弧高。

前后两次弧高的差值，就是永久变形量。

标准要求，经预压缩后的弹簧，永久变形应不大于 0.5mm。

（2）钢板弹簧刚度试验 试件的支承方式和加载位置与永久变形试验相同。

弹簧刚度是变形与弹力的关系，为了消除摩擦力的影响，被试钢板弹簧总成的片与片之间应均匀涂满润滑脂。

负荷通过 V 形加载块施加。首先缓慢地对弹簧加载到最大试验负荷并卸载到零负荷后，再对弹簧缓慢加载至最大试验负荷后卸载，记录加、卸载过程中负荷及对应的变形，绘制负荷与变形的关系曲线。

对 0.7 倍满载静负荷（$0.7F_d$）和 1.3 倍满载静负荷（$1.3F_d$）的两个载荷点，分别求其加载、卸载的变形均值 s_1 和 s_2，则刚度 R 按下式计算，计算结果保留一位小数，并进行修整。

$$R = \frac{1.3F_d - 0.7F_d}{s_2 - s_1}$$

某点的刚度就是该点的载荷与变形之比。由于系统存在摩擦、间隙以及弹性元件的滞后，载荷和变形之间必然有回程误差，所以同一载荷下，加载和卸载过程的变形量不同，需要求均值。

标准对于刚度的要求是：对于变截面弹簧，允许偏差为 ±6%；对于其他类型弹簧，允许偏差为 ±8%。

（3）垂直负荷下的疲劳寿命试验 试件的支承方式和加载位置与永久变形试验相同。

由于需要施加动态的疲劳载荷，所以采用液压试验机或机械式加载试验台。

一般情况下，疲劳试验在应力幅 323.6MPa、最大应力 833.5MPa 的试验条件下进行，根据设计部门提供的比应力 $\bar{\sigma}$，按下式计算出试验振幅和平均应力：

$$s_a = 323.6\sqrt{\bar{\sigma}}$$

$$\bar{s} = (833.5 - 323.6)/\bar{\sigma}$$

式中，s_a 表示试验振幅，单位为 mm；$\bar{s}$ 表示平均变形，单位为 mm。

试验频率不大于 3Hz，试验应连续进行，直到样品失效或达到用户需求，不得已需中断时，中断时间应尽可能短，并记录中断情况。试验中，被试钢板弹簧的表面不能显著发热，

可以进行风冷散热。

弹簧如果出现下列情况之一即则判定该样品已经失效，此时的循环次数作为该样品寿命：

1）任何一片簧片出现宏观裂纹或断裂。

2）弹簧弧高或刚度发生明显变化，变化量由供需双方协商。

标准规定：在应力幅为 323.6MPa、最大应力为 833.5MPa 的试验条件下，弹簧疲劳寿命应不低于 10 万次。

2. 螺旋弹簧台架试验

螺旋弹簧台架试验方法与钢板弹簧的基本相同，需要注意的是螺旋弹簧的支承与加载方法。

（1）垂直方向的永久变形试验　弹簧轴线应垂直于试验台工作面，并与加载方向一致，其支承和加载方法如图 8-28 所示。

当采用机械式加载方法进行疲劳寿命试验时，只能采用导向臂机构来约束加载头的横向位移，由于导向臂的长度有限，加载头是做近似垂直的弧线运动的，因此无法保证载荷与螺旋弹簧完全同轴，如图 8-29 所示。而钢板弹簧的疲劳试验，由于其采用图 8-26 所示的滑车式支承，可以横向自由移动，所以可以确保载荷垂直作用在中心螺栓位置。

试验一般在万能材料试验机或相应的试验机上进行。弹簧预压缩一次，将弹簧压至应力为材料抗拉强度 R_m 的 50% 时对应的高度，卸载后测量弹簧的自由高度，然后以同样的负荷连续加载 3 次，卸载后再测量弹簧自由高度，两次测量结果的差值应不大于自由高度 H_0 的 0.5%。

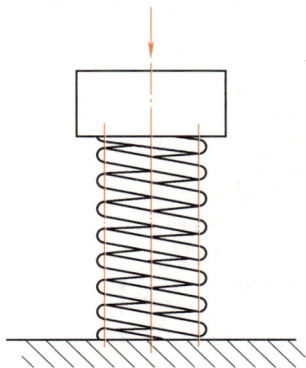

图 8-28　螺旋弹簧支承和加载方法　　　　图 8-29　带有导向臂的支承和加载方法

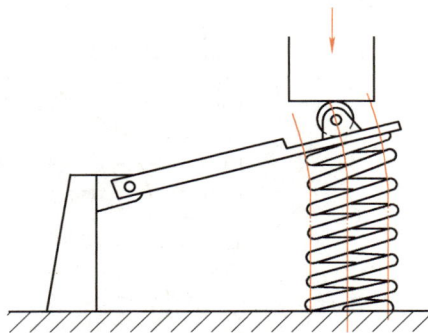

（2）垂直方向的疲劳试验　疲劳试验中弹簧的支承方式与永久变形试验相同，试验方法按下列顺序进行：

1）测量弹簧在工作负荷时的高度。

2）以弹簧工作负荷高度作为安装基准，以弹簧动态工作变形量为振幅进行交变疲劳试验。试验至 5 万次、10 万次时分别测量负荷及自由高度，然后调整负荷至工作负荷继续试验。经 20 万次试验后，弹簧负荷损失应不大于工作负荷 P 的 2%，高度损失应不大于自由高度 H_0 的 1%。

3）弹簧疲劳试验次数为 20 万次，若弹簧断裂发生在 20 万次内，则以断裂时的实际循环次数作为该弹簧的寿命。

（3）盐雾环境下的腐蚀试验 弹簧在经 480h 盐雾试验后，样件本体表面不应出现点蚀、裂纹、气泡等腐蚀性缺陷，观察锈蚀蔓延情况，单侧锈蚀蔓延不应超过 2mm。非本体部门及焊缝相关漆膜经 120h 盐雾试验不应出现点蚀、裂纹、气泡等腐蚀性缺陷。

3. 筒式减振器台架试验

汽车用筒式减振器的台架试验项目也较多，比较重要的是示功试验和速度特性试验。具体试验方法可参考汽车行业标准 QC/T 491—2018。

（1）示功试验 示功试验是测定减振器在一定振幅、一定频率下做往复运动时，阻力（F）与位移（s）的关系，其所构成的曲线（F-s 曲线）称为示功图。在专用的减振器示功试验台上进行。

试验前应保证将减振器样品在常温下竖直状态静置存放至少 2h。按垂直方向安装减振器，并保证无安装导致的附加载荷。在减振器工作行程的中间位置开始试验，试验时活塞往复运动的中点位置与工作行程中间位置偏差不应超过工作行程的 ±5%。

先对减振器进行 3 个循环的排气过程，按最大速度 0.52m/s 进行，通过调整测试行程 $s = 100$mm、频率 $f = 1.67$Hz 得到。对于工作行程小于 100mm 的减振器，可根据产品选用 75mm、50mm 或 25mm 作为测试行程，或按供需双方的商定进行。减振器活塞运动速度 v 根据下式计算：

$$v = \pi s f \times 10^{-3}$$

排气过程结束后，按上述测试行程以正弦波的方式进行试验。调整频率使试验速度为 0.13m/s、0.26m/s、0.52m/s、1.04m/s，分别记录每次往复过程的位移和载荷数据。

根据试验数据绘制减振器的示功图，如图 8-30 所示。图中的阻力，正值表示复原阻力，负值表示压缩阻力。

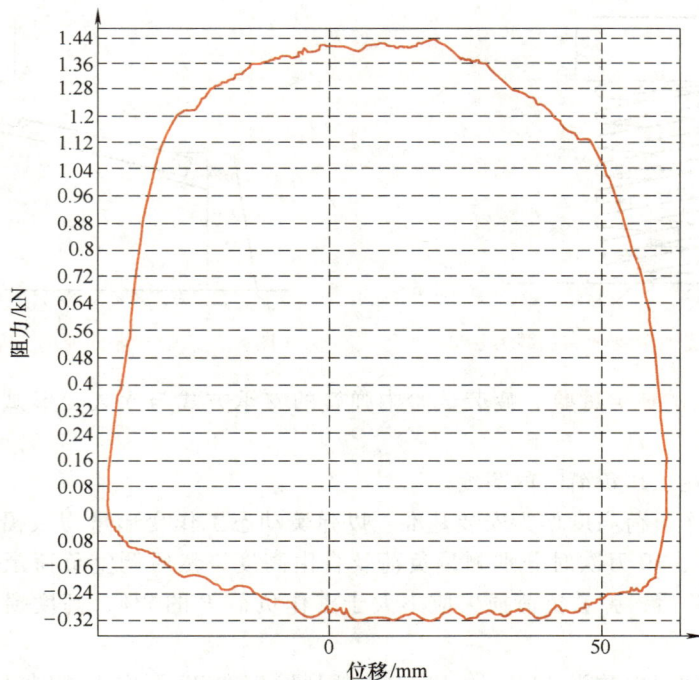

图 8-30　减振器的示功图

试验结果评价：示功图应丰满、圆滑，不得有空行程（即该段行程没有阻力）和畸形等；试验过程中不得有漏油和明显的噪声等异常现象；根据活塞速度不同，复原阻力和压缩阻力应符合要求，例如，对于活塞速度为 0.13m/s 的减振器，其复原阻力应在±（$25\%P_r$ + 20）之间，压缩阻力应在±（$25\%P'_g$ +30）之间，其中 P'_r 和 P'_g 分别表示测试速度下的额定复原阻力和额定压缩阻力。

（2）速度特性试验　速度特性指的是减振器的阻力和活塞速度之间的关系。速度特性试验的目的是检测减振器在不同活塞速度下的阻力，取得试件的速度特性。

试验采用减振器示功试验台，配以相应的电测量装置，基本方法和要求与示功试验一致。

具体试验方法分为两种，即直接记录法和工况合成法。

1）直接记录法。直接记录法是在试验台上，利用相应的传感器和其他电测量装置，直接测量减振器的瞬时速度 v 和对应的阻力 F_f，得到速度特性，并绘制减振器的 F_f-v 曲线，如图 8-31 所示。

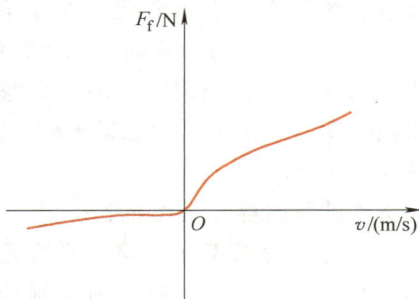

2）工况合成法。对于不能直接测量活塞速度的试验设备，可按示功试验方法，通过调整频率得到不同速度获得多组示功图，根据减振器在多种速度下的示功图，绘制减振器的 F_f-v 曲线，如图 8-32 所示。

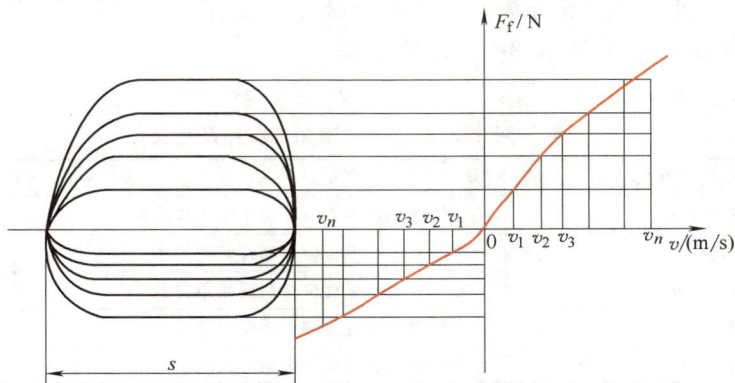

图 8-31　减振器的 F_f-v 曲线

图 8-32　固定行程 s、改变频率 n 获得的 F_f-v 曲线

与直接记录法相比，工况合成法可以更有效、更主动地控制速度的变化规律，从而可以对预定的速度区间进行重点研究。

4. K&C 特性试验

悬架 K&C 特性包含两部分：悬架的运动学（Kinematics）特性，简称 K 特性，揭示了在车轮上下跳动或转向过程中，车轮各定位参数的变化规律，主要受悬架结构、铰接以及硬点位置等影响；悬架的弹性运动学（Compliance）特性，简称 C 特性，揭示了在车轮和地面间各种力和力矩的作用下，车轮各定位参数的变化规律，主要受衬套刚度等影响。悬架 K&C 特性对整车性能有着至关重要的影响。

悬架 K&C 特性台架试验是一种准静态加载试验，位移及作用力缓慢施加，尽量减小阻尼特性及弹性元件动刚度的影响。试验前将车身用夹具固定，四个车轮停放在四个可上下、左右、前后运动以及转动的浮动托盘上，并在四个车轮上安装传感器。试验台按设定的次序给车轮自动多向加载，模拟各种运动状态。常用的试验工况包括车轮平行轮跳工况、车轮反向轮跳工况、同向侧向力加载工况、反向侧向力加载工况、同向纵向力加载工况、同向回正力矩加载工况、反向回正力矩加载工况及转向试验等，测试量包括车轮前束角变化、外倾角变化、车轮转角变化、悬架三向（垂向、侧向、纵向）刚度、悬架三向（垂向、侧向、纵向）位移、轮胎刚度及侧倾刚度等。整车单轴悬架 K&C 特性试验台架如图 8-33 所示。

基本试验内容与流程如下：

（1）平行轮跳工况试验　平行轮跳工况试验将车身及转向盘锁止，通过施加制动力矩使车轮不能绕自身旋转轴转动，左右车轮在垂直加载缸的作用下同向往复跳动，即同时向上或同时向下跳动，每一时刻左右车轮的垂直位移相同。在试验过程中，要保证轮胎只承受垂直方向的力，而纵向力、侧向力、回正力矩等皆为零。平行轮跳工况试验测试参数及定义见表 8-2。加载范围：500N～2.5 倍或 2.9 倍轴荷。

图 8-33　整车单轴悬架 K&C 特性试验台架

1—测试车辆　2—转向盘锁紧装置　3—车身夹紧机构　4—车身固定支架　5—测量臂
6—测量盘　7—液压加载支架
8—三层液压加载滑台

表 8-2　平行轮跳工况试验测试参数及定义

垂直加载测试参数	定　义
前束角变化	轮胎接地点垂直位移和车轮转角关系
外倾角变化	轮胎接地点垂直位移和外倾角关系
后倾角变化	轮胎接地点垂直位移和后倾角关系
悬架刚度	车轮中心垂直位移和垂向力关系
轮胎刚度	轮胎垂向变形量与垂向力关系

（2）反向轮跳工况试验　反向轮跳工况试验的车身、转向盘、车辆固定方式与平行轮跳试验相同，通过给定的侧倾角驱动车轮接地面往复运动，保持接地面水平，左右车轮加载垂直载荷与平行轮跳试验动作相反。反向轮跳工况试验测试参数及定义见表 8-3。

表 8-3　反向轮跳工况试验测试参数及定义

侧倾试验测试参数	定　义
侧倾转向	侧倾角和车轮转角关系
侧倾前束	侧倾角和前束角关系
侧倾外倾	侧倾角和外倾角关系
侧倾后倾	侧倾角和后倾角关系
侧倾刚度	侧倾角和侧倾力矩关系

（3）侧向力加载试验　侧向力加载试验是在指定的车辆载荷状态下，锁止转向盘和制动踏板，调整轮胎接地面垂直以保持车轮中心在固定高度上，在轮胎接地印迹处加载侧向力。加载范围：每个轮胎上轮胎接地面−2500～2500N。侧向力加载试验测试参数及定义见表8-4。

表8-4　侧向力加载试验测试参数及定义

侧向力加载测试参数	定　义
侧向力变形	轮胎接地点侧向力和车轮中心侧向变形
侧向力转向	轮胎接地点侧向力和车轮转角关系
侧向力前束	轮胎接地点侧向力和前束角关系
侧向力外倾	轮胎接地点侧向力和外倾角关系
轮胎侧向刚度	轮胎侧向变形和侧向力关系

（4）回正力矩试验　回正力矩试验是在转向盘和制动踏板锁止的情况下，通过轮胎接地点加载同向或反向回正力矩，测试车轮定位参数的变化量等。加载范围：每个轮胎上轮胎接地面−150～150N。回正力矩试验测试参数及定义见表8-5。

表8-5　回正力矩试验测试参数及定义

回正试验测试参数	定　义
回正力矩转向	轮胎接地点回正力矩和车轮转角关系
回正力矩外倾	轮胎接地点回正力矩和外倾角关系

（5）纵向力加载试验　纵向力加载试验是同时同向对两轮加载纵向力，主要测试悬架系统在受到纵向力之后的性能。所以为了考察非线性区域特性，通过夹具将车轮和托盘固定，从而满足大纵向力加载的要求。纵向力加载试验测试参数及定义见表8-6。

表8-6　纵向力加载试验测试参数及定义

纵向力加载测试参数	定　义
制动力或牵引力变形	轮胎接地点纵向力和车轮中心纵向变形
制动力或牵引力转向	轮胎接地点纵向力和车轮转角关系
制动力或牵引力后倾	轮胎接地点纵向力和后倾角关系
制动力或牵引力外倾	轮胎接地点纵向力和外倾角关系
制动力抗点头和牵引力抗抬头	轮胎接地点纵向力和垂向力关系

（6）转向系统几何试验　转向系统几何试验是将车身底盘固定，允许转向轮在轮胎接托盘上无摩擦旋转、纵向、侧向移动，转向盘通过装置控制在其全行程内缓慢转向。测量转向系统各几何参数。加载范围：车轮转动−5°～5°。转向系统几何试验参数及定义见表8-7。

表8-7　转向系统几何试验参数及定义

转向系统几何测试参数	定　义
主销后倾角	车轮转角和主销后倾角关系
主销内倾角	车轮转角和主销内倾角关系

（续）

转向系统几何测试参数	定　义
主销内倾内置量	车轮转角和轮胎接地点纵向变形关系
主销后倾偏置量	车轮转角和轮胎接地点侧向变形关系
主销拖距	车轮转角和胎接地点变形关系
阿克曼百分比	阿克曼百分比和车轮转角的关系
外轮转弯直径	外轮转弯直径和车轮转角的关系

三、轮胎试验

现代汽车几乎都采用充气轮胎，轮胎安装在轮辋上，直接与地面接触并相互作用，这也是汽车与外界环境之间最为直接的力学联系。轮胎的性能直接影响汽车的动力性、制动性、操纵性、安全性及经济性等一些最为重要的性能，因此，轮胎的性能试验非常重要。典型的轮胎性能试验包括轮胎纵向和横向刚性试验、充气轮胎物理性能试验以及轮胎动平衡试验等，这里重点介绍与汽车动力学关系最为密切的胎纵向和横向的刚性试验，具体试验方法可参考标准 GB/T 23663—2020。

轮胎受力坐标图如图 8-34 所示，定义了轮胎纵向力、横向力和垂直力的方向。轮胎纵向刚性是指纵向力增量与纵向变形增量的比值；横向刚性则是指横向力增量与横向变形增量的比值。定义轮胎表面与接触平台接触的所有区域为接触面，接触面印痕的示例图如图 8-35 所示。

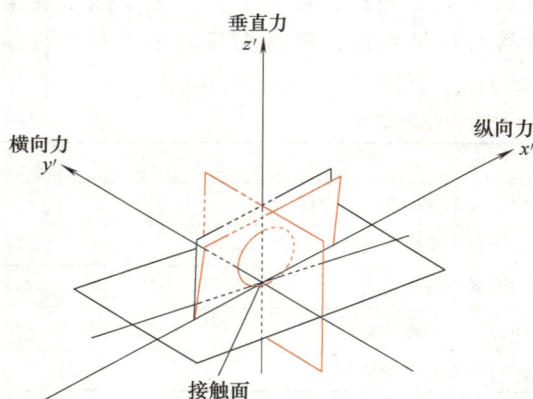

图 8-34　轮胎受力坐标图

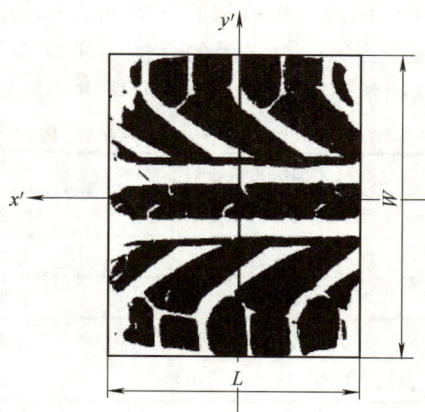

图 8-35　接触面印痕的示例图

试验设备应包括加载和定位装置、接触平台以及连续记录力值和位移的记录系统。加载装置能够给充气轮胎施加纵向力、横向力以及垂直力并能在刚性参数测定试验过程中保持此垂直力不变，加载装置的加载能力应满足试验要求。定位装置能够记录接触平台相对于轮胎接触中心产生的纵向、横向位移。接触平台能够完全容纳整个与轮胎接触的部分，接触平台行程应满足试验要求；接触平台及其支承结构应具有足够刚性，确保加载装置对轮胎施加垂直力时，平台不会发生横向、纵向及弯曲方面的变形；同时，接触平台面应有较大的粗糙度值。

对于试验设备的精度有以下要求：垂直加载方向与试验台接触平台的角度值为 90°，偏差不大于 0.05°；垂直力、纵向力及横向力加载装置精度要求不超过满量程的 ±1%；垂直位移、纵向位移以及横向位移的精度偏差在 ±0.5mm 以内；垂直移动速度的精度偏差为 ±2.5mm/min；轿车轮胎用充气压力表最大量程至少为 500kPa，精度为 ±5kPa；载重汽车轮胎用充气压力表最大量程至少为 1000kPa，精度为 ±10kPa。

1. 纵向刚性试验

试验时，将试验轮胎轮辋组合体安装在相应试验装置上并锁定。以 50mm/min 的速度对轮胎施加垂直力，加载至轮胎最大负荷的 80%，保持 5s 后卸载。重复 3 次进行预试，预试完毕后调整轮胎气压至规定值。接下来以与上述相同的速度对轮胎施加垂直力，加载至轮胎最大负荷的 80%，保持 1min。沿着 x' 轴方向移动接触平台，接触平台的移动速度应为 30~50mm/min。直至接触平台与轮胎之间产生相对滑动或达到接触平台的最大行程为止。以纵向位移为横坐标，以纵向力为纵坐标，绘制纵向力-纵向位移曲线。

纵向刚性按方法 A 或方法 B 进行计算：

（1）方法 A

$$L_x = \frac{F_{x2} - F_{x1}}{\delta_{x2} - \delta_{x1}}$$

式中，L_x 为纵向刚性，单位为 N/mm；F_{x2} 为纵向力 2，单位为 N；F_{x1} 为纵向力 1，单位为 N；δ_{x2} 为纵向力 2 对应的纵向位移，单位为 mm；δ_{x1} 为纵向力 1 对应的纵向位移，单位为 mm。F_{x2} 及 F_{x1} 按下式进行计算：

$$F_{x2} = F_{x0} + 250N$$
$$F_{x1} = F_{x0} - 250N$$

式中，F_{x0} 为基准纵向力，单位为 N，按下式进行计算。

$$F_{x0} = Fg \times 30\%$$

式中，F 为试验中施加的垂直负荷，单位为 kg；g 为重力常数[○]，取 9.8N/kg。

（2）方法 B　提取纵向力-纵向位移曲线中垂直力的 30%~60% 间的纵向力和纵向位移数据段，按下式运用最小二乘法进行一元线性方程拟合，将直线斜率作为轮胎的纵向刚性。

设拟合方程为

$$y = a_0 + a_1 x$$

求解：

$$F(a_0, a_1) = \sum_{i=1}^{n} \delta_i^2 = \sum_{i=1}^{n} (a_0 + a_1 x_i - y_i)^2$$

由最小值 a_0 和 a_1 的值，得到正规方程组：

$$\begin{bmatrix} n & \sum_{i=1}^{n} x_i \\ \sum_{i=1}^{n} x_i & \sum_{i=1}^{n} x_i^2 \end{bmatrix} \begin{pmatrix} a_0 \\ a_1 \end{pmatrix} = \begin{bmatrix} \sum_{i=1}^{n} y_i \\ \sum_{i=1}^{n} x_i y_i \end{bmatrix}$$

○　书中所提及的重力常数本质上为重力加速度，单位为 m/s²。

解得 a_0 和 a_1。

从而求得

$$y = a_0 + a_1 x$$

式中，a_1 为纵向刚性，单位为 N/mm；y 为纵向力，单位为 N；x 为纵向位移，单位为 mm。

纵向刚性结果精确到小数点后一位，纵向力精确到整数位，纵向位移精确到小数点后两位。

卸载并调整气压至规定值。

重复上述过程，分别加载至轮胎的最大负荷和最大负荷的 120%。

2. 横向刚性试验

试验时，将试验轮胎轮辋组合体安装在相应试验装置上并锁定。以 50mm/min 的速度对轮胎施加垂直力，加载至轮胎最大负荷的 80%，保持 5s 后卸载。重复 3 次进行预试，预试完毕后调整轮胎气压至规定值。接下来以与上述相同的速度对轮胎施加垂直力，加载至轮胎最大负荷的 80%，保持 1min。沿着 y' 轴方向移动接触平台，接触平台的移动速度应为 30 ~ 50mm/min。直至接触平台与轮胎之间产生相对滑动或达到接触平台的最大行程为止。以横向位移为横坐标，以横向力为纵坐标，绘制横向力-横向位移曲线。

横向刚性按方法 A 或方法 B 进行计算：

（1）方法 A

$$L_y = \frac{F_{y2} - F_{y1}}{\delta_{y2} - \delta_{y1}}$$

式中，L_y 为横向刚性，单位为 N/mm；F_{y2} 为横向力 2，单位为 N；F_{y1} 为横向力 1，单位为 N；δ_{y2} 为横向力 2 对应的横向位移，单位为 mm；δ_{y1} 为横向力 1 对应的横向位移，单位为 mm。F_{y2} 及 F_{y1} 按下式进行计算：

$$F_{y2} = F_{y0} + 250N$$
$$F_{y1} = F_{y0} - 250N$$

式中，F_{y0} 为基准纵向力，单位为 N，按下式进行计算。

$$F_{y0} = Fg30\%$$

式中，F 为试验中施加的垂直负荷，单位为 kg；g 为重力常数，取 9.8N/kg。

（2）方法 B 提取横向力-横向位移曲线中垂直力的 30% ~ 60% 间的横向力和横向位移数据段，按下式运用最小二乘法进行一元线性方程拟合，将直线斜率作为轮胎的横向刚性。

设拟合方程为

$$y = b_0 + b_1 x$$

求解：

$$F(b_0, b_1) = \sum_{i=1}^{n} \delta_i^2 = \sum_{i=1}^{n} (b_0 + b_1 x_i - y_i)^2$$

由最小值 b_0 和 b_1 的值，得到正规方程组：

$$\begin{bmatrix} n & \sum_{i=1}^{n} x_i \\ \sum_{i=1}^{n} x_i & \sum_{i=1}^{n} x_i^2 \end{bmatrix} \begin{pmatrix} b_0 \\ b_1 \end{pmatrix} = \begin{bmatrix} \sum_{i=1}^{n} y_i \\ \sum_{i=1}^{n} x_i y_i \end{bmatrix}$$

解得 b_0 和 b_1。

从而求得

$$y = b_0 + b_1 x$$

式中，b_1 为横向刚性，单位为 N/mm；y 为横向力，单位为 N；x 为横向位移，单位为 mm。

横向刚性结果精确到小数点后一位，横向力精确到整数位，横向位移精确到小数点后两位。

卸载并调整气压至规定值。

重复上述过程，分别加载至轮胎的最大负荷和最大负荷的 120%。

第四节　转向系统试验

汽车转向系统是用来改变或恢复汽车行驶方向的专设机构，转向系统根据转向能源的不同，可分为机械转向系统和动力转向系统两大类，机械转向系统由转向操纵机构、转向器和转向传动机构组成；动力转向系统在机械转向系统的基础上加设一套转向助力装置，主要有液压助力和电动助力等。

使用转向系统试验台，在以整个转向系统为试验对象时，可以进行转向系统的性能试验、强度和疲劳寿命试验以及运动干涉校核等，如图 8-36 所示。这种试验方法，可以按转向系统的实际装配和车上安装状况进行测试，结果准确、直观。但是试验台组成复杂，成本高，被试系统在台架上的安装、调整和拆卸等工作量较大。因此，对于转向系统，更多的是进行部件试验，就是将整个转向系统解体，以需要研究的总成或零部件为对象进行试验测试。

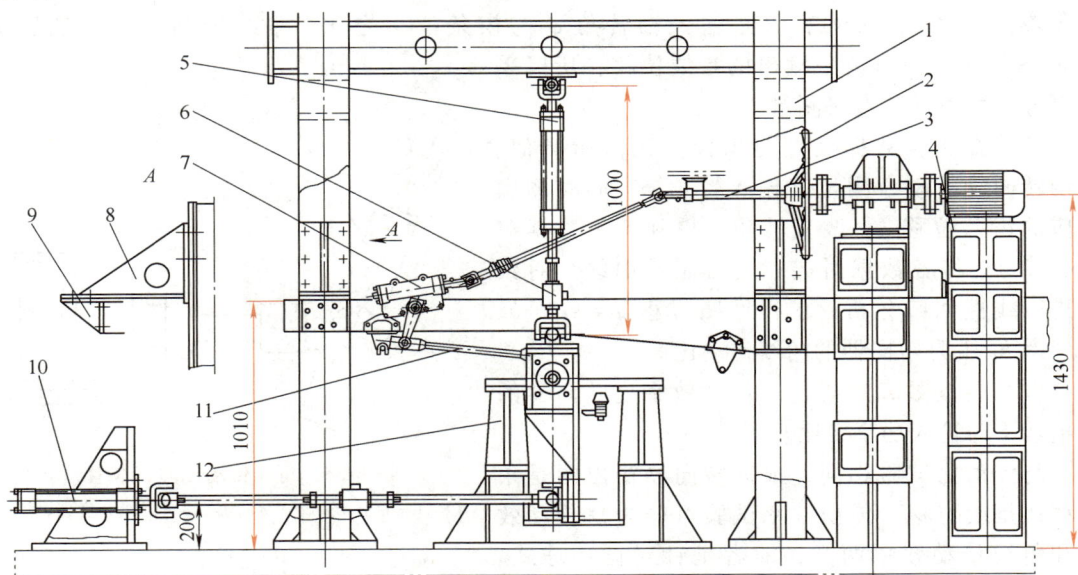

图 8-36　转向系统试验台（侧视图）

1—2.2m 立柱　2—转向盘　3—转向轴　4—组合支架　5—垂直液压缸　6—力传感器　7—转向器
8—直角支架　9—小直角支架　10—纵向液压缸　11—纵拉杆　12—前桥支架

转向器是转向系统的主要部件，它的性能和工作可靠性直接影响汽车的转向性能、操纵稳定性和安全性，下面介绍几种转向器总成的典型试验。

一、机械式转向器试验

机械式转向器的试验项目较多，按考察指标的类别大体上可以归纳为性能试验、强度试验和疲劳寿命试验等，具体试验内容可参见汽车行业标准 QC/T 29096—2014。

1. 性能试验

试样在进行性能试验前应进行磨合。磨合规范如下：转向器输入轴的转角不小于全转角的 90%；加在摇臂轴或齿条轴上的载荷为额定值的 40%；循环次数不低于 1500 次；磨合时，输入轴的转速不大于 10r/min；磨合后更换润滑油。

（1）传动比的测定 对于循环球式、蜗杆滚轮式和蜗杆曲柄指销式等以角位移为输出的转向器，传动比指的是其角传动比，即转向轴输入转角 φ 与转向器摇臂轴输出转角 β 之比。角传动比试验装置如图 8-37 所示。

在摇臂轴上安装角度仪，在转向轴上安装万能分度仪。试验时，驱动转向轴转动，测量其输入转角 φ，同时测出对应的摇臂轴输出转角 β，改变转角，得到若干数据对 (φ_i, β_i)。将各数据对描点、绘制成曲线。对数据进行线性回归分析，求得回归方程 $\varphi = k\beta + b$，其斜率 k 就是转向器的角传动比。

对于齿轮齿条式转向器，传动比指的是其角线传动比（°/mm），就是输入轴转角 φ 与齿条位移之比。角线传动比测试装置如图 8-38 所示。由于齿条输出的是线位移，所以采取百分表而不是角度仪测量。

试验方法和数据处理与角传动比试验类似。驱动转向轴转动，测量其输入转角 φ，同时测出对应的齿条位移 L，改变转角，得到若干数据对 (φ_i, L_i)。将各数据对描点、绘制成曲线。对数据进行线性回归分析，求得回归方程 $\varphi = k_L L + b$，其斜率 k_L 就是转向器的角线传动比。

（2）传动效率的测定 传动效率是转向器的输出功率与输入功率之比。

与传动比试验相同，根据转向器输出的是角位移还是线位移，传动效率试验可分为角传动效率和角线传动效率两类，前者是针对循环球式、蜗杆滚轮式和蜗杆曲柄指销式等以角位移为输出的转向器，后者则适用于齿轮齿条式这种以线位移为输出的转向器。两者的试验装置和具体操作略有不同，但原理和基本方法是相同的。对于循环球转向器，转向器固定，在输入轴和输出轴分别连接扭矩传感器及角度传感

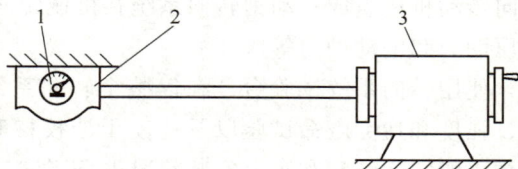

图 8-37　角传动比试验装置
1—角度仪　2—转向器　3—万能分度仪

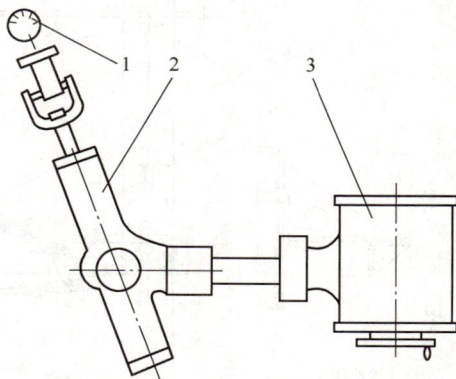

图 8-38　角线传动比测试装置
1—百分表　2—转向器　3—万能分度仪

器，要求连接无间隙，以 15r/min 转速驱动输入轴，测输入、输出扭矩及转角。逆效率时，驱动速度按传动比及输入轴的转速换算成输出轴转速，试验载荷按制造商要求的载荷效率曲线加载，无要求时按输入轴扭矩 4~5N·m 加载，循环球转向器效率试验示意图如图 8-39 所示。

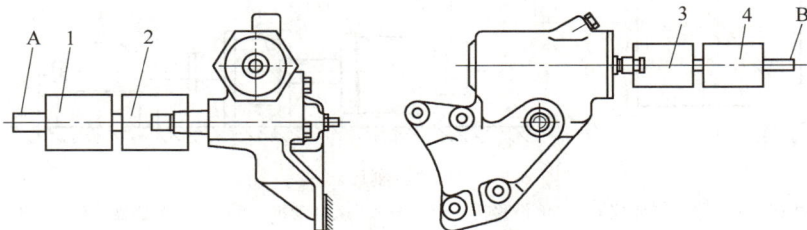

图 8-39 循环球转向器效率试验示意图

1、4—扭矩传感器 2、3—角度传感器 A、B—沿顺时针、逆时针方向加载或驱动

将试验得到的输入轴转角数据两端去除约 30°，并去除对应的扭矩，根据正、逆效率公式计算出各点的效率，绘制出转角与效率曲线，算出中间 ±180° 平均效率及两边剩余转角的平均效率。

为了计算传动效率，需要事先确定转向器的传动比 i_{w1}。正、逆效率的公式分别为

$$\eta_+ = \frac{M_2}{i_{w1}W_1}$$

$$\eta_- = \frac{i_{w1}W_2}{M_1}$$

式中，M_1、M_2 分别为摇臂轴的输入、输出扭矩，单位为 N·m；W_1、W_2 分别为输入轴的输入、输出扭矩，单位为 N·m。

各类转向器的正、逆效率都应符合转向器总成质量分级的标准限值。

（3）啮合间隙特性的测定 啮合间隙的测定方法是：输入轴每转过一定角度后使之固定，在转向摇臂轴上施加大小为 10N·m 的正、反力矩，测量转向摇臂轴相应的转角旷量，或者转向摇臂上距摇臂轴轴线 200mm 处的位移旷量；对于齿轮齿条式转向器，则是在齿条上施加大小为 400N 的正向和反向力，测量齿条相应的位移旷量。只要能精确测量转向摇臂轴转角或齿条位移的试验设备，例如传动效率试验台，都可以用来做该项试验。

啮合间隙的测量结果，可以评价汽车直线行驶的稳定性和转向器的使用寿命。一般要求转向器在中间位置的啮合间隙极小，大转角时啮合间隙增大，转向器啮合间隙特性曲线如图 8-40 所示。

（4）刚度的测定 这里的刚度指的是在固定转向器输出端（摇臂轴或齿条）的情况下，施加在转向轴上的扭矩与扭转角之比，单位为 N·m/rad。

转向器的刚度包括小扭转角的刚度和大扭转角的刚度。转向器刚度试验装置如图 8-41 所示。被试转向器 6 安装在刚性底座上，固定转

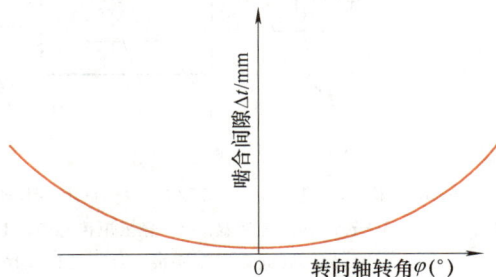

图 8-40 转向器啮合间隙特性曲线

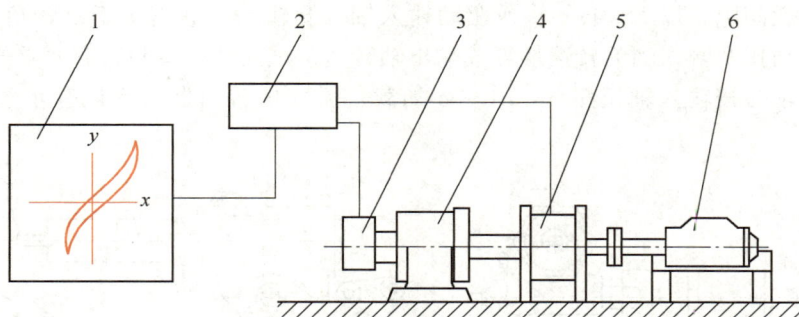

图 8-41　转向器刚度试验装置

1—函数记录仪　2—应变仪　3—角位移传感器　4—调速电动机　5—扭矩传感器　6—被试转向器

向摇臂或齿条。

　　测量小扭转角的刚度时，固定转向器输出端，将转向轴先向左扭转 5°后使其回到中间位置，再向右扭转 5°后使其回到中间位置，如此循环两次。每个循环中，分别测出向左和向右扭转 0.5°和 2.5°时的扭矩值，以两个扭矩差除以转角差（即 2°），得到向左和向右的刚度，取均值，作为一个循环的试验结果。取两个循环的平均值，作为小扭转角扭转刚度的试验结果。

　　测量大扭转角的刚度时，固定转向器输出端，将转向轴先向左扭转 20°后使其回到中间位置，再向右扭转 20°后使其回到中间位置，如此循环两次。每个循环中，分别测出向左和向右扭转 10°和 15°时的扭矩值，以两个扭矩差除以转角差（就是 5°），得到向左和向右的刚度，取均值，作为一个循环的试验结果。取两个循环的平均值，作为大扭转角扭转刚度的试验结果。

　　上述转向器性能试验，是在专用台架上进行的。很多制造企业和研究单位，都采用了转向器综合性能试验台。图 8-42 所示就是一种转向器综合性能试验台的示意图。

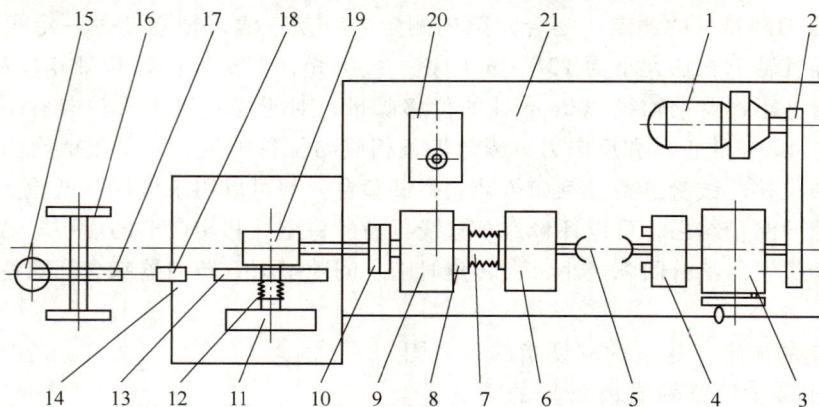

图 8-42　转向器综合性能试验台示意图

1—减速箱　2—带轮　3—分度头　4—自定心卡盘　5—万向节　6—扭矩、角位移传感器　7、12—波纹管
8—转向轴端连接盘　9—静扭矩传感器　10—法兰盘　11—角位移传感器　13—加载扭矩盘
14—转向器固定底板　15—砝码　16—加载支架　17—加载滑轮　18—力传感器
19—被试转向器　20—位移传感器　21—试验台底座

这种试验台采用微机控制，测量精度和自动化程度都很高。试验台可以测量转向轴扭转角和对应的各机械量，可以自动绘制变传动比特性、传动效率特性、啮合间隙特性、转动力矩特性、小扭转角刚度特性和大扭转角刚度特性等曲线。

2. 强度试验

（1）静扭试验　与汽车其他系统和总成的静扭试验相同，转向器静扭试验的基本方法也是将转向器的输出端（就是转向摇臂或齿条）固定，在输入端（就是转向轴）施加载荷扭矩。转向器静扭试验包括破坏性静扭试验和无损静扭试验两种。

1）破坏性静扭试验。静扭试验台示意图（破坏性）如图 8-43 所示。将被试转向器 5 安装在试验台上，摇臂轴或齿条固定在除两极限位置以外的任意位置。

在转向轴上施加扭矩，并缓慢增大，直至破坏。测量并记录转向轴输入扭矩和对应转角的关系。

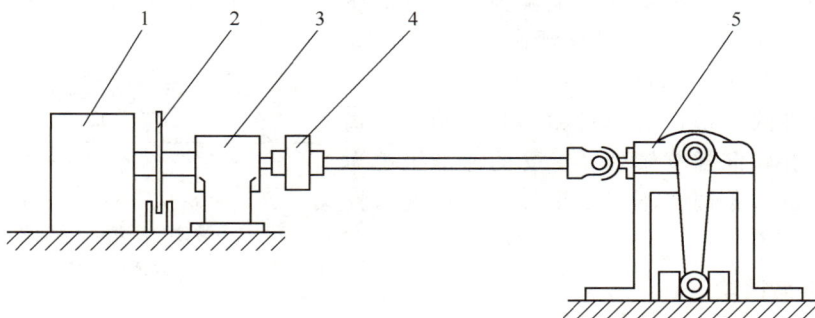

图 8-43　静扭试验台示意图（破坏性）
1—调速电动机　2—转角传感器　3—扭矩传感器　4—联轴器　5—被试转向器

对于循环球式、蜗杆滚轮式和蜗杆曲柄指销式等以角位移为输出的转向器，要求当输入扭矩对应的输出扭矩（输出扭矩＝输入扭矩×角传动比×正传动效率）达到 6 倍额定输出扭矩时，不得出现损坏。对于齿轮齿条式这种以线位移为输出的转向器，则是要求当齿条上承受 6 倍于额定输出力（输出力＝输入扭矩×角线传动比×正传动效率）的载荷时，不得出现损坏。

2）无损静扭试验。无损静扭试验的基本方法是对被试转向器施加规定大小的载荷扭矩，然后对试件进行拆检，以考察其抗扭能力。

试验装置与破坏性静扭试验类似，所不同的是加载装置不采用电动机，而是用定值扭力扳手，人力加载。在转向轴上用定值扭力扳手施加载荷扭矩 M_1，直到扳手通过指针或蜂鸣器等形式给出达到定值的信号时，立即停止。最后对试件进行拆检。

所需的试验载荷扭矩 M_1 计算如下：

$$M_1 = \frac{0.5G_1L_1}{k}K$$

式中，G_1 是对应车型的满载前轴荷，单位为 N；L_1 是转向摇臂轴的球销中心到转向摇臂轴中心的距离；k 是转向器的角传动比；K 是安全因数，一般取 3。注意，M_1 是施加到转向轴上的载荷扭矩。

（2）落锤冲击试验　落锤冲击试验是考察当路面的冲击通过车轮、转向节和转向传动机构"逆向"传递到转向器输出端时，转向器的抗冲击强度。所以该试验是将转向轴固定，在转向摇臂或齿条上施加冲击载荷。

试件应先进行磨合，磨合规范同性能试验。

落锤冲击试验台如图 8-44 所示。落锤质量一般取 50kg，试验台底座质量不小于落锤质量的 50 倍。输入轴固定在除两极限位置以外的任意位置。

试验时，将转向器的摇臂水平放置，使落锤升起到一定高度，然后自由落下，冲击摇臂末端。测量转向摇臂受到的冲击载荷，并计算出冲击扭矩值。每次冲击后，拆检试样，观察是否有扭曲、裂纹等损坏现象，检查其转动是否灵活。如果没有任何损坏和故障，则重新将试件装配调整好，按上述方式再次安装在试验台上。将落锤高度升高 0.1m 或 0.2m 后，继续试验，直到损坏为止。

对于循环球式、蜗杆滚轮式和蜗杆曲柄指销式转向器，要求在转向摇臂轴处，承受的冲击扭矩为额定输出扭矩的 2 倍时，不得出现裂纹等情况，且转动灵活、不发卡。

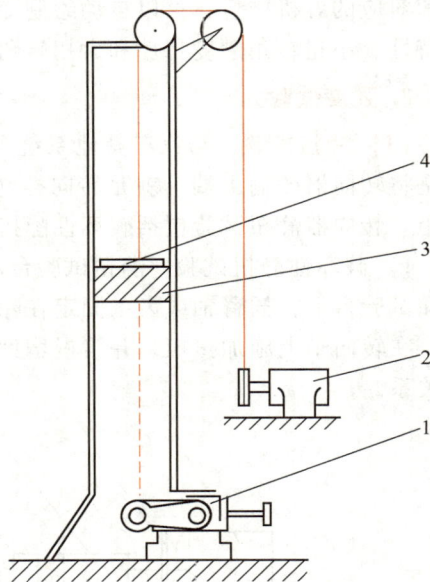

图 8-44　落锤冲击试验台
1—被试转向器　2—调速电动机
3—重锤　4—磁力吸盘

3. 疲劳寿命试验

转向器的疲劳寿命试验分正向驱动和逆向驱动两类。正向驱动试验是由转向轴输入动力，在转向摇臂轴或齿条上施加阻力负荷；而逆向驱动试验则是由摇臂轴或齿条输入动力，在转向轴上施加阻力负荷。

图 8-45 所示为正向驱动疲劳寿命试验台示意图。正向驱动试验时，电动机-减速器 3 通过齿条-齿轮机构 2（该齿条是试验装置的一部分，不是转向器的齿条）带动转向轴 1，从而对被试转向器 6 正向输入动力，阻力负荷由摇臂 5 和负荷缸 4 产生，要求施加于转向器摇臂轴（或齿条）上的阻力负荷为额定输出扭矩或额定输出力，当额定输出扭矩大于 1700N·m 时，按 1700N·m 加载。驱动输入轴的速度，不得大于 30 次循环/min；润滑油温度不得超过 60℃。

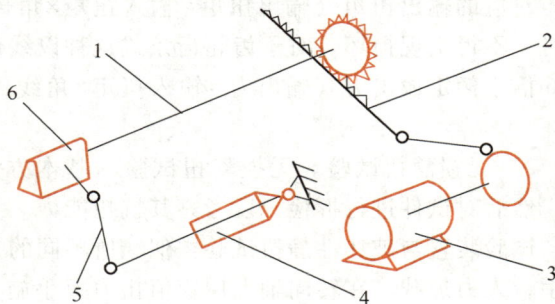

图 8-45　正向驱动疲劳寿命试验台示意图
1—转向轴　2—齿条-齿轮机构　3—电动机-减速器
4—负荷缸　5—摇臂　6—被试转向器

要求经过 15 万次循环后，将被试转向器拆检，各零件不得出现点蚀、剥落等损坏现象。

图 8-46 所示为逆向驱动疲劳寿命试验台。逆向驱动试验时，直流电动机 1、通过减速器 2 带动偏心轮 3 转动，该偏心轮相当于一个曲柄，其转动引起被试转向器 5 的摇臂轴摆动，要求摇臂上的输入扭矩相当于转向器额定输出扭矩的 1.5 倍，当额定输出扭矩大于 1700N·m

时，按 1700N·m 计算。驱动摇臂轴的速度，不得大于 30 次循环/min；润滑油温度不得超过 60℃。在被测试转向器的转向轴上连接惯性加载盘 6，提供惯性阻力负荷。

试验中每隔 2.5 万次循环允许拆检一次，但不允许更换零件。要求经过 30 万次循环后，将被测试转向器拆检，各零件不得出现点蚀、剥落等损坏现象。

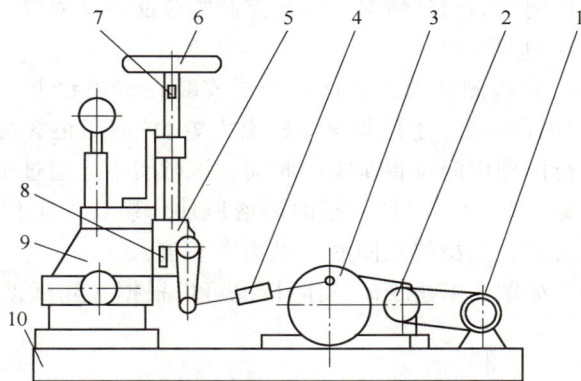

图 8-46　逆向驱动疲劳寿命试验台

1—直流电动机　2—减速器　3—偏心轮　4—拉压传感器　5—被试转向器　6—惯性加载盘
7—扭矩计　8—测温计　9—固定支架　10—底盘

二、液压助力转向器总成试验

液压助力转向系统是兼用驾驶人体力和液压伺服助力的转向系统。液压助力转向器总成是在机械转向系统的基础上加设一套转向加力装置而形成的，转向加力装置的主要部件有转向油罐、转向油泵、转向控制阀和转向助力缸等。

液压助力转向器试验主要包括性能试验和可靠性试验等，具体试验内容参见汽车行业标准 QC/T 529—2013，下面选取几项典型项目进行介绍。

（1）**转向器总圈数的测定**　转向器总圈数测定试验方法较简单，将被测试助力转向器总成安装在试验台上，输出端（摇臂或齿条）不施加任何载荷，测定转向盘（或转向轴）在车轮从一个极限位置转到另一个极限位置的过程中所转过的总圈数。

注意，这个试验测定的是转向器的转动总圈数，和装车后转向盘的转动总圈数可能不一致。因为汽车的转向盘极限位置，也就是对应转向轮的极限位置，是由车轮和前桥设计保证的，不完全取决于转向器的设计。

（2）**空载转动力矩测定**　空载转动力矩测定是将被测试助力转向器总成安装在试验台上，总成进、出油口通大气，将油腔里的油液排尽，输出端空载，输入端匀速转动，转速为 5~15r/min，转向盘从左转极限位置开始转到右转极限位置后，再转回到左转极限位置，在此过程中，记录输入端输入转矩与转角之间的关系。

（3）**自由间隙的测定**　自由间隙的测定是将被测试助力转向器总成安装在试验台上，转向盘（转向轴）处于直线行驶位置，将转向器的输出端刚性固定。输入端转动速度不大于 0.25r/min。测出由中间位置向左转动至油压达到 1×10^5Pa 时转向盘转过的角度，再测出由中间位置向右转动至油压达到 1×10^5Pa 时转向盘转过的角度，两者之和就是自由间隙。

试样应不少于 3 件，每个样品测试 3 次，取平均值，结果应不大于 5°。

（4）功能试验 将被测试助力转向器总成安装在试验台上，试验时转向油泵的转速相当于发动机的怠速。令摇臂轴处于直线行驶位置，在摇臂轴上施加相当于总成最大阻力矩的 1/3 的阻力矩。由试验员操纵转向盘，凭手感经验检查在全行程内转动转向盘时的平滑性和连续性，同时检查转向控制阀的回位情况。转向控制阀应能自动回位，不得有明显卡滞和拐点，否则判为不合格，并中断试验。

（5）回正能力试验 将被测试助力转向器总成安装在试验台上，输入端空置。在有动力情况下，在输出端（如摇臂轴）上施加最大输出力矩 6% 的回正载荷。分别测量松手后转向盘从两个极限位置自行回到中间位置所需的时间，该时间不应超过 10s。

（6）转向力特性试验 转向力特性，指的是液压加力装置的工作压力与转向轴输入扭矩的关系，反映了系统对驾驶人操舵意图的"助力"程度。

助力转向系统试验台如图 8-47 所示。实际情况可以根据被测试助力转向系统的具体布置灵活配置。

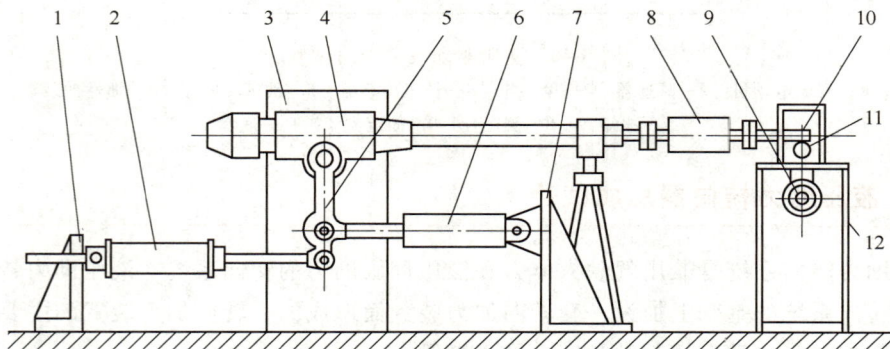

图 8-47 助力转向系统试验台

1—加载缸支架 2—加载缸 3—转向器支架 4—被试转向器 5—转向摇臂 6—转向助力缸 7—动力缸支架 8—扭矩传感器 9—驱动液压缸 10—齿条 11—齿轮 12—驱动装置支架

将被测试系统的输出端（如转向摇臂）固定在汽车直线行驶的位置，向左、右两个方向转动转向盘，直到油压升高到最大值为止。分别记录向左、右转动时转向轴的输入扭矩 M 与工作压力 p 之间的关系，如图 8-48 所示。

三、电动助力转向器总成试验

电动助力转向系统（EPS）是指借助电机动力，通过电子控制操纵的转向系统。电动助力转向系统主要包括机械式转向器、电机、电子控制单元和传感器等。

电动助力转向器试验主要包括性能试验、环境试验、可靠性试验、机械强度试验等，具体试验内容可参见汽车行业标准 QC/T 1081—2017，下面选取几项典型项目进行介绍。

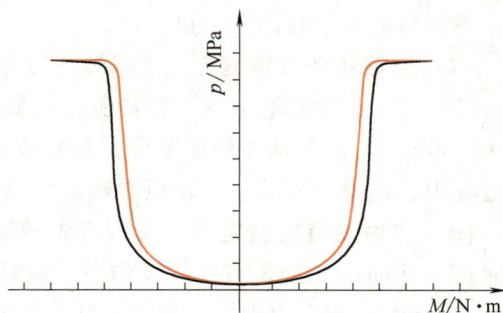

图 8-48 转向力特性曲线

（1）**功能试验**　功能试验是将装置安装在试验台架上，输入端处于直线行驶位置，输出端施加试验载荷，车速在 $0 \sim v_{max}$ 范围内均分（按 $5 \sim 20km/h$ 间隔），手动左右转动转向盘进行试验，感觉平滑无卡滞。

（2）**输入输出特性试验**　输入输出特性试验是将装置安装在试验台架上，系统正常工作，输入端处于直线行驶位置，输出端刚性固定或施加线性载荷，设定不同车速分别以 $20 \sim 30r/min$ 的速度向左右两个方向匀速转动输入端，使输出力矩或力达到额定值，记录各个车速下输入力矩与输出力矩或力的关系曲线，如图 8-49 所示。

图 8-49　输入力矩与输出力矩或力的关系曲线

注：$0 = v_1 < v_2 < v_3 = v_{max}$

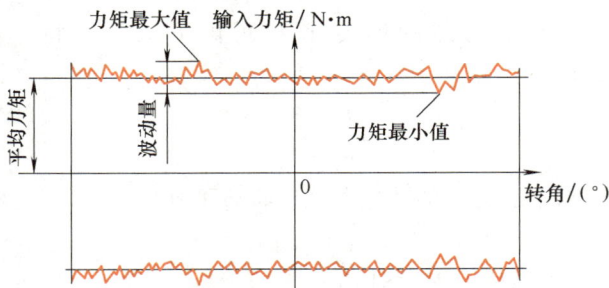

（3）**空载转动力矩试验**　空载转动力矩试验是将装置安装在试验台架上，系统正常工作，输入端处于直线行驶位置，输出端空载。汽车点火开关关闭，输入端以 $20 \sim 30r/min$ 的转速从直线行驶位置顺时针转动到 90% 转向器最大右转角，然后再反向转动到 90% 转向器最大左转角，再顺时针回到起始位置。记录绘制空载转动力矩曲线，如图 8-50 所示，并记录输入端力矩的最大值和波动量，空载转动力矩的测量和计算参照 QC/T 29096 和 QC/T 29097。

（4）**齿条移动力试验**　齿条移动力试验是在车速为 $0km/h$、输入端空载、汽车点火开关开启时测量，驱动齿条从左极限位置到右极限位置，测量全转角 90% 以上齿条移动力。

图 8-50　空载转动力矩曲线

（5）**反向冲击试验**　反向冲击试验是将装置安装在试验台架上，系统正常工作，输入端处于直线行驶位置，试验时允许用手轻扶转向盘，在转向器输出端施加额定输出载荷 40% 的冲击载荷，时间应不大于 $10ms$，测量冲击时电流响应时间和输入端所转动的角度，应满足制造商要求。

（6）**高转速助力不足试验**　高转速助力不足试验是将装置安装在试验台架上，系统正常工作，输入端处于直线行驶位置，输出端施加额定输出载荷，输入端在 $90°$ 范围内以 $200 \sim 550°/s$ 速度转动，测量输入端转动力矩，应满足制造商要求。

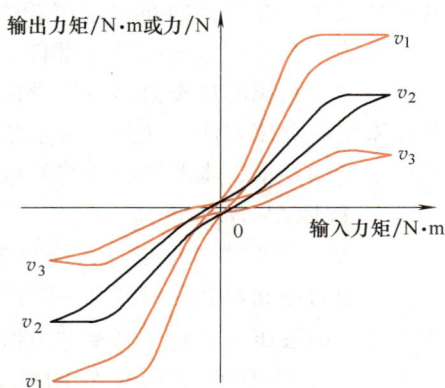

第五节　制动系统试验

制动系统是汽车上最为重要的安全设备之一，其有效性直接关系到驾驶人、乘客、行人等交通参与者的安全，对其工作性能、机件强度和耐久性必须给予高度重视。

汽车制动系统由制动器和制动驱动机构组成，制动驱动机构又包含供能装置、控制装置、传动装置、制动力调节装置以及报警装置、压力保护装置等附加装置。由于制动系统涉及的元件较多，在车上的布置范围较大，因此在进行台架试验时往往不对整个系统进行测试，而是分几个主要组成部分（部件）。

汽车制动系统的种类繁多，能量传输方式各异，由于篇幅所限，本节重点讨论常见的液压制动系统的测试方法。此外，由于智能电动汽车的发展，对制动系统的功能、结构和性能均提出了新的要求，本节还将对智能电动汽车制动系统试验进行简要介绍。

一、真空助力器试验

真空助力器利用发动机或真空泵产生的真空度来增加驾驶人的制动促动力，使得主缸能够产生足够的液压力。对于真空助力器的性能要求，除了基本的密封性、耐久性、耐蚀性以外，比较重要的是真空助力器的输入-输出特性，具体试验内容参见汽车行业标准 QC/T 307—2016。

在测试真空助力器的输入-输出特性时，需要将真空度保持在（-66.7 ± 1.3）kPa。在助力器的输入推杆上以 $100\sim200$N/s 或（2 ± 0.5）mm/s 的速度连续加载至最大助力点的 130%以上，然后以相同的速率连续卸载，记录输入-输出特性曲线，如图 8-51 所示。

在图 8-51 中，F_a 为始动力，即可以使真空助力器产生输出力时的最小输入力；F_{a1} 为释放力，即在真空助力器的输入力连续下降的过程中，其输出力降为零时的输入力；F_J 为跳跃值，即通过始动力点所作的垂线与助力器助力比特性线的延长线的交点。

真空助力器的助力比 I_r 可由下式计算得到，即

$$I_r = \frac{F_E - F_J}{F_{in} - F_a}$$

真空助力器的特性曲线应符合下列要求：

1) 始动力 $50\text{N} \leqslant F_a \leqslant 110\text{N}$。

2) 释放力 $F_{a1} \geqslant 10\text{N}$。

3) 跳跃值、助力比、滞后力、输出力应满足产品图样的要求。

4) 特性曲线不应出现任何不规则或不连续，试验中不得出现异常噪声。

二、制动主缸试验

制动主缸属于单向作用活塞式液压缸，其作用是将自制动踏板机构输入的机械能转换成液压能。根据交通法规的要求，现代汽车的液压制动系统都采用了双回路结构，也就是采用串联双腔液压制动主缸，本节根据汽车行业标准 QC/T 311—2018 重点介绍这种主缸的试验方法，其他形式的液压制动主缸可参照执行。

制动主缸液压测试试验台包括驱动装置、样

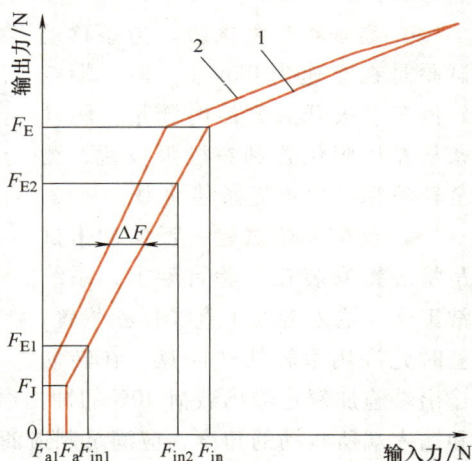

图 8-51 真空助力器输入-输出特性曲线

1—加载曲线 2—释放曲线 F_a—始动力
F_{a1}—释放力 F_J—跳跃值
ΔF—滞后力 F_{in}—最大助力点对应的输入力 F_E—最大助力点对应的输出力 F_{in1}—30%最大助力点对应的输入力 F_{E1}—30%最大助力点对应的输出力 F_{in2}—70%最大助力点对应的输入力 F_{E2}—70%最大助力点对应的输出力

件、样件支撑、测量装置和负载装置等，其原理如图 8-52 所示。驱动装置用来模拟实车的加载方式，其推杆头部与实车样件尺寸规格一致，推杆的安装符合汽车上的安装角度，并且能够对样件的活塞进行周期性加载，样件的活塞可以移至最大行程位置，推动的距离可调节并可在任意位置固定不动，推动时样件建压的速度可以调节。负载装置能够模拟制动器中液压制动轮缸的工作状态，可按照要求调整加载压力和样件行程的关系，负载装置中的可运动部件可根据需要锁止。测量装置用于测量压力、位移、排量、流量、力矩、长度等，测量的相对误差不应超过±1%，测量样件无负载回程时间的相对误差不应超过±5%。试验装置中的液压连接管路采用制动用金属管和软管，且不能产生节流现象。

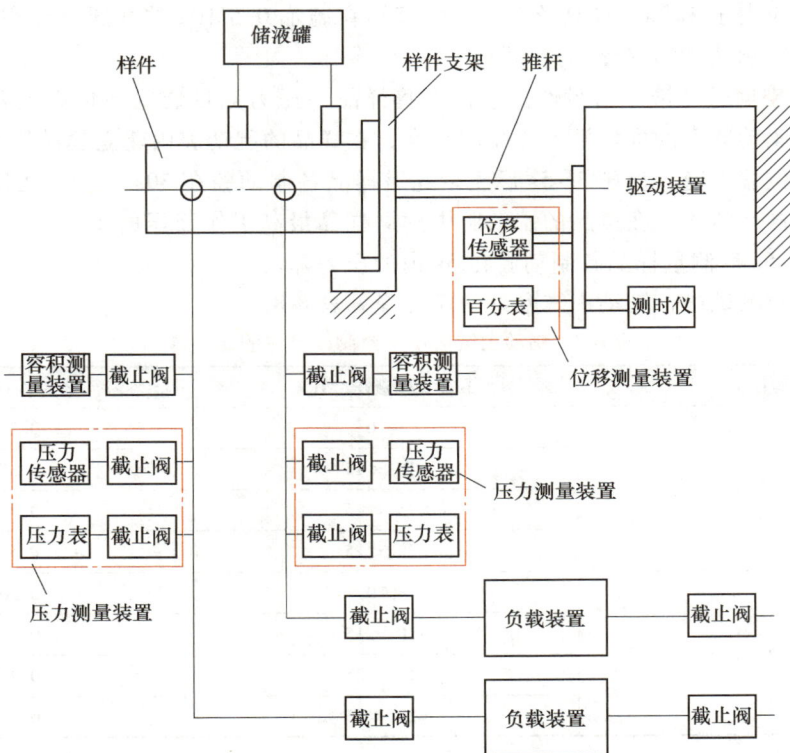

图 8-52 制动主缸液压测试试验台的原理

制动主缸性能试验项目主要包括残留阀性能、密封性能、初始建压行程、输出功能、排量、无负载回程时间、压差性能、流量、压力冲击、耐压强度、工作耐久性、振动性能和耐盐雾腐蚀性试验等。其中前十一项可以采用同一样品进行试验，建议压力冲击、耐压强度和工作耐久性试验在最后进行；而振动性能和耐盐雾腐蚀性试验则需要用不同的样品分别进行。试验用的制动液应与实车用的制动液相同，样品的初始状态应处于安装尺寸，试验环境温度为室温。下面选取几项典型试验项目进行介绍。

1. 密封性能试验

制动主缸的密封性能试验需要分别测试真空密封性、气压密封性和液压密封性。

(1) 真空密封性 真空密封性试验时，首先关闭样品排液孔，两供液孔连通后与真空源相连，对于带有储液罐的主缸，直接将真空源与储液罐的加液口相连。将系统抽真空至绝对压力（250±50）Pa后切断真空源，立即记录此后5s内测试系统内的压力升高值，要求上升值应不大于0.3kPa。

（2）气压密封性 气压密封性试验需要将样品与驱动装置连接到测试回路；用驱动装置的推杆将样品的活塞推至超过样件初始建压行程；使样件的排液孔与气源相连，调节气源压力为（50±2）kPa，关闭气源；稳压3~5s后，测量样件各制动腔在10s内的压力降；将驱动装置的推杆退回到原始位置；将样件的排液孔堵死，气源与供液孔或储液罐的加液孔（带有储液罐的主缸）相连；调节气源压力为（0.5±0.05）MPa，保持10s，观察样品及自带的储液罐有无气体外泄现象，观察储液罐有无影响功能的变形。要求样品制动主缸各制动腔的气压降不应大于3kPa；样品及自带的储液罐在施加0.5MPa的气压下无空气泄露现象，储液罐不出现影响功能的变形。

（3）液压密封性 液压密封性试验需要将样品与压力测量装置和负载装置连接到测试回路。然后用驱动装置的推杆推动样品的活塞，在样品的制动腔内建立起样品的最高工作液压，保持推杆位置不变，稳压3~5s后测量此后样品各制动腔在30s内的压力降；用驱动装置的推杆推动样品活塞，在样品的制动腔中建立样品最高工作液压的130%，保持推杆位置不变，稳压3~5s后测量样品各制动腔在5s内的压力降。

在液压密封测试中，制动主缸允许的压力降见表8-8。

表8-8 制动主缸液压密封测试允许的压力降

试验压力	最高工作液压/MPa	压力降/MPa
最高工作液压	≤10	0.20
	>10，≤15	0.35
	>15，≤25	0.45
	>20，≤25	0.55
最高工作液压的130%	≤10	0.10
	>10，≤15	0.15
	>15，≤25	0.25
	>20，≤25	0.35

2. 输出功能试验

将样品与压力测量装置和负载装置连接到测试回路。然后以（3±1）mm/s的速度推动样品活塞运动，在测试回路中建立起样品的最高工作液压后返回，至少进行5次。此外，分别模拟样品中一个制动腔失效，观察另一个制动腔能否建立起样品的最高工作液压。

3. 压差性能试验

（1）缓加压压差 将样品与压力测量装置和负载装置连接到测试回路。然后以（3±1）mm/s的速度推动样品活塞，在样品制动腔中建立起略超过4MPa的压力，测量并记录样品两制动腔中有一个达到4MPa时，两制动腔的压力差。两制动腔的压力差应不大于0.3MPa。

（2）急加压压差 将样品与压力测量装置和负载装置连接到测试回路。然后以（20±5）MPa/s的建压速率，在样品的制动腔中建立起略超过13MPa的压力，测量并记录样品中两制动腔内有一个压力达到13MPa时两制动腔的压力差。两制动腔的压力差应不大

于 0.5MPa。

三、制动器试验

汽车制动器是指产生阻碍车辆运动或运动趋势的力的部件，包括行车制动器和驻车制动器等。

行车制动器的台架试验是利用各种台架当量载荷来模拟汽车的制动过程，在非道路行驶的条件下确定制动器总成的制动效能、热稳定性、摩擦衬片磨损以及强度等性能指标，具体试验方法参见汽车行业标准 QC/T 564—2018。

1. 性能试验

对于行车制动器，通常采用惯性式制动器试验台来模拟制动器的制动工况，从而测试各项性能。惯性式制动器试验台利用惯性飞轮来模拟汽车运动时平动质量和旋转质量所储藏的动能，从而模拟汽车的真实制动工况，以此来进行对制动器的各项性能测试。

图 8-53 所示为惯性式制动器试验台的一般结构示意图，除此之外还应包括液压或气压系统，吹风与除尘装置，数据采集与处理系统以及试验程序自动控制系统。惯性式试验台的基本原理是令台架惯性飞轮组的转动惯量与汽车在道路上行驶时的惯量（包括整车的平移质量和主要旋转件的旋转惯量）相当，也就是台架惯性飞轮组的动能与汽车在道路上行驶时的动能（包括整车的平动动能和主要旋转件的转动动能）相等，从而使台架制动能耗与汽车上的相等。

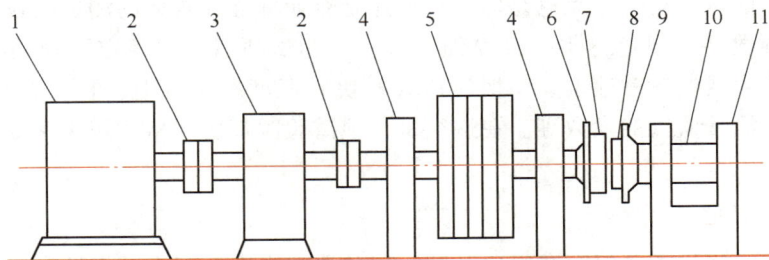

图 8-53　惯性式制动器试验台的一般结构示意图

1—可调转速电动机　2—联轴器　3—减速箱　4—支撑座　5—飞轮　6—主动轴法兰　7—试件（制动鼓）
8—试件（制动蹄）　9—从动轴法兰　10—从动轴　11—从动轴座

由原理可以看出，惯性式制动器试验台模拟汽车制动过程的关键参数有两个：主轴的转速和飞轮的惯量。

汽车制动时的初速度 v（km/h），由试验台主轴转速 n（r/min），也就是飞轮转速进行换算，即

$$n = 2.65v/r$$

式中，r 为车轮半径，单位为 m。

飞轮的惯量应与汽车的整车惯性相对应，包括整车平移质量和主要旋转元件的转动惯量。经力学推导可以得出，试验计算惯量 I（kg·m^2）为：

$$I = G_m r^2$$

式中，I 为转动惯量计算值，单位为 kg·m²；G_m 为汽车满载情况下，以 4.41m/s²（0.45g）的制动减速度进行制动时，被试制动器所对应车轮承受的那部分质量，单位为 kg，当同一制动器用于不同车型时，取最大值。

一个前制动器的试验惯量 I_q 为

$$I_q = \frac{G_a(b+0.45h_g)r^2}{2L}$$

一个后制动器的试验惯量 I_h 为

$$I_h = \frac{G_a(a-0.45h_g)r^2}{2L}$$

式中，I_q 为一个前制动器的转动惯量计算值，单位为 kg·m²；I_h 为一个后制动器的转动惯量计算值，单位为 kg·m²；G_a 为车辆满载总质量，单位为 kg；L 为车辆轴距，单位为 m；b 为重心至后轴距离，单位为 m；a 为重心至前轴距离，单位为 m；h_g 为车辆满载时重心高度，单位为 m。

除此之外，还要将试验要求的制动减速度换算成试验台的制动力矩控制值，即

$$M_c = J_c I/r$$

式中，M_c 为试验台制动力矩控制值，单位为 N·m；J_c 为试验要求的制动减速度，单位为 m/s²。

行车制动器的试验规范，无论是国家标准还是企业标准，具体的测试项目都有很多，对于试验工况和参数要求规定得都十分详细。每一个测试项目，都规定了制动初速度与末速度、制动管路压力或制动减速度、摩擦衬片（衬块）温度控制范围、制动周期、制动次数、冷却风速和需要测量监控的参数等。在进行每一项试验时都要严格按照相关要求规定的试验条件进行试验。

2. 结构强度试验

结构强度试验用于考察汽车在紧急制动时制动器的强度、工作可靠性和寿命。除了能使用上述的惯性式制动器试验台，还可以采用专门的制动器结构耐久性试验台，如图 8-54 所示。

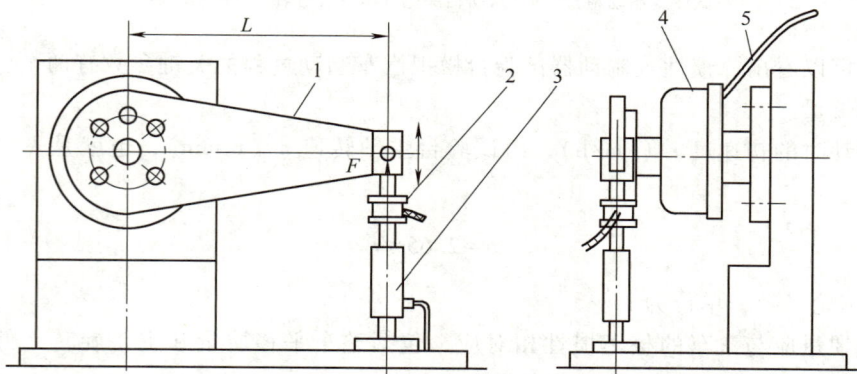

图 8-54　汽车制动器结构耐久性试验台

1—力臂　2—测力传感器　3—加载缸　4—制动器　5—制动管路

试验前，应先根据试验规范要求的制动力，以及车辆的结构参数和制动系统的设计参数来计算该制动力对应的试验当量制动力矩。试验时，按照计算出的制动力矩，控制液压机构驱动制动器产生该制动力矩，来验证制动器的结构强度和耐久性。

由于紧急制动只发生在汽车前行中，所以只要求进行前行方向的试验。

驻车制动器试验台的主要作用是在给定输入力（常见的就是驻车制动手柄力）的作用下，测量驻车制动器摩擦副的摩擦力矩。驻车制动器试验台多采用惯性式制动器试验台，即将制动器的旋转部分连同试验台的飞轮加速到某一转速，然后在驻车制动器的操纵手柄处施加规定的作用力，飞轮在制动器制动力的作用下减速，测量此过程中的转矩或减速度，然后由飞轮的惯量换算出减速力矩。

需要注意的是，考虑到汽车既可能停止在上坡道路，又可能停止在下坡道路上，驻车制动器需要对前进和倒退两个方向进行试验。

四、智能电动汽车制动系统试验

目前智能电动汽车上应用的行车制动系统仍多为液压制动系统，但智能电动汽车的出现和发展对液压制动系统的功能、结构、性能以及相对应的测试评价体系均提出了新的要求。典型的智能电动汽车制动系统包括电动真空泵、电子液压制动系统（EHB）、电动助力制动系统（Ibooster）、集成制动系统（IBS）和电子机械制动系统（EMB）等，本节主要对前两种系统的试验进行简要介绍。

1. 电动真空泵试验

电动真空泵是为汽车制动系统中的真空助力伺服装置提供独立真空源，且由电动机驱动的真空发生装置。

电动真空泵性能指标主要包括基本性能（抽气时间、最大真空度）、工作耐久性、振动耐久性、耐蚀性、耗液量、噪声、防护等级和电磁骚扰特性等。具体试验方法参见汽车行业标准 QC/T 1004—2015。

电动真空泵基本性能试验装置示意图如图 8-55 所示，它可以模拟工作条件，从而测试被测真空泵能否达到所要求的性能。下面选取几项典型试验项目进行介绍。

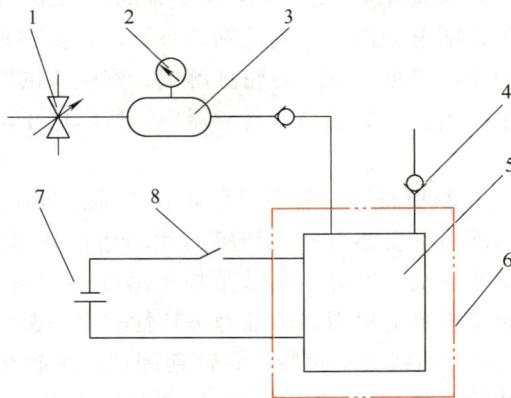

图 8-55　电动真空泵基本性能试验装置示意图
1—截止阀　2—压力表　3—真空罐　4—单向阀　5—被测电动真空泵
6—环境箱　7—电源　8—开关

（1）不同环境温度下的性能试验

1）常温性能。将被试样品通过固定支架固定安装在电动真空泵基本性能试验台上。按产品技术文件要求连接相关管路和电路，起动电动真空泵，分别记录到达表8-9规定真空度的抽气时间和所能达到的最大真空度。测试结果应满足表8-9中的规定，同时，电动真空泵在常温下所能达到的最大真空度不应低于−86kPa。

表8-9　不同真空度下的抽气时间

试验项目	真空度/kPa	抽气时间/s
常温性能	−50	≤5.5
	−66.7	≤12
	−80	≤23
高温性能	−50	≤6
	−66.7	≤13
	−80	≤23
低温性能	−50	≤7
	−66.7	≤15
	−80	≤30

2）低温性能。被测试样品安装和相关管路、电路连接同常温试验，将环境箱的温度设置为−40℃，启动高低温环境箱，待达到规定温度后，再在此温度下放置8h，然后起动电动真空泵，分别记录达到表8-9规定真空度的抽气时间。

3）高温性能。除环境箱的温度为120℃外，其余同低温试验。

（2）噪声　将被试样品通过固定支架按实车安装状态安装在试验台上，起动电动真空泵，按常温耐久性试验条件进行运转，同时用声级计进行噪声测量。测量位置距离电动真空泵几何中心0.3m处，分别在左、右、上三个方向上进行测量，取3个噪声测量值的最大值为该工况下的噪声测量值。试验时，在测量点方向距离样件表面2m范围内不应有任何障碍物，背景噪声不得大于60dB（A）。在整个试验中电动真空泵的最大噪声值不应大于74dB（A）。

2. 电子液压制动系统试验

电子液压制动系统（Eletronic-hydraulic Braking System，EHB）是在传统液压制动系统的基础上发展而来的适用于智能电动汽车的线控制动系统，它能够独立控制各个轮缸的制动压力。电子液压制动系统的制动踏板、主缸与轮缸解耦，驾驶人的踏板反馈由踏板感觉模拟器提供，其压力源由电动泵产生，储藏于高压蓄能器中，所以电子液压制动系统在这些方面的测试尤为重要。

（1）踏板感觉测试　汽车踏板感觉一般通过踏板特性曲线即踏板位移-踏板力曲线来描述。在试验前，需要在制动踏板上安装有压力传感器和转角传感器。测试共分为三个方面：准静态测试、中速测试和高速测试。准静态测试是控制踏板的加载速度为20mm/s，由此测得的踏板特性曲线能够反应踏板感觉模拟器的准静态特性；中速测试的踏板加载速度为60~100mm/s，测试得到的踏板特性曲线为中速特性；高速测试的踏板加载速度为200mm/s，反应踏板感觉模拟器的高速特性。测试得到的踏板特性曲线应满足传统制动系统的踏板特性，并且更符合人机工程学。

（2）高压蓄能器试验　电子液压制动系统中，压力源是通过电动泵储存在高压蓄能器

中的，高压蓄能器的性能对轮缸压力有很大影响。

　　高压蓄能器特性试验包括补液试验和放液试验。进行补液试验时，液压调节单元中的电磁阀均处于未通电状态，选取高压蓄能器内压力的三个状态（压力为0，压力较低，压力处于中等状态）进行三次试验。试验过程中，电动机应驱动泵全力工作给高压蓄能器充液，通过蓄能器出口处的压力传感器记录蓄能器的压力变化。通过蓄能器的压力变化曲线可以得出蓄能器的充液性能。

　　进行放液试验时，通过电子控制单元（ECU）将减压回路打开，使制动液能够直接回到储液罐中。分别将高压蓄能器内的压力设置为最高压力的100%、75%与50%进行三次试验，此时，电动泵应停止运转，由出口的压力传感器记录蓄能器的压力变化，进而得出蓄能器的放液能力。

第六节　汽车主动安全电子控制系统试验

　　随着现代传感技术和电控技术的发展，各种汽车主动安全电子控制系统先后问世并得到广泛应用，如防抱制动系统（Anti-lock Braking System，ABS）、牵引力控制（Traction Control System，TCS）和电子稳定性控制（Electronic Stability Control，ESC）系统等，这些汽车主动安全电子控制系统的开发和应用有效地提高了车辆的综合性能，很多系统已经发展成为汽车的标准配置。随着这些技术的发展与应用，相应的各种试验与评价也同时增多。严格意义上讲，相关测试试验应分属各整车性能试验，但因为各主动安全电子控制系统本身可以单独称为总成，所以单列此节用以介绍典型的汽车主动安全电子控制系统测试试验方法。

一、防抱制动系统（ABS）性能试验

　　ABS是一种在紧急制动或在湿滑路面上制动时，以防止车轮抱死和保证汽车的方向稳定性、操纵性及安全性为目的的车辆主动安全控制系统。ABS主要由传感器、控制器和液压调节器组成，其性能主要从制动效能、制动效能的稳定性和制动时车辆行驶的方向稳定性三个方面来评价。ABS性能要求主要包括附着系数利用率、能量消耗和附加检查。其中，附着系数利用率应大于或等于0.75；能量消耗指装备ABS的机动车辆必须在长时间全行程行车制动时保持其性能；附加检查分别考察车辆在满载和空载条件下紧急制动时，被控车轮的抱死情况和车辆的方向稳定性。

　　ABS具体试验方法可以参见GB/T 13594—2003。

　　典型的ABS性能试验包括高附着系数路面试验、低附着系数路面试验、高低附着系数对开路面试验和高低附着系数对接路面试验。各典型路面类型及参数见表8-10。

表8-10　典型路面类型及参数

序 号	路 面 类 型	路面类型代号	轮胎与路面附着系数
1	高附着系数路面	G	$k_H \approx 0.8$
2	低附着系数路面	D	$k_L \leqslant 0.3$
3	高低附着系数对开路面	DK	$k_H \geqslant 0.5, k_L < 0.5$
4	高低附着系数对接路面	DJ	$k_H / k_L \geqslant 2$

　　注：k_H 为高附着系数；k_L 为低附着系数。

ABS 性能试验所需测量仪器主要有：轮速/车速测量装置（精度不低于 1%）、减速度测量仪器（精度不低于 5%）和数据处理记录仪；踏板力传感器（精度不低于 2%）、管路压力传感器（精度不低于 2%）、压力调节装置（精度不低于 2%）及温度计（精度不低于 5%）；如有必要，须安装监视车轮是否抱死及抱死时间的设备（精度不低于 0.1s）；在测量轮胎与路面附着系数值时，在连接每个车轮的管路中，需要装用压力可调的限压阀（精度不低于 2%）。

试验时，应记录制动距离、车速、轮速、制动减速度、制动踏板力、制动管路压力、制动器温度以及轮胎滑转率和车轮抱死状态。为了评价制动方向稳定性，还可测量转向盘转角、横摆角速度和车辆行驶轨迹等。

下面以空载试验为例，介绍典型试验的过程。

1. 附着系数利用率测试

首先，接通 ABS，踩下制动踏板，确认每个制动器都正常工作。以 55km/h 的初速度制动，测定速度从 45km/h 下降到 15km/h 时的时间，制动过程中，保证 ABS 全循环（ABS 反复调节制动力以防止直接控制车轮抱死）。根据 3 次试验的平均值 t_m，计算 ABS 工作时的最大制动强度 z_{AL}，其计算方法如下：

$$z_{AL} = 0.849/t_m$$

然后，脱开 ABS 或使其不工作，只对试验车辆的单根车轴进行制动，试验初速度为 50km/h。以逐次增加管路压力的方法进行多次试验来确定车辆的最大制动强度 z_{max}。每次试验时，应保持脚踩踏板的力不变。制动强度应根据车速从 40km/h 降到 20km/h 所经历的时间 t 来计算。

从 t 的最小测量值 t_{min} 开始，在 t_{min}（包括 t_{min}）和 $1.05t_{min}$ 之间选择 3 个 t 值，计算其算术平均值 t_m，然后计算制动强度，即

$$z_m = 0.566/t_m$$

若实践证明，不能得到上述 3 个 t 值，则可采用最短时间 t_{min}。

根据测得的制动强度和未制动车轮的滚动阻力计算制动力及动态轴荷，其过程如下。

如后轴驱动的两轴汽车：

当用前轴制动时，有 $\qquad$ 制动力 $= z_m Pg - 0.015 F_r$

$$前轴动态轴荷 = F_f + \frac{h}{L} z_m Pg$$

用后轴制动时，有 $\qquad$ 制动力 $= z_m Pg - 0.010 F_f$

$$后轴动态轴荷 = F_r - \frac{h}{L} z_m Pg$$

式中，P 为整车质量；h 为质心高度；L 为轴距；F_f 和 F_r 分别为前、后轴的法向约束力。

前、后轴的附着系数分别为

$$k_f = \frac{z_m Pg - 0.015 F_r}{F_f + \dfrac{h}{L} z_m Pg}$$

$$k_r = \frac{z_m Pg - 0.010 F_f}{F_r - \dfrac{h}{L} z_m Pg}$$

可得整车附着系数为

$$k_M = \frac{k_f F_{fdyn} + k_r F_{rdyn}}{Pg}$$

式中，

$$F_{fdyn} = F_f + \frac{h}{L} z_{AL} Pg \; ; \; F_{rdyn} = F_r - \frac{h}{L} z_{AL} Pg$$

最后，可计算得到附着系数利用率 ε 为

$$\varepsilon = z_{AL} / k_M$$

装备 ABS 的制动系统若满足 $\varepsilon \geqslant 0.75$，则可认为是符合要求的。

2. 附加检查

试验时，脱开发动机，车轮允许短暂抱死；当车速低于 15km/h 时，车轮允许任意抱死。间接控制车轮在任何车速下都允许抱死，但不应影响车辆的行驶稳定性和转向性能。

（1）单一路面试验　在附着系数小于或等于 0.3 和约为 0.8（干路面）的两种路面上，以 40km/h 和法规规定的初速度急促全力制动，试验过程中，由 ABS 直接控制的车轮不应抱死。这些试验的目的是验证车轮未抱死且车辆稳定，因此不必完全制动使车辆停下。

（2）对接路面试验

1）高附着系数路面到低附着系数路面。当某一车轴从高附着系数路面驶向低附着系数路面时，$k_H \geqslant 0.5$ 且 $k_H / k_L \geqslant 2$，急促全力制动，直接控制车轮不应抱死。

行驶速度和制动时刻应这样确定：ABS 能在高附着系数路面上全循环，并保证车辆以 40km/h 和法规规定的初速度从高附着系数路面驶入低附着系数路面。

2）低附着系数路面到高附着系数路面。当车辆从低附着系数路面驶向高附着系数路面时，$k_H \geqslant 0.5$ 且 $k_H / k_L \geqslant 2$，急促全力制动，检查车辆的减速度在合适的时间内有明显的增加，同时车辆未偏离原来的行驶路线。

行驶速度和制动时刻应这样确定：ABS 能在低附着系数路面上全循环，车辆以约为 50km/h 的速度从低附着系数路面驶入高附着系数路面。

（3）对开路面试验　对开路面试验开始时，车辆的左右车轮分别位于两种不同附着系数（k_H 和 k_L）的路面上，$k_H \geqslant 0.5$ 且 $k_H / k_L \geqslant 2$，车辆的纵向中心平面通过高低附着系数路面的交界线。

以 50km/h 的初速度急促全力制动，检查直接控制车轮未抱死，轮胎（外胎）的任何部分均未越过此交界线。

试验时，可利用转向来修正行驶方向，但转向盘的转角在最初的 2s 内不应超过 120°，总转角不应超过 240°。

二、电子稳定性控制（ESC）系统性能试验

ESC 是一种汽车主动安全技术，它通过驾驶人输入及传感器等信号实时监控车辆行驶状态，实时对车辆实际行驶行为和驾驶人期望的行驶行为进行比对，利用闭环控制抑制汽车过多转向或不足转向趋势，提高汽车的操纵稳定性。

ESC 测试内容可参考标准 GB/T 30677—2014、GB/T 40521.1—2021 与 GB/T 40521.2—

2021，以及 FMVSS126、ISO 3888-1：2018 和 ISO 3888-2：2011。

典型的 ESC 系统测试工况主要有正弦延迟试验、双移线试验、避撞试验和稳态回转试验等，这里简要介绍几种典型的 ESC 性能试验。

1. 正弦延迟试验

（1）试验条件　试验应在干燥、均匀、坚实的路面上进行，试验路面应为单一坡度且坡度不大于 1%。

试验车辆是按试验标准规定的装备 ESC 等设备齐全的汽车。车辆燃油箱至少应加注 90% 的燃油，内部装载总质量为 168kg，包括试验驾驶人、测试设备和必要的配重沙袋。配重沙袋根据试验驾驶人和测试设备的质量总和与规定的内部装载总质量（168kg）之差确定，通常应放置在前排乘员座椅后部的地板上；必要时，也可放置在前排乘员的脚部区域。所有的配重沙袋都应可靠放置，避免在试验过程中发生移动。

为保证试验安全，可安装防翻架。

在进行下述需要恒定转角的试验中，应采用自动转向装置，用于 ESC 测试的自动转向力矩施加范围要求为 $40\sim60$N·m。

（2）试验规程

1）车辆制动器预处理。试验车辆在 56km/h 的初始速度下，以约 $0.5g$ 的平均减速度将车辆制动至停车，共进行 10 次。

在完成初速度为 56km/h 的系列制动后，立即在 72km/h 的初速度下全力制动使车辆停车，共进行 3 次。这时要求施加足够的制动踏板力以激活 ABS。

以 72km/h 的速度匀速行驶 5min，用于冷却制动器。

该试验用于检测制动器部件是否正常工作。

2）轮胎磨合。试验车以能够产生 $(0.5\sim0.6)g$ 的侧向加速度的行驶速度，绕直径为 30m 的圆顺时针转 3 圈，再逆时针转 3 圈。

采用频率为 1Hz 的正弦转向输入、以 56km/h 的车速进行试验，转向盘转角峰值时应使车辆产生 $(0.5\sim0.6)g$ 的侧向加速度。共进行 4 次试验，每次试验由 10 个正弦循环组成。

在进行最后一次试验的最后一个正弦循环时，其转向盘转角幅值是其他循环的两倍。所有的试验之间允许的最长时间间隔为 5min。

该试验用于对轮胎进行磨合，使表面粗化并达到规定的工作温度。

3）慢增量转向试验。试验车辆应沿逆时针方向和顺时针方向分别进行一组慢增量转向试验；每组试验由 3 次重复试验组成，各次试验之间允许的最长间隔时间为 5min。车辆以 (80 ± 2) km/h 的速度行驶，以 13.5°/s 的角速度顺时针缓慢增加转向盘转角，直到汽车的侧向加速度达到 $0.5g$。将得到 $0.3g$ 的侧向加速度时所对应的转向盘转角幅值记为 "A" 值。该步骤重复 3 遍。

逆时针转动转向盘按上述步骤重复 3 遍。

采用线性回归法计算每次渐增转向试验的 "A" 值并圆整至 0.1°；然后，计算六次转向试验 "A" 值绝对值的平均值并圆整至 0.1°，用于下面的试验。

4）正弦停滞转向试验。在慢增转向试验完成后的 2h 内确定 "A" 值，并开始第一组正弦停滞转向试验。试验前，不应更换轮胎，但应按照上述轮胎磨合步骤再次对轮胎进行磨合并立即开始试验。

按图 8-56 所示进行两组正弦停滞转向输入试验：正弦转向输入的频率为 0.7Hz，在第 2 个峰值处有 500ms 延迟。其中，一组试验的上半周期按逆时针方向进行，另一组试验的上半周期按顺时针方向进行。在各次试验之间，允许车辆停车冷却 1.5~5min。

试验车辆以（80±2）km/h 的车速沿直线方向高档滑行，待车速稳定后试验驾驶人启动转向机器人工作程序。每组试验的转向盘转角峰值为 1.5A，以 0.5A 峰值梯度逐次增加试验次数直至转向盘转角峰值为 6.5A 或 270°（取较大者），如果 6.5A 大于 300°时，则每组试验的最后一次转向盘转角幅值取 300°，反之每组试验的最后一次转向盘转角幅值为 6.5A 与 270°中较大值。

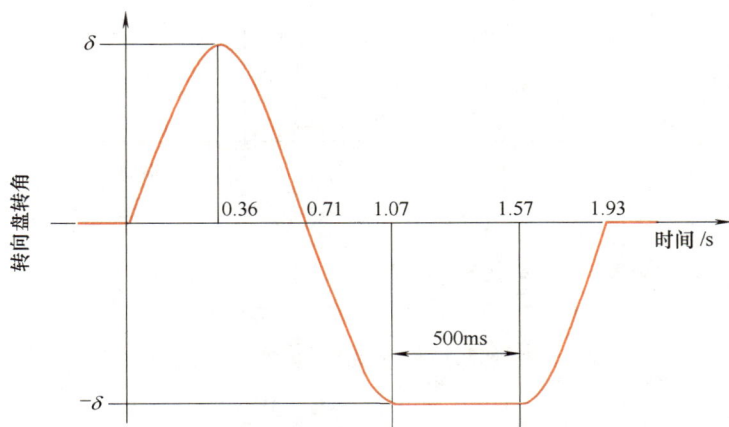

图 8-56　正弦延迟试验转向盘转角输入模式

5）测量数据。在正弦延迟试验过程中，记录转向盘转角、侧向加速度、横摆角速度等变量随时间变化的历程曲线。

6）性能评价。根据试验记录的数据，将在转向盘转角方向开始改变后车辆的第一个峰值横摆角速度记为 ω_{peak}；将在正弦停滞测试开始 1.07s 时，车辆的侧向位置记为 Y_{disp}；将在正弦延迟测试中转向盘转向输入结束后 1s 测试开始 2.93s 时，车辆的横摆角速度记为 ω_1；将在正弦延迟测试中转向盘转向输入结束后 1.75s 测试开始 3.68s 时，车辆的横摆角速度记为 ω_2，如图 8-57 所示。在每一次试验中，如果 $\delta>5A$，且 $Y_{disp}<1.83m$，或最大设计总质量大于 3500kg 的车辆横向位移 $Y_{disp}<1.52m$，则试验失败。反之，由下列条件来判定：

$$\omega_1 < 0.35\omega_{peak}$$

$$\omega_2 < 0.2\omega_{peak}$$

如果条件满足，则继续试验，如果不满足，试验失败。如果满足上述条件，且 $\delta>270°$，则试验成功，否则返回重复进行下一次试验。

简言之，评价 ESC 的侧向稳定性性能指标可定义为在正弦延迟试验中特定时刻的车辆横摆角速度与峰值横摆角速度之比。装配 ESC 系统的试验车辆应满足以下两个条件：

① 正弦延迟试验中转向盘转向输入结束后 1s 时对应的横摆角速度应不超过同一测试循环延迟时期横摆角速度峰值的 35%。

② 正弦延迟试验中转向盘转向输入结束后 1.75s 时对应的横摆角速度应不超过同一测试循环延迟时期横摆角速度峰值的 20%。

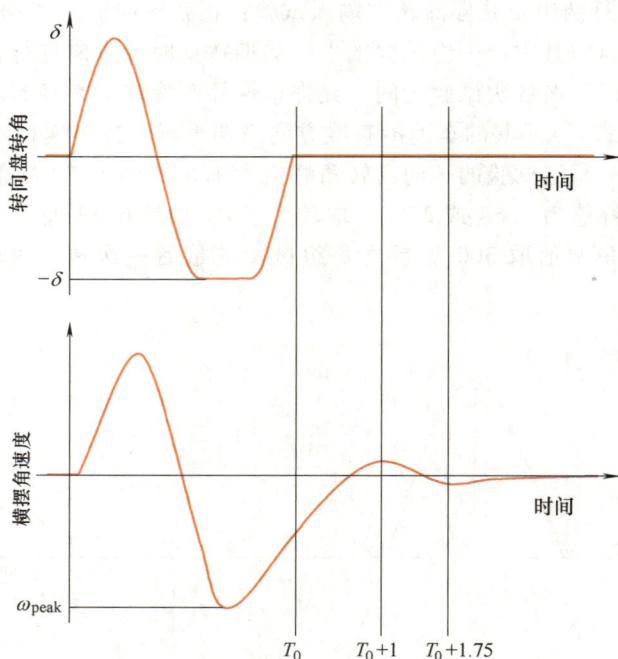

图 8-57　用以评价侧向稳定性的转向盘转角及横摆角速度的时间历程曲线

2. 双移线试验

（1）试验条件　双移线试验应在均匀、平坦的压实路面或具有类似峰值制动力系数的路面上进行，试验前后的峰值路面制动力系数不应有明显变化，试验场地应足够宽阔，能够保证试验安全；双移线试验通道应采用颜色醒目的标志桩布置而成，其中，试验通道及各路段的尺寸应符合图 8-58 和表 8-11 的规定。

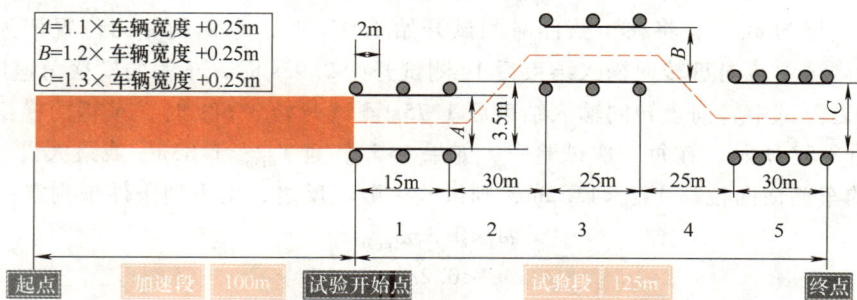

图 8-58　双移线试验通道示意图

表 8-11　双移线车道各段尺寸

路　段	长度/m	车道偏移/m	宽度/m
1	15	—	1.1×车辆宽度+0.25
2	30	—	
3	25	3.5	1.2×车辆宽度+0.25
4	25	—	
5	30	—	1.3×车辆宽度+0.25

用来标记车道的标志桩高度不小于 500mm，标志桩应按照图 8-59 所示根据路段长度、以不超过 5m 的间隔均匀布置，车道线的边界与标志桩圆锥底圆相切。

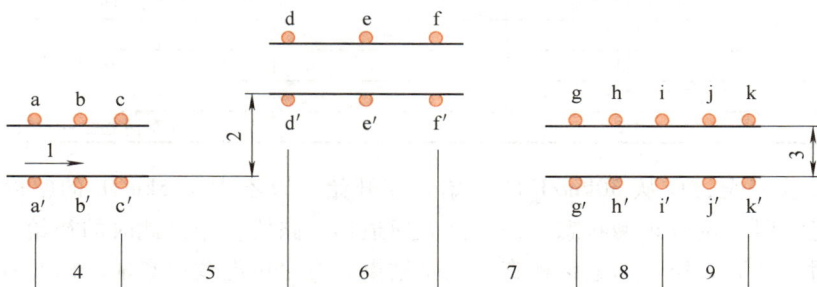

图 8-59　双移线车道标志桩的摆放位置

（2）试验规程　为保证试验安全，应从 30km/h 的起始车速开始，以不大于 5km/h 的幅度增加试验车速，当车速稳定时，调整车辆状态，进入试验通道第一路段，记录此时的初始车速。车辆进入试验通道后，驾驶人应尽可能调整车辆转向装置，使车辆通过试验通道，但不应对车辆进行任何加速、减速操作。如车辆在通过试验通道的过程中，未接触任何标志桩，也未偏离试验通道，则认为试验有效；否则，认为试验失败，应重新进行一次试验，如车辆在某一车速下连续 5 次试验失败，则终止试验，取上次有效试验初始速度作为试验结果。

在 ESC 开启、关闭状态下的试验完成后，对比分析两种状态下的测试结果，得出下述结论：

1）汽车在不撞标志桩条件下通过测试通道，ESC 系统开启时通过的最高车速应明显高于 ESC 系统未开启时的最高车速。

2）在试验过程中，横摆角速度以及转向盘转角的响应区间在开启 ESC 系统时比未开启 ESC 系统时要小。

3）开启 ESC 系统时的车辆轨迹比未开启 ESC 系统时的能更好地跟踪理想的车道轨迹。

3. 避障试验

避障试验是在双移线试验的基础上发展起来的，测试条件更为严苛。测试标准依据国际标准 ISO 3888-2：2011，与之相对应的国内测试标准为 GB/T 40521.2—2021。

通道应采用颜色醒目的标志桩布置而成，其中，试验通道及各路段的尺寸应符合图 8-60 和表 8-12 的规定。

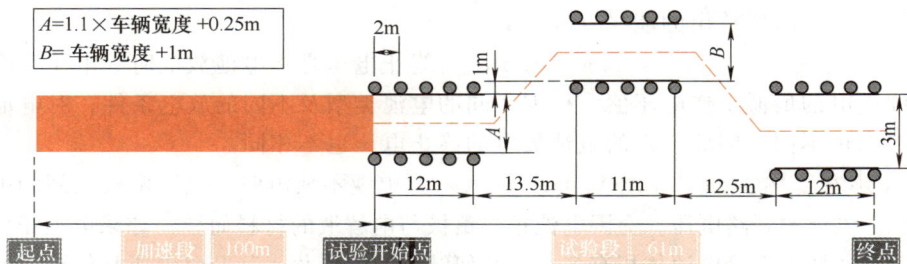

图 8-60　避障试验通道示意图

表 8-12　避障试验车道各段尺寸

路　　段	长度/m	车道偏移/m	宽度/m
1	12	—	1.1×车辆宽度+0.25
2	13.5	—	—
3	11	1	车辆宽度+1
4	12.5	—	—
5	12	—	1.3×车辆宽度+0.25,不小于3m

为保证试验安全，应从 30km/h 的起始车速开始，以不大于 5km/h 的幅度增加试验车速，当车速稳定时，调整车辆状态，进入试验通道第一路段，记录此时的初始车速。车辆进入试验通道后，驾驶人松开加速踏板直到试验结束。应尽可能调整车辆转向装置，使车辆通过试验通道。如车辆在通过试验通道的过程中，未接触任何标志桩，也未偏离试验通道，则认为试验有效；否则，认为试验失败，应重新进行一次试验。

在 ESC 开启、关闭状态下的试验完成后，对比分析两种状态下的最高入口车速。ESC 开启状态下的最高入口车速应明显高于 ESC 关闭状态下的。

第七节　电动汽车主要总成试验

一、动力电池系统试验

动力电池是电动汽车的供能装置，它是电动汽车区别于传统内燃机汽车的关键和核心部件，动力电池的技术水平直接代表了整个电动汽车行业的发展水平。为保证电动汽车的性能与安全，动力电池的测试必不可少。动力电池的测试指标主要包括安全性、使用寿命、续驶里程、使用成本、环境适用性，以及电池单体、模块和整个系统的一致性、循环性能和可靠性（包括电可靠性、机械可靠性和环境可靠性）。

1. 主要性能技术指标

（1）放电倍率　放电倍率是放电快慢的一种量度，指电池在规定的时间放出其额定容量时所需要的电流。放电倍率=放电电流/额定容量，符号用 nC 表示。例如：额定容量为 100A·h 的电池用 20A 放电时，其放电倍率为 0.2C。

（2）额定容量（Rated Capacity）　额定容量是指室温下完全充电的蓄电池以恒定电流放电，达到终止电压时所放出的容量（A·h）。

（3）额定能量（Rated Energy）　额定能量是指室温下完全充电的蓄电池以恒定电流放电，达到终止电压时所放出的能量（W·h）。

（4）终止电压（Cut-off Discharge Voltage）　终止电压是指电池放电时，电压下降到电池不宜再继续放电的最低工作电压值。根据不同的电池类型及不同的放电条件，对电池的容量和寿命的要求也不同，因此规定的电池放电的终止电压也不相同。

（5）开路电压（Open Circuit Voltage，OCV）　电池不放电时，电池两极之间的电位差称为开路电压。电池的开路电压，会因电池正、负极与电解液的材料而异，如果电池正、负极的材料完全一样，那么无论电池体积有多大，几何结构如何变化，其开路电压都保持一致。

（6）放电深度（Depth Of Discharge，DOD）　放电深度是指在电池使用过程中，电池放

出的容量占其额定容量的百分比。放电深度的高低和蓄电池的充电寿命密切相关，蓄电池的放电深度越深，其充电寿命就越短。

（7）荷电状态（State Of Charge，SOC）　荷电状态是指在电池使用过程中，电池剩余的容量占其额定容量的百分比。

（8）能量密度（Energy Density）　能量密度是指电池的平均单位体积或质量所能释放出的电能。

（9）高低温充放电性能（High Temperature and Low Temperature Characteristics）　高低温充放电性能是电池在不同高低温条件下充电或放电性能，主要以充放电容量为考核指标。

2. 试验内容

电动汽车动力电池系统分为电池单体、模块、电池包和电池系统四个层级。对于动力电池单体和模块的测试，主要关注一致性、循环寿命和安全性的评估；对于电池包和系统的测试，则侧重其电性能、环境适应性和安全保护功能的评价。其中，电性能影响汽车的行驶里程、速度、充电时间、加速时间和使用寿命等；环境适应性主要体现电动汽车对外界环境的适应能力；安全保护功能测试则是确保车辆安全的首要条件。

（1）动力电池单体、模块试验　动力电池单体、模块的试验内容见表8-13。主要测试有：

表8-13　动力电池单体、模块试验内容

序号	项目类别	检验项目	样品数量
1	基本性能	外观	100%
2		极性	
3		外形尺寸及质量	
4		室温放电容量	每项2组
5		室温倍率放电容量	
6		室温倍率充电性能	
7		荷电保持与容量恢复能力	
8		储存	
9	环境适应性能	低温放电容量	
10		高温放电容量	
11		耐振动	
12	循环寿命	标准循环寿命	
13		工况循环寿命	
14	安全性	过放电	
15		过充电	
16		短路	
17		跌落	
18		加热	
19		挤压	
20		针刺	
21		海水浸泡	
22		温度循环	
23		低气压	

1）单体不同温度下的 1/3C 放电性能。电池在 20℃ 环境条件下完全充电后，然后在各种环境温度下以 $\frac{1}{3}C$ 电流放电至放电终止电压。对测试结果数据进行整理，得到的不同单体不同温度条件下的放电曲线。

2）单体不同温度下的倍率充电性能。将电池在 20℃ 环境条件下以 $\frac{1}{3}C$ 电流放电至放电终止电压，然后在不同高低温环境条件下以不同倍率电流（充电电流分别为 $1C$、$2C$、$3C$、$4C$）充电至充电终止电压，最后在 20℃ 环境条件下以 $\frac{1}{3}C$ 电流放电至放电终止电压，计算放电容量。

3）模块不同温度下的放电性能。电池模块，由不同电池单体通过串并联方式组成。相对电池单体来说，研究模块的性能更能接近于电池的实际使用状态。测试时，分别在 20℃、-20℃、55℃ 环境条件下放电，监控模块总电压和单体电压，并计算放电容量。

4）电池安全性能。电动汽车的特殊安全性几乎全部与动力电池有关，进行动力电池安全性试验需要考虑的主要因素有：

① 滥用性类别。包括机械滥用性测试（包括挤压、针刺等）、热滥用性测试（包括高温高湿、温度冲击等）、电滥用性测试（包括短路、过充、过放等）。

② 电池的荷电状态，即当前储备电量状态。

③ 电池实际使用次数。

(2) 电池包试验 电池包的性能测试试验项目包括电性能、循环性能、高压电可靠性能、机械可靠性能以及环境可靠性能等。

1）电池包电性能试验。电性能试验是电池包性能测试的主要环节，包括不同温度、不同倍率下的容量和能量测试，不同温度下的功率和内阻测试，不同温度下的能量效率测试，SOC 损失以及循环寿命测试等。电池包的基本性能是电动汽车整车动力性能的基础，有效准确地测量电池包的基本性能能够为整车匹配提供数据支撑和参考。对电池包基本性能的测试也可以从零部件的层面快速准确地测试电动汽车整车性能。

电池包的低温特性、不同温度下的功率和内阻特性以及不同温度下的能量效率特性对电动汽车整车性能具有较大影响，其具体测试方法如下：

① 低温不同倍率下的容量和能量测试。低温不同倍率下的容量和能量测试主要测量低温条件下，电池包在不同放电倍率下的容量和能量特性。选择温度点为 0℃ 和 -10℃，放电倍率为 $\frac{1}{3}C$、$1C$、$1.5C$。具体步骤如下：

a. 参照制造商规定的充电方法，采用恒流恒压方式，以 $\frac{1}{3}C$ 在常温下将电池包充至满电。

b. 在指定环境条件下静置 12h。

c. 在指定环境条件下，以设定放电倍率电流完成放电试验，测定电池包的放电容量和能量。

放电试验具体过程：以设定放电倍率电流放电至截止电压（2.5V），以时间为 X 轴、电

压为 Y 轴绘制曲线，各个放电曲线与 X 轴、Y 轴形成的面积即为电池可用容量。该静态容量测试方法（SCT）相比 SOC 估算的方法能更加准确的表示出剩余的能量。

常见 SOC 估算的方法有以下几种：

a. 安时积分法。安时积分法即电池充放电时，通过累积充进和放出的电量来估算 SOC。但该估算方法存在着误差，安时积分法只单纯从外部记录进出电池的电量，忽略了电池内部状态的变化。电池容量变化受温度变化、电池老化等因素影响容易造成误差，同时电流测量不准，造成 SOC 计算误差会不断累积，需要定期不断校准。估算的 SOC 可按下式进行计算，即

$$SOC_1 = SOC_0 - \frac{1}{C_N} \int_0^t \eta I_1 dt$$

式中，SOC_1 表示估算的 SOC；SOC_0 为放电起始状态 SOC；C_N 为电池容量；I_1 为电池电流；η 为放电效率；t 为时间。

b. 开路电压法。一般校准方法采用开路电压法。其原理是利用电池在长时间静置的条件下，开路电压与 SOC 存在相对固定的函数关系，从而根据开路电压来估算 SOC。开路电压法的缺点是：电池须经过长期静置，但电动汽车起动频繁，开路电压短时间内很难稳定，因此该方法不能满足 SOC 估计的实时性。

c. 卡尔曼滤波法。主要是应用卡尔曼滤波理论进行 SOC 估计，卡尔曼滤波采用电池的数学模型来建立状态方程与观测方程，然后根据最小均方的思想，最小化估计值与观测值的均方误差来更新系统的参数，实现最优估计。卡尔曼滤波法适用于各种类型不同老化阶段的电池，其精确性很大程度依赖于电池等效模型的建立，计算量比较大。

d. 基于机器学习的算法。基于机器学习的算法不需要关注电池的内部机理，而是利用机器学习算法离线训练得到电池外部数据（电压、电流、温度等）与 SOC 之间的映射关系，然后将实测数据代入模型计算得到 SOC 估计值。常见的机器学习算法有模糊逻辑、神经网络、支持向量机、线性回归等。

② 功率和内阻特性。功率和内阻特性直接关系到电池包在特定状态下的最大可用功率，对电动汽车整车动力性能起决定性作用。不同的环境条件对电池包的功率和内阻特性有重要影响，测试试验中可选取四个温度点：0℃、-10℃、25℃、40℃，分别在不同温度下进行混合功率脉冲测试（Hybrid Pulse Power Characteristic，HPPC），具体测试步骤如下：

a. 参照制造商规定的充电方法，采用恒流恒压方式，以 $\frac{1}{3}C$ 在常温下将电池包充电至满电。

b. 在指定环境条件下静置 12h。

c. 进行 HPPC 测试，如图 8-61 所示。

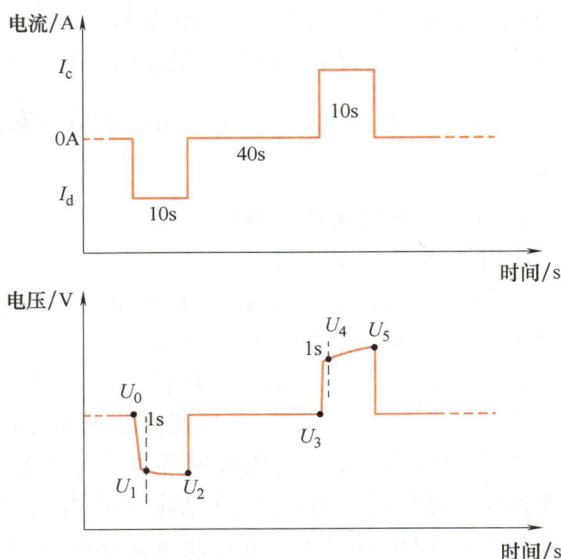

图 8-61 HPPC 测试

d. 在四个温度点：0℃、-10℃、25℃、40℃下，运行 HPPC 测试，获取不同温度下电池包的功率内阻特性。

HPPC 是用来体现动力电池脉冲充放电性能的一种特征。HPPC 测试制度是在某特定 SOC 目标下进行 10s 脉冲放电，静置 40s，再进行 10s 脉冲充电。由此可测得该 SOC 点充电和放电方向的直流内阻（Direct Current Internal Resistance，DCIR）。需要注意的是在不同的测试方法下计算的 DCIR 会存在一定的差异。

比如可以以脉冲 1s 时刻为基准，有

$$R_{d1} = \frac{U_0 - U_1}{I_d}$$

式中，R_{d1} 为 1s 放电内阻；U_0 为放电前的电压；U_1 为放电 1s 后的电压；I_d 为放电过程的电流。

又有

$$R_{c1} = \frac{U_4 - U_3}{I_c}$$

式中，R_{c1} 为 1s 充电内阻；U_3 为充电前的电压；U_4 为充电 1s 后的电压；I_c 为充电过程的电流。

也可以以脉冲 10s 时刻为基准，有

$$R_{d10} = \frac{U_0 - U_2}{I_d}$$

式中，R_{d10} 为 10s 放电内阻；U_2 为放电 10s 后的电压。

又有

$$R_{c10} = \frac{U_5 - U_3}{I_c}$$

式中，R_{c10} 为 10s 充电内阻；U_5 为充电 10s 后的电压。

③ 能量效率。能量效率是指电池系统在特定温度、特定 SOC 下的充放电效率。对于装备制动能量回馈系统的整车而言，能量效率测试是整车设计的重要指标。不同环境条件会对电池包的能量效率产生影响，测试试验中选取三个温度点：0℃、25℃、40℃，分别在不同的温度条件下，进行能量效率工况测试。具体步骤如下：

a. 参照制造商规定的充电方法，采用恒流恒压方式，以 $\frac{1}{3}C$ 在常温下将电池包充电至满电。

b. 在指定环境条件下静置 12h。

c. 进行能量效率测试。

d. 获取不同温度不同倍率下的放电能量与充电能量，由放电能量/充电能量×100%即可获得不同温度不同倍率下的能量效率。

2）电池包安全性能试验。电池包安全性能测试主要包括短路、跌落、模拟碰撞、翻转、火烧以及水浸等测试。典型试验方法有以下几种。

① 短路安全测试。首先将短路测试设备连接至测试样品的高压端，然后将控制设备连接至测试样品的低压端，通过控制设备闭合主回路继电器。试验开始后，调节数据采集器的采样速率在 100kHz 以上，通过测试设备在 1s 以内将正负极瞬时短路，并使用数据采集器采集瞬时电流值，观察 1h。

②跌落安全测试。跌落试验主要模拟电池包在装卸中或运输中可能发生的跌落情况。由于具体情况不同，可能会发生不同高度、不同角度的跌落。可在电池充满电后，将电池从1.5m高度自由跌落至水泥地面，观察1h，电池的每个面应进行1次测试。

③模拟碰撞安全测试。模拟碰撞测试主要目的是考核测试样品的连接可靠性，包括模块支架、单体绝缘性、单体连接可靠性等。具体测试方法如下：

a. 将测试样品按照实车安装方式，安装固定在台车上，并粘贴加速度传感器。

b. 给测试样品施加水平机械冲击力，使其呈现 X 方向 $60g/45ms$ 和 Y 方向 $35g/45ms$ 的脉冲冲击。

c. 1h后，检查测试样品。

④翻转试验。翻转试验用于模拟测试电动汽车在发生整车翻转时可能发生的情况。具体试验步骤如下：

a. 将电池包固定在翻转台面上。

b. 调整翻转试验参数，选择控制模式。

c. 开启翻转台，进行翻转试验。

电池包的翻转试验根据电池包具体形式确定翻转轴。试验中，电池包分别以 X、Y 方向为轴进行翻转试验。

⑤水浸测试。当电池包外壳内部严重进水时，表明其密封性能较差。在发生涉水时，电池包内部极易发生水浸。

电池包海水浸泡试验是模拟电池包内部进水之后，由于水导电原因造成电池包内部短路的情况。为模拟海水的导电性能，以3.5%的NaCl水溶液代替海水进行水浸试验。具体试验步骤如下：

a. 在水浸池中添加适量浓度为3.5%的NaCl水溶液。

b. 将电池包整体以较慢速度放入水溶液中。

c. 电池包在水溶液中放置2h，或直至有其他可见反应发生。

试验过程中，将电池包整体放入水浸池中直至完全淹没。

3）电池包环境可靠性试验。电池包环境可靠性主要包括电池包耐振动性能、耐机械冲击性能、耐温度冲击性能、耐湿热性能和耐盐雾性能等。

①振动试验。电池包耐振动试验分 X、Y、Z 三个方向分别进行，在进行振动过程中以一定倍率电流恒流放电，并通过CAN通信监控电池包的其他状态参数。

②温度冲击试验。电池包耐温度冲击试验在步入式环境舱中进行，最高温度为80℃，最低温度为-40℃，两个极限温度的转换时间不超过15min，总共循环5次。

③盐雾试验。盐雾试验按照如下步骤进行：

a. 将测试样品充电至70%SOC状态。

b. 进行24h的盐雾试验，喷雾8h，静置4h，循环2次。

c. 喷雾试验过程中，每隔55min对电池包进行充放电，充电2.5min、放电2.5min，充放电电流为1C。

d. 试验结束，对电池包进行功能检查。

④电磁兼容性（Electro Magnetic Compatibility，EMC）试验。电池包EMC试验主要包括以下几个方面：

a. 电磁干扰发射。包括辐射发射、传导发射、瞬态传导发射试验。

b. 抗电磁干扰。包括辐射抗扰度、大电流注入、瞬态传导抗扰度、静电放电试验。

电池包进行电磁兼容性测试如图 8-62 所示。

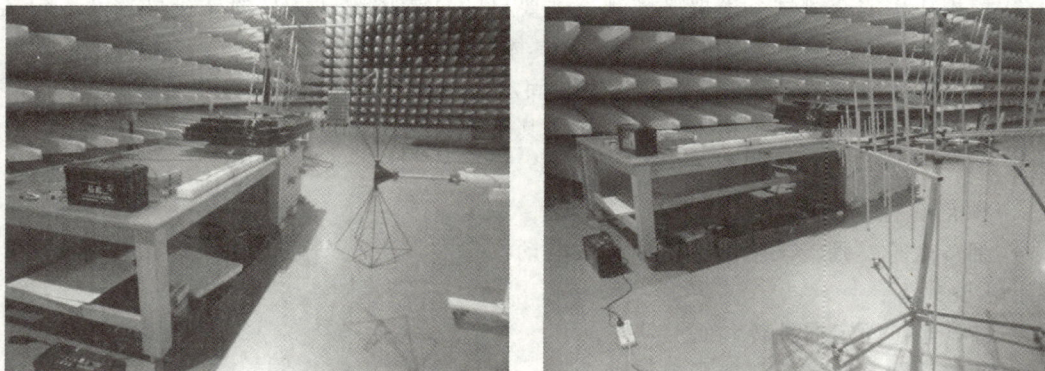

图 8-62　电池包进行电磁兼容性测试

（3）电池管理系统（BMS）试验　电池管理系统的测试评价主要依据 QC/T 897-2011《电动汽车用电池管理系统技术条件》进行，主要分为四个部分：状态参数测量精度测试、电池荷电状态（SOC）估算精度测试、故障诊断功能测试以及可靠性测试。

1）BMS 电流、电压、温度等状态参数测量精度测试试验。电流、电压、温度等状态参数的测量是电池管理系统执行管理和控制的基础，其测量精度直接决定管理系统的控制精度和管理准确度。

根据《电动汽车用电池管理系统技术条件》的规定，电池管理系统的电流、电压及温度等参数的采集精度需满足表 8-14 的要求。

表 8-14　电池管理系统采集精度要求

参数	总电压值	电流值[①]	温度值	单体（模块）电压值
精度要求	≤±2%FS	≤±3%FS	≤±2℃	≤±0.5%FS

① 应用在具有可外接充电功能的电动汽车上时，电流值精度同时应满足≤±1.0A（当电流值小于 30A 时）。

根据表中参数精度要求，测量电池管理系统的状态参数采集精度。

电压采集精度通过高精度电压表测量总电压和单体（模块）电压的值，作为实际值，然后比较电池管理系统的采样值，分析电压采样精度。

电流采集精度通过高精度电压表和精密电阻测定。通过精密电阻将电流信号转换为电压信号，以高精度电压表测定精密电阻两端电压，换算得到实际电流值，然后比较电池管理系统的电流采样值，分析电流采样精度。

温度采集精度通过红外测温仪测定热传感器温度，并于电池管理系统采集温度比较，分析温度采样精度。

2）BMS 的 SOC 估算精度测试试验。电池管理系统的 SOC 是电动汽车整车控制的重要参数，其估算准确性决定了整车续驶里程的精确性。

根据《电动汽车用电池管理系统技术条件》的规定，电池管理系统的 SOC 估算误差不应大于 10%。

3）BMS的故障诊断功能测试试验。电池管理系统的故障诊断功能是电动汽车整车控制的重要内容，及时准确对故障进行诊断并上报整车控制器，是整车控制器能够及时做出应对策略的基础。

根据《电动汽车用电池管理系统技术条件》的规定，电池管理系统的故障诊断功能包括基本诊断项目和扩展诊断项目。根据整车功能设计和电池系统的具体要求，电池管理系统的具体诊断内容不限于此。

4）BMS的环境可靠性测试试验。电池管理系统可靠性是动力电池系统可靠性的基础，也是电动汽车整车可靠稳定运行的基础。因此，对电池管理系统可靠性的测试必不可少。电池管理系统的可靠性测试主要分为电学可靠性、机械可靠性、环境可靠性及电磁辐射抗干扰等。

（4）动力电池回收利用

1）废旧电池环境压力。随着现在新能源汽车以及纯电动汽车的日益普及，汽车上所装载的动力电池的数量也出现了高速的增长趋势。在动力电池作为车辆动力能源被广泛应用于汽车时，一个潜在的问题也随之出现：如何在无害化地处理从汽车上退役的动力电池？如果随意丢弃，腐败的电池会破坏我们的水源，侵蚀我们赖以生存的庄稼和土地，我们的生存环境将面临巨大的威胁。

① 锂离子电池。报废后的锂离子电池，如处理处置不当，其所含的六氟酸锂、碳酸酯类有机物以及钴等重金属必然会对环境构成潜在的污染威胁。另外，废锂离子电池电解液含有毒性极强、易燃易爆、腐蚀性强的电解质和有机溶剂。假如随意丢弃或外泄，将对大气、水、土壤造成污染和破坏。而且电解液泄露及温度过高等会造成电池爆炸和火灾等事故，直接威胁人们的生命和财产。

② 铅蓄电池。废旧铅蓄电池不仅含铅及铅酸液，而且还含有汞、镉、镍等重金属以及酸、碱等电解质溶液物质。这些物质都可能直接或间接地对人体健康和自然环境构成威胁，因此铅蓄电池被国家列为危险废物，归属于有害垃圾的范畴。

③ 镍镉电池。镍镉电池是一种碱性蓄电池，它的正极板为氢氧化镍，负极板为镉，其中镉是毒性很强的重金属，其化合物也大多属毒性物质，对土壤和水体污染破坏严重。镉较其他重金属简单为农作物、菌类、稻米所消化吸收。人吃下受传染的农作物后，便一并将镉通过消化道吸收至体内，主要积聚在肝及肾，导致损伤。

所以有必要将使用后的废旧电池进行回收再利用，一来可以防止污染环境，二来可以对其中有用的成分进行再利用，节约资源。目前废旧动力电池回收利用主要有两条路径，一是废旧电池梯次利用，二是电池的再生利用原料回收。

2）动力电池梯次利用。车用动力电池剩余容量下降到其标称容量的80%时，已不能满足电动汽车的要求。然而，当动力电池从电动汽车上报废后，由于其制造工艺先进，仍然具有很好的电性能，其剩余容量仍可以满足储能设施及低功率用电器的要求。而且，动力电池组由若干个模块或单体组成，即使电池组由于内部个别模块或单体损坏而不能继续使用，电池内的其他模块与单体仍具有很大的二次使用空间。在废旧车用动力电池回收利用的过程中，若直接将废旧动力电池破碎回收材料，将造成极大的资源浪费。因此，从资源利用最大化原则出发，废旧车用动力电池的梯次利用很有必要；而且，其模块和单体可根据市场实际需求进行组合再使用，其潜在的市场与经济价值也相当可观。

① 梯次利用（Echelon Use）。梯次利用是车用动力电池退役后，根据拆下的退役电池的性能通过拆解、分类、检测、重组和装配的工艺后，将退役电池重新应用到对电池性能要求不同的领域的过程。

② 余能检测。在梯次利用过程中需要对符合 GB/T 34015—2017 规定的检测要求的电池进行余能检测，按照规定的电流对电池完成充电之后按照标准内规定的放电倍率来对电池进行放电操作，在这个过程中记录下电池所剩余的电量称为余能检测。以余能作为指标评估其剩余的荷电性能，作为蓄电池梯次利用评价的标准。

③ 余能（Residual Capacity）。余能是从车辆载具上移除的动力蓄电池内仍具有的储电容量。

④ 梯次利用试验流程。

a. 电压判别。在这个过程中使用电压表检测动力蓄电池的端电压，初步判别电池的类别并且确定电池极性。

b. 首次充电电流确定。对于有电池标签信息记录的电池模组或者单体，我们按照其电池容量的 1/5 倍率来确定放电电流的大小，对于标签信息模糊的电池模组或者单体按照 GB/T 34015—2017 中所示的表格根据各种电池对应的能量密度估算出其合适的电流大小。

c. 充电。对锂离子电池模块和单体按照 GB/T 31486—2015《电动汽车用动力蓄电池电性能要求及试验方法》规定的充电方法用 I_5 电流大小来对电池进行充电操作，其中 I_5 表示电池的 5h 率放电电流。

d. 放电。对于蓄电池单体采用在 25℃±2℃ 的情况下按照 I_5 电流放电的测试方法，根据室温下测得的放电容量记为蓄电池单体在室温下的余能，单位为 A·h。

对于蓄电池模块分为室温、低温和高温三种环境下的放电测试，其对应温度分别为 25℃±2℃、-20℃±2℃ 和 55℃±2℃，在这种条件下按照 GB/T 31486—2015《电动汽车用动力蓄电池电性能要求及试验方法》规定的方法按照 I_5（A）电流放电测得的电容量分别为蓄电池模块在室温下、低温下和高温下的余能。

余能要求可根据 GB/T 34015.3—2021《车用动力电池回收利用 梯次利用 第3部分：梯次利用要求》所述内容对电池利用条件进行判断。其中规定了：作为应用场景为车用电池的梯次利用产品，在 25℃±2℃ 条件下，退役车用动力蓄电池包/蓄电池模块的 $1I_3$（A）电流值的放电容量应不低于出厂标称容量的 60%，对于单体来说应不低于 65%；对于应用场景为储能电池和其他应用场景的梯次利用产品，其退役车用动力蓄电池包/蓄电池模块的 $1I_3$（A）电流值的放电容量应不低于出厂标称容量的 50%，对于单体来说应不低于 55%；而对于达到厂商规定的寿命终止条件或者是余能低于标称容量 40% 的电池应退出梯次利用。

3）动力电池再生利用。随着新能源汽车产业的快速发展，动力电池退役量呈现爆炸式增长的态势。退役动力电池中，Co、Li、Ni、Mn、Cu 和 Al 等金属的含量较高，具有资源回收价值。退役动力电池再生利用是缓解退役潮压力、解决产业链"最后一公里"难题的重要手段。目前动力电池拆解回收的方法主要包括湿法回收、干法回收和生物法回收三类。此外，市场上还出现了一些新的动力电池回收方法。其中湿法回收是当前动力电池回收行业的主流工艺技术。湿法回收技术相对成熟，回收得到的金属盐、氧化物等产品的纯度能够达到生产动力电池材料的品质要求。

① 锂电池组分概述。废旧锂电池主要由外壳、正负极材料、隔膜和电解质等组成，如图 8-63 所示。锂电池外壳一般有钢壳和铝壳两种类型。

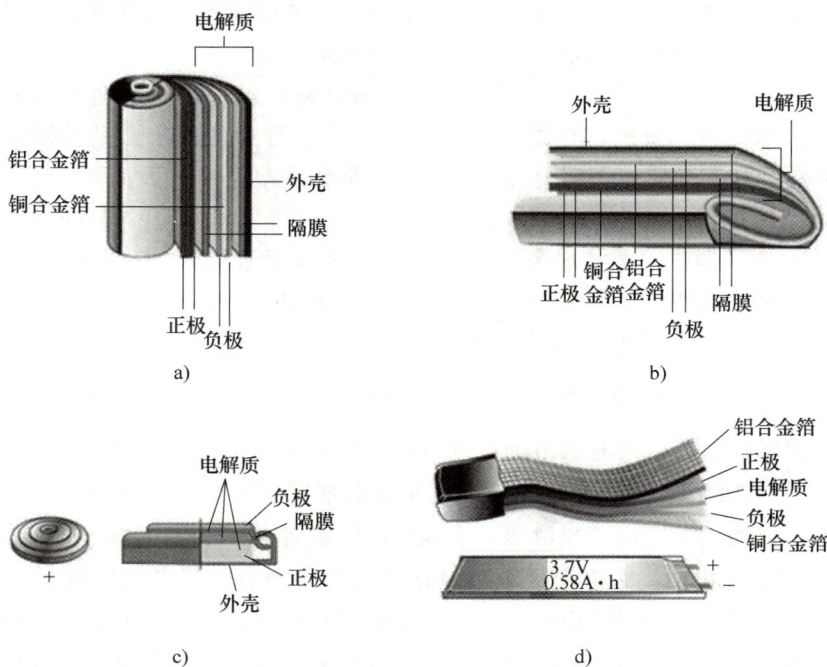

图 8-63　锂电池组成

动力锂电池正极材料主要是以镍钴锰酸锂、镍钴铝酸锂、碳酸锂、钴酸锂和磷酸铁锂为代表的过渡金属氧化物。

正极材料集流体一般是铝箔，通常在其两侧涂上正极电极材料，即一般由导电剂、正极活性材料、黏结剂所组成。

负极材料集流体是铜箔，同样在铜箔两侧涂上电极材料，多为黏结剂与负极活性物质石墨。

② 报废电池的稳定和钝化。一旦锂电池被指定用于回收，所涉及的三个主要过程包括稳定、拆解和分离，可以单独或一起进行。锂电池的稳定可以通过盐水或欧姆放电来实现。在打开电池过程中保持稳定是目前工业中的首选路线，因为它可以最大限度地降低成本。工业中一般选择在惰性气体（如氮气，二氧化碳或二氧化碳和氩气的混合物）中粉碎电池，其中在二氧化碳气氛中暴露的锂金属表面还可以形成碳酸锂的钝化层。

目前的锂电处理技术基本上将报废电池直接送入粉碎机或高温反应堆。工业粉碎技术可以直接钝化电池，但回收的电池材料需要一套复杂的物理和化学过程来产生可用的材料流。几种回收方法介绍如下：

a. 火法冶金回收。热冶金金属回收使用高温炉将金属氧化物的成分还原为 Co、Cu、Fe 和 Ni 的合金。所涉及的高温意味着电池被"冶炼"，它特别适合一般消费者用锂电池的回收，特别是针对不完全分类的电池原料。由于金属集流体有助于冶炼过程，所以该技术具有重要的优势，它可以与整个电池或模块一起使用，而无须事先进行钝化步骤。火法冶金工艺的产物是金属合金馏分、炉渣和气体。在较低温度（<150℃）下生产的气态产品由来自电解质和黏结剂组分的挥发性有机物组成。在较高温度下，聚合物分解并燃烧掉。金属合金可以通过湿法冶金工艺分离成组分金属，并且炉渣通常含有金属铝、锰和锂，可以通过进一步的湿法冶金加工回收，但也可以用于其他行业，如水泥工业。

b. 物理材料分离。对于粉碎后的回收，回收的材料可以进行一系列物理分离过程，这些过程利用了诸如粒径、密度、热磁性和疏水性等特性的变化。这些工艺包括筛子、过滤器、磁铁、振动台和重介质，用于分离富锂溶液、低密度塑料和纸张、磁性外壳、涂层电极和电极粉末的混合物。

c. 湿法冶金金属回收。湿法冶金处理涉及使用水溶液从正极材料浸出所需的金属。到目前为止，最常见的试剂组合是 H_2SO_4/H_2O_2，其中 H_2O_2 作为还原剂可通过反应将不溶性 Co（Ⅲ）材料转化为可溶性 Co（Ⅱ）：

$$2LiCoO_2(s)+3H_2SO_4+H_2O_2 \rightarrow 2CoSO_4(aq)+Li_2SO_4+4H_2O+O_2$$

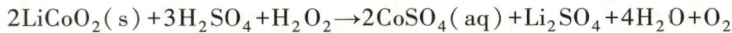

浸出的溶液随后也可以用有机溶剂处理以进行溶剂萃取，一旦浸出，金属可以通过控制溶液的 pH 值来控制的沉淀反应来回收。钴通常以硫酸盐、草酸盐、氢氧化物或碳酸盐的形式提取，然后可以通过沉淀反应提取锂，形成 $LiCO_3$ 或者 $LiPO_4$。

d. 直接回收。从电极上去除阴极或阳极材料以在再制造的锂电池中进行修复和再利用称为直接回收。原则上，混合的金属氧化物正极材料可以重新掺入新的阴极电极中，而活性材料的晶体形态变化最小。一般来说，在直接过程中还需要补充锂含量，以补偿由于电池使用过程中材料降解而造成的损失。到目前为止，该领域的工作主要集中在笔记本电脑和手机电池上。

e. 生物金属回收。生物浸出，其中细菌被用来回收有价值的金属，已成功用于采矿业。这是锂离子电池回收和金属回收的新兴技术，可能与目前用于金属提取的湿法冶金和热法冶金工艺相辅相成，特别是钴和镍难以分离，需要额外的溶剂萃取步骤。该过程使用微生物选择性地消化阴极中的金属氧化物，并还原这些氧化物以产生金属纳米颗粒。

二、驱动电机系统试验

驱动电机是电动汽车的核心部件之一，驱动电机系统的测试试验主要依据 GB/T 18488.1—2015 和 GB/T 18488.2—2015 进行，包括输出特性、安全防护、环境适应性、噪声和电磁兼容等项目，具体试验项目见表 8-15。试验样品通常是单个电机和控制器，但由于电机在不同类型的车辆上，可能采取的封装或集成方式不同，比如部分 HEV 或 PHEV 车型，电机系统集成度高，需要结合标准提出更有针对性的测试方案。

表 8-15　GB/T 18488.1—2015 和 GB/T 18488.2—2015 的试验项目

序号	试验项目	序号	试验项目
1	一般要求	5	驱动电机控制器壳体机械强度
2	外观	6	液冷系统冷却回路密封性能
3	外形和安装尺寸	7	驱动电机定子绕组冷态直流电阻
4	质量	8	绝缘电阻

（续）

序号	试验项目	序号	试验项目
9	耐电压	23	驱动电机控制器工作电流
10	超速	24	馈电特性
11	温升	25	安全接地检查
12	工作电压范围	26	驱动电机控制器的保护功能
13	转矩-转速特性	27	驱动电机控制器支撑电容放电时间
14	持续转矩	28	低温
15	持续功率	29	高温
16	峰值转矩	30	湿热
17	峰值功率	31	耐振动
18	堵转转矩	32	防水、防尘
19	最高工作转速	33	盐雾
20	驱动电机系统效率	34	电磁兼容性
21	控制精度	35	可靠性
22	响应时间		

1. 输出特性测试试验

电机输出特性主要进行以下测试：电机转矩-转速特性及效率、再生能量回馈特性、电机及其控制器的过载能力、最高工作转速、电压波动、温升限值、超速、堵转转矩和堵转电流。其中转矩-转速特性及效率主要是外特性和高效区的测试，进行整个转速-扭矩范围内的效率测试。

2. 温升特性测试试验

温升是电机性能的重要表征参数，标准要求采用电阻法进行，根据绕组电阻的增加确定绕组的温度。

温升计算公式：

$$\theta_2 - \theta_a = \frac{R_2 - R_1}{R_1}(k + \theta_1) + \theta_1 - \theta_a$$

式中，θ_1 为测量绕组冷态初始电阻时的温度，单位为℃；θ_2 为热试验结束时绕组的温度，单位为℃；θ_a 为热试验结束时冷却介质温度，单位为℃；R_1 为温度为 θ_1（冷态）时的绕组电阻，单位为 Ω；R_2 为热试验结束时的绕组电阻，单位为 Ω；k 为导体材料在0℃时电阻温度系数的倒数，铜 $k = 235$，铝 $k = 225$。

3. 安全保护功能测试试验

安全保护功能主要有短路保护，过电流保护，过电压、欠电压保护和过热保护，测试方法如下：

（1）短路保护测试　对电机控制器的三相输出端子进行短路，输入端子加额定直流电压，将控制器置于工作状态，观察控制器是否自动断开，进入保护状态，或者出现损坏等问题。接触故障后，控制器是否能正常工作。

（2）过电流保护测试　用测功机台架进行测试，将电机固定在某个转速，通过控制装置增加扭矩，观察电流增加至超出允许的范围后控制器的状况。

过电流的情况有时在测试峰值功率过程中会出现，部分电机的控制器和电机的匹配或控制策略不够理想，试验过程中出现扭矩超出允许范围的情况，导致三相交流电流过大，控制器进入保护状态，关闭输出。而有的匹配良好和保护设计完善的电机及控制器，在扭矩增加到一定程度时，或温度达到一定限值或电流达到一定值后，先降低功率进行保护，在电流超过某更高的一定值后再关闭输出。相对来说，后者的保护措施更合理，在实际车辆行驶过程中也更安全。

（3）过电压、欠电压保护测试　电池电压过高或者过低时，电机及控制器应能保护不进行工作，避免引起故障或电池过放等危险。测试时，将直流电压分别调至高于和低于控制器工作电压范围，观察控制器是否能工作。

（4）过热保护功能测试　电机或控制器在运行过程中，如果温度过高，会烧毁电子器件或电机绕组。目前标准中只要求控制器应具有过热保护功能，但不少电机内部在定子绕组位置也预埋了温度传感器，用于电机的温度监控。

控制器过热保护测试时，将控制器放在高温箱中，箱内温度高于控制器保护温度，观察控制器温度在超出保护温度后能否停机或采取其他保护措施。

电机的过热保护通过测功机试验台进行验证，控制电机处于峰值功率状态，电机温度迅速升高，观察电机及控制器系统是否进行保护停止运行，或者通过自动降低功率使温度控制在允许的范围。

4. 环境适应性测试试验

环境适应性的测试主要包括湿热试验、盐雾试验、振动试验和防水防尘试验等项目，主要参考 GB/T 18488.1 和 GB/T 18488.2 驱动电机系统标准和 GB/T 28046 环境试验标准，验证电机系统可能出现的故障，故障的分类参考 QC/T 893—2011《电动汽车用驱动电机系统故障分类及判断》。

（1）湿热试验　电机和控制器在不工作状态下进行 48h 的湿热试验，试验结束后马上进行绝缘电阻测试，确认电机及控制器的绝缘是否能满足湿热条件下的使用；然后观察外壳是否有腐蚀情况。

（2）盐雾试验　电机及控制器产品在 5% 的 NaCl 盐雾中放置 48h，观察表面腐蚀情况，以及测试绝缘电阻性能。

（3）振动试验　车辆实际运行时的振动引起的失效是电机故障的主要原因之一，对耐振动的考核通常有两种方式，一是参考 GB/T 28046 和 QC/T 413—2002 在振动台上进行，电机和控制器分别经受标准要求的测试试验；二是根据电机系统安装的实际车型，从整车角度采集实车各种路面的振动情况，经过分析和加速老化研究，形成针对电机系统的台架振动测试条件，然后通过台架进行耐振动试验。其中第一种方法具有普适性，适合于产品认证测试；第二种方法更有针对性。

试验后先通电判断电机及可控制器能否正常工作。然后将外壳拆开，仔细观察控制器内部是否有焊点脱落、虚焊、固定松动等情况；观察电机内部的电气连接是否松动、断开，对于永磁电机观察硅钢片之间是否出现间隙，以此判断故障等级。

三、充电系统试验

1. 范围

GB/T 18487 规定了电动汽车传导充电系统分类、通用要求、通信、试验方法。

为电动汽车非车载传导充电的电动汽车供电设备，包括交流充电桩、非车载充电机、电动汽车充电用连接装置等均可参照标准 GB/T 18487 进行试验。标准中规定，供电设备的供电电源额定电压最大值为 AC 1000V 或 DC 1500V，额定输出电压最大值为 AC 1000V 或 DC 1500V。

在如下特殊条件下，电动汽车供电设备应增加附加功能：电动汽车供电设备位于危险区，该区域存在可燃性气体或蒸气、燃料或其他可燃或爆炸性物质；电动汽车供电设备设计安装于海拔 2000m 以上。

需要注意，标准 GB/T 18487 适用于与电动汽车传导充电系统维护相关的安全要求，不适用于 ISO 17409 规定的车载充电设备，也不适用于无轨电车、铁路车辆、工业车辆和主要用于非道路车辆的供电设备。

2. 术语和定义

（1）充电系统

1）充电。将交流或直流电网（电源）调整为校准的电压/电流，为电动汽车动力电池提供电能，也可额外地为车载电气设备供电。

2）充电模式。连接电动汽车到电网（电源）给电动汽车供电的方法。包括模式 1、模式 2、模式 3 和模式 4，详见 GB/T 18487.1—2015。

3）连接方式。使用电缆和连接器将电动汽车接入电网（电源）的方法。包括连接方式 A、连接方式 B 和连接方式 C 三种，详见 GB/T 18487.1—2015。

（2）绝缘

1）基本绝缘。能够提供基本防护的危险带电部分上的绝缘。例如镇流器的沥青或树脂填料、电动机转子的槽绝缘、电气装置的胶木外壳等。

2）附加绝缘。除了基本绝缘外，用于故障防护附加的单独绝缘。例如一般日用电器的塑料绝缘外壳、电缆的外护套等。

3）双重绝缘。由基本绝缘和附加绝缘组成的绝缘。例如具有两层护套的电线。举例说明：一根电源线（如 1015、1332 等）有基本绝缘，如果再套一层纤维管或热缩管，那么增加的这一层绝缘称为附加绝缘，加强绝缘从形式上看是一层绝缘，但本质上相当于双重绝缘的功能。

4）加强绝缘。危险带电部分具有相当于双重绝缘的电击防护等级的绝缘。例如一般电器产品的塑胶外壳。

以穿衣服为例来说明。基本绝缘：穿了一件衣服。附加绝缘：可能有点冷，在原来的衣服上再加一件。双重绝缘：两件衣服的统称，即第一件衣服加上第二件衣服。加强绝缘：就穿一件衣服，比较厚的保暖衣，此件衣服可以是一层也可以是两层或多层。

（3）功能

1）控制导引电路。设计用于电动汽车和电动汽车供电设备之间信号传输或通信的电路。

2）控制导引功能。用于监控电动汽车和电动汽车供电设备之间交互的功能。

3）连接确认功能。通过电子或者机械的方式，反映车辆插头连接到车辆和/或供电插头连接到充电设备上的状态的功能。

（4）连接装置

1）供电接口。能将电缆连接到电源或电动汽车供电设备的器件，由供电插头和供电插座组成。

2）供电插头。供电接口中和充电线缆连接且可以移动的部分。

3）供电插座。供电接口中和电源供电线缆或供电设备连接在一起且固定安装的部分。

4）车辆接口。能将电缆连接到电动汽车的器件，由车辆插头和车辆插座组成。

5）车辆插头。车辆接口中和充电线缆连接且可以移动的部分。

6）车辆插座。车辆接口中固定安装在电动汽车上，并通过电缆和车载充电机或车载动力蓄电池相互连接的部分。

（5）服务和使用

1）室内使用。专门设在气候防护场所使用的设备。

2）室外使用。允许用于无气候防护场所使用的设备。

（6）其他

1）保护导体。用于安全防护的导体，如电击防护。

2）保护接地。为保障电气安全，系统/设施/设备上的一点或者多点接地。

3）保护接地导体。提供保护接地的导体。

4）分类方式。按供电设备输入特性；按供电设备输出特性；按使用环境条件；按供电设备输出电压；按安装方式；按电击防护；按充电模式。

3. 要求

（1）充电模式通用要求　模式 1 充电系统使用标准的插座和插头，能量传输过程中应采用单相交流供电，且不允许超过 8A 和 250V；模式 2 充电系统使用标准插座，能量传输过程中应采用单相交流供电。电源侧使用符合 GB/T 2099.1 和 GB/T 1002 要求的 16A 插头插座时输出不能超过 13A，电源侧使用符合 GB/T 2099.1 和 GB/T 1002 要求的 10A 插头插座时输出不能超过 8A；模式 3 应用于连接到交流电网的供电设备将电动汽车与交流电网连接起来的情况。采用单相供电时，电就不大于 32A。采用三相供电且电流大于 32A 时，应采用连接方式 C；模式 4 可直接连接至交流电网或直流电网。

（2）电击防护要求　危险带电部分不应被触及。应实现在单一故障条件下的电击防护措施。模式 4 下，电动汽车应具备充电回路接触器粘连监测和告警功能，供电设备应具备供电回路接触器粘连监测和告警功能。

（3）车辆接口、供电接口的特殊要求　额定充电电流大于 16A 的应用场合，供电插座、车辆插座均应设置温度监控装置，供电设备和电动汽车应具备温度监测和过温保护功能。

（4）电动汽车供电设备结构要求　交流充电宜使用连接方式 B，直流充电应使用连接方式 C。供电设备结构设计须满足 GB/T 20234.2—2015 中附录 B 与 GB/T 20234.3—2015 中附录 B 规定的供电插头正常使用的要求，供电设备上所使用的附属配件须满足 GB/T

20234.2—2015 中附录 A 与 GB/T 20234.3—2015 中附录 A 的要求。

（5）**电动汽车供电设备性能要求**　电动汽车供电设备应能在额定电压及最大输出功率和电流的情况下正常使用。当供电设备设计为适用于额定电压的某个范围时，则应使用最大额定电压。

（6）**过载保护和短路保护**　过流保护装置应符合 GB 14048.2—2020，IEC 60947-6-2：2020 和 IEC 61009-1：2013 的要求以及 IEC 60898（所有部分）和 IEC 60269（所有部分）的要求。

（7）**使用条件要求**　电动汽车供电设备应在制造商允许的功率等级下，在规定的周围温度、最大温度和最小温度中进行试验。

（8）**充电系统通用要求**　交流额定电压不超过 690V，频率 50Hz，额定电流不超过 250A；直流额定电压不超过 1000V，额定电流不超过 400A。

4. 通信

（1）**通信过程**　整个充电过程包括六个阶段：物理连接完成、低压辅助上电、充电握手阶段、充电参数配置阶段、充电阶段和充电结束阶段。在各个阶段，充电机和 BMS 如果在规定的时间内没有收到对方报文或没有收到正确报文，即判定为超时（超时指在规定时间内没有收到对方的完整数据包或正确数据包），超时时间除特殊规定外，均为 5s。充电总体流程如图 8-64 所示。

1）物理连接完成。将车辆和充电机按 GB/T 20234.1—2015 规定连接方式正确连接。

2）低压辅助上电和充电握手阶段。充电握手阶段分为握手启动阶段和握手辨识阶段，当充电机和 BMS 物理连接完成并上电后，开启低压辅助电源，进入握手启动阶段发送握手报文，再进行绝缘监测。绝缘监测结束后进入握手辨识阶段，双方发送辨识报文，确定电池和充电机的必要信息。

图 8-64　充电总体流程图

3）充电参数配置阶段。充电握手阶段完成后，充电机和 BMS 进入充电参数配置阶段。在此阶段，充电机向 BMS 发送充电机最大输出能力的报文，BMS 根据充电机最大输出能力判断是否能够进行充电。

4）充电阶段。充电配置阶段完成后，充电机和 BMS 进入充电阶段。在整个充电阶段，BMS 实时向充电机发送电池充电需求，充电机根据电池充电需求来调整充电电压和充电电流以保证充电过程正常进行。在充电过程中，充电机和 BMS 相互发送各自的充电状态。除此之外，BMS 根据要求向充电机发送动力蓄电池具体状态信息及电压、温度等信息。

BMS 根据充电过程是否正常、电池状态是否达到 BMS 自身设定的充电结束条件以及是否收到充电机中止充电报文（包括具体中止原因、报文参数值全为 0 和不可信状态）来判断是否结束充电；充电机根据是否收到停止充电指令、充电过程是否正常、是否达到人为设定的充电参数值，或者是否收到 BMS 中止充电报文（包括具体中止原因、报文参数值全为 0 和不可信状态）来判断是否结束充电。

5）充电结束阶段。当充电机和 BMS 停止充电后，双方进入充电结束阶段。在此阶段

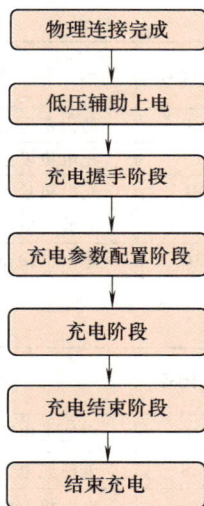

BMS 向充电机发送整个充电过程中的充电统计数据，包括初始 SOC、终了 SOC、电池最低电压和最高电压；充电机收到 BMS 的充电统计数据后，向 BMS 发送整个充电过程中的输出电量、累计充电时间等信息，最后停止低压辅助电源的输出。

（2）报文格式和内容　报文格式和内容见表 8-16 ~ 表 8-19，报文流程如图 8-65 所示。

表 8-16　充电握手阶段报文

报文代号	报文描述	优先权	数据长度/byte	报文周期/ms	源地址-目的地址
CHM	充电机握手	6	3	250	充电机-BMS
BHM	车辆握手	6	2	250	BMS-充电机
CRM	充电机辨识	6	8	250	充电机-BMS
BRM	BMS 和车辆辨识报文	7	41	250	BMS-充电机

表 8-17　充电参数配置阶段报文

报文代号	报文描述	优先权	数据长度/byte	报文周期/ms	源地址-目的地址
BCP	动力蓄电池充电参数	7	13	500	BMS-充电机
CTS	充电机发送时间同步信息	6	7	500	充电机-BMS
CML	充电机最大输出能力	6	8	250	充电机-BMS
BRO	电池充电准备就绪状态	4	1	250	BMS-充电机
CRO	充电机输出准备就绪状态	4	1	250	充电机-BMS

表 8-18　充电阶段报文

报文代号	报文描述	优先权	数据长度/byte	报文周期/ms	源地址-目的地址
BCL	电池充电需求	6	5	50	BMS-充电机
BCS	电池充电总状态	7	9	250	BMS-充电机
CCS	充电机充电状态	6	8	50	充电机-BMS
BSM	动力蓄电池状态信息	6	7	250	BMS-充电机
BMV	单体动力蓄电池电压	7	不定	10×10^3	BMS-充电机
BMT	动力蓄电池温度	7	不定	10×10^3	BMS-充电机
BSP	动力蓄电池预留报文	7	不定	10×10^3	BMS-充电机
BST	BMS 中止充电	4	4	10	BMS-充电机
CST	充电机中止充电	4	1	10	充电机-BMS

表 8-19　充电结束报文

报文代号	报文描述	优先权	数据长度/byte	报文周期/ms	源地址-目的地址
BHM	车辆握手	6	2	250	BMS-充电机
CSD	充电机统计数据	6	8	250	充电机-BMS

5. 试验方法

（1）电动汽车直流充电确认测试

1）测试目的。判断车辆接口能否完全连接。

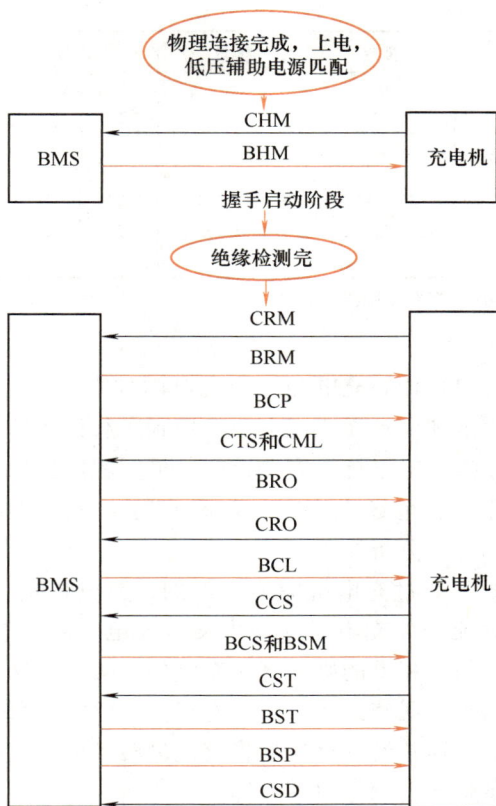

图 8-65　报文流程

2）测试方法及步骤。将车辆插头与车辆插座完全插合后，检查检测点 2 的电压值（如果车辆控制导引电上拉电压 U_2 不使用测试系统提供的低压辅助电源）。

将车辆插头与车辆插座完全插合后，检查检测点 1 的电压值。

3）合格评判。

① 检测点 2 的电压值应符合表 8-20 中的 U_{2b} 要求。

② 检测点 1 的电压值应符合表 8-20 中的 U_{1c} 要求。

直流充电控制导引电路的参数见表 8-20。

表 8-20　直流充电控制导引电路的参数

对象	参数①	符号	单位	标称值	最大值	最小值
非车载充电机	R_1 等效电阻	R_1	Ω	1000	1030	970
	上拉电压	U_1	V	12	12.6	11.4
	测试点 1 电压	U_{1a}	V	12	12.8	11.2
		U_{1b}	V	6	6.8	5.2
		U_{1c}	V	4	4.8	3.2
车辆插头	R_2 等效电阻	R_2	Ω	1000	1030	970
	R_3 等效电阻	R_3	Ω	1000	1030	970

（续）

对象	参数[1]	符号	单位	标称值	最大值	最小值
车辆插座	R_4 等效电阻	R_4	Ω	1000	1030	970
电动汽车	R_5 等效电阻	R_5	Ω	1000	1030	970
	上拉电压	U_2[2]	V	12	12.6	11.4
	测试点2电压	U_{2a}[2]	V	12	12.8	11.2
		U_{2b}[2]	V	6	6.8	5.2

[1] 在使用环境条件下和可用寿命内都要保持精度范围。
[2] 车辆厂家可自定义。

当前电动汽车充电方式包括传导充电和无线充电两种方式。传导充电一般用到充电桩、充电机和连接装置等，适用范围广；无线充电一般用到车载设备和地面设备，需要具有良好的耦合性来确保电动汽车无线充电系统的安全运行，最大程度地保证对电动汽车无线充电系统使用者以及周边环境安全，目前还未实现大范围使用。所以本试验主要介绍传导充电方式，对直流充电确认测试进行了分析试验。

目前电动车的充电主要是通过充电桩完成充电的，充电桩按充电方式可分为交流充电桩、直流充电桩，以及交直流一体充电桩。其中交流充电，功率较小，所需的充电时间较长，但对电池的损耗较小，与之相反的则是直流充电桩，其充电功率大，充电快，但是对电池的损耗也较大。另外我们需要明确的是，电池有正极和负极，所以给动力电池充电，必须是直流电，也只能是直流电，通常使用整流器将交流电转换成直流电，而之所以分为直流充电桩和交流充电桩，主要是整流器的位置不一样。

本试验介绍直流充电确认测试，直流充电接口的额定值见表8-21。

表8-21 直流充电接口的额定值

额定电压/V	额定电流/A	额定电压/V	额定电流/A
750/1000	80	750/1000	200
	125		250

（2）车辆接口的功能

1）电气参数值及功能。车辆插头和车辆插座分别包含9对触头，其电气参数值及功能定义见表8-22。

表8-22 触头电气参数值及功能定义

触头编号/标识	额定电压和额定电流	功能定义
1—（DC+）	750V/1000V 80A/125A/200A/250A	直流电源正，连接直流电源正与电池正极
2—（DC-）	750V/1000V 80A/125A/200A/250A	直流电源负，连接直流电源负与电池负极
3—（⏚）	—	保护接地（PE），连接供电设备地线和车辆电平台
4—（S+）	0V~30V 2A	充电通信CAN_H，连接非车载充电机与电动汽车的通信线
5—（S-）	0V~30V 2A	充电通信CAN_L，连接非车载充电机与电动汽车的通信线

（续）

触头编号/标识	额定电压和额定电流	功能定义
6—（CC1）	0V~30V 2A	充电连接确认
7—（CC2）	0V~30V 2A	充电连接确认
8—（A+）	0V~30V 20A	低压辅助电源正，连接非车载充电机为电动汽车提供的低压辅助电源
9—（A−）	0V~30V 20A	低压辅助电源正，连接非车载充电机为电动汽车提供的低压辅助电源

2）触头布置方式。车辆插头和车辆插座的触头布置方式如图 8-66 和图 8-67 所示。

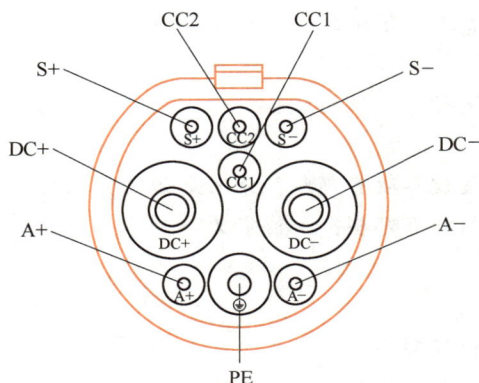

图 8-66　车辆插头触头布置方式

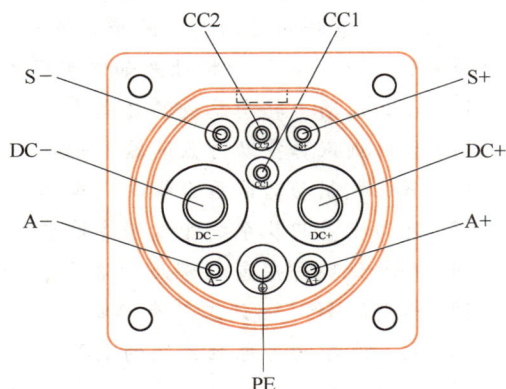

图 8-67　车辆插座触头布置方式

3）充电连接界面。车辆插头和车辆插座在连接过程中触头耦合的顺序为：保护接地，充电连接确认（CC2），直流电源正与直流电源负，低压辅助电源正与低压辅助电源负，充电通信，充电连接确认（CC1）；在脱开的过程中则顺序相反。直流充电接口的连接界面如图 8-68 所示。

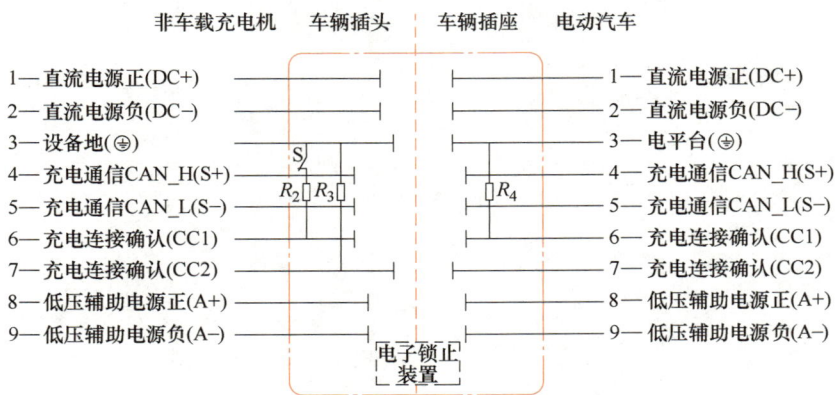

图 8-68　充电接口的连接界面

注：R_2、R_3 和 R_4 电阻值参见 GB/T 18487.1。

思考与习题

1. 简述发动机外特性的测试方法。

2. 离合器从动盘总成的扭转特性是指什么？如何对从动盘总成的扭转特性进行测试？

3. 变速器总成的传动效率试验有哪几种方法？

4. 变速器总成（以及驱动桥总成等）的开式试验台与闭式试验台的特点对比如何？

5. 什么是传动轴总成的临界转速？如何测量传动轴总成的临界转速？

6. 如何测量并计算驱动桥桥壳垂直弯曲的静扭强度后备系数？

7. 如何测量汽车前轴的刚度？

8. 简述钢板弹簧台架试验的主要项目与测试方法。

9. 如何测量转向器的啮合间隙特性？对该间隙特性有什么要求？结合汽车构造和汽车设计等知识，了解该间隙特性是如何实现的。

10. 什么是动力转向总成的转向力特性？如何进行该特性的试验？

11. 如何测试真空助力器的输入-输出特性？

12. 惯性式制动器试验台模拟汽车制动过程的关键参数有哪些？分别是如何实现的？

13. 制动能量回收系统能量经济性常用的评价指标有哪些？如何定义？

14. ABS 试验一般包括哪几种路面类型？

15. 典型的 ESC 测试工况有哪些？

16. 电动汽车动力电池系统的主要性能技术指标有哪些？

17. 电动汽车驱动电机系统的安全保护功能主要有哪些？如何进行测试？

第九章　智能网联汽车试验

智能网联汽车是汽车产业发展的战略方向，科学完善的试验体系对提高智能网联汽车研发效率、加速产品大规模推广应用、推进产业创新发展至关重要。但智能网联汽车测试评价对象已从传统的人、车二元独立系统变为人-车-环境-任务强耦合系统，测试场景及测试任务难以穷尽，评价维度纷繁复杂，因此，其试验技术和试验方法与传统汽车试验有很大差异。本章针对智能网联汽车，介绍一些有代表性的试验技术和试验方法。

第一节　智能网联汽车测试技术

在智能网联汽车发展早期，多采用实车测试对其性能进行验证，随着智能网联汽车等级的提高，其测试从单一功能和节点的测试变为了复杂功能且多节点的测试，测试场景变得无限丰富、极其复杂、不可预测、不可穷尽，实车道路测试已无法满足智能网联汽车测试需求。由于测试场景丰富且配置灵活、测试过程安全且可重复性好、测试效率高、测试成本低，虚拟测试已成为智能网联汽车试验不可或缺的组成部分。

典型的智能网联汽车测试技术架构如图 9-1 所示，主要包括模型在环测试、软件在环测

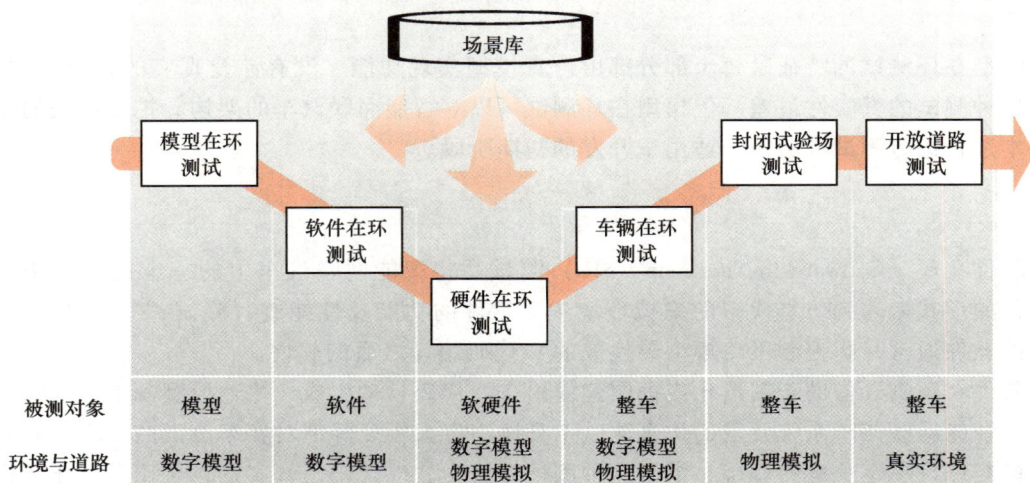

图 9-1　智能网联汽车测试技术架构

试、硬件在环测试和车辆在环测试等在虚拟环境中进行的虚拟测试，以及在封闭试验场和开放道路进行的实车测试。虚拟测试、封闭试验场测试、开放道路测试对比见表9-1。

表 9-1　虚拟测试、封闭试验场测试、开放道路测试对比

性能	测试技术		
	虚拟测试	封闭试验场测试	开放道路测试
测试真实度	取决于模型的真实度，相比较而言真实度较低	较为真实，但缺少真实的其他交通参与者的动态变化要素	真实，与实际行驶环境一致
测试成本	低	测试场地搭建成本较高	高
测试效率	高，并行加速测试可极大提高仿真速度	较高，可有针对性地对关键场景进行强化测试	低
可重复性	强，可根据定义数据搭建相同的测试场景	较强，可通过场景配置要求进行场景要素的可控重构	差，很难进行开放道路上的重复性测试
测试场景数量	多，在给定逻辑场景参数空间的情况下可生成任意数量的测试场景	较少，由于试验场地限制，虽然可根据场景要素的改变尽可能多地构建场景，但相比虚拟测试和开放道路测试场景，数量仍较低	多，在测试时间足够长的情况下测试场景数量难以穷尽

一、智能网联汽车模型在环测试技术

模型在环（Model-In-The-Loop，MIL）测试是将控制算法模型、被控对象模型等连接组成纯数字仿真闭环而进行的测试，如图9-2所示。模型在环测试的核心是模型的精准度和计算效率，通常包括驾驶人模型、车辆动力学模型、场景模型以及传感器模型等。很多公司在人-车-环境-感知系统建模的基础上建立了较为成熟的商业化软件平台，例如 CarSim、PresScan、CarMaker、VTD、VI-Grade、Panosim、51World 等，试验人员可以利用这些商业软件快速开展模型在环测试。

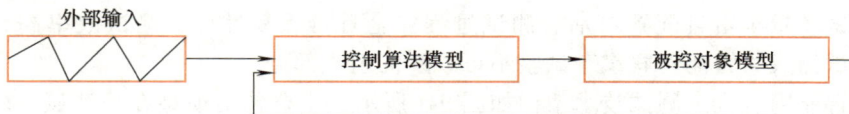

图 9-2　模型在环（MIL）测试示意图

模型在环测试的特征是每个部分都由仿真模型实现功能，没有涉及真实的系统软硬件，因此这种测试的真实性最差。但模型在环测试可以对智能网联汽车的架构、控制算法的模型和基本逻辑进行测试与验证，适用于开发的初期阶段。

二、智能网联汽车软件在环测试技术

软件在环（Software-In-The-Loop，SIL）测试是将智能网联汽车中的一个或多个子系统以软件的形式嵌入到仿真模拟的虚拟环境中对软件的功能及性能进行测试，如图9-3所示。这里的软件通常是指控制策略模型转换成的 C 代码编译之后的软件。

软件在环测试借助于图形化或框图建模语言、代码自动生成、快速原型等工具和概念形成支持智能网联汽车系统开发的仿真测试工具链，以大幅度降低对实车测试的要求，并为实车测试与评价奠定关键的基础。由于这种测试方法中软件代码是真实的，相比模型在环提升了一定的真实性，也通常用于智能网联汽车开发的早期阶段。

图 9-3　软件在环（SIL）测试示意图

三、智能网联汽车硬件在环测试技术

硬件在环（Hardware-In-The-Loop，HIL）测试是将智能网联汽车的部分真实硬件嵌入到仿真模拟的虚拟环境进行测试。由于硬件在环测试的被测对象是真实的硬件，因此结果的真实性和可信性又进一步提高。智能网联汽车硬件在环测试主要包括环境感知系统在环、决策规划系统在环和控制执行系统在环测试。

1. 环境感知系统在环测试技术

相对于传统汽车，环境感知是智能网联汽车新具备的重要功能。环境感知模块利用相机、雷达等传感器对周围环境进行数据采集与信息处理，以获取当前行驶环境及本车的有关信息，是决策与控制的基础。因此，环境感知系统在环测试是智能网联汽车独特且不可或缺的硬件在环测试技术。环境感知系统在环测试主要包括相机在环测试、雷达在环测试和无线通信系统在环测试。

（1）相机在环测试技术　相机在环测试是将真实的车载相机传感器嵌入到测试系统，通过路采视频或场景仿真软件在实验室内模拟测试场景，根据测试需求对智能网联汽车子系统或子功能进行测试。

常见的相机在环测试方案，如图 9-4 所示。方案一为基于图像投屏的相机在环测试，具体方案及实物图如图 9-5 所示，通过显示屏将测试场景展示给标定好的相机硬件，相机模块无须解体，可以直接嵌入到虚拟测试系统中完成测试，这种方法具备实现简单、可兼容性强的优点，但是图像质量与真实图像存在差异，且易受到屏幕光线等的影响。为消除这些影响，方案二基于图像注入的相机在环测试跳过镜头和成像单元，将仿真模拟的虚拟场景数据或实际路采的真实场景数据直接注入到相机的数据处理单元，如图 9-6 所示，这种方法弱化了将光信号转化为电信号过程的影响，但是需要在测试前获取相机的编解码规则，因此难以对产品级相机模块进行黑盒测试。

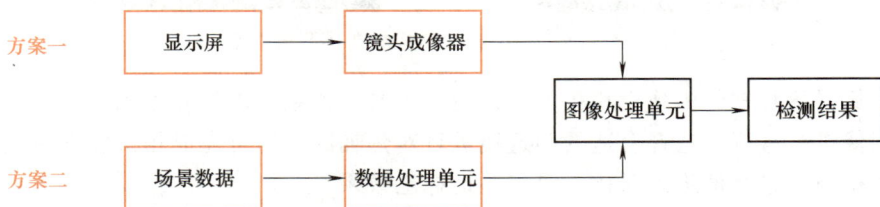

图 9-4　相机在环测试方案

以方案一为例，相机在环测试步骤如下：

在进行测试前，首先需要对相机进行标定。参考相机成像原理，可以按图 9-7 所示布置相机。其中 γ 是相机的垂直视场角，H 是显示器的垂直可视尺寸。根据实际相机的具体参

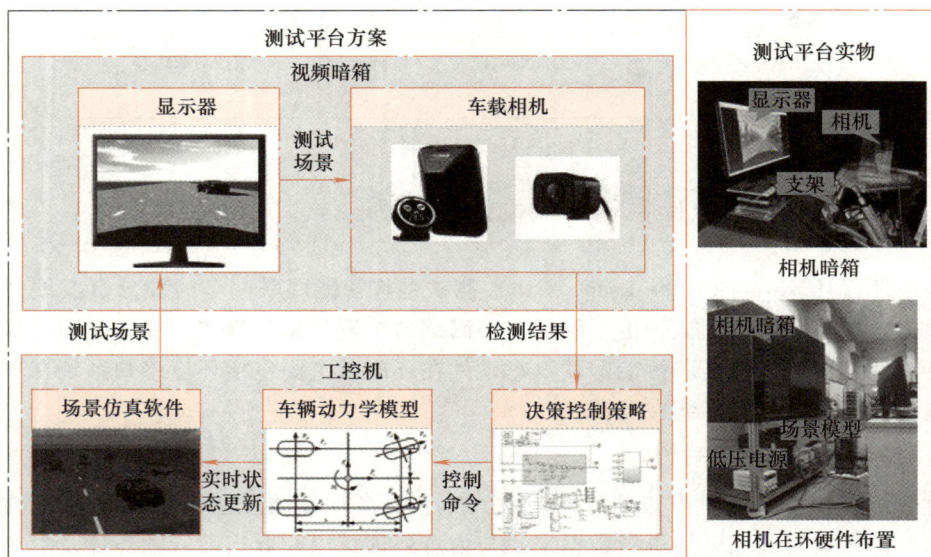

图 9-5　基于图像投屏的相机在环测试方案及实物图

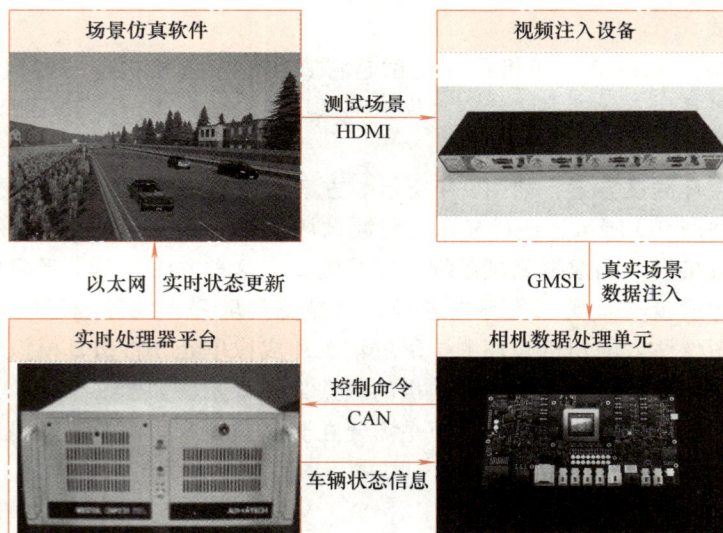

图 9-6　基于图像注入的相机在环测试方案

数，可以在场景仿真软件中建立相机模型，由图中参数关系可以估算出相机标定的外参，再根据原始图像进行微调，选择合适的凸透镜进行对焦辅助，即可完成相机硬件布置。通过将相机测量数据与场景真值进行对比，可以验证标定效果。

　　然后根据测试要求，在场景仿真软件中搭建测试场景。虚拟测试场景是相机在环测试平台的基础，也是相机获取信息的来源。根据不同的测试用例，测试场景需要利用优质建模技术使得交通车和行人外观、车辆运动模糊、道路特征以及建筑物等尽可能逼真。对于曝光度和道路颠簸的模拟，可以通过对测试平台加装光照模拟装置和运动平台等来实现。

　　完成相机标定和测试场景构建后，可以先抽选一部分场景进行平台测试验证，将由相机

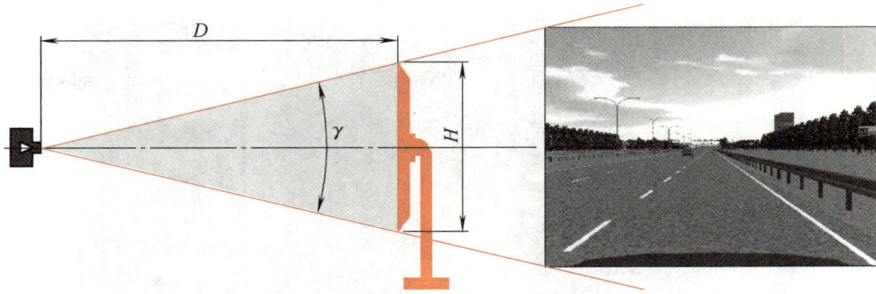

图 9-7 相机布置原理图

端读取的场景参数与软件设置的参数进行对比，根据对比结果对测试平台进行调试。

最后，应用调试好的相机在环测试平台开展测试。相机模块可从测试场景中获取图像信息，经解算后发送给决策控制模块，决策控制模块生成控制命令发送给车辆动力学模型，根据车辆的动作状态，场景仿真软件会实时更新生成对应测试场景，从而完成闭环测试。

（2）毫米波雷达在环测试技术 毫米波雷达在环测试是将真实的毫米波雷达传感器嵌入到测试系统，通过回波模拟实现雷达目标检测性能以及基于毫米波雷达的智能网联汽车功能测试。

毫米波雷达在环测试原理如图 9-8 所示。回波模拟系统中的雷达信号采集系统可以采集真实毫米波雷达发射的毫米波信号，然后系统对信号进行降频和波形分析；根据虚拟目标生成原理，信号处理器对信号进行适当的延时和多普勒频移；将生成的模拟回波信号升频到毫米波雷达对应频率，并通过天线发送出毫米波回波；真实的毫米波雷达即可接收回波信号，并将虚拟目标探测结果发送给智能网联汽车算法，最后通过车辆动力学模型和场景仿真完成完整的闭环测试。

虚拟目标属性主要包括相对距离、相对速度和雷达散射截面积（Radar Cross Section，RCS）。其中，根据飞行时间原理，将发射信号波形延长合适的时间可以模拟虚拟目标的相对距离；根

图 9-8 毫米波雷达在环测试原理

据多普勒频移原理，将发射信号按照目标的速度进行多普勒频移可以模拟虚拟目标的相对速度；根据雷达功率衰减方程，对回波信号进行适合的功率放大可以模拟虚拟目标的 RCS 信息。此外，可将毫米波雷达安装到合适的转台上，通过转台转动调节回波的相对发射方向，从而模拟虚拟目标的相位角信息。

毫米波雷达在环测试平台实物图如图 9-9 所示。

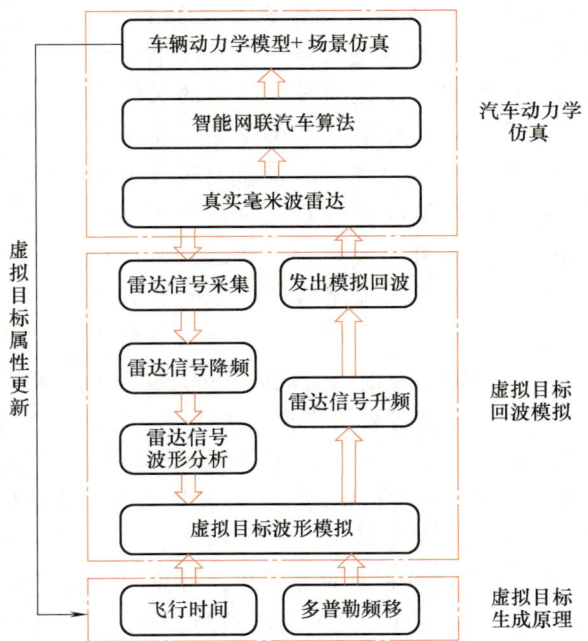

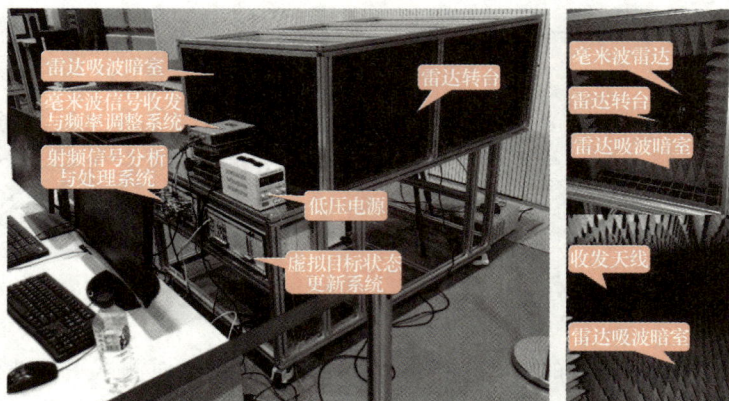

图 9-9　毫米波雷达在环测试平台实物图

毫米波雷达在环测试流程如图 9-10 所示。测试闭环主要包括毫米波回波模拟系统和数据实时处理系统两部分。

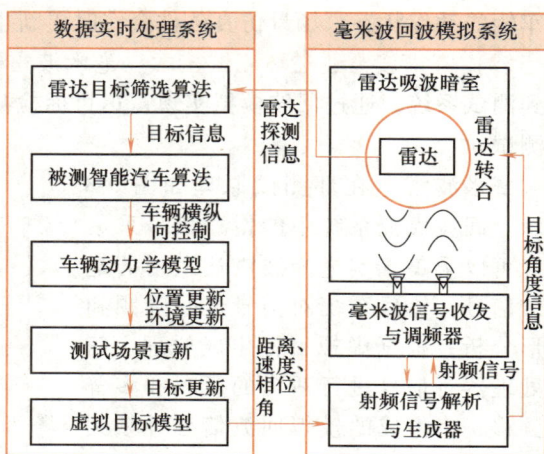

图 9-10　毫米波雷达在环测试流程

1）对于毫米波回波模拟系统，首先，将产品级毫米波雷达固定在雷达转台上，启动雷达发射电磁波信号，毫米波信号收发与调频器通过布置于吸波暗室的天线采集雷达信号后，对信号进行降频，发送给射频信号解析与生成器，多余电磁波被吸波暗室中的吸波材料吸收，防止产生多余回波对试验结果造成影响；然后，射频信号分析与处理系统采用傅里叶变换等方法对电磁波信号进行时域、频域分析，解析雷达信号特征，并根据测试场景中虚拟目标的相对距离、相对速度、RCS 信息对射频信号进行回波延时、多普勒频移和功率调整；最后，合成虚拟目标射频信号发送回毫米波信号收发与调频器，经过升频后的毫米波信号通过天线发送给毫米波雷达，实现虚拟目标回波模拟，同时，采用雷达转台驱动毫米波雷达与毫米波信号收发与调频器的天线形成特定角度，模拟虚拟目标角度信息。

2）在数据实时处理系统中，首先，系统接收毫米波雷达探测信息，对探测目标进行筛选；其次，将目标信息发送给被测智能汽车算法；车辆动力学模型接收到被测智能汽车算法生成的横纵向控制信号，产生车辆状态变化，并更新测试场景；最后，由雷达虚拟目标模型计算虚拟目标的相对距离、相对速度、RCS、相位角等信息，并将更新的虚拟目标信息发送给毫米波回波模拟系统。

（3）V2X 无线通信系统在环测试技术　V2X（Vehicle-To-Everything）无线通信系统在环测试是将真实的 V2X 通信 OBU（On-Board-Unit）嵌入到虚拟的测试场景中，通过通信信道模拟实现真实 V2X 通信环境下对智能网联汽车控制算法和 OBU 通信性能的重复测试与快速测试。

V2X 无线通信系统在环测试平台架构如图 9-11 所示，其硬件部分包括工控机、GNSS 模

拟器、信道模拟器、射频信号发生器和被测设备，工控机内运行场景仿真软件、车辆动力学模型、信道模型、GNSS 模型、自动驾驶算法模型、车联网信息读/写模块等。射频信号发生器和被测车联网通信设备间通过无线传输，其他硬件均与工控机通过线缆连接，实现控制指令传输和数据上下传输。

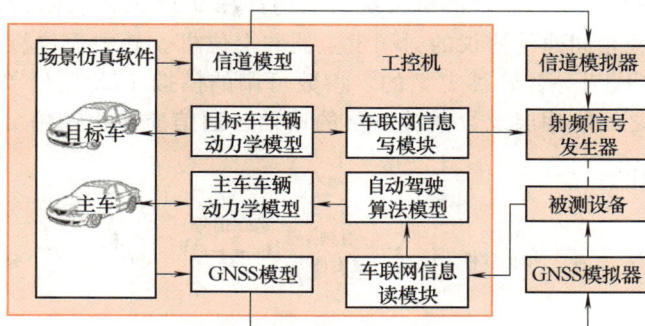

图 9-11　V2X 无线通信系统在环测试平台架构

V2X 无线通信系统在环测试平台原理如图 9-12 所示，仿真场景软件利用自身的应用程序接口（Application Programming Interface，API）将每辆行驶中的目标车分别与相应车辆动力学模型连接，在场景中设置好所有车辆的初始状态后，目标车的状态信息如车速、车辆位置、制动和转向信号等全部通过协议传输发往车联网发送模块中，数据编码完成后下载到代表目标车的射频信号发生器内，由数字信号转换成模拟信号准备发出。与此同时，信道模拟

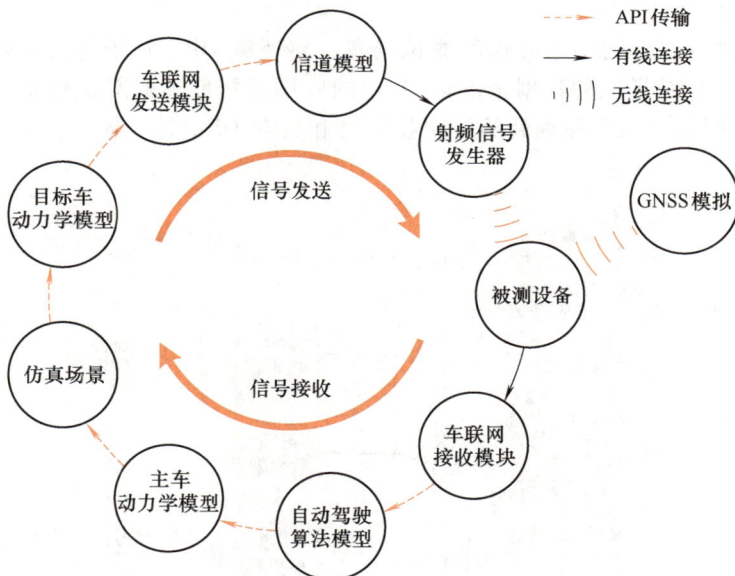

图 9-12　V2X 无线通信系统在环测试平台原理

器和 GNSS 模拟器分别从场景中获取所需的信息并作用于车联网信号传播的过程中，目的是改变收发端的信道特征和同步收发端的参考时钟；主车的被测车联网通信设备接收到带有时间戳的信息后上传至车联网接收模块进行解码，得到编码前的可读原始数据并馈入自动驾驶算法，算法将主车和目标车的状态信息同时输入并计算求解，输出控制指令到主车车辆动力

学模型，从而控制正在场景中行驶的主车运动，达到仿真场景中主车和目标车信息交互的目的，实现闭环测试。

V2X 无线通信系统在环测试包括开环通信性能测试和闭环算法性能测试。

开环通信性能测试的目的是测试 OBU 的基础通信功能，即对 V2X 信号收发过程中产生的延迟、丢包率等进行测试。开环测试系统的结构如图 9-13 所示，除待测 OBU 以外，需要一台与待测 OBU 搭载相同通信协议的射频发生器和上位机。其中上位机内运行的 V2X 模拟软件使得射频发生器成为一台软件定义的、参数可调的模拟 V2X 通信单元，从而实现射频收发器和待测 OBU 之间物理层及数据链路层的通信，通信质量由网络分析软件捕捉并进行记录与分析。

图 9-13 开环测试系统的结构

测试试验应在电波暗室中进行以避免外界电磁干扰，首先将所有硬件设备通电开机，等待运行稳定后设置 V2X 模拟软件，令射频收发器以一定的时间间隔向待测 OBU 连续发送 V2X 信号，记录发送端与接收端的有效信号的数目以及它们的时间戳，并依此计算待测 OBU 通信过程的平均延迟和丢包率。单次测试结束后，变更射频收发器与待测 OBU 之间的距离或调整发送 V2X 信号的信噪比等参数，在控制单一变量的前提下，进行多组的重复测试，提高测试结果的准确性。对于大部分的 V2X 通信场景，要求通信延迟在 100ms 以下，丢包率在 10%以下。

闭环算法性能测试通过引入虚拟的测试场景，将待测 OBU 置于与实际使用环境相一致的信息流环路中，以结果级的数据来测试 OBU 的应用层智能驾驶算法性能。闭环测试系统的结构如图 9-14 所示，除上述提到的射频收发器和待测 OBU 外，还需要 GNSS 模拟器和信道模拟器。

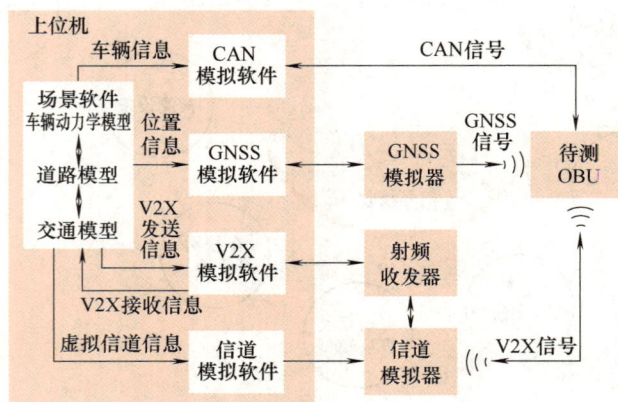

图 9-14 闭环测试系统的结构

实时系统的上位机中运行场景软件和各种模拟软件，其中场景软件应包含车辆动力学模型、道路模型和交通模型，并通过软件接口将场景中的各种信息发往对应的模拟软件。具体细分为：场景中主车的车辆状态信息通过 CAN 总线发往待测 OBU，模拟真实的车上安装；

328

场景中主车的位置信息由 GNSS 模拟器实时生成虚拟的 GNSS 信号使待测 OBU 在模拟的道路上"行驶";场景中周围车辆信息或信号灯、路况广播等道路信息经过 V2X 模拟软件编码后生成 V2X 信号的数据包;信道模拟器是为了还原与仿真场景相匹配的通信信道,通过设置多径数目、多普勒效应和信号增益等信道参数,使 V2X 信号传输过程几乎等同于实际道路行驶时的状态。基于 V2X 的智能驾驶算法一般包括安全类场景、效率类场景和信息服务类场景等,它们对于 OBU 的算法性能要求依次降低。

2. 决策规划系统在环测试技术

决策规划系统在环测试是指将真实的智能网联汽车控制器嵌入到虚拟的人-车-环境系统中,根据测试需求对智能网联汽车决策规划功能进行测试。通常通过仿真模型来模拟受控对象的状态,并通过 CAN 接口、I/O 接口等将智能网联汽车控制器与仿真模型进行连接,形式在环测试。其测试平台原理如图 9-15 所示。

在智能网联汽车技术体系中,决策规划是系统的中枢,是提高车辆智能性、安全性、经济性、舒适性以及用户接受度和交通协调度的关键,因此,决策规划系统测试在系统级测试中占有重要地位。在环测试可以有效地缩短开发周期、精简开发流程、提升开发效率,获得了越来越多的重视。

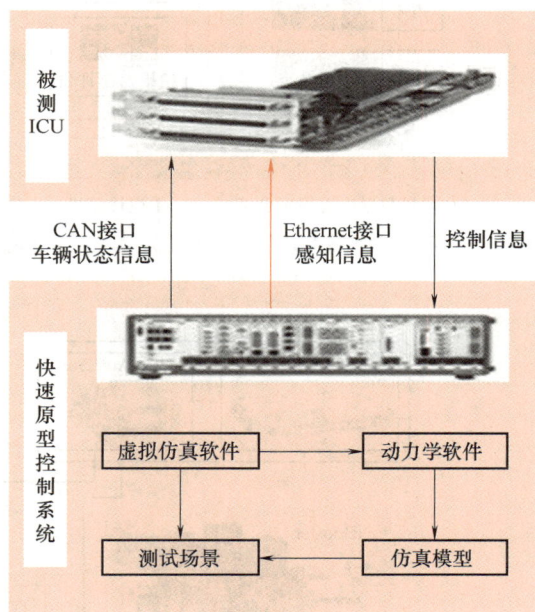

图 9-15　决策规划系统在环测试平台原理

3. 控制执行系统在环测试技术

控制执行系统在环测试是指将真实的智能网联汽车执行机构嵌入到虚拟的人-车-环境系统中,根据测试需求对智能网联汽车功能或性能进行测试。由于智能网联汽车控制执行系统与传统汽车差别不大,该部分的测试技术发展较早且较为成熟。控制执行系统在环测试主要包括制动系统在环测试、转向系统在环测试等。

(1) 制动系统在环测试技术　制动系统在环测试是将真实的制动系统嵌入到虚拟的人-车-环境系统中,以便准确地反映制动系统的特性,从而使得对智能网联汽车的测试评价更加准确而全面。

图 9-16 所示为典型的制动系统在环测试平台方案。制动系统物理系统可以按照实车的布置形式进行布置。集成化测试环境包括测试仿真环境、车辆动力学模型、自动驾驶功能算法,与制动系统通过驱动电路、控制信号及传感器信号等进行交互。测试时,自动化测试平台可以将场景数据库中的测试场景导入到测试场景并完成建模和初始化,当自动驾驶功能需要执行制动操作时,可通过 CAN 接口、I/O 接口等将控制命令发送给制动系统物理系统,通过真实的制动回路建立轮缸制动压力,通过压力传感器等模拟量采集接口实时采集压力信息并将其发送给车辆动力学模型,实现制动闭环测试。

制动系统在环测试平台的硬件架构如图 9-17 所示,智能网联汽车制动系统包括电动助

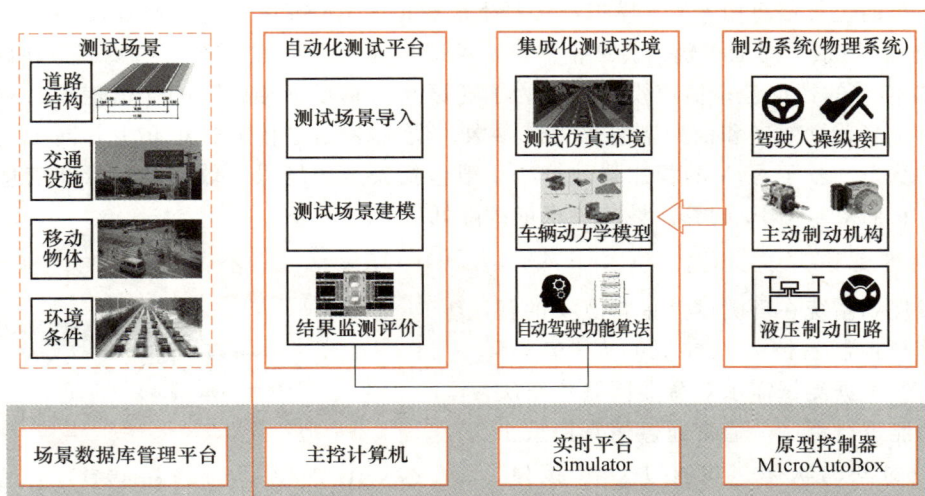

图 9-16　制动系统在环测试平台方案

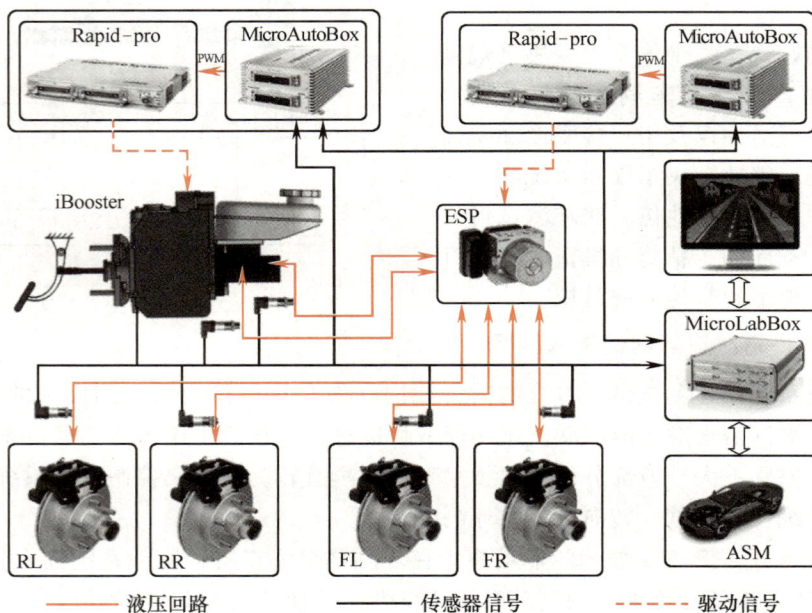

———— 液压回路　　　———— 传感器信号　　　- - - - 驱动信号

图 9-17　制动系统在环测试平台硬件架构

力制动系统（iBooster）、电子稳定性控制系统（ESP）、盘式制动器和液压制动回路等，其中，iBooster 和 ESP 均由快速控制原型控制；包含测试仿真环境、车辆动力学模型和自动驾驶算法的集成化测试环境在 MicroLabBox 中运行，其中车辆动力学模型采用 ASM 软件模型；主动制动信号可通过 CAN 接口发送至制动系统控制器，通过液压回路建立轮缸压力；压力传感器可以采集压力信息并将其发送给制动系统控制器和自动驾驶功能算法，从而实现测试回路的闭环。

（2）**转向系统在环测试技术**　转向系统在环测试是将真实的转向系统嵌入到虚拟的人-

车-环境系统中，以便准确地反映转向系统的特性，从而使得对智能网联汽车的测试评价更加准确而全面。

以目前最为常用的电动助力转向（Electric Power Steering，EPS）系统为例，典型的转向系统在环测试平台方案如图 9-18 所示。平台硬件系统主要包括转向输入端、转角转矩传感器、EPS 控制器、力矩传感器、阻力加载装置等，其中，转向输入通常为驾驶人手动或电机驱动，EPS 控制器可采用系统原有的 ECU 或用 MicroAutoBox 代替，EPS 助力电机为原系统的电机，用于对转向过程中的阻力进行模拟的阻力加载装置可采用伺服电机、液压缸、磁粉制动器等。平台软件系统主要包括测试仿真环境和车辆动力学模型。平台软硬件通过传感器以及控制器的 CAN 接口、I/O 接口模型连接。

测试时，自动化测试平台可以将场景数据库中的测试场景导入到测试仿真环境并完成建模和初始化，当自动驾驶功能需要执行转向操作时，可通过 CAN 接口、I/O 接口等将控制命令发送给 EPS 系统，通过真实的助力电机产生转向力矩，通过转向盘转矩、转角、助力电流等模拟量采集接口实时采集信息并将其发送给车辆动力学模型，最后根据车辆动力学模型中得到的转向阻力对阻力加载装置进行控制，实现转向闭环测试。如果转向输入端为电机输入，还可以利用自动化测试管理软件实现自动化测试并提高转向输入的精度。

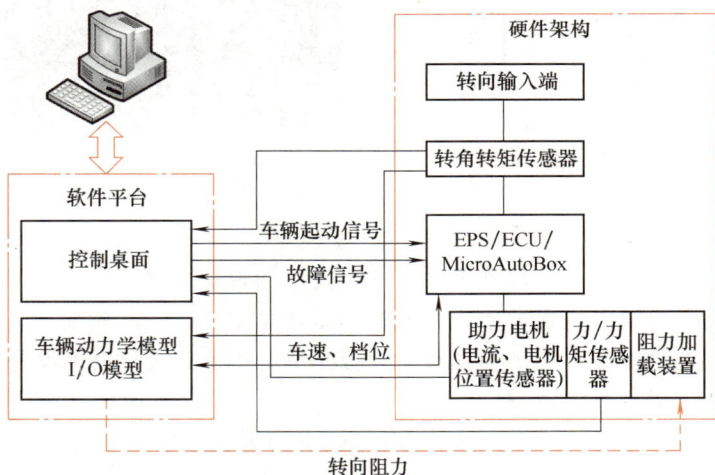

图 9-18　转向系统在环测试平台方案

四、智能网联汽车车辆在环测试技术

车辆在环（Vehicle-In-The-Loop，VIL）测试是指将虚拟环境产生的测试场景信息实时注入给真实物理世界中待测智能网联汽车控制器，使其控制真实车辆产生运动行为，并借助高速数据通信将真实车辆运动状态实时地映射到虚拟环境中，实现数字模拟车辆与待测智能网联汽车平行动作并动态更新虚拟测试场景，以虚实结合的手段完成对真实智能网联汽车性能的测试。

相比于纯仿真测试，车辆在环测试用真实车辆替代车辆模型，减少了对车辆动力学模型的参数标定过程，可以降低模型偏差带来的不良影响；车辆轮地关系真实，从而很大程度上提高了测试结果的精确度，使测试结果更加可靠。相比于实车道路测试，车辆在环测试测试场景配置灵活、场景覆盖率高，可以提高测试效率、降低测试成本、提升测试安全性，有效缩短智能网联汽车的开发周期。

根据进行测试的场地不同，可以将车辆在环测试分为室内转鼓平台车辆在环测试和封闭场地车辆在环测试。典型的车辆在环测试方案如图 9-19 所示。

1. 转鼓平台车辆在环测试技术

转鼓平台车辆在环测试是将车辆安装在室内的转鼓平台上进行测试的硬件在环测试技术，其主要特点是利用平台与轮胎之间的接触，通过施加转矩的方式模拟道路变化，测试场景可以通过虚拟注入、实物模拟、数字-物理融合模拟等方式配置。

图 9-20 所示为典型的电波暗室转鼓平台车辆在环测试，通过投屏场景，可以激活智能网联汽车的驾驶辅助功能，测试其工作状态的电磁兼容性能。

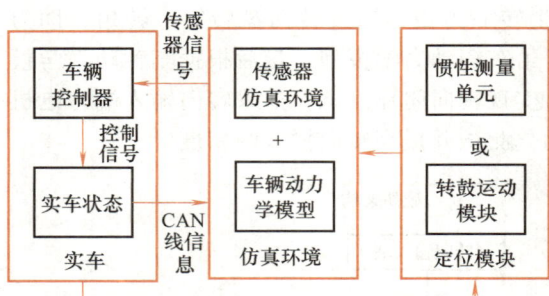

图 9-19　典型的车辆在环测试方案

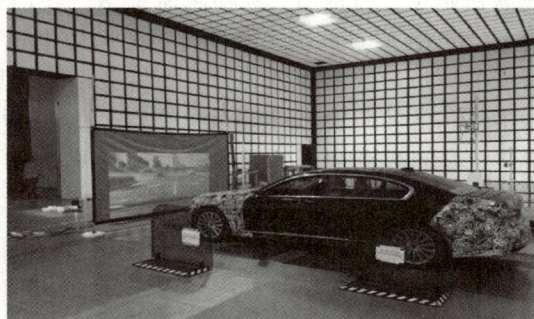

图 9-20　电波暗室转鼓平台车辆在环测试

2. 封闭场地车辆在环测试技术

封闭场地车辆在环测试是一种基于数字孪生技术的智能网联汽车测试方法，待测智能网联汽车行驶在真实的道路上，通过虚拟注入的测试场景实现智能驾驶功能，并将车辆的控制信号或运动姿态反馈给虚拟环境，实现数字模拟车辆与待测智能网联汽车平行动作并动态更新虚拟测试场景，形成动态闭环测试。

图 9-21 所示为典型的封闭场地车辆在环测试平台方案，由仿真场景生成模块、原型控

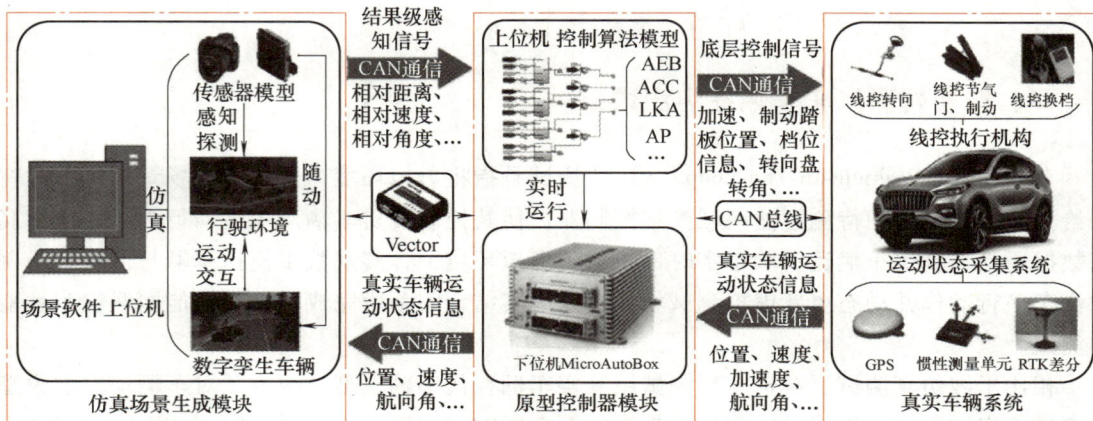

图 9-21　封闭场地车辆在环测试平台方案

制器模块以及真实车辆系统构成，其中，仿真场景生成模块与原型控制器模块均布置于真实车辆系统当中，并与其一同在封闭场地中运动。

五、智能网联汽车封闭试验场测试技术

封闭试验场测试是指在封闭运营管理的汽车试验场内开展的智能网联汽车实车测试，是获准执行开放公共道路测试前的必经环节。在封闭试验场测试中，真实的驾驶员或安全员驾驶或管控真实的被测车辆，但是道路交通环境是人为搭建的测试环境。目前，智能网联汽车实车测试标准法规主要采用封闭试验场测试，如 ISO、UN ECE、EU、Euro NCAP、NHTSA、IIHS、JNCAP、GB/T、JT/T、C-NCAP 等。

智能网联汽车封闭试验场测试需要根据测试项目搭建相应的测试场景，测试场景主要包括测试道路、动静态交通参与者和气象环境模拟系统等。典型测试道路包括高速、直道、弯道、十字路口、丁字路口、环岛、隧道、桥梁、停车场等，测试道路需要根据需求设置交通标志、标线、交通信号灯等。动静态交通参与者包括假车、假人等，动静态交通参与者可以通过移动平台进行精准控制的运动，如图 9-22 所示。气象环境模拟系统包括雨、雪、雾等模拟系统，通过气象环境模拟系统能够极大地规避自然气象环境

图 9-22　动静态交通参与者

的地域性、季节性，实现雨、雪、雾等气象环境的精准可控测试，可以显著降低测试成本，提高测试效率。

六、智能网联汽车开放道路测试技术

开放道路测试主要用于被测智能网联汽车在实际复杂的、交互的开放道路上进行性能测试与验收，被认为是验证智能网联汽车驾驶安全性、车辆性能最直接、最精确的方法，这一阶段能够真实、有效地评估整车级系统的实际性能以及用户层面相关的性能。

从方法上讲，开放道路测试目前主要有两类方法：基于手动打点记录问题的方法和基于真值结果自动打点记录问题的方法。基于手动打点记录问题的方法，硬件系统采集的数据主要有环境数据、车辆数据、事件数据三类，其中，环境数据包括车辆内外摄像头、GPS 定位、光照计等，车辆数据主要指车辆总线数据，事件数据包括总线自动触发事件数据、手动打点触发数据等。基于真值结果自动打点记录问题的方法，硬件系统采集的数据主要有真值数据、环境数据、车辆数据、事件数据四类，其中，环境数据和车辆数据与基于手动打点方法记录内容相同，真值数据是通过外接毫米波雷达、激光雷达、摄像头、惯导等传感器融合后得到这些传感器的最终目标识别结果，事件数据则有总线自动触发事件数据、真值结果自动触发数据等。

当前，高等级的智能网联汽车参与开放道路测试需满足以下技术性条件：

1）应具备人工操作和自动驾驶两种模式，且能够以安全、快速、简单的方式实现模式

转换并有相应的提示，保证在任何情况下都能将车辆及时转换为人工操作模式。

2）应在自动驾驶车辆封闭测试场地，采用实车或实车加仿真测试的方式完成一定里程的测试，达到相关测试及评价要求，具备进行道路测试的条件。（申请的测试车辆应在封闭测试场内完成累计不少于5000km的自动驾驶测试，其中每车不少于100km且至少有1辆车完成不少于1000km的自动驾驶测试。如申请的测试车辆，已获得道路测试资格、满足"三同原则"，每车应在封闭试验场地内完成不少于100km的自动驾驶测试。）

3）应配备自动驾驶数据记录装置，具备车辆状态记录、存储功能，应自动记录和存储车辆发生碰撞、事故、脱离自动驾驶状态或失效状况发生前至少90s及发生后30s的各项信息数据，信息数据存储时间不少于3年。

为了对智能网联汽车测试过程进行有效监管，当前规定参与测试的智能网联汽车需实时向监管平台回传数据，并接受第三方授权机构的日常监管。当前需回传的必要信息包括：车辆控制模式（自动驾驶与人工操作）；车辆位置；车辆速度、加速度等运动状态；外部环境感知与响应状态（其他交通参与者与障碍物目标数据）；车辆灯光、信号实时状态；车辆外部360°视频监控情况；反映测试驾驶员和人机交互状态的车内视频及语音监控情况；无人化测试中，车辆接收的非驾驶座控制指令及来源，包括车内其他座位或远程测试座位等发送的控制指令；车辆故障情况；其他信息。

第二节　智能网联汽车试验方法

与传统汽车试验不同，智能网联汽车试验面临着行驶环境复杂且不可预测、场景难以精确复现、试验安全难以保障、试验周期和成本控制压力骤增等诸多困难与挑战，传统汽车的试验方法已难以满足智能网联汽车试验需求。当前面向智能网联汽车的试验方法主要有基于功能的试验方法、基于里程的试验方法和基于场景的试验方法。

一、基于功能的试验方法

在智能网联汽车发展的初期，由于被测功能单一，因此多采用同传统汽车类似的基于功能的试验方法，即针对不同智能网联汽车功能选择合适的测试场景，预先建立测试用例矩阵，对其进行通过性测试。这里，测试用例是指为某个特定目标而编制的一组测试输入、执行条件以及对应的预期结果，以便测试某个智能网联汽车功能的性能。现有的自动紧急制动（Autonomous Emergency Braking，AEB）、自适应巡航控制（Adaptive Cruise Control，ACC）、前方碰撞预警（Forward Collision Waring，FCW）等法规均采用的是基于功能的试验方法。这种方法的一个特点是对测试过程和测试结果有明确的要求，如对AEB的测试，车辆必须在不同测试条件下通过主动制动避免与障碍物发生碰撞，来证明功能有效。

基于功能的试验方法首先分析被测功能的工作内容及原理，然后根据功能特征确定其对应的测试工况。以FCW为例，其通过雷达系统实时监测前方车辆，判断本车与前车之间的距离、方位及相对速度，当存在潜在碰撞危险时对驾驶人进行警告，其本身不会采取任何主动控制措施去避免碰撞。根据FCW功能范围，其设定的测试方案包括前方车辆静止、前方车辆减速、前方车辆低速、单车道多车、前侧存在车辆、弯道车辆、车辆前上方存在物体、车辆前下方存在物体及路侧目标测试等。前方车辆静止的FCW试验工况如图9-23所示，前

车停在车道中心，纵轴方向与道路边缘平行，且前车与自车朝向一致，自车向前车尾部接近，自车从距离前车150m处出发，以额定速度20m/s在车道中心朝前车行驶，系统应能够在碰撞时间最小为2.1s时发出报警。

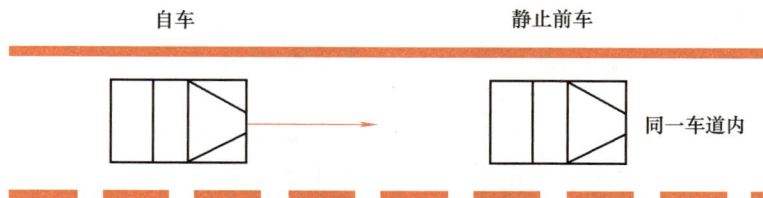

自车　　　　　　　　　　静止前车

同一车道内

图 9-23　前方车辆静止的 FCW 试验工况

由于功能较为单一，可通过组合测试的方式进行典型情况的全部试验，因此基于功能的试验方法在智能网联汽车发展早期得到了广泛应用，这种方法测试输入、测试条件和结果非常明确和可控，测试可重复性强，测试效率高。然而，对于功能复杂的高等级智能网联汽车，基于功能的试验方法难以穷尽需要测试的典型工况，同时，只通过有限固定测试用例测试，也无法表征智能网联汽车的综合性能，特别是，这种方法难以准确测试智能网联汽车的自主决策能力。

二、基于里程的试验方法

基于里程的试验是通过计算被测智能网联汽车在真实道路环境或高精度仿真环境行驶的统计数据对其性能进行评价的一种方法。很多组织都会定期公布基于里程的智能网联汽车试验结果，如平均接管里程、人工接管报告及碰撞事故报告等，见表9-2。

表 9-2　某年度基于里程的智能网联汽车试验结果

测试企业	年度行驶总里程/mile	年度接管总次数	平均接管里程/mile	登记车辆数	实际路测车辆数
Waymo	2325842	292	7965	693	567
通用 Cruise	876104	21	41719	138	138
小马智行 Pony. ai	305616	21	14553	38	38
Zoox	155125	21	7387	85	57
Nuro	59100	23	2570	15	15
梅赛德斯-奔驰	58613	272	215	17	14
文远智行 Weride	57966	3	19322	14	13
安图 AutoX	50108	1	50108	44	7
滴滴	40744	1	40744	12	10
Argo	36733	1	36733	13	7

注：1mile＝1.609344km。

基于里程的试验方法的试验环境与真实驾驶环境高度一致，在测试过程中无法控制其他交通参与者的具体行为，所有事件均可认为随机发生。因此，该方法可以发现一些专家经验未曾考虑到的小概率事件，也可获得在真实驾驶环境中的统计数据，故而在高等级智能网联汽车测试中得到了广泛应用。但是，基于里程的试验方法测试周期长、效率低，测试成本巨大，且公开道路测试还必须考虑安全风险问题以及法律法规的限制等，同时，由于随机事件导致的试验环境复杂度、任务复杂度不尽相同，试验得到的统计结果也存在难以量化比较的问题。

三、基于场景的试验方法

随着智能网联汽车技术的日益发展，基于功能的试验方法和基于里程的试验方法都已无法满足智能网联汽车的测试需求。基于场景的试验方法获得了越来越多的关注并被测试机构广泛采用。基于场景的试验方法是通过预先设定测试场景对智能网联汽车进行测试的方法。这里的"测试场景"是指智能网联汽车与其行驶环境各组成要素在一段时间内的总体动态描述，这些要素组成由所期望检验的智能网联汽车的功能决定，简言之，场景可以认为是智能网联汽车行驶场合与驾驶情景的有机组合。基于场景的试验方法只规定了试验的初始条件及最终目标，不预先设定试验过程，可以保障系统自主决策的自由度，能够对系统多种功能的综合性能进行测试，因此更适应高级别智能网联汽车的测试需求。

根据产品开发过程测试需求的差异和场景描述内容的详细程度，测试场景可分为功能场景（Functional Scenario）、逻辑场景（Logical Scenario）、具体场景（Concrete Scenario）三个层级。功能场景是语义级别的测试场景，通过语言场景符号来描述实体和实体之间的关系，用于概念阶段的项目定义、危害分析和风险评估。逻辑场景通过状态空间描述两个实体之间的关系，是对功能场景的进一步描述，可以用于在项目开发阶段生成需求，由于逻辑场景通过状态空间来描述实体和实体之间的关系，因此需要对状态空间的参数范围进行确定，此时一般采用概率分布的方式，通过收集到的信息来确定状态空间的参数范围，不同参数之间的关系可以通过一定的公式或算法来确定。具体场景通过在逻辑场景中的状态空间选择确定的参数值，使用具体的数值来表示实体和实体之间的关系。由于逻辑场景的状态空间中的参数是连续的，因此可以通过选择离散的具体参数值来生成任意数量的具体场景，为保证生成具体场景的效率，应选择有代表性的离散值进行组合，生成的具体场景可以作为测试用例的基础。

1. 场景要素

根据测试场景的定义，测试场景的要素可以分交通环境要素和测试车辆基础信息两大类，如图9-24所示。交通环境要素主要包括天气和光照信息、静态道路信息、动态道路信息、交通参与者信息；测试车辆基础要素主要包括测试车辆基础信息、目标信息以及驾驶行为。

按照场景要素的分类与组合形式，通常通过场景6层模型对测试场景进行表达，如图9-25所示，模型的第1层描述道路的几何形状、拓扑结构及车道线等基本信息；第2层描述信号灯等静态道路基础设施；第3层描述上述两个层级内元素的临时变化，如信号灯损坏、车道线模糊等；第4层描述场景中的静态与动态物体，以及它们之间的交互与采取的策略；第5层描述天气、光照等环境因素；第6层描述数字信息，如V2X、数字地图等。

2. 场景的数据来源

为保证智能网联汽车测试时的场景类型足够丰富，需要收集大量的典型场景数据并建立测试场景库。智能网联汽车测试场景的数据来源主要包括真实数据、模拟数据和专家经验数据三个部分，具体内容如图9-26所示。

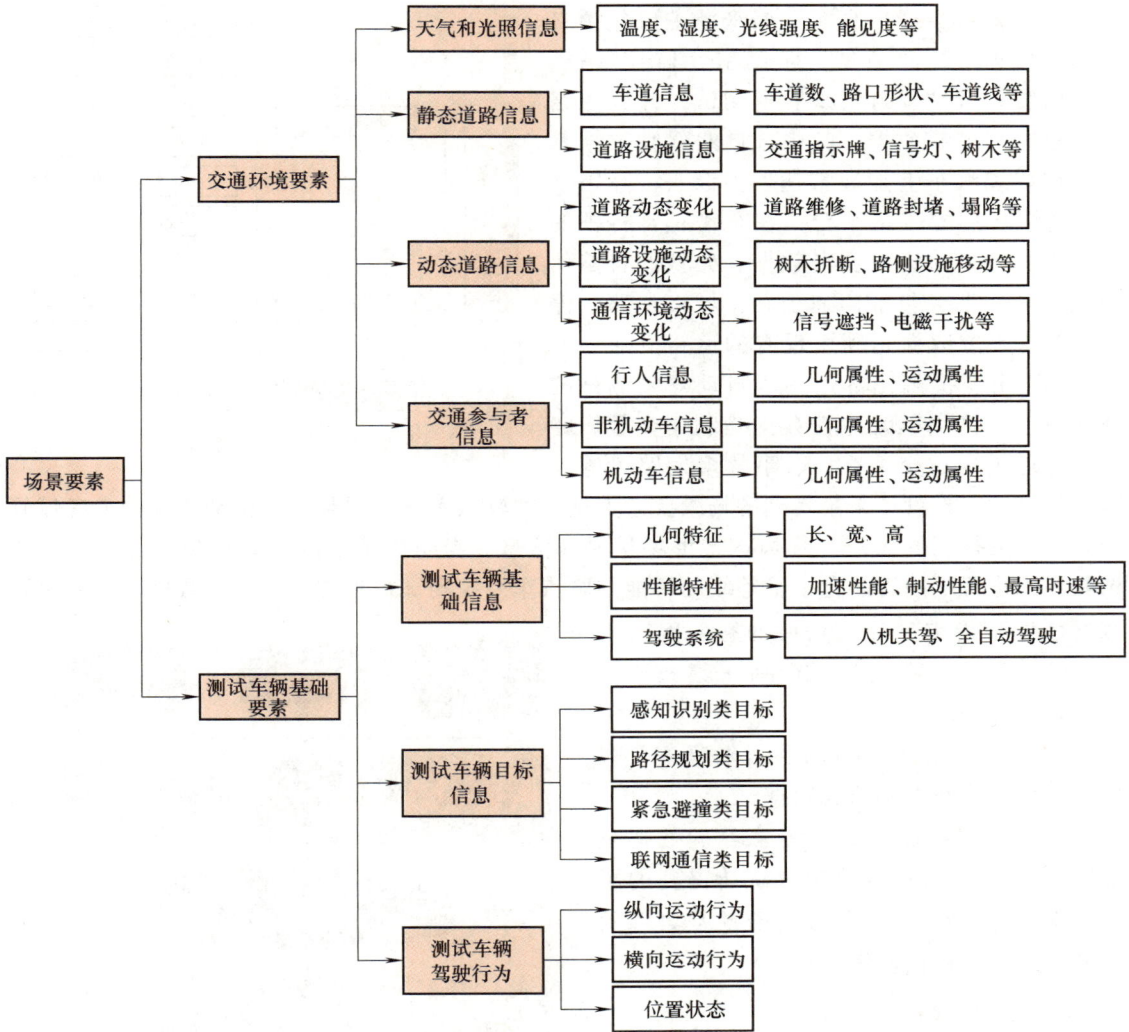

图 9-24 测试场景要素分类

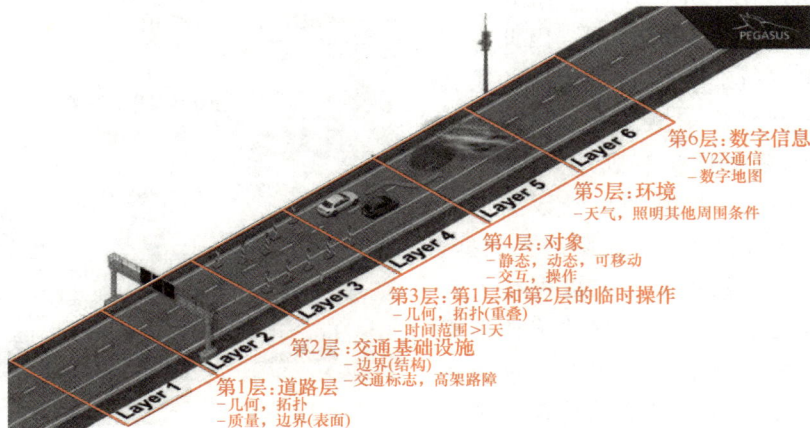

图 9-25 场景 6 层模型

（1）真实数据 真实数据来源主要包括自然驾驶数据、事故数据、路侧单元监控数据，以及驾驶人考试、封闭试验场测试、开放道路测试等典型测试数据。其中，自然驾驶数据是通过在传统汽车上加装雷达、摄像头、高精度惯导等多传感器采集平台，在车辆正常行驶的过程中所采集的场景要素数据。典型的自然驾驶数据采集工况包括高速公路、城市道路、停车场等。事故数据是利用现有的道路交通事故大数据，分析提炼出的适用于自动驾驶测试的特征要素。路侧单元监控数据是利用交警、路政等管理机构在交叉路口、事故多发路段等地

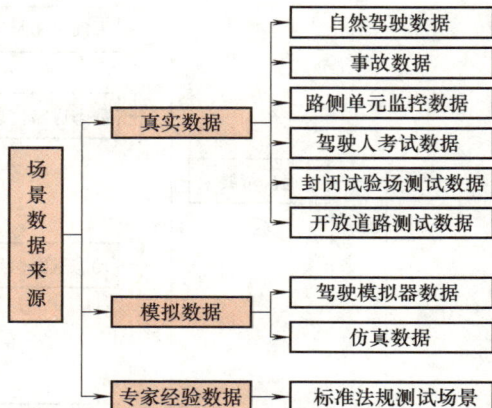

图 9-26 测试场景数据来源

建立的路侧监控设备采集得到的场景要素数据。驾驶人考试数据是利用机动车驾驶人考试管理系统采集得到的人-车-环境多维度场景要素信息。封闭试验场测试数据是在专门的封闭试验场内进行不同智能化水平等级的智能网联汽车系统测试得到的场景要素数据。开放道路测试数据是指满足测试条件的智能网联汽车在开放道路上进行测试时所采集获取的场景要素数据。

（2）模拟数据 模拟数据来源主要包括驾驶模拟器数据和仿真数据。

（3）专家经验数据 专家经验数据是指通过以往测试的经验知识总结得到的场景要素信息，标准法规测试场景是典型的专家经验场景数据来源。

3. 场景数据的处理流程

由于不同数据来源之间的场景数据格式及类型可能存在差异，并且原始数据中存在大量无效数据、错误数据，因此，需要对场景数据进行适当的处理才能形成真正可用的智能网联汽车测试场景。典型的场景数据处理流程如图 9-27 所示。

第一步，将收集得到的场景数据进行清洗，主要包括清除冗余、删除缺失数据、数据修复等，其中数据修复可以进行关键信息的人工补全或者按照数据的统计学规律进行修复。在数据清洗过程中，应满足以下要求：保持数据的完整性约束；制定合适的数据清洗规则、满足用户需求；在

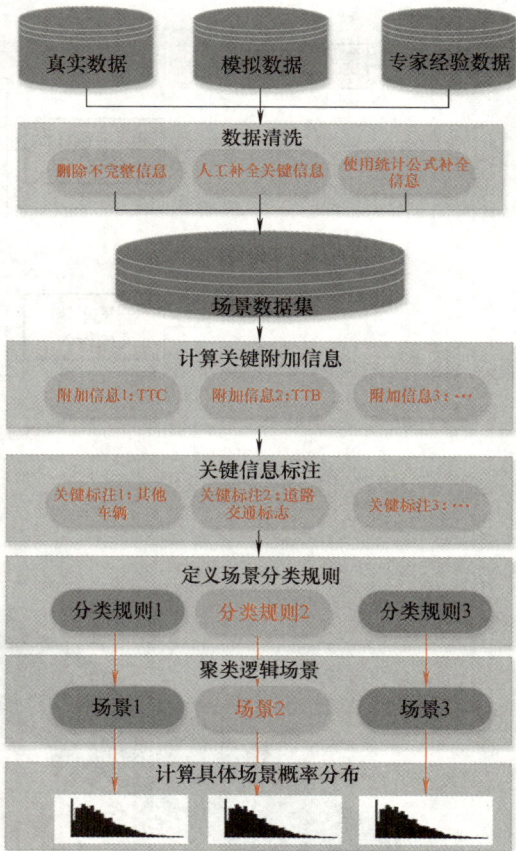

图 9-27 场景数据处理流程

满足所有数据质量需求的前提下，清洗代价最小。

第二步，将清洗过后的数据进行整理，形成可用的场景数据集。

第三步，计算场景关键附加信息。对于不能通过传感器直接得到的关键信息，需要进行计算，包括碰撞时间（Time To Collision），车头时距（Time Headway），制动时间（Time To Brake）等。

第四步，对场景要素中的关键信息进行标注。常用的标注方式包括基于语义分析的方式、基于半监督学习的方式、基于贝叶斯学习的方式等。

第五步，定义场景分类规则。分析场景要素特征参数的分布规律，根据被测的自动驾驶功能需求，建立场景分类规则。如前车切入危险场景中的本车速度、切入车辆速度、切入位置等。

第六步，聚类逻辑场景。将符合分类规则的场景聚类成为相应的逻辑场景，并明确场景要素的参数空间。常用的聚类算法主要有 K-Means 聚类、层次聚类、混合高斯模型等。

第七步，计算具体场景概率分布。根据上述场景数据，计算逻辑场景的核密度函数，以便于后续具体场景的随机生成。

最后，根据具体场景概率分布进行测试用例的随机生成。

4. 基于场景的加速测试

基于场景的加速测试目前主要有两种方式，一种方式是基于虚拟环境搭建测试场景的快速性与可重复性，根据测试需求进行测试场景的随机生成，短时间内生成大量测试场景；另一种方式是参照整车可靠性加速测试方法所提出的关键场景强化生成方法。

测试场景随机生成是根据现实中各种场景发生的概率密度随机生成具体场景，其技术路线主要包括以蒙特卡洛模拟法、快速搜索随机树为代表的基于随机采样的生成方法，基于场景要素重要性层次分析的生成方法以及基于机器学习的方法等。

关键场景主要包括边界场景（Edge Case）和边缘场景（Corner Case）两大类。其中，边界场景是指场景要素的参数组合处于被测智能网联汽车的性能边界的场景；边缘场景是指场景要素类型的组合在实际运行环境中发生的频率较低，但其出现符合现实世界的客观规律且对智能网联汽车的正常运行具有重要挑战的场景。边界场景强化生成通常采用基于概率统计的方法和基于优化搜索的方法，前者的目的在于获取逻辑场景内部被测智能网联汽车危险场景的无偏估计，后者则注重于发现逻辑场景参数空间中被测智能网联汽车的性能边界。边缘场景强化生成主要以强化学习、深度学习为主，通过智能网联汽车与环境的博弈在线生成场景，典型的基于强化学习的边缘场景生成架构如图 9-28 所示。在定义合适的奖励函数后，通过训练周围交通车的运

图 9-28　基于强化学习的边缘场景生成架构

动状态，为被测智能网联汽车营造出一个更为危险的环境，在发生碰撞或其他不可预知的情况后，对该类场景参数进行扩展，衍生出完整的逻辑场景。

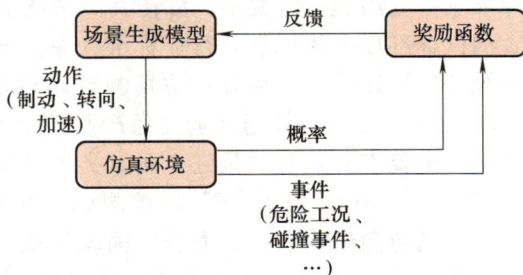

第三节 智能网联汽车试验标准体系及典型试验

完善的智能网联汽车试验标准体系是助力产业健康发展的必要前提，随着智能网联汽车技术的快速发展，相关试验标准不断完善，本节对这些标准进行简要梳理并结合具体标准介绍几类典型的智能网联汽车试验。

一、智能网联汽车试验标准体系

当前，以国际标准化组织（International Organization for Standardization，ISO）、自动机工程师学会（Society of Automotive Engineers，SAE）、联合国世界车辆法规协调论坛（UN WP.29）为代表的全球化标准化组织机构以及我国工信部、公安部、国标委等国内标准化归口单位均在有针对性地制定智能网联汽车试验标准。

本文按照标准内容的建设重点将智能网联汽车试验标准体系分为试验方法类标准、试验对象类标准和试验内容类标准，如图 9-29 所示，并选取具有代表性的标准进行总结分析。

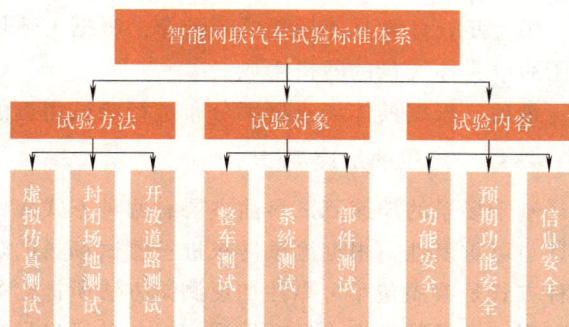

图 9-29　智能网联汽车试验标准体系

1. 试验方法类标准

由图 9-29 可知，智能网联汽车试验方法主要包括虚拟仿真测试、封闭场地测试和开放道路测试。国际汽车制造商协会（Organisation Internationale des Constructeurs d'Automobiles，OICA）在 2019 年提出了由虚拟仿真测试、封闭场地测试和开放道路测试组成的智能网联汽车"三支柱"测试认证方法，得到了汽车行业相关技术人员的广泛认可。

（1）虚拟仿真测试　虚拟仿真测试标准体系主要包括测试平台搭建、测试内容、数据格式等内容。由于虚拟仿真测试发展时间较短，其对应的标准建设内容尚不完善，对应的国家标准正在立项建设过程中，如仿真测试场景标准、仿真测试设备标准等，当前公开的虚拟仿真测试标准以团体标准、行业标准为主。2019 年，中国汽车工业协会团体标准《自动驾驶系统功能测试　第 7 部分：仿真测试》规定了自动驾驶系统仿真测试平台搭建的各项要求；2020 年，中关村智通智能交通产业联盟团体标准 T/CMAX 21002—2020《自动驾驶仿真测试场景集要求》对场景描述、场景类型、场景数据格式等进行了规定。

（2）封闭场地测试　封闭场地测试标准体系主要包括封闭测试场地建设、封闭场地测试设备、场地测试内容等三大类。国家标准《自动驾驶封闭测试场地建设技术要求》已处于征求意见阶段。ISO 19206 系列标准《Road vehicles—Test devices for target vehicles，vulnerable road users and other objects，for assessment of active safety functions》规定了自动驾驶功能测试过程中所需要的目标物标准。《智能网联汽车自动驾驶功能测试规程（试行）》初步规定了场地测试 14 个方面的测试内容，其中必测项目 9 项，选测项目 5 项，共分为 34 个测试场景，其中必测场景 20 个，选测场景 14 个。

（3）开放道路测试　开放道路测试标准体系主要在于对参与道路测试企业的监管。美国加州于 2014 年批准了自动驾驶法规草案，允许自动驾驶车辆上路测试，这是首个允许自动驾驶汽车上路测试的法案。我国在 2016 年发布了《智能网联汽车公共道路适应性验证规范》，2021 年发布了《智能网联汽车道路测试与示范应用管理规范（试行）》，对智能网联汽车道路测试和示范应用做出了较为详尽的规定。

2. 试验对象类标准

与传统汽车类似，智能网联汽车试验对象也包括整车测试、系统测试和部件测试三大类，相关的标准体系均在不断完善。

（1）整车测试　智能网联汽车整车测试与传统汽车整车测试的区别主要在于安全性测试、智能性测试等。安全性测试主要包括功能安全标准、预期功能安全标准、信息安全标准等，将在下一小节详述；智能性测试目前仍处在研究阶段，美国国家标准技术研究所提出了无人系统自主等级框架（Autonomy Levels for Unmanned System，ALFUS），从人工干预度、环境复杂度和任务复杂度等三个维度对自主无人系统进行了评价和分级。

（2）系统测试　系统测试是智能网联汽车试验的重点，针对 L1、L2 级的智能网联汽车系统的试验标准已经较为成熟，见表 9-3。L3 级及以上的智能网联汽车系统测试标准是现阶段的研究重点，如《Addendum 156-UN Regulation No. 157 Uniform provisions concerning the approval of vehicles with regard to Automated Lane Keeping Systems》从系统安全、故障安全响应、人机交互界面、自动驾驶数据存储系统、信息安全及软件升级等方面对自动驾驶车道保持系统提出了严格要求；ISO 22737：2021《Intelligent transport systems—Low-speed automated driving（LSAD）systems for predefined routes—Performance requirements, system requirements and performance test procedures》主要定义了动态驾驶任务、设计运行区域监测、最小风险操作、应急演习和危险情况确定等。

（3）部件测试　部件测试标准主要是针对智能网联汽车所独有的一些部件的试验标准，如 QC/T 1128—2019《汽车用摄像头》、GB 39732—2020《汽车事件数据记录系统》以及团体标准《智能网联汽车视觉感知计算芯片技术要求和测试方法》《智能网联汽车激光雷达感知评测要求及方法》等。

表 9-3　典型智能网联汽车系统试验标准

标准规范	驾驶辅助系统					
	ACC	FCW	BSD	LKA	LDW	AEB
ISO 15622：2010	√					
ISO 22179：2009	√					
GB/T 20608—2006	√					
ISO/DIS 15623：2013		√				
GB/T 39265—2020			√			
SAE J2478				√		
GB/T 39323—2020				√		
ISO 17361：2017					√	
GB/T 39901—2021						√

3. 试验内容类标准

智能网联汽车试验内容类标准主要包括功能安全标准、预期功能安全标准、信息安全标准。

（1）功能安全标准 功能安全作为传统汽车安全性验证阶段即存在的标准，为智能网联汽车的技术开发提供了初期指导，ISO 26262 系列标准《Road vehicles—Functional safety》以及对应的 GB/T 34590 系列标准详细定义了道路车辆功能安全相关的标准内容。

（2）预期功能安全标准 预期功能安全（Safety Of The Intended Functionality，SOTIF）是对于自动驾驶功能安全的补充，其定义是避免由于预期功能的不足，或人类合理可预见的误用导致的危害，不存在不合理的风险，称为预期功能的安全性。预期功能安全主要是针对 L2 级别以上的智能网联汽车的性能限制或人类合理可预见的误用而导致的危险，在系统开发和测试过程中提供方法指导，避免潜在危害的发生。ISO 21448：2022《Road vehicles—Safety of the intended functionality》是最为重要的预期功能安全标准。该标准将行驶过程中所遇到的场景分为四类：已知风险；已知安全；未知风险；未知安全。预期功能安全的主要目的在于寻找未知的风险，将尽可能多的未知风险转变为已知风险，然后通过改善功能使其成为已知安全，最终使系统越来越安全，功能的危险区域缩小成系统可以接受的程度。预期功能安全分析整体架构如图 9-30 所示，主要由系统功能和边界定义、系统危害和风险评估、系统危害触发事件分析、系统功能改进、场景覆盖度评估、对测试结果进行评价来确定预期功能安全等几部分组成。

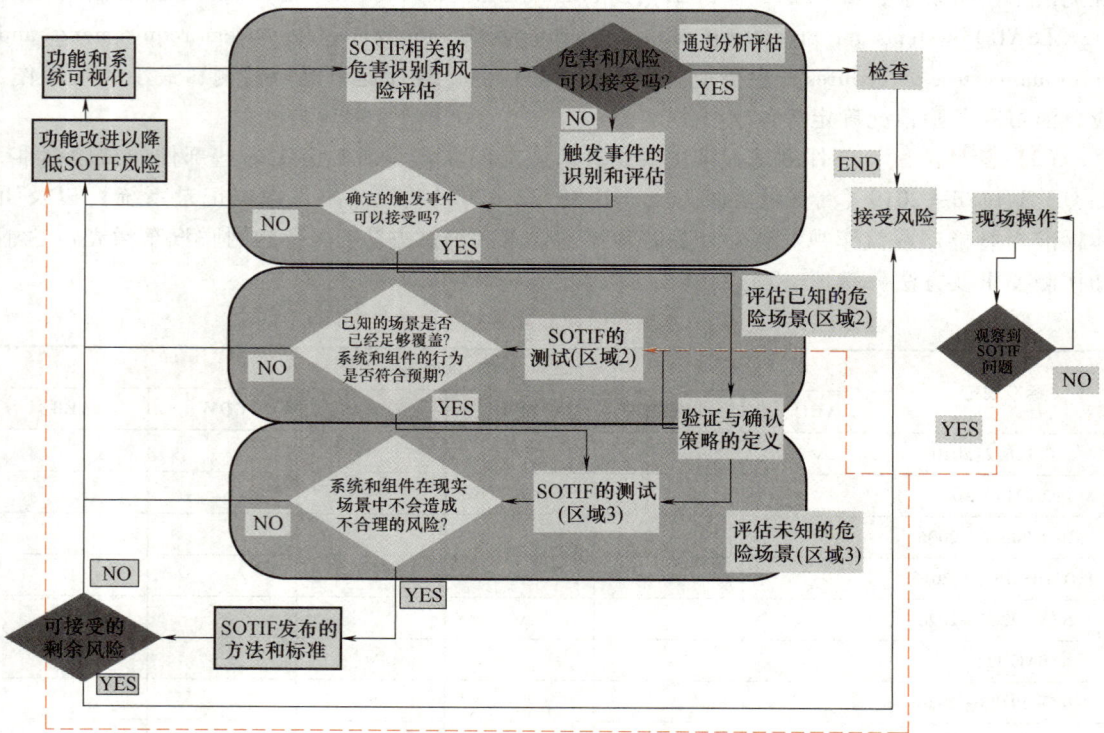

图 9-30　预期功能安全分析整体架构

（3）信息安全标准　智能网联汽车的信息安全是一个比较宽泛的概念，包含了计算机安全（Computer Security）、网络安全（Network Security）、数据安全（Data Security）、信息安全（Information Security）和应用安全（Application Security）等领域。随着汽车信息安全问题的日益严峻，国际标准、国家标准、行业标准均相继出台，主要包括车辆信息安全指导标准 ISO 21434 与 SAE J3061、GB/T 40861—2021《汽车信息安全通用技术要求》等，见表9-4。其中，ISO 21434 是最具代表性的信息安全标准，从风险评估管理、产品开发、运行/维护、流程审核四个方面来保障汽车信息安全，从而使通过该标准设计、生产、测试的产品具备一定信息安全防护能力。

表 9-4　典型的汽车信息安全标准

标准号	标准名称
ISO 21434	Road vehicles—Cybersecurity engineering
SAE J3061	信息-物理融合系统网络安全指南
GB/T 40856—2021	车载信息交互系统信息安全技术要求及试验方法
GB/T 40857—2021	汽车网关信息安全技术要求及试验方法
GB/T 40861—2021	汽车信息安全通用技术要求

二、驾驶辅助系统试验

随着智能网联汽车技术的飞速发展，驾驶辅助系统（Advanced Driving Assistance System，ADAS）已经快速普及，目前已有 30 余种驾驶辅助系统商业化量产，下面选取几种典型驾驶辅助系统介绍其试验方法。

1. 自适应巡航控制系统试验方法

自适应巡航控制（Adaptive Cruise Control，ACC）系统的主要功能是基于特定的信息控制车速与前方车辆运动状况相适应，这些信息包括与前车间的距离、本车的运动状态、驾驶员的操作指令等。基于上述信息，控制器发送控制指令给执行器以执行纵向控制，同时将状态信息提供给驾驶员。ACC 系统的目的是通过对车辆纵向运动进行自动控制，以减轻驾驶员的劳动强度，保障行车安全，并通过方便的方式为驾驶员提供辅助支持。自适应巡航控制系统试验方法可参见标准 GB/T 20608—2006。

对 ACC 系统的性能要求包括基本控制策略、基本性能、基本的人机交互性能、操作限制、制动灯控制、故障处理等。下面对基本控制策略及基本性能要求进行介绍。

ACC 系统的基本控制策略是对 ACC 系统的最低要求，并构成其基本的系统行为：当 ACC 系统处于工作状态时，本车通过对速度的自动控制来与前车保持一定的车间时距或预先的设定速度（以二者中速度低者为准），这两种控制模式之间的转换可由 ACC 系统自动完成；稳定状态的车间时距可由系统自动调节或由驾驶员调节；当本车的速度低于最低工作速度 v_{low} 时，应禁止由"ACC 等待状态"向"ACC 工作状态"的转换，此外，如果系统处于"ACC 工作状态"并且速度低于最低工作速度 v_{low} 时，自动加速功能应被禁止，此时 ACC 系统可由"ACC 工作状态"自动转换为"ACC 等待状态"；如果前方存在多辆车，则 ACC 系统应自动选择跟随本车道内最接近的前车。

对于 ACC 系统的基本性能的要求包括控制模式、车间时距、本车速度等。ACC 系统的控制模式（车间时距控制和车速控制）应自行转换；τ_{min} 为可供选择的最小的稳态车间时距，可适用于各种车速 v 下的 ACC 控制，$\tau_{min}(v)$ 应大于或等于 1s，并且至少提供一个在 1.5~2.2s 区间内的车间时距 τ；ACC 系统可以控制本车的行驶速度。

ACC 系统性能评价的测试环境条件如下：

1）测试场地为平坦干燥的沥青或混凝土路面。

2）温度应在 0~40℃ 范围内。

3）水平能见度应大于 1km。

ACC 系统的测试包括基本性能测试中的探测距离测试、目标识别能力测试及弯道适应能力测试，下面以探测距离测试和目标识别能力测试为例进行介绍。

对于探测距离测试，车辆的参考平面为一矩形，宽度与本车宽度相当，高 0.9m，离地 0.2m，它是在综合考虑车体不同位置的横截面以及轿车高度限制的基础上确定的。测试时，至少应保证使位于距离 d_{max} 的车辆参考平面内并且具有一定的横向位置偏移的反射体被探测到，如图 9-31 所示。

具体试验设置如下：在 d_{max} 距离处采用测试目标 A；在 d_0、d_1、d_2 距离处采用测试目标 B；d_2 特指本车前方 75m 的距离；探测距离测试应在动态条件下进行，静态测试也可作为补充选择。

相同距离的测试应重复 20 次，测试的持续时间最长不应超过测试目标设置后 3s，至少有 18 次可以探测到测试目标，即 90% 的成功率。

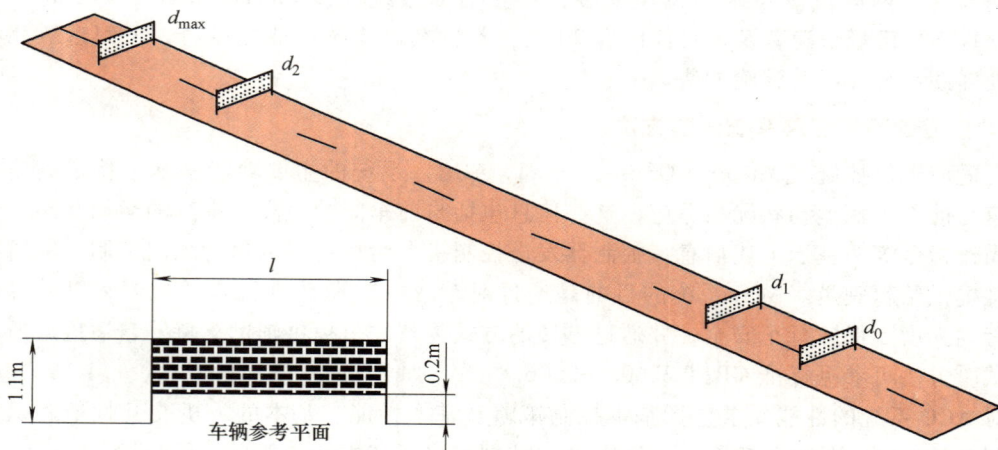

图 9-31 纵向探测区域

l—本车宽度

目标识别能力测试的初始条件为两辆同型号的车辆在本车的前方以速度 $v_{vehicle\_start}$ 同向行驶，两车纵向中心线间的距离为 3.5m±0.25m，车宽在 1.4~2m 之间。本车在车间时距控制模式下稳定跟随其中一辆前车行驶（该车即为目标车），车间时距为 $\tau_{max}(v_{vehicle\_start})$，设定车速大于 $v_{vehicle\_end}$，本车与目标车纵向中心线的横向偏差小于 0.5m，如图 9-32 所示。

其测试过程为：目标车加速至 $v_{vehicle\_end}$，如果本车在 ACC 状态下超过相邻车道上的前车，则测试合格，结束条件如图 9-33 所示。

图 9-33 中：

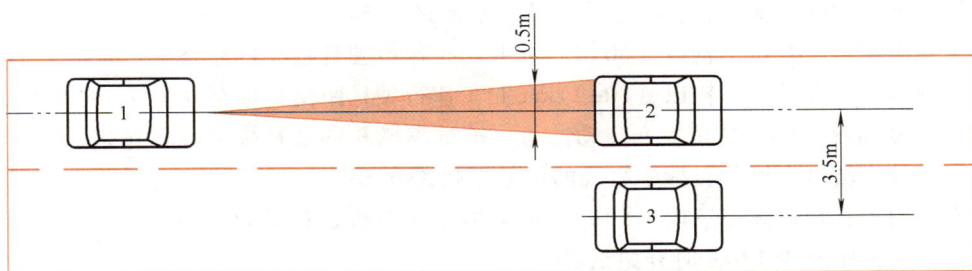

图 9-32　目标识别能力测试——初始条件

1—本车　2—目标车　3—前车

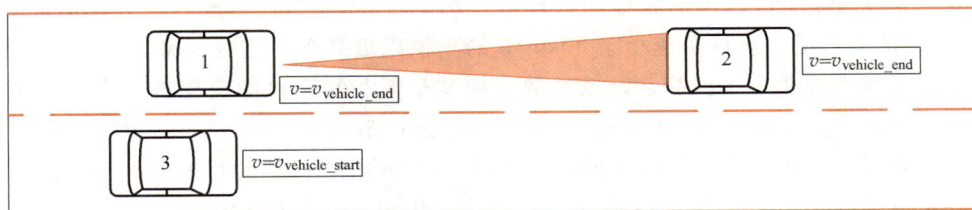

图 9-33　目标识别能力测试——结束条件

1—本车　2—目标车　3—前车

1）$v_{\text{vehicle\_end}} = 27\text{m/s}$（约等于 100km/h）；如果车辆无法实现上述速度，则采用 $v_{\text{vehicle\_end}} = 22\text{m/s}$（约等于 80km/h）。

2）$v_{\text{vehicle\_start}} = v_{\text{vehicle\_end}} - 3\text{m/s}$。

2. 自动紧急制动系统试验方法

自动紧急制动（Advanced Emergency Braking，AEB）系统通过实时监测车辆前方行驶环境，并在可能发生碰撞危险时自动启动车辆制动系统使车辆减速，以避免碰撞或减轻碰撞。

AEB 正常运行时应满足下列要求：

1）具有预警和紧急制动功能。

2）允许驾驶员通过主动动作（如踩下加速踏板、打开转向灯等方式）中断预警阶段和紧急制动阶段，除驾驶员干预情况外，系统在车辆所有载荷状态下应在 15km/h 的车速至 AEB 系统最高工作车速之间正常运行。

3）如果遇到前方车辆突然插入等工况，碰撞不能被及时预测导致无法在紧急制动 1s 前发出碰撞预警信号，则碰撞预警信号应不晚于紧急制动阶段发出。

试验条件：试验应在水平、干燥、具有良好附着能力的混凝土或沥青路面上进行，附着系数应在 0.8 以上。环境温度应处于 0~45℃。水平可视范围应确保能够在整个试验中观察目标，能见度应在 500m 以上。试验时风速不大于 5m/s。

试验内容主要包括静止目标、移动目标、制动目标条件下的预警和启动试验和驾驶员性能干预试验。试验方法可参见标准 GB/T 39901—2021《乘用车自动紧急制动系统（AEBS）性能要求及试验方法》和 GB/T 38186—2019《商用车自动紧急制动系统（AEEBS）性能要求及试验方法》。

（1）静止目标条件下的预警和启动试验　被试车辆应在试验开始之前至少 2s 沿直线向

静止目标行驶；被试车辆与目标中心线的偏差不超过 0.5m。

对于乘用车：在被试车辆以（30±2）km/h 的车速行驶且距离目标至少 60m 时开始试验。

对于商用车：在被试车辆以（80±2）km/h 车速行驶且距离目标至少 120m 时开始试验。

（2）移动目标条件下的预警和启动试验 被试车辆和移动目标应在试验之前至少 2s 沿直线同向行驶；被试车辆与目标中心线的偏差不超过 0.5m。

对于乘用车：在被试车辆以（50±2）km/h 的车速行驶、移动目标以（20±2）km/h 的速度行驶且二者相距至少 120m 时开始试验。

对于商用车：在被试车辆以（80±2）km/h 车速行驶、对于气压制动系统的被试车辆移动目标以（32±2）km/h 车速行驶，对于助力液压制动系统的 M_3、M_2 类及最大设计总质量小于或等于 8t 的 N_2 类被试车辆和移动目标以（67±2）km/h 车速行驶，且在二者相距至少 120m 时开始试验；最高设计车速小于 80km/h 的车辆以最高车速进行试验。

（3）制动目标条件下的预警和启动试验 被试车辆和制动目标应在试验之前至少 2s 沿直线同向行驶；被试车辆与目标中心线的偏差不超过 0.5m。

仅测试乘用车，在被试车辆以（50±2）km/h 的车速行驶；制动目标以（50±2）km/h 的速度、（-4±0.25）m/s^2 的减速度行驶且二者相距（40±1）m 时开始试验。

（4）驾驶员干预性能试验 按预警和启动试验内容中的方法进行试验时，在预警阶段或者紧急制动阶段，驾驶员踏下加速踏板、打开转向灯或执行其他规定动作，检查系统的响应。

预警和启动试验结果要求：对于乘用车，碰撞预警最迟应在紧急制动系统开始前 1.0s 激活触觉、声学及光学报警的至少两种报警。乘用车静止目标、移动目标、制动目标的预警和启动制动的要求见表 9-5。对于商用车，气压制动系统车辆最迟应在紧急制动系统开始之前 1.4s 触发一种模式报警，开始前 0.8s 触发两种模式报警；助力液压制动系统的 M_2 和 M_3 类及最大设计总质量小于或等于 8t 的 N_2 类车辆最迟应在紧急制动阶段开始前 0.8s 触发一种模式报警，开始前触发两种模式报警。在紧急制动系统触发后，车辆速度应降低至不发生碰撞。

表 9-5 乘用车预警和启动制动的要求——判定合格/不合格的限值

目标类别	目标及被试车辆状态	功能表现	限 值
静止目标	目标速度：0 km/h 被试车辆速度：（30±2）km/h	碰撞预警	最迟在紧急制动阶段开始前 1.0s 激活触觉、声学及光学报警的至少两种警报
		速度降低	不发生碰撞
移动目标	目标速度：（20±2）km/h 被试车辆速度：（50±2）km/h	碰撞预警	最迟在紧急制动阶段开始前 1.0s 激活触觉、声学及光学报警的至少两种警报
		速度降低	不发生碰撞
制动目标	目标速度：（50±2）km/h 目标减速度：（-4±0.25）m/s^2 被试车辆速度：（50±2）km/h	碰撞预警	最迟在紧急制动阶段开始前 1.0s 激活触觉、声学及光学报警的至少两种警报
		速度降低	不发生碰撞

驾驶员干预性能试验结果要求：系统响应能被驾驶员的主动动作中断。

除此之外，AEB 系统在弱势交通参与者参与的相关冲突中，需保证车辆在探测到可能

发生的碰撞时自动施加制动力，从而降低车辆速度避免碰撞或尽量减少对弱势交通参与者（如行人和骑自行车人员）造成的伤害。

3. 车道保持辅助系统试验方法

车道保持辅助（Lane Keeping Assistance，LKA）系统指在车辆行驶过程中，实时监测车辆与车道边线的相对位置，持续或在必要情况下控制车辆横向运动，使车辆保持在原车道内行驶。其中具体包括车道偏离抑制和车道居中控制。LKA 系统试验方法可参见标准 GB/T 39323—2020。

LKA 系统的一般要求为：系统应能在状态良好的车道边线环境下识别车辆与车道边线的相对位置，辅助驾驶员将车辆保持在原车道内行驶。系统至少应具备车道偏离抑制或车道居中控制功能。

LKA 系统的性能要求为：车道偏离抑制功能应确保车道偏离不超过车道边线外侧 0.4m；车道居中控制功能应确保车道偏离不超过车道边线外侧。车道偏离抑制功能引起的车辆纵向减速度应不大于 $3m/s^2$，引起的车速减少量应不大于 $5m/s$。系统激活时引起的车辆横向加速度应不大于 $3m/s^2$，车辆横向加速度变化率应不大于 $5m/s^2$。系统至少应在 $70\sim120km/h$ 的车速范围内正常运行。

车道偏离抑制试验分为直道车道偏离抑制试验和弯道车道偏离抑制试验，在这里以直道车道偏离抑制试验为例进行介绍。试验中，试验车辆在车道内沿直线行驶，待试验车辆达到并以 $(70\pm2)km/h$ 的恒定车速行驶后，使试验车辆以 $(0.4\pm0.2)m/s$ 的偏离速度向左或右进行偏离，如图 9-34 所示。试验过程应满足上述规定的系统所有的一般要求和性能要求才算通过试验。

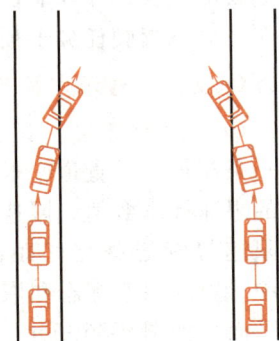

图 9-34　直道车道偏离抑制试验示意图

车道居中控制试验中试验道路为一段直道连接一段弯道，其中弯道的长度要保证车辆能够行驶 5s 以上。弯道分为定曲率部分和变曲率部分：定曲率部分的曲率为 $2\times10^{-3}m^{-1}$（半径≤500m）；变曲率部分为直道和定曲率部分弯道的连接段，其曲率随弯道长度从 0 呈线性增加到 $2\times10^{-3}m^{-1}$，曲率变化率 dc/ds 不超过 $4\times10^{-5}m^{-2}$，如图 9-35 所示。

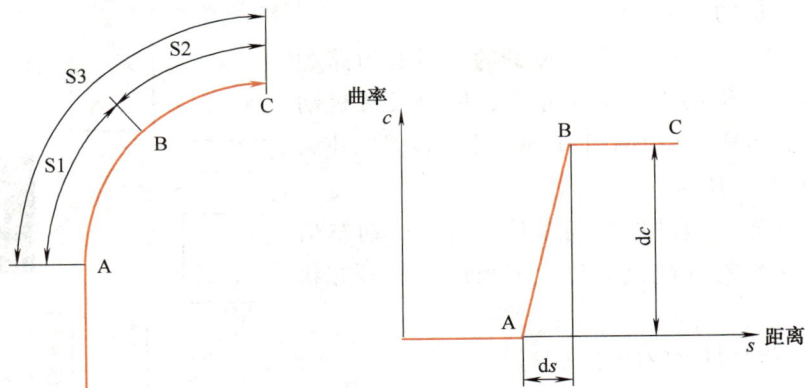

图 9-35　车道居中控制试验道路图示
S1—变曲率部分　S2—定曲率部分　S3—弯道部分

试验中，车辆在车道中心区域沿直线行驶，待试验车辆达到并以（70±2）km/h 的恒定车速行驶后，车辆从直道进入弯道并在弯道内行驶至少 5s 的时间。试验包括一次左弯道试验和一次右弯道试验，当试验车辆达到并保持试验车速后，不应对车辆的转向进行人为干预。试验过程应满足上述规定的系统所有的一般要求和性能要求才算通过试验。

三、自动驾驶系统试验

为适应智能网联汽车自动驾驶功能技术特点，国际范围内通过多年技术和经验积累，已形成结合仿真、场地、道路等多种试验方式共同完成自动驾驶功能验证的共识，各国际组织秉承该共识陆续开展了多项相关国际标准和法规的起草制定工作。下面以标准 GB/T 41798—2022《智能网联汽车　自动驾驶功能场地试验方法及要求》为例，介绍部分典型试验。

自动驾驶功能场地试验项目主要包括交通信号识别及响应、道路交通基础设施与障碍物识别及响应、行人与非机动车识别及响应、周边车辆行驶状态识别及响应、自动紧急避险、停车、动态驾驶任务干预及接管、最小风险策略等。下面介绍一些有代表性的试验项目。

1. 交通信号识别及响应

（1）限速标志　试验道路为至少包含一条车道的长直道，根据车速选取相对应的限速标志数值，限速、解除限速、恢复限速等标志牌之间距离至少为 100m，其中，解除限速标志和恢复限速标志在同一平面，如图 9-36 所示。

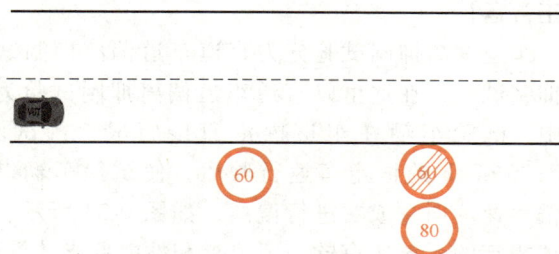

图 9-36　限速标志试验场景示意图

注：图中标志牌数值仅为示例。

试验车辆以不低于初始道路限速数值 0.75 倍的速度在长直道内驶向限速标志。试验车辆应满足以下要求：

1）试验车辆最前端越过限速标志所在平面时，速度不高于限速标志数值。

2）在限速标志牌间行驶时，试验车辆的行驶速度不低于当前限速标志数值的 75%。

3）若存在解除限速标志，通过解除限速标志牌后 200m 处，试验车辆行驶速度不低于当前限速标志数值的 0.75 倍。

（2）机动车信号灯识别及响应试验　试验道路为至少包含双向单车道的十字交叉路口，路口设置机动车信号灯且道路转弯半径不小于 15m，路段设置限速为 40km/h，如图 9-37 所示。

试验车辆在车道内驶向机动车信号灯。机动车信号灯初始状态为绿灯并随机调整为下列两种信号灯状态之一：

1）绿灯：信号灯保持绿色状态。

2）红灯：信号灯在试验车辆最前端距离停止线最小距离为 40～60m 时由绿色变为黄色持续 3s 后变为红

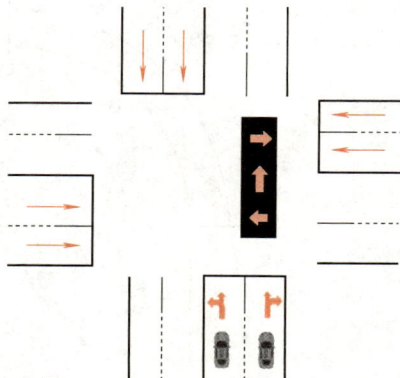

图 9-37　机动车信号灯试验场景示意图

色并持续 30s 后变为绿色。

本场景下试验车辆应进行 3 次直行、3 次左转以及 3 次右转试验，且试验车辆同一运动轨迹的 3 次试验中上述两种信号灯状态应至少各出现 1 次。

试验车辆应满足以下通过要求：

1）当进行绿灯和红灯右转试验时，试验车辆应通过路口并进入对应车道，在此过程中不应停止行驶。

2）当进行直行、左转红灯试验时，试验车辆应满足以下要求：

① 试验车辆在红灯时停止于停车线前且车身任何部位不越过停止线。

② 若试验车辆为乘用车，车辆最前端与停止线最小距离不大于 2m；信号灯变为绿色后，起动时间不超过 3s。

③ 若试验车辆为商用车辆时，车辆最前端与停止线最小距离不大于 4m；信号灯变为绿色后，起动时间不超过 5s。

2. 行人与非机动车识别及响应

（1）行人通过人行横道线　试验道路至少为具备单向双车道的长直道，并在路段内设置人行横道线、人行横道预告标志线及人行横道标志等相关标志和标线，该路段限速 40km/h。左侧车道外侧存在行人，行人沿人行横道线横穿试验道路，如图 9-38 所示。

试验车辆在外侧车道行驶并驶向人行横道线，行人初始位置在人行横道线外。当预碰撞时间首次到达 3.5~4.5s 时间区间时，行人于车辆左侧以 5~6.5km/h 的速度横穿人行横道线。目标行人应包括成年假人和儿童假人。

试验车辆不应与行人发生碰撞。若试验车辆在驶过人行横道线过程中停止，待行人通过试验车辆所在车道后，试验车辆为乘用车时，起动时间不应大于 3s，试验车辆为商用车辆时，起动时间不应大于 5s。

（2）自行车同车道骑行　试验道路为至少包含单向双车道的长直道，中间车道线为白色虚线。自行车以 10~20km/h 速度于距离本车道右侧车道线内侧 1~2.5m 范围内沿外侧车道骑行。如图 9-39 所示。若试验车辆最高设计运行速度小于 20km/h 时，无须进行该试验项目。

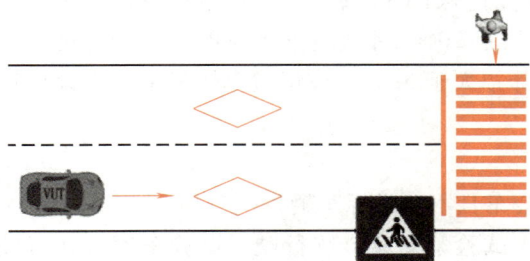

图 9-38　行人通过人行横道线场景示意图　　　　图 9-39　自行车同车道骑行场景示意图

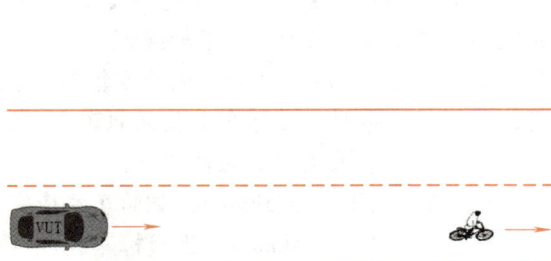

试验车辆于外侧车道驶向自行车。若跟随自行车行驶，当试验车辆速度不大于 20km/h 时，且持续时间超过 5s 后，自行车从车道右侧离开当前车道。

试验车辆应采用绕行或跟随方式通过该场景且不与自行车发生碰撞。若采用跟随方式通过该场景，试验车辆应在自行车离开本车道后加速行驶。跟随过程中，试验车辆可发出超出设计运行范围的提示信息，当发出提示信息后，试验车辆在自行车离开本车道后可不执行加速行驶。

3. 周边车辆行驶状态识别及响应

（1）前方车辆切入 试验道路为至少包含单向双车道的长直道，中间车道线为白色虚线。目标车辆以预设速度匀速行驶，如图 9-40 所示。

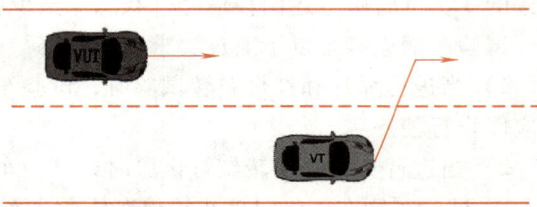

图 9-40　前方车辆切入试验场景示意图

试验车辆于内侧车道行驶。当试验车辆达到最高设计运行速度的 85% 以上且两车预碰撞时间首次达到预设时间区间，目标车辆由外侧车道开始切入内侧车道并完成换道，完成换道时间不大于 3s，且目标车辆在切入过程中和切入完成后其纵向速度均等于预设速度。切入预设速度和预设时间区间对照见表 9-6。

要求试验车辆不应与目标车辆发生碰撞。

表 9-6　切入预设速度和时间区间对照

最高设计运行速度 v_{max}/(km/h)	预设速度/(km/h)	预设时间区间/s
$v_{max} \geqslant 100$	50	[5,6]
$80 \leqslant v_{max} < 100$	40	[4,5]
$60 \leqslant v_{max} < 80$	30	[3,4]
$v_{max} < 60$	$v_{max}/2$	[3,4]

（2）对向车辆借道行驶 试验道路为包含双向单车道的长直道，中间车道线为黄色虚线，该路段限速 40km/h。目标车辆越过中间车道线占用对向车道宽度的 25%~30% 并以 30km/h 匀速行驶，如图 9-41 所示。

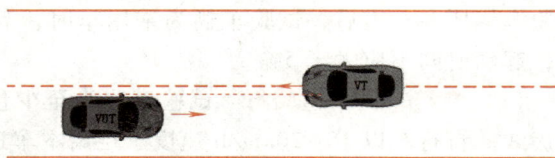

图 9-41　对向车辆借道行驶试验场景示意图

试验车辆在车道内行驶且速度波动在 2km/h 以内保持 3s 以上。试验车辆与目标车辆初始纵向距离不小于 200m 并逐渐接近。记录两车相距 200m 时试验车辆速度为初始速度，当两车距离小于 200m 且试验车辆速度较初始速度降幅大于 5km/h 或试验车辆发出超出设计运行范围提示信息时，目标车辆驶回原车道。

试验车辆应满足以下通过要求：

1）若降幅不大于 5km/h，试验车辆应完成会车且不与目标车辆发生碰撞。

2）若降幅大于 5km/h，当目标车辆驶回后，试验车辆应继续行驶。试验车辆可在行驶过程中发出超出设计运行范围的提示信息，若发出提示信息可不执行继续行驶动作。

参 考 文 献

［1］ 邬惠乐，邱毓强. 汽车拖拉机试验学［M］. 北京：机械工业出版社，1981.

［2］ 杨志华. 汽车试验方法［M］. 北京：国防工业出版社，2013.

［3］ 李杰敏. 汽车拖拉机试验学［M］. 2版. 北京：机械工业出版社，2006.

［4］ 吴道悌. 非电量电测技术［M］. 西安：西安交通大学出版社，2004.

［5］ 张克健. 车辆地面力学［M］. 北京：国防工业出版社，2002.

［6］ 何耀华. 汽车试验技术［M］. 北京：机械工业出版社，2010.

［7］ 关强，杜丹丰. 汽车试验学［M］. 北京：人民交通出版社，2009.

［8］ 薛定宇，陈阳泉. 基于MATLAB/Simulink的系统仿真技术与应用［M］. 2版. 北京：清华大学出版社，2011.

［9］ 张戟，孙泽昌. 现代汽车电磁兼容理论与设计基础［M］. 北京：清华大学出版社，北京交通大学出版社，2009.

［10］ 陈家瑞. 汽车构造：下册［M］. 3版. 北京：机械工业出版社，2007.

［11］ 余志生. 汽车理论［M］. 5版. 北京：机械工业出版社，2009.

［12］ COVER T M，THOMAS J A. 信息论基础［M］. 阮吉寿，张华，译. 北京：机械工业出版社，2008.

［13］ SHANNON C E. A Mathematical Theory of Communication［J］. Bell System Technical Journal，1948，27（3）：379-423.

［14］ BURG J P. Maximum Entropy Spectral Analysis［J］. Annual International Meeting，1967，17（4）：1519-1533.

［15］ 王宏禹. 最大熵谱分析［J］. 通信学报，1982（1）：71-86.

［16］ 王博，等. 基于最大熵谱估计的汽车悬架系统自由衰减振动研究［C］//中国汽车工程学会年会论文集：2014年卷. 北京：中国汽车工程学会，2014.